es 1358
edition suhrkamp
Neue Folge Band 358

Der Streit um die Reichweite der Vernunft als Kraft gesellschaftlicher Veränderungen ist gegenwärtig wichtiger denn je. Er wird nicht geführt werden können ohne Berücksichtigung jener »kritischen Phasen«, die sich der Tradition der Aufklärung epochal eingeschrieben haben: z. B. der deutschen Romantik, des Surrealismus, der Debatte um Moderne versus Postmoderne. Zugespitzt lautet die Frage heute: Wäre die Vollendung der Vernunft die Verhinderung oder die Vollstreckung kommender Katastrophen? Der vorliegende Band versammelt Beiträge aus unterschiedlichen Bereichen, die eine Antwort auf diese Frage versuchen. Dabei prallen – notwendigerweise – die Meinungen aufeinander. Dennoch vereint eine Grundannahme alle Positionen, jene nämlich, daß die Vernunft auch beim Streit um ihre geschichtliche Bedeutung maßgeblich bleibt. Es geht weiterhin um Aufklärung, und zwar um eine, die sich den Grenzen der ersten Aufklärung, ihren Unzulänglichkeiten und Schattenseiten widmet. Dabei rückt die Schwierigkeit einer Verteidigung der Vernunft in den Mittelpunkt der Aufmerksamkeit: sie kann weder als Besitz noch als Territorium, weder als Fluchtburg noch als Kriegsmaschine interpretiert werden, wenn ihre Wirksamkeit erhalten bleiben soll.

Die unvollendete Vernunft:
Moderne
versus Postmoderne

Herausgegeben von
Dietmar Kamper
und Willem van Reijen

Suhrkamp

edition suhrkamp 1358
Neue Folge Band 358
Erste Auflage 1987
© Suhrkamp Verlag Frankfurt am Main 1987
Erstausgabe
Alle Rechte vorbehalten, insbesondere das
des öffentlichen Vortrags
sowie der Übertragung durch Rundfunk und Fernsehen,
auch einzelner Teile.
Satz: Wagner GmbH, Nördlingen
Druck: Nomos Verlagsgesellschaft, Baden-Baden
Umschlagentwurf: Willy Fleckhaus
Printed in Germany

2 3 4 5 6 – 92 91 90 89

Inhalt

Vorwort

Mehrere Aufsätze in diesem Band sind im Kontext zweier Ring-
vorlesungen entstanden. Der eine Vorlesungszyklus »Theorie der
Phantasie« wurde von Dietmar Kamper in Berlin organisiert, der
zweite, »Moderne versus Postmoderne«, von Wayne Hudson
und Willem van Reijen in Utrecht.

Die Herausgeber danken dem Soziologischen Institut und dem
Auslandsamt der Freien Universität Berlin sowie dem ›Filosofisch Instituut‹ und dem ›College van Bestuur‹ der ›Rijksuniversiteit Utrecht‹, namentlich Dr. J. Rosenberg für seine organisatorische Unterstützung. Dr. A. Klukhuhn danken wir für manche
Anregung.

Dietmar Kamper
Willem van Reijen

Willem van Reijen
Post-scriptum

Chaque époque rêve la suivante.
Michelet

Anciens – Modernes – Postmodern

Die Frage, welche Kunst die überlegene sei, die klassische oder die zeitgenössische, erhitzt seit nun bald dreihundert Jahren die Gemüter. Zu den inhaltlichen Fragen, wie nun das Schöne idealiter zu bestimmen sei und welche Geschichtskonzeption mit der antiken Ästhetik und der – seit den Anfängen des Christentums – ›modernen‹ Ästhetik zu verknüpfen sei, treten heute, so scheint es, zweitrangige Probleme der Terminologie. Diejenigen, die neue Qualitäten der Aestheticis in Literatur, Malerei, Architektur, Musik, Tanz und in der Philosophie wahrnehmen, grenzen diese als ›postmodern‹ gegen die herkömmlichen modernen ab. Nicht wenige Protagonisten der ›Moderne‹ möchten die Verwendung des Terminus ›postmodern‹ unter Strafe gestellt wissen. Die Strategien, die diese Absicht verfolgen, schwanken zwischen heimlicher Integration – das Postmoderne enthält nichts, was nicht grundsätzlich modern ist – und intellektueller Ausgrenzung – das Postmoderne ist das, was kein vernünftiger Mensch denken und wollen kann. Indes: bloße Einvernahme und Abgrenzung haben bisher kaum geisteswissenschaftliche Probleme adäquat darstellen helfen, geschweige denn lösen können. Aber auch hier gilt inzwischen Nietzsches Wort: »Ach, es ist der Zauber dieser Kämpfe, dass wer sie schaut, sie auch kämpfen muss.« Die Radikalität, mit der gekämpft wird, könnte vermuten lassen, daß es sich hier um etwas historisch völlig Neues handle – und so abwegig ist das nicht. Obwohl z. B. die Frage nach der Vergleichbarkeit historischer Formationen in der Kunst sowie die Frage nach der Verknüpfung der Geschichtskonzeption (linear oder zyklisch) mit Fragen der Ästhetik bereits in der ›Querelle des Anciens et des Modernes‹ und in der Schiller-Schlegel-Kontroverse zur Diskussion standen und somit eine gewisse Kontinuität gegeben ist, unterscheidet sich die neue Debatte von den vorherigen. Es geht nicht nur um die Frage, ob die zukünftige Kunst besser wird als die heutige. Es handelt sich vielmehr um eine Spekulation, die davon ausgeht, daß man an der heutigen Gesellschaftsformation und der technologischen Entwicklung bereits Tendenzen ablesen kann, die die totale Selbstzerstörung von Kunst, Wissenschaft und Philosophie anzeigen.

Das in Horkheimers und Adornos *Dialektik der Aufklärung* sicher am eindringlichsten dargestellte Problem der Selbstzerstörung der Vernunft hat in den letzten vierzig Jahren nichts an Aktualität eingebüßt – allerdings ist es komplexer geworden.

Die Frage nach dem Fortschritt erschöpft sich nicht mehr darin, ob instrumentelle Vernunft uns retten kann, während die Kunst ausgegrenzt bleibt. Sie erfordert vielmehr eine Antwort, die gleichermaßen der Entwicklung gesellschaftlicher, technologischer wie ästhetischer Strukturen gerecht wird. Zumindest ist das dann der Fall, wenn die Berufsaktivitäten in Produktion, Distribution – einschließlich der heute professionalisiert betriebenen Konsumtion – immer mehr in den Sog der Medien und des mit und in ihnen Darstellbaren und Erfahrbaren geraten.

Wir können uns nicht mehr wie die altvorderen Modernen aus der Affäre ziehen: ›c'est nous qui sommes les anciens‹. Die Rettung der eigenen Position kann sich nicht mehr als Integration oder Absetzung von den ›Alten‹ vollziehen, sondern nur als Traum der nächsten Epoche im Wechselbegriff (Schlegel) des Künftigen und Heutigen. Es sieht dabei so aus, als ob wir weder imstande sind, zu bestimmen, was die Identität und Kontinuität des Kunstwerkes, einer wissenschaftlichen oder philosophischen Theorie, noch die der Betrachter, Rezipienten oder gar Autoren sei. Die Parameter für eine Werkästhetik schwinden genauso wie jene für eine Rezeptionsästhetik oder eine Historiographie – welcher wissenschaftstheoretischer Provenienz auch immer sie sei. Mit dem Zeitalter der großen Geschichten gehen auch die Jahrhunderte, in denen Kategorien wie Richtigkeit, Wahrheit und Gerechtigkeit als Maßstäbe galten, zu Ende – mit den Möglichkeiten der Selbstinterpretation schwinden die Träger charaktervoller Eigenschaften.

Wir können uns weder beruhigen mit der Auskunft, daß jede Wahrheit an ihre Zeit gebunden und jede Epoche gleich unmittelbar zu Gott sei, noch mit der Erkenntnis zufriedengeben, daß verschiedene Maßstäbe für Verschiedenes gelten, also alles beliebig sei – in der stillen Hoffnung, daß die alteuropäische Ontologie es schon noch richten wird.

Im folgenden werden wir einige Überlegungen nachzuzeichnen versuchen, die die Kontinuität der Fragestellung von der ›Querelle des Anciens et des Modernes‹ und der Schiller-Schlegel-Kontroverse über Nietzsche bis zur heutigen Kontroverse ›Moderne versus Postmoderne‹ belegen. Es soll gezeigt werden, in welchem Maße die heutige Debatte noch immer hinsichtlich Themenstellung und Methodik von der überkommenen Fragestellung dominiert wird und inwiefern deshalb neue Überlegungen erforderlich sind.

Die »Querelle des Anciens et des Modernes«

Gegenstand der ›Querelle des Anciens et des Modernes‹ ist die Frage, ob die ›Alten‹, d. h. vornehmlich Griechen und Römer, das höchste, nie wieder zu erreichende Ideal der Kunst verwirklicht haben oder nicht. Der Anfang des Streits läßt sich, Krauss zufolge, genau datieren: es ist während einer Sitzung der Académie française unter der Leitung von Charles Perrault am 17. Januar 1687.[1] Perrault provoziert die Anwesenden, überwiegend ›Anciens‹ (Racine, Boileau, Condé, le Prince de Conti, Arnauld, Bossuet) mit dem Vortrag seines Gedichts ›Siècle de Louis le Grand‹, in dem er die kulturellen Leistungen, die unter der Ägide des Sonnenkönigs entstehen, verherrlicht. Den Vergleich mit ihnen können die antiken Kunstwerke nicht bestehen. Im darauf folgenden Jahr wird Perrault in seiner berühmten ›Parallèle des Anciens et des Modernes‹ (1688, 1690, 1692, 1697) dieses Plädoyer[2] für die Moderne mit einem geschichtstheoretischen Theorem verknüpfen. Sein Ziel ist es nachzuweisen, daß die drei bildenden Künste, die Beredsamkeit, die Dichtung und die Wissenschaft, sich gleichzeitig parallel zur Perfektion entwickeln und damit dem Schema des allgemeinen Fortschritts entsprechen.

Seine Absicht war, die von Fontenelle vollzogene Trennung zwischen ›Arts‹ und ›Sciences‹ aufzuheben. Im Laufe seiner Erörterungen unterscheidet Perrault jedoch zwischen verschiedenen Kunstarten und akzentuiert so den Gegensatz zwischen fortschrittlichen Wissenschaften und Künsten einerseits und nichtfortschrittlichen andererseits. In einer detaillierten Analyse hat H. R. Jauß nachgewiesen, daß Perrault im Laufe der Entwicklung der ›Parallèle‹ seine Ansichten differenziert. Perrault gelangt zu dem Schluß, daß die Wissenschaften in ihrem Fortschritt von einer anderen Gesetzlichkeit bestimmt sind als die Künste. Die damit erfolgte Relativierung des ursprünglichen Standpunktes besagt u. a., daß die antike und moderne Kunst ›nicht am selben Maßstab der Perfektion zu messen sind‹, jede Epoche hat ihre eigenen Sitten, Geschmack und also ihren eigenen Begriff des Schönen (›beau relatif‹).[3] Unschwer erkennt man in dieser Position die Verwandtschaft zum späteren Historismus, und vor allem das in diesem Kontext zentrale Dilemma, ob die Geschichte teleologisch oder zyklisch zu sehen ist. Die Frage steht in engstem Zusammenhang mit dem Problem: Bleibt die Natur sich selbst gleich, oder ändert sie sich?

Fontenelle (1657-1757) hat diesen Gordischen Knoten durchgehauen. Er postuliert, daß die Natur der Menschen sich immer gleichbleibt, und sieht darin die Voraussetzung dafür, daß es überhaupt einen Fortschritt in der Geschichte geben kann. Damit schlägt sich Fontenelle entschieden auf die Seite der ›Modernes‹, sofern diese die alte humanistische Interpretation der Geschichte als Zyklus zu verabschieden wünschten. Sie sahen im Humanismus eine rückwärts gewandte Utopie, die sowohl in den Künsten wie in den Wissenschaften nur zur *imitatio*, aber nie zur wahrhaften *inventio* führen könnte. Gleichwohl ist klar, daß sich der Bruch zwischen ›Anciens‹ und ›Modernes‹ nicht schlagartig vollziehen konnte. Die Auffassungen der ›Modernes‹ bleiben oft ambig. Dementsprechend folgert Jauß,

1. daß das Denken der ›Modernes‹ in nicht geringerem Maße als jenes der ›Anciens‹ anfangs und auch weiterhin im Banne des humanistischen Perfektionsideals stand;

2. daß das Geschichtsbild beider Lager von Perrault und La Bruyère bis hin zu Terrasson, Vico und Voltaire noch von der naturhaft-zyklischen Vorstellung eines periodischen Ablaufs von Wachstum, Blüte und Verfall aller Kultur bedingt war;

3. daß sich eine neue, zeithafte Auffassung von der Geschichte und von der geschichtlichen Bedingtheit des Menschen im Verlauf der Querelle gerade aus dem Widerspruch zwischen dem Begriff der Perfektion im Bereich der Schönen Künste und dem Begriff der Perfektibilität im Bereich der Naturwissenschaften herausgebildet hat;

4. daß schließlich jene andere geschichtliche Denkart, der ›Hi-

storismus‹ des 18. Jahrhunderts, aus einer Auseinandersetzung über Fragen des ästhetischen Urteils hervorging, an welcher die Kritik der ›Anciens‹ an der versuchten Einordnung der Künste in die Perspektive des universalen Fortschritts nicht weniger Anteil hat als die Kritik der ›Modernes‹ an der, lange unbestrittenen, Autorität der klassischen Überlieferung.[4]

Trotz aller Ambiguitäten kann man Fontenelles ›Digression sur les Anciens et les Modernes‹ gleichwohl als das Manifest der ›Modernes‹ ansehen. Kernsatz darin ist die Feststellung, daß die Natur sich immer gleichbleibt. Diese Gleichheit verbietet die Behauptung, daß die alte Kunst höher entwickelt sei als die heutige, denn das hieße, die ›Anciens‹ seien anderer Natur als wir. Möglich ist allerdings, daß sie in einzelnen Leistungen perfekter gewesen sind, aber das heißt nur, daß wir uns darum bemühen müssen, es ihnen gleichzutun oder sie zu verbessern. Es gibt allerdings ein Ideal der Kunst, das nicht an eine Epoche gebunden ist und infolgedessen gleichermaßen für alle Epochen gilt. Diesem Ideal kann man sich in verschiedenen Epochen mehr oder weniger nähern. Fontenelle verknüpft mit seinem zeitlosen Ideal der Kunst also keine Geschichtsphilosophie, die, modern gesprochen, in logischer oder dynamischer Hinsicht eine Einteilung der Geschichte in Epochen erlauben würde. Er denkt in Termini einer organischen Perfektion, einer über Entstehen, Wachstum und Niedergang verlaufenden Entwicklung, von der man nicht ohne weiteres sagen kann, daß sie ein Telos anstrebt. Allerdings verneint Fontenelle ein solches Telos nicht. Er hält gleichzeitig mit seinem natürlichen Entwicklungsmodell an der Vorstellung eines Fortschritts fest, wenn auch mit gehöriger Skepsis. Fontenelle vertritt eine bemerkenswert moderne Position, wenn er mit dem Anwachsen der Erkenntnis auch eine ständige Unvernunft am Werke sieht.

Die Vorstellung einer sich gleichbleibenden Natur ist für die Modernen, wie paradox es zunächst scheinen mag, Voraussetzung dafür, das Recht auf eine eigene Kunst, die mit ihr entsprechenden Maßstäben beurteilt wird, in Anspruch zu nehmen. Die Relativierung absoluter Maßstäbe, die damit einhergeht, scheint notwendigerweise eine Ambiguität in der Geschichtskonzeption mit sich zu bringen. Die Relativierung der Kunstmaßstäbe der Antike geschieht auf dem Hintergrund eines zyklischen Geschichtsmodells, dem jedoch der Geruch des rückständigen Humanismus anhaftet. Während sich aber für die Wissenschaften und die Technik ein Modell des Fortschritts denken läßt, das sich namentlich dort vom zyklischen abhebt, wo die neuartige *inventio* (z. B. die Strumpfwirkmaschine) nicht mehr als *imitatio* natürlicher Beispiele zu verstehen ist, ist ein vergleichbarer Unterschied zur Antike in der Kunst nicht vorstellbar. Die Folge ist, daß für die Kunst ein überzeitliches Ideal postuliert wird, woran man sich in allen Epochen orientieren kann. Die Relativierung, die auf der Grundlage des Theorems der gleichbleibenden Natur eingeführt wurde, wird durch dieses überzeitliche Ideal ihrerseits theoretisch, aber keineswegs de facto aufgehoben. Zwar ist es ein Faktum, daß Künste und Wissenschaften, die bis dahin eine unverbrüchliche Einheit gebildet haben, auseinander treten, aber der Eigensinn der Modernen verbürgt die Selbständigkeit der Kunst in bezug auf die Antike. Die historische Relativierung, die damit einsetzt, wird sich schon bald als geschichtsträchtig erweisen.

Die Schlegel-Schiller-Debatte

Hans Robert Jauß hat überzeugend nachgewiesen, daß die Kontroverse zwischen Friedrich Schlegel und Schiller als direkte Fortsetzung der ›Querelle des Anciens et des Modernes‹ zu betrachten ist.[5]

Schlegels Position läßt sich folgendermaßen zusammenfassen: Die Kunst der Griechen ist an einem Ideal ausgerichtet, ist nur dem Schönen verpflichtet. Sie ist autonom, weil das Ideal eine immanente Bestimmung der Kunst ist. Infolgedessen ist die griechische Kunst auch vollkommen und objektiv.

Dieser, wie Jauß hervorhebt, an Kant erinnernden Konzeption des ›interesselosen Wohlgefallens‹ korrespondiert – wie wir vorher gezeigt haben – ein zyklisches Geschichtsbild. Es ist nun aber gerade diese geschlossene Konzeption der Kunst und der Geschichte, die es Schlegel schwermacht, eine Beziehung zwischen antiker Kunst und moderner Kunst herzustellen.

Die moderne Kunst ist, nach Schlegel, subjektiv, d. h. durch Interesse bestimmt. Sie dient, um es genau zu sagen, der Erkenntnis. Das Ideal der vollkommenen Schönheit wird einem didaktischen und philosophischen Interesse geopfert. Deswegen sind die modernen Kunstwerke auch nicht schön, sondern interessant. Weil die Erkenntnis im Fortschritt begriffen ist, ist nicht nur die Bildung, sondern auch die Kunst progressiv; auch – oder gerade dann, wenn wir einsehen, daß das Telos dieser Entwicklung außerhalb unserer praktischen Reichweite liegt. Außerdem ist zu berücksichtigen, daß der Verstand irren kann und daß der Weg zum Telos der Weg dieser Irrtümer ist. Allerdings gilt auch, daß der Verstand Irrtümer korrigieren kann. So führt die Herrschaft des Verstandes zu einer, zwar langsamen, aber schließlich doch sicheren Vervollkommnung der Kunst. Mit dem Bild der natürlichen griechischen Bildung und der Kunst, als objektiver, kontrastiert Schlegel also die moderne Auffassung der künstlichen und subjektiven Kunst.

Es ist Schlegels erklärte Absicht, die natürlichen und künstlichen Kunstvorstellungen, die ›imitatio naturae‹ und die ›inventio‹, miteinander zu versöhnen und damit zugleich die alte ›Querelle‹ als überholt – die neue als obsolet darzustellen. Jauß hat gezeigt, wie Schlegel dabei eine höchst bemerkenswerte Verwechslung von Kunst und Geschichte der Kunst unterläuft. Aber zunächst zu Schlegels Vermittlungsversuch:

Schlegel tadelt beide, ›Anciens‹ und ›Modernes‹. Die von Winckelmann geprägte Formel der ›edlen Einfalt und stillen Größe‹ kann Schlegel sowenig gelten lassen wie die kurzsichtige Kritik der Modernen an vermeintlichen Fehlern der klassischen Kunst. Schlegel will, positiv formuliert, gerade dann, wenn das zeitlose Ideal der klassischen Vollkommenheit keine Geltung mehr hat, die Frage lösen, ob es dann noch ein transzendentales Prinzip der objektiven Philosophie der Kunst gibt: ob es, m. a. W., noch die Möglichkeit gibt, eine Begrifflichkeit zu entwickeln, die beide prinzipiell so verschiedene Arten von Kunst in Beziehung zueinander setzen kann. Auch hier treten wieder die Fragen nach der Geschichts- und Naturkonzeption, die einer solchen Philosophie notwendig implizit sind, in den Vordergrund. Zunächst muß man sehen, daß Schlegel mit der Gegenüberstellung von Schönem und Interessantem einen Schritt über die ursprüngliche und zeitgenössische ›Querelle‹ hinaus geht. Er verläßt den traditionellen Boden der Auseinandersetzung um das absolute oder das relativ Schöne. Im Verlauf seiner Erörterung zeigt sich, daß das Interessante als eigenständiges Prinzip der modernen Kunst an Substanz verliert. Die moderne Kunst erweist sich als ein Übergangsphänomen, als durchaus defizient, was, wie bereits erwähnt, mit ihrer Verstandes-Abhängigkeit zusammenhängt. Zwar erlaubt diese eine Erweiterung des klassischen Kanons um das, was auch Gegenstand der Kunst sein kann – nämlich das Häßliche, das Pikante, Frappante und Choquante. So werden auch das Subjektive, Phantastische, das ein Überschreiten der normalen Realität beinhaltet und damit das Innovative verkörpert, zu Merkmalen der neuen Kunst. Zerrissenheit, unbefriedigte Sehnsucht und Gesetzlosigkeit sind die Kehrseite.

Vor allem schreckt Schlegel vor der relativierenden Konsequenz zurück, die dieser Konzeption inhärent ist. Er greift zurück auf das Ideal des interesselosen Wohlgefallens, das dieser Kunsterfahrung komplementär ist, sofern sie nicht autonom ist. Daß Schlegel an dieser Auffassung der autonomen Kunst festgehalten hat, zeigt Jauß daran, daß er nicht die einzelnen Kunstwerke der Antike als vollkommen betrachtet, sondern die ›Masse‹ in ihrer Entwicklung. An die Stelle der Kunst ist ihre Geschichte, als Naturgeschichte verstanden, getreten. Damit treten zwei unvereinbare Konzepte in Erscheinung: Schlegel betrachtet die antike Kunst, qua Geschichte, in sich als vollendet *und abgeschlossen.* Sie hat einen Anfang, eine Periode der Reife und ist dann in sich zurückgesunken, gewissermaßen gestorben. Nicht zu erklären ist aber, wie die moderne Periode, als Progression gedacht, sich aus diesem abgeschlossenen Kreis hat evoluieren können. Wie soll zudem die moderne, künstliche Bildung aus ihrer Phase der Dekadenz, der Fremdbestimmung hinaustreten? Aus diesem Dilemma kann Schlegel sich, Jauß zufolge, nur mit Hinweis auf ein kontingentes historisches Moment retten.

Wenn also auch der konkrete, historische Übergang von der Antike zur Moderne unbefriedigend gelöst ist, verdient doch die Bestimmung ihres Verhältnisses eine nähere Erläuterung. Schlegel sieht[6] einen dialektischen Wechselbezug zwischen Antike und Moderne – eine Lösung, die Jauß Schiller vorbehält. Die absolute Verschiedenheit von Antike und Moderne wird als Komplementarität gedeutet. Zwar ist die moderne Kunst defizient im Vergleich zu der antiken, aber so wird sie sichtbar als Übergangsphase zu einem Stadium, in dem die Gegensätze objektiv-subjektiv, natürlich-künstlich, schön-interessant aufgenommen sind.[7]

Die Moderne ist also die Periode, in der das Interessante – wesensbedingt – in eine Krise geraten ist. Diese Krise ist Bedingung und Ausgangspunkt für eine ästhetische Revolution, für den »plötzlichen Sprung«, der »das Werk ihrer [der Modernen] Freiheit ist.«[8]

In dieser Revolution werden die ›beiden schnurstracks entgegengesetzten Systeme‹ des ›Kreislaufs‹ und der ›unendlichen Fortschreitung‹ in einen übergeordneten Gesichtspunkt..., den Schlegel ›progressiv-zyklisch‹ nannte, zusammengeschlossen[9], gewissermaßen die Verwirklichung der teleologischen Bestimmung der unendlichen Perfektibilität.[10]

Das System des Kreislaufs aber, so führt Schlegel weiter aus, ermöglicht kein absolutes, sondern nur ein relatives Maximum[11], es ist, wie wir gesehen haben, auf die ›imitatio‹ der Natur beschränkt und schließt so die Erfahrung der Freiheit aus. Die alte Geschichte ist als »erste(r) Teil der Geschichte zu betrachten; die der modernen Europäer als *unvollendete(r) Zweite(r)*«.[12]

Diese Konzeption der Wechselwirkung stellt jedes einzelne Kunstwerk in einen geschichtlichen Zusammenhang, der seinerseits durch Gegensätzlichkeit (Kreis-Fortgang) bestimmt ist.

Die Kunst kann ihr geschichtliches Wesen (Zwiespalt: Natur/ Kunst) nicht leugnen. Aber auch die Geschichte wird in bezug auf Bildung/Kunst gesetzt (Zwiespalt: Kreis/Perfektibilität).[13] Beide, Kunst und Geschichte, werden durch die gleiche Gesetzmäßigkeit bestimmt. »Der Gipfel der natürlichen Bildung der schönen Kunst bleibt daher für alle Zeiten das hohe Urbild der künstlerischen Fortschreitung.«[14]

Eine bloße Nachahmung der Antike (imitatio der Naturimitatio) kommt also für die Zukunft sowenig in Frage wie die bloße Fortsetzung der – krisenhaften – Progression unserer (Schlegels) Übergangszeit. Imitatio und Fortschritt müssen zusammentreten. Das erfordert die Eröffnung einer neuen Dimension: die der neuen Mythologie, wie Schlegel sie später in der ›Rede über die Mythologie‹ explizit in Aussicht stellt[15], aber bereits im Studiumaufsatz fordert: »Sie (die griechische Bildung) war nicht nur in ihrem Ursprunge, sondern auch in ihrer ganzen Masse mythisch.«[16] Mit diesem, als Ideal der Einheit gedachten Mythos, konfrontiert Schlegel die Zerrissenheit der Moderne, ohne diese letzte als bloß negativ zu bestimmen. Die neue Mythologie schließt das Natürliche, das in der autonomen Kunst zum Ausdruck kommt – anders als im »ältesten Systemfragment des Deutschen Idealismus« – in versöhnender Absicht mit der Mo derne, mit dem Künstlichen, Progressiven zusammen.

In seinem Aufsatz ›Über naive und sentimentalische Dichtung‹ faßt Schiller das Verhältnis von antiker und moderner Kunst so, daß er die Unvereinbarkeiten, die in Schlegels Konzeption zutage treten, vermeiden kann. Schiller bestimmt das Verhältnis von antiker und moderner Kunst, sofern wir es begrifflich konzipieren, als ein wechselseitig bedingtes. Gerade die Tatsache, daß die Ideale der antiken Kunst unwiderruflich verlorengegangen sind, läßt uns erkennen, in welchem Maße sie ein Ideal war und es nie wieder sein kann, als solches aber auch komplementär ist zu gegenwärtigen Idealen. Das Ideal, das der Mensch qua Natur erreicht, ist aber dem Ideal, nach dem er künstlich strebt, untergeordnet. Das heißt, der moderne Mensch ist dem antiken überlegen, sofern dieser tatsächlich dem Naturhaften, dem zyklischen Konzept verhaftet bleibt.

Schillers Konzeption indessen, das ist unverkennbar, hat den Primat des Schönen, d. h. die Autonomie des Ästhetischen, dem Vorrang des Moralischen geopfert. Das Sentimentalische bestimmt nicht nur vorrangig unser Interesse an der heutigen Kunst, sondern auch das an der antiken. Jauss weist folgerichtig darauf hin, daß Schlegel sehr wohl noch die Ideale der Antike und der Moderne aufeinander beziehen konnte, weil letztendlich das Schöne das bestimmende Moment sei. Schiller sieht sich dagegen vor die Schwierigkeit gestellt, eine Kunst, die autonom ist (Antike), von einer Konzeption, die die Kunst der Moral unterordnet, zu beurteilen.[17] Es ist freilich auch diese Konzentration auf das Moralische, die dem Künstler eine neue Dimension, die der Freiheit, eröffnet. Die Künstler der Antike sind auf die Nachahmung der Natur festgelegt, dem modernen Künstler ist die Möglichkeit gegeben, ›über die Natur hinaus in das Idealische zu gehen‹.[18] Die Nachahmung der Natur ist das Maß, aber auch die Grenze der Vollkommenheit der antiken Kunst.

Nietzsche

*Ach. Es ist der Zauber dieser Kämpfe, dass,
wer sie schaut, sie auch kämpfen muß.*[19]

Unzweifelhaft ist Nietzsche der legitime Erbe der alten und neuen ›Querelle‹, und zwar in dreifacher Hinsicht. Er setzt die Auseinandersetzung um den Primat der Kunst oder der Wissenschaft fort, genauso wie den Streit um die Verfallsgeschichte der Kultur oder die Entscheidung für eine lineare oder zyklische Geschichtsauffassung. In den üblicherweise unterschiedenen drei Phasen spiegelt sich ein historischer Verlauf von der Antike bis einschließlich der Postmoderne.[20] Die Anziehungskraft seiner Überlegungen liegt darin, daß sie nicht nur die drei großen Fragen der ›Querelle‹ stellt, sondern auch die der Vereinbarkeit des Unvereinbaren.

Primat der Kunst oder der Wissenschaft?

In der ersten Phase seiner Arbeit begründet Nietzsche, namentlich in der bedeutenden Schrift ›Die Geburt der Tragödie‹[21], den Vorrang der Kunst vor der Wissenschaft. In der Wissenschaft bzw. in dem ihr von Anfang unserer Kultur an zugrundeliegenden Erkenntnistrieb sieht Nietzsche eine unheilvolle Selbsttäuschung des Menschengeschlechts. Das sokratische ›erkenne Dich selbst‹ vereinseitigt unsere Erfahrung bei gleichzeitiger Vortäuschung einer Totalperspektive. Was verstellt wird, ist die Sicht auf das Leben als Kampf, aber auch auf das Leben als Rausch. Beide Perspektiven widersetzen sich der Vereinzelung der Einzelnen (der Individuation). Sie offenbaren, daß das Leben tragisch ist. Die von Sokrates begründete Erkenntnis sieht Nietzsche als Furcht, Ausflucht und Notwehr gegen diese Wahrheit.[22] Damit unterläuft Nietzsche den traditionellen Begriff der Wahrheit als ein Produkt der Angst, der Unterlegenheit und keineswegs als eine objektive Feststellung. Die Einsicht darin, daß ›das Problem der Wissenschaft nicht auf dem Boden der Wissenschaft erkannt werden kann‹[23], bestimmt Nietzsche in seiner Erstlingsschrift: ›die Wissenschaft unter der Optik des Künstlers zu sehen, die Kunst aber unter der des Lebens…‹[24]

In der Kunst bekämpfen sich zwei Mächte gegenseitig, die »aus der Natur selbst, *ohne Vermittlung des menschlichen Künstlers,* hervorbrechen...«[25]

Da auf die Wissenschaft kein Verlaß ist, sie aber andererseits das, was die Natur ist, darstellen muß, ist die Kunst das geeignete Medium, die erfahrene Wirklichkeit zu analysieren, außerhalb des Zugriffs menschlicher Vernunft. Nur im Medium der Kunst zeigen sich unverstellt die zwei Kräfte des Apollinischen und des Dionysischen, die im ewigen Kampf unsere Erfahrung bestimmen. »Apollo tritt uns... als die Vergöttlichung des *principii individuationis* entgegen... Diese Vergöttlichung der Individuation kennt... nur *ein* Gesetz, das Individuum, d.h. die Einhaltung der Grenzen des Individuums, das Maß...«[26] Dieses Maß muß man erkennen, um ihm entsprechen zu können, so folgert Nietzsche, es erheischt Selbsterkenntnis. Aber diese Grenzziehung bedeutet Reduzierung – das principium individuationis wirft den Einzelnen auf sich selbst zurück, beläßt ihn in der Beschränktheit seiner eigenen Perspektive, die ihn als intellektuelle Abstraktion zudem über das wahrhafte Leben hinwegtäuscht.

Demgegenüber setzt Nietzsche die grenzüberschreitende Kraft des Dionysischen, des Lustvollen, des Überflusses, des Selbstvergessens – aber auch des angenommenen Schmerzes. Die Chiffre des Dionysos steht so auch für den »Weg zu dem innersten Kern der Dinge«, der nicht mehr mit Erkenntnis zu vergleichen ist. Anders als in der Wissenschaft, in der die apollinische Kraft zur Alleinherrschaft gelangt ist, herrschen in der Kunst das Appollonische und Dionysische gleichermaßen, sofern die Kunst nicht degeneriert ist.[27] Diese gleichzeitig wirkenden Kräfte sichern der Kunst die Suprematie über der einseitigen Erkenntnis und Wissenschaft.

Die Verfallsgeschichte der Kultur

Daß Kultur als Verfallsgeschichte gedacht werden muß, ergibt sich aus der Dominanz der Erkenntnis und der Wissenschaft als der apollinischen Einseitigkeit. Ihre Quelle ist der von Nietzsche als Selbstmord verstandene Untergang der griechischen Tragödie, in deren Mittelpunkt Dionysos gestanden hat. »In Wahrheit aber ist jener Held der leidende Dionysos der Mysterien, jener, die Leiden der Individuation an sich erfahrende Gott... der zerstückelt worden sei... wobei angedeutet wird, daß diese Zerstücke-

lung, das eigentlich dionysische *Leiden...* sei«.[28] Auf die Zerstückelung folgt nicht mehr die Hoffnung auf die Wiedergeburt
des Gottes. Mit Dionysos starb der Mythos, »unter den gewaltsa-
men Händen des frevelnden Euripides«.[29] Es ist allerdings das
Los eines jeden Mythos, »allmählich in die Enge einer angeblich
historischen Wirklichkeit hineinzukriechen und von irgendeiner
späteren Zeit... als Faktum... behandelt zu werden...«[30] Dann
aber gerät die Kunst unter das Diktum: »Alles muß verständig
sein, um schön zu sein.«[31] »Ohne Mythus aber geht jede Kultur
ihrer gesunden schöpferischen Naturkraft verlustig...«[32]

Auf diesem Hintergrund ist die Vereinigung von Apoll und
Dionysos zu beschwören – die ›Geburt der Tragödie‹ schließt mit
der Aufforderung, beiden Göttern zu opfern.

Möglicherweise ist es die Erfahrung der von Nietzsche an
Wagner diagnostizierten Enttäuschung über den kulturellen Ver-
fall gewesen, die ihn in seiner zweiten Schaffensperiode der
Aufklärung näherbrachte. Am Anfang dieser Periode erklärt
Nietzsche jenen Zugang zum Kern der Dinge, den er zuerst in
kritischer Absicht gegen die Dominanz der Erkenntnis und der
Wissenschaft ins Spiel gebracht hatte, als Illusion. Zunächst ist es
die Wissenschaft, die den Menschen von den selbstauferlegten
Zwängen und Selbsttäuschungen befreien kann. Die höheren
Ideale, seien sie moralischer oder religiöser Prägung, werden
zerstört. Die Kunst hat sich nun dem kritischen Verfahren der
Vernunft unterzuordnen. Aber dieser psychologisierenden,
wenngleich radikalen Kritik haftet ein Mangel an: die Reduktion
der herrschenden Ideale auf ihren ideologischen Gehalt bedeutet
zwar Aufklärung, jedoch nicht ihre Widerlegung oder gar Beseiti-
gung. So nimmt es nicht wunder, wenn sich die Kritik Nietzsches
auf der nächsten Stufe zur Selbstkritik der Vernunft entwickelt.[33]
Der Skeptiker Nietzsche mißtraut nicht bloß der Anwendung der
Vernunftkritik, sondern vor allem ihrer Wirkung. Sie bleibt, wie
es Deleuze in seiner Nietzsche-Studie in vergleichbarer Absicht
entwickelt, reaktiv. Gegen Ende seiner zweiten Periode aber
bringt Nietzsche das Aktive, Bejahende ins Spiel, das sich nicht
mehr als Gegensatz zum Gegebenen verstehen läßt. Das Tänzerische, Freie, das sich über die gegebenen Verhältnisse hinwegsetzt,
leitet jetzt die Gedanken.

Dionysos ist das Symbol der Entgrenzung, der Vereinbarkeit von Gegensätzen nicht nur dinglicher Qualitäten, sondern auch ontologischer Dimensionen – nicht zuletzt der Zeitdimensionen. Mit der Tragödie, so Nietzsche, starb auch Dionysos. Unter dem Einfluß Euripides' hatte »der Hellene den Glauben an seine Unsterblichkeit aufgegeben, nicht nur den Glauben an eine ideale Vergangenheit, sondern auch den Glauben an eine ideale Zukunft«.[34]

Nietzsches späteres Konzept der ewigen Wiederkehr des Gleichen knüpft an seine ersten Ausführungen in der ›Geburt‹ an. Er wiederholt dabei im eigenen Werk gleichnishaft eine historische Bewegung, sofern diese von ihm – ähnlich wie in der ersten ›Querelle…‹ und bei Schlegel – spekulativ rekonstruiert wird: vom Mythos zur Ratio und wieder zum Mythos – eine Bewegung, die jüngst Frank in einer eindrucksvollen Studie nachgezeichnet hat.[35]

Im Unterschied zu früheren Rekonstruktionen strebt Nietzsche mit der ›Ewigen Wiederkehr…‹ keineswegs eine Synthesis von Mythos und Ratio an. Die schon in der ›Geburt…‹ unzweifelhaft vorhandene Sympathie für das Dionysische gewinnt nun die Oberhand. Darin sollte man weniger einen mythisch getragenen Irrationalismus sehen, als vielmehr die schmerzliche Einsicht, auf dem Wege des diskursiven Denkens nichts Kritisches mehr über die Kultur und humanes Leben sagen zu können. Für Nietzsches Geschichtsauffassung und die daraus resultierende Rolle der Kunst und Wissenschaft bedeutet das folgendes:

In der ›Geburt…‹ sieht Nietzsche die ursprüngliche Griechische Tragödie als Ausdruck der tiefen Einheit von Mensch und Natur. Lust, Schmerz und Tod werden mimetisch erfahren. Die Grenzen zwischen Ich, Anderen und Natur sind nicht scharf gezogen. Die Geschichte kennt keinen Fortschritt, weil weder die Notwendigkeit einer Beherrschung natürlicher und sozialer Prozesse noch eine Lust an der dazu notwendigen Distanzierung (Bewußtwerdung der Distanz) des Menschen von sich und seiner Umgebung besteht. Mit diesem idealen Zustand brechen Sokrates und Euripides. Sie introduzieren die Vernunft in die Geschichte und machen damit Geschichte zu einer Sache der Progression oder Regression.

Diese Manipulation hat nun, wie es auch Durkheim und Weber analysierten, teilweise verheerende Folgen. Für Nietzsche ist klar, daß damit die Kunst ihre ursprünglichen Möglichkeiten eingebüßt hat. Auch darin liegt ein Motiv für Nietzsches nun erwachendes Interesse an der Aufklärung. Aber der Bruch mit dem zyklischen Geschichtskonzept und der Vorstellung von Kunst als Ausdruck einer mimetischen Haltung währt nicht lange. Bereits in ›Morgenröte‹ und dann in der ›Fröhlichen Wissenschaft‹ sind der Skeptizismus und die Selbstkritik Nietzsches so ausgeprägt, daß er auch in ein noch so radikales Aufklärungsprogramm keine Hoffnung mehr setzen kann. Er nimmt Abschied von der Vorstellung einer linear zum Besseren fortschreitenden Geschichte und greift die Idee einer zyklischen Geschichte wieder auf. Damit ist auch wieder Raum für die Kunst geschaffen, die nun nicht mehr an ein außerwissenschaftliches und außergesellschaftliches Ideal interesselosen Wohlgefallens gebunden ist, sondern sich zur ›eigentlich metaphysischen Tätigkeit‹ entwickeln kann.[36]

Die neuere französische Nietzsche-Interpretation sieht in diesem Wandel eine entschiedene Kritik der herkömmlichen Philosophie in zweierlei Hinsicht:

1. Sie findet in dem Neuansatz den Beleg dafür, daß verbindliche Wahrheitsaussagen und die Bestimmung des Kriteriums für die Beurteilung der Frage wahr/falsch nicht mehr möglich, geschweige denn begründbar sind.

2. Damit einhergehend sieht sie bei Nietzsche einen Ansatz dafür, daß die Struktur der Wirklichkeit keine andere ist als die Struktur von Texten. Will man also einer radikalen Kritik der naiven Tradition Ausdruck geben, dann muß die Struktur des kritischen Textes gegenüber traditionellen Formen das radikal Andere repräsentieren. Es muß, um mit Adorno zu sprechen, der in dieser Hinsicht nicht nur Nietzsche, sondern auch den Neostrukturalisten verwandt ist, die Nicht-Identität aufgezeigt werden, gegen die hermetische Geschlossenheit einer von Vernunft durchdrungenen Kultur, die sich selbst erhält, indem sie Herrschaft als Bedingung für ihre Erhaltung praktiziert. Die Herrschaft der Vernunft in der Geschichte muß gebrochen werden, die Vorstellung einer linearen Progression verabschiedet, die Rezeptionsroutine der Kunst verfremdet werden. Damit löst sich die Arbeitsteilung zwischen Kunst und Philosophie auf. Die Distanz zwischen Kunst und Leben wird aufgehoben. Das Dio-

nysische kommt zu seinem Recht, und mit ihm der Mythos, von dem Nietzsche gesagt hatte, daß er die Individuation als den Urgrund des Übels zu zerstören vermochte und die Kunst als freudige Hoffnung diesen Bann zu brechen befähigen könne.

Dialektik der Aufklärung

Die Wiederkehr des Mythos wird von Horkheimer und Adorno in der ›Dialektik der Aufklärung‹[37] zugleich als Geschichte und als Theorie der Geschichte thematisiert. Die Geschichte ist eine des Zerfalls der Einheit der Menschen mit der Natur, die mit dem Mythos als Erklärung, und somit als Meisterung der äußeren und inneren Natur anhebt und hinter der perfiden Maske der Vernunft dem Höhepunkt ihres Niedergangs zustrebt.

Hier sind nicht Erkenntnis und Interesse, sondern Erkenntnis und Krise eins. Die Krise, in die die Theorie und damit die Wirklichkeit, als Grundlage der Erkenntnis, geraten ist, ist selbstreferentieller Art. Das kritische (abgrenzende) Interesse – das Principium individuationis – des Menschen der Natur gegenüber führt als Interesse an der Erkenntnis in die Krise. Die Anklänge an Nietzsche sind unüberhörbar. Wenn Nietzsche jedoch im Mythos und in der Bejahung der ewigen Wiederkehr des Gleichen noch Anhaltspunkte, für eine – wenn auch nicht in Erkenntnistheorie begründete – Theorie und Praxis sah, so ist für Horkheimer und Adorno der archimedische Punkt unvorstellbar geworden. Das Bewußtsein kann sich nur noch als Krise seiner selbst fassen – ex negativo von sich und von der Welt ›sagen‹, daß es nicht richtig ist, so, wie es erscheint, wobei auch dieses ›Sagen‹ in die Krise geraten ist, weil die Maßstäbe für wahr und falsch abhanden gekommen sind. Die Aussage, daß alles in die Krise geraten ist, gilt für alle Aussagen, einschließlich dieser. Wie es, trotz logischer Einwände, doch weitergeht, zeigen die ›Negative Dialektik‹ und die ›Ästhetische Theorie‹[38]. Unbestritten ist wohl, daß Adorno bereits auf dem Hintergrund seiner frühesten Interessen und Studien in der Kunst und Kunsttheorie angemessenere Wege sieht, die Krise, das Bewußtsein darüber und den Gedanken an die Nichtidentität, die im Kunstwerk die Vorstellung eines richtigen Lebens wachhält, zu artikulieren.

Spätestens hier kann an die alte ›Querelle...‹ und ihre Fortsetzungen angeknüpft werden. Zum ersten Mal wird der Blick auf die Geschichte, auf die ›Alten‹ radikal und vorurteilslos, sowohl hinsichtlich der von ihnen in Gang gesetzten wissenschaftlichen Entwicklung als in bezug auf ihre Kunst.

Im Mythos ist bereits der radikale und unaufhaltsame Zerfall des mimetischen, unbefragten Verhältnisses des Menschen zur Natur und zu sich selbst begründet. Er ist Ausdruck für jenes erwachende Interesse an Selbsterhaltung, das auch von Nietzsche als Absage an die bevorzugte Form des gefährlichen Lebens verächtlich gemacht wurde. Es bringt unweigerlich den Zwang zur Herrschaft über die äußere Natur und über die eigene Triebbefriedigung mit sich. Ein Gewaltprinzip setzt sich in der Geschichte durch, das jene Dialektik produziert, die als Herrschaft und Knechtschaft nichts unverändert, geschweige denn sich selbst sein lassen kann. Diese Gewalt rächt sich am Bewußtsein, nach dem Muster der Diastole und Systole – der Zwang, es anderen anzutun, richtet sich nach innen und schafft jene hermetische Geschlossenheit, die das Bewußtsein noch daran hindert, das eigene Prozedere wahrzunehmen. Mit dem Bewußtsein, das Geschichte *machen* sollte, gerät eben diese in den Sog des Zerfalls. Was die ›Antike‹ als Ideal der Vollkommenheit betrachtete, ist nurmehr der totale Verblendungszusammenhang, der sich selbst und ihre perpetuierende Fortsetzung produziert. Es ist die Einheit von Mythos, Geschichte und Selbsterhaltung, die jenes Gewaltverhältnis darstellt, das sich als konsequente Selbstentmachtung der Legitimationsansprüche der Aufklärung auswirkt. Der Anspruch, alles zu legitimieren, führt zur Einsicht, daß sich dies ohne Rückgriff auf das ›Andere‹ der Rationalität nicht bewerkstelligen läßt. Der scheinbare Vorteil, daß Rationalität nicht selbstreferentiell ist, kehrt sich um. Als Methode der Erkenntnis bedarf sie eines Gegenstands, sonst bleibt sie bloße Abstraktion. Adorno hat diese Geschichte des Zerfalls auf die Kunst angewendet.

Die meisten Kunstwerke sind nicht weniger dem Verblendungszusammenhang anheimgefallen als die großen philosophischen Systeme. Sie spiegeln die wirkliche Herrschaft des Menschen über den Menschen wider, die Gewalt, die der Mensch sich selbst antut, die Ungleichheit, die durch die Abstraktion des Tauschwerts, die die gesellschaftlichen Verhältnisse bestimmt, verschleiert wird.

Das gilt für die meisten Kunstwerke – aber eben nicht für alle. Es gibt vereinzelt ›große Kunstwerke‹, in denen ein Moment des Widerstandes gegen die Verblendung und Herrschaft zwar nicht dargestellt, aber doch festgehalten wird. Festgehalten, indem etwas ausgespart wird. Es ist eine Leerstelle – ein Moment, das sich nicht nahtlos in die Kontinuität der durchgängigen Unterdrückung einreihen läßt. Das Kunstwerk kann nicht darstellen, wie die Welt, die den tatsächlichen Bedürfnissen der Menschen entspräche, auszusehen hätte. Es kann nur anzeigen, daß die Welt so, wie sie ist, weder ist, was sie vorgibt zu sein, noch richtig ist. Das Kunstwerk kann nur negativ zum Ausdruck bringen, was der Gedanke an das Richtige, Humane, das mit sich Identische sein kann.

Dieser Gedanke impliziert einen Blick auf die Geschichte als die einer Kontinuität der Unterdrückung und des Zerfalls. Es gibt keine Tendenz zum immer Besseren, Schöneren, Wahren, keine Wellenbewegung des Auf und Ab, sondern nur den Niedergang. Allerdings gibt es in diesem Niedergang vereinzelte Momente des Aufblitzens eines Widerstandes, Momente des Bruchs, der Diskontinuität, die belegen, daß eine totale Einvernahme des Bewußtseins nicht möglich ist. Andererseits ist klar, daß es eine selbstzerstörerische Dynamik der Herrschaft gibt, die das Bewußtsein bis zur Bewußtlosigkeit determiniert. Die vorherrschende Dynamik des totalen Verblendungszusammenhangs absorbiert selbst einzelne Momente von Rationalität, überantwortet und integriert sie somit dem irrationalen Ganzen. Dieser Ansatz erlaubt uns, wie ich später zeigen werde, eine mögliche Bestimmung des Postmodernen, die über eine bloße Radikalisierung des Modernen hinausgeht.

Einige Perspektiven

Wir können jetzt die Frage stellen, ob die Postmoderne etwas anderes ist als die Moderne, oder ob sie nur eine radikalisierte Moderne ist, ob sie, m. a. W., nur die heutige Erscheinungsform immer wieder auftretender Krisen im Prozeß der Vollendung des Projekts der Moderne ist.

Auf diese Frage geben die Autoren dieses Bandes unterschiedliche Antworten, die ich kurz skizzieren möchte.

Hassan, Bertens und Kittler sehen in der Postmoderne eine qualitativ neue Entwicklung. Hassan weigert sich zwar, die Postmoderne zu definieren (»I can't define Modernism, I can define postmodernism less«), er benennt jedoch in einigen Aufsätzen eine Vielzahl von Merkmalen, die nicht nur zur Unterscheidung von Moderne und Postmoderne geeignet sind, sondern auch anzeigen, daß etwas Neues in unser ästhetisches und sozial-politisches Blickfeld getreten ist.[39]

In seinem vorliegenden Beitrag präzisiert er anhand von elf Merkmalen das Neue der Postmoderne: 1. Unbestimmtheit, 2. Fragmentarisierung, 3. Entkanonisierung, 4. Das Selbst-lose und die Untiefe, 5. Das Unvorstellbare und Undarstellbare, 6. Ironie, 7. Das Hybride, 8. Das Karnevaleske, 9. Darbietung, Teilnahme, 10. Konstruktionismus und 11. Immanenz. In dem kulturellen Pluralismus, auf den diese Bestimmungen verweisen, sieht Hassan eine neue Qualität unserer Epoche.

Seine Ausführungen münden in der These, daß der postmoderne ›mind‹ seine eigene Umwelt schafft, indem er auf sich selbst bezogen agiert: die Immanenz. Die postmoderne Kultur schafft keine neue Transparenz, sondern eine hermetische Geschlossenheit, in der sich der Pluralismus entfaltet, sofern keine festen Anhaltspunkte für das Wahre/Falsche, (Un-)Erwünschte gegeben oder auszumachen sind. Es gibt, um mit Lyotard zu sprechen, kein Zentrum. Sprache ist allenfalls imstande anzuzeigen, daß sie dezentrierend wirkt.

Bertens sieht in Hassans Plädoyer für den Pluralismus einen Versuch, die verschiedenen Erscheinungsformen der literarischen Postmoderne zu einer Synthesis zu verschmelzen: der Kampf gegen die Expertenkultur (Fiedlers »cross the border, close the gap«) in einer Gesellschaft, in der die traditionellen Autoritäten und Orientierungen an Bedeutung verloren haben, die ›new sensibility‹, später die ›unitary sensibility‹ (Susan Sontag), die die Funktion der Interpretation überflüssig gemacht hat und die Erfahrung in Dimensionen neuer Technologien umgestaltet, werden mit strukturalistischen Ansätzen verknüpft. Der Pluralismus bedeutet das von Lyotard beschworene Ende der ›grands récits‹.

Bertens sieht in der Selbstreflexivität der Kunstwerke und -produktion, verknüpft mit einer Umorientierung von der Repräsentation zur Darbietung (performance), eine neue Qualität, die man als postmodern von der Moderne abgrenzen kann und sollte.

Die Dominanz des Zufalls, des ontologischen Zweifels höhlen das Konzept und die Wirklichkeit individueller Identität aus. Das Selbst ist nicht fixierbar, sondern etwas Flüssiges, es existiert ›in Interaktion‹, aber nicht essentialistisch, wie Bertens unter Berufung auf Holland sagt. Leser und Text konstituieren sich gegenseitig, sind beide gleichermaßen wirklich und fiktiv.

Anknüpfend an Pynchons ›Gravity's Rainbow‹ ist für Kittler die Grenze zwischen Fiktion und Wirklichkeit nicht mehr zu ziehen. Die Wirklichkeit, im besonderen die der technischen Entwicklung von Kriegswaffen, folgt einem bestimmten phantasmagorischen Muster, das die gesamte Realität durchzieht. Es ist das Muster einer Erkenntnis, die sich selbst als Informationserzeugung und -aufbereitung an die Stelle der Realität setzt. Weil das traditionelle Band zwischen Realität und Begriff zerschnitten ist, alle unsere Erklärungen rein hypothetischer Art sind, läßt sich alles nur noch in Termini eines Informationsflusses verstehen. Es gibt jedoch keine Ebene mehr, den Zusammenhalt der Welt und die in ihr stattfindenden Prozesse klassisch begrifflich in Kategorien wie Ursache und Folge zu fassen. Statt dessen gibt es Interdependenzen zwischen verschiedenen technologischen Entwicklungen, die freilich auf der Bewußtseinsebene noch als Kampf um materielle Güter oder um verschiedene Ideologien lesbar sind. Nur dort aber, wo zwei Informationsflüsse (kontingent) sich überschneiden, kann es zur Identitätsbildung im klassischen Sinn kommen, wie Kittler an der Gestalt des Slothrop zeigt. Information ist keine Fiktion, sondern mit dem geschichtlichen Verlauf – als Informationsfluß – identisch. Das Ergebnis ist Entropie. Allerdings eine dezentrierte Entropie, innerhalb derer es keine Orientierung gibt: Realitätsbewußtsein und Paranoia fallen in eins.

Im Gegensatz zu der Position, die Postmoderne sei etwas Neues, betrachten einige der Autoren dieses Bandes die Postmoderne bloß als eine mehr oder weniger dramatische Entwicklung innerhalb der Moderne. Dazu zählen van Uitert und Boehm. An anderen Stellen haben Habermas und Wellmer kraftvoll das Projekt der Moderne verteidigt.[40]

Manschot liest Nietzsche aus der Perspektive der neueren französischen Philosophie. Sie hat Nietzsche als den Kritiker gefeiert, der nicht an den Grenzen der herkömmlichen Kritik haltmacht; dessen skeptisches Mißtrauen gegenüber der Sprache auch diese selbst so radikal erfaßt, daß das gesprochene Wort die den Menschen bestimmenden Kräfte nur anzeigen kann. Das Ungesprochene, Unaussprechbare ist das Andere der Sprache oder auch der Vernunft, und ebendies bestimmt den Menschen. So wie die Sprache eine Sicherheit vortäuscht, die es nicht geben kann – sie kann das Wesen der Dinge nicht fassen, bleibt metaphorisch –, so täuscht auch die Vernunft eine Verbindlichkeit vor, eine Allgemeingültigkeit ihrer Einsichten, die doch nur Schein ist.

In der Gewalt, die der Mensch sich sprachlich und ›vernunftmäßig‹ antut, spiegelt sich jene Gewalt wider, der der Mensch sich politisch unterwirft.

In jeder Hinsicht wird die Pluralität, die Vielfalt der möglichen Lebensformen und Interpretationen dem vorherrschenden Zwang des Allgemeinen geopfert – ein Gesichtspunkt, den Frank ebenfalls hervorhebt.

Und damit kommen wir zur philosophischen Debatte um die Moderne/Postmoderne. Habermas hat in mehreren Veröffentlichungen die Postmodernen als jungkonservativ und antimodern angegriffen. Seine Skepsis gegen das von ihm als neue Irrationalität beschriebene Phänomen der Kritik an der Moderne demonstriert er nicht nur am Beispiel der Architektur, sondern vor allem auf der Ebene der Gesellschafts- und Kulturtheorie, die in dem sprachlich artikulierten Konsens die Grundlage aller Normen und Handlungen sieht. Er warnt davor, die Errungenschaften der Aufklärung, der Moderne, leichtfertig (oder überhaupt) aufs Spiel zu setzen. Die Postmoderne greift, so gesehen, die Ressourcen, von denen sie doch zehrt, an. Auch Kritik und Relativismus leben von der, Habermas zufolge, verdrängten und verschwiegenen Voraussetzung, daß Einsichten und Normen verbindlich sind, daß sprachliche Verständigung unhintergehbar ist. Der Versuch einer Letztbegründung erübrigt sich zwar, damit jedoch nicht die Notwendigkeit des Nachweises, daß aus – wie auch immer zu problematisierenden – Übereinstimmungen Verbindliches hervorgeht.

Dafür gilt dann, daß die Grenze der sprachlich zu treffenden Vereinbarungen, die Grenzen der Welt sind.

Es gibt kein Anderes der Vernunft und der Sprache – was sprachlich nicht artikulierbar ist, kann kein Bestandteil der sozialen, also geteilten und teilbaren Welt sein. Dieser Sichtweise schließt sich auch Wellmer an. Bezugnehmend auf Habermas und

Castoriadis, konzediert er zwar ein ›Anderes der Vernunft‹, das nicht *in* der Vernunft, sondern vor ihr liege. Neben der von ihm unterschiedenen psychologischen und ideologiekritischen Zerstörung alteuropäischer Konzepte der Subjektivität (Wellmer bezieht sich dabei auf die Neostrukturalisten) und der Wahrheitsansprüche gibt es eine sprachphilosophische Destruktion des Subjektivismus. Gegen diese gilt es, das *Quasifaktum* sprachlicher Bedeutungssysteme, Lebensformen einer sprachlich erschlossenen Welt, ins Spiel zu bringen.[41]

Von Quasifaktum ist die Rede, weil dies nicht durch Vereinbarung oder rationalen Diskurs erzeugt, gedacht werden kann. Diese ›Offenheit‹ ist gegeben, kann durch Vernunft nicht eingeholt werden, sowenig, wie sich das Subjekt oder die Gesellschaft transparent machen kann.

Wellmer sieht das, was die Neostrukturalisten an ›Anderem‹ voraussetzen, Gewalt, Körperlichkeit etc., immer schon in Sprachen vorgegeben und folgert daraus, daß es falsch wäre, die psychologische Kritik ›Nietzscheanisch ins Affirmative zu wenden‹. Nur: Das Mißtrauen der Neostrukturalisten wendet sich gerade gegen die These, daß alles sprachlich vorgegeben oder auch, m. a. W., – gegen die Sprache selbst – eingeebnet sei in die nicht-sprachlichen Strukturen.

Man kann also dem von Wellmer unter Verweis auf Seel gemachten Vorschlag zustimmen, die verschiedenen Sprachspiele miteinander zu vermitteln (Hassans Pluralismus), ohne daß damit jedoch das Problem des Nicht-Sprachlichen gelöst wäre.

Diesen Punkt greift Frank in seinem Beitrag auf. Er bringt, gegen den Zwangsverdacht des Universalismus, das Konzept des Individuellen ins Spiel. Im Rekurs auf die Romantik entwickelt Frank ein Bild der Gesellschaft als Organismus, der die Individuen nicht auf Funktionsträger reduziert. Dann kann Kommunikation das Telos der Verständigung sein, ohne daß ein Zwang zur konformistischen Einengung der Individualität besteht.

Schlußbemerkung

Im Zentrum der Diskussion über das Verhältnis Moderne/Postmoderne steht die Frage: Ist die Postmoderne etwas radikal Neues, oder ist sie nicht vielmehr radikalisierter Ausdruck der alten Probleme der Moderne?

Die Kulturdebatten aus der Vergangenheit, die ›Querelle des Anciens et des Modernes‹ und die Schiller-Schlegel-Debatte fanden ihr Ende darin, daß man die ursprünglich für unüberwindbar gehaltenen Gegensätze zwischen Tradition und Neuerung relativiert und Kontinuität zwischen Neuem und Herkömmlichen hergestellt hat.

Die Romantik kennt, wie später Benjamin, die Konzeption des Bruchs, der Diskontinuität. Den Staat als Maschine durch die organisch gedachte Solidarität zu ersetzen, die eindimensionale Vernunft durch den Mythos der Vernunft abzulösen, die Geschichte nicht aus der Perspektive der Sieger, sondern aus der der Unterlegenen zu sehen – das sind Vorstellungen, die sich nicht nahtlos in die unterstellte Kontinuität *der Geschichte* integrieren lassen und auch ausdrücklich als Bruch konzipiert worden sind.

Bei der Postmoderne scheint sich die Frage radikaler zu stellen als je zuvor. Die totale Verunsicherung nimmt Gestalt an. Es gibt ontologische Zweifel an den kausalen Zusammenhängen in der Welt, die Darstellung innerweltlicher Verhältnisse folgt keinem nachvollziehbaren Schema, jegliche Kontinuität in Raum/Zeitvorstellungen ist verschwunden; das Band zwischen Wirklichkeit, Text, Kunstwerk und Rezipient ist zerschnitten. Wertmaßstäbe auf theoretischer Ebene oder gar im Sinne einer Moralität sind nicht mehr vorhanden. Die Möglichkeit einer wie immer gearteten Orientierung ist verlorengegangen. Das Ganze löst sich (buchstäblich) in Konversation (Rortys ›conversation of mankind‹) auf. Ist das noch als Fortsetzung des Alten mit neuen Mitteln zu sehen?

Die Postmoderne beabsichtigt mehr als die spielerische Wiederaufnahme des romantischen Vorschlags, die Kritik des Kunstwerks zum Kunstwerk zu machen, wie es Hassan versucht hat; sie beinhaltet mehr als eine bloße Verschiebung der Rollenperspektive (wie in Ecos ›Name der Rose‹ und in der Fernsehserie ›Kottan ermittelt‹ zu erleben ist); das Buch bzw. der Detektiv ermittelt gegen den Leser. Die Postmoderne ist mehr als opportunistischer Eklektizismus oder Irrationalität. Ich verstehe sie als eine Extrapolation bestimmter Entwicklungstrends in die Zukunft.

Das Inkommensurable des Postmodernen gegenüber dem Modernen ist zu konkretisieren als der Verlust aller (sprachlichen)

Mittel, etwas zu bestimmen, bei gleichzeitiger Anzeige künftiger kulturell-politischer Entwicklungen und ihrer Ursachen.

Das scheinbare Paradox löst sich auf, wenn man die Entwicklung als eine Tendenz zur Entsprachlichung und Entdifferenzierung sieht.

Die Postmoderne zeigt an, daß alles entsprachlicht wird.

Alles wird, wie in Pynchons Romanen, total kontingent, wodurch auch das Konzept der Kontingenz seine Bedeutung verliert und alles wieder einer höheren Notwendigkeit zu unterliegen scheint, die sich aber ihrerseits wieder als Kontingenz des Ganzen offenbart.

Die daraus resultierende Ohnmacht ist in der Postmoderne nicht so sehr auf die Machtstrukturen bezogen, wie z. B. bei Foucault, oder auf die Interpretationsfragen wie bei Derrida, sondern vor allem auf die Tatsache, daß es nichts mehr zu interpretieren gibt. Die Wirklichkeit ist entsprachlicht. Wenn sich unsere Umwelt auflöst in Informationsströme, in den Kampf entsprachlichter Technologien, der die Folge des auf sich selbst agierenden ›minds‹ ist, dann gibt es nicht einmal mehr das ›große‹ Kunstwerk, das, sei es auch ex negativo, noch zu erkennen gibt, wie es denn eigentlich sein sollte (Adorno). Die Maschinen kennen keine Metapher oder Allegorie. Der Zwang, alle Erkenntnis in technologisch lesbare und verwertbare *Information* zu transformieren, reduziert unsere Umwelt, unsere Erkenntnis und Haltung auf entsprachlichte Reaktionen, auf input und output im technischen Sinn, die auch noch die Erinnerung daran, daß es einmal anders war, austreibt.

Es gibt aber noch eine zweite Möglichkeit, das Phänomen des Postmodernen zu verstehen.

Man kann die Kritik der Postmoderne an der Moderne (vorausgesetzt, es ist überhaupt zulässig, mit solchen Generalisierungen zu arbeiten) dahingehend fassen, daß die Postmoderne sich gegen jene Art von Formalisierung, die sie in der Dominanz der instrumentellen Rationalität feststellt, zur Wehr setzt. Sie nimmt damit ein alteuropäisches Motiv, daß unsere okzidentale Kultur sich selbst zerstört, indem sie eine bestimmte Art des allumfassenden Konzepts der Rationalität für das Ganze nimmt und zur Herrschaft verhilft, wieder auf.

Es handelt sich darum, was Octavio Paz unlängst als ›Tradition against itself‹ angesprochen hat. Aber auch in diesem Fall sollte

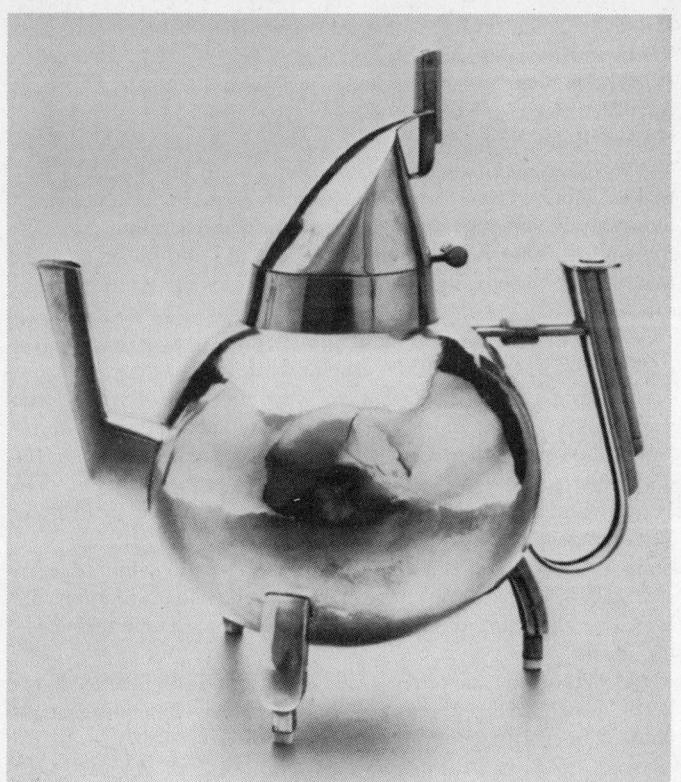

Zur *Conversation of Mankind* – Ein Täßchen Tee. Teeservice von Theodor Wende (1883-1968)

man sich hüten, die Botschaft mit dem Anliegen des Boten zu verwechseln.

Die Postmoderne signalisiert, daß die heutige Entwicklung der Kultur auf eine inhaltliche Entleerung überkommener Vorstellungen, auf eine Entwertung der aussagekräftigen Allegorien und Metaphern hinausläuft.

Sie äußert Bedenken gegen den Zwang eines argumentativen Diskurses, weil sie darin genau jenen Zwang wiedererkennt, den auch Vertreter der Moderne schon gegen die instrumentelle Vernunft ins Feld geführt haben.

Diese Bedenken können oder müssen aber nicht unbedingt als Plädoyer für die totale Irrationalität gewertet werden. Sie können verstanden werden als Insistenz auf das Individuelle, konkret inhaltlich Bestimmbare.

Wenn in der Architektur Stilelemente verschiedener Epochen in einem Zusammenhang ›zitiert‹ werden; wenn in Pynchons Romanen Beliebigkeit zu herrschen scheint; wenn in der Malerei die alten Mythen beschworen werden, dann doch immer so, daß diese Vielheit im Rahmen einer Einheit, daß die Beliebigkeit in bezug zur Notwendigkeit, daß der Mythos in Relation zum Heute gesehen wird.

Es droht die Gefahr, daß diese Einheit, die – wie ich meine – von der Postmoderne nicht total verneint wird, im Zuge der wachsenden Dominanz des Formalen verschwindet. Die Postmoderne zeigt dieses Verschwinden an. Das Verschwinden des Individuellen im Generalisierten, das – wie es Benjamin seinerzeit schon für die literarischen Formen analysiert hat – einhergeht mit dem Verschwinden der Ausdrucksmöglichkeiten, die traditionell zur Verfügung standen. Das ist die von Hassan mit ›silence‹ und ›immanence‹ bezeichnete Situation. Hier agiert der ›mind‹ gegen sich selbst, wird eins mit der Umwelt in einer Identifikation, die als Generalisierung das Individuelle unkennbar, ununterscheidbar macht.

Die Phänomene zu retten heißt dann, das Individuelle, Konkrete immer wieder gegen die Übermacht der Generalisierungstendenzen einzusetzen.[42]

(Aus dem Niederländischen von Angela Pfaff)

Anmerkungen

1 Krauss, W., Die Literatur der französischen Aufklärung, Darmstadt, 1972, S. 13.
2 Perrault, Ch., Parallèle des Anciens et des Modernes, Paris, 1688-1797. Neu herausgegeben und eingeleitet durch H. R. Jauß, München, 1964. Siehe zur Vorgeschichte: Jauß, H. R., Antiqui/Moderni. In: Ritter, J., (Hg.) Hist. Wörterb. der Philos., Bd. 1, S. 410-414. Meine nachfolgenden Ausführungen orientieren sich an Jauß' Darstellung, ohne einzelne Belegstellen anzuführen.

3 Vgl. Jauß, H.R., Antiqui/Moderni S. 413.
4 Vgl. Jauß, H.R. (1964) S. 12-13.
5 Vgl. Jauß, H.R., Schlegels und Schillers Replik auf die ›Querelle des
   Anciens et des Modernes. In: idem, Literaturgeschichte als Provokation, Frankfurt/M., 1970, S. 67-106. Hier S. 70; vgl. auch: Behler, E./
   Struc-Oppenberg, U., Einleitung zu: Schlegel, Fr., Kritische Ausgabe,
   Bd. 8, München, 1975, S. XV ff. Hier S. XCV ff.
6 Vgl. hierzu: Behler, E./Struc-Oppenberg, U. (1975) S-XCV.
7 Vgl. Schlegel, Fr., KA, Bd. 8, S. XCVI. R. Immwerwahr bezeichnet
   diese Übergangsphase als fieberhaft.
8 Schlegel, Fr., KA, Bd. 8, S. XCVI.
9 Idem.
10 Vgl. Schlegel, Fr., KA, Bd. 1, S. 214.
11 Idem S. 634.
12 Idem S. 635.
13 Vgl. S. 273.
14 Idem S. 293.
15 Vgl. Schlegel, Fr., KA, Bd. 2, S. 311 ff.
16 Schlegel, Fr., KA, Bd. 1, S. 302.
17 Jauß, H.R. (1970), S. 98.
18 Idem S. 101.
19 Nietzsche, Fr., Die Geburt der Tragödie. 15. Abschnitt.
20 Vgl. Deleuze, G., Nietzsche et la Philosophie, Paris, 1962. Dt: Nietzsche und die Philosophie, München, 1976.
21 Vgl.: Fink, E., Nietzsches Philosophie, Stuttgart, 1960, 1979 (4).
22 Nietzsche, Fr., Die Geburt der Tragödie (1872), im folgenden zitiert
   nach der von K. Schlechta besorgten Ausgabe in drei Bänden, München, 1954. Hier Bd. 1, S. 7-134. Hier: S. 10.
23 A.a.O.
24 Vgl. Nietzsche, Fr., (1872) S. 11.
25 Idem S. 25.
26 Idem S. 33-34.
27 Idem S. 88.
28 Idem S. 61.
29 Idem S. 64.
30 Idem S. 63.
31 Idem S. 72.
32 Idem S. 125.
33 Vgl. Fink, E., (1960).
34 Nietzsche, Fr., (1872) S. 66.
35 Vgl.: Frank, M., Der kommende Gott, Frankfurt/M., 1982.
36 Vgl.: Pothast, U., Die eigentlich metaphysische Tätigkeit, Frankfurt/
   M., 1982.
37 Horkheimer, M./Adorno, Th. W., Dialektik der Aufklärung, Amsterdam, 1947.

38 Adorno, Th. W., Ästhetische Theorie, Frankfurt/M., 1970.

39 Hassan, I., The Question of Postmodernism. In: Garvin, H. (Ed.)
    Romanticism, Modernism, Postmodernism. Bucknell Review, Lewis-
    burg, 1980. Hier: S. 123.

40 Vgl. Habermas, J., Die Moderne – ein unvollendetes Projekt (1980).
    In: idem, Kleine Politische Schriften I-IV, Frankfurt/M., 1981, S. 444-
    464. Idem, Der Eintritt in die Postmoderne. In: Merkur, H. 421,
    S. 752-761. Idem, Habermas: Questions an Counterquestions. In:
    Praxis International. Vol. 4/3 Oct. 1984. Idem, Die Verschlingung von
    Mythos und Aufklärung. In: Bohrer, K. H., (Hg.) Mythos und Mo-
    derne, Frankfurt/M., 1983. Wellmer A., Zur Dialektik von Moderne
    und Postmoderne. In: idem/idem S. 48-114.

41 Wellmer, a.a.O., S. 78 ff.

42 Vielleicht führen Überlegungen Martin Seels hier weiter. Einer Dis-
    kussion mit ihm verdanke ich den Hinweis darauf, daß es uns der
    Lösung des Problems näherbringt, wenn wir das Konzept *einer*
    Vernunft zugunsten einer Pluralität innerhalb der Vernunft aufgeben,
    etwa vergleichbar der Kantischen Pluralität der drei ›Vernünfte‹.

Dietmar Kamper
Aufklärung – was sonst?
Eine dreifache Polemik gegen ihre Verteidiger*

1. Am Ende der exklusiven Vernunft

In der gegenwärtigen Gleichzeitigkeit der Ungleichzeitigen ist mehr als alles andere der Umstand entscheidend geworden, *wann* einer denkt, ob heute, ob gestern, ob vorgestern – ob nach 1945, ob zwischen den Weltkriegen, ob zu Anfang des 19. Jahrhunderts, ob vor 1789 oder ob noch immer in den Wirren der Religionskriege und der Hexenverfolgungen.

Während des Jahres 1873 schrieb Arthur Rimbaud das lange Prosagedicht *Eine Jahreszeit in der Hölle*, in dessen mit »Abschied« überschriebenen Schlußpassagen der Satz steht: »Il faut être absolument moderne«. Dieser Satz ist gegen die eigene, schon unlösbare Verzweiflung an der Moderne gerichtet und eignet sich überhaupt nicht zu Zwecken ihrer Verteidigung. Er enthält ein unmögliches Programm: auf der Höhe der Zeit zu bleiben, obwohl eine Niederlage angezeigt ist.

Mehr als hundert Jahre später ist an die Stelle dieses sich selbst zugesprochenen Mutes eine arge Zumutung getreten. In der Konsequenz der Radikalität Rimbauds ließe sich der kritikwürdige Stand der Dinge wie folgt charakterisieren: es ist die Stunde der fälligen Einsicht, daß die angezielte Herrschaft der Menschheit über das, was ist, sich fortschreitend als Zerstörung der Erde manifestiert; es ist die Stunde der fälligen Einsicht, daß die Entmaterialisierung der Welt, ihre Transformation in Bilder, in Vorstellungen, in Zeichen sich zu einer imaginären Obsession ohnegleichen ausgewachsen hat, die jeglichen Unterschied von Realität und Fiktion tendenziell annulliert und damit einen unaufhörlichen Schwindel erzeugt; es ist die Stunde der fälligen Einsicht, daß insbesondere die theoretischen Strategien im Zuge der Bewältigung der Lebensprobleme zu Todesmaschinen geworden sind, die nichts mehr auslassen. Der wachsende Skandal aber besteht darin, daß dergleichen nicht durch böse Gegner bewerk-

* Erweiterte und veränderte Fassung eines Textes, der in der Zeitschrift *Merkur* 435 als Antwort auf einen Angriff erschienen ist.

stelligt wurde, sondern durch Menschen guten Willens.

Es ist keineswegs die Stunde der exklusiven Vernunft. Wenn der Mechanismus der Verdrängung und Vernichtung des »Gegebenen«, jene schleichende Mortifikation der Dinge und Menschen, die sich als deren Erkenntnis ausgibt, nicht unterbrochen werden kann, dann wäre die Vollendung des »Projekts der Moderne« genau die Katastrophe, vor der die Verteidiger warnen. Die Aufklärung wird sich daher in Potenz erheben müssen. Nicht ihre Rettung ist das Problem, sondern eine Offenheit für die Folgen ihrer weitreichenden Wirkung. Denn in einer gewissen Weise ist die Aufklärung »gelungen«. Neben den Projekten der Rationalisierung in Wissenschaft, Lebenswelt und Kunst, die in der Tat ins Stocken geraten sind, gibt es drei Programmatiken, die bis zur Perfektion einer je spezifischen Wirklichkeit geführt haben: die Immanenz der menschlichen Welt, die Machbarkeit der Dinge, das Selbst als Natur des Menschen.

Erst neuerdings sind diese produzierten Wirklichkeiten – produziert, als seien sie nicht produziert – in eine Art »Ekstase« eingetreten, die ein Wahrnehmen ihrer Kehrseite ermöglicht: die geschlossene Hölle der Bilder, die Rache der malträtierten Dinge, das Selbst als »nature morte« der Anthropologie. – Nolens volens stehen die Menschen unter dem Gesetz dieses Durchschlags: monadenhaft aufs neue, isoliert gegeneinander, in parzellierten Räumen und zerstückelten Zeiten, verbissen kämpfend gegen ihre Depressionen und Totstellreflexe.

Angesichts derart surrealer Überdrehungen, die sich schon seit langem vorbereitet haben und in vielen Werken insbesondere der modernen Kunst mit genauester Vorahnung reflektiert sind, bleibt auch der wissenschaftlichen Vernunft auf die Dauer nichts anderes übrig, als ihre Exklusivität aufzugeben und die Wahrnehmung zu erweitern, Schritt für Schritt und in immer neuen Versuchen.

Die bewährten Kriterien disziplinärer Wissensformationen sollten dabei nicht ohne Not aufgekündigt werden: Intersubjektivität, Widerspruchsfreiheit, Seriosität. Trotzdem kann es in zugespitzten Verhältnissen erforderlich sein, die Verständlichkeit, den Satz vom ausgeschlossenen Dritten und jenes Bollwerk bis auf die Fundamente: den Ernst der wissenschaftlichen Arbeit, schrittweise zu suspendieren. Wer Sachverhalte verdeutlichen will, die sich hinter dem Rücken auch der Wissenschaften durchgesetzt haben, muß lernen, »*gegen*« *das Denken zu denken*. Schon eine minuziöse Darstellung gegebener, das heißt produzierter sozialer Komplexität, die »neue Unübersichtlichkeit«, übersteigt die Kapazität des auf Verständlichkeit pochenden, »gesunden Menschenverstandes« bei weitem. Erst recht muß einer, der von den paradoxen Wirkungen jenes säkularen Versuchs, die Welt auf den Kopf zu stellen, berichtet, sich an der ruhelosen Entfaltung des Paradoxes beteiligen, die seit der *Dialektik der Aufklärung* von Horkheimer und Adorno, also seit 1945 für Zeitgenossen unvermeidlich ist. Schließlich können die Bahnen der alltäglichen wissenschaftlichen Arbeit derart eingefahren sein, daß nur noch die Ironie, die Travestie, das inszenierte Gelächter bahnbrechend sind bzw. dazu taugen, aus der Bahn zu springen. Die Entdeckung anhand der Sprache, daß die Welt nicht beherrschbar ist, mag sich auch in Sprachspielen äußern, die niemand mehr meistern kann. – Bei der Suspendierung der Kriterien kommt es also strenggenommen auf den Kontext an. Nichts ist hier abgefeimter Selbstzweck, wie borniertе Köpfe vermuten. Alles bleibt tentativ.

Der gemeinte Kontext besteht aus Entgrenzungsversuchen, welche die aktuellen Tendenzen der Selbsteinmauerung akademischen Denkens nicht mitmachen wollen. Dazu bedarf es der Aufklärung in Potenz, d. h. einer spezifischen Zeitform der Erkenntnis, die nicht hinter durchschaute Zwänge zurückfällt. Obwohl am Ende angekommen, ist die exklusive Vernunft – eine bürgerliche Weltmacht – auch an den Hochschulen in einer Kette von Selbstmißverständnissen dominant geblieben. Das schlimmste dieser Mißverständnisse ist die Annahme, die Aufklärung sei ein Territorium, das man wie Eigentum verteidigen müsse, notfalls mit Gewalt. Räumlich verstanden und ausgelegt, funktioniert nämlich der binäre Mechanismus der Exklusion am besten. Die Arroganz solchen Denkens kennt nur Eigenes und Fremdes: nämlich das »Andere der Vernunft«, das immer zur Vernichtung ansteht. – Allerdings gibt es eine Quelle intransigenter Irritationen: wenn die Fächergrenzen nicht eingehalten werden, wenn transdisziplinäre Erfahrung zum Zuge kommt, wenn einer im Raume nicht identifizierbar ist und sich sowohl diesseits als auch jenseits der Mauer aufhält, manchmal auch auf ihr, dann läßt sich exklusive Vernunft zu Dummheiten hinreißen ...

2. Agonie des Agonalen

Daß es mit der Aufklärung heute nicht zum besten steht, liegt nicht so sehr an ihren Kritikern, von denen es wenige gibt, als an ihren Verteidigern, die neuerdings geradezu ins Kraut schießen. Diese können offenbar die dritte narzißtische Kränkung der Menschheit (nach der kopernikanischen und der freudschen), eine mögliche »Thanatokratie« der Vernunft nicht verwinden. Es werden Tribunale veranstaltet, auf denen die Rettung der Aufklärung in einer Weise betrieben wird, die sie vollends ruiniert. Dabei gelangen umstandslos die finsteren Praktiken einer vormodernen Inquisition, Denunziation und Liquidation wieder zu Ehren. Dagegen muß man von der Diktatur des Sinns sprechen, die von der exklusiven Vernunft in den Köpfen errichtet worden ist. Diese darf nach Auffassung der Verteidiger nicht verletzt werden. Alle Schmälerungen des Sinns sind deshalb zu diskriminieren, notfalls mit Schmähungen: Blödsinn, Schwachsinn, Unsinn. Aber man kommt heute ohne verbürgten Sinn aus. Längst leben viele Menschen so. Und was den Unsinn angeht, den »nonsense«, so muß er sich ergeben, wenn man sich wirklich in Bewegung setzt, statt nur davon zu reden. Das Verlassen der Standpunkte oder der Sitzflächen, auf denen die Subjekte der Erkenntnis Platz genommen hatten, als geistiges »Nomadentum« zu denunzieren, ist deshalb ebenso zwangsläufig wie voreilig. Man hat gerade erst angefangen, eine freie ungebahnte Denkbewegung zu erlernen, die sich nicht dauernd rechtfertigen muß vor »inneren Gerichtshöfen«. Der Zwangscharakter geregelten Erkennens ist kaum gebrochen. Aber daß man dergleichen jahrzehntelang nicht bemerkt hat, ist schon schlimm.

Die Verteidiger der Moderne und der Aufklärung (als Territorium und Lager) sind weithin Spiegelfechter. Das hat etwas Komisches: immer am Anderen das zu bemerken, worunter man selbst am meisten leidet, wovor man die meiste Angst hat. Der Streit wirkt wie ein Hohlspiegel, dessen Verzerrungen der, der hineinblickt, kaum mehr los wird. Daran dokumentieren sich Gegenstandslosigkeit und der völlige Verlust irgendeines wirklichen Gegenüber. Das führt zu parasitären Existenzen, die sich an die Fersen ihrer vermeintlichen Opfer heften.

Doch hüte man sich vor der Einbildung, so etwas wie ein Märtyrer zu sein. Das lähmt die Phantasie. Worauf es ankommen wird, ist weder das Verstummen noch die Retourkutsche. Man muß die Vorkämpfer eines derart offensichtlich letzten Gefechts einfach links liegenlassen. Was sie nämlich erzwingen wollen, ist die Verewigung des Streits als bloße Form. Aber die Zeit der Kriege in den Köpfen geht zu Ende. Erkenntnis des kursierenden Nihilismus ist gerade nicht Vernichtung. Jenseits von erzwungenem Konsens und diktatorischem Ausschluß könnte es eine gelassene Strategie geben: Dissens als Dissens, viel vielstimmiges Erkennen, das den Beweis für die Überholtheit eines Kampfes um Anerkennung antritt. Das Agonale liegt in Agonie. Das beweist die Blüte der Schein-Polemik.

Zweifellos handelt es sich um eine paradoxale Situation: die Angst, die mit der Aufklärung einhergeht, storniert die Erkenntnis in dem Maße, wie diese ihr zu entkommen versucht. Um ihren neuesten historischen Ort zu ermitteln, ist vielleicht eine Reminiszenz angebracht. Auch die Lernprozesse, die sich nach und nach aus dem geschlossenen Kreis des »kritischen Subjekts« entfernen konnten, haben eine Geschichte. Es begann mit dem Verdacht, daß die forsche Kritik am Gesellschafts-System, wie sie Ende der sechziger Jahre geübt wurde, mehr zur Befestigung der Verhältnisse beigetragen hat, als ihr lieb sein kann. Denn ein System, das in seiner Krise von seinen Kritikern »lebt«, verlangt offenbar andere Anstrengungen als Provokation und Demaskierung. Aus dieser halben Einsicht und nicht von außen stammt die Resignation vom Ende der Studentenbewegung, die bis heute grassiert. Man hat sich, um identisch zu bleiben, in einem retrospektiven Traum eingerichtet. Der aufgetauchte Verdacht aber lähmte die Geister. Wer ihm nachzugehen versuchte, statt ihn abzuwehren und beim Lamentieren zu enden, konnte unter Umständen eine andere Art des Widerstandes erlernen, eine Vielfalt von Volten und Revolten, die es allerdings zu keiner Identität mehr gebracht haben. Hierher gehören die hauptsächlichen Varianten der Querköpfigkeit, die virtuosen Praktiken einer minimalen Abweichung von der geistigen Norm, die Strategien der methodischen Schizophrenie. Immer war eine gewisse Unvermeidlichkeit der Paranoia das »factum brutum« der Erfahrung, das in abgestufte Zumutungen umgesetzt werden mußte. Schließlich aber erhärtete sich der Verdacht aufs neue und radikalisierte sich, nicht zuletzt durch die weitreichenden Probleme, die auch den aktuellen Ökologien und den Friedensbewegungen zugrunde liegen. Wirkungen mit solchen Ausmaßen wie die systematische Vernichtung der Lebensquellen und die systematische Selbstzerstörung der Menschheit in einem dritten Weltkrieg können keine beiläufige Ursache haben: die mit der Neuzeit, mit der ersten Aufklärung, mit der Moderne eingenommene »Stellung des Menschen im Kosmos« ist unhaltbar geworden. Verlichtung ist Vernichtung. Die Produktivkraft kritischer Köpfe wurde unversehens zu einem Destruktionsapparat von gigantischen Ausmaßen. Das muß begriffen werden. Das ist die Niederlage. Das kann aber auch der Anstoß für die Unentwegtheit einer *zweiten Aufklärung* sein, die es endlich mit den Schatten aufnimmt, die das Licht geworfen hat und wirft. Wie ein solches Unternehmen gelingen soll, weiß niemand im voraus. Vielleicht kommt es zunächst darauf an, Beschreibungen der Niederlage zu versuchen, die auch für den Kopf akzeptabel sind.

3. Abschied von Mythos und Moderne

Was einer angstbedingt borniertem Wahrnehmung nicht einleuchten kann, ist der paradoxe Sachverhalt, daß die Aufklärung im ersten Anlauf genau den Mythos reproduziert hat, den sie zu ihrem Gegner erklärte. Insofern hat – trotz Max Weber – keine Entzauberung der Welt stattgefunden. Die archaische Logik hat nur ihre Gestalt gewechselt. Der alte Zwang, verklärt durch mythische Parabeln, konnte auch das bisher aufwendigste Unternehmen, ihn abzuschaffen, überstehen – und zwar durch Infiltration der Allianz von Wissen und Macht. Insofern die Erkenntnis sich korrumpieren ließ, liegt hier eine Schuld. Die Aufklärung war und ist in den Mythos wider Willen verbohrt. Indem sie ihn als ihr »Anderes« ausgeschlossen hat, ahnte sie nicht, daß er hinterrücks um so wirksamer sich ausbreiten würde. Heute überfluten die mythischen Bilder die eigens errichteten Dämme und kümmern sich um kein Geschrei. Aber die Wiederkehr des imaginären Zwangs ist selbstverschuldet.

Diese »Dialektik« ist aus verschiedenen Anlässen seit Nietzsche oft beschrieben worden. Doch obwohl der eigenartige Stillstand der geschichtlichen Bewegung in einer theoretischen und praktischen Selbstblockade genau bekannt ist, geht es nicht weiter. Statt dessen befestigt sich die alte Front noch einmal, die schon Kant

gegen Jacobi und Hamann am Ende des 18. Jahrhunderts auf-
machte. Wer sich heute zwischen den Frontlinien aufhält, wird
immer wieder blindlings von da oder von dort einer der beiden
Seiten zugeschlagen und gerät mit Sicherheit doppelt unter Be-
schuß. Und wer versuchsweise das Feld verläßt, wird wegen
Regelverletzung und in der wahnhaften Annahme, es gäbe nichts
anderes, noch nachträglich vom Platz gestellt – was an Albernheit
grenzt.

Die einzige Möglichkeit nämlich, Bewegung in die festgefahrene
Aufklärung zu bringen, besteht darin, das Spielfeld von Mythos
und Moderne zu verlassen, zugleich nach rückwärts und nach
vorwärts. An diesen Grenzen der menschlichen Welt, noch jenseits des Leuchtens machtloser Schönheit, kann das Leben auch
ohne Panzer und Rüstungen, ohne Verteidigungs- und Angriffs-
arsenale erfahren werden. Eine progressive Kritik der Moderne
müßte sich gleichzeitig mit den vormythischen Fundamenten der
zeichenmachenden Imagination befassen, um das Kontinuum
jener zwanghaften Obsession zu brechen, das wie eine Klammer
die frühen Bilder und die späten Begriffe umfaßt. Gegen das
Imaginäre hilft nur die Einbildungskraft: Überholung der Moderne als Theorie der archaischen Signifikation, als Entklamme-
rung der Dialektik.

Dabei muß mit der Angst gerechnet werden, die in den Grund-
mauern des neuzeitlichen Denkens verbaut wurde. »Aufklärung
ist radikal gewordene mythische Angst.« Diesen Hauptsatz aus
der *Dialektik der Aufklärung* kann man offenbar nicht ohne
Folgen außer acht lassen. Gemeint ist die spezifische Steigerung,
die Überbietung, die Radikalisierung. Noch weniger als der
Mythos hält die erste Aufklärung einen Sachverhalt aus, der ihrer
Programmatik entgeht und ihre überhebliche Innen-Außen-Ver-
spannung verletzt. Noch schärfer muß sie reagieren auf einen
Regelverstoß, der nicht mehr auf dem Spielfeld, auf dem alten
Schauplatz geahndet werden kann: zum Beispiel die bescheidene
Rede von der Postmoderne und vom Posthistoire.

Diese Termini sind lediglich Verlegenheitsformeln für den notwendig gewordenen Abbruch jener »Geschichte in weltbürgerli-
cher Absicht«, die auf Untergang gestimmt ist. Daß aber ein
bloßes Nennen der Namen bereits ausreicht, Hörer und Leser in
weißglühende Wut zu versetzen, läßt die Vermutung zu, es könne
eine absichtslose Treffsicherheit vorliegen. Man kann die Post-

moderne als vage Möglichkeit eines Zeitgewinns bezeichnen, die eventuell die gegenwärtige Wahrnehmungskrise durch Intensivierung der Unsicherheit auf ihren Begriff bringt. Man kann die »Ästhetik des Posthistoire« eine waghalsige Strategie nennen, die in einer Mimesis des Todes und in einer Dehnung der Katastrophe zu überleben trachtet. Darin steckt gewiß keine Anklage, aber auch keine Rechtfertigung. Keineswegs bedeutet das – bei genauem Lesen und Hören – ein Einverständnis mit den Positivierungen des »Post«, die derzeit öfters unternommen werden.

»Postmoderne« sollte heißen: Ortschaft einer Niederlage: Einsicht, daß die Erkenntnis als Unterwerfung des Anderen gescheitert ist (Derrida); ein neues Spiel, in dem das Verhältnis zur Vergangenheit und zur Vorvergangenheit – da es nicht getilgt werden kann – in Gestalt der Ironie, der Maskerade, d. h. in der Uneindeutigkeit von Regeln wiedergewonnen wird (Eco); Stillstellung der historischen Bewegung, des »Projekts der Moderne« durch diese selbst (Lyotard); Erwachen aus den Träumen der Vernunft, die Ungeheuer hervorbringen (Benjamin, Adorno); Kult um eine leere Stelle als kulturelle Manifestation von Todesbildern, anstelle der wirklichen Katastrophe usf.

Auch wenn dergleichen keineswegs ausgestanden ist, greift die wesentlich »negative« Fassung des »Post« inzwischen zu kurz: *kein* Sieg, *kein* Spiel mit Regeln, *keine* Bewegung, *keine* dynamische Aktivität, *keine* Überbietungsstrategie, *kein* Traum einer Zukunft, *kein* Lebenskonzept mit agonalen Prinzipien usf. Es wäre an der Zeit, hier weiterzugehen, nicht zu irgendwelchen Affirmationen, sondern zu paradoxen Formeln, die reale Unvereinbarkeiten kontaminieren.

Man könnte es zunächst mit einer doppelten Weigerung versuchen: die neuesten Veränderungen menschlichen Verhaltens wären weder als bloße Verfallsgeschichte eines gescheiterten Widerstandes noch als bereits gelungene Lebensformen jenseits der Moderne zu interpretieren. Auch theoretisch gilt heute: tertium datur. So gewinnt man die Hoffnung, die gegenwärtige »Unübersichtlichkeit der Verhältnisse« in Struktur und Genese genauer wahrnehmen und begreifen zu können. So trifft man aber auch einen Dissens bereits auf der Ebene der Phänomene an, der nicht zu tilgen ist. Deshalb muß – radikaler noch als im sogenannten Positivismusstreit – die Frage nach der »Normalität« der Wahrnehmung aufgeworfen werden, also gründlicher das Problem einer für wissenschaftliche und literarische Reflexion adäquaten »Empirie«.

Andererseits ist es an der Zeit, die Sinne zu schärfen für das, was geschieht, notfalls mit verstimmten Köpfen und ohne das Rüstzeug einer vorentschiedenen Logik. Die Macht des obersten Gerichtshofes der Vernunft geht, sofern sie auf dem Urteil, auf dem Entweder-Oder, auf der exklusiven Alternative beruhte, zu Ende. Es handelt sich demnächst um einen anderen Schauplatz als um den der Weltgeschichte, als um den des Weltgerichts. Die Apokalypse findet wahrscheinlich nicht statt, es sei denn, Geschichte und Moderne – als »Kollektivsingulare« Erfindungen des 18. und 19. Jahrhunderts – behalten das letzte Wort. Denn mit dieser Katastrophe haben Posthistoire und Postmoderne nichts zu tun. Nur Verteidiger der Aufklärung bringen hier alles durcheinander. Es ist genau umgekehrt: alle Weltgeschichte ist verdeckt oder offen katastrophisch; der Mythos deckt die Katastrophe des Anfangs, und die Moderne war jederzeit so sehr vom Untergang fasziniert, daß sie das Ende machen wird, wenn es nicht eintritt. Solche immer noch heilsgeschichtlichen Konstrukte von Götter- und Menschheitsdämmerungen müssen endlich abgeschrieben werden. Schlußzumachen mit dem Ende, vielleicht ist das der Effekt von Postmoderne und Posthistoire. Das wird nicht ganz ohne Trauerarbeit möglich sein, aber auch nicht ohne die Lust, von seinem eigenen Denken gelegentlich überrascht zu werden.

Hans Bertens
Die Postmoderne und ihr Verhältnis zum Modernismus

Eine Übersicht

Einführung

Seit ihren zaghaften Anfängen in den späten fünfziger und frühen sechziger Jahren, besonders aber in den vergangenen zehn Jahren, hat sich die kritische Diskussion der sogenannten »postmodernen Bewegung« in praktisch alle Richtungen ausgebreitet. Während die Debatte anfänglich auf eine überschaubare Zahl von Kritikern wie etwa Irving Howe (1959), Leslie Fielder und Susan Sontag (Mitte der sechziger Jahre), Ihab Hassan (seit 1969), David Antin (1971), William Spanos (1972) und Charles Altieri (1973) begrenzt war, hat sie sich seit Mitte der siebziger Jahre mehr und mehr in einen brodelnden Tumult, einen Wettstreit verwandelt, in dem alles erlaubt ist und an dem ein weiter Kreis von Kritikern teilnimmt. Vielleicht ist dieser Vergleich ein wenig übertrieben, aber die Lebhaftigkeit, wenn nicht Vehemenz, mit der einige von ihnen in den Kampf ziehen (Klinkowitz 1975; Mellard 1980), unterstreicht diesen Eindruck.

Der vorliegende Überblick über die postmoderne Weltsicht wird uns natürlich direkt mit dem verzwickten Problem konfrontieren, was den Begriff »Postmodernismus« eigentlich ausmacht, ein Problem, das noch lange nicht gelöst ist, wie sowohl die Lebhaftigkeit der Debatte als auch eine neuere Erklärung Ihab Hassans zeigt, der mehr als jeder andere Kritiker zur allmählichen Anerkennung des Begriffs beigetragen hat. Wie Hassan in einem unlängst erschienenen Aufsatz hervorhebt, »bleibt die Frage des Postmodernismus komplex und umstritten« (Hassan 1983, S. 25). In der Tat hat sich nur wenig verändert, seit Köhler vor sieben Jahren einen frühen Überblick über die Verwendung des Begriffs gab und den Schluß ziehen mußte, daß »noch immer keine Übereinstimmung der Autoren herrscht, was als ›postmodern‹ gelten kann« (Köhler 1977, S. 16).

Anders ausgedrückt ist kaum zu hoffen, daß der hier gegebene

Überblick einen Weg aus dem terminologischen Irrgarten weisen könnte, in den der Begriff des Postmodernismus im Verlauf der Debatte geraten ist. Ich kann höchstens die verschiedenen expliziten und impliziten Definitionen oder Vorschläge aufgreifen und sehen, wohin diese Bemühung mich führt. Meine Vorgehensweise gründet auf der Annahme oder auch unleugbaren Tatsache, daß der Postmodernismus kein monolithisches Phänomen ist. Mir scheint – wie auch Hoffmann (1977) und Bradbury (1983), um nur zwei der Kritiker zu erwähnen, die die Vielfalt innerhalb terminologischer Einheitlichkeit sehen –, daß es mehr als einen Postmodernismus gibt. Ich werde versuchen, die verschiedenen Postmodernismen (oder besser: die verschiedenen kritischen, Postmodernismus genannten Konstrukte), die sich zumindest vorübergehend in den letzten 25 Jahren mehr oder weniger etabliert haben, zu sichten.

I. Von 1934 bis in die Mitte der siebziger Jahre: Ein historischer Überblick

1. Der Begriff des »Postmodernen« von 1934 bis 1964

Den frühesten Verwendungen des Begriffs geht Michael Köhler nach (Köhler 1977). Er behandelt Frederico de Oníz' »postmodernismo« (1934), Dudley Fitts Begriff »post-Modern« (1942) und Arnold Toynbees Begriff »Post-Modern« (1947). Köhlers Abhandlung zeigt, daß diese frühen Herausbildungen des Begriffs für unsere Zwecke unwichtig sind, so daß ich ihnen keine weitere Aufmerksamkeit schenke. Im Anschluß daran befaßte er sich mit Charles Olson, der den Begriff wiederholt benutzt hat, ohne ihn aber jemals klar zu definieren: »Als Lyriker und Essayist scheint es Olson vor allem auf die Suggestivität des Wortes angekommen zu sein. Obwohl es zwischen 1950 und 1958 zu seinem ständigen Wortschatz gehörte, hat er es nie für sich definiert.« (Köhler 1977, S. 11) Köhler zufolge ist die Begriffsverwendung bei Olson und Toynbee ähnlich und zeigt eine neue »Episteme« (um Foucaults Terminus zu gebrauchen) in der Geschichte westlicher Kultur an, die um 1875 ihren Anfang nimmt. Würde dies allein Olsons Position ausmachen, wäre seine Begriffsverwendung kaum bedeutsam, da sie für praktische Zwecke wie etwa die Unterscheidung zwischen Modernismus und Postmodernismus zu unspezifisch ist.

Köhler entgeht jedoch eine frühere Verwendung des Begriffs, die Olsons Ansichten in einem anderen Licht erscheinen läßt. Jerome Mazzaro zufolge benutzte der amerikanische Dichter Randall Jarrell 1946 den Begriff »postmodern« in seiner Rezension über Robert Lowells *Lord Weary's Castle,* »um die Bewegung zu charakterisieren, der Lowells Dichtung angehörte«. Zwei Jahre später griff John Berryman, ein anderer amerikanischer Poet, den Terminus auf »und zitierte Jarrell als dessen Quelle«. Mazzaro argumentiert, daß es zwar auf den ersten Blick große Unterschiede zwischen Olsons und Jarrells Postmodernismus geben mag, daß sie aber ebenso Übereinstimmungen zeigen:

»Joseph N. Riddels *The Inverted Bell* (1947), das die ›Gegenpoesie‹ von William Carlos Williams im Kontext von Olsons Darlegung behandelt, überzeugt mich davon, daß Olsons auf Heideggerscher Basis interpretierte Position, wie sie durch gewisse französische Strukturalisten erklärt wird, nicht erkennbar von der Bedeutung abweicht, die ich bei Jarrell gefunden habe. Zieht man die Methodensprache der Stukturalisten ab, gelingt die Formulierung der wesentlichen Unterschiede zwischen ›Modernismus‹ und ›Postmodernismus‹: Indem er die Sprache als Niedergang der Einheit versteht, will der Modernismus den ursprünglichen Zustand oft dadurch wiederherstellen, daß er Schweigen oder Sprachzerstörung empfiehlt; der Postmodernismus dagegen akzeptiert die Trennung und benutzt Sprache und Selbstverständnis als Basis der Identität. Folglich tendiert der Modernismus dazu, im traditionellen Sinne des Wortes mystisch zu sein, während der Postmodernismus bei all seinem scheinbaren Mystizismus unumstößlich weltlich und gesellschaftsorientiert ist.« (Mazzaro 1980, S. VIII)

Diese Interpretation des Olsonschen Postmodernismus wird von anderen Kritikern geteilt, so zum Beispiel von Allen und Butterick in ihrer Anthologie *The Postmoderns: The New American Poetry Revised,* in der sie Olsons Vorstöße in unbekanntes Terrain würdigen und deutlich machen, daß sein Postmodernismus gegen einen formalistischen Modernismus rebelliert habe:

»Die Auswahl beginnt mit Charles Olson, dessen Essay ›Projective Verse‹ die Energien der neuen Lyrik anstachelte und konzentrierte und gleichzeitig die eingeschlagene Richtung von Pound und Williams weiterentwickelte. Er war einer der ersten, die die weitreichenden Konsequenzen dieser Dichtung sahen, und der erste, der in seinen Essays und Briefen das

Wort ›postmodern‹ in seiner gegenwärtigen Bedeutung benutzte.« (Allan und Butterick 1982, S. 10)

Da es bei Olson keinerlei Definitionsversuch gibt und sein Postmodernismus so auf verschiedene Weise interpretiert werden kann, werde ich an dieser Stelle keine verfrühte Diskussion eines Postmodernismus eröffnen, der, wie ich glaube, legitim mit seiner poetischen Praxis und den theoretischen Schriften, in denen er den Begriff benutzt, verknüpft werden könnte. Statt dessen werde ich in meiner Erörterung, vermittelt über die Postmodernismus-Definition der Kritiker William Spanos und Richard Palmer, auf Olson zurückkommen; ihnen schwebt wie Mazzaro ein Postmodernismus vor, der mit Heideggers Existentialphilosophie eng verknüpft ist.

Während Olsons Begriff des Postmodernen – oder zumindest Mazzaros und Allan/Buttericks Interpretation dieser Verwendung – problemlos mit seinen gegenwärtigen üblichen »Bedeutungen« zu identifizieren ist, sind die Postmodernismus-Auffassungen von Irving Howe und Harry Levin entschieden überholt; ihre Begriffsbestimmung ist offenkundig obsolet geworden. Dennoch lohnt sich ein näheres Eingehen besonders auf Howes Theorie des Postmodernen, weil er eine detaillierte Beschreibung wichtiger gesellschaftlicher und einstellungsmäßiger Veränderungen, eines neuen Geistes liefert, die später von anderen Kritikern als frühes Anzeichen für die Wendung zum postmodernen Denken gesehen wird. Obwohl diese späteren Kritiker die neuen Einstellungen und das veränderte gesellschaftliche Klima der amerikanischen fünfziger Jahre in ein anderes Kategoriensystem fassen und eine weit positivere Einschätzung dieses Wandels geben, messen sie den von Howe in den fünfziger Jahren konstatierten großen kulturellen Veränderungen gleiche Bedeutung bei.

Folgt man den 1959 bzw. 1966 veröffentlichten Positionen von Howe und Levin, so stellt sich der Postmodernismus im wesentlichen als Phänomen der amerikanischen fünfziger Jahre dar. Beide sehen darin eine Abkehr vom Modernismus. Für Levin ist die »Post-Moderne« eine neuerliche »antiintellektuelle Strömung«. Howe zeigt dies ebenfalls an den Schriften der Autoren von San Francisco, sein Postmodernismus schließt jedoch auch Autoren wie Malamud, Mailer und Bellow ein. Howe geht davon aus, daß die amerikanische Nachkriegsgesellschaft im Überfluß der fünfziger Jahre amorph geworden ist; er sieht Auflösungstendenzen der traditionellen Autoritätssysteme und Bräuche, eine weitverbreitete Passivität, den Verlust stabiler Glaubenswerte, den Verlust der »guten Sache«. Die Charaktere der von ihm postmodern genannten Romane werden deshalb tendenziell aus ihrer gesellschaftlichen Bedingtheit herausgelöst. Auch sie sind amorph geworden und lassen sich prinzipiell in einer Welt treiben, deren auf Tradition und Sachverstand gründende Zusammenhänge sich aufgelöst haben: »In ihrer Distanz gegenüber festgefügten gesellschaftlichen Kategorien und ihrem Interesse für die metaphysischen Implikationen dieser Distanz stellen solche Romane das dar, was ich ›postmoderne Fiktion‹ nennen würde.« (Howe 1959, S. 433) Die Autoren der Moderne neigten noch »zu der Annahme, daß die gesellschaftlichen Beziehungen der Menschen in der Welt des Kapitalismus feststehend, vertraut, erkennbar seien« (Howe 1959, S. 423), doch für die postmodernen Autoren »war es so, als würden die Leitlinien unseres gesellschaftlichen Denkens und unserer literarischen Konventionen ausradiert« (Howe 1959, S. 428). Der postmoderne Schriftsteller muß ohne Helden und Heldenkonflikte auskommen; er kann lediglich die »Malaise« einer »zunehmend formloseren Welt«, in der er lebt, und seiner »zunehmend flüchtigen« Erfahrung fiktionalisieren.

Obwohl Howes Kriterien für den Postmodernismus heute kaum noch Anhänger fänden, ist sein Postmodernismus-Begriff deshalb bedeutsam, weil er schon früh die in der amerikanischen Nachkriegsliteratur formulierten erkenntnistheoretischen und ontologischen Zweifel hervorhob, besonders in derjenigen Literatur, die von anderen Kritikern erst später postmodern genannt wurde.

Um diesen ersten Abschnitt meines Überblicks mit einer Howe völlig entgegengesetzten Position abzurunden, sei William Van O'Connor genannt, der ein ganz anderes Bild des Postmodernismus in seiner Schrift *The New University Wits and the End of Modernism* (1963) entwickelte. O'Connor, der sich auf den britischen »Postmodernismus« konzentriert (repräsentiert durch Autoren wie Philip Larkin, John Waine, Iris Murdoch und Kingsley Amis), verlangt in seiner Variante des Postmodernismus die Abkehr von dem, was er als Formen der Entfremdung sieht. Seine Postmodernisten sind im Gegenteil fest in die Erfahrung eingebunden, da sie »das normale öffentliche Leben und die Angelegenheiten verantwortlicher Leute« interessieren. O'Connors Postmodernismus ist heute nur noch von historischem Interesse; seine Begriffsbestimmung ist für die Gegenwart bedeutungsloser geworden.

2. Die Mitte der sechziger Jahre: Postmodernismus und amerikanische Gegenkultur

Um die Mitte der sechziger Jahre machte sich der amerikanische Kritiker Leslie Fiedler dafür stark, den offenkundigen Zusammenbruch traditioneller Werte, den Irving Howe einige Jahre zuvor beschrieben hatte, als etwas Positives und nicht als etwas Negatives zu interpretieren. Für Fiedler verweist der Postmodernismus auf den vollständigen Bruch mit dem elitären Verhalten der modernistischen Schriftsteller. Er blickt nach vorn, richtet sich auf die Zukunft und interessiert sich, wenn überhaupt, kaum für die große Vergangenheit der Moderne (Fiedler 1965). Um mit Köhler zu sprechen: »Man empfand die Gegenwart nun nicht mehr als Antiklimax eines zu Ende gegangenen heroischen Zeitalters, sondern als vielversprechenden Neubeginn.« (Köhler 1977, S. 12) Fiedler sah ebenso wie die amerikanische Kritikerin Susan Sontag im Postmodernismus eine »neue Sensibilität« (Sontags Begriffsprägung), eine neue Spontaneität, die mit der amerikanischen Gegenkultur der sechziger Jahre identifiziert wurde. In seiner 1975 erschienenen, aber bereits wesentlich früher verfaßten Schrift »Cross the Border – Close the Gap: Postmodernism« akzentuierte Fiedler seine Version des Postmodernismus, die sich stark an die Pop-art anlehnte. Bradbury erblickt in Fiedlers und Sontags Definition des Postmodernismus ein »neues posthumanistisches Bewußtsein« (Bradbury 1983, S. 323), das gegen traditionelle »humanistische« Theorien vom Wesen und der Funktion der Kunst rebelliert. Laut Gerald Graff »geben Sontag und Fiedler zu verstehen, daß die gesamte Kunsttradition des Westens als eine Art hyperrationaler Imperialismus bloßgestellt wird, der mit der bürgerlich-kapitalistischen Aggressivität und Eroberungsgier verschwägert ist« (Graff 1979, S. 31). Fiedler, der deutlich mit den von ihm postmodernistisch genannten Werken sympathisiert, hält die neue Sensibilität für eine Verspottung der Anmaßungen insbesondere der modernistischen Kunst; der postmodernistische Roman wird Anspruch erheben auf den Western, auf Science-fiction, auf Pornographie, auf andere Genres, die für subliterarisch gehalten werden, und er wird die Kluft zwischen der elitären und der Massenkultur schließen. Im wesentlichen wird er ein Pop-Roman sein, »anti-künstlerisch« und »anti-ernsthaft«. Des weiteren wird er in seiner antimodernistischen, antiintellektuellen Ausrichtung neue Mythen schaffen – sicher nicht die herrischen Mythen der Moderne –, er wird »eine gewisse kunstlose Magie in deren authentischem Umfeld« schaffen, er wird zu einem magischen Stammesgefühl im maschinenbeherrschten Zeitalter beitragen und »tausend kleine Pioniererlebnisse des Westens in den Nischen der Maschinenzivilisation« erzeugen. (Fiedler 1975, S. 365)

Susan Sontag teilt Fiedlers Anti-Modernismus und seine große Abneigung gegen »Bedeutungen«. Wie sie es in »Against Interpretation« ausdrückt, »spielt es keine Rolle, ob Künstler das Deuten ihrer Werke beabsichtigen oder nicht… Das Verdienst dieser Werke liegt woanders als in ihrer ›Bedeutung‹.« (Sontag 1966, S. 19) Sontag plädiert für Sinnlichkeit – »wir brauchen statt einer Hermeneutik der Kunst eine Erotik der Kunst« (Sontag 1966, S. 23) – und einen extremen Formalismus: »Was an *Marienbad* ausschlaggebend ist, ist die reine, unübersetzbare, sinnliche Unmittelbarkeit einiger seiner Bilder und seine rücksichtslosen, wenn auch engstirnigen Lösungen für gewisse Probleme der kinematographischen Form.« (Sontag 1966, S. 19) Für Sontag zeichnet sich also der Postmodernismus durch »eine Flucht vor der Interpretation« aus, und diese Abneigung gegen das Interpretieren ruft bestimmte parodierende, abstrakte oder ornamentale Formen hervor, die allesamt der Interpretation trotzen. Postmoderne Kunst kann sogar zur »Nicht-Kunst« werden, um sich der Deutung zu widersetzen, und genau diese erklärte Feindschaft bewirkt einen definitiven Bruch mit der modernistischen Kunst, die zum Interpretieren nicht nur einlud, sondern es herbeisehnte. Postmoderne Kunst *ist* einfach und muß erlebt werden; moderne Kunst dagegen bezieht sich auf eine hinter ihrer äußeren Form verborgene Bedeutung und muß *verstanden* werden. Postmoderne Kunst präsentiert sich als Oberfläche, während moderne Kunst Tiefe hinter dieser Oberfläche beansprucht. Susan Sontag und (wenn auch eher implizit) Fiedler nähern sich dem Kunstwerk weit phänomenologischer, als es der moderne Stil mit seiner Insistenz auf Schichtenbildung und verborgenen Bedeutungen erlaubte. Die Haltung, die sie als Postmodernismus identifizieren, läßt sich vielleicht am besten mit ›zelebrierend‹ beschreiben – als Feier unmittelbarer, nicht-intellektualistischer Erfahrung. Es gibt offensichtlich Verbindungen zwischen jener Spielart des Postmodernismus, die ich vorsichtig mit Olson assoziiert habe (auf den ich später zurückkomme), und späteren Theorien über die Rolle, die »Performanz« in der postmodernen Kunst spielt.

Schließlich führt Sontag ein weiteres Kriterium postmoderner Kunst ein, das später, insbesondere durch Ihab Hassan, breite Zustimmung findet (Hassans Ansatz ist zwar ein anderer, aber ähnlich genug, um hier Erwähnung zu finden). Richard Wasson zufolge behauptet Sontag, daß »die neue Kunstform ihr Medium und ihre Mittel in die Welt der Wissenschaft und Technologie, ins Populäre ausweitet und alte Unterscheidungen fallenläßt« (Wasson 1974, S. 1190). Er fährt fort, indem er Sontag selbst zitiert: »Von dieser neuen Sensibilität her gesehen, wird die Schönheit einer Maschine oder die Lösung eines mathematischen Problems, eines Gemäldes von Jasper Johns, eines Films von Jean-Luc Godard oder die Persönlichkeit und die Musik der Beatles gleichermaßen zugänglich.« Diese »einheitliche Sensibilität«, wie Sontag sie nennt, zeigt eindeutige Verwandtschaft mit dem später von Hassan geprägten Begriff der »Immanenz«. Sie verschreibt sich vollständig dem Eklektischen, deckt weit und breit alle kulturellen und wissenschaftlichen Landschaften des 20. Jahrhunderts ab und akzeptiert keine Schranken. Wie Jürgen Peper es in seiner hervorragenden Auseinandersetzung mit der Theorie Susan Sontags ausdrückt, »werden Kunst, Wissenschaft und die ›Technologie des Verhaltens‹ eins«. Pepers kritische Erörterung – »gleichzeitig enthüllt diese einheitliche Sensibilität auf beunruhigende Weise einiges von Marcuses ›Eindimensionalität‹ und Pynchons ›Entropie‹« (Peper 1977, S. 65) – ist auch deswegen zu empfehlen, weil darin der Einfluß Marshall McLuhans auf Sontags Theorie herausgearbeitet wird.

Im Rahmen seiner offen ablehnenden Analyse Fiedlers, Sontags und des Postmodernismus der amerikanischen Gegenkultur kann Gerald Graff in diesem besonderen Ansatz des Postmodernismus nicht viel mehr als eine Verherrlichung von Energie erblicken: »eine Feier von *Energie* – der Vitalismus einer Welt, die sich weder verstehen noch beherrschen läßt«. Graff entdeckt diese Energie in »der Lyrik der Beat-Generation, den ›Projective Poets‹

und anderen, die die nativistische Orientierung Whitmans, Williams' und Pounds weiterführen, in der nur kurzfristigen Beliebtheit des Living Theatre, der Happenings und der Pop-art und in einer Reihe von künstlerischen und musikalischen Experimenten mit dem Zufälligen und Dissonanten« (Graff 1979, S. 58). Daß Graff die »Projective Poets«, deren Hauptvertreter natürlich Charles Olson war, mit einbezieht, zeigt wiederum die m. E. unbestreitbare Verbindung zwischen Fiedlers und Sontags vitalistischem, auf die Unmittelbarkeit der Erfahrung gerichteten Postmodernismus und jenem von Olson und späteren Kritikern wie William Spanos und Richard Palmer. Graff weist auch auf die Verbindung zur »performativen« Richtung im Postmodernismus hin, wie bereits oben angedeutet wurde. Diese »performative« Richtung – ein in der Mitte der sechziger Jahre noch nicht geläufiger Begriff – beinhaltet für manche Kritiker nicht nur, wie man vermuten könnte, Theateraufführungen wie die des Living Theatre, sondern auch jenen gegen die Interpretation gerichteten, verspielten Zug in den fiktionalen Werken der Gegenkultur, wie man ihn zum Beispiel in den Romanen von Richard Brautigan findet, und die darstellenden Stimmen, die sich in den Romanen von Raymond Federman und Ronald Sukenick, den sogenannten »Surfictionists« zeigen. Auch hier kann eine ausführlichere Behandlung erst später folgen.

Graff zufolge weigert sich dieser angeblich antiintellektuelle und hedonistische Postmodernismus, »Kunst im hergebrachten Sinne ›ernst‹ zu nehmen«; er wendet die Kunst gegen ihre eigenen Ansprüche, ist stolz auf die eigene Verletzlichkeit, lehnt jede Analyse und interpretierende Kritik ab – weil Analyse und Interpretation dazu neigen, Kunst auf Abstraktionen zu reduzieren und dadurch ihre »potentiell befreienden Energien« zu neutralisieren – und spiegelt schließlich »eine weniger nüchtern-rationalistische Art des Bewußtseins wider, ein Bewußtsein, das eher verwandt ist mit Mythos, Stammesritual und visionärem Erlebnis auf der Basis einer ›protheischen‹, fließenden und undifferenzierten Identitätsvorstellung gegenüber dem reduzierten Ich des Westens« (Graff 1979, S. 31-32).

Richard Wasson hatte den Postmodernismus der mittsechziger Jahre bereits früher im gleichen Sinne analysiert. Ihm zufolge verdichtet sich eine Reihe von Einflüssen zu einer ideologischen Rechtfertigung der gegenkulturellen Eigenschaften, wie sie von

Graff zusammengefaßt werden. Wichtige Elemente dieser Rechtfertigung sind Norman O. Browns und Herbert Marcuses Revision der Freudschen Psychologie und Northrop Fryes Insistenz
auf der erotischen Funktion von Kunst. Auf verschiedene Weise
attackieren Brown und Marcuse Freud, der in ihren Augen
repressiv und letztlich entfremdet das gegenwärtige Realitätssystem als etwas Unabänderliches akzeptiert. Für beide »liefert die
imaginative Kultur ein wichtiges Gegensystem, denn deren
Werke sind eng verknüpft mit den Wünschen und Ängsten des
Eros... Für Marcuse entfalten Kunstwerke ein Maß von Sinnlichkeit, das unserer irrationalen Wirklichkeit entgegensteht. Für
Brown stehen Kultur und Kunst dem Realitätsprinzip und der
ihm sklavisch unterworfenen Vernunft absolut feindlich gegenüber.« Nach Brown und Marcuse »bietet Kunst die Gewähr, daß
der Eros, das Lustprinzip seinen Weg in die Welt finden kann,
ohne Zerstörung und Chaos anzurichten« (Wasson 1974,
S. 1200). Aus völlig anderem Blickwinkel stimmt Northrop Frye
in diesen Ruf nach einer Befreiung des Eros ein: »Eros ist der
wichtigste Fürsprecher des reichhaltigen Lebens, vor dem sich
das Gesellschaftssystem fürchtet und dem es widerstrebt« (zitiert
bei Wasson 1974, S. 1198), und auch ihm zufolge entwickelt sich
die befreiende Wirkung des Eros primär durch die Kunst.

Kurz, Wassons Analyse versucht zu zeigen, wie der von Fiedler
und Sontag mit der amerikanischen Gegenkultur gleichgesetzte
Postmodernismus in einem größeren Zusammenhang mit den
revolutionären Rufen nach einer Befreiung von den intellektuellen, gesellschaftlichen und sexuellen Zwängen der fünfziger Jahre
stand.

Auf Graff zurückkommend, läßt sich sagen, daß seine Analyse
der Entwicklung dieses Postmodernismus Wassons Ansatz ergänzt. Anknüpfend an Howe, behauptet Graff, daß die entfremdete Mittelschicht der fünfziger Jahre den »gesellschaftlichen
Kontext postmodernistischer Fiktionsästhetik« darstellt. Er sieht
im Postmodernismus eine tiefe Kulturkrise, ja eine Seinskrise, die
Sinn und Bedeutung aushöhlt: »Der Verlust einer bedeutungsvollen äußeren Realität, die durch Mythenbildung ersetzt wird, die
Domestikation und Normalisierung der Entfremdung: all diese
Bedingungen bilden einen gemeinsamen Ausgangspunkt für die
schriftstellerische Arbeit unserer Zeit.« (Graff 1979, S. 62) Dessenungeachtet hält Graff den Postmodernismus nicht für einen

völligen Neubeginn. Im Gegenteil argumentiert er, daß Postmodernismus nicht mehr sei als eine Erfüllung der modernistischen Revolte gegen den »traditionellen Realismus«, einer Revolte, die durch die Moderne selbst nicht vollständig ausgeführt worden sei:

»die moderne Fiktionsästhetik hat, von einigen Ausnahmen abgesehen, die völlige Subjektivierung und Privatisierung menschlicher Erfahrung nicht wirklich bewirkt, nach der modernistische Theorien riefen, die Literatur als Ausdruck eines inneren ›Bewußtseins‹ definierten, wie es als Gegengewicht gegen den rationalen Diskurs der öffentlichen objektiven Welt übertragen werde. Vergleichsweise neigt postmoderne Fiktionsästhetik dazu, die Logik solcher modernistischer Theorien bis an ihre Grenzen zu treiben.« (Graff 1979, S. 208)

Faktisch versteht Graff den Postmodernismus – sowohl den der mittsechziger Jahre als auch den selbstreflexiven, metafiktionalen Zweig, der sich später in den USA entwickeln sollte – als eine logische Fortentwicklung der Prämissen der Romantik; er sieht eine ungebrochene Tradition zwischen romantischen Vorstellungen von der Kunst und dem Künstler und den postmodernen Einstellungen zur Kunst und ihren Schöpfern.

Zusammenfassend läßt sich sagen, daß Fiedler und Sontag in der Mitte der sechziger Jahre einen Postmodernismus zu definieren suchten, der für sie enge Bezüge zur sich rasch entwickelnden amerikanischen Gegenkultur und ihren Vorläufern aufwies, wie etwa den »Projective« und den »Beat«-Poeten. Dieser Postmodernismus ist interpretationsfeindlich, ja antiintellektuell und vitalistisch; er stellt Performanz und Form über Sinn und Inhalt; er möchte die Ansprüche der Moderne auf Bedeutungsfülle und Ernsthaftigkeit zurückschneiden; er möchte das erotische Potential der Kunst freisetzen und die Schranken zwischen hoher und niederer Kunst einreißen; er neigt zur totalen Akzeptanz der Welt, einschließlich der Errungenschaften des Maschinenzeitalters; und er entwickelt sich bisweilen zum Mystizismus hin, zur Fusion von Ich und Welt. Seine implizite Ideologie spiegelt sich in den aktuellen Schriften von Norman O. Brown, Herbert Marcuse, Marshall McLuhan (letzterer vor allem wegen seiner Betonung des globalen Denkens und der Rolle der Medien) und in Fryes erotischer Wirkungsweise der Kunst. Andere Einflüsse finden wir bei Buckminster Fuller, in der ökologischen und transzendenten Science-fiction einer Ursula LeGuin und der

Zauberwelt eines Carlos Castaneda. Er wird sowohl von jenen, die ihn als Künstler praktizieren, wie von seinen früheren Kritikern wie Fiedler und Sontag als radikale Abkehr vom Modernismus verstanden und beinhaltet ein völlig eigenes Wertsystem. Spätere Kritiker sehen jedoch eher die Kontinuität zum Modernismus (Graff) oder zur Avantgarde des modernen Zeitalters (Hassan u. a.).

3. Postmodernismus als intellektuelle Revolte gegen den Modernismus

Im Jahre 1969 entdeckte Richard Wasson einen Postmodernismus (freilich ohne den Begriff zu verwenden), der den Aufstand gegen den Modernismus und modernistische Grundannahmen mit dem Postmodernismus der Gegenkultur teilt, jedoch weit intellektueller und auch internationaler, das heißt nicht spezifisch amerikanisch ist.

Wasson exemplifiziert diesen Typus des Postmodernismus anhand von vier Autoren, Iris Murdoch, Alain Robbe-Grillet, John Barth und Thomas Pynchon. Diese Autoren verbindet, trotz bedeutender Unterschiede, ein tiefes Mißtrauen gegen die Ästhetik der Moderne. Nach Wasson sind diese Autoren »skeptisch gegenüber modernistischen Vorstellungen von der Metapher als einer Art überrationaler Wahrheit, die paradoxe Gegenteile mit modernistischen Mythos-Vorstellungen vereint und sie zu einem Ordnungsprinzip für die Kunst und zu einer Disziplinierung subjektiver Identität machen« (Wasson 1969, S. 460). Folglich nehmen sie sich vor, die Metapher und den Mythos als subjektive Versuche, Ordnung zu stiften und die Kontingenz und Unzugänglichkeit der äußeren Welt zu transzendieren, zu erschüttern. Ihnen zufolge muß die Welt außerhalb des Subjekts (Natur, Objekte, andere Menschen) in all ihrer Objekthaftigkeit wiederhergestellt werden, bis sie völlig unzugänglich ist, und muß aufhören, Teil des subjektiven Bewußtseins des Schriftstellers zu sein, wie dies im Modernismus der Fall war. Der Unterschied und die Distanz zwischen Subjekt und Objekt müssen akzeptiert und dürfen nicht mit Hilfe von metaphorischen und mythischen Mitteln geleugnet werden; die Einheit von Ich und Welt ist eine Illusion. (Es wird deutlich, daß Wassons Konzept hier von jenem der mittsechziger Jahre, das eine solche Einheit von Ich und Welt oft als explizites oder implizites Ziel enthielt, abweicht.)

Wassons Aufsatz bindet die Frage des Postmodernismus in einen philosophischen Kontext ein. Ihm zufolge zeichnet sich der Postmodernismus durch einen radikalen ontologischen Zweifel aus, der so tief geht, daß beispielsweise selbst Sartres Existenzialismus von Robbe-Grillet abgelehnt wird; er sieht bei Sartre eine versteckte Komplizenschaft zwischen Subjekt und Objekt, weil sowohl in Sartres als auch in Camus' Fiktionsästhetik die äußere Welt »immer der Subjektivität des Helden und des Autors angepaßt wird« (Wasson 1969, S. 463-464).

Während wir in Fiedlers Postmodernismus eine größtenteils instinktive Rebellion gegen die Grundannahmen des Modernismus finden, beinhaltet Wassons Konzept eine intellektuelle, philosophische Revolte. Die erkenntnistheoretische Basis der Ästhetik der Moderne wird für abgrundtief unsicher, ja für nicht existent gehalten; anstelle des modernistischen Glaubens an die Einheit, wie schwer er auch errungen sein mag, favorisieren Wassons Postmodernisten eine Literatur, die die Einheit bestreitet. Die Welt, die noch ontologische Rettungsanker bereitstellt, die sogenannten höheren Diskurse, wird durch »eine Welt der Kontingenz« ersetzt, durch »eine Welt, in der der Mensch die Freiheit besitzt, es spontan mit der Erfahrung aufzunehmen« (Wasson 1969, S. 475-476).

Hier sind zwei spezifizierende Bemerkungen angebracht. Erstens erinnert Wassons Mensch, der »die Freiheit besitzt, es spontan mit der Erfahrung aufzunehmen«, an die gegenkulturelle Insistenz auf Spontaneität und Unmittelbarkeit der Erfahrung. Wassons Bezugsrahmen schließt jedoch eine neue Magie, eine neue Mythologie, ein Überschreiten der Kluft zwischen Ich und Welt aus. Zweitens versteht Wasson diesen radikalen Zweifel als Kontinuität modernistischer Zweifel am Ich und an den »Bedeutungen« der Geschichte: »Es wäre nicht schwierig, nachzuweisen, daß das Werk dieser Autoren in Wirklichkeit eine weitere Manifestation der modernistischen Ablehnung romantischer Vorstellungen von Persönlichkeit und Geschichte bildet.« (Wasson 1969, S. 476) Wie Graff sieht Wasson in seiner Version des Postmodernismus eine Radikalisierung der Zweifel, die den Modernismus plagten, die die modernistischen Autoren aber noch weitgehend unter Kontrolle halten konnten.

4. Existentialistischer Postmodernismus

Zwischen 1972 und 1976 entwickelte William Spanos eine Position zum Postmodernismus, die, zumindest dem Anspruch nach, bedeutend von früheren Postmodernismus-Konzepten abwich. Wie wir sehen werden, zeigt Spanos' neuartiger Beitrag jedoch Übereinstimmungen sowohl mit dem gegenkulturell orientierten Postmodernismus als auch mit Wassons Theorie des radikalen erkenntnistheoretischen Zweifels.

Spanos erkennt eine »Vielzahl ›post-moderner‹ Arten des Schreibens« – einschließlich Olsons Lyrik, Fiedlers Pop-art und Wassons *nouveau roman*, lehnt sie dann aber als »Ableger des frühen ikonischen Modernismus« zugunsten einer wahrhaft postmodernen Form des Schreibens ab:

»Ich meine zum Beispiel die strukturalistische Kunstkritik von Roland Barthes, die phänomenologische Kunstkritik von Georges Poulet und Jean-Pierre Richard und den Neo-Imagismus von Marshall McLuhan; die ›field poetry‹ von Charles Olson und die konkrete Poesie von Pierre Garnier, Ferdinand Kriwet und Franz Mon; den nouveau roman von Robbe-Grillet und Michel Butor; die ›Happenings‹ von Allen Kaprow und Claes Oldenburg; und die Pop-art-Literatur, die von Kritikern wie Leslie Fiedler befürwortet wird... Sie alle richten sich auf einen außerhistorischen Bereich, oder besser: sie alle streben die Verräumlichung der Zeit an. In der Folge sind die existentiellen Beweggründe des Initialschubs der postmodernen literarischen Imagination verdeckt worden, so daß der Impuls der Zeit nach dem Zweiten Weltkrieg (Literatur in einem ontologischen Dialog mit der Welt zum Zweck der Rettung der authentischen Historizität des modernen Menschen) aufs Spiel gesetzt wird.« (Spanos 1972, S. 165-166)

Für Spanos ist die Literatur der Moderne ikonisch, schwelgt in einem »religiös-ästhetischen Rückzug aus der existentiellen Zeit in die ewige Gleichzeitigkeit vollkommener Kunst« (Spanos 1972, S. 158), und nur diejenige Literatur verdient den Namen postmodern, die von einem existentiellen Blickwinkel aus die Kontingenz des Geschichtlichen akzeptiert. Eine solche postmoderne Literatur weigert sich, »an Kausalitäten orientierte Erwartungen zu erfüllen, Fiktionen zu erstellen... mit Anfang, Mitte und Ende« (Spanos 1972, S. 148); sie unterläuft den »Plot«, den Aufbau und Ablauf der Handlung, sie desintegriert und atomisiert, sie versucht, »das betäubte Individuum aus der ›Höhle des

Öffentlichen‹ zu jagen, aus der domestizierten, der wissenschaftlich kartographierten und organisierten Vertrautheit der totalisierten Welt...« (Spanos 1972, S. 155). Der »paradigmatische Archetyp postmoderner literarischer Imagination ist der Anti-Kriminalroman« (Spanos 1972, S. 154), weil er die Erwartungen des Lesers gewaltsam enttäuscht, indem er sich weigert, das Verbrechen einer Lösung zuzuführen, und sich weigert, eine ganzheitliche Welt aus Ordnung und Struktur zu offerieren. (Die Vorstellung von einem postmodernen Anti-Kriminalroman wurde vor Spanos von Michael Holmquist in seiner Schrift »Whodunit and Other Questions« [Holmquist 1971] erörtert.)

Für Spanos, der in seiner Einschätzung Wasson und Hassan folgt – Hassan wird noch ausführlicher zu behandeln sein – ist der Postmodernismus keine rein amerikanische oder britische, sondern eine wahrhaft internationale Bewegung. Sein wichtigster Bezugspunkt ist der europäische Existentialismus, vornehmlich der Existentialismus Heideggers, und seine vernehmlichsten Verfechter sind Europäer: Sartre, Beckett, Ionesco, Genet, Frisch, Sarraute und andere. Spanos behandelt die existentiellen Ursprünge seines Postmodernismus ausführlich in einem späteren Aufsatz mit dem bedeutsamen Titel: »Heidegger, Kierkegaard, and the Hermeneutic Circle: Towards a Postmodern Theory of Interpretation as Disclosure« (Spanos 1976). Mit der »Interpretation als Enthüllung« behauptet Spanos, lasse sich doch noch einiges vor dem totalen ontologischen Zweifel retten, den er der postmodernen Literatur zuschreibt – eine Behauptung, die er bereits in der ausführlich von mir zitierten Passage seines früheren Aufsatzes aufgestellt hatte; darin definiert er als postmodernistisch das Bestreben, »Literatur in einem ontologischen Dialog mit der Welt zum Zweck der Rettung der authentischen Historizität des modernen Menschen« (Spanos 1972, S. 166) in Dienst zu nehmen. Die postmoderne Literatur ist demnach nicht verspielt oder performativ, sie befreit nicht durch den Eros und kreiert auch keine neuen Mythen; im Gegenteil ist sie der Wahrheitstreue verpflichtet, der Offenbarung von menschlicher Geschichtlichkeit und der Kontingenz der Geschichte.

Diese Betonung der Geschichte erklärt m. E., warum Spanos zum Beispiel Roland Barthes und den *nouveau roman* aus seinem postmodernen Kanon ausschließt. Zweifelsohne, Barthes' Strukturalismus und späterer Poststrukturalismus sowie Robbe-Grillets Insistenz auf der ausschließlich linguistischen Ausrichtung seiner Fiktion müssen Spanos als rein formalistische und ästhetisierende Fluchtversuche aus der geschichtlichen Welt, als Fluchtversuche vor der »Geschichtlichkeit des Menschen«, die einen zentralen Stellenwert in seiner Theorie einnimmt, stören. Der selbstreferentielle Charakter der Sprache, den Barthes und Robbe-Grillet betonen, muß ihm als bewußter Rückzug aus der konkret existierenden Welt erscheinen. Freilich ist sein Vorwurf, daß Barthes und Robbe-Grillet den ikonischen Modernismus nur verlängern, inakzeptabel, da keiner von beiden für sein Schreiben ikonische Funktion beanspruchen würde oder glaubten, daß das Schreiben einer solchen Funktion dienen könnte.

Die Hinwendung zur Heideggerschen Ontologie zeigt sich wesentlich deutlicher bei einem anderen, existentialistisch orientierten Kritiker, nämlich Richard Palmer. Palmer greift den Modernismus auf derselben Grundlage wie Spanos an, seine Sicht des Postmodernismus (oder eines zukünftigen Postmodernismus) ist jedoch weit weniger bescheiden als die von Spanos. Er bietet eine Anzahl von provisorischen »postmodernen Modalitäten des Bewußtseins« an, die ich kurz skizzieren möchte. Die Zeit könnte »rund und ganzheitlich« sein – »eine Grunddimension des Seins«, sie könnte Vergangenheit und Gegenwart vereinigen und auf diese Weise »einem Jetzt, das immer währt, Tiefe verleihen«. Der Raum könnte »multiperspektiv«, »ein Feld mit mehreren Variablen« werden. »Der postmoderne Mensch könnte sich wieder in Beziehung zu größeren Mächten und größerem Sinn setzen« etc. Auch für Palmer ist die Akzeptanz des Kontingenten, der Fragmentierung und der Geschichtlichkeit unabdingbar für ein postmodernes Verständnis der Welt. Doch offensichtlicher als Spanos nähert sich Palmer einer neuen Ontologie an: »Die Sprache könnte zu einem Medium ontologischer Offenbarung werden, in der die Dinge durch Worte entstehen«, und: »In der postmodernen Denkweise könnte die Wahrheit die bloß pragmatische Dimension überwinden; sie könnte, in der Sprache, die getreue Artikulation dessen werden, was *ist* ...« (Palmer 1977, S. 27-29) Ich hebe dies hier besonders hervor, weil ein solcher Glaube an die ontologischen Möglichkeiten der Sprache weit entfernt ist von anderen, poststrukturalistischen Haltungen gegenüber dem Postmodernismus, die alle Versuche, irgendeine Sprache zum Instrument positiven Wissens zu machen, für vollkommen zwecklos

halten. Palmer könnte einwenden, daß seine (und Spanos') Ontologie keine Ontologie im traditionellen Sinne sei, sondern Kontingenz und Historizität mit einbegreife. Dies mag sein; wenn es
aber nicht so ist, wie will er dann die von ihm genährten utopischen Hoffnungen auf das interpretative Potential seiner Art des
Postmodernismus erklären?

»Vielleicht wird eine postmoderne Hermeneutik der Darbietung den Akt
deutender Vermittlung an einem ganz anderen Ort ansiedeln als dem, den
er in der modernen Epoche besetzt hielt. Vielleicht kann sie dem Deutenden sogar seine alten schamanisch-hermeneutischen Kräfte wieder verleihen, das Versteckte zu enthüllen, das Verständnis zu verwandeln, ja die
Seele zu heilen.« (Palmer 1977, S. 30-31)

Die Auswahl der zitierten Passagen zeigt, daß Palmer den Postmodernismus nicht als eine ausschließlich literarische Bewegung
sieht. In der Tat will er überhaupt nicht von einer Bewegung
reden, sondern von »etwas, das eher einer archäologischen Änderung unserer Denkvoraussetzungen entspricht... Es geht um die
metaphysische Grundlage unseres Sehens.« (Palmer 1977, S. 21)
Palmer geht bedeutend weiter als Spanos, denn seine Episteme
schließt die amerikanische Gegenkultur ein, »das wachsende öko-
logische Bewußtsein und die Wiederbelebung des Mythischen,
des Okkulten, des Morgenländischen«, so daß seine Fassung des
Postmodernismus trotz seines existentiellen Ausgangspunkts
letztlich vieles mit der von Leslie Fiedler gemeinsam hat. Für
Palmer zeigt der Postmodernismus eine neue Episteme an, die
den totalen ontologischen Zweifel, wie er durch die traditionelle
rationale Philosophie des Westens erzeugt wurde, inkorporiert
und transzendiert; und die Flucht aus der Falle des westlichen
Rationalismus – der zu einer völlig reduktiven, im wesentlichen
nihilistischen und ausbeutungsorientierten Weltsicht führt – wird
durch Heideggers Existentialismus ermöglicht.

Auf William Spanos zurückkommend, glaube ich, daß Wallace
Martin – trotz seiner Einschätzung von Olsons »field poetry« als
Ableger des »ikonischen Modernismus« – zu Recht eine direkte
Verbindung zwischen Spanos' und Palmers Postmodernismus-
Konzepten einerseits und Olsons Postmodernismus andererseits
sieht und sei sie noch so unzureichend definiert: »ein weiterer
Postmodernismus entstand aus der vortragenden Lyrik von Ol-
son, Creeley, David Antin und Jerome Rothenberg. Wie ihn

William Spanos vertrat, signalisierte er das Ende der logozentri-
stischen Metaphysik und die Wiedergeburt des gesprochenen
Wortes, wie dies bei Heidegger angelegt war.« (Martin 1980,
S. 144)

Diese Position, die freilich von Palmer klarer vertreten wird als
von Spanos, der hinsichtlich der Möglichkeiten des gesprochenen
Wortes vorsichtiger ist, scheint Teil einer Entwicklung zu sein,
die Charles Russell in der gegenwärtigen Literatur feststellt: »Ein
Großteil der Literatur und des Denkens der Gegenwart drückt
diesen Wunsch nach einem gnostischen Zustand des Bewußtseins
aus, nach einer mystischen Vereinigung von Ich und Welt...«
(Russell 1974, S. 356) Eine solche Wendung zu einem postmodernen Mystizismus zeigt sich auch im Postmodernismus der Gegenkultur, den Spanos ebenfalls als modernistischen charakterisiert. Es stellt sich die Frage, warum er sowohl Olson als auch die
Gegenkultur aus seiner Galerie des Postmodernismus verbannen
möchte, wenn andere solch offenkundige Ähnlichkeiten zwischen den jeweiligen Theorien erkennen.

Eine mögliche Antwort Spanos' könnte lauten, daß Olsons
Glaube an die regenerativen Möglichkeiten des gesprochenen
Wortes in gewissem Sinne unverdient sei und daß dies ebenso für
die Gegenkultur gelte. Sie haben ihre existentiellen Schulden
nicht bezahlt: Munter und instinktiv bewegen sie sich in Richtung jener Einheit von Ich und Welt, mit glückseliger Ahnungslo-
sigkeit über die völlige Kontingenz des Lebens, und ignorieren in
ihrem Verlangen nach »der Wiedergeburt des gesprochenen Wortes« die Geschichtlichkeit des Menschen. Mir scheint, daß Olson
und die Gegenkultur in Spanos' Augen abgrundtief ahistorisch
sind und daß sie sich dadurch eines existentiellen *mauvais foi*
schuldig machen.

Trotz dieses wichtigen Unterschieds, der sich ebensogut auf
einen Unterschied im Ansatz – intellektuell versus intuitiv –
reduzieren ließe, möchte ich behaupten, daß Spanos' existentieller
Postmodernismus sehr wohl zu Olsons und im weiteren Sinne zu
dem Konzept, wie es in der amerikanischen Poesiekritik benutzt
wird, paßt. Obwohl nicht alle Dichter, die etwa von Charles
Altieri, Donald Allen und George Butterick oder Jerome Mazzaro das Etikett des Postmodernen verliehen bekommen, an die
Macht des Wortes glauben, teilen sie im großen und ganzen jenes
existentialistisch orientierte Mißtrauen gegen jeden höheren Dis-

kurs und gegen die Autorität der Formalismen. Allen und Butterick definieren Olsons Postmodernismus als »letztlich augenblicksgebundenes Eingehen auf die Realität« (Allen und Butterick 1982, S. 11) und beobachten, daß die »Black Mountain«-Dichter, die »Beats« und die Poeten der New Yorker Schule im wesentlichen Olsons Beispiel folgen, bisweilen mit, bisweilen ohne mystische Intentionen. Ihrer Ansicht nach zeichnet sich poetischer Postmodernismus »durch eine Übernahme des Ursprünglichen aus, der geistigen und sexuellen Bedürfnisse, des Mythos, der neuesten wissenschaftlichen Erkenntnisse, des Zufalls und des Wandels, der Vernunft und des Traums« (Allen und Butterick 1982, S. 12), kurz, durch eine allumfassende Akzeptanz des Hier-und-Jetzt, eine Akzeptanz, die sich oft durch eine gewisse Verehrung, ja Ehrfurcht auszeichnet, die manche von ihnen sogar »vorliterarisch, vorrational« werden läßt.

Charles Altieri vermittelt offensichtlich zwischen Spanos' existentieller Geschichtlichkeit und dem Mystizismus, der mit der Gegenkultur assoziiert wird: »Die postmodernen Dichter möchten die Möglichkeiten freilegen, durch die Mensch und Natur eins werden, so daß Werthaftigkeit gefaßt werden kann als das Resultat immanenter Vorgänge, in denen der Mensch ebensosehr Objekt sei, wie er schöpferisch Handelnder ist…« (Altieri 1973, S. 608). Altieri kommt nahe an die Gegenkultur heran: »Gott manifestiert sich für die Dichter der Gegenwart als Energie, als der geballte Ausdruck immanenter Macht«; sein postmodernes Einswerden von »Mensch und Natur« ist jedoch nicht transzendent im traditionellen Sinne des Wortes; Ich und Objekt suchen ihre Einheit in der konkreten Welt, nicht in einer transzendenten Metaphysik: »Die Postmodernen möchten das Allumfassende konkretisiert haben, sie sehen das Besondere als Ding an sich und nicht als etwas Stellvertretendes.« (Altieri 1973, S. 610-611)

Für Mazzaro schließlich ist postmoderne Dichtung »bei all ihrem scheinbaren Mystizismus unumstößlich weltlich und gesellschaftsorientiert« (Mazzaro 1980, S. VIII), während die Modernisten eher zum Mythischen und Unpersönlichen neigten. Mazzaros Postmodernismus umfaßt Poeten wie Auden, Jarrell, Lowell, Roethke, Berryman und Bishop und schließt offenkundig diejenigen aus, die, wie die »Beat Poets«, einen Existentialismus mit dem mystischen Glauben an die »Wiedergeburt des gesprochenen Wortes« verbinden. Mazzaro erwähnt Spanos zwar nicht, bietet aber Gelegenheit, an Spanos' Existentialismus anzuknüpfen, indem er hervorhebt, auf welche Weise seine postmodernen Poeten der kontingenten, unmittelbaren Erfahrung zu begegnen versuchen. Obwohl Mazzaro Heidegger in seiner Einleitung erwähnt, stellt er seinen Postmodernismus dennoch nicht in den Kontext der Attacke Spanos' auf den rationalistischen Logozentrismus des Westens. Dies hat zur Folge, daß sein Kanon des Postmodernen aus einer locker gefügten Sammlung von so verschiedenen Dichtern wie Auden, Berryman und Bishop besteht, die alle, wenn auch auf je eigene Weise, die wirkliche Welt auf wesentlich direktere, persönlichere und verbindlichere Weise einbeziehen als die modernistischen Dichter.

II. Versuch einer Synthese:
Von Postmodernismen zum Postmodernismus

Während die bisher diskutierten Theorien des Postmodernismus die Tendenz aufwiesen, bestimmte Neigungen und kulturelle Stränge in den fünfziger und sechziger Jahren zu isolieren, um sie als postmodern zu kennzeichnen, wurde der Postmodernismus in den siebziger Jahren zunehmend zu einem Sammelbegriff, der alle literarischen und kulturellen Phänomene in sich vereinte, die sich nicht als realistisch oder modernistisch klassifizieren ließen. So konnte Köhler 1977 sagen:

»Trotz hartnäckig sich erhaltender Kontroversen über die charakteristischen Züge der neuen Ära wird jetzt der Begriff ›postmodern‹ allgemein auf alle kulturellen Phänomene angewendet, die seit dem Zweiten Weltkrieg entstanden sind, eine Veränderung von Sensibilität und Einstellung anzeigen und die Gegenwart zu einem Zeitalter ›nach der Moderne‹ machen.« (Köhler 1977, S. 8)

Zum selben Ergebnis kommt der von Köhler zitierte amerikanische Kunstkritiker John Perreault:

»In der Mitte der sechziger Jahre war ich gezwungen, den Begriff postmodern zu benutzen, weil ich Kunstwerke aller Art diskutieren wollte, die nicht in die Regeln des künstlerischen Modernismus zu passen schienen ... Postmodernismus ist nicht ein besonderer Stil, sondern ein Bündnis von Versuchen, über den Modernismus hinauszugehen. In manchen Fällen bedeutet dies eine ›Wiederbelebung‹ von Kunststilen, die der

Modernismus ›ausradiert‹ hatte. In anderen bedeutet es Anti-Objektkunst oder etwas Ähnliches.« (Köhler 1977, S. 13)

Obwohl Fiedlers Theorie des Postmodernismus bereits ziemlich umfassend war, beginnt die Phase einer wahren Breite des Postmodernismus mit Ihab Hassans Schriften zur Frage des Postmodernismus, insbesondere mit seinem frühen Buch *The Dismemberment of Orpheus: Toward a Postmodernist Literature* von 1971 (Hassan hatte bereits 1964 und 1969 zu dem Thema veröffentlicht, sein Buch ist jedoch ergiebiger, da er damit die Debatte über den Postmodernismus dauerhaft beeinflußte).

Im zweiten Teil meines Überblicks behandle ich zunächst Hassans Theorie des Postmodernismus; anschließend werde ich einige andere Stellungnahmen kurz erwähnen, wie die von Matei Calinescu und dem französischen Kritiker Jean-François Lyotard.

1. Der Postmodernismus Ihab Hassans: Entstehung einer neuen Episteme

Ihab Hassan ist zweifellos der produktivste aller drei in der Postmodernismus-Debatte involvierten Kritiker, und es ist unmöglich, die Entwicklung seines Begriffs des Postmodernismus – durch vier Bücher und zahlreiche Aufsätze, die über einen Zeitraum von 15 Jahren veröffentlicht wurden – im Rahmen dieser Übersicht vollständig zu rekonstruieren. Ich werde dennoch versuchen aufzuzeigen, daß Hassans Postmodernismus immer umfassender wurde, bis er den Punkt erreichte, an dem er sich in eine reife Episteme verwandelte.

In seinen frühen Schriften zu den diesbezüglichen Themenstellungen sieht Hassan den Postmodernismus vornehmlich als ein antiformales, anarchisches, anti-kreatives (decreative), antinomisches Bestreben, das von einem »Annullierungswillen« inspiriert wird. Dieses Konzept ähnelt, wie Matei Calinescu hervorgehoben hat, kontinental-avantagardistischen Auffassungen, und Hassans vorbereitender Kanon des Postmodernen stützt diese Einschätzung: In *The Dismemberment of Orpheus* beschreibt er den postmodernen Impuls bei de Sade, bei Blake, bei »Pataphysics«, bei Dada, im Surrealismus, in dem, was er »Aliterature« nennt, bei Jean Genet, um nur einige Beispiele zu nennen. Dada und der Surrealismus nehmen in der Reihe seiner Beispiele eine zentrale

Position ein. (Dieses avantgardistische Konzept des Postmodernismus in seinem frühen Werk halte ich übrigens für wichtiger als seine existentieller orientierte Theorie, die auch in *The Dismemberment of Orpheus* vorhanden ist und die den Existentialismus und Autoren wie Hemingway und Beckett einbegreift.) Dieser postmoderne Impuls richtet sich auf eine Kunst, die sich selbst negiert (daher der Wille zum Annullieren). Er bezeichnet eine Hinwendung zum Schweigen und manifestiert sich in »zwei Ausdrucksformen der Stille«, die beide den Postmodernismus ausmachen: »a) das negative Echo der Sprache, selbstdestruktiv, dämonisch, nihilistisch; b) ihre positive Stille, selbsttranszendierend, sakramental, uneingeschränkt.« Wie Hoffmann (1977) hervorhebt, betont Hassan »das Negative« in seiner Theorie auf Kosten der »positiven Stille«, die, wie sein Sprachgestus andeutet (»selbsttranszendierend, sakramental«, an anderer Stelle spricht er von der »heiligen Verweigerung« der Beat Poets), auf dieser Stufe seiner Entwicklung mit einiger Sicherheit mystische Beiklänge hatte, ein Mystizismus, den Russell »einen gnostischen Zustand des Bewußtseins« nannte. Wenn dem nicht so wäre, bezieht sich seine »positive Stille« zumindest auf den Charme eines Ansich, wie ihn zum Beispiel Charles Altieri dem Unmittelbaren zuschrieb.

Hassans frühes Konzept zeichnet sich dadurch aus, daß es die Reichweite des Postmodernismus beträchtlich vergrößert. Gemeinsam mit Wasson (1969) verbreitete er die Vorstellung von einem internationalen Postmodernismus, wenn er sie nicht sogar einführte, und ebnete auf diese Weise den Weg für spätere Kritiker wie Spanos. Noch wichtiger ist, daß er die historischen Grenzlinien des Postmodernismus verschob und somit eine Sicht auf den Postmodernismus (oder besser: auf seine Art des Postmodernismus) als sich entfaltende Form dessen, was lange Zeit nur eine SubstrÖmung in der Geschichte westlicher Kultur gewesen war, ermöglichte; obwohl er später einige seiner anspruchsvolleren Behauptungen widerrufen und sich etwa auf James Joyce' *Finnegan's Wake* als das erste wahrhaft postmoderne literarische Werk festlegen sollte, wurden spätere Diskussionen durch seine historische Perspektive und seinen typologischen Ansatz entscheidend beeinflußt.

Wie ich bereits erwähnt habe, ist Hassans späterer Begriff des Postmodernismus weit umfassender. Wie er selbst im Jahre 1980 anmerkt, »können wir nicht einfach – wie ich es manchmal getan habe – bei der Grundannahme bleiben, daß der Postmodernismus antiformal, anarchisch oder antikreativ ist; denn obwohl er all dies ist... beinhaltet er auch das Bedürfnis, eine ›einheitliche Sensibilität‹ (Sontag) zu entdecken, ›über die Grenzen zu gehen und die Kluft zu schließen‹ (Fiedler), und, wie ich vorgeschlagen habe, eine neo-gnostische Unmittelbarkeit des Bewußtseins zu erreichen.« (Hassan 1980b, S. 121)

1980 hatte Hassan jedoch schon wesentlich mehr in seine Form des Postmodernismus einbezogen und diese zu einer reifen Episteme gemacht. In dem soeben zitierten Aufsatz beruft er sich in seiner Beschreibung des Postmodernismus auf zeitgenössische Schriftsteller und Denker wie Lévi-Strauss, Robbe-Grillet, Lacan, Derrida, Foucault, Deleuze, Barthes, de Man, Steiner und andere. Aus der Vergangenheit taucht bereits Nietzsche als maßgeblicher Einfluß auf – will heißen, der Nietzsche, den die französischen Poststrukturalisten wiederentdeckten. Mit anderen Worten, Hassan hat um 1980 eine ganze Reihe strukturalistischer und poststrukturalistischer Theorien in seinen postmodernen Zirkel einbezogen. Auf dem Gebiet der Literatur hat er den Non-Fiction-Roman, den amerikanischen New Journalism, die Genres der phantastischen und Science-fiction-Literatur und den selbstreflektiven metafiktionalen Roman für seine Theorie verwendet. Aus Frankreich hat er den *nouveau roman* und »den linguistischen Roman von *Tel Quel*« hinzugefügt. Er hat seinen Postmodernismus sogar auf das Gebiet der Literaturkritik ausgedehnt, indem er seine eigenen Formen von Parakritik anbot, eine postmodernistische Art der Kulturkritik, die versucht, »die Kunst des Vieldeutigen wiederzuerlangen« (Hassan 1975, S. 25).

Diese Kunst des Vieldeutigen macht es schwierig, Hassans Position zum Postmodernismus klar zu umreißen. Es ist nur allzu wahr, daß sein Werk sehr anregend ist, wie die folgende Aufstellung zeigt, »die bestimmte Kennzeichen des Postmodernen andeutet«, die allesamt den Charakteristika des Modernistischen entgegengesetzt sind: »Pataphysik/Dadaismus; Antiform (unverbunden, offen); Spiel; Zufall; Anarchie; Erschöpfung/Stille; Entwicklung/Performanz; Happening; Partizipation; Decreation/Dekonstruktion/Antithese; Abwesenheit; Ausbreitung; Text/Intertext; Syntagma; Parataxis, Metonymie; Kombination; Rhizom/Oberfläche; Gegen die Deutung/Mißdeutung; Signifikator;

Scriptible (Writerly); Antinarrative; der Heilige Geist; Begierde; polymorph/zwitterartig; Schizophrenie; Unterschied-Uneinigkeit/Spur; Ironie; Herrschaft des Unbestimmten; Immanenz.« (Hassan 1980b, S. 123) Wie gesagt, diese Liste ist endlos vielfältig, aber es ist eigentlich unmöglich, ein stabiles, wohl definiertes Zentrum zu finden. Wie schon Hoffmann 1977 bemerkte, sind Hassans »›Bedeutungen‹ der ›Stille‹ und seine Liste postmoderner Schriftsteller nahezu unmöglich auf einen gemeinsamen Nenner zu bringen« (Hoffmann 1977, S. 34); und seit damals ist es keineswegs einfacher geworden, Hassans Begriff zu definieren. Sehr allgemein gesprochen, beziehen sich die meisten, ja vielleicht alle, der postmodernen Charakteristika Hassans auf die Vorstellung des Dekonstruktionismus einer dezentrierten Welt. Mit anderen Worten, sie werden von einem radikalen erkenntnistheoretischen und ontologischen Zweifel beherrscht. Darin sieht Hassan den Hauptunterschied zwischen Postmodernismus und Modernismus: »Während der Modernismus – mit Ausnahme von Dada und dem Surrealismus – seine eigenen Formen künstlerischer Autorität genau deshalb schuf, weil der ontologische Halt instabil wurde, hat sich der Postmodernismus der künstlerischen Anarchie zugewandt in einer tieferen Anteilnahme am Zerfall der Welt – oder hat sich dem Pop zugewandt.« (Hassan 1975, S. 59) Während sich die Modernisten gegen ihr eigenes Wissen um das kosmische Chaos, gegen die unglaubliche Brüchigkeit jeden »Halts«, den sie wahrnehmen könnten, zu schützen suchten, haben die Postmodernisten das Chaos akzeptiert und leben sogar in einer gewissen Vertrautheit mit ihm. Diese postmodernistische Erkenntnis der endgültigen Abdankung aller Autorität, allen höheren Diskurses, aller Haltepunkte führt zu einer Akzeptanz des Chaos und manchmal sogar zur mystischen Einstimmung auf ein chaotisches Universum, wie etwa in dem von Norman O. Brown dargebotenen kosmischen Mystizismus, der sich in Hassans Postmodernismus-Kanon einreiht.

Diese Erkenntnis endgültiger Dezentrierung führt zu einer postmodernen Welt, die durch zwei Haupttendenzen charakterisiert ist, eine Herrschaft des Unbestimmten und eine »Immanenz«. Die Herrschaft des Unbestimmten steht vornehmlich für die Folgen jener Dezentrierung, des völligen Verschwindens der Ontologie; Immanenz steht für die Tendenz des menschlichen Geistes, sich die gesamte Realität anzueignen (auch dies wird natürlich erst durch die Dezentrierung ermöglicht). Der absolute, unwiderrufliche Verlust der ontologischen Grundlage – den Hassan ebenso in »Heisenbergs Prinzip der Ungewißheit in der Physik und Gödels Beweis der Unvollständigkeit (oder Unentscheidbarkeit) aller logischer Systeme« wie in der poststrukturalistischen Philosophie sieht – führt für Hassan zu einer extremen Ausbreitung postmoderner Denkweisen. Die Herrschaft des Unbestimmten kann magische Formen annehmen, den Mystizismus, den Transzendentalismus, den Kult des Apokalyptischen (alle Bewußtseinsformen, die mit der Gegenkultur verbunden sind) oder das Existentielle, das Post-Existentielle, eine »Entmenschlichung«, einen Ichverlust, den Ökologismus, die Fragmentierung, einen neuen Futurismus etc. etc. (Hassan 1975, S. 54-58), immer vorausgesetzt, daß diese Arten des Bewußtseins nicht als ontologisch begründet verstanden werden. Diese radikale Herrschaft des Unbestimmten könnte durchaus traditionelle Trennlinien in der Kultur des Westens beseitigen: »Religion und Wissenschaft, Mythos und Technologie, Intuition und Vernunft, volkstümliche und hohe Kultur, weibliche und männliche Archetypen... beginnen einander zu modifizieren und zu durchdringen... Umrisse eines neuen Bewußtseins treten hervor.« (Hassan 1980a, S. 110) Da letztlich kein intellektuelles oder moralisches System, keine Methode der Realitätswahrnehmung legitimiert werden kann (eine Formulierung Lyotards), kann auch *ontologisch* nichts die Vorherrschaft über anderes beanspruchen, und fruchtbare Austauschprozesse sind damit möglich geworden. Wie Hassan selbst hervorhebt, ist die Herrschaft des Unbestimmten keineswegs ein eindeutiger Begriff; sie benennt die Tendenz zu einem totalen Pluralismus, der ohne weiteres einander ausschließende Kategorien in sich aufnehmen kann:

»In Wirklichkeit setzt sich diese Tendenz aus Subtendenzen zusammen, wie sie mit folgenden Begriffen assoziiert sind: Offenheit, Heterodoxie, Pluralismus, Eklektizismus, Ungerichtetheit, Revolte, Deformation. Allein letztere umfaßt ein Dutzend geläufiger Begriffe der Annullierung: ›Decreation‹, Desintegration, Dekonstruktion, Dezentrierung, Verlagerung, Differenz, Diskontinuität...« (Hassan 1983, S. 27-28)

Hassans postmodernistisches Spektrum umfaßt die »zweite Haupttendenz in der postmodernen Welt«. Sie bezeichnet »Immanenzen, ein Begriff, den ich ohne religiösen Anklang verwende und mit dem ich die Fähigkeit des Bewußtseins meine, sich selbst in der Welt zu verallgemeinern, sich sowohl nach dem Ich als auch nach der Welt zu richten und auf diese Weise immer mehr, unmittelbar, zu seiner eigenen Umgebung zu werden...« Diese Tendenz, die in Hassans früherer Phase auch Neo-Gnostizismus genannt wurde, wird »hervorgerufen durch so verschiedenartige Worte wie Verbreitung, Zerstreuung, Ausstreuung, Beugung, Pulsierung, Integration, Ökumenismus, Kommunikation, Wechselspiel, Wechselwirkung, wechselseitige Durchdringung etc. – (und) hängt vor allem vom Auftreten des Menschen als einem sprachbegabten Tier ab... einer Kreatur, die sich selbst und zunehmend auch ihr Universum konstituiert, und zwar mit Hilfe von selbst geschaffenen Symbolen.« (Hassan 1983, S. 29)

Weil Daseinsgründe ontologischer Mittelpunkte nicht mehr vorhanden sind, erschafft der Mensch sich selbst und seine Welt durch eine Sprache, die poststrukturell geschieden ist von der Welt der Objekte. Erst in der Immanenz entdeckt Hassan eine Hinwendung zu dem »Einen«, zur Stiftung von Einheit. Während die Herrschaft des Unbestimmten zur Fragmentierung, zur Herausbildung von Stämmen führt, führt Immanenz zur Globalisierung durch die immer gleichförmiger werdende Sprache der Medien – »die Immanenz der Medien bewirkt jetzt die Ausbreitung des Logos« (Hassan 1980a, S. 110) – und durch die Sprache von Wissenschaft und Technologie. Ganz deutlich ist Hassans Immanenz vom Geist Marshall McLuhans und Sontags »einheitlicher Sensibilität« beseelt.

Hassan hat demnach das anfänglich literarische Konzept des Postmodernismus – wenn auch unterstützt durch Fiedler, Sontag u. a. – in ein gesamtkulturelles, weit verzweigtes Konzept überführt, in ein Konzept, das letztlich abhängt von den gleichzeitigen Manifestationen, ja vom Wechselspiel zwischen Unbestimmtem und Immanenz oder zwischen »Annullieren« und Neuschöpfung, zwischen einer Annullierung jeglicher Autorität und einer Neuschöpfung durch eine dezentrierte Sprache, einer »neuen Immanenz der Sprache« (Hassan 1980a, S. 97).

Ein letztes Wort zum Ursprung von Hassans Postmodernismus. Obwohl ich in meiner Darstellung den zentralen radikalen ontologischen Zweifel dieses Postmodernismus besonders hervorgehoben habe, weil mir dieser Zweifel als wichtigstes konstituierendes Einzelelement erscheint, hat Hassan auch auf Irving Howes

Analyse hingewiesen:

»Dennoch stellt sich der epistemische Faktor als nur einer von vielen heraus. Die Kraft der antinomischen und unbestimmten Tendenz stammt aus breiter angelegten gesellschaftlichen Dispositionen: aus einem steigenden Lebensstandard im Westen, aus der Zerschlagung institutioneller Werte, aus freigesetzten Wünschen, Befreiungsbewegungen aller Art, Schisma und Sezession rund um den Globus, dem umsichgreifenden Terrorismus – kurz, aus dem Vielen, das sein Primat über das Eine oder den Einen behauptet.« (Hassan 1983, S. 29)

Es ist nicht überraschend, daß Hassans umfassende Episteme der Postmoderne eine Unmenge von aktuellen literarischen Formen oder Varianten in sich aufnehmen kann, die von früheren Postmodernismus-Kritikern oft streng auseinandergehalten worden waren. Postmodernismus beinhaltet für Hassan den selbstreflektiven oder metafiktionalen Roman, weil er das Bewußtsein der Selbstreferenz aller Sprache zeigt – selbst wenn er phänomenologisch seinen eigenen sprachlichen Produktionsregeln folgt. Er schließt aus demselben Grund auch den Roman linguistischer oder imagistischer Herkunft ein (den *Nouveau Roman* und den *Tel Quel*-Roman); auch den Non-Fiction-Roman, weil dieser den Unterschied zwischen Fakten und Fiktionen verwischt: Fakten, oder zumindest ihre verschiedenartigen Interpretationen, sind auch Formen der Fiktion. Die Herrschaft des Unbestimmten befreit die Imagination von alten, abgenutzten Kategorien und ermöglicht eine Neubewertung von subliterarischen Genres wie dem phantastischen Roman und der Science-fiction. Sie führt zu allen möglichen Darstellungsweisen des Selbstausdrucks wie in den Romanen der »Surficitionists«, in denen die Wirklichkeit ein Produkt der Vorstellung ist (wie auch im phantastischen Roman und der Science-fiction). Sie kann ebenso zu einem künstlerischen Minimalismus oder gar zum Verstummen führen. Mit anderen Worten, die große Bandbreite möglicher ästhetischer Reaktionen auf Hassans Unbestimmbares führt zu einem üppigen Wachstum literarischer Formen und Darstellungsweisen, die sich nicht leicht auf einen gemeinsamen Nenner bringen lassen. Obwohl Hassans Theorie aufgrund ihrer Reichweite Anziehungskraft besitzt, bildet diese Reichweite vom Standpunkt literarischer Klassifikation zugleich ihren Hauptnachteil. Hier handelt es sich um den eindeutigen Nachteil aller epistemischen Systeme. Aus diesem Grund werde ich nach einer kurzen Erörterung anderer wesentlicher Theorien zu einem im engeren Sinne literarischen Ansatz des Postmodernismus zurückkehren.

2. Die postmoderne Episteme: Andere Ansätze

Nachdem ich Ihab Hassans Episteme der Postmoderne derart viel Aufmerksamkeit geschenkt habe, werde ich mich Matei Calinescu und Jean-François Lyotard nur kurz widmen. Dies bedeutet nicht, daß ihre Theorien der postmodernen Episteme weniger wichtig wären. Hassan scheint mir jedoch das Fundament für die epistemische Sicht des Postmodernismus gelegt zu haben; gleichwohl gibt es einige Gemeinsamkeiten zwischen Calinescus, Lyotards und Hassans Theorieansätzen. Ich beginne mit Lyotard, dessen Werk *La Condition Postmoderne* (1979) einen wichtigen Beitrag zur Debatte über den Postmodernismus darstellt. (Aus praktischen Gründen zitiere ich hier aus einem neueren Aufsatz: »Answering the Question: What is Postmodernism« (1983), in dem er die im Titel gestellte Frage bündig zu beantworten versucht.) Zunächst lassen sich für Lyotard die Voraussetzungen der Postmoderne durch eine tiefe erkenntnistheoretische und ontologische Krise kennzeichnen. Mit Hassans Worten: »Lyotards zentrales Thema ist die Unbrauchbarkeit der ›großen Erzählungen‹ und ›Metanarrativen‹, die die bürgerliche Gesellschaft systematisierten. Die tiefe Krise ist also eine der ›légitimation‹ – zu vergleichen mit Habermas' Begriff der ›Legitimationskrise‹ in seinem Buch *Legitimationsprobleme im Spätkapitalismus* – in allen kognitiven und gesellschaftlichen Bemühungen, die heute von einer Vielzahl von Sprachformen beherrscht werden.« (Hassan 1983, S. 26) Hierzu auch Hassans »frei« paraphrasierte Zusammenfassung des »zentralen Themas« Lyotards:

»Dem postmodernen Zustand ist die Desillusionierung so fremd wie die blinde Positivität der Entlegitimierung. Wo kann Legitimität noch Zuflucht nehmen, wenn die Metanarrativen sich aufgelöst haben? Das Kriterium der Funktionalität ist eher technologischer Natur; es läßt sich nicht auf Wahrheits- und Gerechtigkeitsurteile anwenden. Und der Konsens durch den Diskurs, wie Habermas glaubt? Dieses Kriterium verletzt die Heterogenität der Sprachspiele. Und Erfindungen werden immer im Dissens gemacht. Das postmoderne Wissen ist nicht lediglich ein Instrument der Macht. Es verfeinert unsere Wahrnehmungsfähigkeit, schärft den Sinn für Unterschiede und kräftigt unsere Fähigkeit, das Inkommensurable zu ertragen. Es findet seine Berechtigung nicht in der Übereinstimmung oder den Homologien von Experten, sondern in den Trugschlüssen von Erfindern.

Offen bleibt also folgendes: Kann die Berechtigung sozialer Beziehungen, kann eine gerechte Gesellschaft in Übereinstimmung mit einem Paradoxon, das dem der gegenwärtigen wissenschaftlichen Unterfangen ähnlich ist, hergestellt werden? Und woraus würde ein solches Paradoxon bestehen?« (Hassan 1983, S. 26-27)

Bevor ich Lyotards Antwort auf diese Frage referiere, möchte ich hervorheben, wie sehr dieses postmoderne »Anliegen« sich von modernistischen Anliegen unterscheidet. Für Lyotard »ist die Ästhetik der Moderne eine Ästhetik des Erhabenen, wenn auch eine nostalgische. Sie ermöglicht lediglich, das Nichtdarstellbare in Form fehlender Inhalte zur Geltung zu bringen; die Form aber bietet durch ihre erkennbare Konsistenz dem Leser oder Zuschauer weiterhin den Stoff für Trost und Vergnügen« (Lyotard 1983, S. 340). Ich nehme an, dies bedeutet, daß der Modernismus trotz seiner Anerkennung des »Nichtdarstellbaren«, trotz Nichtvorhandensein eines Mittelpunkts im Kern der Dinge, es letztlich doch vermied, sich dieser Lücke zu stellen, was letztlich auf intellektuelle Feigheit hinauslief. Postmodernismus, nach Lyotard die Weiterführung der Moderne, »wäre das, was in der Moderne das Nichtdarstellbare in der Darstellung selbst zur Geltung bringt...« (Lyotard 1983, S. 340). Postmoderne Literatur ist also für Lyotard eine Literatur des »Annullierens«, eine Literatur, die sich der Darstellung des Nichtdarstellbaren in dessen eigenen *Aporien* verschreibt, und sie ist auch eine Literatur der Darbietung, der »Ereignisse«; die Postmoderne

»stellt das Nichtdarstellbare in der Darstellung selbst heraus..., verkneift sich den Trost gelungener Form, den Konsens eines Geschmacks, der das gemeinsame Erlebnis des nostalgischen Wunsches nach dem Unerreichbaren ermöglichen würde..., sucht nach neuen Darstellungsformen, nicht um sie zu genießen, sondern um einen stärkeren Eindruck des Nichtdarstellbaren zu vermitteln. Ein postmoderner Schriftsteller oder Künstler befindet sich in der Lage eines Philosophen: Der Text, den er schreibt, das Werk, das er produziert, werden im Prinzip nicht durch vorgegebene Regeln beherrscht, und sie lassen sich nicht nach einem richtungsgebenden Urteil bewerten, indem man vertraute Kategorien an den Text oder das Werk anlegt. Nach eben solchen Regeln und Kategorien sucht ja das Kunstwerk selbst schon. Der Künstler und der Schriftsteller arbeiten also ohne Regeln, um die Regeln dessen formulieren zu können, was *zustande gebracht sein wird.* Daher die Tatsache, daß Werk und Text die Eigenschaften eines *Ereignisses* haben; deshalb entstehen sie auch immer zu spät für ihren Autor oder, was auf dasselbe hinausläuft, ihr Erscheinen, ihre Realisation *(mise en œuvre)* beginnt immer schon zu früh.« (Lyotard 1983, S. 340-341)

Lyotards Insistenz auf dem Bewußtsein vom »Nichtdarstellbaren« läßt ihn diejenigen Formen gegenwärtigen künstlerischen Ausdrucks – den zum Beispiel Fiedler, Sontag und der spätere Hassan als postmodernistisch bezeichnen – ablehnen, die, wie der Modernismus, die Konsequenzen aus der Abdankung eines jeglichen höheren Diskurses scheuen. Für ihn gehören diese sogenannten postmodernistischen Formen kaum mehr zu unserer Epoche als alle antimodernen Formen. Offensichtlich denkt Lyotard an die Resultate aus Sontags »einheitlicher Sensibilität«, aus Fiedlers Pop-art und Hassans Neigung zur Immanenz:

»Eklektizismus ist der Nullpunkt der allgemeinen gegenwärtigen Kultur: Man hört sich Reggae an und sieht einen Western; es gibt Speisen von McDonalds zum Mittag – und die örtliche Küche zum Abendessen, man trägt Parfum aus Paris in Tokio und ›Retro‹-Kleidung in Hongkong; Wissen ist Gegenstand für Fernsehveranstaltungen. Es ist leicht, ein Publikum für eklektische Werke zu finden. Indem sie zu Kitsch wird, leistet die Kunst der Verwirrung Vorschub, die im ›Geschmack‹ ihrer Abnehmer herrscht. Künstler, Galerien, Eigentümer, Kritiker und Publikum schwelgen einsam in der Auffassung, daß ›alles geht‹, und die Epoche erschlafft. Aber dieser Realismus des ›Alles-geht‹ ist in Wirklichkeit der des Geldes; ohne ästhetische Kriterien bleibt es möglich und nützlich, den Wert von Kunstwerken je nach dem Gewinn, den sie abwerfen, einzuschätzen. Ein solcher Realismus läßt alle Tendenzen zu, vorausgesetzt, daß diese Tendenzen und Bedürfnisse Kaufkraft haben.« (Lyotard 1983, S. 334-335)

Die Medien *(»l'informatique«)* spielen eine wichtige Rolle in diesem Eklektizismus, der intellektuell unredlich ist, weil er nicht versucht, das Nichtdarstellbare darzustellen; statt dessen ist seine Einstellung grundlegend hedonistisch. Um auf die Frage einer postmodernen Legitimation, einer Legitimation ohne jegliche vorausgesetzte Autorität zurückzukommen: Lyotard stellt sich eine postmoderne Ära von *»les petites histoires«* vor, von, wie Hassan es ausdrückt, »parataktischen, paradoxen, paralogischen Erzählungen, die die Strukturen des Wissens wie der Politik für Sprachspiele öffnen sollen, für imaginative Wiederherstellungen, die uns entweder einen neuen Durchbruch oder eine Veränderung der Spielregeln selbst erlauben« (Hassan 1983, S. 27). Hier findet keine Rückkehr zu einem höheren Diskurs statt, sondern die Akzeptanz einer poststrukturalistischen Auffassung von Sprache als einem Instrument zur Darstellung seines eigenen dezentrierten Daseins wie zur Darstellung der Abwesenheit eines Mittelpunkts in allen Erzählungen. Postmoderne Legitimation kann nur in hohem Maße provisorisch, zeitweilig, ohne ontologische Basis existieren. Sie ist örtlich gebunden, zerbrechlich und verbindet sich mit dem Paradoxon.

Ist Lyotard schon zu vorsichtig, um zu behaupten, daß eine postmoderne Episteme sich bereits fest etabliert habe, so zeigt Matei Calinescu noch ernstere Vorbehalte gegenüber dem Beginn einer neuen Ära: »Gleich zu Beginn muß ich zugeben, daß meines Erachtens eine Renaissance des Pluralismus im Denken der Gegenwart ebensosehr ein im Werden begriffenes Phänomen ist, wie ein *Desiderat*...« (Calinescu 1983, S. 284) Eben diese »Renaissance des Pluralismus« steht, mit welchem Status auch immer, im Mittelpunkt von Calinescus Begriff des Postmodernismus.

Für Calinescu unterscheidet sich dieser »neue (postmoderne) Pluralismus« deutlich vom Modernismus: »Mit merkwürdig wenigen Ausnahmen konfrontieren uns die tief skeptischen Bewegungen der Moderne mit dem bemerkenswerten Widerspruch, daß sie sich auf monistische Grundannahmen stützten. Wäre es dann unzutreffend, zu behaupten, daß selbst die Kritik der Moderne am Monismus in Wirklichkeit kaum mehr als eine (geduldige oder ungeduldige, durch Verzweiflung verdüsterte oder durch sonderbare tausendjährige Hoffnungen erhellte) Suche war nach einem neuen, allumfassenden und alles erklärenden Monismus?« (Calinescu 1983, S. 263-264) Aber der neue Pluralismus läßt sich ebensowohl in einen viel größeren Kontext stellen: »... wenn wir die ›Logik‹ der linearen Zeitvorstellung aufgeben, die für die säkularisierte Version jüdisch-christlicher Eschatologie in der Moderne kennzeichnend ist, bemerken wir sofort, daß die neuere Abkehr vom Monismus eher in den Bereich der Restauration als der Innovation gehört.« (Calinescu 1983, S. 264)

In jedem Falle aber ist der postmodernistische Pluralismus, sieht man ihn vor dem Hintergrund des modernistischen Monismus oder Dualismus (in jenen Fällen, wo die Kluft zwischen zwei heterogenen Arten der Wirklichkeit als solche akzeptiert wurde), etwas Innovatives, da er die Tatsache akzeptiert, daß »es viele irreduzible Prinzipien und daher viele Welten gibt«. Sein »dialogischer Pluralismus« führt zu »einem neuen Verständnis der Kategorie des Relativen« auf eine Weise, die an Foucaults diskursive Gebilde erinnert:

»Befreit von der unausweichlich geradlinigen Entwicklung der modernen Zeitvorstellung ebenso wie vom natürlichen Versuch, dieser unentrinnbaren Geradlinigkeit zu entkommen (der die Form verschiedener philosophischer oder wissenschaftlicher abstrakter Entwürfe *völlig reversibler* und ideell kontrollierbarer Zeitvorstellungen annahm), erscheint die historische Relativität tendenziell als riesiges Netzwerk wechselseitiger Bedingungen, in dem die Irreversibilität bestimmter grundlegender Entscheidungen neue Muster der Reversibilität schafft; sie erscheint tendenziell als fortwährender Prozeß ›schöpferischer Evolution‹ ohne jegliches, ›objektiv‹ prästabilierte *Telos* oder *Eschaton*. Unser Bewußtsein lebt in einer Vielzahl von (wirklichen und möglichen) Welten in einem unaufhörlichen ›chronotopischen‹ Wandel.« (Calinescu 1983, S. 284)

Nach Calinescu lassen sich durch diesen pluralistischen Postmodernismus traditionelle Schranken überwinden: »Es gibt also postkritische und im weiteren Sinne postmoderne Bezugsrahmen, in denen etwa die Mathematik, die Religion und die Künste, die alle ihre irreduziblen Unterschiede beibehalten, sehr bedeutende Gemeinsamkeiten aufweisen. Wir stellen fest, daß die Anerkennung solcher Gemeinsamkeiten... die Wiederaufnahme eines *intrakulturellen Dialogs* möglich macht, den die Moderne aufgegeben hatte.« (Calinescu 1983, S. 275)

Dennoch führt ihn sein Pluralismus nicht zu einem poststrukturalistischen dekonstruktiven Denken, das alle Versuche aufgegeben hätte, das zu erwerben, was man »positives« Wissen nennen kann. Im Gegenteil, Calinescu hält solch dekonstruktives Denken für einen »negativen Monologismus«, der »philosophisch als ›negativer Monismus‹ übersetzt« werden kann. Ihm schwebt der »Monismus der Abwesenheit« von Derrida und seinen Anhängern vor, den er als »Monismus der Verneinung und des radikalen Agnostizismus« bezeichnet. Ihm zufolge dient dieser Monismus der Verneinung »ausschließlich Zwecken der Zerrüttung und Zerschlagung des Einen und niemals der *Bestätigung des Vielen*« (Calinescu 1983, S. 272-273). Nach Calinescu ist das dekonstruktive Denken nur *scheinbar* pluralistisch, dagegen ist die »Vielfalt, die durch einen solchen Pluralismus postuliert

wird . . ., eindeutig leer: eine ›Verdoppelung‹ und ›Wiederverdop-
pelung‹ von Abwesendem, eine endlose Wiederholung, ein infini-
ter Regreß von Einfassungen, die nichts einfassen« (Calinescu
1983, S. 273). Mir scheint, daß diese Position viel mit jener von
Lyotard und Foucault gemeinsam hat. Sie sehen den Verlust des
höheren (monistischen) Diskurses als zentrales Element ihrer
Postmodernismus-Theorie, ziehen aber nur widerstrebend den
Schluß, daß ein solches Nichtvorhandensein zwangsläufig zu dem
führt, was Lyotard das »Alles-geht« nannte. Manches kann vor
der endlosen Wiederholung des Abwesenden im dekonstruktiven
Denken gerettet werden; für Lyotard in seinen »petites histoires«, für Calinescu in seiner Bestätigung des Vielen.
   Im nächsten Abschnitt dieser Übersicht soll der amerikanische
Kritiker Alan Wilde erörtert werden, der, wie mir scheint, eine
Theorie des Postmodernismus entwirft, die eine enge Verwandtschaft mit den Theorien sowohl Lyotards als auch Calinescus
aufweist, auch wenn Wilde zu einem im strengeren Sinne literarischen Standpunkt zurückkehrt.

III. Nochmals zum literarischen Postmodernismus

Aus meiner Zusammenfassung verschiedener Postmodernismus-
Theorien ergibt sich, daß die neueren Theorien wenigstens ein
zentrales Kennzeichen gemeinsam haben: einen radikalen erkenntnistheoretischen und ontologischen Zweifel. Während in
den frühen Theorien der Schwerpunkt oftmals an anderer Stelle
zu suchen ist, rückt dieser radikale Zweifel seit Wasson (1969)
und Hassan (1969) in den Mittelpunkt des Postmodernismus und
hat diesen zentralen Stellenwert beibehalten. Gegenwärtige Mei-
nungsverschiedenheiten über den Postmodernismus konzentrieren sich tendenziell auf seine literarischen Konsequenzen und auf
die Frage, ob einzelne literarische Werke Manifestationen dieses
Zweifels sind, und weniger auf diese zentrale Prämisse selbst.
Selbst ein Kritiker wie James Mellard, der den Begriff Postmodernismus insgesamt zugunsten eines »sophisticated Modernism«
oder »Spätmodernismus« ablehnt, akzeptiert den zentralen Stellenwert dieser ontologischen Unsicherheit für das von ihm so
genannte Schreiben im Stil des »sophisticated Modernism«:

»... die Lage des spätmodernistischen Schriftstellers sieht heute so aus: Er kann weder an die Welt ›dort draußen‹ glauben, sei sie physisch oder historisch, noch kann er weiterhin an diejenigen modernistischen Autoritäten glauben, die für die Welt ›hier drinnen‹ postuliert wurden, für die innere Welt des Intellekts oder der Imagination des Menschen.« (Mellard 1980, S. 140)

In diesem Abschnitt meines Überblicks möchte ich einige »angewandte« Postmodernismus-Begriffe erörtern, Begriffe, die keine epistemischen Ausmaße annehmen, die aber versuchen, mehr oder weniger erfolgreich definierte Gesamtheiten postmoderner Literatur zu beschreiben. Meine Erörterung wird nicht erschöpfend sein, und mir ist klar, daß meine Auswahl leicht als willkürliche angesehen werden kann: Ich ignoriere eine Reihe interessanter Beiträge zur Debatte, wie etwa diejenigen von John Barth, Richard Poirier, Philip Stevick, David Lodge, Bruce Morrissette und anderen. Ihre Ansätze sind für meine Zwecke entweder zu unbestimmt oder zu spezifisch. Um einige Beispiele zu geben: Barth etwa bietet als »berechtigte Zielsetzung postmodernistischer Fiktionsästhetik« die »Synthese oder Transzendierung von... vormodernistischen und modernistischen Schreibarten« an und stellt die These auf, daß der »ideale postmodernistische Roman irgendwie über dem Streit zwischen Realismus und Irrealismus, Formalismus und ›Inhaltsdenken‹, reiner und engagierter Literatur, elitärer Fiktion und Schund stehen wird« (Barth 1980, S. 70). Auch Poiriers Erörterung des »Rollen-Ichs« ist höchst interessant, und seine Theorie hat weite Verbreitung gefunden (wenn auch nicht ausschließlich durch Poiriers eigenes Verdienst), aber auch er operiert auf allgemeiner Ebene. Stevicks Erörterung dessen wiederum, was er die »new fiction« nennt, ist äußerst informativ, besonders in seinen Bemerkungen zu den von ihr benutzten Techniken, aber er knüpft ein sehr weites Netz: »Neue Romankunst kann von der alten auf der Basis ihres Fabulierens unterschieden werden, ihrer Bereitschaft, dem Akt der Ausarbeitung einen seiner selbst bewußten Vorrang einzuräumen und diesen Akt mit Liebe, einem Gefühl für das Spiel, mit Erfindung um ihrer selbst willen, mit Freude versehen.« (Stevick 1973, S. 216)

Auf der anderen Seite des Spektrums finden wir David Lodge, der recht präzise versucht, postmoderne Strategien aufzuzeichnen, sich aber wenig dafür interessiert, die postmoderne Weltsicht herauszuarbeiten, zumal er lediglich anmerkt, daß »die allgemeine Idee, daß die Welt den zwanghaften Versuchen des menschlichen Bewußtseins, sie zu interpretieren, widersteht und daß das menschliche Dilemma in gewissem Sinne ›absurd‹ ist, in der Tat einem Großteil des postmodernen Schreibens zugrunde liegt...« (Lodge 1977, S. 225). Lodge schafft offensichtlich ohne viel Aufhebens Homogenität dort, wo andere Vielfalt sehen könnten. Weigert sich nicht etwa Robbe-Grillet, den er in seinen Kanon der Postmoderne einbezieht, die Welt als »absurd« zu sehen? Wo ist die postmoderne Literatur, die nicht von der »allgemeinen Idee« beherrscht ist, daß die Welt der Interpretation widersteht? Noch präziser als Lodge sind zum Beispiel Bruce Morrissette und Gerhard Hoffmann (Morrissette 1975; Hoffmann 1982), aber ihre Beiträge sprengen, so brillant sie sind, den Rahmen dieses Überblicks wegen ihrer detaillierten Beschäftigung mit den technischen Aspekten postmoderner Literatur.

In der folgenden Auswahl gehe ich den goldenen Mittelweg und bespreche eine Reihe von Kritikern, die sowohl an der postmodernen Weltanschauung als auch an den verschiedenen Weisen, in denen diese Anschauung im postmodernen Schreiben Form gewinnt, interessiert sind. Ihre Theorien sind ziemlich umfassend und doch gleichzeitig recht präzise, weil sie in der Fülle postmoderner Literatur zwischen verschiedenen Arten zu unterscheiden versuchen und immer behaupten, daß diese Arten ihre gemeinsame Herkunft im Verschwinden aller Mittelpunkte, aller »privilegierten Sprachen«, um Russells Begriff zu benutzen (Russell 1974, 359), haben. Vielleicht lasse ich mich auch weniger durch den goldenen Mittelweg leiten als durch meine eigene Neigung: Mir scheint ebenfalls, daß wir zwischen verschiedenen Schreibarten innerhalb des Postmodernismus unterscheiden müssen, um Klarheit zu gewinnen und die Basisregeln für eine fruchtbare Diskussion aufzustellen.

1. Graff, Mellard, Wilde und andere

Versuche, zwei oder mehr Varianten innerhalb eines größeren Postmodernismus zu beschreiben, sind von Gerald Graff, James M. Mellard, den »Surfictionists« (vor allem Raymond Federman und Ronald Sukenick), Christopher Butler, André le Vot, Alan Wilde und anderen unternommen worden. Ich werde hier kurz einige ihrer Argumente referieren und dann detaillierter auf Alan Wildes Vorschlag eingehen, weil er eine üblicherweise in postmodernen Kanons nicht enthaltene Untergattung einbezieht, die er »Midfiction« nennt.

Bei Graff beginnend, finden wir wieder die vertraute Unterscheidung zwischen Modernismus und Postmodernismus:

»Indem der postmoderne Schriftsteller erkennt, daß die Ernsthaftigkeit des Modernisten auf willkürlichen Grundlagen beruht, behandelt er diese Ernsthaftigkeit als Gegenstand der Parodie. Während Modernisten sich der Kunst zuwandten, die sie als die Auferlegung menschlicher Ordnung auf ein nichtmenschliches Chaos verstanden..., ziehen Postmodernisten den Schluß, daß die Kunst unter solchen Vorstellungen von Kunst und Geschichte nicht mehr Trost bietet als jede andere in Verruf geratene kulturelle Institution. Der Postmodernismus gibt zu verstehen, daß der Alptraum, als den die ästhetischen und philosophischen Traditionen des Modernismus die Geschichte interpretiert haben, den Modernismus selbst überholt hat.« (Graff 1979, S. 55)

Dies hat zur Folge, daß »Entfremdung von einer bedeutsamen äußeren Wirklichkeit, von *jeglicher* Wirklichkeit, zu einem unentrinnbaren Zustand wird« (Graff 1979, S. 55). Graff, der den Postmodernismus als internationale Bewegung sieht, entdeckt diese Entfremdung ebenso in den Romanen von Robbe-Grillet (der den »Respekt« der Modernisten »vor der Wahrheit und der Bedeutung« parodiert) wie bei amerikanischen Schriftstellern der Gegenwart, etwa bei John Barth und Donald Barthelme, die wie Robbe-Grillet die Vorstellung von Tiefe ablehnen: »In postmoderner Dichtkunst ist die handelnde Person wie die äußere Realität etwas, ›über das wir nichts wissen‹, ihr fehlt ein plausibles Motiv oder eine zu entdeckende Tiefe.« (Graff 1979, S. 53)

Dieser Entfremdung wird auf zwei wichtige Weisen fiktionale Substanz verliehen. Die erste Weise wird durch das Werk von Borges exemplifiziert, in dessen Geschichten »Techniken der Reflexivität und der Selbstparodie ein Universum aufzeigen, in dem menschliches Bewußtsein unfähig ist, seine eigenen Mythologien zu transzendieren« (Graff 1979, S. 56). Dieser »Zustand der Gefangenschaft« wird »von einem tragischen oder tragikomischen Standpunkt aus dargestellt, der uns zwingt, ihn *als* Problem zu sehen« (Graff 1979, S. 56). Dies ist wichtig für Graffs Argument: Obwohl Borges' Postmodernismus »solipsistische Entstellung als einzig mögliche Perspektive« präsentiert, stellt er sie

nichtsdestoweniger als Entstellung dar und bestätigt dadurch
»implizit... einen Begriff der Normalität, wenn auch nur als
Begriff, der auf tragische Weise verlorengegangen ist« (Graff
1979, S. 56). Borges' Postmodernismus zeichnet sich dadurch aus,
daß er »in der Lage ist, die historischen und gesellschaftlichen
Ursachen dieses Verlusts an objektiver Realität anzugeben«
(Graff 1979, S. 56). Mit anderen Worten, trotz ihrer Selbstreflexi-
vität schafft es Borges' Fiktionsästhetik, die Dinge in bekannten
Begrifflichkeiten zu erklären; implizit bietet sie einen »›realisti-
schen‹ Kommentar« zu den Gründen ihres eigenen Daseins.
Obwohl nicht jede selbstreflexive Dichtkunst in der Art von
Borges' Geschichten selbst-verständlich ist – Entfremdung bei
Barth und Barthelme ist für Graff »frei vom Bewußtsein über ihre
Ursachen« –, stellt selbstreflexive Dichtkunst dennoch sogar in
ihren radikaler entfremdeten Formen den Verlust von Sinn als
Entstellung dar.
 Eine völlig andere Haltung zur Entfremdung findet sich in den
von Graff so genannten »eher zelebrierenden Formen des Post-
modernismus«. In diesen Formen gibt es kein Bedauern über den
Verlust »einer objektiven Wertordnung«, ja es gibt kaum noch
die Erinnerung an irgendeine ehemalige Ordnung. Ihr Verschwinden wird als Befreiung erlebt. »Die Auflösung von Ich-
Grenzen... wird als erfrischende Form der Bewußtseinserweite-
rung und als Vorbote des Wachstums gesehen.« (Graff 1979,
S. 57) Graff, der sich hier auf Susan Sontags Positionen bezieht,
denkt dabei an den gegenkulturellen Postmodernismus.
 Bei Graff finden wir also eine selbstreflexive Variante, die
immer noch eine zarte intellektuelle Verbindung mit der Realität
aufweist, und eine weitere Variante, die unbekümmert das Chaos
hinnimmt und, trotz der Auflösung von Ich-Grenzen, abgrundtief solipsistisch ist.
 Diese Unterscheidung zwischen selbstreflexiver (oder Meta-)
Fiktion und einer zelebrierenden Form des Postmodernismus
spiegeln sich bei einigen anderen Kritikern wider. James Mellard
macht innerhalb seines »sophisticated Modernism« – seines Begriffs des Postmodernismus – eine ähnliche Unterscheidung. Für
ihn leitet das Verschwinden modernistischer Rechtfertigungsstra-
tegien zur letzten (postmodernen) Rechtfertigung über: der der
»künstlerischen Performanz« selbst, des Kunstwerks als »Akt,
Ritual, Spiel«. Wie Mellard es ausdrückt: »nachdem Mythos,

Archetyp und Sprache untergraben worden sind – wie dies durch die ›sophisticated modernists‹ geschehen ist –, kann sich der Romancier nun in seiner Suche nach Stoff und Autorität oder Stichhaltigkeit dem Akt des Schreibens selbst zuwenden« (Mellard 1980, S. 138).

Diese »Performanz« wird auf »zwei antithetische Weisen realisiert«: »als Prozeß oder als Produkt, als ... Spielen (play) oder Spiel (game), als Akt oder Artefakt, Ereignis oder Ikone, Kontext oder Text ...« (Mellard 1980, S. 140). Die erste Art, die den »Prozeß« betont und von Mellard mit Spielen (play), Akt, Ereignis und Kontext identifiziert wird, ist pragmatischer Natur. Sie betont »die alten Werte des Geschichtenerzählens, die Wertvorstellungen des Unterhalters«; sie spielt mit ihrem Publikum, mit der Realität, mit den Konventionen traditioneller Literatur. Zu dieser Kategorie gehören Schriftsteller wie Brautigan, Vonnegut, Barthelme und Sukenick. Die zweite Art postmoderner Performanz – die mit Spiel (game), Artefakt, Ikone und Text identifiziert wird – nimmt »eine im wesentlichen objektive Haltung gegenüber dem Universum, dem Publikum, Ich und Werk« ein (Mellard 1980, S. 133). Sie bietet selbstgenügsame, selbstreflexive Fiktionen an, wie etwa Nabokovs Pale Fire oder John Barths Lost in the Funhouse. Die »Autoritätsquelle« liegt hier nicht in der darstellenden »Stimme« der ersten Kategorie (die Mellard etwas verwirrend die »performative« Variante nennt), sondern »im hergestellten Objekt – dem ikonischen Kunstobjekt selbst« – natürlich ohne die ›höhere‹ Autorität, mit der der Modernismus die ikonische Kunst versieht.

Innerhalb der postmodernen »Performanz« unterscheidet Mellard also zwischen zwei Genres, die durch »den performativen Begriff des Spielens (play) und den artefaktiven Begriff des Spiels (game)« angezeigt werden (Mellard 1980, S. 133). Offensichtlich haben beide Varianten einiges gemeinsam mit Graffs selbstreflexiver Fiktion und seinen zelebrierenden Formen, von der Tatsache abgesehen, daß Mellard keinen Versuch unternimmt, sie, wie vorläufig auch immer, in der wirklichen Welt anzusiedeln.

Raymond Federman, Kritiker und Praktiker dessen, was er »Surfiction« nennt, trifft implizit die gleiche Unterscheidung, wenn seine Position auch wesentlich weniger klar artikuliert ist. Sein Ausgangspunkt (»post-existentialistisch«, wie er ihn nennt) gründet in dem Bewußtsein, daß man nichts sagen kann: in der

»Unmöglichkeit, die Welt zu sagen« (Federman 1978, S. 127). Robbe-Grillet folgend, behauptet er, daß die Welt einfach *ist* und hält das Verlangen, diesen Zustand zu offenbaren, für ein Charakteristikum des Postmodernismus: »Hinter dem Projekt der neuen Dichtkunst... steht ein Bemühen um Aufrichtigkeit. Eine Suche nach einer neuen Wahrheit. Eine genuine Anstrengung, die Dinge, die Welt und den Menschen wieder an ihre passenden Orte anzusiedeln – in einem reineren Zustand.« (Federman 1978, S. 128) Dieses Verlangen drängt die postmoderne Literatur in zwei Richtungen. Die erste ist jene der Metafiktion. Romane sollen sich fortwährend selbst als Fiktionen darstellen, sie sollen »eine endlose Anklage gegen (ihren) eigenen Betrugscharakter« sein (Federman 1978, S. 122). Das Wissen über die Welt – das die Fiktion traditionell für sich beansprucht – muß ersetzt werden durch »den Akt des Suchens – ja des Forschens – innerhalb des fiktionalen Gebildes selbst nach dem Sinn dessen, was es bedeutet, fiktional zu schreiben. Es handelt sich um einen Akt der Selbstreflexion...« (Federman 1978, S. 122) Dennoch ist gleichzeitig ein zweiter Impuls wirksam, ein kreativer Impuls, der sich aus dem befreienden Bewußtsein speist, daß »jetzt alles gesagt werden kann«. Dieser Impuls führt zu »langen, sich windenden Sätzen, phantasierenden verbalen Artikulationen, Wiederholungen, Listen..., (zu) einem ganzen Apparat aus Montage und Collage«, was nicht so sehr Selbstreflexivität beinhaltet als vielmehr einen offensichtlichen Versuch (Federman legt sich nicht zu sehr fest), »die Dinge zu greifen, wie sie sind, eine Neueinschätzung der Welt, ihrer Objekte, ihrer Menschen zu unternehmen, jedoch ohne ihnen eine prästabilierte Bedeutungszumessung aufzuzwingen« (Federman 1978, S. 127). Auf der einen Seite finden wir die Selbstreflexivität, die sich nach innen auf das Kunstwerk richtet, auf der anderen einen Impuls, der außengeleitet ist und die Welt in Dienst nimmt. Dieser letzte Impuls wird ziemlich vage einer latent vorhandenen Energie in der Sprache selbst zugeschrieben. Wie Richard Pearce in seiner Erörterung der »Surfiction« klarer formuliert: »Das Medium behauptet sich als unabhängiger Ausgangspunkt von Interesse und Beherrschung.« (Pearce 1974, S. 72) Offensichtlich führt die Sprache sich selbst aus und greift nach der Welt, um die Unmittelbarkeit der Erfahrung darzubieten. Ronald Sukenick, ein anderer »Surfictionist«, trifft eine ähnliche Unterscheidung zwischen einer ihrer selbst bewußten und in sich selbst geschlossenen Metafiktion und einer Fiktion, der andere als rein selbstreflexive Optionen zur Verfügung stehen; für ihn sind beide Varianten mehr oder weniger voneinander abgeleitet:

»Dies ist vielleicht der bedeutsamste Unterschied zwischen fiktionaler Kunst in den Sechzigern und fiktionaler Kunst in den Siebzigern. Letztere hat die in den Sechzigern vorherrschende ironische Haltung zur Form, ihre Selbstparodie und Selbsterkenntnis aufgegeben. Aus dieser Selbsterkenntnis entwickelt sich in den Siebzigern ein schärferes Bewußtsein über das Medium und seine Möglichkeiten.« (Sukenick 1977, S. 105)

Charles Russell trifft eine Unterscheidung, die die Ansichten der »Surfictionists« weiter erhellen kann. Für ihn folgt die Literatur der Gegenwart (wie er postmoderne Literatur nennt) zwei Hauptrichtungen, die beide »das Schweigen als Grundlage des Kunstwerks benutzen« (Russell 1974, S. 352), mit anderen Worten also bestreiten, daß die Sprache wahrheitsgetreu zu sprechen vermag. Die eine Richtung »betont die erkenntnistheoretische Dimension des Kunstwerks. Sie untersucht die Beziehung des Individuums zu seiner Umgebung. Genau gesprochen, liefert sie keine Untersuchung der Welt, sondern der Art und Weise, in der Erfahrung durch das Bewußtsein gefiltert wird.« (Russell 1974, S. 352) Russells exemplarische Autoren Pynchon, Kosinski, Brautigan, Sukenick und Barthelme bieten fiktionale Werke an, die sich auf »imaginative Reaktionen auf die Welt« gründen. Indem er Federmans Auffassung, daß solches Schreiben die Welt neu einschätzen könne, von innen heraus zu Fall bringt, betont Russell, daß solche Reaktionen in Wirklichkeit nichts als Reaktionen auf eine im wesentlichen unzugängliche Welt sein können. Dennoch scheinen mir seine imaginativen Reaktionen identisch zu sein mit Federmans Versuchen, »die Dinge zu greifen, wie sie sind«. Die andere Richtung postmoderner Literatur ist für Russell die selbstreflexive. Sie »konzentriert sich ernsthafter auf die herkömmliche Struktur der Sprache... Hier interessieren die strukturellen Mittel des Schriftstellers, die Grundlage und Strukturen der Bedeutung« (Russell 1974, S. 352). Wie zu erwarten ist, werden hier Namen wie Borges (»der dominierende Kopf dieser Gruppe«), Barth, Nabokov und Coover genannt.

Obwohl diese Untergliederung postmoderner Literatur in die beiden Hauptkategorien des Metafiktionalen und des Performativen (um Mellards Begriff zu benutzen) recht verbreitet ist, ist sie keineswegs die einzige. Kritiker, die sich mehr auf die Form als auf das Vorstellungsvermögen konzentrieren, können durchaus mit anderen Unterscheidungen aufwarten. Christopher Butler zum Beispiel sieht eine Dialektik zwischen zwei wichtigen Varianten: »... die Dialektik zwischen der gigantischen Überorganisation in *Finnegan's Wake* und deren absichtlichem Fehlen in den *Cantos* bedingt die gesamte postmoderne Periode; beides ist in allen einzelnen Punkten durch die phänomenologische Konzentration auf die geistig-seelischen Vorgänge im Künstler miteinander vermittelt...« (Butler 1980, S. 5) Dieses Interesse am Schöpfungsvorgang kann mit jeder der Butlerschen Varianten kombiniert und sogar zu einer eigenen Variante werden: »Das gegenwärtige strukturalistische Beharren auf dem Spielen mit der Sprache, die Manipulation von Kodes durch den Künstler, stellt in vieler Hinsicht eine Ausweitung dieses Interesses an der Dynamik des Schöpfungsprozesses dar.« (Butler 1980, S. 5) Obwohl es sich nicht um sein Hauptanliegen handelt, weist Butler hier auch auf einen Kontrast hin zwischen einer postmodernen Fiktionsästhetik, die »in die Realität eingebettet« bleibt, und einer solchen, die »eine eigentümlich ausschließende Konzentration auf ihren Gegenstand erzwingt und jeder mimetischen Festlegung, ja sogar jeder Analogie« zum Alltagsleben der Gefühle abschwört« (Butler 1980, S. 138). Diese Unterscheidung, die in Federmans Theorie nicht allzu deutlich wird, steht im Mittelpunkt der Theorie Alan Wildes, auf die ich noch eingehe.

Ein weiterer Kritiker, der der Form ein beachtliches Maß an Aufmerksamkeit schenkt, ist André Le Vot, der »eine extreme Polarisierung aus kalter Selbstisolierung und wahnhaftem Engagement« in der postmodernen Fiktionsästhetik entdeckt, deren Extreme einen »leeren Raum« schaffen, »jene zentrale Lücke, die früher durch den traditionellen Roman besetzt war« (Le Vot 1976, S. 54). Jeder dieser beiden Pole unterstellt eine sinnlose, irreparabel zersplitterte Welt und einen Autorenstandpunkt, der »sich nicht länger der Erhaltung einer auf einem idealistischen Gesellschafts- und Menschenbild beruhenden Ordnung verpflichtet fühlt, wie dies bei den Modernisten der Fall war« (Le Vot 1975, S. 46). Das kalte Extrem, das Le Vot mit einer schizoiden Weltsicht assoziiert, ist eines der Trennung: »Fragmentierung und Folgenlosigkeit werden als Regel akzeptiert. Die Bilder

der Erinnerung werden ausgelöscht, Ursachen und Wirkungen für austauschbar gehalten und mit Logik und Zeitlichkeit herumgespielt wie mit Museumsstücken.« (Le Vot 1976, S. 51) Das andere Extrem des wahnhaften Engagements, das mit Paranoia assoziiert wird, läßt sich durch Vereinigung kennzeichnen, durch ein Bewußtsein, das trotz seiner selbst in das Chaos gerät, vor dem es steht: »Beeindruckend ist das Verschwinden der geometrischen Muster, die in der zersplitternden (trennenden) Sichtweise so bezeichnet waren. Die Qualität des Zuschauens, in der der Blick das privilegierte Medium ist, wird ersetzt durch diffusere Empfindungen, die an Synästhesie grenzen. Konturen und Hindernisse scheinen sich in einer klebrigen Flüssigkeit aufzulösen, die Einzelheiten verschmelzen mit den alles durchdringenden Fluten und Strudeln eines vereinheitlichenden Ambiente.« (Le Vot 1976, S. 53)

Le Vots und Butlers Varianten sind sich ähnlich: paranoide Überorganisation hier, schizoider Mangel an Organisation dort. Dieser Eindruck kann jedoch irreführend sein. Le Vots vereinigende Variante und die Betonung der Sinneseindrücke erinnern an die Erzähler in Federmans und Sukenicks »Surfiction«-Romanen oder an eine ganze Reihe von Werken der Gegenkultur, wo man gerade keine Überorganisation findet, sondern eher ein vereinheitlichendes Bewußtsein, vereinheitlichend in dem Sinne, daß es unhinterfragt akzeptiert. Butler und Le Vot veranschaulichen jedenfalls die Tatsache, daß primär auf der Basis der Form getroffene Unterscheidungen problematisch sind; die Diskussion postmoderner Techniken und der Frage, wie diese Techniken sich in irgendeiner bedeutsamen Weise von modernistischen unterscheiden, ist immer noch in der Entwicklung begriffen, was erst kürzlich erschienene wichtige Publikationen wie jene von Christine Brooke-Rose (1981) und Gerhard Hoffmann (1982) bezeugen.

Um zur Weltanschauung der Postmoderne zurückzukehren, soll diese oberflächliche Sichtung neuerer kritischer Beiträge durch eine kurze Erörterung des Beitrages von Alan Wilde zur postmodernen Debatte beschlossen werden. Wilde interessiert deshalb, weil er die Theorie postmoderner Literatur auf unerwartete Weise erweitert, indem er Schriftsteller wie Max Apple und Stanley Elkin in seinen postmodernen Kanon mit aufnimmt, ja, es wird deutlich, daß diese Schriftsteller für sie die bislang kraftvollsten postmodernen Fiktionswerke geschaffen haben.

Auch für Wilde hat der Postmodernismus alle modernistischen Versuche aufgegeben, in einer fragmentierten Welt Ganzheitlichkeit wiederherzustellen, und die Kontingenz der Erfahrung akzeptiert:

»Während, wie ich bereits mehrfach angeführt habe, der charakteristische Zug des Modernismus in seiner ironischen Sicht auf Unterbrechungen und Trennungen besteht, ist der in seinen Wahrnehmungen tieferreichende Postmodernismus statt dessen auf eine Sicht des Zufälligen, der Vielfalt und der Kontingenz zurückzuführen, kurz: eine reparaturbedürftige Welt wird abgelöst durch eine, die nicht mehr zu reparieren ist. Der Modernismus, der durch die Sorge angetrieben wird, eine verlorene Ganzheitlichkeit durch autarke Kunstordnungen oder durch die unbewußten Tiefen des Ichs zu heilen..., greift nach dem Heroischen mit all der Kraft seines Verlangens und seiner Ernüchterung. Postmodernismus, der skeptisch bleibt gegenüber solchen Anstrengungen, stellt sich als bewußt und absichtlich antiheroisch dar. Konfrontiert mit der Zufälligkeit und Vielfalt der Welt, inszeniert er *(urbi et orbi)* jene aufschiebende Haltung, der... das Tolerieren einer fundamentalen Unsicherheit über die Bedeutungen und Relationen der Dinge in der Welt und im Universum implizit ist.« (Wilde 1981, S. 131-132)

Nach Wilde führt dieses postmoderne Tolerieren der Unsicherheit zu einer »aufschiebenden Ironie«, die für postmoderne Literatur charakteristisch ist. Während modernistische Ironie »aus Opposition gegen das von ihr als getrennt Erfahrene eine komplementäre Vision umfassender Ordnung« postulierte »und dadurch eine Hoffnung erzeugte, die oft genug jeden Glauben übertraf«, beinhaltet die postmoderne »aufschiebende« Ironie niemals eine solche komplementäre Vision. Die moderne Ironie ist letztlich »*an*ironisch«, während postmoderne Ironie sich nie zu einer absoluten Phantasie verflüchtigt: »Postmoderne Ironiker, wie unähnlich sie einander in anderer Hinsicht auch sein mögen, stimmen zumindest dahingehend überein, daß sie die Unvermeidlichkeit ihrer Situation in der Welt, die sie beschreiben, anerkennen. Ob sie sich in dieser Welt engagieren oder nicht, sie stammen *von* ihr, und ihr Blickwinkel ist bedingt durch eine Sichtweise aus der Realität selbst heraus.« (Wilde 1981, S. 121)

Wie aus diesem Zitat deutlich wird, können sich Wildes postmoderne Autoren in ihrer Welt engagieren oder auch nicht, und dieses Engagement wird für Wilde zu einem wichtigen Unterscheidungskriterium. Auf der einen Seite gibt es die Schriftsteller, die bewußt oder unbewußt nicht engagiert sind: die »Metafictionists« und die »Surfictionists«. Selbstreflexive Fiktionsästhetik langweilt Wilde, und er hält sie für stark überbewertet: »Die ihr geschenkte Aufmerksamkeit... hat mehr mit der Berühmtheit der Metakritik zu tun... als mit dem inneren Wert des Metafiktionalen selbst.« (Wilde 1982, S. 179) Er zeigt sich verärgert über die Anmaßungen der »Surfictionists« und behauptet, daß auch sie letztlich trotz ihrer gegenteiligen Beteuerungen nicht engagiert sind: »Selbst dort, wo sie im Chaos der Welt schwelgen, leugnen sie die Besonderheit und die Herausforderungen der Welt... Was hier geschieht... ist eindeutig eine Substitutions-, eine Ersatzbildung.« (Wilde 1981, S. 137) »Surfiction« hat für Wilde reduktiven und selbstisolierenden Charakter. Ihre Versuche, die Welt einzubeziehen, sind bloßer Schein; in Wahrheit unterwirft sie »die Wirklichkeit der Phänomene den subjektivierenden, idealistischen Transformationen des Bewußtseins« (Wilde 1981, S. 141) und gründet sich letztlich auf einen reduktiven Ästhetizismus. Wilde kann nicht einmal Russells »imaginative Reaktionen« in der »Surfiction« erkennen, sondern meint, daß die Phantasie des Schriftstellers hier ihre eigenen selektiven Schemata der Welt aufzwingt, er behauptet, daß die »Surfictionists« sich in ihrer tatsächlichen Praxis gar nicht so weit vom Modernismus entfernt hätten, wie sie es gerne täten.

Für Wilde gibt es also keineswegs einen so großen Unterschied zwischen dem Spiel (game) und dem Spielen (play), zwischen der artefaktiven und der performativen Variante: Beide haben den Versuch aufgegeben, die Welt mit Hilfe der Sprache in Dienst zu nehmen. Es gibt jedoch eine dritte postmodernistische Variante mit dem Namen »Midfiction«, die weiterhin objektbezogen sein möchte und sogar die Hoffnung hegt, Wahrheitsgehalte (wenn auch bescheidene) generieren zu können. Obwohl sie »den Primat der Oberfläche akzeptiert«, entdeckt die »Midfiction« wenigstens zuweilen in dieser Oberfläche »die Chance einer echten, wenn auch begrenzten Bestätigung« (Wilde 1981, S. 123). Die aufschiebende Ironie der »Midfiction« ist zugleich eine »fruchtbare Ironie«; sie stellt einen »durch die Verhandlungen zwischen Ich und Welt angeregten Versuch (dar), probeweise und provisorisch anironische Wert-Enklaven angesichts eines (nicht aber anstelle eines) sinnlosen Universums zu schaffen. Kurz, die Welt wird als etwas Gegebenes und »substantiell jenseits von Veränderung oder Verständnis Befindliches akzeptiert. Aber diese Anerkennung soll weder stoische Resignation noch selbstmörderische Verzweiflung beinhalten.« (Wilde 1981, S. 148) »Midfiction« möchte angesichts der Leere Bestätigung bieten, wenn ihre »Billigung« auch »örtlich begrenzt, eingeschränkt und vorläufig« ist. Mit anderen Worten, sie sucht positives Wissen (»anironische Enklaven«), ohne jemals die Tatsache aus den Augen zu verlieren, daß Wissen im absoluten Sinn (ein wahrhaft »anironisches« Wissen) völlig außerhalb unserer Reichweite liegt:

»Der Begriff ›Midfiction‹ umschreibt eine Erzählform, die die einander entgegengesetzten Extreme von Realismus und Reflexivität (sowohl deren Voraussetzungen als auch ihre technischen Verfahrensweisen) verhandelt. Weiterhin will sie das Außergewöhnliche im Gewöhnlichen enthüllen, indem sie häufig und auf paradoxe Weise mit Grenzsituationen spielt und dadurch die gesamten Grundlagen der Überzeugungen des Autors (und des Lesers) mit einem Fragezeichen versieht. Und schließlich lädt sie uns ein, nicht *durch die*, sondern *in den* Beziehungen und Handlungen ihrer Charaktere – und mit Hilfe eines strategischen Ekarté oder einer Abweichung in ihrem Gefüge – auf indirekte und ironische Weise die moralischen Schwierigkeiten wahrzunehmen, die dadurch entstehen, daß wir eine Welt bewohnen, die selbst, als ›Text‹ im ontologischen Bereich ironisch, kontingent und problematisch ist.« (Wilde 1982, S. 192)

Für Wilde ist die ›Midfiction‹ die wichtigste Variante innerhalb des Postmodernismus (daher vielleicht seine Behauptung, daß »der Postmodernismus im wesentlichen eine amerikanische Angelegenheit« sei (Wilde 1981, S. 12)). Der Stellenwert, den er ihr zuschreibt, folgt eindeutig aus seinem Ausgangspunkt: »Meine Position ist – wenn auch nur grob und in völlig undoktrinärer Weise – phänomenologisch.« (Wilde 1981, S. 3) Wildes Position erinnert an Lyotard (die »petites histoires«) und Calinescu (mit seinem Plädoyer für Bestätigung) und sogar, trotz aller Unterschiede – an Spanos' existentialistischen Postmodernismus.

In jedem Fall sollte die »Midfiction« in diejenigen Theorien des Postmodernismus eingereiht werden, die noch eine Basis für positives Wissen, wie örtlich begrenzt und vorläufig auch immer, im Rahmen eines überwältigend starken ontologischen Zweifels sehen. Seine Theorie veranlaßt Wilde zu provozierenden Interpretationen der Ästhetik von Schriftstellern wie Donald Barthelme und Robert Coover. Und was noch wichtiger ist, sie bietet Schriftstellern wie Stanley Elkin, die bisher jeder Klassifizierung getrotzt haben, einen Raum. Elkins Variante ist gewiß performativ, aber sie ist auch objektbezogen; sie ist tief ironisch, fürchtet sich aber nicht vor Bedeutung. Wildes »Midfiction« stellt eine willkommene neue Kategorie innerhalb des breiten Spektrums gegenwärtiger Schriften dar, als wie »postmodern« sie sich auch immer herausstellen wird.

2. Problematisierung und vorläufige Schlußfolgerungen

Die erste Frage lautet natürlich, ob es solch ein Phänomen wie den unabhängigen Postmodernismus gibt, sosehr Kritiker für ihn auch die Hand ins Feuer legen. Andere haben ebenso energisch seine Existenz abgestritten und behauptet, daß es sich beim Postmodernismus lediglich um eine Entwicklung innerhalb des Modernismus handele (Mellard 1980; Kermode 1968). Noch komplizierter wird dieses Problem, wenn man berücksichtigt, daß für eine ganze Reihe von an der Debatte um den Postmodernismus beteiligten Kritikern die Kritik selbst sich zu einer sehr fragwürdigen Arbeit entwickelt hat und eigentlich zu einer Art eigener Fiktionsästhetik geworden ist. Bradbury etwa erklärt: »Ich glaube, daß diese Taktiken, Methoden und Annahmen [hinsichtlich der Zeiteinteilung] an einigen Aspekten des Fiktionalen – manchmal an derselben *Art* der Fiktionalisierung –, das in die Herstellung der kreativen Kunstwerke eingeht, teilhaben.« (Bradbury, 1983, 311) Poirier zögert noch weniger, die Literaturkritik als Fiktion einzuschätzen, als einen Vorgang des Fiktionalisierens, der den rein literarischen Fiktionalisierungen vergleichbar ist (Poirier 1971, S. 29). Auch Hassan zeigt sich sehr vorsichtig gegenüber den erkenntnistheoretischen Möglichkeiten der Kritik und zitiert mit offenkundiger Zustimmung Norman N. Hollands Position, daß »es so viele Lesarten geben darf wie Leser, die sie aufschreiben, – es dürfen und sollten« (Hassan 1980a, S. 113). Mit anderen Worten, die radikale Herrschaft des Unbestimmten, die den Kern neuerer Theorien über den Postmodernismus ausmacht, zwingt diejenigen Kritiker, die dieses Unbestimmte akzeptieren, ihre eigenen Ansichten zu »dekonstruieren«, während sie sie darlegen. Kritik wird wie Hassans »Parakritik« zur Performanz und im postmodernen Kontext ununterscheidbar vom

Schweigen. (Daß diese Kritiker fortwährend weiterschreiben, läßt nicht darauf schließen, daß sie ihre kritische Praxis durch theoretische Überlegungen bestimmen ließen.)

Außerdem gibt es die ganz offensichtlichen Probleme der Kanonisierung und Periodisierung. Ist der Postmodernismus ein ausschließlich amerikanisches Phänomen (Wilde), oder ist seine Reichweite international (Wasson, Hassan, Spanos, Lyotard etc.)? Schließt er eine Untergattung wie den *nouveau roman* ein (Wasson, Lodge, Hassan, Morrissette etc.), oder weigert er sich, derartiges zu integrieren (Spanos)? Sind ihm die Literatur und das Theater des Absurden (Spanos, Durand), der lateinamerikanische magische Realismus (Barth), der sogenannte Nonfiction-Roman (Zavarzadeh) zuzurechnen? Geht der Postmodernismus zurück auf de Sade und andere prämoderne, gegen das Establishment gerichtete Underground-Autoren (Hassan), beginnt er bei Borges (Graff und andere), bei Beckett (Lodge), bei dem Existentialismus von Heidegger und Sartre (Spanos), bei Joyce' *Finnegan's Wake* (der spätere Hassan), oder ist er ein ausschließliches Nachkriegsphänomen (Wilde, Stevick u. a.)? Fragen über Fragen, so daß ich diese vorläufige Auflistung von nur einigen der drängendsten hier abbrechen muß.

Meine Schlußfolgerungen sind leider nicht ebenso zahlreich. Die wichtigste besteht eindeutig darin, daß in den meisten Theorien und in fast allen neueren Theorien des Postmodernismus die Frage der ontologischen Unsicherheit einen absolut zentralen Stellenwert einnimmt. Es ist das Bewußtsein über die Abwesenheit von Mittelpunkten, von privilegierten Sprachen, von höheren Diskursen, das als wichtigste Veränderung gesehen wird gegenüber dem Modernismus, der sich in der Einschätzung fast aller Kritiker noch an bestimmte Mittelpunkte klammerte und den Konsequenzen der durch den Postmodernismus akzeptierten radikalen Unbestimmtheit zu entgehen versuchte. Obwohl es jedoch diesen entscheidenden Unterschied gibt, stimmen die meisten Kritiker auch darin überein, daß es, besonders in der Frage der literarischen Technik, wichtige Kontinuitäten zwischen Modernismus und Postmodernismus gibt.

Andere hervorzuhebende Unterschiede werden in der sich verändernden Rolle des Lesers und dem postmodernen »Verlust des Selbst« gesehen. Um mit der Rolle des Lesers zu beginnen: »Vom Standpunkt der Kommunikation gesehen, scheint der Modernismus die Beziehung zwischen der schöpferischen Sensibilität und dem Kunstwerk, zwischen Absender und Botschaft zu betonen, der Postmodernismus aber diejenige zwischen der Botschaft und dem Empfänger.« (Hoffmann 1977, S. 40) Norman Holland stimmt dem zu: »Im allgemeinen hat sich die postmoderne Kritik entschieden der Beziehung zwischen Leser und Text zugewandt.« (Holland 1983, S. 295) Sinn ist das Ergebnis von Interaktion; er wird nicht als etwas Gegebenes in einem Text entdeckt, sondern in einem Interaktionsprozeß zwischen Leser und Text geschaffen. Daher die weitverbreitete Auffassung, daß Kritik eine eigenständige Kunstform sein kann; sie beschäftigt die kreativen Fähigkeiten des Individuums auf eine Weise, die nicht wesentlich von anderen kreativen Vorgängen unterschieden wird.

Holland setzt diese Betonung der Interaktion im Prozeß des Lesens in Bezug zu vergleichbaren Entwicklungen in der Psychoanalyse, wo (zumindest in dem, was er postmoderne Psychoanalyse nennt) die frühere Auffassung von einer soliden Identität einem neuen Identitätskonzept gewichen ist, einem Konzept, das auf Interaktion beruht: »Dieser Identitätsbegriff aus Thema und Variation dezentriert das Individuum auf eine eindeutig postmoderne, metafiktionale Weise. Du wirst fiktionalisiert, und ich werde fiktionalisiert, wie Charaktere in einem postmodernen Roman. Das Persönlichste und Wichtigste, was ich habe, meine Identität, liegt nicht in mir, sondern in deiner Interaktion mit mir oder in einem gespaltenen Ich.« (Holland 1983, S. 304)

Hollands Identitätsvorstellung wird weiterhin geteilt, wenn auch oft in radikalerer Form. Wie wir gesehen haben, ist für Gerald Graff die zelebrierende Variante des Postmodernismus gekennzeichnet durch eine »Auflösung der Ich-Grenzen«; für Daniel Bell »bestehen die verschiedenen Arten des Postmodernismus... einfach in der Zerlegung des Selbst im Bemühen, das individuelle Ego auszulöschen« (Bell 1976, S. 29), und Ihab Hassan bemerkt, daß »das Ich, so behaupten Strukturalisten und Poststrukturalisten, die der Eingebung Nietzsches folgen, in Wirklichkeit ein leerer ›Ort‹ ist, an dem viele Ichs sich vereinigen und trennen« (Hassan 1977, S. 845). Für Hoffmann stellt diese Bewegung in Richtung einer weniger definierten, weniger soliden Identität sogar eine Verschiebung mit epistemischen Ausmaßen dar: »Die wahrnehmbaren Zeichen einer tendenziell verschwindenden Subjektivität in der modernen Literatur werden in postmodernen Werken zum Faktum. So spiegelt sich ein radikaler Bruch zwischen moderner und postmoderner Literatur in der Opposition zweier Episteme wider: der Subjektivität gegenüber dem Verlust der Subjektivität.« (Hoffmann 1977, S. 20)

Das postmoderne Selbst ist keine zusammenhängende Entität mehr, die die Macht hat, ihrer Umgebung eine (gewiß subjektive) Ordnung aufzuzwingen. Um Hollands Wendung aufzunehmen, es ist dezentriert worden. Das radikal Unbestimmte des Postmodernismus ist ins individuelle Ego eingezogen und hat seine frühere (unterstellte) Stabilität drastisch beeinträchtigt. Identität ist etwas ebenso Unsicheres geworden wie alles andere.

Dies scheinen mir die allgemeinsten Schlüsse zu sein, die man zu diesem Zeitpunkt mit einiger Sicherheit ziehen kann. Andere, spezifischere Folgerungen müssen zunächst hintangestellt werden. Meine eigenen Überlegungen zur aktuellen Praxis postmoderner Literatur sind als ebenso tentativ zu verstehen. Mir scheint, daß wir zwei Hauptvarianten postmoderner Literatur in den kulturkritischen Stellungnahmen lokalisieren können, die ich hier besprochen habe: Eine Variante, die die Suche nach Referenz und Sinn aufgegeben hat, und eine andere, die immer noch objektbezogen sein möchte und manchmal sogar versucht, örtlich bestimmte, zeitweilige und provisorische Wahrheitsgehalte zu generieren.

Die nichtreferentielle Variante umfaßt selbstreflexives oder metafiktionales Schreiben, und sie umfaßt auch das performative Schreiben, soweit dieses Schreiben nicht auf Objektbezogenheit und Bedeutung aus ist (man könnte etwa an die possenreißerische Verspieltheit von Brautigan denken). Das performative Schreiben ist jedoch nicht notwendig nichtreferentiell – es kann die phänomenologische Verquickung eines Autors mit seiner Umgebung widerspiegeln, dann aber wäre es der anderen Variante zuzurechnen. Die nichtreferentielle Variante kann keine Bedeutungen herstellen, die über den Text und über den Prozeß des Schreibens, wie er durch den Text wiedergegeben wird, hinausgehen. Einer der Kritiker, die daran Anstoß nehmen, ist Gerald Graff, aber die »extratextuale« Bedeutung, die er Borges' Metafiktion zuschreibt, ist nicht so sehr eine »Bedeutung« als vielmehr eine Leugnung der Möglichkeit von Bedeutung. Diese nichtreferentielle Variante wird von einer ganzen Reihe von Kritikern mit strukturalistischen oder poststrukturalistischen Ansichten assoziiert.

Die referentielle Variante wird im großen und ganzen mit einem phänomenologischen Ansatz verbunden, bei dem ein Subjekt – das wesentlich weniger stabil und kohärent ist als in der modernen Fiktionsästhetik – die Welt aktiv in Dienst zu nehmen versucht. Diese Variante kann versuchen Bedeutung herzustellen, muß es aber nicht. Sie kann phänomenologisch die Unmittelbarkeit der Erfahrung einzufangen versuchen, ohne dieser Erfahrung Bedeutung aufzuzwingen, oder sie kann – wie im Falle einiger »Nonfiction«-Romane – lediglich das Äußere dessen wiedergeben, was »dort draußen« stattfindet. Andererseits kann sie – wie in Wildes »Midfiction« – die Erstellung einer vorläufigen Bedeutung anstreben. Als wäre dies nicht verwirrend genug, kann jeder postmoderne Roman diese Varianten innerhalb seines eigenen Rahmens miteinander kombinieren und das Bild noch weiter komplizieren – schließlich wird ja der Eklektizismus weiterhin für ein wichtiges Charakteristikum des Postmodernismus gehalten. (Es ist richtig, daß einige Kritiker, zum Beispiel Butler, auch in der »Metafiktion« einen phänomenologischen Prozeß an der Arbeit sehen und behaupten, daß der Künstler phänomenologisch beobachtet und über den kreativen Prozeß berichtet. Dies ist kaum zu leugnen, aber der Prozeß beschränkt sich auf das Subjekt, das sich selbst beobachtet; es gibt hier keine Einbeziehung der äußeren Welt.)

Solche kritischen Unterscheidungen mögen hilfreich sein, aber Romane kündigen sich natürlich nicht im Hinblick auf Referentialität oder Nichtreferentialität an; der Leser ist es, der sie als referentiell, performativ, metafiktional etc. einordnet, so daß wir letztlich in eine Ecke gedrängt werden, die durch den Postmodernismus selbst tief in Zweifel gezogen wird, die Ecke der Interpretation. Die Debatte über den Postmodernismus ist noch weit von ihrer Klärung entfernt.

(Aus dem Englischen von Hartmut Taube)

Literatur

Allen, Donald und George F. Butterick, 1982. *The Postmoderns: The New American Poetry Revised*. New York.

Altieri, Charles, 1973. »From Symbolist Thought to Immanence: The Ground of Postmodern American Poetics«, *Boundary 2*, 1: S. 605-641.

Antin, David, 1972. »Modernism und Postmodernism: Approaching the Present in American Poetry«, *Boundary 2*, 1: S. 98-133.

Bell, Daniel, 1976. *The Cultural Contradictions of Capitalism*. New York.

Benamou, Michel and Charles Caramello, eds., 1977. *Performance in Postmodern Culture*. Milwaukee, Wis.

Bradbury, Malcolm, 1983. »Modernisms/Postmodernisms«, in Hassan and Hassan 1983: S. 311-327.

Brooke-Rose, Christine, 1981. *A Rhetoric of the Unreal: Studies in Narrative and Structure, Especially the Fantastic*. Cambridge.

Butler, Christopher, 1980. *After the Wake: An Essay on the Contemporary Avant-Garde*. Oxford.

Calinescu, Matei, 1983. »From the One to the Many: Pluralism in Today's Thought«, in Hassan and Hassan 1983: S. 263-288.

Cunliffe, Marcus, ed., 1975. *American Literature Since 1900*. London.

Federman, Raymond, 1978. »Fiction Today or the Pursuit of Non-Knowledge«, *Humanities in Society* 1, no. 2: S. 115-131.

Fiedler, Leslie, 1965. »The New Mutants«, *Partisan Review* 32: S. 505-525.

– 1975. »Cross the Border – Close that Gap: Post-Modernism«, in Cunliffe 1975: S. 344-366.

– 1983. »The Death and Rebirths of the Novel: The View from '82«, in Hassan and Hassan 1983: S. 225-242.

Garvin, Harry R., ed., 1980. *Bucknell Review: Romanticism, Modernism, Postmodernism*. Lewisburg.

Graff, Gerald, 1979. *Literature Against Itself: Literary Ideas in Modern Society*. Chicago.

Hassan, Ihab, 1971. *The Dismemberment of Orpheus: Toward a Postmodern Literature*. New York.

– 1975. *Paracriticisms: Seven Speculations of the Times*. Urbana.

– 1977. »Prometheus as Performer: Toward a Posthumanist Culture«, *Georgia Review* 31: S. 830-850.

– 1980a. *The Right Promethean Fire: Imagination, Science, and Cultural Change*. Urbana.

– 1980b. »The Question of Postmodernism« in Garvin 1980: s. 117-126.

– 1983. »Ideas of Cultural Change« in Hassan and Hassan 1983: S. 15-39.

Hassan, Ihab and Sally Hassan, eds., 1983. *Innovation/Renovation: New Perspectives on the Humanities*. Madison, Wis.

Hoffmann, Gerhard, 1982. »The Fantastic in Fiction: Its ›Reality‹ Status, its Historical Development and its Transformation in Postmodern Narration«, *REAL (Yearbook of Research in English and American Literature)* 1: S. 267-364.

Hoffmann, Gerhard, Alfred Hornung und Rüdiger Kunow, 1977. »›Modern‹, ›Postmodern‹ and ›Contemporary‹ as Criteria for the Analysis of 20th Century Literature«, *Amerikastudien* 22: S. 19-46.

Holland, Norman N., 1983. »Postmodern Psychoanalysis«, in Hassan and Hassan 1983: S. 291-309.

Holmquist, Michael, 1971. »Whodunit and Other Questions: Metaphysical Detective Stories in Post-War Fiction«, *New Literary History* 3: S. 135-156.

Howe, Irving, 1959. »Mass Society and Post-Modern Fiction«, *Partisan Review* 26: S. 420-436.

Kermode, Frank, 1968. *Continuities*. London.

Klinkowitz, Jerome, 1975. *Literary Disruptions: The Making of a Post-Contemporary American Fiction*. Urbana.

Köhler, Michael, 1977. »›Postmodernismus‹: Ein begriffsgeschichtlicher Überblick«, *Amerikastudien* 22: S. 8-18.

Levin, Harry, 1966a. »What Was Modernism«, in Levin 1966b: S. 271-295.

– 1966b. *Refractions: Essays in Comparative Literature*. New York.

Le Vot, André, 1976. »Disjunctive and Conjunctive Modes in Contemporary American Fiction«, *Forum* 14, no. 1: S. 44-55.

Lodge, David, 1977. *The Modes of Modern Writing: Metaphor, Metonymy, and the Typology of Modern Literature*. London.

Lyotard, Jean-François, 1979. *La Condition Postmoderne: Rapport sur le Savoir*. Paris.

– 1983. »Answering the Question: What is Postmodernism?« in Hassan and Hassan 1983: S. 329-341.

Martin, Wallace, 1980. »Postmodernism: Ultima Thule or Sein Anew?« in Garvin 1980: S. 142-154.

Mazzaro, Jerome, 1980. *Postmodern American Poetry*. Urbana.

Mellard, James M., 1980. *The Exploded Form: The Modernist Novel in America*. Urbana.

Morrissette, Bruce, 1975. »Post-Modern Generative Fiction«, *Critical Inquiry* 2: S. 253-262.

O'Connor, William Van, 1963. *The New University Wits and the End of Modernism*. Carbondale, Ill.

Palmer, Richard E., 1977. »Towards a Postmodern Hermeneutics of Performance«, in Benamou and Caramello 1977: S. 19-32.

Poirier, Richard, 1971. *The Performing Self: Compositions and Decompositions in the Language of Contemporary Life*. London.

Russell, Charles, 1974. »The Vault of Language: Self-Reflexive Artifice in Contemporary American Fiction«, *Modern Fiction Studies* 20: S. 349-

359.

Sontag, Susan, 1966. *Against Interpretation*. New York.

Spanos, William V., 1972. »The Detective and the Boundary: Some Notes on the Postmodern Literary Imagination«, *Boundary 2*, 1: S. 147-168.

– 1977. »Breaking the Circle«, *Boundary 2*, 5: S. 421-457.

Stevick, Philip, 1981. *Alternative Pleasures: Postrealist Fiction and the Tradition*. Urbana.

Sukenick, Ronald, 1977. »Fiction in the Seventies: Ten Digressions on Ten Digressions«, *Studies in American Fiction* 5, no. 1: S. 99-109.

Wasson, Richard, 1969. »Notes on a New Sensibility«, *Partisan Review* 36: S. 460-477.

– 1974. »From Priest to Prometheus: Culture and Criticism in the Post-Modern Period«, *Journal of Modern Literature* 3: S. 1188-1202.

Wilde, Alan, 1981. *Horizons of Assent: Modernism, Postmodernism, and the Ironic Imagination*. Baltimore.

– 1982. »Strange Displacements of the Ordinary: Apple, Elkin, Barthelme, and the Problem of the Excluded Middle«, *Boundary 2*, 10: S. 177-201.

Manfred Frank
Zwei Jahrhunderte Rationalitäts-Kritik und ihre »postmoderne« Überbietung

Der Begriff der Rationalitätskritik ist dem Unternehmen der Philosophie so tief eingeprägt, daß über Jahrhunderte hinweg das Philosophieren als eine Initiative im Dienste der Rationalisierung verstanden werden konnte. Dies Selbstbewußtsein der Philosophie gipfelte in der Epoche, die sich selbst stolz »Aufklärung« nannte und mit der Metaphorik des Lichts und der Erleuchtung – Starobinski hat es uns gezeigt[1] – einem langen Prozeß philosophischer Praxis sein strahlendstes Emblem erfand. ›Aufklärung‹ bedeutet: alles bloß Gesetzte – alle Positivitäten – und alles bloß Geglaubte in Wissensgegenstände zu überführen. Dazu zählen ebenso die Formen einer bloß aus Überlieferung gerechtfertigten Lebenspraxis wie die Formen einer auf übersinnliche Kräfte sich berufenden Autoritäts-Ausübung. Auch die Positivität der Natur schien gebrochen: ihr mythischer Bann zersetzte sich im Licht der Gesetzmäßigkeiten in Elementarbestandteile. In ihrer Verknüpfung sah die menschliche Vernunft nicht ein ihr anderes, sondern sich selbst am Werk. Anders gesagt: die Natur hat ihre Wahrheit erst im Geiste. Ihre drei Grundeigenschaften sind: Denknotwendigkeit, Allgemeinheit und Gesetzmäßigkeit. Das gilt auch für das praktische Tun: sofern es Gesetzen folgt, die es sich selbst gibt und die – als Gesetze – zugleich allgemeinverbindlich sind, ist es mächtig aus sich selbst, d. h. vernünftig.

Heute – ich möchte sagen: in unseren Tagen – ist das aus der Perspektive des 17. und 18. Jahrhunderts Unglaubliche eingetreten, daß »die Vernunft«/»die Rationalität« selbst und als solche vor Gericht geschleppt werden und die Frage nach ihrer Legitimität zu bestehen haben. Die Rationalität nach ihrer Legitimität befragen heißt nichts Geringeres als diejenige Instanz, in deren Namen bislang Legitimität zuerkannt wurde, selbst als etwas der Legitimität Bedürftiges unter Verdacht stellen.

Tatsächlich muß heute, Hand in Hand mit der Rationalität, auch die Philosophie vor jenem imaginären Gericht erscheinen, das nach ihrer Seinsberechtigung fragt. Ist doch die Philosophie traditionell die Sachverwalterin des Allgemeinen, der Philosoph – nach einem bekannten Wort Sartres – »le spécialiste (ou bien le technicien) du savoir pratique«, »le gardien de l'universel«[2]. Wer sich um das Nicht-Allgemeine im Sinne des Privaten kümmert, galt der Vernunftpolitik der Griechen als *idiótäs*, als Idiot. Sartres große Flaubert-Studie – *L'idiot de la famille* – handelt von der bis ins 19. Jahrhundert sich durchhaltenden rationalistischen Diffamierung des Individuellen als eines mit dem Makel der Idiotie Behafteten. Indessen ist mit dem Verfall der fraglosen Würde des »Universellen« – der Idee, es gebe ein über-individuell und übergeschichtlich Wahres – allmählich auch der philosophische Rationalismus unter Rechtfertigungszwang geraten. Den von Jaspers und Heidegger mit alteuropäischem Pathos so genannten »wesentlichen Denkern« wird unter dem spöttischen Titel der »maître penseurs« unbarmherzig der Prozeß angekündigt. Nicht nur Platon, Hegel und Marx, selbst Kant und die Idee der Aufklärung werden in der Nachfolge Foucaults, der »nouveaux philosophes«, neuerdings aber auch im angelsächsischen Raum (ich nenne nur Richard Rorty und Paul Feyerabend), unter Anklage gestellt. Der ihnen gemachte Vorwurf ist hart. Er lautet, im Namen der Rationalität haben die Meisterdenker die Anwendung von sowohl physischer wie politischer Gewalt und methodischem Zwang gerechtfertigt.

   Taucht doch hinter dem vorgeblich voraussetzungslosen und wertfreien Projekt der *philosophia*, d. h. dem Willen zur Wahrheit, der Wille zur Macht auf. Der Wille zur Wahrheit erweise sich als sublimierte und wegen Unkenntlichkeit besonders tückische Ausformung eines Willens zur Überwältigung der Natur einschließlich der Menschennatur. Den Endsieg erringe der aufgeklärte Rationalismus nicht, wie er vorgebe, in der Demokratie (es sei denn, man verstehe darunter den Sozialdarwinismus der liberal-ökonomischen Konkurrenz-Gesellschaft), sondern als politischer Totalitarismus aller Couleurs. So münde der Prozeß der Rationalisierung in eine Pathologie der Moderne. Hegels Satz, »Das Wahre ist das Ganze«[3], wird angesichts des Faschismus von Adorno zynisch umgekehrt: »Das Ganze ist das Unwahre«[4]; denn das Denken in Totalitäten habe seit Hegels Entwurf eines total über sich aufgeklärten Geistes und eines totalen Staats seine Klauen gezeigt. Eine kritische Analyse des rationalistischen Vokabulars entlarve die wahre Aspiration der Meisterdenker: sie träumen von Jagd, Demaskierung, Unterwerfung, Zergliederung, Bezwingung, Enteignung, Be-*greifen* (letzteres eine Metapher, hinter der die ursprüngliche Bedeutung noch ungeschützt hervorblickt: »saisir avec les *griffes*«, mit den Klauen packen). Foucault reduziert diese neue Form von Rationalitäts-Schelte in einem Interview auf ein Schlagwort: »La torture, c'est la raison.«

Gewiß, das sind Töne, die man vor allem in der jüngeren Philosophen-Generation vernimmt, besonders im Paris der letzten zehn Jahre. Gerade darum, weil sie bei unserer Jugend Anklang finden, nehme ich sie ernst. So schlecht sie argumentativ zum Teil belegt sind, so treffend scheinen sie mir die gegenwärtige »Staatsverdrossenheit« und »Zivilisationsmüdigkeit« ins Bild zu setzen. Die Rationalitäts-Skepsis ist nur die Abart eines viel weiter verbreiteten Unbehagens in der Seelen-Wetterlage der gesamten westlichen Welt.[5]

Dabei ist sie mitnichten eine brandneue Errungenschaft unserer Tage. Ihren bekanntesten Ausdruck hat die philosophische Kritik am Totalitarismus der Rationalität schon vor 43 Jahren in Adornos und Horkheimers berühmtem Buch *Dialektik der Aufklärung* gefunden. *Sie* alle kennen die ersten Sätze, die bereits ins Herz der folgenden Argumentation zielen:

Seit je hat Aufklärung im umfassendsten Sinn fortschreitenden Denkens das Ziel verfolgt, von den Menschen die Furcht zu nehmen und sie als Herren einzusetzen. Aber die vollends aufgeklärte Erde strahlt im Zeichen triumphalen Unheils.[6]

Entwickelt, um das Chaos der feindlichen Natur durch Ordnungen zu bändigen, hat sich die Ordnung der ratio inzwischen als zweite und viel schlimmere Natur gegen die menschliche Gattung verschworen. Die Ordnung der Vernunft kehrt die Rigorosität und Ausschließlichkeit ihrer Geltung mit verheerender Gewalt als eine contra-finalité gegen den Willen des Subjekts, dem sie dienen sollte. Inzwischen – die Angst vor der Vernichtsmaschinerie des Nationalsozialismus im Nacken – ängstigen wir uns aufs neue vor einer menschlichen Zwecken entgleitenden Technologie und Kriegsmaschinerie, deren menschenfeindliche Rationalität Adorno und Horkheimer schon im Jahre 1944 in beklemmenden Analysen beschworen haben.

Die Frage nach der Legitimität von Rationalität ist jedoch älter als die Frankfurter Schule. Dutzende von Namen haben sich seit der zweiten Hälfte des 19. Jahrhunderts an diesem Thema versucht. Der einflußreichste unter ihnen ist zweifellos derjenige Friedrich Nietzsches. Blicken wir ins französische Nachbarland, so scheint er unser Zeitgenosse geblieben zu sein. Nietzsche hat mit besonderer Hartnäckigkeit die *eine* Frage an die Rationalität gestellt, auf welchem »genealogischen« Fundus sie eigentlich errichtet sei. Sie kennen seine Antwort: Rationalität ist ein nicht selbst rationales, sondern ein vitales Verhalten, in der Evolution der Menschengattung ausgebildet als Anpassungsleistung an das Bedürfnis, der großen Zahl das Überleben in einer feindlichen Umwelt zu sichern. Rationalität – oder, wie Nietzsche sagt: Wille zur Wahrheit – zielt ab auf einen Gleichgewichtszustand zwischen menschlichem und natürlichem Haushalt, und dieses Gleichgewicht wird durch eine Leben erhaltende Fiktion als Gesetzmäßigkeit interpretiert. Gesetzmäßigkeit wiederum setzt Erwartbarkeit des immer Gleichen voraus, ermöglicht das Sprechen und den sozialen Verkehr.[7] – Darin sieht Nietzsche zugleich eine Gefahr: die soziale Komponente des Wahrheitswillens – er spricht verächtlich von »Rücksicht auf die Herde« als auf die »gar zu vielen« – scheint ihm nämlich im Widerspruch zu stehen mit der anderen Triebkraft des Lebens, die er als Willen zur Übermächtigung, zur Steigerung, zur Überbietung jedes erreichten Gleichgewichtszustandes und zum Übervorteilen des Schwächeren charakterisiert. Unter dem Gesichtspunkt des Willens zur Macht erscheint die soziale – d. h. die universalistische – Komponente des rationalen Weltverhaltens als »kontraproduktiv« oder »bionegativ«: als ein Symptom von »Dekadenz« oder »Entartung« von geschwächtem Lebenswillen, der seine Kraftlosigkeit gegen das Nachbar-Raubtier, den er milde seinen Nächsten nennt, unter dem Titel »Moral« feiert. – Wird die Dekadenz nicht gesteuert, meint Nietzsche, versinkt die europäische Zivilisation im Nihilismus. Abgeschnitten von den Wurzeln des Lebens ist nämlich kein Wert mehr in Sicht. Auf die Frage nach ihrem Wert gibt die von der analytischen Vernunft ausgelegte und zersetzte Welt zunehmend die Antwort: es gibt keinen. Dieses Nichts-an-Sinn breitet sich aus. Seitdem die Rationalität – spätestens seit Kant – sich einerseits gegen die Triebkräfte des Lebens und der Sinnlichkeit gewendet, andererseits aber keine transzendente Instanz als Quelle allen Wertes hat überleben lassen, ist das Leben der letzte und einzige Wert; aber er ist a-sozial.

Die Wirkung von Nietzsches Version einer Rationalitäts-Kritik war gewaltig, gewaltig auch in ihrem Zwiespalt. Einerseits erlaubte sie, den trügerischen Objektivismus der wissenschaftlichen Welthaltung durch eine Erinnerung an seine genealogische Herkunft kritisch zu »hinterfragen«: als Kritiker des Objektivismus aller Art hat Nietzsche sowohl auf die »Kritische Theorie« wie auf das Denken des Poststrukturalismus gewirkt. Andererseits verharrt Nietzsches dekonstruktives Denken auf dem epistemologischen Boden eines durchaus zeitbedingten Vitalismus und Sozialdarwinismus, der ihm vor allem den Beifall der sogenannten »Irrationalisten« (von Klages über Spengler bis hin zu Alfred Baeumler) und der extremen politischen Rechten (von Gentile und Rosenberg bis hin zur »Nouvelle Droite« unserer Tage) sicherte.[8]

Er war eine der Leistungen von Martin Heideggers philosophischem Neueinsatz, Nietzsches Rationalismus-Kritik auf eine tiefere epistemologische Basis zu stellen. Sie erlaubt es, noch die letzte Bastion von Nietzsches Denken, den Gedanken des »Willens zur Macht«, als späten Ausdruck einer gesamtabendländischen Deutung von »Sein« historisch zu relativieren (»hinterfragen«). Heidegger nennt die Einheit der Antworten, die das abendländische Denken auf die »fundamentalste und radikalste aller Fragen«, die Frage nach dem Sein, gegeben hat, »Metaphysik«. Als Metaphysik ist das Sein je anders, aber im Rahmen einer kontinuierlichen Entwicklung, ausgelegt als »Anwesenheit« und »Vorhandenheit«. Am Sein interessiert von Parmenides bis Hegel immer nur der Aspekt seiner sensiblen, intellektuellen oder praktischen Verfügbarkeit. Der späteste Ausdruck dieser Seinsauslegung ist die moderne Technik und die ihr beigesellte, angeblich »wertfreie« Naturwissenschaft, die in Wahrheit ein Herrschafts-, ein Beherrschungs-Wissen ist. Was Nietzsche als eine Art Invariante des Lebens in Anspruch genommen hatte – den »Willen zur Macht« –, eben das enthüllt sich nun (in Heideggers Deutung) als ein selbst geschichtlich Gewordenes, als die fortwirkende Kraft einer Ur-deutung des »Sinns von Sein«, für die nicht der Mensch, sondern das Sein selbst als Urheber aufkommt. Dieser fundamentaleren Deutung fragt das »eigentlichere Denken« nach, das nicht mehr ›wissenschaftlich‹ heißen kann. Jeder Sinnhorizont, jedes sprachliche Weltbild definiert die Bedingungen, unter denen wir etwas als etwas erkennen und uns mit anderen verständigen können: aber eben weil unser Denken und Sprechen erst *im* Horizont einer Ordnung von Zeichen möglich wird, können wir uns nicht als Urheber desselben ansehen. Die »Wahrheit« – als ein intersubjektiv gültiger Sachverhalt – ist also selbst nichts Ursprünglicheres: sie läßt sich nur im Rahmen und unter der Voraussetzung einer vom »Sein« instituierten Ordnung des Diskurses – eben der Ordnung der Rationalität – entdecken. Heideggers berühmter, oft als rasende Arroganz verkannter Satz: »Die Wissenschaft denkt nicht«, will nur dies zum Ausdruck bringen: daß die in den rein rationalen Wissenschaften verwandten Methoden des Denkens »abkünftig« sind aus einer fundamentaleren Deutung, die, jedem wissenschaftlichen Tun zuvor, die Bedingungen angibt, unter denen sich etwas als wahr oder als falsch, als tunlich oder als untunlich erkennen läßt.

Vermutlich wäre Heideggers seinsgeschichtliche Relativierung der Geltung von »Rationalität« weniger erfolgreich gewesen, wäre sie nicht vorbereitet worden durch das wissenschaftliche Werk eines Mannes, dem man schwerlich irrationale Vorlieben und Abneigung gegen methodisch diszipliniertes Denken vorwerfen kann. Ich meine Max Webers grandiose wissenssoziologische Rekonstruktion dessen, was auch er die »abendländische Rationalität« nennt. Indem wir uns seines Grundgedankens vergewissern, haben wir erstmals Gelegenheit, eine *Definition* der Bedeutung(en) der Ausdrücke Rationalität und Rationalisierung nachzuholen. *Ihnen* allen ist Webers Diagnose einer über Jahrtausende währenden und heute ins Ziel kommenden »Entzauberung« der Welt bekannt. Der Term ›Entzauberung‹ fällt bei Weber zusammen mit dem anderen der ›Rationalisierung‹. Man entdeckt in seiner Verwendung drei unterscheidbare, wenn auch eng verwandte Bedeutungen. Einmal bedeutet ›Rationalisierung‹ die Fähigkeit, Dinge durch Zurückführung auf die sie regierenden Gesetze zu beherrschen, und ist in diesem Sinne *wissenschaftlich-technischer* Rationalismus. Zum anderen meint ›Rationalisierung‹ die Systematisierung von Sinnzusammenhängen; in dieser Funktion trägt er einer »inneren Nötigung« des Kulturmenschen Rechnung, die Welt als ein sinnvolles Ganzes zu erfassen und zu ihr auch Stellung beziehen zu können: das ist der *metaphysisch-ethische* Rationalismus. Rationalismus meint aber schließlich und drittens auch »Ausbildung einer methodischen Lebensführung, ist also *praktischer* Rationalismus im weitesten Sinn«.[9] Diese drei

Varietäten des Rationalismus unterhalten, nach Webers Ansicht, in verschiedenen historischen Konjunkturen verschiedene Beziehungen zueinander. Entscheidend ist jedoch immer, in welcher Weise die praktische Lebensführung des Menschen sich durch historische Formen des wissenschaftlichen und ethischen Rationalismus bestimmen läßt. Nur in einer epistemisch schon gedeuteten und mit Sinn erfüllten Welt kann – mit anderen Worten – wissenschaftlich gearbeitet und menschenwürdig gelebt werden. Diese Überzeugung teilt Weber offensichtlich mit Heidegger.

Verschieden von Heideggers Seinsgeschichte ist dagegen die Geschichte, die uns Weber über die Entzauberung der religiös-wertbildenden Überzeugungen im Verlauf der abendländischen Rationalisierung erzählt. Das Fatale am Prozeß der Entzauberung ist nach Webers Ansicht dies, daß durch ihn die Sphäre des sozialen Konsensus über die obersten Werte menschlichen Daseins und Mitseins abgekoppelt wurde von den beiden anderen Sphären rationalen Weltverhaltens, nämlich von den Sphären der Wissenschaft und der praktischen Lebensführung. Die Folge ist, daß Wissenschaft und Lebenspraxis – überspitzt formuliert – sinn-los werden, so wie die Welt, auf deren Beherrschung und Ausbeutung sie sich richten, sinn-los und un-heilig wurde. Am Ende werden innerweltliche Askese und instrumentelle Naturbeherrschung zum Werkzeug einer aller Transzendenz sich entschlagenden Selbsterlösungs-Ideologie. Diese Stufe sieht Weber mit dem Kapitalismus – der vollkommen wertneutralen und rationalen Wirtschaftsform – erreicht. Die »Weltherrschaft der Unbrüderlichkeit« bricht an.[10] Die Metapher des *kalten Herzens* breitet sich aus und erwirbt die Qualität eines Zentralsymbols für die europäische Seelen-Großwetterlage unter Bedingungen kultureller und ökonomischer Modernität.[11]

In den aporetischen Überlegungen, die Weber dem Problem gewidmet hat, fungiert der Begriff des Charisma und der charismatischen Persönlichkeit als Leitmotiv. Zweifellos spielt hier der persönliche Einfluß des George-Kreises und die kritische Analyse von neu-mythischen oder neu-religiösen »Weltanschauungen« im Vorfeld des Faschismus eine große Rolle.[12] Die Attraktivität dieser Irrationalismen auf breite Massen der deutschen (und nicht nur der deutschen) Bevölkerung will ja ihrerseits soziologisch aufgeklärt sein. Daß die Rede von Legitimationsproblemen und Sinnkrisen im Kapitalismus zuerst von der politischen Rechten artikuliert worden ist, war, wie Ernst Bloch sagt, eine schlimme Lehre für die politische Linke. Jenseits dessen, was Max Weber noch in den Blick brachte, macht die Legitimationskrise die kontraproduktiven Folgen eines totalitär gewordenen (d. h. nichts außer sich zulassenden und, im Wortsinne, trost-losen) Rationalismus bewußt, dem zuletzt noch die obersten Werte menschlicher Gemeinschaft zum Opfer fallen. Rationalisierung produziert pathogene Züge.

Das war von Beginn an die Perspektive der deutschen Frühromantik. Sie hat den modernen Rationalismus als einen abstrakt analytischen Geist beschrieben und zugleich soziologisch konkretisiert. ›Analyse‹ heißt, wörtlich übersetzt, Auflösung, Zersetzung. Sie richtet sich also gegen synthetische Gebilde, denen sie nachweist, daß der synthetische Zustand nichts Ursprüngliches, sondern in seine Atome Zerlegbares ist. In der Analyse artikuliert sich das Interesse der aufsteigenden Bürgerklasse: Ihr diente das zuerst in den Naturwissenschaften – besonders in der Chemie – bewährte Mittel der Analyse dazu, haltlos gewordene Glaubensgewißheiten – wie vor allem die, auf der der Feudalismus beruhte: das Gottesgnadentum – wie Festungen zu schleifen. Alles wurde zerlegt, auch der menschliche Geist, der sich als mechanisches Ensemble von elementaren Sinneseindrücken und Urideen – als eine hochkomplexe, indessen exakt analysierbare Maschine enthüllte.

Auch der Staat – die juridische Organisation der bürgerlichen Gesellschaft – konnte als äußerliches Zusammenwirken monadischer Einzelwesen begriffen werden. Das Band der Brüderlichkeit bemäntelte nur die wahre Beziehungslosigkeit der Bürger, die wie Schrauben und Räder nebeneinander dem Funktionieren der Staatsmaschine dienen.

So liest man es immer wieder in den frühesten programmatischen Texten des deutschen Idealismus. Die historischen Voraussetzungen für diesen anti-analytischen und anti-mechanizistischen Affekt können hier nur vereinfacht dargestellt werden. Seit der zweiten Hälfte des 18. Jahrhunderts mehren sich die Stimmen, die den Prozeß der Rationalisierung als destruktiv kennzeichnen. Herder ist eine der bedeutendsten unter ihnen. Er reklamiert für die Einbildungskraft ein nicht weiter zerlegbares synthetisches Vermögen, das er auch in den Leistungen der Sprache am Werk sieht. Sprechen heißt: eine Vision der Welt erzeugen. Das, was die Aufklärung Vernunft nennt, ist selbst nichts anderes als eine Abstraktion der in einer Sprache wirkenden Gesetzmäßigkeiten. So bildet sich, wie Herder drastisch sagt, »die Vernunft [selbst] nur durch *Fictionen*«.[13] Abhängig von der synthetischen Kraft, aus der ein sprachliches Weltbild entsteht, kann die Vernunft nicht zugleich als Urheberin dieses Weltbildes gelten. D. h., daß die Axiome, die in die Struktur eines sprachlichen Weltbildes eingehen, mit den Mitteln dieser Struktur selbst nicht aufzuklären sind. Nennt man die Gesamtheit dessen, was mit Mitteln einer bestehenden »symbolischen Ordnung« kommuniziert und vergegenwärtigt werden kann, ein Wissen, so ist das Prinzip dieses Wissens – der hermeneutische »Keimentschluß«, in dem die Struktur gründet – ein selbst Unwißbares, von dem man insofern als vom Gegenstand eines Glaubens sprechen könnte. Mit Sartres Worten: »L'analyse est, en ellemême, une entreprise synthétique«.[14]

Das ist die Geburtsstunde der romantischen Hermeneutik: die abendländische Vorstellung einer zeitlos allgemeinen Vernunft-Ordnung, die a priori für alle Vernunftwesen gilt, wird an die sprachlichen, geschichtlichen, wirtschaftlichen, nationalen, epistemologischen usw. Voraussetzungen ihrer Geburtsstunde – kurz: an ihr »historisches Apriori« – erinnert. Das vermeintlich Universelle der *Einen* Rationalität erweist sich als ein *individuelles Allgemeines*:[15] als ein Allgemeines, insofern es nach wie vor sozialen Verkehr und zwischenmenschliche Kommunikation – also auch: intersubjektiv geltende Spielregeln des Denkens, Handelns, Sprechens – verbürgt; als ein Individuelles, insofern diese Allgemeinheit nicht mehr kraft ihres logischen Apriori gilt, sondern in synthetischen Weltauslegungen gründet, hinter denen in letzter Instanz das auf seine Zukunft deutend sich überschreitende Individuum steht. – Das Individuum ermöglicht also die Intersubjektivität des in der Kommunikation ausgetauschten Sinns, und es verhindert zugleich, daß das jeweils herrschende Kommunikationssystem jemals allgemein, d. h. definitiv und allen Sinn erschöpfend wird. So öffnet sich die Vernunft der Geschichte, ohne daß ein *terme final* absehbar wäre.

Man könnte glauben, die Entdeckung dessen, was seit Friedrich Schlegels Notiz von 1798 das »historisch Transzendentale«[16] heißt, trage inzwischen längst den Index einer selbst bloß historischen Tatsache und sei im vulgären Wortsinne romantisch-überholt.[17] Um das Gegenteil zu bekräftigen, erinnere ich daran, daß die postempiristische Wissenschaftstheorie unserer Tage diesen scheinbar romantischen Standpunkt nach wie vor vertritt. Ich verzichte aufs Nennen von Namen und skizziere nur flüchtig die Grundzüge der Theorie selbst. Die elementaren Formen von Rationalität, so wird angenommen, bewähren sich erstens im Gebrauch klarer und wohl definierter Begriffe; zweitens in einer Rechtfertigung der Gründe, ob für eine Behauptung oder für eine Handlung, ob logischer Natur (indem man sich auf eine schon anerkannte Behauptung oder Norm bezieht) oder empirischer Natur (durch Verweis aufs Bestehen eines Faktums oder einer Regel empirischen Handelns); drittens werden operative oder instrumentelle Explikationen rational genannt, wenn sie eine Verfahrensweise ins Licht setzen, der zu folgen ist, will man ein bestimmtes Resultat erzielen (z. B. ein Strickmuster oder eine handwerkliche Gebrauchsanweisung); viertens gibt es rational genannte Normbegründungen (die sich daraus ergeben, daß man die Übereinstimmung gewisser Handlungen oder Praktiken mit Zwecken, Normen oder Gebräuchen demonstrieren kann). Alle vier Formen rationalen Verhaltens haben – und darin bewährt sich das romantische Erbe in der zeitgenössischen Wissenschaftstheorie – gemein, daß sie in letzter Instanz auf das Kriterium der intersubjektiven Reproduzierbarkeit zurückverweisen. Jeder Teilnehmer des rationalen Diskurses muß, um die erste Rationalitätsbedingung zu erfüllen, mit den gleichen Begriffen und Äußerungen auf die gleichen Sachverhalte (wie alle anderen) verweisen: man könnte das mit Karl Hübner das Kriterium der *semantischen Intersubjektivität* nennen. Ferner muß die jeweils beigebrachte Erklärung oder Begründung allgemein einleuchtend sein können. Man könnte differenzierend zwischen Intersubjektivitäten mit logischem, empirischem, instrumentalem und normativem Anspruch unterscheiden. Gleichwohl – und darin genau besteht die Pointe der Rückfindung aller möglichen Rationalitätsformen auf die semantische Identität – steht kein Kriterium a priori dafür ein, daß alle Welt unter dem gleichen Wort oder Satz die gleiche Sache versteht. Ein solches Kriterium wäre auch nur unter der Bedingung denkbar, daß gewisse Wörter oder Propositionen unmittelbar und in kontrollierbarer Weise sei's auf empirische Anschauungen, sei's auf a priori geltende Ideen verwiesen. Seitdem wir wissen, daß die Sprache keine »Nomenklatur« ist, die uns fix und

fertige Sachverhalte oder Sachverhalts-Vorstellungen nur wieder-
vergegenwärtigt, kurz: seitdem das Paradigma der Re-präsenta-
tion keine Chancen mehr hat, wissen wir auch und zugleich, daß
jedes Verstehen *von* etwas an eine systematische Ausgelegtheit
von Welt appelliert, d. h. an ein Sprachsystem, das jedem Verstehen von etwas *als* etwas vorausgeht und es ermöglicht. Wenn das
zutrifft, folgt unmittelbar, daß die Rechtfertigung eines Gesetzes
(es sei wissenschaftlicher oder sittlicher Natur) die hypothetische
Geltung eines axiomatischen Systems voraussetzt, das uns erlaubt, eine beliebige Äußerung sei's zu verifizieren, sei's zu
falsifizieren. (Z. B. und vor allem müssen die Werte ›falsch‹ und
›richtig‹ sinnbesetzt sein, was keine natürliche oder logische
Notwendigkeit der Weltorientierung ist – man könnte sich andere ähnlich fundamentale Distinktionen in anderen sprachlichen
Welten denken.) Und dieses System, das a priori die Sphäre der
rationalen Propositionen faßt, kann nicht seinerseits, es sei denn,
um den Preis eines Regressus in infinitum, einer rational genannten Rechtfertigung unterworfen werden. Entweder bleibt man bei
einer schon etablierten, aber vorläufigen Axiomatik, die der
Verständlichkeit der Welt als historisches Apriori dient, stehen,
oder man findet sich ins Unendliche verwiesen (auf eine Begründung der Begründung der Begründung usw. eines gegebenen
historischen Apriori). Sagen wir: jeder Ausgangspunkt einer rationalen Begründung für ein Gesamt von Aussagen oder Äußerungen ist an ihm selbst nichtrational (was, wohlbemerkt, keineswegs besagt, er sei mithin irrational). Anders gesagt: das wissenschaftliche Weltverhalten ist auf etwas seinerseits nicht Wissen-
schaftliches gegründet: auf eine vorgängige Weltinterpretation,
die sich in einem Sprachzustand niederschlägt, der seinerseits das
historische Apriori für rationale, d. h. intersubjektive Geltung
anstrebende Erklärung abgibt.

Aber kehren wir in unseren historischen Zusammenhang zurück. Wir hatten soeben festgestellt, daß die Romantiker eine
Entdeckung gemacht haben, derzufolge jede rationale Erklärung
von etwas als etwas Gültigem eine Axiomatik in Anspruch
nehme, welche in letzter Instanz eine schon interpretierte und in
Zeichen artikulierte Welt(-ansicht) sein werde. Es mußte aber
eine andere wichtige Entdeckung zur Hermeneutik hinzutreten,
um die Position des analytischen Geistes so nachhaltig zu erschüttern, wie uns das auf je verschiedene Weise Foucault, Sartre

und Koselleck als Leistung der Romantik vor Augen geführt haben. Ich meine die Folgen der kantischen Vernunft-Kritik, die ja ebenfalls – wie ihr Name sagt – Allmachtsphantasien einer ganz auf sich gestellten Rationalität korrigiert hat, indem sie die Kritik auf die Vernunft selbst anwendete. Da zeigte sich denn, daß alle Leistungen der analytischen Vernunft in einem obersten synthetischen Akt entspringen, dem Selbstbewußtsein. Seine Einheit begründet allererst den Zusammenhalt unserer Weltanschauung, so, wie sein Gesetz in der sittlichen Welt vernünftiges Handeln gebietet und ermöglicht. – Aber wichtiger noch: Kant hatte auch die *mechanische* Konzeption der Naturprozesse angefochten, indem er zeigte, daß gewisse Naturgebilde aus ihrem mechanischen Funktionieren nicht erklärt werden können, sondern sich nur begreifen lassen, wenn man sie auf einen Zweck – eine Idee – bezieht, auf die hin und in deren Dienst die Mechanik arbeitet: diese Gebilde nannte er *Organismen*.[18]

Mit diesen beiden epistemologischen Neuerungen ist die historische Landschaft eröffnet, auf deren Boden das frühromantische Denken aufgehen konnte. Die Grundkonzeption, sehr vereinfachend dargestellt, besagt, daß jede Analyse, deren Gesetz der Verstand enthüllt, in einer Synthese gründet, die als solche nicht hintergehbar ist. Ein nicht selbst Rationales ist der Grund der Rationalität.

Angewandt auf den Vernunft- und auf den Staatsbegriff der Aufklärer, macht die Romantik folgendes geltend: die emanzipatorische Mission der Aufklärung schlägt um in einen neuen Kult der Rationalität, sobald die Rationalität sich für autonom und suisuffizient erklärt, d. h. versäumt, darauf zu reflektieren, in welchen synthetischen Akten sie gründet. Ein sich selbst überlassener Vernunftprozeß gleicht einer sich selbst betreibenden Maschine, deren Funktionieren nicht mehr unter der Kontrolle eines Zwecks steht. Indem die analytische Rationalität in ihrer äußersten Zuspitzung den Gedanken der Zweckmäßigkeit und der Rechtfertigung aus »Ideen« verwirft, schafft sie mit dem Gedanken der Unhaltbarkeit von Positivitäten *zugleich den Gedanken der Legitimierbarkeit als solchen aus der Welt* (»untergräbt sich selbst bis zur Selbstvernichtung«[19], sind Friedrich Schlegels eigene Worte). Fortan steht Rationalität unter dem Verdacht der Illegitimität oder zumindest des Zweifels, daß sie sich mit eigenen Mitteln legitimieren könne. Darin liegt eine große Gefahr. Sie wird noch vergrößert durch den Ratschlag, Zweifel an der Legitimität von auf der Grundlage des Rationalismus eingerichteten Gemeinwesen durch ihre Reduktion auf Legalität zu unterdrücken. Das ist die Position der politischen Rechten von Carl Schmitt bis hin zu Niklas Luhmann. Sie verfügt nicht nur über kein zwingendes Kriterium, das legale Unrechts-Systeme von Rechtsstaaten unterscheidet, sondern interpretiert auch sehr schlecht die Sinnkrise, die sich als permanente Gefährdung des Spätkapitalismus in den Bewußtseinen besonders der Jugendlichen einnistet.

Max Weber hat diese Probleme übrigens vorausgesehen. Er nennt den vollendeten wissenschaftlichen und politischen Rationalismus ein »gegen sich selbst unkritisches« Verfahren[20], weil und insofern er die Bedingungen seiner eigenen Positivität nicht noch einmal der Kritik unterwirft. Fast in den gleichen Worten hatte Karl Marx der bürgerlichen Revolution vorgeworfen, das gesellschaftliche Leben »in seine Bestandteile« aufgelöst zu haben, »ohne diese Bestandteile selbst zu *revolutionieren* und der Kritik zu unterwerfen«.[21] So bleibt die politische Emanzipation ihrerseits die Frage nach Grund und Zweck der ganzen Veranstaltung schuldig, d. h., sie wird tendenziell sinn-los. Einerseits verdrängt und tilgt sie die Sinn-Reserven synthetischer, besonders religiöser Weltbilder; andererseits weiß sie deren verlorenen Sinn nicht zu ersetzen. Das ist die destruktive und vorderhand jüngste Komponente abendländischer Rationalität, an deren Ende wir offenbar mit wachsender Ratlosigkeit stehen.

In dieser Situation, da »Rationalität« zum Synonym für eine menschlichen Zwecken entglittene Technik des Schreckens zu werden droht, blickt die Gesellschaft verstört und enttäuscht auf die Philosophie. Wo sie nicht selbst Spuren der Rationalisierung trägt und zu einer partikulären Technik deformiert oder zu einer Einzel-Disziplin verkümmert ist (z. B. als Philosophy of Science, Logistik oder positivistische Ideengeschichte), fühlt sich heutige Philosophie unter der Wucht der auf ihr lastenden Ansprüche ebenso überfordert wie die Menschen, zu denen sie sprechen sollte. Das hängt natürlich mit der Tatsache zusammen, daß sie selbst in der Tradition rationalistischer Weltauslegung entstanden ist und an deren Verkürzung aufs instrumentelle Handeln eine Mit-Verantwortung trägt. Die Versuche zeitgenössischer Philosophie, ohne Verzicht auf ein rechenschaftsfähiges Denken dem

»Verblendungszusammenhang« der Rationalität zu entkommen, sind bescheiden, verdienen aber desto nachdrücklichere Aufmerksamkeit. In Frankreich war es vor allem das Lebenswerk Jean-Paul Sartres, das die destruktiven Effekte einer auf den »esprit d'analyse« verkürzten Vernunft-Konzeption aufgedeckt hat, die nicht mehr von einer praktischen und teleologischen Totalität in Dienst genommen wird.[22] Im Deutschen war es die Kritische Theorie der Frankfurter Schule, die etwas ganz Ähnliches versucht hat. Wenn heute die jüngere Generation an den Universitäten von beiden Traditionen mehr und mehr sich abwendet und sich der viel radikaleren, sich »postmodern« nennenden Rationalitäts-Kritik des Neostrukturalismus zuneigt, so will auch das verstanden werden. Verstanden zunächst aus einem Scheitern sowohl der existentialistischen wie der neomarxistischen Ideologiekritik. Ich will die Gründe für dies Scheitern nur zu erraten versuchen und abschließend eine bescheidene Aussicht auf das Feld eröffnen, auf dem Philosophie in der heutigen Gesellschaft Fuß fassen könnte.

Zunächst zu den Gründen für das Scheitern des Existentialismus und der Kritischen Theorie. Es scheint mir vor allem darin zu bestehen, daß beide an einer universalistischen Moral unter Bedingungen des Verlustes apriorischer Werte festhalten. Damit trägt dieses Philosophieren insgesamt ein Dilemma aus, das schon dem romantischen Denken eingeprägt war. Die beiden Argumente, mit denen die Romantik den analytischen Geist kritisiert hat, unterstützen einander nämlich nicht nur, sie stehen zum Teil miteinander im Streit. Der erste Einwand (der hermeneutische) macht geltend, daß jede Weltbildkonstruktion historisch und also relativ ist; der zweite besagt, daß eine diskursive Ordnung ohne Bezug auf ein Telos – d. h. ein nicht selbst relatives Ziel dieser Ordnung – illegitim und sinnlos wird. Was die zweite Konsequenz fordert, wird also von der ersten bestritten. Verlangt wird ja einerseits der Bezug auf ein Absolutum des Sinns (auf eine Idee im kantischen Sinne, also auf eine absolute Rechtfertigungs-Instanz); andererseits wird jedes wertverleihende Absolutum von der Hermeneutik historisiert und relativiert. Ordnungen dürfen also nicht allein auf sich selbst verweisen; andererseits ist der Glaube an ein Transzendentes, das ihre Geltung verbürgte, unhaltbar geworden und abhanden gekommen.

Wie soll man unter diesen Umständen zu einer normativen

Theorie der Gesellschaft kommen? Weder Sartre – der zeit seines Lebens an einer Moral arbeitete und kein Prinzip für sie fand noch Adorno und Habermas waren imstande, ihr humanistisches Engagement aus einem ethischen Prinzip abzuleiten. Oder – um meine Kritik schärfer zu profilieren – die Ethik, der sie praktisch folgen, ist sympathisch, aber sie leuchtet nicht ein aufgrund der Prämissen des historischen Apriori zeitgenössischen Denkens.

Wie läßt sich unter diesen Umständen Habermasens Beschwörung berücksichtigen, daß »unter den modernen Gesellschaften nur diejenige, die Wesentliches ihrer religiösen, über das bloß Menschliche hinausweisende Überlieferung in die Bezirke der Profanität einbringt, auch die Substanz des Humanen retten« könnte?[23]

Die Substanz religiöser Legitimation unter Bedingungen der Irreligion retten kann nur heißen: ihre *Funktion* erhalten, ohne ihre tradierte Form zu übernehmen. Die Funktion der Religion aber scheint mir zu sein, daß sie die menschliche Vernunft vor der Überforderung einer suisuffizienten Selbstbegründung schützt. Dabei wird an ein »extra nos« appelliert, das, wie die Erfahrungen der Hoffnung und der Verpflichtung lehren, nicht notwendig ein Transzendentes sein muß.

Die *Hoffnung*, die uns dazu bewegt, unter allen Umständen das Leben dem Tode vorzuziehen, ist eine, jeder Handlung unthematisch eingeschriebene Kraft, die den Erfolg der Handlung unterstellt: »je ne peux entreprendre une action sans compter que je vais la réaliser.« Diese Unterstellung ist kein Gegenstand der Demonstration oder des Beweises: man kann einen Hoffenden entmutigen, aber nicht widerlegen.

Ähnlich verhält es sich mit der Dimension der *Verpflichtung (obligation)*: sie übersteigt meine Wirklichkeit und schreibt dem Bewußtsein meines eigenen Handelns eine innere Nötigung (»une sorte de contrainte intérieure«) ein, die gleichwohl nicht ein Effekt meines eigenen Bewußtseins ist. Sartre hat in einem seiner letzten Interviews (mit Benny Lévy) vorgeschlagen, sie als die Stimme des Anderen-in-mir (»autrui-en-moi«) auszulegen, die mich daran erinnert, daß ich nicht allein lebe in der Welt und daß meine Handlung immer in die Zukunft der anderen Handelnden verstrickt ist. Dieses Bewußtsein erschließt uns aufs neue die Dimension des Moralischen, aber auf gänzlich unkantianischem Boden.[24]

Das Wesen einer Verpflichtung (im Gegensatz zu einer Vorliebe oder einer Idiosynkrasie) besteht gerade darin, nie bloß für einen zu gelten. Das teilt sie mit einem Wert. Die Religionen interpretieren die Einträchtigkeit der Gemeinde als einen über den höchsten Werten und Pflichten stehenden Reflex der Transindividualität des göttlichen Imperativs. Dieser Weg steht uns heute nicht mehr offen.

Können wir aber nicht, auf dem gerade umgekehrten Weg (gleichsam induktiv), die Verbindlichkeit der Werte wiederherstellen, indem wir – mit einem Wort Musils – unter den Menschen Bedingungen von Brüderlichkeit und Gemeinschaft wiederherstellen, die einem kommenden Gott den Weg kürzer und den Advent leichter machen?[25] Weniger poetisch gesagt: Kann man nicht daran arbeiten, unter den einander entfremdeten Menschen Verkehrsformen herzustellen, die kontra-faktisch das Telos der Verständigung in sich tragen und kraft dessen jeden Einzelnen in die Pflicht nehmen?

Diese Formulierung ähnelt sehr dem Grundgedanken des bürgerlichen Staatsvertrags (*contrat social*), und an ihm hat Jürgen Habermas als dem Ideal einer praktischen und kommunikativen Rationalität auch immer festgehalten. Der spezifisch bürgerliche Universalismus gewinnt seine post-theologische Rationalität ja auch gerade aus dem Gedanken, daß der Mangel eines transzendenten Prinzips (Gottes, des Absoluten) die menschlichen Gesellschaften auf den langen Weg gegenseitiger Verständigung verweist. Diese Verständigung ist als Ziel jeder realen Kommunikation eingeschrieben und dient als praktisches Kriterium für die *Rationalität* der Veranstaltung.

Indessen gibt es ernst zu nehmende Bedenken auch gegenüber der konsenstheoretischen Fundierung von Verbindlichkeit und Gemeinschaftlichkeit. Jeder Begriff von Gemeinschaft, der auf Universalität seiner Geltung abzielt, birgt die Gefahr in sich, sich als verdinglichte Macht – als »totaler Zwangszusammenhang« – gegen die Individualitäten der vergemeinschafteten Teilnehmer des Konsensus zu kehren. Einverständnis, dem kategorischen Imperativ der restlosen, der nichts aussparenden Eintracht unterworfen, tendiert zum Totalitarismus.

Von Vertretern des klassischen Strukturalismus ist vor allem eingewendet worden, daß der Universalismus der Moral in Wahrheit dem Eurozentrismus und also dem Imperialismus dienstbar war. Im Dienste der universellen Natur des Menschen – die in Wirklichkeit nur die Kultur Europas meint – sind sogenannte primitive Zivilisationen (wie die indianischen) ausgerottet worden und wird bis in unsere Tage hinein der ökonomische und militärische Völkermord gerechtfertigt.

Ein zweiter Einwand, hinter dem sowohl Adorno wie Derrida als Urheber stehen können, weist auf begriffliche Schwierigkeiten hin, die der kommunikative Universalismus hat, sich vom Alternativ-Konzept eines vorweg bestehenden und sich uns auferlegenden Einverständnisses mit der herrschenden Unvernunft abzusetzen. In diesem Sinne hat schon Schleiermacher – warnend – zu denken gegeben: »Die Sprachüberlieferung ist nicht schon die Wahrheit selbst.«[26] Wer das bestreitet, verwechselt Konsensus mit Konformismus, mit der Unterwerfung unters machthabende Böse, sofern es nur massenhaft und einträchtig praktiziert wird. Die Teilhabe am gerade machthabenden Diskurs kann allgemein sein, ohne darin legitim zu werden. Dem glaubte Adorno nur dadurch sich entziehen zu können, daß er die Einsamkeit einer Reflexion wählte, die der philosophischen Überlieferung ihre im Kollektiv verdunkelte Wahrheit zurückgewinnt. Er ging so weit, den faktischen gesellschaftlichen Konsensus als einen »kollektiven Verblendungs-Zusammenhang« zu charakterisieren, dem nur entkommt, wer das Einverständnis mit dem normativ gewordenen Bösen der bürgerlichen Gesellschaft radikal ablehnt.

Aber es gibt einen dritten entscheidenden Grund, den universalistischen Aspirationen der Konsensus-Theorie mit Skepsis zu begegnen. Er besagt, daß jeder mit Universalitätsansprüchen auftretende Konsensus die Rechte derer einebnet und neutralisiert, die er zur allgemeinen Geltung zu bringen versprach: nämlich die Rechte der Individuen. Man muß sich erinnern: es ist und war doch gerade die – aufs Allgemeine niemals reduzierbare – *Individualität*, in deren Namen die romantische Hermeneutik die Mängel eines analytisch ausgelegten Universalitätskonzeptes (wie es das bürgerlich-aufklärerische war) aufgedeckt hatte. Was nämlich die Ordnung des Allgemeinen daran hindert, sich in einem (Hegelschen) Begriff endgültig und ein für allemal zusammenzufassen, zu definieren und abzuschließen, kann immer nur dasjenige Element sein, was *nicht* darin aufgeht, Element dieser Ordnung zu sein. Genau dies ist das *Individuelle*. Um seine spezifische Exzentrizität zu begreifen, muß man es streng vom

Besonderen unterscheiden, obwohl die herrschende philosophische Terminologie diesen Unterschied vernachlässigt. Das Besondere ist stets Element einer Ordnung oder Fall einer Regel. Durch den ihm übergeordneten Allgemeinbegriff ist es vollständig beherrschbar, es ist von allen anderen Elementen oder Fällen – als *Typ*, der es ist – ununterschieden; eben darum können vom Besonderen auch keine Veränderungen des Allgemeinen ausgehen. Ich behaupte nun: der universelle Konsens tendiert dazu, sich seine Teilnehmer als besondere unterzuordnen und sie gleichzuschalten. Im Unterschied zum Besonderen ist das Einzelne oder Individuelle ein solches Element oder Teil, das vom Begriff des Ganzen aus niemals in einer logischen Kette von Ableitungen zu erreichen ist. Individuen lassen sich nicht aus einem Konzept (einer Struktur, einem Code, einer Ordnung usw.) deduzieren, und zwar darum nicht, weil *sie* es sind, die dem Ganzen, dessen Elemente sie sind, seinen Begriff allererst erfinden. Anders gesagt: die Bedeutung des Ganzen existiert nirgendwo anders als in den Bewußtseinen der Individuen, die das Universelle auf eine je eigentümliche und einzigartige Weise verinnerlichen und durch ihre Taten ans Allgemeine rückentäußern. Das hat zwei Implikationen: 1. wird der Begriff des Universellen durch die Intervention eines Individuums von sich selbst gespalten, d. h., er büßt seine semantische und normative Identität ein (anders gesagt: eine singuläre Interpretation trennt seine Universalität von sich selber); 2. existiert der Begriff des Universellen nicht nur in einer, sondern in unkontrollierbar vielen Interpretationen (in ebenso vielen, wie es Individuen in einer Gemeinschaft gibt); jede dieser Interpretationen kann jede andere nur in Form einer hermeneutischen »Divination« in sich aufnehmen, und jede Divination trägt einen Index von Unkontrollierbarkeit, keine erreicht den Status eines objektiven Wissens.

Für eine am Universalitäts-Ideal, d. h. am Zwang zur vollständigen Einigung, festhaltende Konsensus-Theorie ist das ein notwendiges Übel. Da es jedoch erkenntnistheoretische (und nicht nur moralisch-politische) Voraussetzungen hat, ist es kaum überwindbar. Wer es im Namen der Konsensus-Theorie attackiert, scheint mir im übrigen das fundamentale Motiv dieser Theorie aus dem Auge verloren zu haben. Die Konsensus-Theorie der Rationalität macht doch überhaupt nur unter der Bedingung Sinn, daß mit dem rigoros undialogischen Universalismus-Konzept der Aufklärung Schluß gemacht wird. Denn diejenige Instanz – es ist die einzige –, die das Sich-Schließen der Ordnung des Allgemeinen – und also die Konstitution *des* Allgemeinen als eines Kollektiv-Singulars – verhindert, ist ja eben das Individuelle. Anders gesagt: Wir müssen uns verständigen, nicht obwohl, sondern weil wir auf kein vorab schon bestehendes Allgemeines und Verbindliches zurückgreifen können, d. h., weil wir miteinander nicht-identische Einzelne sind, deren Interpretationen der Welt in keiner prä-stabilisierten Harmonie und in keinem archimedischen Ort koinzidieren. Auch die Sprache, auch die Ordnung des Diskurses, auch die sozio-ökonomischen Bedingungen, denen wir zweifellos gemeinsam unterworfen sind, erstatten uns die verlorene Absolutheit und Verläßlichkeit eines transindividuellen Wissens und Glaubens nicht zurück, weil ihre Anwendung selbst eine hermeneutische, und das heißt: eine individuelle Überschreitung der betreffenden Ordnung erfordert.

Der Begriff einer Regel, die ihre eigene Anwendung abermals durch Regeln beherrscht, ist aber widersprüchlich und führt in den unendlichen Regreß. Dieser Regreß wird nur vermieden, wenn man die Freiheit der Individuen ins Spiel bringt; dies tun heißt aber: die Universalität jeweils herrschender (sozialer, akademischer, epistemologischer, normativer) Konsens-Bildungen als das zu interpretieren, was sie wirklich sind: als Hypothesen, die deutungsfähige Individuen zu einer Handlung motivieren, aber nicht determinieren können, weil ihr *Sinn* eben erst unter der Bedingung hervortritt, daß ein interpretierendes Individuum ihn erschafft (und das heißt zugleich: anwendend überschreitet und modifiziert). Ein *solches* Konzept von Allgemeinheit (grammatischer, logischer, kontraktueller, juridischer, disziplinärer usw.), das *im vorhinein* die Bedingungen *diktieren* möchte, unter denen eine Verständigungs-Bemühung wahr heißen darf, trägt also offensichtlich Züge eines diskursiven Zwangs, einer institutionellen Disziplinierung. So wird, unter dem Schein, sich für die Meinung des anderen Subjekts zu öffnen, dessen Individualität – d. h. seine irreduzible Fähigkeit, konstituierten Sinn neu und anders als der herrschende Konsens zu konstituieren – gerade zur Strecke gebracht. Statt den verallgemeinerungswürdigen Wünschen des Individuums vor der Gesellschaft zum Ausdruck zu verhelfen, reduziert das Universelle sie auf partikuläre Fälle seiner selbst, d. h., zwingt sie zur tödlichen Integration unter die Norm. Aber kann man dem Individuum zu seinem Recht verhelfen, ohne den rigoros obligierenden Charakter der moralischen Rationalität erheblich einzuschränken? Ich glaube, daß man inter-individuelle Verbindlichkeit überhaupt *nur* dadurch herstellen kann, daß man das Recht der Individuen zur uneingeschränkten Geltung bringt. Denn nur in einer solchen Organisation des gesellschaftlichen und kulturellen Lebens herrscht Interindividualität, in der auch tatsächlich *Individuen* (d. h. nicht Funktionsträger oder Typen) sich miteinander austauschen können. Nur diejenige Stimme im Inneren meines Gewissens verpflichtet mich meinem Nächsten gegenüber, die tatsächlich die Stimme meines (auf alle anderen Individuen irreduziblen) Nächsten *ist*.

Und nur einer auf der Grundlage dieser Einsicht errichteten Gesellschaft wird das gelingen, was Emile Durkheim recht romantisch den »Übergang von mechanischer zu organischer Solidarität« genannt hat. Die Individualisierung des Universellen war nur die eine der beiden Innovationen, durch die die Romantik den analytischen Rationalitätsbegriff überschritt. Die andere bestand in der Teleologisierung des Universellen. Gewiß, das Ziel einer Vergemeinschaftung kann gerade um der Rechte des individuellen Faktors willen nicht mehr ein transhistorisches Absolutum sein, im Hinblick auf das die Gemeinschaft gerechtfertigt wäre. Auf der anderen Seite ist aber gerade der mechanische Begriff eines universellen Konsensus völlig ungeeignet, einer Vergemeinschaftung von Individuen als Grundlage zu dienen, weil dieser Begriff keine Individuen, sondern nur *des êtres particuliers* als Elemente in sich faßt. Eben darum verliert er seine Legitimität, d. h. seine Ausrichtung auf einen übergreifenden Sinn. Eine Gesellschaft dagegen, deren Mitglieder Individuen wären, könnte nur als ein *Organismus* gedacht werden: als eine Gemeinschaft freier und voneinander unterschiedener Einzelner (*singuliers*), deren Kommunikation gleichwohl das Telos einer Verständigung in sich trüge, *ohne* daß sich dies Telos als Zwang zu konformistischer Gleichschaltung auswirkt. In der Tat kann ein solcher Zwang immer nur dort entstehen, wo der instabile Konsensus der Gesellschaftsteilnehmer unerbittlich codifiziert wird, um fortan als eine Individualität verhindernde Gewalt den Einzelnen feindlich gegenüberzustehen. Im Falle einer organischen Solidarität hingegen bewahrte der Konsensus – als regulative Idee im kantischen Sinne – seine kontra-faktische Kraft, er würde die innerste Substanz des bürgerlichen *contrat social* zu seiner Wahrheit befördern, freilich um den Preis, der Faktizität der bürgerlichen Staatsmaschine und ihrem »ideenlosen Funktionieren« empfindlich zu widersprechen.

Dies ist die kostbare Lehre, die wir der frühromantischen Hermeneutik und Gesellschafts-Lehre und ihrem Engagement für die Freiheit des Individuums verdanken. Angesichts der Bedrohung des Individuums durch die »Dispositive der Macht« einerseits, durch die Ausbreitung von philosophischen Ansätzen, die – wie die Systemtheorie und der Ultrastrukturalismus – die faktische Bedrohung des Subjekts auch noch durch ihre Theorie unterstützen, scheint mir die Aktualität dieses Engagements evident. Die Philosophie würde aus ihm den Anschluß an ein Konzept von Rationalität gewinnen, das gegen die bisherige Form der Kritik unanfällig wäre.

Wenn ich recht sehe, ist der in unserer Jugend verbreitete Wunsch nach Dezentrierung, auch nach Dezentralisierung (Regionalismus, erkenntnistheoretischem und praktischem Anarchismus, alternativer Kultur usw.) wesentlich ein Wunsch nach Rettung des Individuellen: eine Wiederkehr der Romantik. All jene Ansätze des zeitgenössischen Frankreich, die ich unter dem Schlagwort »Neostrukturalismus« zusammengefaßt habe, propagieren eine »dissémination« von Allgemeinbegriffen, Institutionen, diskursiven und allgemein: intersubjektiven Ordnungen. Überall wird das Dogma der semantischen Identität angefochten, überall gilt der Kampf dem Totalitarismus von Modellen, die die Menschenwelt im Spinnetz der Codes, der Ordnungen, der Kontrolle, der instrumentellen Gewalt verkleben wollen. Ich glaube nicht, daß im Lebensgefühl der Generation, die solche Programme liest und sich von ihnen angesprochen fühlt, ein semantischer oder normativer Nihilismus am Werk ist, der die letzten ›rational‹ genannten Universalien als ebenso viele Verbindlichkeiten schleifen will. Im Gegenteil: der Kampf gilt jenem mechanischen und szientistischen Universalismus, der als alltägliche Gewalt die letzten Freiräume eines individuellen Daseins uniformiert und die Singularität des Menschen in eine beherrschbare Partikularität verwandeln möchte. Die Illegitimität dieses Rationalitätskonzeptes ist eine gelebte Erfahrung dieser Generation. Wenn aber »das Ganze«, von dem Hegel sagte, es allein sei »das Wahre«, keinen Sinn mehr verbürgt – warum sollte der Versuch abwegig sein, den Sinn in der »dissémination«, in der Zerschlagung komplexer Institutionen, in der Regionalisierung, in der Vielfältigkeit wiederzugewinnen? Ich sehe darin die »intuition embryonnaire«, aus der sich der Neostrukturalismus und die sogenannte postmoderne Rationalität unserer Tage entwickelt hat. Ich bin freilich zugleich der Meinung, daß sie *dort* beginnt, ihr eigenes Erkenntnisinteresse systematisch mißzuverstehen, wo sie die Axt an die Wurzel auch des ›Subjekts‹ legt. Das Subjekt, heißt es, sei die Quelle aller Gewalt, immer habe es sich mit den Universalien einer diskursiven Ordnung verbündet. Wenn das wahr ist, so trifft es doch nicht das Individuum, das unter der Gewalt einer rigorosen Universalisierung und Rationalisierung vielmehr vergeht.

Gewiß, aus einem technologischen, bürokratischen oder wissenschaftlichen Blickwinkel ist der Gedanke der Unzurückführbarkeit des Individuums auf jede denkbare Ordnung des Diskurses nicht sehr wichtig: die Welt wird auch ohne ihn weiterbestehen. Noch leichter aber kann sie – wie jeder weiß – ohne den Menschen weiterbestehen.[27]

Anmerkungen

1 Jean Starobinski, *Die Embleme der Vernunft*, München/Paderborn/Wien, 1983.

2 Jean-Paul Sartre, *Les Intellectuels*, in: *Situations VIII*, Paris, 1972, S. 371-455.

3 G. W. F. Hegel, *Phänomenologie des Geistes* (hrsg. J. Hoffmeister), Hamburg, 1952, S. 21.

4 Th. W. Adorno, *Minima Moralia*, Frankfurt/M., 1951 (1969), S. 57.

5 Siehe vom Verf.: *Was ist Neostrukturalismus?*, Frankfurt/M., 1983.

6 Horkheimer, M./Adorno, Th. W., *Dialektik der Aufklärung. Philosophische Fragmente*, in: Th. W. Adorno, *Gesammelte Schriften*, Bd. 3, Frankfurt/M., 1981, S. 19.

7 Vgl. vom Verf.: *Was ist Neostrukturalismus?*, 13. Vorlesung.

8 Vgl. vom Verf.: *Der kommende Gott*, Frankfurt/M., 1982, S. 28 ff.

9 Wolfgang Schluchter, *Rationalismus der Weltbeherrschung. Studien zu Max Weber*, Frankfurt/M., 1980, S. 10.

10 Max Weber, *Gesammelte Aufsätze zur Religionssoziologie*, Tübingen, 1920/21, I, 571 (passim).

11 Darüber ausführlich Manfred Frank, *Das kalte Herz...*, Frankfurt/ M., 1980, S. 28 ff.

12 Vgl. dazu Arthur Mitzman, *The Iron Cage: An Historical Interpretation of Max Weber*, New York, 1979, 253 ff.

13 J. G. Herder, *Sämtliche Werke* (hrsg. B. Suphahn), Berlin, 1877 ff., Bd. 18, S. 485.

14 J.-P. Sartre, *L'Idiot de la Famille*, Paris, 1971/72, Bd. 1, S. 471.

15 Vgl. vom Verf.: *Das individuelle Allgemeine*, Frankfurt/M., 1977, ²1985.

16 Fr. Schlegel, *Kritische Ausgabe seiner Schriften* (hrsg. E. Behler, e. a.), Paderborn etc. ff., 1958, Bd. 18, S. 101, Nr. 863.

17 Vgl. z. B. K. Hübner, *Kritik der wissenschaftlichen Vernunft*, Freiburg/Br., 1979. H.-P. Duerr (hrsg.), *Der Wissenschaftler und das Irrationale*, 2 Bde. Frankfurt/M., 1981.

18 Vgl. vom Verf.: *Der kommende Gott*, l. c., S. 153-188.

19 Fr. Schlegel, a.a.O. Bd. 3, S. 89.

20 M. Weber, *Ges. Aufsätze zur Wissenschaftslehre*, Tübingen, 1968 (3), S. 167.

21 K. Marx, *Zur Judenfrage*, in: *MEW*. Bd. 1, S. 367.

22 Vgl. *Situations*, Vol. 2, Paris, 1948, S. 16 ff.

23 Vortrag zum 80. Geburtstag G. Scholems.

24 *Nouvel Obs.* 10 mars 1980, 59 und 60.

25 Vgl. R. Musil, *Ges. Werke* (hrsg. A. Frisé), Reinbek, 1978, Bd. 3, S. 1022.

26 Fr. Schleiermacher, *Dialektik* (hrsg. Jonas) = *SW* III. Abt. Bd. 4/2 Berlin, 1893. Vgl.: *Dialektik* (hrsg. Odebrecht), Leipzig, 1942, S. 374: »Also auch in der Sprache gibt es Irrtum und Wahrheit; auch ein unrichtiges Denken kann gemeinsam werden.«

27 Vgl. J.-P. Sartre, *Situations II*, S. 316.

Wayne Hudson
Zur Frage postmoderner Philosophie

Gute Philosophie sei hart und unbarmherzig, wird bisweilen gesagt. Eine solche Philosophie soll in der Antike und im mittelalterlichen Europa, in Indien, Ceylon und China ebenso zu finden sein wie in der Neuzeit. Heute freilich erleben wir eine *Eruption* der ›weichen‹ Philosophie. Sie entsteht aus Protest gegen die moralische, politische, soziale und kulturelle Blindheit, ja Verantwortungslosigkeit, zu der die ›harte‹ Philosophie oft neigt. Konkreter gesprochen liegt die Idee einer neuen Philosophie in der Luft: der postmodernen Philosophie. Diese stellt man sich im allgemeinen als ›weiche‹ Philosophie vor.

Der vorliegende Beitrag widmet sich den Problemen, die mit dieser Idee einer »postmodernen Philosophie« verbunden sind. Im ersten Teil diskutiere ich die zeitgenössische Diskussion zur Frage postmoderner Philosophie und weise auf die Notwendigkeit von Differenzierungen hin, um der Diskussion mehr Klarheit zu verleihen. Im zweiten Teil untersuche ich das Werk von Richard Rorty und Hilary Putnam, zwei herausragenden amerikanischen Philosophen, die unlängst etwas von ihrer früheren ›harten‹ Philosophie abgerückt sind und heute bisweilen als postmoderne Philosophen gelten. Im dritten Teil schließlich ziehe ich einige skeptische aber gleichwohl optimistische Schlüsse und verweise auf die Möglichkeit einer Art postmoderner Sozialphilosophie, die weder reaktionär noch aufklärungsfeindlich ist.

I

Heute gibt es zwar eine Fülle internationaler Literatur über die »Postmoderne«, der Begriff selbst jedoch wird darin weder in übereinstimmendem noch standardisiertem Sinne verwendet. Statt dessen herrscht allseitige Verwirrung. Es wimmelt von einander widersprechenden Verwendungen und wechselnden Typologien. So wird etwa »die Postmoderne« gleichzeitig mit einem Subjektivitätsverlust und mit einer Rückkehr zur Subjektivität verbunden; mit dem Ende des Neuen und dem Allerneuesten; mit einem Rückzug von der Avantgarde und mit der gegenwärtigen Avantgarde selbst; mit dem Ende von Geschichte und mit einer neuen historischen Ära; mit einer Antiästhetik und einer neuen Ästhetik; mit regionalistischem und globalistischem Denken; mit der kulturellen Logik des »Spätkapitalismus« und mit dem Widerstand gegen den »Spätkapitalismus«. Der Begriff des »Postmodernismus« wird mit unterschiedlichen Bedeutungen in den verschiedenen Künsten benutzt: Dieselben Eigenschaften, die einen Roman oder einen Tanz »postmodernistisch« machen, können ein Gebäude »spätmodernistisch« erscheinen lassen. Es fehlen grundlegende Unterscheidungen zwischen dem Begriff des »Postmodernismus«

1. im epochalen Sinn;
2. im thematischen Sinn;
3. als einer Phase des Modernismus; und
4. als Nachmodernismus.

Auch über nationale und sprachliche Grenzen hinweg gibt es große Verwendungsunterschiede.

In ähnlicher Weise wird oft angenommen, daß sich die Begriffe »Postmoderne«, »Postmodernismus« und »Postmodernität« *gegenseitig beinhalten*: Die »Postmoderne« wird verschmolzen mit »Postmodernismus«, »Postmodernismus« wird synonym gebraucht für »Postmodernität«; die Folge ist Verwirrung, Übergeneralisierung und paradoxe Logik. Es mangelt an klarer Differenzierung zwischen dem Unterscheidungspaar

– Moderne-Postmoderne;
– Modernismus-Postmodernismus;
– Modernität-Postmodernität.

Mit dem Unterscheidungspaar Moderne-Postmoderne meine ich den Unterschied zwischen »der Modernen« und »der Postmodernen« *als Zeitraumeinteilung*, die je nach Kontext variiert, ob sie sich auf historische Epochen, Artefakte oder Ideen bezieht. Das Unterscheidungspaar Modernismus-Postmodernismus bezeichnet den Unterschied zwischen »Modernismus« als Terminus für spezifische Kulturbewegungen zwischen etwa 1880 und 1945 einerseits und »Postmodernismus« als Terminus für verschiedene neuere Kulturentwicklungen andererseits, jeweils mitsamt ihren inhaltlich abgeleiteten Kode-, Stil- und Zeitraumeinteilungen. Mit dem Unterscheidungspaar Moderni-

tät-Postmodernität trenne ich zwischen »Modernität« und »Postmodernität« als einem Zustand oder einer Situation, die jeweils
durch spezifische organisatorische und einstellungsbedingte Kriterien soziologischer, ökonomischer, kultureller und kognitiver
Art bestimmbar ist.

Diese Unterscheidungen umfassen nicht die vollständigen Bedeutungen der *Wörter* Moderne, Postmoderne, Modernismus,
Postmodernismus, Modernität und Postmodernität im Sprachgebrauch. Sie zwingen uns auch nicht zu einem solchen Gebrauch,
obwohl sie bisweilen zum besseren Verständnis hilfreich sein
mögen. So hat etwa die *thematische* Verwendung des Wortes
»Moderne« auf gewissen charakteristischen Phänomenen beruht,
die sich auf die Einteilung von Zeiträumen bezogen; oder der
Gebrauch des Wortes »Modernismus« stand in Zusammenhang
mit Überlegungen islamischer politischer Theoretiker, die ihre
Länder auf die Stufe der Modernität bringen wollten.

Diese Unterscheidungen dienen auch nicht einer vorschnellen
Verurteilung der verschiedenen *Theorien* über das Wesen der
Moderne, des Modernismus und der Postmodernität.[1] Sie schließen zum Beispiel nicht die Theorie aus, daß die Postmoderne eine
Stufe der Modernen, der Postmodernismus eine Stufe des Modernismus und Postmodernität eine Stufe der Modernität ist, vorausgesetzt, all diese Stufen sind deutlich charakterisiert. Weiterhin
werden durch sie weder Überlegungen zur Modernen, des Modernismus und der Modernität, die sich auf Rationalisierungs-
und Modernisierungsbewegungen beziehen, noch substantiell
unterschiedliche Interpretationen der Moderne, des Modernismus und der Modernität ausgeschlossen. Im besonderen grenzen
sie weder das einflußreiche deutsche sozialphilosophische Konzept der Moderne aus noch die weitgehend akzeptierte französische Verwendung des Begriffs ›modernité‹ im Sinne einer Bestimmung der kulturellen Perspektive, obwohl sie deren Präzisierung
erfordern.

Diese Unterscheidungen sind nicht unanfechtbar, obwohl sie
den angelsächsischen Lesern vertrauter sind als den europäischen.
Sie sind begründet in unterschiedlichen Zuweisungen des historischen Materials, die die Forschung zu berücksichtigen hat. Daher
müssen solche Differenzierungen, denen unsere Unterscheidungen Rechnung tragen, berücksichtigt werden, auch dann, wenn
man die Benennungen verschieben oder neue einführen möchte,

entsprechend den ungleichzeitigen Entwicklungen.

Ein Beispiel veranschaulicht dies: 1697 war ein wichtiges Jahr in der Geschichte des modernen Rußland. Es war das Jahr, in dem Peter der Große inkognito seine entscheidende Erkundungsreise in den Westen unternahm. Die Situation oder der Zustand Rußlands im Jahre 1697 zeichnete sich aber weder nach soziologischen noch nach ökonomischen, kulturellen oder kognitiven Kriterien durch Modernität aus. Zwar gab es Elemente der Modernität, aber nur sehr wenige. Mit Sicherheit gab es keinen Modernismus im Rußland von 1697, wie er sich durch Kodes, Stileigenarten und Phasen charakterisieren läßt. Noch 1914 blieb Modernität in Rußland auf gewisse Städte, Landesteile oder soziale Schichten beschränkt. Zwar gab es 1914 in Sankt Petersburg und Moskau Modernisten, aber die Mehrzahl russischer Schriftsteller bestand damals ebensowenig aus Modernisten wie heute. Der radikalste Modernismus entstand in Ländern, die den Zustand der Modernität nur zum Teil und recht spät erlangt hatten.

Ein Großteil der gegenwärtigen Literatur verwischt jedoch diese Unterschiede. Als Folge werden die jeweiligen Probleme historischer Epochalisierung, der Klassifikation kapitalistischer Kulturtendenzen, der Interpretation unserer gegenwärtigen Lage sowie der Entscheidung, welche Haltung ihr gegenüber angemessen ist, miteinander vermengt. Man verwendet flache und stark verallgemeinernde Totalisierungen, die substantielle Probleme divergierender und asynchroner Entwicklungen verdecken, spezifische zusammentreffende Umstände und bereichsvariable Periodisierungen ausschließen und ein historisch exaktes Verständnis verhindern.

Solche Verwirrungen finden sich nicht selten in der Literatur über die Künste, obwohl es heute zumindest im englischsprachigen Bereich starke Bestrebungen gibt, einige davon zu beseitigen: zum Beispiel angesichts der sich selbst erhaltenden Diskussionen über den Postmodernismus, die in den sechziger und siebziger Jahren in den Vereinigten Staaten blühten, sah man allmählich ein – von der Architektur teilweise abgesehen –, daß viele der »postmodernistisch« genannten Entwicklungen korrekter als »späte«, »hohe«, »manieristische« oder als andere Subkategorie des Modernistischen bezeichnet werden müssen. Solche Aufräumaktionen haben den Topos des »Postmodernismus« nicht gänzlich begraben. Im Gegenteil, der Wille zum Postmodernismus beherrscht die zahlreichen falschen Kennzeichnungen; »Postmodernismus« als Topos überlebt aufgrund des Bedürfnisses, eine Antwort auf das Neue unserer gegenwärtigen Situation zu finden und eine kritische Distanz einzunehmen gegenüber unserer noch kaum überwundenen kulturellen Vergangenheit, und zwar eher gegenüber einem schal gewordenen Modernismus als gegenüber seinen herausragenden Errungenschaften.

Hier zeigen sich Parallelen zu der immer noch im Anfangsstadium befindlichen und verworrenen Situation der Philosophie.

Es war wohl keine Überraschung, daß das Thema der »Postmoderne« in der Philosophie auftauchen und oft von modischen Posen, polemischen Exzessen und taktischen Übertreibungen begleitet sein sollte. Die aktuelle internationale Debatte um die Frage einer postmodernen Philosophie wiederholt großenteils die terminologischen Verschmelzungen und Verwirrungen, die für die Diskussion der Postmodernen allgemein kennzeichnend sind. Sie folgt auf parteiische Weise sprachspezifischen und politischen Grundsätzen. Eurozentrisch und provinziell in nationale Kulturen eingebunden, neigt sie zu Phrasen, zu ungenauen Bezeichnungen und zu schlecht durchdachten historischen Verknüpfungen. Es wäre utopisch zu erwarten, daß solche Mängel über Nacht verschwinden. Denn sie haben mit Positions- und politischen Kämpfen über die Charakterisierung der gegenwärtigen Epoche und ihre Möglichkeiten zu tun. Dennoch läßt sich Ordnung in die gegenwärtige Diskussion dadurch bringen, daß man einfache, aber wichtige Unterscheidungen macht. Die geläufige Praxis, den Terminus »postmoderne Philosophie« unklar, verschwommen und synthetisch zu benutzen, muß aufgegeben werden. Wir sollten aufhören, die »Postmoderne«, den »Postmodernismus« und die »Postmodernität« miteinander zu verquicken. Statt dessen benötigen wir Unterscheidungen zwischen

1. einem Postmodernismus in der Philosophie;
2. einer Philosophie, die die Moderne kritisiert und überschreitet;
3. einer Philosophie, die den Modernismus kritisiert;
4. einer Philosophie, die die Modernität kritisiert, und
5. einer Philosophie, die unsere gegenwärtige Situation im Lichte der Postmodernität zu interpretieren versucht.[2]

Aus diesen Unterscheidungen ergeben sich folgende Klarstellungen:

1. Für den Postmodernismus in der Philosophie eintretende Philosophen müssen nicht die Moderne oder den Modernismus oder die Modernität kritisieren oder unsere gegenwärtige Situation im Lichte der Postmodernität interpretieren wollen;

2. der Modernen kritisch gegenüberstehende Philosophen müssen nicht für einen Postmodernismus in der Philosophie eintreten, den Modernismus oder die Modernität kritisieren oder an Postmodernität interessiert sein;

3. dem Modernismus kritisch gegenüberstehende Philosophen müssen nicht für den Postmodernismus in der Philosophie eintreten, müssen nicht die Moderne oder die Modernität kritisieren oder an Postmodernität interessiert sein;

4. der Modernität kritisch gegenüberstehende Philosophen müssen nicht am Postmodernismus in der Philosophie interessiert sein, die Moderne oder den Modernismus kritisieren oder an Postmodernität interessiert sein;

5. Philosophen, die unsere gegenwärtige Situation im Licht der Postmodernität zu interpretieren versuchen, müssen für diese Postmodernität nicht selbst eintreten, sie müssen auch nicht am Postmodernismus in der Philosophie interessiert sein oder die Moderne oder den Modernismus kritisieren.

Diese Klarstellungen haben wesentliche Konsequenzen: Sie entledigen sich der meisten Interpretationen postmoderner Philosophie, die von phänomenologischen oder impressionistischen Wirkungen abhängen, von Wirkungen, die als *Gestaltstrukturen* dessen aufgebaut sind, was sich bei näherem Hinsehen als klare Stellungnahmen zu klaren Themen herausstellt. Sie vermeiden die zur Zeit vorherrschenden falschen Kennzeichnungen ebenso, wie strenge Differenzierungen in der Kulturgeschichte einzelner Künste viele gegenwärtige Kennzeichnungen ihrer Entwicklung als Postmodernismus meiden.

Trotz der Häufigkeit und Verbreitung der gegenteiligen Ansicht muß weder der Postmodernismus in der Philosophie noch eine Philosophie, die die Moderne kritisiert und zu überschreiten versucht oder die den Modernismus kritisiert, noch eine Philosophie, die die Modernität kritisiert, oder jene, die unsere gegenwärtige Situation in Begriffen der Postmodernität interpretiert, zu einer postmodernen Philosophie *im thematischen Sinne* führen. Denn moderne Philosophen haben den Postmodernismus in der Philosophie angestrebt, ohne deswegen zu postmodernen

Philosophen zu werden; sie haben eine Philosophie geschaffen, die die Moderne kritisiert und über sie hinauszugehen versucht, die den Modernismus kritisiert (zum Beispiel Lukács und die zeitgenössische sowjetische Philosophie); ebenso wie die Modernität (wie der größte Teil traditionalistischer katholischer Philosophie). Genauso kann auch eine moderne Philosophie existieren, die unsere gegenwärtige Situation in Begriffen der Postmodernität interpretiert.

Auf ähnliche Weise muß weder der Postmodernismus in der Philosophie noch eine Philosophie, die die Moderne kritisiert und zu überschreiten versucht oder die den Modernismus kritisiert, noch eine Philosophie, die die Modernität kritisiert, noch jene, die unsere gegenwärtige Situation in Begriffen der Postmodernität zu interpretieren versucht, zu einer postmodernen Philosophie *im epochalisierenden Sinn* führen. Denn sie alle könnten in der modernen Epoche auftreten. Dies wird deutlich, sobald wir eine Unterscheidung einführen zwischen postmoderner Philosophie im thematischen Sinne und post-moderner Philosophie im Sinne einer Philosophie der post-modernen Epoche. Eine solche post-moderne Epoche mag niemals kommen, oder, wenn sie kommt, einen eigenen Namen erhalten. Angenommen sie kommt, dann werden alle zu diesem Zeitpunkt lebenden Philosophen post-moderne Philosophen sein, welche Haltung sie auch immer gegenüber der Postmodernen, dem Postmodernismus und der Postmodernität einnehmen, sofern sie überhaupt eine einnehmen. Natürlich ist die Behauptung, daß eine solche Epoche bereits da oder im Kommen sei, ebensosehr einer der Streitpunkte, die im Kontext postmoderner Philosophie bisweilen diskutiert werden, wie die Frage, ob wir den Begriff »Postmoderne« für eine solche Epoche benutzen sollten. Diese Themenstellungen an sich reichen aber wohl kaum aus, eine solche Änderung der Epochalisierung zu bewirken; Philosophen, die von einer solchen Position ausgehen, dürften in der zukünftigen Philosophiegeschichte als *moderne Philosophen* eingestuft werden, selbst wenn sie vielleicht am Ende der modernen Epoche lebten.

Auch in diesem Punkt wird ein Großteil der gegenwärtigen internationalen Diskussion zur Frage postmoderner Philosophie durch die Unfähigkeit beeinträchtigt, diese Unterscheidungen zu beachten.

Naheliegend wäre die Lösung, postmoderne Philosophie im thematischen Sinne als eine Philosophie zu charakterisieren, die die Hauptrichtungen moderner Philosophie kritisiert und zu überschreiten versucht, unabhängig von ihrer Haltung zur Modernen, zum Modernismus und zur Modernität. Solche Philosophie könnte die Moderne, den Modernismus oder die Modernität kritisieren, sie aber ebensogut bejahen und auch einfach behaupten, daß methodologische Entwicklungen in der Philosophie oder Veränderungen in der Welt oder beide die moderne Philosophie zunehmend ungeeignet oder obsolet werden ließen. Eine solche Charakterisierung ist eher geeignet, aber immer noch nicht exakt genug. Denn moderne Philosophie meint eine bis ins Jetzt reichende, und viele moderne Philosophen haben die Hauptrichtungen moderner Philosophie bis in ihre Zeit hinein oder in ihrer eigenen Zeit kritisiert und versucht, sie zu überschreiten.

Ganz ähnlich beinhaltet die Wendung »die Hauptrichtungen moderner Philosophie« Verschiedenes zu verschiedenen Zeiten; sie impliziert darüber hinaus eine homologisierende Interpretation der sehr unterschiedlichen Richtungen, die zu verschiedenen Zeiten innerhalb dessen vorgeherrscht haben, was wir heute für moderne Philosophie halten. In der gegenwärtigen internationalen Diskussion zur postmodernen Philosophie besteht die Tendenz, die Hauptrichtungen moderner Philosophie mit Cartesianischen oder Kantischen Begrifflichkeiten, bisweilen mit der einen, bisweilen mit der anderen oder mit beiden, zu charakterisieren. Demnach wird oft vorgeschlagen, daß eine Philosophie, die eines dieser Systeme oder beide kritisiert oder zu überschreiten versucht, als postmoderne Philosophie gekennzeichnet werden solle. Auch dies ist jedoch zu ungenau. Denn alle Philosophen, seien sie beeinflußt von Hegel oder Marx, von Nietzsche oder vom Historismus, von der Theorie gesellschaftlicher Immanenz oder vom Pragmatismus, vom Naturalismus, vom Positivismus oder von einigen Spielarten der hermeneutischen Phänomenologie, könnten diese Systeme kritisieren und sie zu überschreiten versuchen. Mit anderen Worten, eine solche Beschreibung erlaubt zu vielen modernen Philosophen, postmoderne Philosophen zu werden. Sie stellt »Hauptrichtungen« der modernen Philosophie fest und identifiziert danach die Versuche großer Teile der modernen Philosophie, über diese Richtungen hinauszugehen, als postmoderne Philosophie. Schließlich könnte es diese Richtungen kriti-

sierende und ihre Überschreitung anstrebende Philosophen geben, die sie *durch andere Richtungen der modernen Philosophie*
ersetzen wollen. Aber auch dies führt kaum zu postmoderner
Philosophie.

Ich komme zu dem Schluß, daß postmoderne Philosophie nur
im thematischen Sinn strengere als die gegenwärtig vorgeschlage-
nen Kriterien erfordert. Eine Zusammenstellung solcher Kriterien könnte wie folgt aussehen:

1. Es handelt sich um eine Bewegung über die moderne, antike
und mittelalterliche Philosophie hinaus, die auf diese Weise sowohl historische Wiederbelebungen ausschließt als auch um eine
Philosophie, die für einzelne Bestandteile der modernen Philosophie optiert.

2. Es besteht die Intention, zeitlich an die moderne Philosophie
anzuschließen.

3. Es besteht eine spezifische Haltung gegenüber gegenwärtigen
und zukünftigen historischen und kulturellen Zeiträumen, eine
Haltung, die nicht oder zumindest nicht in denselben Formen in
der antiken, mittelalterlichen oder modernen Philosophie zu
finden ist.

4. Es wird behauptet, daß fachspezifische Veränderungen in der
Philosophie oder Veränderungen in der Welt oder beide die
moderne Philosophie aller Schattierungen zum Teil inadäquat
oder obsolet werden lassen und daß jetzt zumindest einige im
wesentlichen neue theoretische und praktische Reaktionen erforderlich werden.

5. Solche Reaktionen werden bereitgestellt.

Es mag sein, daß Kriterien dieser Art zu streng sind. Die
Kriterien 3., 4. und 5. sind möglicherweise nicht zu erfüllen, ohne
in einen voluntaristischen Pseudoradikalismus zu verfallen. Sie
spitzen jedoch die Fragestellungen zu und zeigen auf, in welche
Richtung die Argumentation, wenn nicht sogar deren Ausgang,
gehen muß.

Die Ausführungen dieses Abschnitts implizieren, daß ein Großteil der gegenwärtigen Diskussion postmoderner Philosophie im
französischen, italienischen und englischen Sprachraum logisch
unzusammenhängend ist. Insbesondere sind Zweifel an der zumindest im englischen Sprachraum immer häufiger auftretenden
Behauptung angebracht, Barthes, Derrida, Foucault, Deleuze und
die anderen einst modischen Franzosen als postmoderne Philoso-

phen zu bezeichnen, zumindest nach den gegenwärtig vorge-
schlagenen Kriterien; ebenso an der in den Vereinigten Staaten
beliebten Auffassung, daß gegenwärtig ein größerer Umbruch im
zeitgenössischen Denken von der modernen Philosophie zur
postmodernen Philosophie geschehe, der als Anti-Grundlagen-
denken, Pluralismus, Sozialimmanenz und Historismus begriffen
wird. Natürlich gehören solche Überbetonungen und Übertreibungen zum Wesen der Kulturinterpretation. Das Problem stellt
sich, sobald Philosophen durch solche Begrifflichkeiten ihr eigenes Werk mißverstehen und positive Entwicklungen durch ha-
stige, überstürzte und entsprechend kurzlebige Radikalismen ge-
trübt werden.

II

In jüngster Zeit hat die Frage postmoderner Philosophie in den
Vereinigten Staaten Aufmerksamkeit erregt. Man hat postmoderne amerikanische Philosophie in den Werken von Richard
Rorty, Hilary Putnam, Nelson Goodman und in mancher Hinsicht auch bei Wilfred Sellars und Quine entdeckt.[3] Zumindest
einige amerikanische Philosophen haben die Frage aufgegriffen,
was postmoderne Philosophie oder – und das ist etwas ganz
anderes – der Postmodernismus in der Philosophie sein könnte
und ob sie selber postmoderne Philosophen seien. Diese Entwicklung verdankt sich zum einen der Aufmerksamkeit, die den
französischen und deutschen Debatten gewidmet wurden, und
zum anderen einem wohlwollenden Interesse an aktuellen künstlerischen Entwicklungen.

Dennoch sind in der amerikanischen Diskussion die Sachverhalte bisher weitgehend ungeklärt. Es herrscht eine beständige
Verwirrung zwischen »der Postmodernen«, »dem Postmodernismus« und »der Postmodernität«, ebenso wie eine Spaltung zwischen jenen, die behaupten, die postmoderne Philosophie sei
schon da, ja existiere schon seit Jahrzehnten in Amerika, und
jenen, die lediglich behaupten, daß die Erkenntnisse einer bestimmten amerikanischen Philosophie den Weg für »die postmoderne philosophische Unternehmung« ebne, die als ein noch zu
erlangender »Postmodernismus« in der Philosophie begriffen
wird. Ähnlich den Diskussionen in anderen nationalen Kulturen,

werden die Bedingungen für einen rationalen Diskurs nicht immer befolgt. Die Sprache der alltäglichen Debatten wird für eine ausreichende terminologische Basis der Analyse gehalten. – Den amerikanischen Hegelianismus von Sellars und den Neopositivismus von Quine lasse ich bei den nachfolgenden Erörterungen außer acht. Auch beziehe ich mich nicht direkt auf die sehr originelle und meiner Ansicht nach wichtige Arbeit von Professor Nelson Goodman, die sich einer wieder aufkommenden klassischen Option in der Philosophie anschließt: dem radikalen Pluralismus. Statt dessen konzentriere ich mich auf Richard Rorty und Hilary Putnam, deren Konvertitenstatus ihre Arbeit in den Mittelpunkt der aktuellen Diskussion gerückt hat. Wenn eine Reformation in der Luft liegt, dann deshalb, weil zwei Kardinäle der strengen analytischen Philosophie aus der Kirche ausgetreten zu sein scheinen.

Richard Rortys Ruf als analytischer Philosoph beruht hauptsächlich auf einer Anzahl scharfzüngiger Aufsätze, auf seiner Fähigkeit, Sachverhalte durch messerscharfe Schlüsse zu dramatisieren, auf seiner metaphilosophisch anspruchsvollen Einführung zu *The Linguistic Turn* und auf seiner Befürwortung eines eliminativen Materialismus. Sein Status als analytischer Philosoph ist heute aber mehr oder weniger im Schwinden begriffen, denn er behauptet bereits seit einigen Jahren, daß die analytische Philosophie sich nunmehr ent-transzendentalisiere und daß sie die Inkohärenz ihres Grundprogramms fest etabliert habe.[4] Hier liefert Rorty eine radikale Lesart des Werkes führender analytischer Philosophen, die sich auf Quines Ablehnung der Unterscheidung zwischen dem Analytischen und dem Synthetischen, auf Sellars' Kritik des Mythos des Gegebenen, auf Wittgensteins Angriff auf die Privatseelen und Privatsprachen und auf Davidsons Ablehnung der Unterscheidung von Schema und Inhalt konzentriert. Seine Schlußfolgerung, die analytische Philosophie sollte nunmehr angesichts eines gewissen Grades der Vollendung »untergehen«, steht und fällt mit der Frage, ob die Sichtweise der zitierten Philosophen korrekt interpretiert und deren Argumentation überhaupt stimmig ist. Beides ist höchst fraglich.

Rorty formuliert darüber hinaus eine Reihe von Thesen über die Notwendigkeit, das Selbstbild der Philosophie zu verändern.[5] Erstens soll die Philosophie von ihrem theologischen Bodensatz befreit werden, was den Versuch einschließt, philosophische Fragen an die Stelle theologischer zu setzen: sie soll restlos säkularisiert werden. Nach Rorty kann Philosophie keine Ersatztheologie sein: sie kann die grundsätzlichen Fragen der Menschheit nicht beantworten. Sie kann auch nicht Mittelpunkt der Disziplinen sein, die Königin der Wissenschaften, ebensowenig, wie die Theologie dies war. Zweitens soll Philosophie ihre fundamentalen und juridischen Ansprüche fallenlassen; sie soll aufhören, sich anzumaßen, die restliche Kultur mit letzten Grundannahmen oder Rechtfertigungen versorgen zu können oder als Tribunal zu fungieren, das kompetent sei, deren Wissensansprüche zu beurteilen und auszuwerten. Es handelt sich hier um eine These über den organisatorischen Status der Philosophie. Rorty behandelt dieses Thema auf irreführende Weise im Sinne des Schicksals einer um die Erkenntnistheorie kreisenden Philosophie, als läge der entscheidende Punkt im Niedergang der Cartesianischen Metapher vom Geist als dem Spiegel der Natur. Drittens soll Philosophie den Anspruch aufgeben, sie könne jemals eine Wissenschaft werden, zumindest im strikten angelsächsischen Sinn. Hier argumentiert Rorty gegen den amerikanischen und australischen Szientismus, für den Philosophie »ein Teil der Wissenschaft« ist. Viertens ist für ihn die Zeit gekommen, Philosophie als quasi-platonische Unternehmung aufzugeben. Die Auffassung von Philosophie als gegenweltlicher Weisheit, als Mittel, der Zeit zu entfliehen und Ziele jenseits des irdischen Lebens zu erreichen, als Beschäftigung mit Wirklichkeit, Wahrheit, Menschlichkeit und Wissen im Sinne von Wesenheiten, ist vergeblich. Dieser Anspruch, den Rorty mit Wittgenstein, Heidegger und Derrida assoziiert, führt dazu, daß den transzendentalen Ansprüchen traditioneller Philosophie radikal der Nimbus genommen wird: Dies ist nicht auf die moderne Philosophie begrenzt. Daraus wird die Forderung abgeleitet, daß Philosophie sich fortan im immanenten, finiten und historistischen Rahmen bewegen soll.

In Übereinstimmung mit diesen Ansprüchen bietet Rorty eine Apologie des radikalen Pragmatismus an: einer Philosophie ohne transzendentale Ambitionen, die den Pragmatismus von James und Dewey auf den neuesten Stand bringt. Dieser Pragmatismus versucht, sozial völlig immanent zu bleiben. Er hält die Großprojekte der Philosophiegeschichte einschließlich der Projekte von Descartes und Kant für weitgehend illusorisch. Wir haben keinen Zutritt zu einem transhistorischen objektiven System. Statt dessen müssen Wahrheit, Rationalität, Wissen, Wissenschaft usw. allesamt in dialogischen, konversationalen, intrahistorischen, sozialimmanenten Begrifflichkeiten verstanden werden. Wir »schwindeln uns nur so durch« und verbessern erst allmählich unsere »Sprachregister«. Solch radikaler Pragmatismus kann das Verlangen nach Klarheit, auf der seine Kritiker bestehen, nicht erfüllen und auch keine kohärenten Lösungen für die Probleme liefern, die er aufwirft.

Rortys Werk setzt sich hier dem Vorwurf aus, er entziehe der Philosophie die Existenzgrundlage. Dies ist nicht ganz korrekt. Nach Rorty bleibt die Philosophie bestehen, versteht sich aber jetzt als zusammenhängend mit der restlichen Kultur. Sobald eine engere Spezifizierung notwendig wird – zum Beispiel in bezug auf die Pädagogik –, stellt sich die Philosophie als ein Fach wie Englisch dar: als Fach, das um einen Kanon klassischer Texte und das Erlernen bestimmter Fertigkeiten organisiert ist. Weit entfernt davon, überflüssig zu sein, sollen Philosophen sich weiterhin mit einer Mixtur aus Wiener-Kreis-Spleen und Wittgensteinscher Therapie beschäftigen: Sie sollen Pseudofragen bloßstellen und zeigen, daß eine Reihe von Problemen, an denen eine Vielzahl von Menschen arbeitet, überhaupt keine Probleme sind. Sie sollen überkommene Sprachregister und Praktiken bloßstellen und adäquatere vorschlagen. Sie sollen überblicken und kritisieren, wohin »die Kultur« sich zu bewegen scheint. Philosophie wird zur »Kulturbetreuung«: sie überprüft das, was »philosophisch« genannte Ideen zur Kultur beitragen. Die Schwierigkeit besteht nur in der Frage, warum, abgesehen von zeitweiligen institutionellen Erwägungen, gerade *Philosophen* auserwählt sein sollten, diese Aufgaben zu übernehmen, und wie Rorty zu der Einschätzung kommt, daß sie dafür kompetent seien.

Ein ernsterer Einwand gegen Rorty lautet, daß er sich nicht entscheiden kann, ob Philosophie überhaupt noch möglich ist oder ob wir zum Begriff der Post-Philosophie übergehen müssen. Rorty verschleiert diese Ambiguität, indem er um eine Philosophie ringt, die keine Philosophie im quasi-platonischen Sinn sein, sondern diese bis zu dem Punkt aufweichen soll, an dem es keinen klaren Unterschied mehr gibt zwischen der Arbeit von Philosophen, Literaturkritikern, Soziologen und politischen Theoretikern. Im Sinne von Heidegger und bisweilen auch Foucault nimmt Rorty die Debatten über das Ende der Philosophie ernst. Er stellt fest, in wie vielen Zusammenhängen Philosophie sich als fehl am Platz erwiesen hat, und fragt sich, ob die Zeit gekommen ist, Ansprüche auf Philosophie im Gegensatz zu einer lediglich kritisch engagierten hohen Kultur gänzlich aufzugeben.

Was hat all das nun mit postmoderner Philosophie zu tun? Rorty behauptet, daß es etwas mit *Postmodernismus* zu tun habe. Dies ist angesichts der Tatsache interessant, daß er noch vor wenigen Jahren *dieselbe Position* mit dem Versuch verknüpfte, Philosophie auf die Höhe des Modernismus zu bringen.[7] Nach der Lektüre Lyotards hat er jedoch seine Terminologie erneuert. Lyotard folgend, verbindet er mit dem Postmodernismus *ein Mißtrauen gegen Meta-Narration*. Auf diese Weise wird sein radikaler Pragmatismus zum Postmodernismus und John Dewey zu einem »Postmodernisten vor seiner Zeit«.[8] Das aber ist um so erstaunlicher, weil Lyotard dieses Mißtrauen mit der *condition postmoderne* identifiziert und nicht mit Postmodernismus, den er anders erläutert.

Rortys »Postmodernismus« kehrt zu einem zweckdienlich gemäßigten Pragmatismus zurück und mündet in der Befürwortung eines reformistischen Liberalismus. Er macht dabei gewisse Anleihen beim gegenwärtigen französischen Modernismus in der Philosophie (hauptsächlich von Derrida) und verweist auf Heidegger und Wittgenstein, die er als über die philosophische Tradition des Westens hinausgehende Philosophen versteht. Dabei verläßt sich Rorty auf die Parallele zwischen seinem eigenen Ausschlußdenken, das den Versuch aufgibt, bestimmte Fragen zu beantworten, und Lyotards Bereitschaft, der Meta-Narration und der nicht-sprachspielspezifischen Legitimation Lebwohl zu sagen; er verläßt sich auf die Bewegung jenseits der Suche nach hypostasierten Garantien. Aber das reicht höchstens für die vergänglichen Zwecke eines hochstehenden Kulturjournalismus. Denn Rorty muß zeigen, daß es einen Postmodernismus *in der Philosophie* gibt, und nicht bloß, daß die Philosophie mit dem Postmodernismus verglichen oder als Postmodernismus stilisiert werden kann. Der Verzicht auf gewisse Fragestellungen macht Rortys *Philosophie* ebensowenig postmodernistisch wie die Philosophie von Occam und Nicholas of Autrecourt oder von Hume, Dewey, Wittgenstein oder Sellars. Rortys Philosophie hat Gemeinsamkeiten mit dem minimalistischen Strang im frühen Modernismus, der Wittgenstein beeinflußte. Solcher Minimalismus, kombiniert mit einem begrenzten soziokulturellen Aktivismus, Historismus und einer Sozialimmanenz, ist in Umrissen das, was Rorty intendiert, wenn er den Pragmatismus von James und Dewey (der für ihn richtige Ansatzpunkte von Nietzsche und Heidegger aufgreift und auch bei Derrida und Foucault zu finden ist) auf den neuesten Stand bringen will. Solchem Minimalismus dürfte die Kohärenz fehlen; er ist kaum identisch mit Pragmatismus. Rorty erklärt nicht, wie solcher Pragmatismus in der Lage sein soll, in Streitfällen zu klären, was »pragmatisch« ist, oder wie er dem Einwand begegnen will, daß Pragmatismus als philosophische Haltung selbst nicht pragmatisch sein kann.

Auch kulturelle Stilismen und metareflexive Hakenschläge helfen nicht weiter. Es gibt bereits philosophische Werke in englisch, deutsch, französisch, spanisch und italienisch, die Intertextualität, Gattungsvielfalt, Fragmente, Zitate, Märchen, Geschichten, Parabeln, Bilder, Science-Fiction, Zeit-, Raum- und Identitätsverschiebungen usw. verwenden. Doch solche Mittel machen die Philosophie in diesen Büchern noch nicht postmodernistisch. Bei Rorty bleiben die Stilismen, wenn auch brillant, dezent. Rortys Dramatismus, seine trockene Ironie und die Witzeleien zu dem Zweck, die Ansprüche derer zu unterlaufen, die sich zuviel vornehmen, sind *bestenfalls* modernistisch. Was Rortys Position eher absichert und daher nahelegt, daß sie etwas mit Postmodernismus zu tun habe, ist seine Rede vom »Enttranszendentalisieren« (vergleiche die enttranszendentalisierenden Tendenzen in einigen intramodernistischen Arten des Postmodernismus) und der von ihm erweckte Eindruck, daß wir nunmehr ohne Grundlagen, transzendentale Systeme oder in einigen Fällen und Gebieten, wo andere sie noch für angemessen halten, sogar ohne Argumente auskommen könnten.

Selbst dann aber, wenn wir, vielleicht vorschnell, akzeptieren, daß Rortys Philosophie intra-modernistische postmodernistische Züge hat, berechtigt es uns nicht zu sagen, daß er ein postmoderner Philosoph oder daß seine Philosophie eine postmoderne Philosophie sei.

Rorty ist auch nicht in irgendeinem Sinne anti-modern, besonders kritisch gegenüber der Modernität oder sehr interessiert an Prophezeiungsversuchen dahingehend, welche Formen die Postmodernität annehmen wird. Statt dessen folgt er Blumenbergs extrem bejahender Interpretation der Modernität, benutzt sie gegen Habermas' Begriff eines »Projekts der Moderne« und entledigt sich der »Postmodernitäten«, indem er behauptet, es sei gegenwärtig nur möglich, die verschiedenen Spielarten der Modernität gegeneinander auszuspielen.[9]

Rortys gegenwärtige Position führt auch nicht, wie bisweilen behauptet wird, zu einer Ablehnung moderner Philosophie, obwohl dies vielleicht diskussionswürdiger ist. Rorty versucht nicht, die von Descartes abgeleitete epistemologisch bestimmte Philosophie ebenso wie die Kantischen transzendentalen Systeme abzulehnen. Er behauptet allerdings, daß Philosophie seit Descartes eine Reihe falscher Wege gegangen sei, Aufgaben übernommen habe, die sie nicht erfüllen könne, und sich Projekten verpflichtet habe, die im Prinzip unmöglich seien. Sie habe sich mit »metaphysischen Rätseln« beschäftigt. Sie habe sich der logisch inkohärenten Metapher vom Geist als Spiegel der Natur verschrieben.[10] Das sind große Worte, die sich bei näherem Hinsehen als beträchtliche Übertreibung, Übergeneralisierung und schlechte oder einfach fehlende Geschichtstheorie erweisen. Die moderne Philosophie wird für Rorty das, was er für moderne Philosophie hielt; er unternimmt keine seriöse und detaillierte Untersuchung dessen, was die moderne Philosophie in all ihren Formen wirklich war. Rorty ignoriert den Formenreichtum moderner Philosophie, ihre vielen Traditionsbezüge zur antiken und mittelalterlichen Philosophie ebenso wie die Dauerhaftigkeit gewisser Probleme und Aporien in allen historischen Epochen. Sein wahrer Anspruch besteht darin, daß Probleme und Projekte, die viele moderne Philosophen bisher ernst genommen haben, heute aufgegeben werden sollten.

Dies aber bedeutet letztlich eher eine *Revision* von Teilen der modernen Philosophie als einen Bruch mit ihr. An den kritischen Punkten bricht Rorty nicht mit der britischen Sozial- und politischen Philosophie, nicht mit Hegel, Nietzsche, Heidegger und Wittgenstein, nicht mit dem amerikanischen Pragmatismus und mit nur wenigem in der modernen analytischen Philosophie. Darüber hinaus möchte er, soweit er von bestimmten Problemen und Projekten abrücken will, dies mit Teilen der modernen Philosophie tun, die er für unbelastet hält. Sein Radikalismus beinhaltet eine Rückkehr zu antirationalistischen oder poetischen Elementen in der modernen Philosophie, zu einem Humanismus der Renaissance, wie er von der modernen Philosophie interpretiert wurde, wobei er die Hermeneutik aufwertet. So zitiert Rorty für seinen Vorschlag, Philosophie solle fortan »das Gespräch der Menschheit«[11] fortsetzen, einen durch Oakeshott interpretierten Guazzo. Mit anderen Worten lehnt Rorty einige, zugegeben sehr wichtige, Orientierungen der modernen Philosophie zugunsten *anderer Orientierungen in der modernen Philosophie* ab.

Ist Rorty einmal fest in der modernen Philosophie angesiedelt, läßt sich auf den nagenden Zweifel zurückkommen, ob er wirklich Tendenzen aufweist, die etwas zu tun haben, wenn schon nicht mit Postmodernismus, so mit *dem Postmodernen* im spezifisch thematischen Sinn deutscher Sozialphilosophie: ob er ein Postmoderner ist, der den Berechtigungsnachweis und das Legitimationsbedürfnis an kritikwürdigen Punkten aufgibt und extrem abgeschwächte Rationalitätsnormen, einen Antihumanismus und irrationalistische oder zumindest konservative Politik vertritt. Unterstellt man für einen Moment, dies träfe zu, so führt das keineswegs zwingend zur Frage postmoderner Philosophie. Denn man kann ein Postmoderner in diesem sozialphilosophischen Sinn sein, ohne eine postmoderne Philosophie zu haben. In der Tat könnten solche Beschreibungen auf jemanden zutreffen, der überhaupt nicht in irgendeinem üblichen Sinn postmodern ist: auf Sorel und viele andere Irrationalisten etwa würde dies, zumindest teilweise, zutreffen.

Jedenfalls trifft auf Rorty eine solche Beschreibung nicht völlig zu. Denn Rorty ist seinen Kritikern oft näher, als es zunächst erscheint. Es steckt einige Wahrheit in dem Vorwurf, daß Rorty den Berechtigungsnachweis und das Legitimationsbedürfnis an kritikwürdigen Punkten aufgibt und extrem abgeschwächte Rationalitätsnormen vertritt. Selbst hier jedoch ist Vorsicht angebracht. Denn anders als die meisten Irrationalisten hat Rorty *Gründe*, den Berechtigungsnachweis und die Legitimation mancherorts aufzugeben. Wie Lyotard behauptet Rorty, daß kein universalistisches oder transzendentalphilosophisches System und vielleicht auch keine, wie immer geartete, Meta-Narrative möglich oder notwendig sei. Er stimmt Lyotard auch darin zu, daß Habermas' Theorie der kommunikativen Kompetenz eine Meta-Narrative ist, die niemand braucht: Habermas kratzt, wo es »nicht wirklich juckt«.[12] An dieser Stelle ist wichtig, den in Rortys Position versteckten Rationalismus nicht zu unterschätzen, seinen bewußten Gebrauch entlarvender Darstellungsweise zu würdigen, seine Brechtische Vorliebe für deflationäre, knappe Chicago-Ausdrücke nicht mit mangelndem philosophischem Scharfsinn zu verwechseln und zu erkennen, daß Rortys anspruchslose Form eines anspruchsvollen Intellektualismus ebenso kalkuliert ist wie die Vorliebe jedes deutschen Philosophen, im klassischen Griechenland herumzustöbern. Rorty streitet nicht gegen Rationalität. Er führt aus, daß Rationalität das Eingeständnis abverlangt, daß es keine zwingenden Argumente gibt, ein transzendentales System oder eine Meta-Narrative zu akzeptieren, und daß die Argumentation anderer Philosophen teilweise etwas voraussetzt, was erst noch entschieden werden muß.

Das soll nicht leugnen, daß Rorty eben doch zu weit in eine gemäßigt-antirationalistische Richtung geht. Wie Derrida hat Rorty offensichtlich nicht gründlich genug über die Vorbedingungen großer philosophischer oder anderer kultureller Schöpfungen nachgedacht. Sein Werk hängt parasitär an der analytischen Philosophie, deren Stellung er zerrütten möchte. Bei aller Kritik an der Überprofessionalisierung der analytischen Philosophie und ihrem wissenschaftlichen Selbstbild muß Rorty einräumen, daß solche Exzesse zu eben jenen Klärungen beitrugen, die ihm zufolge der analytischen Philosophie das Ende bescherten. Er selbst jedoch hat weder eine ebenbürtige methodologische Utopie noch produktiv wirkende Übertreibungen zu bieten. Statt dessen wendet er sich der Ausübung eines Stils zu, dem »Schreiben« in Derridas kulturell innovativem Sinn, der »dialektischen Tradition« eines Dewey und eines Santayana. Statt zu einem Bemühen »um Wahrheit und Objektivität« führt dies zu einem gesellschaftstheoretisch immanenten Standpunkt, einem konservativen Kollektivismus, für den Wahrheit zu einer Garantieerklärung wird, und einem erkenntnistheoretischen Behaviorismus, der Wissen und Rationalität durch das erklärt, was »unsere Gesellschaft« uns zu sagen erlaubt. Historismus manifestiert sich, und die Argumente verschwinden; Theorien werden nicht als falsch widerlegt, sie sind nur »überholt«.

All das ist eher unbefriedigend und macht Rorty nicht zu einem postmodernen Philosophen. Es entkräftet auch nicht den Vorwurf, daß Rorty der human, progressiv oder rational geleiteten Politik den Rücken kehrt. Rorty ist ein »bürgerlicher Liberaler«, der die nordamerikanischen Demokratien ohne jeden Kantischen Rückhalt zu verteidigen sucht.[13] Er schätzt und teilt Habermas'

Interesse an der diskursiven Rationalität und akzeptiert dessen herrschaftsfreie Kommunikation als Bestandteil liberaler Politik; er feiert »Solidarität«, deutet sie aber konservativ im Sinne einer Identifikation des Einzelnen mit seiner Gemeinschaft.[14] Dies hat sozialsolipsistische Konsequenzen. Rorty entwickelt keinen Standpunkt außerhalb der »nordamerikanischen Bourgeoisie«, zu der er gehört. Er sieht seine Aufgabe deshalb darin, die Deweysche Umdeutung der Philosophie als gesellschaftliche und kulturelle Reform (»die beim Konkreten bleibt«) gegen deren örtliche Begrenztheit zu verteidigen, »die Hoffnungen von Mill« innerhalb eines gemeinschaftsorientierten Systems wieder geltend zu machen und totalitäre und defätistische, anti-utopische Tendenzen im In- und Ausland anzuprangern. Eine solche Haltung macht es Rorty unmöglich, die restliche Welt anzusprechen, es sei denn, in jenem gemeinschaftsorientierten Sinn. Sie erschwert ihm auch die Entwicklung einer kohärenten politischen und Gesellschaftstheorie. Rorty lehnt die normative politische Theorie von Rawls und Nozick ab. Er übernimmt Sandels Kritik des deontologischen Konzeptes des moralischen Selbst und verteidigt Walzers Behauptung, daß eine Gesellschaft dann »gerecht« ist, wenn sie in ihrem substantiellen Leben dem Konsens ihrer Mitglieder verpflichtet ist.[15]

Diese Position ist konservativ und unterläuft utopische Entwürfe, sie verspielt damit theoretische Potentiale, die eine rationale politische Debatte ermöglichten. Ein solcher gesellschaftstheoretisch immanenter Standpunkt macht aber noch niemanden zu einem postmodernen Philosophen: es handelt sich vielmehr um die altbekannte Verkehrung der politischen Argumentation. Dasselbe gilt für Rortys antirationalistische Einstellung zur Ethik. Rorty konzediert, daß für ihn kein rationales theoretisches Studium der Ethik möglich ist, daß es, seinen Grundsätzen zufolge, keine moralischen Wahrheiten, keine allgemeinen moralischen Prinzipien, keine Menschenrechte gibt. Moral ist für Rorty nicht mehr als das Interesse eines historisch zustande gekommenen Gemeinwesens; moralische Rechtfertigung kann nur die Form von Konversation, historischen Erzählungen, Anekdoten, Vergleichen und Kontrastwirkungen annehmen.[16] Es gibt keine Möglichkeit, die Ansprüche verschiedener historischer Gemeinwesen in bezug auf tatsächlichen gesellschaftlichen Fortschritt zu beurteilen: Die Moral erschöpft sich in der Loyalität

und Solidarität gegenüber historischen Gemeinwesen wie gegenüber einzelnen Menschen.[17] Dies führt zu einem partikularisti-
schen Relativismus wie zum Historismus. Rorty streitet ab, daß
seine Position insgesamt relativistisch ist. Gleichzeitig zählt er
sich zu jenen, die in Berufung auf Nietzsche und Heidegger der
Meinung sind, daß die philosophische Tradition am Ende angelangt ist. Während er den intellektuellen Glanz der gegenwärtigen
Sprachphilosophie bewundert, erwartet er ein goldenes Zeitalter
des Hegelianischen Historismus.

Rorty ist aufgrund seiner antirationalistischen Position nicht in
der Lage, die offensichtlichsten Errungenschaften der Neuzeit,
den Erfolg des platonischen Mathematizismus gegen die Inkom-
mensurabilität der Genera und den Erfolg der Naturwissenschaften zu erklären. Er schwankt zwischen einer ironisch positivistischen Haltung (C-Fasern) und einem Skeptizismus gegen naturwissenschaftliche »Stories«; er reduziert die Galileische Wissenschaft auf das »machtvollste Vokabular«, über das wir verfügen,
und bescheinigt den Naturwissenschaften, sie hätten mannigfaltigen Einfluß auf »die Kultur« genommen. Im Gegensatz zum
platonischen Wissenschaftsverständnis behauptet er, daß es keine
grundsätzlichen Unterschiede gebe zwischen dem, was Politiker
und Wissenschaftler täten, und daß moderne Wissenschaft, so
»wie der Protestantismus«, die Erfindung einer bestimmten
Gruppe von Menschen sei.[18] Rorty kann natürlich ein ernst zu
nehmendes Moment für sich beanspruchen: die Notwendigkeit,
antirationalistische Darstellungen zu benutzen, um die platoni-
sierten zu entmythologisieren und »realistische« historische, gesellschaftliche und juristische Untersuchungen zu unterstützen.
Er sieht nicht, daß diese Unternehmungen selbst eine diskursive
Rationalität und protokollarische Auswertung erfordern, die die
Argumentation fundieren würde und weniger relativistisch wäre,
als er unterstellt. Statt dessen offeriert er uns stoische Gleichgül-
tigkeit gegenüber dem, »was getan werden *kann*«, und einen
Entwurf von Philosophie als ›Kulturtherapie‹.

Auch ist Rorty kein Antihumanist, selbst wenn er empfiehlt,
wir sollten fortan von Personen ohne Geist und Seele reden.[19]
Rorty vertritt letztlich einen zeitgenössischen Neo-Averroismus,
demzufolge es verschiedene Strategien in Gebieten der ›harten‹
und der ›weichen‹ Philosophie zu verfolgen gilt. Auf der ›harten‹
Ebene unterstellt er, daß menschliche Glaubensangelegenheiten

und Werte keine objektive Grundlage haben, und bemüht sich um eine minimalistische Interpretation der kompromißlosesten reduktionistisch-materialistischen Position, die verfügbar ist; daher seine Begeisterung für den eliminativen Materialismus und für Dennetts Funktionalismus. Wird jedoch ein auf einem voll entwickelten Materialismus gründender reduktionistischer Ansatz so begriffen, daß er *alles* unter einen einzigen geballten Wissensanspruch subsumiert, dann sollen uns die Philosophen helfen, poetischere Bilder unseres Selbst zu entwickeln: es geht darum, Herders Vorschlag zu antizipieren, daß das Leben jedes Individuums als Kunstwerk zu verstehen sei, und uns damit auseinanderzusetzen, wie wir uns selbst definieren und uns vorstellen zu sein.[20]

Die bisherigen Ausführungen erlauben mir den Schluß, daß Richard Rorty kein postmoderner, sondern ein moderner, der »Moderne« und der »Modernität« positiv gegenüberstehender Philosoph ist, der für sich zu Unrecht das Etikett »Postmodernismus« in Anspruch genommen hat. Kritiker mögen einwenden, daß ich Rortys selbst eingestandene elliptische Bemerkungen überinterpretiert habe: daß Rorty gar nicht behaupte, seine *Philosophie* sei Postmodernismus, sondern lediglich, daß seine gesellschaftstheoretischen und politischen Ansichten »postmodernistisch« seien. Selbst wenn man diese Einschränkung akzeptiert, zeigt sich, daß auch diese Positionen in inhaltlich strengem Sinne bei Rorty nicht »postmodernistisch« sind. Die Trennung zwischen seiner Philosophie und seinen gesellschaftspolitischen Orientierungen hilft uns nicht weiter. Ohne die stringente Argumentation gegen eine erkenntnistheoretisch begründete Philosophie, gegen transzendentale Systeme und Meta-Narrativen wird seine politische und gesellschaftstheoretische Position reformistisch-dialogisch oder aber inkohärent.

Der Fall Hilary Putnam ist in vergleichbarer Weise vieldeutig. Putnam zählte zum »harten Kern« der analytischen Philosophie und fiel durch hervorragende Leistungen in mathematischer Logik und ein erstklassiges Verständnis für Verfahrensprobleme in der mathematischen Physik auf. Bis vor kurzem war er ein führender zeitgenössischer Exponent des Realismus »harter« Prägung, der kausalen Referenztheorie und eines reduktionistischen Ansatzes im Rahmen der ›philosophy of mind‹, der Maschinen das Denken zugestand und Menschen für probabilistische Automaten hielt. Heute hat er jedoch diese Positionen aufgegeben.

Die Einschränkungen erfolgen zwar allmählich, aber sie häufen sich und sind überwältigend.[21] – Realismus ist als interner Realismus zu verstehen, und das Dasein ist intratheoretisch. Eine Korrespondenztheorie der Wahrheit ist nicht aufrechtzuerhalten, die Wahrheit ist das Wissenschaftliche und damit geistesabhängig, das, was für uns rational zu akzeptieren ist. Eher pragmatisch orientiert, ist Wahrheit idealisierte Rechtfertigung: das, was unter optimalen Bedingungen zu rechtfertigen wäre. Der Naturalismus scheitert, weil Intentionalität und das Wissenschaftliche unreduzierbar sind. Ähnlich ist Rationalität historisch bedingt: Es gibt keinen neutralen ahistorischen Begriff der Rationalität. Unsere Vorstellungen von Rationalität auf allen Ebenen beinhalten ihrerseits *Interpretation*; diese Interpretation läßt sich nicht auf eine lineare Beweisführung reduzieren und beinhaltet Imagination und Urteil. Die kausale Referenztheorie scheitert: Die Art, in der sich Sprache auf etwas bezieht, ist nicht durch natürliche Beziehungen zu unserer Umgebung fixiert. Physikalismus und Materialismus gehen fehl, wissenschaftlicher Utopismus ist aussichtslos. Wir können uns selbst nicht in derselben Weise erforschen, wie wir Wasserstoffatome untersuchen. Wenn wir freilich einmal erkannt haben, daß es unmöglich ist, den funktionalen Aufbau des menschlichen Wesens abzubilden, müssen wir daraus schließen, daß Menschen nicht wissenschaftlich zu untersuchen sind. Statt dessen benötigen wir eine nicht formalisierbare menschliche Sicht auf unser Selbst und unser Wissen von uns selbst. Die Sozialwissenschaften, für die Intuition und Empathie unabdingbar sind, sollen sich nicht länger naturwissenschaftlich fundieren und sich eher literarisch orientieren.

Wie Rorty will Putnam jetzt über die analytischen Philosophien, zumindest in ihren klassischen Formulierungen, hinausgehen. Das Selbstverständnis der analytischen Philosophie ist bisher unkritisch akzeptiert worden. Die analytische Philosophie ist mit ihrem Projekt am Ende angelangt[22], dem Versuch nämlich, das real Existierende von menschlichen Projektionen zu unterscheiden.

»Meiner, wie wohl auch Wittgensteins Meinung nach, ist dieses Projekt jetzt völlig ins Wanken geraten. Die analytische Philosophie hat in der Tat große Erfolge zu verzeichnen; aber diese Erfolge sind negativer Natur. Ebenso wie der logische Positivismus (der ja selbst nur ein Zweig der analytischen Philosophie ist) hat es die analytische Philosophie geschafft, eben dasjenige Problem zu zerstören, mit dem sie begann.«[23]

Quine, Sellars, Davidson und Goodman haben gezeigt, daß das Vorhaben der analytischen Philosophie inkohärent ist. Die Suche nach dem »wirklich Existierenden« oder nach der »wahren Welt« ist eine Illusion: der Blick in die Zukunft ist uns nicht vergönnt. Das nächste Stadium der Philosophie, so hofft Putnam, wird die Suche nach der wahren Einrichtung der Welt aufgeben. Wir müssen unsere anthropologischen, historischen, kulturellen und sozialen Grenzen akzeptieren.[24]

Worauf dies hinauslaufen soll, bleibt jedoch unklar. Ebenso wie Rorty stellt Putnam die Sache so dar, als würden bestimmte Projekte, die besonders weit in die Philosophiegeschichte zurückreichen, mit dem Schicksal der analytischen Philosophie stehen und fallen. Wie Rorty fordert er, Vertreter der analytischen Philosophie hätten erst eine Methode entwickeln müssen, mit deren Hilfe sie nachweisen könnten, daß bestimmte Lehren in der »Sackgasse« münden oder inkohärent sind, bevor sie sich einer weniger abgesicherten, weniger methodologisch strukturierten Philosophie zuwenden. Hier droht seine neue Liberalität genau jene Argumentation zu neutralisieren, aus der er diese Liberalität erst ableiten konnte. Auch hier befindet sich Putnam wie Rorty in einem kaum befriedigenden Übergangsstadium. Wie Rorty schwankt er zwischen dem methodischen Anspruch, eine nicht-formalisierte und humanere Konzeption der Philosophie zu entwerfen, und seinem Bestreben, einige Schritte in die postphilosophische Richtung zu gehen. Vorsichtig beschreibt er Philosophie als kulturgebundene Reflexion und Auseinandersetzung mit den Grundfragen. Vernunft ist sowohl etwas Transzendentes als auch Immanentes. Eine Theorie der Wahrheit ist möglich und untrennbar verbunden mit der kohärenten Darstellung unserer selbst und der Welt. Aussichtsreich wäre auch, wenn sich die Positionen von Peirce, Habermas, Dummett und die Ergebnisse der mathematischen Logik als integrationsfähig erwiesen.[25] Putnam bezieht sich außerdem auf den radikalen Pluralismus vieler Welten bei Nelson Goodman:

»Für solche traditionellen philosophischen Fragen wie die, ob materielle Objekte Bündelungen tatsächlicher oder möglicher Sinneseindrücke sind und ob Sinneseindrücke Gehirnzustände sind, gibt es keine einzig richtigen Antworten. Es gibt viele richtige Antworten oder keine.«[26]

Goodmans Pluralismus aber zwingt uns in die »richtige Kategorisierung« zurück, in Welten, die richtig oder falsch konstruiert
sind. Putnam ist sich offenbar nicht recht schlüssig darüber, was
der transzendentale Pluralismus impliziert.

Radikaler betrachtet, muß ihm zufolge die Ansicht aufgegeben
werden, daß Philosophie eine methodische Verfahrensweise sei,
die das Entdecken »begrifflicher Wahrheiten« erlaube. Statt dessen benötigen wir einen literarischen Stil der Philosophie; eine
Philosophie, die sich als eine der Geisteswissenschaften versteht,
die sich kulturellen Belangen mehr öffnet und ihrer eigenen
Eingebundenheit in »Traditionen« mehr Aufmerksamkeit
schenkt.

Putnam verficht nun auch »einen Postmodernismus« in der
Philosophie. Er gelangt zu dieser Haltung, indem er eine Verbindung zwischen analytischer Philosophie und kulturellem Modernismus ausmacht:

»Ich glaube, daß wir das ›analytische Philosophie‹ genannte Phänomen
am besten als Teil des breiteren Phänomens des Modernismus begreifen.
Was es mit dem Modernismus der 30er Jahre gemein hatte, war eine
extreme Ablehnung der Tradition, die für den Modernismus anfänglich
charakteristisch war.«[27]

Es gab einen wesentlichen und nicht zufälligen Zusammenhang
zwischen dem modernistischen Wiener Bedürfnis, mit dem Ornament zu brechen, also etwas Klareres, Einfacheres und Masku-
lineres zu schaffen, und der analytischen Philosophie. Tatsächlich
wurde die analytische Philosophie durch zwei verschiedene Arten
des Modernismus geformt: durch den optimistischen und den
quietistischen Modernismus, für die jeweils Carnap und Wittgenstein stehen.[28] Dies als richtig unterstellt, kann Putnam jedoch
nicht aufzeigen, was es bedeutet. Er setzt sich nicht mit der
Annahme auseinander, daß der Verfahrensapparat der analytischen Philosophie Zielen dienen sollte, die selber dem kulturellen
Modernismus entstammten. Ist aber einmal das Problem der
Kulturimmanenz der analytischen Philosophie aufgeworfen,
stellt sich die Frage nach dem Verhältnis der gegenwärtigen
analytischen Philosophie oder postanalytischen Philosophie zu
gegenwärtigen kulturellen Entwicklungen. Von daher gelangt
Putnam zu der Erkenntnis, daß der Modernismus nunmehr geal-

tert sei und dies wiederum Konsequenzen für die Philosophie haben könnte:

»In der Philosophie befinden wir uns, wie überall, am Anfang eines Post-Modernismus. Die volltönende Ablehnung alles ›Traditionellen‹ wirkt zunehmend ebenso vergeblich wie die große Hoffnung, daß wir in der Ablehnung von Tradition entweder eine große Zukunft für den Menschen (optimistischer Modernismus) oder eine letztendliche Anerkennung der Erhabenheit und des Schreckens des Lebens sehen könnten, eine letzte Unmittelbarkeit also, die uns der Szientismus und der Progressivismus genommen haben (quietistischer Modernismus).«[29]

Demzufolge sieht Putnam »einem Post-Modernismus« der Philosophie entgegen. Philosophie, so scheint es, soll ausharren.[30] Dieses Postulat ist allerdings unzureichend. Putnams Bemerkungen implizieren eine naive und unkritische Rekonstruktion der Beziehung zwischen Philosophie, Ökonomie, Gesellschaft und Kultur, so, als übernähme die Philosophie nur bestimmte kulturelle Zeitströmungen, als seien weder die Determinanten einzelner Formen der Philosophie noch deren politische, gesellschaftliche und kulturelle Funktionen zu diskutieren.

Putnam hat zur Zeit keine kohärente Vorstellung davon, welche Form »ein Post-Modernismus« in der Philosophie annehmen soll. Er erkennt, daß die Philosophie neue Wege beschreiten muß, aber seine Vorschläge dazu sind keineswegs neu. Er scheint anzunehmen, daß wir eine hermeneutischere Auffassung von Wissenschaft brauchen, daß wir den Szientismus und den platten Progressivismus der analytischen Philosophie fallenlassen müssen; daß wir aufgeben sollten, erkenntnistheoretische Überlegungen auf nicht-erkenntnistheoretische zu reduzieren; daß wir uns auf bestimmten Gebieten eine Philosophie des »weichen« Stils zu eigen machen und nunmehr eine humane Sichtweise unseres Eingebundenseins in Traditionen entwickeln sollten. Die Behauptung, eine in diesem Sinne begonnene »Rückkehr zum Gegebenen« laufe auf einen Durchbruch hinaus oder bilde »den Kern der postmodernen philosophischen Unternehmung«, wäre übertrieben.[31] Putnams eigene Position ist viel bescheidener: Ist einmal die Suche nach der wahren Einrichtung der Welt aufgegeben, verbindet die Philosophie fortan ihre Arbeit an bestimmten Verfahrensproblemen mit dem allgemeineren Bemühen um »die Kultur« und die Probleme des Alltags.

Dies bedeutet letztlich, daß gewisse humanistische, hermeneutische und immanent orientierte Strömungen der modernen Philosophie ins Schwarze treffen. Es handelt sich nicht um einen Postmodernismus der Philosophie, sondern um eine finitistische moderne Philosophie – was Putnam implizit einräumt, wenn er eine Konvergenz seiner gegenwärtigen Ansichten mit der (überwiegend deutschen) »kontinentalen« Philosophie feststellt. Wenn Putnam auf Philosophen verweist, die uns jetzt als Mentoren dienen können, denkt er an *moderne Philosophen* wie Husserl, Wittgenstein und Austin, die »sich mit dem Alltäglichen beschäftigt haben«.[32] Er bezieht sich kaum auf den kulturellen Postmodernismus und steht, jedenfalls bis heute, der Modernen oder der Modernität nicht angelegentlich kritisch gegenüber, obwohl er wie jeder andere vermerkt, daß gewisse Ansprüche, die der Tradition der Aufklärung folgen, zu hoch greifen und sich vielleicht als schädlich erwiesen haben, so vor allem die Fiktion, daß das einzig gültige Wissen das wissenschaftliche Wissen sei. Außerdem hegt er, wie alle anderen, gleichermaßen Bewunderung wie auch Kritik gegenüber dem Modernismus. Bei Putnam gibt es kein Äquivalent zu Rortys Lyotardischer Position oder zum eliminierenden Denken. Weit entfernt davon, bestimmte Fragestellungen aufzugeben, glaubt er, daß wir, sobald sie verstanden sind, auf traditionelle Antworten, allerdings in neuer Form, stoßen, beispielsweise die Entdeckung machen, daß wir tatsächlich ein autonomes Geistesleben haben.

Ich ziehe den Schluß, daß Putnam ein moderner Philosoph ist, der »die Moderne« und »die Modernität« bejaht und noch weitgehend unspezifische Veränderungen der modernen Philosophie ins Auge faßt, die aber in einem weiten kulturvergleichenden Sinne zu »einem Postmodernismus« in der Philosophie führen könnten. Er liefert keinerlei strenge Kriterien, um ›Modernismus in der Philosophie‹ vom ›Postmodernismus in der Philosophie‹ zu unterscheiden und schwankt zwischen einem intra-modernistischen Postmodernismus und einem Postmodernismus nach dem Modernismus. Es scheint so, als ob er das letztere im Blick hat, aber die Beispiele, die er anführt, beziehen sich eher auf das erstere. Wie auch immer, es liegen keine angemessenen Gründe dafür vor, Putnam als postmodernen Philosophen zu betrachten.

III

Die Betrachtung dieser beiden herausragenden amerikanischen Philosophen zeigt, daß in ihren Werken *keine postmoderne Philosophie zu finden ist*. Dieser Schluß wertet ihre Arbeiten nicht ab, sondern ist vielmehr der Versuch, deren Bedeutung exakter zu fassen. Beide, Rorty und Putnam, sind brillante und äußerst lehrreiche Philosophen. Ihr neu entdeckter Radikalismus impliziert mehr als eine Rückkehr zu Wittgenstein, zur Relativität und zum Holismus der zweiten Generation amerikanischer analytischer Philosophen: nämlich eine neue Bereitschaft, zuzugeben, *daß die analytische Philosophie metaphilosophischer Klärung bedarf*. Dies, und weniger Rortys und Putnams fragwürdige Abhängigkeit von Sellars und Quine, dürfte zu Veränderungen führen. Je mehr analytische Philosophen bereit sind, ihre metaphilosophischen Bezüge offenzulegen, für ihre philosophischen Positionen explizit einzutreten und das zu klären, was bestimmte Probleme zu »philosophischen« Problemen macht und durch welche »Methoden« solche aufgeworfenen Probleme gelöst werden können – desto mehr werden sie historische, kulturelle und gesellschaftliche Überlegungen zulassen und die Interdependenz von Philosophie und anderen Disziplinen anerkennen müssen. Darüber hinaus dürften sich durch solche Klärungsprozesse weitere Verfahrensprobleme eröffnen.

Die Tatsache, daß die analytische Philosophie sich bereits verändert, trägt zu der interessanten gegenwärtigen Situation bei, auf die Rorty und Putnam reagieren. Die gegenwärtige analytische Philosophie ist im Übergang befindlich und öffnet sich einem breiten Spektrum gesellschaftlicher und kultureller Probleme, bricht mit ihrer historischen Amnesie und entdeckt die Geschichte der Philosophie und die Geschichtlichkeit in der Philosophie wieder neu. Dies gilt ebensosehr für die britische und australische analytische Philosophie wie für die amerikanische. Es gibt eine neue Akzeptanz unseres gesellschaftlichen, kulturellen und anthropologischen Eingebundenseins und eine neue Sensibilität für das Relative einschließlich des semantisch Relativen. Zu behaupten, die analytische Philosophie sei am Ende, ist völlig unbegründet. Die analytische Philosophie entfaltet sukzessive ihre Stärke, ganz besonders in der Forderung nach präzisen und ausführlichen Argumentationen, die überall, selbst in bestimmten

Kreisen Frankreichs, zunehmend akzeptiert, wenn auch zwangsläufig nicht immer respektiert wird. Es besteht jedoch Unsicherheit über die besondere Form, die die zukünftige analytische
Philosophie annehmen wird.

Rorty und Putnam lenken die Aufmerksamkeit auf methodologische Entwicklungen in der Philosophie der Gegenwart, die
langfristig über die moderne Philosophie hinausführen könnten:
zu einer Philosophie, die im Falle Rortys nicht länger erkenntnistheoretisch fundiert und im Falle Putnams radikal pluralistisch
und projektivistisch wäre. Keine dieser Entwicklungen läßt sich
mit Sicherheit voraussehen, zum Teil deshalb, weil die analytische
Philosophie auch ganz andere Wege beschreiten könnte. Erkenntnistheorie als Projekt ist immer noch lebendig, selbst wenn
immer mehr Philosophen im erkenntnistheoretischen Eifer nach-
lassen und argumentieren, daß das Problem des Wissens in vielen
Gebieten der Philosophie nicht fundamental bedeutsam sei. Der
Pluralismus ist eine umstrittene und, wie das Werk Goodmans
zeigt, zweischneidige Angelegenheit. Er impliziert das Gegenteil
dessen, was seine großzügigeren Repräsentanten ihm einräumen.
Rortys und Putnams Beitrag besteht darin, unseren Blick dahingehend zu schärfen, daß die moderne Philosophie größtenteils die
zentralen Themen unter dem Einfluß der Erkenntnistheorie in
der Tat schlecht behandelt hat (Rorty) und daß wir das Problem
des menschlichen Projektionsdenkens nicht einmal ansatzweise
verstehen (Putnam). Dennoch könnte der Schluß übereilt sein,
die Philosophie gehe jetzt in ein postempiristisches, postrealisti-
sches, postpositivistisches, postobjektivistisches, nicht länger erkenntnistheoretisch begründetes Stadium über. Diese Möglichkeit wird zur Zeit erforscht, aber Realismus und Objektivismus
sind bei weitem nicht tot. Viel sicherer ist eine Konvergenz von
analytischer und sogenannter kontinentaler Philosophie, eine
letztendliche Auflösung dieser ungenauen und schädlichen Dichotomie. Daß diese Konvergenz im Falle Rortys und Putnams
als neuer Aspekt in die amerikanische analytische Philosophie
Eingang gefunden hat, ist offenkundig. Aber das allgemeinere
Resultat wird wahrscheinlich wesentlich komplexer sein, da die
analytischen Philosophen auf der Basis des europäischen Erbes
denken (zur Zeit auf der Basis von Hegel und Fichte, Nietzsche,
Brentano, Husserl und Heidegger) und einige dieser Formen
europäischer Philosophie aussterben oder unter dem Druck der

analytischen Philosophie neu formuliert werden.

Rorty und Putnam verweisen beide auf die Notwendigkeit einer Klärung dessen, *was Philosophie heute sein kann*, einer Klärung, die sich auf gegenwärtige Arbeiten zur Theorie der Rationalität und auf die gegenwärtige Philosophie und Geschichte der Wissenschaft bezieht. Indes liefert keiner von beiden eine Klärung, die der gegenwärtigen kulturellen Situation im westlichen Kapitalismus, geschweige der globalen Weltlage, gerecht wird. Statt dessen sind beide sehr rekursiv. Sie sehen die Veränderung der Philosophie darin begründet, daß sie den Versuch aufgibt, etwas zu sein, was sie heute nicht sein kann. Sie setzen sich aber nicht darüber auseinander, was sie jetzt sein sollte angesichts der politischen, ökonomischen, sozialen Gesamtsituation und der Situation des bereits existenten, aber tragisch unterentwickelten ›Wir-Subjekts‹: der Menschheit. Sie fordern ebensowenig, daß die Philosophie fortan ihren ausschließlich nationalen, linguistischen oder kulturchauvinistischen Diskussionsrahmen aufgeben solle. Keiner von ihnen behandelt auch nur ein Werk eines nichtwestlichen Philosophen. Dies ungeachtet der Tatsache, daß für Rortys Postulat, die Erkenntnistheorie breche mit der Metapher vom Geist als Spiegel der Natur zusammen, eine Studie indischer Erkenntnistheorie ebenso relevant wäre wie verschiedene Debatten der chinesischen, buddhistischen und neo-konfuzianischen Philosophie; und auch ungeachtet der Tatsache, daß, in Putnams Fall, der Versuch, Goodmans radikalen Pluralismus zu übernehmen, beträchtlich klarer würde durch eine Einbeziehung der subtilen radikalen Pluralisten des Dschainismus. Hier illustrieren Rorty und Putnam ein Paradoxon der gegenwärtigen internationalen Diskussion zur Frage postmoderner Philosophie: daß diese Diskussion häufig nicht zeigt, wie ultrafortschrittlich, sondern wie rückwärtsgewandt und sprachprovinziell die fortgeschrittenen kapitalistischen Kulturen des Westens immer noch sind; wie weit ihre Eliten noch von einer globalen Kultur entfernt sind, die einige Propheten der Postmoderne voraussehen; und wie begrenzt sowohl die Verbreitung der Normen als auch die Realisierung *der Modernen* im Weberschen Sinne immer noch ist.

Nochmals: Rorty und Putnam nehmen beide die gegenwärtige Krise des Transzendentalismus wahr, verkehren sie jedoch: Rorty, indem er zu detranszendentalisieren versucht, und Putnam, indem er für die klassische, aber wirkungslose immanenttranszendentale Alternative optiert. Wohl keine dieser Optionen hat Zukunft. In Wirklichkeit lehnen Denker der Gegenwart bereits die Detranszendentalisierung der gegenwärtigen Kultur ab, die mit dem Verlauf des Modernismus assoziiert wird. Das Problem des Transzendentalismus verschwindet nicht: es erfordert zeitgenössische Neuinterpretation. Rortys und Putnams Beitrag soll uns zu der Erkenntnis verhelfen, daß dieses Problem angegangen werden muß. Insoweit sie uns beide auf die soziale Eingebundenheit stoßen, lenken Rorty und Putnam die Philosophie in die richtige Richtung. Aber unser Eingebundensein ist verzweigter und umfassender, als beide es zur Zeit sehen. Vor allem muß das Problem unseres kosmischen und anthropologischen Eingebundenseins in einem Zusammenhang angegangen werden, der in der Tatsache dieser Immanenz wesentlich neue Ansätze für menschliches Leben und neue Haltungen gegenüber der Welt und ihrer Erfahrung findet. Rorty und Putnam sehen beide das Problem, aber sie bieten die neuen Wege, Methoden und Mittel nicht an, die wir dazu benötigen.

Diese Vorbehalte sollen nur den Beitrag unterstreichen, den Rorty und Putnam geleistet haben. Denn anders als die meisten ihrer Kollegen in der analytischen Philosophie haben sie jene Fragen, mit denen die Philosophie gegenwärtig konfrontiert ist, aufgegriffen. Sie haben die Diskussion eröffnet und auf diese Weise die Plattform für die längst fällige Frage der postmodernen Philosophie geschaffen.

In diesem Aufsatz habe ich die Rolle des skeptischen Kritikers übernommen. Ich habe sowohl von Überlegungen zu den endlosen modischen Radikalismen der französischen Philosophie wie von detaillierten Überlegungen zum spezifisch deutschen Versuch, diese Franzosen zu »Postmodernen« zu machen, abgesehen. Außerdem habe ich die sehr interessante neuere deutsche Philosophie, die um radikal-hermeneutische, transdiskursive und ästhetizistische Formen der Philosophie ringt, nicht berücksichtigt. Ich habe mich auch von den großen, und wie ich meine: zu großen, Themen ferngehalten, die die internationale Diskussion der postmodernen Philosophie bestimmen: von der Kritik des Subjekts, der Kritik der Repräsentanz, der Kritik des Realismus, der Kritik der Geschichte als Ur-Narrative, von der Kritik des Rationalismus usf. Es sollte deutlich geworden sein, daß rhetorische Proklamationen eine vernünftige Behandlung solcher Themen nicht ersetzen können, daß sie strengerer und präziserer Bearbeitung bedürfen, als sie sie zur Zeit erfahren, und daß ich nicht von den voluntaristischen Versuchen eines Exodus aus der Geschichte der westlichen Metaphysik überzeugt bin.

Andererseits meine ich ebensosehr, daß das Terrain postmoderner Philosophie fruchtbar ist, ein Untersuchungsfeld, das wichtige Erkenntnisfortschritte in sich birgt. Dies gilt selbst dann, wenn sich das Projekt postmoderner Philosophie wie so viele Projekte in der Philosophiegeschichte als zu ehrgeizig, zu utopisch oder als Fehlplanung herausstellt. Denn Utopien in der Philosophiegeschichte sind Ausdruck jenes schöpferischen Prozesses, der Fortschritte in der Geschichte ermöglicht. Auch wenn die Debatte zur Frage postmoderner Philosophie bisher unterschätzt hat, wie sehr wir die ›harte‹ Philosophie benötigen, hat sie doch unsere Aufmerksamkeit für Zeiten und Umstände geschärft, in denen wir ebensosehr eine ›weiche‹ Philosophie brauchen. Sie hat fortschrittliche Entwicklungen *offenbart*: nicht nur einen Fortschritt gegenüber dem Grundlagendenken, dem Szientismus und dem Übermaß an Sicherheitsbedürfnissen, sondern auch eine neue Ebene für das skandalös vernachlässigte Problem menschlicher Identitätsbildung; eine neue Bereitschaft, die kausale Entwicklungsweise der aus Kultur und Gesellschaft abgeleiteten Haltungen anzuerkennen, die wir in der Philosophie einnehmen; eine Neubesinnung auf unseren Status als eingebundene, partizipierende Wesen, die es lernen müssen, Verantwortung zu übernehmen für das, was sie in der Philosophie wie auch in anderen Bereichen sich selbst, der Welt und einander zufügen; und das zaghafte, wenn auch noch schwache, Eingeständnis, daß diese Verantwortung *inter alia* die *Erweiterung* der bestehenden Formen menschlicher Rationalität und Reflexion erforderlich macht.

Wenn diese positiven Fortschritte im Kontext eines ebenso positiven, aber hermeneutisch verfeinerten Eingehens auf die Naturwissenschaften und auf die schockierenden Details unserer gegenwärtigen Weltsituation aufgegriffen werden, dann kann die Möglichkeit *irgendeiner* postmodernen Philosophie nicht ausgeschlossen werden. Im eng umrissenen thematischen Sinn kann es eine postmoderne Sozialphilosophie geben. Dies allerdings unter der Voraussetzung, daß die Benennung ›postmodern‹ dazu dient, eine gewisse Differenzierung vorzunehmen oder besser: transitorischer Art sei. Eine in diesem Sinne postmoderne Sozialphilosophie könnte vielerlei Gestalt annehmen. Sie kann gezwungen sein, eine noch schwächere Bilanz aus der postmodernen Philosophie zu ziehen, als ich es im ersten Teil dieses Beitrags dargelegt habe, obwohl eine postmoderne Sozialphilosophie wesentlich einleuchtender wäre als die Möglichkeit postmoderner Philosophie allgemein. Denn Sozialphilosophie bezieht sich stärker auf historische und kulturelle Zusammenhänge als die anderen Arbeitsfelder der Philosophie. Sie muß jedoch weder die Form eines reaktionären Angriffs auf die Moderne, den Modernismus oder die Modernität annehmen noch die Form eines Rückzugs in historische Wiederbelebungen oder die eines großbürgerlichen Nietzsche-Voluntarismus. Im Gegensatz dazu kann eine postmoderne radikale Sozialphilosophie in völliger Übereinstimmung mit den besten Erkenntnissen und Idealen der Aufklärung und in kritischer Sympathie mit den von Hegel, Weber und in jüngster Zeit von Habermas eröffneten Problemen entstehen. Solche postmoderne Sozialphilosophie würde Rationalität, Autonomie und Freiheit auf neuen Wegen zu erweitern und eine ganze Reihe zeitgenössischer Probleme, einschließlich der gegenwärtigen globalen Situation, anzugehen versuchen, für die die moderne Gesellschaftsphilosophie aller Spielarten sich als zunehmend inadäquat erweist. Sie könnte ebenso die positiven Seiten der verschiedenen gegenwärtigen, »Postmodernismus« genannten Kulturströmungen aufgreifen, in denen es neben dem Sichgehenlassen, dem Exzeß der Antinomien, der Dekadenz und dem Kitsch auch *eine Bewegung zu neuen Organisationsformen des gesellschaftlichen und kulturellen Lebens gibt*, die bislang in manieristischen Posen und periodisch auftretenden Radikalismen schlummerte.

Eine solche postmoderne Sozialphilosophie müßte mehr sein als ein Recycling oder gar eine Verlängerung der bestehenden Sozialphilosophie: Sie würde neue Initiativen, neue Organisationsformen und neue eigenständige Entwicklungen erfordern, einschließlich neuer kultureller und gesellschaftlicher Prinzipien, sowie eine Bewegung über monotemporales gesellschaftliches, kulturelles und historisches Denken hinaus.[33]

Denn die Weltsituation, die gegenwärtige Gesellschaft, Wirtschaft, Technik und Kultur verändern sich auf eine Weise, die nach neuen eigenständigen, aber kritisch informierten Antworten verlangt, Antworten, die über die Moderne, den Modernismus und die Modernität hinausgehen. Natürlich könnte eine solche postmoderne Sozialphilosophie wie all die anderen gescheiterten Projekte enden, deren sich die Geschichte der Philosophie rühmt. Dies wäre aber kein schlechtes Schicksal, wenn ein Restbestand übrigbliebe, ein Erbe, das spätere Generationen von Männern und Frauen übernehmen könnten.

Die Moral unserer Geschichte ist, daß wir die heutige modische Redeweise von ›postmoderner Philosophie‹ mit Vorsicht betrachten sollten, daß wir auf der Anwendung strengerer Kriterien bestehen sollten, bevor wir davon ausgehen, daß es bereits eine postmoderne Philosophie gibt oder in sinnvoller Weise geben kann. Ob wir überhaupt eine Philosophie haben werden, die den wirklichen Herausforderungen unserer heutigen Situation angemessen ist und ob diese in irgendeiner ernst zu nehmenden Weise ›postmodern‹ sein wird, steht dahin.

(Aus dem Englischen von Hartmut Taube)

Anmerkungen

1 Zur kritischen Auseinandersetzung mit unterschiedlichen Darstellungen »der Modernen« und »der Postmodernen«, des »Modernismus« und des »Postmodernismus«, der »Modernität« und der »Postmodernität« vgl. meine Schrift »The Ambiguities of the Postmodern« (erscheint demnächst).

2 Ich selbst habe die Frage postmoderner Philosophie in einer Vorlesungsreihe 1979 begonnen und näher behandelt in »Social Anthropology and Post Modernist Philosophical Anthropology«, in: *Journal of the Anthropological Society of Oxford*, vol. XI, Nr. 1, Hilary, 1980, pp. 31-38; sowie in »Ernst Bloch: ›Ideology‹ and Postmodern Social Philosophy«, in: *Canadian Journal of Political and Social Theory*, Hiver/Printemps 1983, vol. VII, Nrn. 1-2, pp. 131-145, ohne, wie ich jetzt glaube, eine ausreichende Anzahl solcher Differenzierungen vorzunehmen.

3 Siehe Cornel West, »Nietzsche's Prefiguration of Postmodern American Philosophy«, in: *Boundary 2*, Spring, 1981, pp. 241-269.

4 Siehe R. Rorty, »Epistemological Behaviourism and the De-Transcendentalization of Analytical Philosophy«, in: *Neue Hefte für Philosophie*, 14 (1978), pp. 115-142 und *Philosophy and the Mirror of Nature* (Princeton, 1979); die Anmerkungen verweisen auf die englische Ausgabe (Oxford, 1980).

5 *Philosophy and the Mirror of Nature*, op. cit., Teil III: *Philosophy*, und

Consequences of Pragmatism (Minneapolis, 1982).

6 *Consequences of Pragmatism, op. cit.*, insbesondere die Einleitung und Kapitel 9. Siehe auch Richard Bernsteins scharfsinnige Diskussion in »Philosophy in the Conversation of Mankind«, in: *Review of Metaphysics* 33 (1980), pp. 745-776 und in: *Beyond Objectivism and Relativism* (Oxford, 1983), pp. 197-207.

7 Vgl. Wayne Hudson und Willem van Reijen, »An Interview with Richard Rorty«, Heidelberg 1981, in: *Radical Philosophy*, Herbst 1982, p. 2.

8 Vgl. R. Rorty, »Postmodernist Bourgeois Liberalism«, in: *The Journal of Philosophy*, 80, 1983, pp. 585, 588.

9 Vgl. R. Rorty, »Habermas and Lyotard on Post-Modernity« in: *Praxis International*, 4:1, April 1984, p. 36.

10 *Philosophy and the Mirror of Nature, op. cit.*, pp. 131-139.

11 *Ibid.*, p. 389.

12 »Habermas and Lyotard on Post-Modernity«, *op. cit.*, p. 37.

13 »Postmodernist Bourgeois Liberalism«, *op. cit.*, p. 585.

14 Vgl. R. Rorty, »Solidarité ou Objectivité«, in: *Critique*, No. 439, Dezember 1983, pp. 923-940.

15 »Postmodernist Bourgeois Liberalism«, *op. cit.*, p. 584.

16 *Ibid.*, p. 587.

17 *Ibid.*, pp. 584-587.

18 »Habermas and Lyotard on Post-Modernity«, *op. cit.*, p. 36 und *Consequences of Pragmatism, op. cit.*, Kap. 11.

19 Siehe hierzu Rortys meisterhafte Diskussion in: *Philosophy and the Mirror of Nature, op. cit.*, Kap. 11.

20 *Philosophy and the Mirror of Nature, op. cit.*, Kap. VIII.

21 Vgl. hierzu H. Putnam, *Meaning and the Moral Sciences* (London, 1978); *Reason, Truth and History* (Cambridge, 1981) und sein radikaleres Werk *Realism and Reason, Philosophical Papers*, vol. 3 (Cambridge, 1983).

22 Vgl. H. Putnam, »After Ayer, After Empiricism«, in: *Partisan Review*, 2, 1984, p. 273.

23 *Ibid.*

24 *Ibid.*, p. 274 und *Realism and Reason, op. cit.*, p. 290.

25 *Realism and Reason, op. cit.*, pp. 229-247, insbesondere p. 247.

26 *Ibid.*, p. 179.

27 *Ibid.*, p. 180.

28 *Ibid.*, pp. 180-183.

29 *Ibid.*, pp. 302-303.

30 *Ibid.*, p. 183.

31 Vgl. Mark Lilla, »On Goodman, Putnam and Rorty: The Return to the Given«, in: *Partisan Review*, 2, 1984, pp. 220-235, insbesondere p. 233.

32 H. Putnam, »After Ayer, After Empiricism«, *op. cit.*, p. 274.
33 Zu einer fortgeschrittenen Diskussion postmoderner Sozialphiloso-
    phie und des gesamten Problems der »Postmodernen« vgl. meine im
    Erscheinen begriffene Studie *Postmodernism and Postmodernity*.

Ihab Hassan
Pluralismus in der Postmoderne

>»Die Geschichte der Philosophie besteht weitgehend in einem gewissen Zusammenstoßen menschlicher Temperamente.«
>
> William James, *Pragmatismus*

I

Terror, Anfechtungen, hart aufeinandertreffende Meinungen, Ansprüche und Forderungen allenthalben: das ist unsere Zeit. Wir bewegen uns im semiotischen Raum, einem unnatürlichen Ambiente des *homo significans*. »Glückliches Babel!« rief Roland Barthes einmal aus. Manch einer warnt jedoch vor Chaos, Anarchie und Nihilismus, während andere entweder psalmodierend oder phrasendreschend den Pluralismus beschwören.

Ich will mich hier noch nicht mit dem Pluralismus befassen, einem Schlagwort, welchem schon sehr viele kritische und unkritische Untersuchungen gewidmet worden sind, sondern statt dessen die Frage stellen: »Warum Pluralismus in unserer heutigen Zeit?« Diese Frage führt unmittelbar zu jener zurück, die Kant vor genau 200 Jahren aufwarf: »*Was heißt Aufklärung?*«, was etwa meinte, »wo stehen wir heute?« Die Antwort war eine außerordentliche Auslotung der historischen Gegenwart, wie Michel Foucault festgestellt hat.[1] Über dieses Thema heute nachzudenken heißt in Wirklichkeit – und genau das ist mein Hauptanliegen –, die Frage zu stellen: »*Was heißt Postmodernismus?*«

Ich konzediere, daß Pluralismus in unserer Zeit in gesellschaftlicher, ästhetischer und intellektueller Hinsicht zum Begriffsfeld des Postmodernismus zu rechnen ist (oder gar darin begründet liegt) und daß er dort auch seine Gültigkeit beweisen muß. Ich gebe weiterhin zu, daß die kritischen Intentionen diverser amerikanischer Vertreter des Pluralismus (Meyer Abrams, Wayne Booth, Kenneth Burke, Ronald Crane, Nelson Goodman, Richard McKeon, Stephen Pepper und zahlloser anderer Künstler und Intellektueller unserer Zeit) die anmaßende Frage »was heißt Postmodernismus?« stellen und sie gar schon stillschweigend beantworten. Kurz, ähnlich einem M. Jourdain unserer Tage, haben sie ihr ganzes Leben lang von der Postmoderne gesprochen, ohne es zu wissen.

Aber was heißt nun Postmodernismus? Ich kann keine exakte Definition anbieten, genausowenig, wie ich die Moderne selbst definieren könnte. Der Ausdruck ist nämlich inzwischen zu einem gängigen Codewort für Tendenzen in Theater, modernem Tanz, Musik, Kunst und Architektur, in Literatur und Literaturwissenschaft, in Philosophie, Psychoanalyse und Geschichtsschreibung, selbst in Kybernetik und den Naturwissenschaften geworden. Er hat jetzt sogar einen bürokratischen Ritterschlag erhalten, und zwar vom National Endowment for the Humanities, in Form eines Sommerseminars für College-Lehrer; darüber hinaus hat er sich in die Theorien der »nachletzten« marxistischen Kritiker eingeschlichen, die noch vor zehn Jahren den Postmodernismus als ein weiteres Beispiel der Moden und Tricks der Konsumgesellschaft abgetan hatten. Offensichtlich ist es an der Zeit, dem Terminus ein theoretisches Fundament zu geben oder ihn sogar zu definieren, wenn er nicht als sperriger Neologismus verblassen oder als bedeutungsentleertes Klischee enden soll, ohne überhaupt jemals die Würde eines Kulturbegriffs erlangt zu haben.

Den Begriff des Postmodernismus theoretisch festzulegen heißt, seine Irrtümer und seine Widersprüche zu berücksichtigen. Sie betreffen Probleme kultureller Modellbildung, literarischer Periodisierung und kulturellen Wandels, also die Probleme des kritischen Diskurses, selbst in einer antinomischen Entwicklungsphase.[2] Die Entleerung des Begriffs der Moderne – oder zumindest seine unzähligen Neudefinitionen – haben gleichwohl dazu geführt, daß die unterschiedlichsten Denker die Herausbildung der Moderne heftig diskutiert haben. So postuliert etwa der konservative Soziologe Daniel Bell »den Niedergang des schöpferischen Impulses und der ideologischen Überzeugungskraft des Modernismus, der als kulturelle Bewegung unsere symbolischen Ausdrucksformen während der letzten 125 Jahre geprägt hat«.[3] Auch Jürgen Habermas, ein »radikaler« Philosoph, versucht – vergeblich, wie ich meine – zwischen dem »Prämodernismus der Altkonservativen«, dem »Antimodernismus der Jungkonservativen« und dem »Postmodernismus« der Neokonservativen zu unterscheiden.[4]

Hier ist weder der Ort noch die Gelegenheit, den Postmodernismus eingehend theoretisch zu fassen. Ich möchte vielmehr eine Reihe postmoderner Aspekte aufführen, sozusagen eine parataktische Liste, eine Ausmessung eines kulturellen Feldes. Meine Beispiele werden sicherlich selektiv sein; meine Definitionen können sich überlappen oder gar widersprüchlich erscheinen. Zusammengenommen grenzen sie jedoch einen Bereich postmoderner »Indetermanenzen« ab, worin der kritische Pluralismus seine Gestalt erhält.[5]

II

1. *Unbestimmtheit*, oder besser: Unbestimmtheiten. Sie schließen alle Arten von Ambiguität, Zäsuren und Verschiebungen ein, wodurch unser gesamtes Wissen und unsere Gesellschaft beeinflußt werden. Man möchte an Heisenbergs Unschärfeprinzip, Gödels Beweis der Unvollständigkeit, Kuhns Paradigmen und Feyerabends Wissenschaftsdadaismus denken oder an Harold Rosenbergs entdefinierte, angstvolle Kunstobjekte. Und die Literaturtheorie? Von Bachtins dialogischer Phantasie über Barthes' »textes scriptibles«, Isers literarische Unbestimmtheiten, Blooms »Auslassungen«, de Mans allegorische Lesungen, Fishs affektive Stilistik, Hollands transaktive Analyse, Bleichs subjektive Kritik bis zur letzten modischen Aporie spurloser Zeiten bleiben wir unentschieden und relativieren. Unbestimmtheiten erfüllen unsere Handlungen, Ideen und Interpretationen; sie konstituieren unsere Welt.

2. *Fragmentierung*. Unbestimmtheit resultiert häufig aus Fragmentierung. In der Postmoderne werden lediglich Verbindungen aufgelöst; Fragmente sind die einzigen Gebilde, welchen man angeblich noch traut. »Totalitäten« und jegliche Synthesen – gesellschaftliche, erkenntnistheoretische, oder selbst poetische – sind dem postmodernen Menschen ein Greuel. Daher auch seine Vorliebe für Montage, Collage und zufällig gefundene oder zerlegte literarische Objekte; parataktische Formen werden hypotaktischen, die Metonymie der Metapher und die Schizophrenie der Paranoia vorgezogen. Hierzu gehört auch der Rückgriff auf Paradox, Paralogie, Parabasis und Parakritik, auf die Offenheit des Zerbrochenseins und auf zu Unrecht so bezeichnete Randbe-

reiche. So mahnt Lyotard: »Erklären wir der Totalität den Krieg; seien wir Zeugen des Unrepräsentierbaren; streichen wir die Unterschiede heraus, und retten wir die Würde des Namens!«[6] Unsere Zeit verlangt nach Unterscheidung, nach einem Wandel der Bedeutungen; selbst Atome lösen sich in flüchtige Subpartikel auf, in sozusagen bloßes mathematisches Flüstern.

3. *Entkanonisierung.* Im weitesten Sinne trifft dies auf alle Arten von Kanon und auf alle autoritativen Konventionen zu. Nach Lyotards Argumentation sind wir Zeugen einer massiven »Delegitimierung« gesellschaftlicher Basiskodizes, eines zunehmenden Verschwindens des Metanarrativen zugunsten der »petites histoires«, welche die Heterogenität von Sprachspielen konservieren.[7] Vom »Tod Gottes« zum »Tod des Autors« und dem »Tod des Vaters«, von der Verspottung der Autorität zur Revision der Lehrpläne wird Kultur entkanonisiert, Wissen demystifiziert, wird die Sprache der Macht, der Begierde und der Täuschung dekonstruiert. Ridikülisierung und Revision sind Formen der Subversion, deren unheilvollstes Beispiel der überhandnehmende Terrorismus unserer Tage ist. »Subversion« kann jedoch auch freundlichere Formen annehmen: die Emanzipationsbewegungen von Minderheiten oder die Feminisierung der Kultur, welche gleichermaßen eine Entkanonisierung zur Voraussetzung haben.

4. *Ichverlust, Verlust des Innersten.* Der Postmodernismus entleert das traditionelle Ich, indem er entweder Selbstauslöschung (eine falsche Einebnung des Unterschieds von Innen und Außen) oder das Gegenteil, nämlich Vervielfältigung und Reflexion des Ich vortäuscht. Kritiker haben den »Verlust des Ich« in der modernen Literatur aufgezeigt; aber es war in Wirklichkeit bereits Nietzsche, der das »Subjekt« zur »bloßen Fiktion« erklärte: »Es gibt das ego gar nicht, von dem geredet wird, wenn man den Egoismus tadelt.«[8] Damit wird dem »tiefinneren«, romantischen Ich ein Ende gesetzt, das die Postmoderne unterdrückt oder aufsplittert und gelegentlich zurückzuerlangen sucht, obschon es in poststrukturalistischen Kreisen als ein »totalisierendes Prinzip« höchst verdächtig bleibt. Indem das Ich sich in Sprachspielen verliert, in den Differenzen, aus denen die Realität pluralistisch geschaffen wird, entpersonifiziert es seine Abwesenheit, auch wenn der Tod seine Spiele umlauert. Es löst sich auf in tiefenlose Stilformen und läßt sich nur schwer, wenn überhaupt, interpretieren.[9]

5. *Das Unpräsentierbare, Unrepräsentierbare.* Wie ihre Vorgängerin ist die postmoderne Kunst irrealistisch und nichtikonisch. Sogar ihr »magischer Realismus« löst sich ins Ätherische auf; ihre harten, ebenen Oberflächen weisen jegliche Mimesis ab. Besonders in der Literatur sucht sie häufig ihre Grenzen, betreibt ihre »Entleerung« und zerrüttet sich in Form von artikuliertem »Schweigen«. Sie bewegt sich in ihrem eigenen Grenzbereich und bekämpft die Formen ihrer Repräsentation. Wie das Kantische Erhabene, das an der Formlosigkeit und der Leere des Absoluten gedeiht (»Du sollst dir keine Götzenbilder schaffen«), »würde die Postmoderne«, so Lyotard in seiner gewagten Analogie, »genau das sein, was in der Moderne das Unpräsentierbare in der Präsentation hervorbringt...«[10] Aber die Herausforderung zur Repräsentation kann einen Autor auch in andere Grenzzonen führen: zum Triebhaften etwa, anstelle des Sublimen, oder zum Tod selbst, genauer, »dem Austausch zwischen Zeichen und Tod«, wie Julia Kristeva es genannt hat. »Was ist Unrepräsentierbarkeit?« fragt Kristeva. »Das, was in der Sprache Bestandteil keiner bestimmten Sprache ist... Das, was in seiner Bedeutung unerträglich, undenkbar ist: das Schreckliche, Triebhafte.«[11]

An diesem Punkt erreichen wir, denke ich, eine Peripetie der Negationen. Mit meinem nächsten Definiens nämlich, der Ironie, kommen wir vom destruktiven Aspekt des Postmodernismus zum konstruktiven, auch wenn beide Aspekte nebeneinander existieren.

6. *Ironie.* Nach Kenneth Burke könnte sie auch Perspektivismus genannt werden. In Ermangelung eines Kardinalprinzips oder -paradigmas wenden wir uns dem Spiel, dem Zwischenspiel, dem Dialog, dem Polylog, der Allegorie, der Selbstreflexion – mit einem Wort: der Ironie zu. Diese Ironie beinhaltet Unbestimmtheit und Multivalenz; sie strebt nach Klarheit, einer Klarheit der Entmystifizierung, nach dem reinen Licht der Abwesenheit. Varianten dieser Ironie können wir bei Bachtin, Burke, de Man, Derrida... bis zu White antreffen. Bei Alan White erkennen wir das Bemühen, verschiedene Formen der Ironie zu unterscheiden: »mittelbare Ironie«, »disjunktive Ironie« und »postmoderne« oder »suspensive Ironie« »in ihrer noch radikaleren Version von Vielfältigkeit, Zufälligkeit, Eventualität und selbst Absurdität...«[12] Ironie, Perspektivismus und Reflexivität drücken die notwendige, spielerische Erholung des menschlichen Geistes auf

der Suche nach einer Wahrheit aus, die ihm beständig entflieht und ihm lediglich einen ironischen Einblick oder ein Übermaß an Selbstbewußtsein gestattet.

7. *Hybridisierung*, oder die mutierte Reproduktion von Genres, einschließlich solcher Formen wie Parodie, Travestie und Pastiche. Die »Ent-Definierung«, die Deformation von kulturellen Genres bringt ähnliche Formen hervor: die »Parakritik«, den »fiktiven Diskurs«, den »neuen Journalismus« oder den nicht-fiktiven Roman, eine vermischte Kategorie von »Paraliteratur« oder »Schwellenliteratur«, die jung und sehr alt zugleich ist.[13] Klischee und Plagiarismus (»Playgiarismus«, so Raymond Federmans Wortspiel), Parodie und Pastiche, Pop und Kitsch bereichern die *Re*-präsentation. So gesehen können Abbild oder Replik die gleiche Wertigkeit wie ihr Modell erreichen (der *Quixote* aus Borges' Pierre Menard) und sogar ein »*augment d'être*« darstellen. Dies trägt zu einem anderen Traditionsverständnis bei, in dem sich sowohl Kontinuität und Diskontinuität als auch verschiedene Kulturebenen vermischen, nicht um nachzuahmen, sondern um die Vergangenheit in die Gegenwart zu erweitern. In dieser pluralistischen Gegenwart sind alle Formen dialektisch verfügbar, in einer Wechselwirkung zwischen Jetzt und Nicht-Jetzt, zwischen dem Selben und dem Anderen. Somit wird im Postmodernismus das Heideggersche Konzept der »Gleichzeit-lichkeit« tatsächlich zu einer Dialektik der Gleichzeitigkeit, was eine neue Relation zwischen historischen Elementen darstellt, ohne die Vergangenheit zugunsten der Gegenwart zu diskriminieren – ein Aspekt, den Frederic Jameson unbeachtet läßt, wenn er die Literatur, den Film und die Architektur der Postmoderne wegen ihres ahistorischen Charakters, ihrer »presentifications« kritisiert.[14]

8. *Karnevalisierung*. Der Terminus stammt natürlich von Bachtin und umfaßt in seiner Breite alles, was ich bisher aufgeführt habe, nämlich Unbestimmtheit, Fragmentierung, Entkanonisie-rung, Ichverlust und Hybridisierung. Der Ausdruck beinhaltet jedoch auch das komische oder absurde Ethos der Postmoderne, das in den »Heteroglossia« von Rabelais und Sterne, diesen witzigen Prä-Postmodernisten bereits angelegt war. Weiter bedeutet Karnevalisierung: »Polyphonie«, die zentrifugale Kraft der Sprache, die »farbenfrohe Relativität« der Dinge, Perspektivis-mus und Darstellung, die Teilnahme am wilden Chaos des Le-

bens, die Immanenz des Lachens.[15] Tatsächlich kann das, was Bachtin Roman oder Karneval (also Anti-System) nennt, für den Postmodernismus an sich stehen, oder zumindest für seine spielerischen und subversiven, Erneuerung versprechenden Elemente. Im Karneval nämlich, dem »echten Fest zu Ehren der Zeit, ein Fest des Werdens, des Umbruchs und der Erneuerung« entdekken die Menschen, damals wie heute, »eine eigene Logik der ›Umkehrung‹ (à l'envers), des ›Gegenteils‹ ... von Parodie und Travestie, Degradierung und Profanierung, närrischer Krönung und Entthronung. Das andere Leben...«[16]

9. *Performance, Partizipation.* Unbestimmtheit löst Partizipation aus; die dabei entstehenden Lücken müssen ausgefüllt werden. Der postmoderne Text, ob verbal oder nonverbal, lädt zur Darstellung ein: er will geschrieben, überarbeitet, beantwortet und ausgeführt werden. Tatsächlich nennt sich ein Großteil der postmodernen Kunst Performance, und zwar gattungsübergreifend. Als Performance verkündet die Kunst – oder ihre Theorie – ihre Verletzlichkeit gegenüber der Zeit, dem Tod, dem Publikum und dem Anderen.[17] »Theater« wird, in nahezu terroristischer Form, zum aktiven Prinzip einer parataktischen, dekanonisierten, wenn nicht gar karnevalisierten Gesellschaft. Poiriers Argumentation zufolge drückt das darstellende Selbst bestenfalls eine »Energie in Bewegung« aus, »eine Energie, die ihre eigene Gestalt besitzt«; doch in seiner »entdeckerischen, selbstbeobachtenden und schließlich selbstgefälligen Reaktion auf... psychischen Druck und Probleme« kann dieses Selbst auch in Solipsismus abdriften oder dem Narzißmus verfallen.[18]

10. *Konstruktionismus.* Da die Postmoderne radikal tropisch, figurativ und irrealistisch ist – »was gedacht werden kann, muß sicherlich eine Fiktion sein«, meinte Nietzsche[19] – »konstruiert« sie die Wirklichkeit in post-Kantischen, tatsächlich post-Nietzscheanischen »Fiktionen«.[20] Naturwissenschaftler scheinen heute weniger Schwierigkeiten mit heuristischer Fiktion zu haben als viele Geisteswissenschaftler, diese letzten Realisten der westlichen Welt. (Manche Literaturkritiker treten sogar auf der Sprache herum, in der Annahme, dabei ihre Zehen an einem Stein wund zu stoßen.) Solche wirkungsvollen Fiktionen deuten auf die wachsende Intervention des Geistes in Natur und Kultur hin, was einen Aspekt des »neuen Gnostizismus«, wie ich es genannt habe, darstellt; dieser Gnostizismus ist in Wissenschaft und Kunst, in

gesellschaftlichen Beziehungen und in der Technologie erkennbar.[21] Der Konstruktionismus taucht ebenfalls in Burkes »drama-
tistischer Kritik«, in Peppers »Welt-Hypothese«, Goodmans
»Weisen der Welterzeugung«, Whites »präfigurativen Bewegungen« und, nicht zu vergessen, in den gängigen hermeneutischen
oder poststrukturalistischen Theorien auf. Somit anerkennt der
Postmodernismus, wie Goodman darlegte, die Entwicklung »von
der einen und einzigen Wahrheit und einer fertig vorgefundenen
Welt zum Erzeugungsprozeß einer Vielfalt von richtigen und
sogar konfligierenden Versionen oder Welten«.[22]

11. *Immanenz.* Ohne religiösen Nachhall bezieht sich die Immanenz auf die wachsende Kapazität des Geistes, sich durch
Symbole zu generalisieren. Wir sind jetzt überall Zeugen problematischer Diffusionen, Zersplitterungen und Zerfaserungen, der
Ausdehnung unserer Wahrnehmungen (wie McLuhan weissagte)
durch neue Medien und Technologien. Von Quasaren zu Quarks
und umgekehrt, vom wissenschaftlich belegten Unbewußten zu
schwarzen Löchern im Raum, konstituieren Sprachen, ob nun
zutreffend oder nur vorgeblich, das Universum; schaffen es neu
mit Hilfe ihrer selbsterzeugten Zeichen und machen dabei Natur
zu Kultur und Kultur zu einem immanenten semiotischen System. Das Sprachtier ist aufgetaucht; sein Maß: die Intertextualität allen Lebens. Ein Film von Gedanken, von Bedeutungsträ-
gern, von »Konnexen« liegt heute auf allem, was unser Geist in
seiner gnostischen (Noo)-sphäre berührt. Dieser Film wird von
Physikern, Biologen, Semiotikern und selbst mystischen Theolo-
gen wie Teilhard erforscht. Die durchdringende Ironie ihrer
Entdeckungen ist die sich selbst vor jeder dunklen Biegung
treffende, reflexive Ironie des Geistes.[23] In einer Konsumgesellschaft erscheinen solche Immanenzen allerdings eher ausdrucks-
los denn verheißungsvoll. Sie werden, wie Jean Baudrillard sagt,
in beherrschender Weise »obszön«: »ein kollektives Schwindel-
gefühl der Neutralisierung, eine Flucht nach vorne in die Obszönität der reinen und leeren Form...«[24]

Diese elf Begriffsbestimmungen ergeben zusammen ein irratio-
nales und vielleicht absurdes Bild. Es sollte mich sehr wundern,
wenn sie zu einer Definition des Postmodernismus hinreichen
würden, welche bestenfalls eine zweifelhafte Konzeption, eine
disjunktive Kategorie bleibt, zweifach modifiziert vom Schwung
des Phänomens an sich und von den sich wandelnden Wahrneh-

mungen seiner Kritiker. (Schlimmstenfalls scheint der Postmodernismus eine mysteriöse, gewissermaßen allgegenwärtige Ingredienz zu sein, etwa wie Himbeeressig, der aus jedem Rezept sofort *nouvelle cuisine* macht.)

Ich bin auch nicht der Auffassung, daß meine elf Begriffsbestimmungen eine Hilfe sind, um die Postmoderne von der Moderne zu unterscheiden; die Moderne bleibt nämlich selbst eine heftig diskutierte Erscheinung, die der Kategorisierung unserer Literaturgeschichten entgeht.[25] Indessen schlage ich vor, daß die angeführten Punkte – elliptisch, kryptisch, partiell und provisorisch, wie sie sind – zwei Schlußfolgerungen zulassen:

a) *Der kritische Pluralismus ist tief eingebettet in die kulturelle Sphäre der Postmoderne;*
b) *ein begrenzter kritischer Pluralismus ist bis zu einem gewissen Grade eine Reaktion auf den radikalen Relativismus und die ironischen Unbestimmtheiten der postmodernen Verhältnisse, die er einzudämmen versucht.*

III

Meine bisherigen Ausführungen hatten vorbereitenden Charakter. Es gilt nun, jenen Bemühungen Aufmerksamkeit zu schenken, welche versuchen – völlig legitimerweise, wie ich meine – die potentielle Anarchie unserer postmodernen Verhältnisse mit Hilfe von kognitiven, politischen oder affektiven Mitteln einzuschränken. Mit anderen Worten, ich muß kurz auf die Kritik als Genre eingehen, auf ihre Funktion als Machtfaktor und Triebbefriedigung, wie es seinerzeit Kenneth Burke in seiner Synoptik der Motive getan hat.

Ist die Kritik ein Genre? Vertreter des kritischen Pluralismus setzen es zumindest häufig voraus.[26] Doch selbst der verständnisvollste unter ihnen, Wayne Booth, muß schließlich zugeben, daß ein wirklicher »methodologischer Pluralismus«, der eine Perspektive über Perspektiven zu leisten bestrebt sein sollte, bloß »das Problem, mit dem wir begonnen haben, doppelt schwieriger macht«. Und so faßt er zusammen: »Ich bin nicht in der Lage, eine schlußendlich befriedigende Antwort auf diese verwirrenden Fragen zu geben, die sich einstellen, wenn man lediglich ein guter Bürger in der Republik der Kritik sein will.«[27] Booths Schlußfolgerung ist zurückhaltend, doch hellsichtig. Er weiß, daß das Wissensfundament des Pluralismus seinerseits auf moralischem, wenn nicht geistig-spirituellem Grund ruht. »Methodologischer Perspektivismus«, wie Booth zuweilen seine Version des Pluralismus bezeichnet, ist abhängig vom »gemeinsamen Eigentumsrecht« (shared tenancies), welches wiederum konstitutiv von einem rationalen, gerechten und mit lebendiger Sympathie ausgestatteten gegenseitigen Verständnis abhängt. Letztlich vertritt Booth eine Art kantischen – oder etwa christlichen? – kategorischen Imperativ der Kritik, mit allen ethischen und metaphysischen Implikationen.

Hätte es auch anders kommen können? Nie in der Geschichte waren sich Kritiker einig, gaben vor, aus dieser Uneinigkeit Systeme zu schaffen und aus ihren Überzeugungen Lehrgebäude zu errichten. Das gemeinsame Eigentumsrecht der Literaturtheorie mag förderlich sein für die Schaffung von hermeneutischen Gemeinschaften auf Treu und Glauben, für Enklaven wohlwollender, kritischer Autorität. Vermögen sie jedoch die Kritik als historisches und zugleich kognitives Genre zu definieren? Das hängt davon ab, was wir unter Genre verstehen. Der Begriff Genre nahm traditionsgemäß erkennbare Umrisse innerhalb eines sowohl von Beständigkeit als auch vom Wandel bestimmten Kontextes an; er war eine nützliche Identitätsvoraussetzung, wovon Kritiker (wie etwa Stanley und Livingston) häufig ausgingen. In unserem heteroklitischen Zeitalter scheint es jedoch um so schwieriger, diese Voraussetzung beizubehalten. Sogar Gattungstheoretiker ermutigen uns heute, über den Begriff Genre hinauszugehen: »Die elegantesten allgemeinen Klassifikationen unserer Zeit«, so Paul Hernadi, »regen uns an, hinter ihre unmittelbaren Belange zu blicken und uns auf die *Ordnung von Literatur*, nicht auf die Grenzen zwischen literarischen Gattungen zu konzentrieren.«[28] Die »Ordnung von Literatur« ist allerdings inzwischen selbst höchst umstritten.

Besonders in Grenzgattungen (denn genau das sind gewisse Formen von Kritik wohl geworden) erreichen die Ambiguitäten neue Höhen von fieberhafter Intensität. Wie Morson bemerkt, sind es »nicht die Bedeutungen selbst«, die anfechtbar werden, »sondern die angemessenen Verfahrensweisen, um Bedeutung zu entdecken – nicht bestimmte Lesarten, sondern die Art, sie zu lesen«.[29] Da Gattungen ihre Definition – wenn überhaupt – nicht nur in den eigenen formalen Aspekten, sondern auch in labilen, interpretativen Konventionen wiederfinden, offerieren sie selten eine gültige Erkenntnisnorm. Dies führt zu gewissen Paradoxa im »Gesetz des Genre«, wie Derrida es ausdrückt, zu einem »wahnsinnigen Gesetz«, obschon selbst der Wahnsinn nicht in der Lage ist, es zu definieren. Wie man vom Magus unserer Dekonstruktionen erwarten darf, besteht Derrida darauf, das Genre mitsamt seinem Geschlecht, seiner Natur und seiner Potenz aufzulösen, indem er das Enigma seiner »Exemplarität« herausstellt. Das verrückte »Gesetz des Genre« wird höchstens vom »Gesetz über das Gesetz des Genre« übertroffen: »ein Prinzip der Verseuchung, ein Gesetz der Unreinheit, eine parasitäre Ökonomie«.[30]

Man ist geneigt zu glauben, daß die Strukturen, die wir Literatur, Literaturtheorie und Kritik nennen (ausgenommen die Entschöpfungen bestimmter Formen des Schreibens wie zum Beispiel meine eigene Parakritik), heute zu umstrittenen Konzepten – ganz wie der Postmodernismus selbst –, zu Grenzen der intellektuellen Auseinandersetzung geworden sind.[31] Ein Beispiel ist die jüngste Ablehnung der kritischen Theorie, die neueste »revisionistische Verrücktheit«: Knapps und Michaels' Erklärung gegen jegliche Theorie.[32] An den Pragmatismus Richard Rortys und die Stilistik Stanley Fishs anknüpfend, behaupten die Autoren in brillanter, verbissener Weise, daß »wahre Überzeugung« und »Wissen« epistemologisch identisch seien, daß kritische Theorie überhaupt keine methodologischen Konsequenzen habe. »Erweisen sich unsere Argumente als zutreffend, können sie nur eine einzige Konsequenz haben...; das Ende der Theorie«, so die Schlußfolgerung der Autoren.[33] Wie Knapp und Michaels allerdings selbst zugeben, ist es ihre eigene Ableitung, die keine großen Auswirkungen haben wird. Soviel zum Fall des Theoretikers, der sich selbst das Wasser abgräbt.

Meine eigene Schlußfolgerung über Theorie und Praxis der Kritik ist auf abgesicherte Weise unoriginell: wie jede Art von Diskurs, gehorcht auch die Kritik menschlichen Imperativen, von denen sie ständig neu definiert wird. Die Kritik ist eine Funktion der Sprache, der Macht, des Verlangens, eine Funktion der Geschichte und des Zufalls, des Zwecks und des Interesses, der Werte und – vor allem – der von der Vernunft artikulierten und vom Konsens beziehungsweise von der Autorität gleichzeitig geförderten und begrenzten *Überzeugungen*.[34] (Diese Aussage

drückt selbst eine vernunftbegründete Überzeugung aus.) Wenn
also, wie Thomas Kuhn behauptet, »konkurrierende Schulen, *von
denen jede konstant die Grundlagen der anderen in Frage stellt*«,
in den Humanwissenschaften vorherrschen; wenn, wie Victor
Turner glaubt, die »Kultur jeder Gesellschaft zu jeder Zeit mehr
den Trümmern oder der ›Hinterlassenschaft‹ vergangener Ideen-
systeme gleicht, als selbst ein System zu sein«; wenn weiterhin,
wie Jonathan Culler behauptet, »›interpretative Konventionen‹ ... als Teil (eines) grenzenlosen Kontextes angesehen werden sollten«; wenn, wie Jeffrey Stout annimmt, »theoretische
Ausdrücke Interessen und Absichten dienen sollten und nicht
umgekehrt«; und wenn, wie ich selbst meine, die Prinzipien der
Literaturkritik historische sind, das heißt zugleich willkürlich,
pragmatisch, konventionell und kontextuell, doch keinesfalls
axiomatisch, apodiktisch und apophantisch sind – angesichts all
dieser angegebenen Voraussetzungen stellt sich die Frage: wie
kann ein generischer Begriff von Kritik kritischen Pluralismus
einschränken oder das endlose Zuspätsein unserer Sprache unter
Kontrolle bringen, insbesondere in unserer indetermanenten,
postmodernen Zeit?[35]

IV

Um die weitgehend kognitive Betrachtungsweise in unserer Disziplin gegen eine andere einzutauschen, die politische Anschauungen, persönliche Wünsche und Überzeugungen müheloser zuläßt, müßten wir uns nicht gleich in den Hades hinabstürzen oder
auf den Turm zu Babel hinaufsteigen. Ich glaube, es ist vielmehr
ein unseren ideologischen und menschlichen Bedürfnissen ange-
paßter Akt partieller Luzidität; er bleibt partiell, möchte ich
betonen, und hoffe, daß dies weiter unten deutlich werden wird.
Fürs erste jedoch muß ich die Macht als Eingrenzungsfaktor des
postmodernen Relativismus ansprechen, die gleichsam einen Faktor in der Limitierung des kritischen Pluralismus darstellt.
   Zweifellos geht die Erkenntnis, daß Macht Wissen zutiefst für
sich verpflichtet, auf Platon und Aristoteles zurück, wenn nicht
gar auf das *I Ching* und das ägyptische *Buch der Toten*. Im
letzten Jahrhundert stellte Marx seine Theorie über das Verhältnis
zwischen Kultur und Klasse auf; seine Begriffe bestehen fort in

einer Reihe von Bewegungen, vom totemischen Marxismus bis zum Marxismus mit dekonstruktionistischer Maske beziehungsweise rezeptionistischem Antlitz. Doch es ist natürlich Michel Foucault, der uns heute die scharfsinnigsten Spekulationen über das Thema liefert.[36] Seit *Folie et déraison* (1961) lag das ganze Gewicht seiner Arbeit darauf, die Macht des Diskurses und den Diskurs der Macht herauszustellen und die Politik der Erkenntnis aufzudecken. In letzter Zeit jedoch sind seine Thesen, sehr zum Leidwesen seiner orthodoxen Kritiker, grotesk geworden.

Foucault ist noch immer der Meinung, daß diskursive Praktiken »in formalen Prozessen, in Institutionen, in Mustern allgemeinen Verhaltens und in Formen von Transmission und Diffusion verkörpert sind...«[37] Doch genauso akzeptiert er Nietzsches Satz, daß eigennütziges Interesse aller Macht und allem Wissen vorausgeht und sie nach eigenem Willen, Gefallen und Maßlosigkeit formt. Mehr und mehr sieht Foucault die Macht an sich als eine schwer faßbare Relation, als eine Immanenz des Diskurses und als ein Rätsel der Begierde: »Es kann sein, daß Marx und Freud unseren Wunsch nicht befriedigen können, dieses enigmatische Ding zu verstehen, was wir Macht nennen, und was gleichzeitig sichtbar und unsichtbar, anwesend und versteckt, ja geradezu allgegenwärtig ist«, erklärt Foucault.[38] Deswegen scheint Foucault in seinem kürzlich erschienenen Essay »Subjekt und Macht« größeren Wert darauf zu legen, »neue Arten der Subjektivität« zu fördern – in Ablehnung derjenigen Identitäten, welche Staaten ihren Bürgern aufzwingen – als traditionelle Formen der Ausbeutung zu verurteilen.[39]

In der Foucaultschen Perspektive erscheint die Kritik ebensosehr als Triebdiskurs wie als Machtdiskurs, der auf jeden Fall konativ und affektiv in seinem persönlichen Ursprung ist. Ein Neomarxist wie Frederic Jameson dagegen würde die Kritik auf die Basis der kollektiven Realität stellen. Er würde genau differenzieren und »innerhalb der marxistischen Tradition die Priorität einer auf der gesellschaftlichen Klasse basierenden ›positiven Hermeneutik‹ gegenüber der immer noch von anarchistischen Kategorien des individuellen Subjekts und der individuellen Erfahrung eingeschränkten ›negativen Hermeneutik‹ anerkennen«.[40] Ebenso würde ein »linker« Kritiker wie Edward Said darauf bestehen, daß die »realen Tatsachen der Macht und der Autorität... diejenigen Tatsachen sind, die Texte möglich ma-

chen, die sie ihren Lesern übermitteln und die sich um Aufmerksamkeit bei den Kritikern bemühen«.[41]

Andere Kritiker, die weniger parteiisch, aber streng politisch
argumentieren, würden wohl zustimmen. Tatsächlich überwiegt
zur Zeit die »institutionelle Betrachtung« von Literatur und
Kritik bei in ihren Anschauungen so grundverschiedenen Kritikern wie David Bleich, Wayne Booth, Donald Davie, Stanley
Fish, E. D. Hirsch, Frank Kermode, Richard Ohmann ... usw. So
meint z. B. Bleich angriffslustig:

>»Literaturtheorie sollte zum Wandel von gesellschaftlichen und akademi-
schen Institutionen wie z. B. öffentlichen Vorlesungen, Konferenzrefera-
ten, der Arbeit im Seminar und der universitären Karriere beitragen.
Theoretische Arbeit sollte zeigen, warum keine Gruppe von Forschern
und kein Gegenstand (die Theorie eingeschlossen) selbstrechtfertigend,
selbst-erklärend und selbsttragend sein kann.«[42]

Die Frage nach der Ideologie offenbart sich allenthalben. Eine
provozierende Ausgabe des *Critical Inquiry* untersucht die »Politik der Interpretation«; und die allzu geschickte Korrelation
zwischen Ideologie und Kritik läßt selbst einen solch streitsüchti-
gen Kritiker wie Gerald Graff gegen die »Pseudo-Politik der
Interpretation« in einer späteren Ausgabe protestieren.[43] Zur
gleichen Zeit verzeichnet der ausgesprochen zurückhaltende Kritiker Geoffrey Hartman in seiner letzten Arbeit das Vordringen
der Politik. Die Unternehmungen des GRIP (Group for Research
on the Institutionalization and Professionalization of Literary
Study) scheinen geradeso allgegenwärtig zu sein wie die des KGB
oder CIA, obschon wesentlich gutartiger. Und die Menge der
Konferenzen über »Marxismus und Kritik«, »Feminismus und
Kritik«, »Ethnische Zugehörigkeit und Kritik«, »Technologie
und Kritik« oder »Massenkultur und Kritik« sorgt für Geschäf-
tigkeit auf amerikanischen Flughäfen und für schwarze Zahlen
bei den Fluggesellschaften.

All das spiegelt natürlich die Veränderungen der »uns betreffenden Mythen« (Frye) seit den fünfziger Jahren wider. Aber es
reflektiert gleichermaßen den Wandel unserer Vorstellung von
Kritik: jenen Wandel von einer kantischen Auffassung zu einer
nietzscheanischen, freudschen oder marxistischen Konzeption –
um nur drei zu nennen –, von einer ontologischen zu einer
historischen Sicht, vom synchronen oder generischen Diskurs

zum diachronen bzw. konativen Handeln. Das Zurücktreten der neokantischen Vorstellung, welche sich durch die Werke von Cassirer, Langer und den alten New Critics zieht und mehrdeutig bei Murray Krieger auftaucht, zieht einen weiteren Verlust nach sich: den der Einbildungskraft als autochthone und autotelische, möglicherweise erlösende intellektuelle Kraft. Hinzu kommt noch der Verlust oder zumindest der Verfall der »Imaginären Bibliothek«: eine totale Ordnung der Kunst, analog zu Malraux' *musée imaginaire*, die über Zeit und bloßes Schicksal triumphiert.[45] Dieses Ideal ist heute verschwunden; die Bibliothek selbst wird vielleicht als Trümmerhaufen enden. Doch in unserem Eifer, die Kunst unseren eigenen Verhältnissen anzugleichen und über Texte nach eigenem Willen zu verfügen, laufen wir Gefahr, diese nicht nur literarischen Fähigkeiten, die unsere historische Existenz so reichhaltig erfüllt haben, zu negieren.

Ich bekenne eine gewisse Abneigung gegenüber ideologischem Fanatismus, dessen schlimmste Formen jetzt voll leidenschaftlicher Intensität sind *und* jeder Überzeugung entbehren, sowie gegenüber dem Bramarbasieren von religiösen und weltlichen Dogmatikern.[46] Ich gestehe, daß ich eine gewisse ambivalente Haltung der Politik gegenüber einnehme, durch die unsere Antworten auf die Kunst und das Leben überfrachtet werden können. Denn was ist Politik? Einfach die richtige Handlung, wenn die Zeit dazu reif ist. Aber was noch ist Politik? Die Rechtfertigung für öffentlichen Wirbel und Einschüchterungen; die Vergeltung, die sich selbst als Gerechtigkeit erklärt und vorgibt, Rechtens zu sein; die Leidenschaft für die Flucht vor sich selbst; immanente Lügenhaftigkeit; die Macht der Gewohnheit; der Ort, an dem die Geschichte ihre Alpträume probt; das *dur désir de durer*; die tödliche Banalität des Seins. Trotzdem müssen wir alle die Politik wie einen Schatz hüten, weil sie unseren theoretischen Konsens, unsere literarischen Ausflüchte, unser kritisches Abweichlertum strukturiert und unsere Vorstellungen von Pluralismus gestaltet – auch jetzt, da ich hier spreche/schreibe.

V

Wie wir wissen, kann Politik tyrannisch werden; sie kann andere Formen des Diskurses dominieren und alle anderen Gegebenheiten des menschlichen Universums – Irrtum und Epiphanie, Zufall, Langeweile, Schmerz und Träume – auf ihren eigenen Bedeutungsbereich reduzieren. Darum brauchen wir, wie Julia Kristeva sagt, »eine psychoanalytische Intervention ... ein Gegenmittel, ja Gegengewicht zum politischen Diskurs, welcher sonst nicht aufgehalten werden kann, unsere moderne Religion zu werden: die Letzterklärung«.[47] Doch die psychoanalytische Erklärung kann ebenso reduktiv werden wie jede andere, sofern nicht die Begierde selbst die Tauglichkeit ihres Wissens und ihrer Worte beweist.

Ich verstehe den Begriff Begierde im weitesten Sinne: persönlich und kollektiv, biologisch und ontologisch; als eine Kraft, mit der Autoren von Hesiod und Homer bis Nietzsche, William James und Freud zu rechnen hatten. Sie schließt auch den Eros des Universums mit ein, den Whitehead als »aktives Gegenwärtighaben aller Ideale, das von dem Drang begleitet wird, jedes von ihnen zu seiner Zeit in einer endlichen Form zu realisieren«, begreift.[48] Ich fasse den Begriff Begierde auch noch in einem besonderen Sinn auf, nämlich wie Paul Valéry ihn verstand, als er schmerzlich eingestand, daß jede Theorie Fragment einer Autobiographie ist. (In letzter Zeit sind die Fragmente immer umfangreicher geworden, wie jeder, der den ödipalen Psychomanien der Kritiker folgt, zugeben muß.) Ferner verstehe ich die Begierde auch als einen Aspekt des Lustprinzips, auf welches man sich heutzutage so ungehemmt beruft.

In diesem Zusammenhang kommt Roland Barthes geradezu gelegen: für ihn ist die Lust am Text pervers, polymorph und geschaffen vom zeitweisen Aussetzen weniger des Herzens als des Körpers. Brüche, Risse, Nähte und Schnitte erhöhen diese Lust, genauso wie erotische Verdrängung. »Der Text ist ein Fetischobjekt, *und dieser Fetisch begehrt mich*«, vertraut Barthes uns an.[49] Ein solcher Text entzieht sich der von vorherigen oder äußerlichen Normen bestimmten Wertung. In seiner Gegenwart können wir nur noch rufen: »Das ist es für mich!«, ein dionysischer Ausruf *par excellence*. (Dionysisch ist hier in diesem eigentümlichen gallischen Timbre zu verstehen.) Somit ist die Lust am Text für Barthes doppelten Ursprungs: sie wird abgeleitet von der Freiheit des Körpers, »seinen eigenen Ideen zu folgen« und vom »Wert, der in den prunkvollen Rang des Signifikanten übergeht«.[50]

Wir brauchen hier nicht die berühmten, wenn auch zweifelhaften Unterscheidungen zu diskutieren, die Barthes in diesem talismanischen Text anstellt; wir müssen lediglich zur Kenntnis nehmen, daß die Lust ein konstitutives kritisches Prinzip in seinem späteren Werk wird. So insistiert Barthes in *Leçon*, seiner Antrittsvorlesung am Collège de France, auf der »Wahrheit der Begierde«, welche sich selbst in der Multiplizität des Diskurses entdeckt: »*autant de langages qu'il y a de désirs.*«[51] Die erhabenste Rolle eines Professors ist die, aus sich selbst ein »Phantasma« zu machen, seinen Körper so zu erneuern, daß er seinen Studenten altersgleich wird, zu ver-lernen (désapprendre). Dann vielleicht kann er wirkliche Weisheit, *sapientia*, erlangen: »*Keine Macht, ein wenig Wissen, etwas Weisheit, und soviel Würze wie möglich.*«[52]

Fragmente einer Sprache der Liebe zeigt eine dunklere Seite der Begierde; mehr als die Freude begleiten der Schmerz und die Einsamkeit das Subjekt. Indem er diskret den Diskurs eines Liebenden simuliert, ihn ähnlich der Darstellung eines modernen Tänzers in gebrochenen Figuren wiedergibt, präsentiert uns Barthes eine Enzyklopädie affektiver Kultur, die von keinem anderen Ordnungsprinzip beherrscht wird als vom Alphabet der Triebe. Und doch durchdringt erynnischer Geist die Seiten des Werkes; der Text, auf den es immer wieder zurückkommt, ohne ihn jemals richtig zu verlassen, ist dieses ausschweifende Buch von Liebe, Tod und Wahnsinn, die *Leiden des jungen Werther*, das so viele in Europa lasen und beim Lesen zu seufzen und zu sterben lernten. So werden Liebe und Selbstmord textuelle Mimesis; in Barthes' Buch treffen Begierde und Sprache unablässig an der Grenze ihrer gegenseitigen Vernichtung aufeinander. Die Möglichkeit der Erklärung, der Hermeneutik, existiert nicht in diesen verzweifelten, imaginären Bekenntnissen, die die Sprache wie im erotischen Vorspiel »streichelt«: »Ich reibe meine Sprache an einer anderen. So, als hätte ich Worte anstelle von Fingern...«[53]

Nach anderen Formen des kritischen Zuredens muß man nicht lange suchen.[54] Ich will jedoch weder deutlich machen, daß kritische Theorie eine Funktion unserer Triebe ist, noch, daß die Kritik oftmals einfach die Lust oder die Begierde zum Thema und zur Aufgabe wählt. Mein Punkt ist wesentlich grundsätzlicher: ein Großteil der heutigen Kritik versteht Sprache und Literatur als Werkzeuge der Begierde, an der die Kritik sich festzuhalten versucht (»se coller«, wie Barthes sagt), und zwar in erotischer, stilistischer und sogar erkenntnismäßiger Hinsicht. »Die Begierde und die Begierde nach Wissen sind einander nicht fremd...«, bemerkt Kristeva; und »Interpretation ist unendlich, weil die Begierde die Bedeutung unendlich macht...«[55] Erfreulicherweise leitet dieses letzte Zitat in meine Zusammenfassung über, die letztlich keine ist.

Ich möchte gleichwohl noch einmal die Grundlinien meiner Argumentation aufzeichnen. Kritischer Pluralismus erscheint als impliziter Teil unserer postmodernen Verhältnisse, ihres Relativismus und ihrer Indeterminanzen, welche er einzudämmen sucht. Doch kognitive, politische und affektive Einschränkungsversuche bleiben Stückwerk. Sie alle scheitern schließlich daran, den kritischen Pluralismus zu begrenzen und eine konsensuelle Theorie oder Praxis zu erreichen. Gibt es irgend etwas in unserer Zeit, das in der Lage wäre, einen breiten Diskurskonsens zu begründen?

VI

Zweifellos ist die Einbildungskraft postmoderner Kritik aus den Fugen geraten. Ohne Zweifel ist sie allerdings auch eine intellektuelle Phantasie von enormer Resonanz und Reichweite. Ich nehme an ihrer Erregtheit teil, wobei meine eigene Erregung mit Unbehagen gemischt ist. Dieses Unbehagen berührt mehr als nur unsere kritischen Theorien; es betrifft die Frage nach dem Wesen der Autorität und dem Glauben an die Welt. Es ist der alte Nietzscheanische Ruf des Nihilismus: »Die Wüste wächst!« Gott, König, Vater, Vernunft, Geschichte, Humanismus – sie alle hatten ihre Zeit, obschon ihre Macht noch immer in einigen Glaubenszirkeln aufflackert... Wir haben unsere Götter umgebracht – ob aus Trotz oder mit der Kälte unserer Klarheit vermag ich kaum zu beurteilen –, doch wir bleiben Kreaturen, die dem Willen, der Begierde, der Hoffnung und dem Glauben unterworfen sind. Und jetzt haben wir nichts, nichts, was nicht partiell, provisorisch oder selbsterschaffen wäre, nichts, auf das wir unseren Diskurs gründen könnten.

Zuweilen sehe ich einen neuen Kant in Königsberg erstehen, der beherzt durch den eisernen Vorhang kommt. In der Hand hält er die »Vierte Kritik«, welche er *Kritik der praktischen Urteilskraft* nennt. Es ist ein Meisterwerk, das alle Widersprüche von Theorie und Praxis, von Ethik und Ästhetik, von metaphysischer Vernunft und historischer Existenz auflöst. Wenn ich aber nach der hehren Abhandlung greifen möchte, verschwindet der illustre Geist. Betrübt greife ich ins Bücherregal und nehme William James' *Der Wille zum Glauben* heraus.

Hier scheint angenehme Klarheit zu herrschen, und eine Vorstellungskraft, die die Vernunft angespannt hält. James spricht ganz wesentlich unsere Verhältnisse in einem »pluralistischen Universum« an. In seinen Worten:

»Der von mir so genannte radikale Empirismus bekennt sich zu der Annahme, daß dieser Pluralismus die dauernde Gestalt der Welt treffend bezeichnet. Er betrachtet die Rohheit der Erfahrungstatsachen als ewiges Element derselben. Es gibt nach ihm keinen möglichen Gesichtspunkt, dem die Welt sich als völlig einheitliche Tatsache darstellt.«[56]

Damit wird das Feld dem menschlichen Willen überlassen. Nochmals James:

»Wenn ich hier vom ›Willen‹ rede, so meine ich nicht nur solche überlegte Willensakte, wie sie wohl Glaubensgewohnheiten hervorgerufen haben, denen wir nun nicht mehr entrinnen können, – ich meine vielmehr alle solche Faktoren des Glaubens, wie Furcht und Hoffnung, Vorurteil und Leidenschaft, Nachahmung und Parteigängerei, die Einengung in unsere Kaste und Gattung. Wir finden uns tatsächlich gläubig, wir wissen kaum, wie oder warum. Balfour bezeichnet alle diese aus dem geistigen Klima stammenden Einflüsse, welche Hypothesen für uns möglich oder unmöglich, lebendig oder tot machen, mit dem Namen ›Autorität‹.«[57]

Dies wurde fast vor einem Jahrhundert geschrieben und bleibt bis heute, wie ich *glaube*, unumstößlich und unanfechtbar. James schlägt eine andere Art der »Autorität« vor (siehe letztes Zitat), eine pragmatische, empirische Autorität, die pluralistische Anschauungen erlaubt. Zwischen diesen Anschauungen kann es nur einen kontinuierlichen Ausgleich von Vernunft und Interesse, eine Vermittlung von Begierden und Manifestationen von Macht oder Hoffnung geben. Doch all dies liegt begründet in Glaubensüberzeugungen, welche für James die interessantesten, wertvollsten Züge des Menschen sind. Er sagt, daß schließlich »*die Gefühlsseite unseres Wesens*« sich »*für eine Option zwischen verschiedenen Behauptungen*« entscheidet, »*wo es sich um eine echte Option handelt, welche ihrer Natur gemäß nicht aus intel-*

lektuellen Gründen entschieden werden kann...«[58] James schlägt
sogar vor, daß, biologisch gesehen, »unser Geist ebenso bereit ist,
das Falsche herauszubringen wie das Wahre, und wenn jemand
sagt: ›Lieber bleibt für immer ganz ohne Glauben, als daß ihr eine
Lüge glaubt!‹ – so zeigt er lediglich, daß bei ihm die Angst,
angeführt zu werden, vorwiegt«.[59]

Zeitgenössische Pragmatisten wie Rorty oder Michaels würden
James vielleicht nicht so weit folgen. Doch sie würden sich mit
Sicherheit – wie die meisten von uns heute – sperren, wenn James'
Sprache spirituell wird:

»Ist es nicht pure dogmatische Torheit, wenn man sagt, daß unsere
inneren Interessen mit Kräften, welche die verborgene Welt vielleicht
enthält, keinen wirklichen Zusammenhang haben können?... Und wenn
Bedürfnisse unsererseits über das sichtbare Universum hinausgehen,
warum *kann* dies nicht ein Zeichen dafür sein, daß es ein unsichtbares
Universum gibt?... Kurz gesagt: Gott selbst saugt vielleicht Lebenskraft
und Lebenssteigerung aus unserem Glauben.«[60]

Ich zitiere diese Passage nicht, um den Anspruch von Metaphysik
oder Religion zu untermauern. Ich möchte lediglich andeuten,
daß die *eigentlichen* Kernpunkte des kritischen Pluralismus in
unserer postmodernen Epoche in diese Richtung weisen. Warum
aber gerade in unserer postmodernen Epoche? Eben genau wegen
ihrer ausgleichenden Kräfte und ihrer Indetermanenzen. Überall
beobachten wir heute Gesellschaften, die von den zweideutigen
und gleichzeitigen Prozessen der Planetisierung und Retribalisie-
rung, des Totalitarismus und des Terrors, des fanatischen Glaubens und des radikalen Unglaubens zerrissen sind. Überall treffen
wir auf diese konjunktive/disjunktive technologische Ekstase, die
– in mutierten oder versetzten Formen – den postmodernen
Diskurs beeinflußt.

Es mag sein, daß irgendeine wilde Bestie wieder nach Bethlehem
kriecht, mit blutigen Lenden, deren Namen in unseren Ohren wie
das Tosen der Geschichte widerhallt. Es mag sein, daß irgendeine
Naturkatastrophe, eine weltweite Seuche oder eine außerirdische
Macht die Erde derartig in Schock versetzen wird, daß sie eine
Art gesundes planetarisches Bewußtsein ihres Schicksals erlangen
wird. Es mag auch sein, daß wir uns einfach durchwursteln
werden, von Oase zu Oase durch die »Wüste« wandernd, wie wir
es über Jahrzehnte, ja vielleicht über Jahrhunderte hinweg getan
haben. Ich besitze nicht die Gabe der Prophezeiung, sondern

habe nur eine leichte Vorahnung, die ich jetzt ausspreche, um mich daran zu erinnern, daß die gesamte Verflüchtigung unseres Wissens und unserer Handlungen aufgrund nicht vorhandener Glaubenskonsense gedeiht. Deren Abwesenheit erfüllt auch unsere Stimmungen, unseren Willen mit Tatkraft.

Ich weiß nicht, wie man verhindern kann, daß der kritische Pluralismus in Relativismus oder beliebigen Perspektivismus abgleitet, ausgenommen man fordert Wissenskonstituenten, gemeinsame Werte, Traditionen, Hoffnungen und Ziele. Ich weiß nicht, wie wir unsere »Wüste« ein wenig grüner machen können, außer, wenn wir Enklaven genialer Autorität herbeiwünschen, deren Hauptaufgabe es sein müßte, zivile Verantwortung, tolerante Überzeugungen und kritische Sympathie wiederherzustellen.[61] Ich weiß nicht, wie man der Literatur, der Theorie oder der Kritik neuen Einfluß auf die Welt verschaffen könnte, es sei denn durch die Remythisierung unserer Phantasie und durch die erneute Einbeziehung des Reichs der Wunder in unser Leben. In dieser Hinsicht bleibt meine Wahlverwandtschaft mit Emerson bestehen: »Orpheus ist kein Märchen: man muß nur singen, und die Felsen werden kristallen; singe, und die Pflanze wird wachsen; singe, und das Lebewesen wird geboren werden.«[62]

Aber wer glaubt das heute?

(Aus dem Amerikanischen von Hans Velten)

Anmerkungen

1 »Das sicherste aller philosophischen Probleme ist vielleicht das Problem der Gegenwart, das Problem unseres Daseins in genau diesem Moment«, schreibt Michel Foucault in *Beyond Structuralism and Hermeneutics*, als »Afterword« nachgedruckt in Hubert L. Dreyfus und Paul Rabinow (Hrsg.), Chicago, 1982, S. 210. Der Aufsatz erschien auch in *Critical Inquiry* 8, Nr. 4 (Sommer 1982), S. 777-796.

2 Ich habe einige dieser Probleme in *The Dismemberment of Orpheus: Toward a Postmodern Literature*, zweite, verbesserte Auflage, Madison, Wisc., 1982, S. 262-268 untersucht. Vgl. auch Claus Uhlig, »Toward a Chronology of Change«, Dominick LaCapra, »Intellectual History and Defining the Present as ›Postmodern‹« und Matei Calinescu, »From the One to the Many: Pluralism in Today's Thought«, in: *Innovation/Renovation: New Perspectives on the Humanities*,

Hrsg. Ihab Hassan und Sally Hassan, Madison, Wisc., 1983.

3 Daniel Bell, *Die Zukunft der westlichen Welt. Kultur und Technologie im Widerstreit*, Frankfurt, 1976, S. 7.

4 Jürgen Habermas, »Modernity versus Postmodernity«, in: *New German Critique* 22, Winter 1981, S. 13.

5 Zur Ausarbeitung des Begriffs »Indetermanenzen« siehe Ihab Hassan, *The Right Promethean Fire: Imagination, Science and Cultural Change*, Urbana, Illinois, 1980, S. 89-124. Obwohl der Postmodernismus ein weitaus übergreifenderes Phänomen als der Poststrukturalismus ist, ist letzterer in akademischen Kreisen besser bekannt.

6 Jean-François Lyotard, »Answering the Question: What is Postmodernism?«, in: Hassan u. Hassan, S. 341. Vgl. auch Hayden White zum parataktischen Stil in Kunst und Gesellschaft: »The Culture of Criticism«, in: *Liberations: New Essay on the Humanities in Revolution*, Hrsg. Ihab Hassan, Middletown, Ct., 1971, S. 66-69; siehe auch William James zu den Wechselbeziehungen zwischen Parataxe und Pluralismus: »Es ist immerhin möglich, daß gewisse Teile der Welt mit gewissen anderen Teilen nur so lose verknüpft sind, daß die Verbindung bloß durch das Bindewort ›und‹ hergestellt wird... Diese pluralistische Anschauung von einer Welt des bloßen Nebeneinander kann der Pragmatismus nicht umhin, in ernste Erwägung zu ziehen«, *Der Pragmatismus, Ein neuer Name für alte Denkmethoden*, Hamburg, 1977, S. 104.

7 Jean-François Lyotard, *Ökonomie Postmodern (La condition postmoderne)*, Wien, 1982. Andere Auffassungen zur Dekanonisierung finden sich in *English Literature: Opening Up the Canon*, Hrsg. Leslie Fiedler und Houston A. Baker, jr., Selected Papers from the English Institute, 1979, n. s. 4, Baltimore, 1981, und *Critical Inquiry* 10, No. 1 (September 1983).

8 Wylie Sypher, *Loss of Self in Modern Literature and Art*, New York, 1962; Friedrich Nietzsche, *Der Wille zur Macht* (Bd. 16 der Gesamtausgabe), Leipzig, Kröner 1911, S. 14. Siehe auch die Diskussion zum postmodernen Ich in Charles Caramello, *Silverless Mirrors: Book, Self, and Postmodern American Fiction*, Tallahassee, Fl., 1983.

9 Im weitesten Sinne ist die Verweigerung des Innersten eine Verweigerung der Hermeneutik, der »Penetration« von Natur und Kultur. Es manifestiert sich in den weißen Philosophien des Poststrukturalismus, wie auch in verschiedenen zeitgenössischen Künsten. Vgl. z. B. Alain Robbe-Grillet, *Argumente für einen neuen Roman*, München, 1965, S. 49-76, und Susan Sontag, *Kunst und Antikunst*, 24 literarische Analysen, München, 1980, S. 9-18.

10 Lyotard, in Hassan und Hassan, S. 340. Vgl. auch Hayden Whites scharfsinnige Analyse der Politik des Erhabenen, »The Politics of Historical Interpretation: Discipline and De-Sublimation«, in: *Criti-*

cal Inquiry 9, No. 1 (September 1982), S. 124-128.

11 Julia Kristeva, »Postmodernism?«, in: *Romanticism, Modernism, Postmodernism*, Hrsg. Harry R. Garvin, Lewisburg, Pa., 1980, S. 141. Vgl. auch ihre Publikation *Powers of Horror: An Essay on Abjection*, New York, 1982, und ihre unlängst erschienene Analyse über das »Unsagbare« in »Psychoanalysis and the Polis«, *Critical Inquiry* 9, No. 1 (September 1982), S. 84 f, 91.

12 Alan Wilde, *Horizons of Assent: Modernism, Postmodernism, and the Ironic Imagination*, Baltimore, 1981, S. 10. Wayne Booth fordert eine stärkere Akzentuierung der Ironie in postmoderner Zeit, eine »kosmische Ironie«, die die Forderung des Menschen, das Zentrum des Universums zu sein, abschwächt und dabei eine verblüffende Parallele mit traditionellen religiösen Sprachen aufzeigt. Vgl. seine Publikation »The Empire of Irony«, in: *The Georgia Review* 37, No. 4 (Winter 1983), S. 719-737.

13 Der zuletzt genannte Ausdruck stammt von Gary Saul Morson, der eine ausgezeichnete Analyse der Schwellenliteratur, Parodie und Hybridisierung vorgelegt hat, *The Boundaries of Genre: Dostoyevsky's »Diary of a Writer« and the Traditions of Literary Utopia*, Austin, Tx., 1981, besonders die Seiten 48-50, 107 f, 142 f.

14 Frederic Jameson, »Postmodernism and Consumer Society«, in: *The Anti-Aesthetic: Essays on Postmodern Culture*, Hrsg. Hal Foster, Port Townsend, Wa., 1983. Eine entgegengesetzte Position vertritt Paolo Portoghesi, *Ausklang der modernen Architektur*, Zürich/München, 1982, S. 13.

15 M. M. Bachtin, *Rabelais und seine Welt*, Frankfurt, 1987, und *The Dialogic Imagination*, Hrsg. Michael Holquist, University of Texas Press Slavic Series no. 1, Austin, Tx., 1981. Vgl. auch die Ausgabe des *Critical Inquiry* über Bachtin, no. 2 (Dezember 1982).

16 Bachtin, *Rabelais*, S. 56 f.

17 Vgl. Regis Durands Verteidigung des Performanceprinzips in postmoderner Kunst gegenüber Michael Fried: »Theatre/SIGNS/Performance« in Hassan und Hassan, S. 213-217. Vgl. auch Richard Schechner, »News, Sex and Performance Theory«, ibid., S. 189-210.

18 Richard Poirier, *The Performing Self: Compositions and Decompositions in the Languages of Contemporary Life*, New York, 1971, S. xv, xiii. Siehe auch Christopher Lasch, *Das Zeitalter des Narzißmus*, München, 1980.

19 Nietzsche, S. 47.

20 William James verstand dies, als er sagte: »Man kann die vermenschlichenden Zutaten nicht ausjäten... Die unleugbare Tatsache, daß ein Strom von Empfindungen tatsächlich da ist, die steht wohl fest. Aber das, was von diesem Strome mit Wahrheit ausgesagt wird, das ist, wie es scheint, von Anfang bis zum Ende unsere eigene Schöpfung«,

S. 162.
21 Ihab Hassan, *Paracriticisms: Seven Speculations of the Times*, Urbana, Il., 1975, S. 121-150; und Hassan, *The Right Promethean Fire*, S. 139-172. Doch es war José Ortega y Gasset, der dieses vorausschauende, gnostische Urteil im Jahre 1925 abgab: »Der Mensch vermenschlicht die Welt, er infiziert und durchtränkt sie mit seinem eigenen idealen Wesen und schafft der Einbildung Raum, daß diese schreckliche äußere Welt eines Tages in ferner Zeit vom Menschen so gesättigt sein wird, daß unsere Nachkommen sich in ihr bewegen können, wie wir uns geistig in unserer Innerlichkeit bewegen – er gibt der Einbildung Raum, daß die Welt, ohne aufzuhören zu sein, sich schließlich in etwas wie eine materialisierte Seele verwandelt, wie in Shakespeare's ›Sturm‹ die Windstöße durch Ariel, den Luftgeist der Ideen, entfesselt werden.« »Der Mensch und die Leute«, in: *Gesammelte Werke Bd. 6*, Stuttgart, 1978, S. 23. Doch bereits vor Ortega William schrieb James: »Die Welt ist insoweit eine Einheit, als ihre Teile durch bestimmte Verbindungen zusammenhängen. Sie ist aber genauso weit eine Vielheit, als irgend eine bestimmte Verbindung nicht besteht. Und schließlich wird sie durch die Verbindungssysteme, an denen menschliche Energie immer weiter baut, im Laufe der Zeit immer mehr vereinheitlicht«, S. 98. Aber vgl. auch Jean Baudrillards Version einer sinnlosen Immanenz, »The Ecstasy of Communication«, in: Foster, S. 126-134.
22 Nelson Goodman, Weisen der Welterzeugung, Frankfurt, 1984, S. 10.
23 Aktive, kreative und selbstreflexive Muster scheinen genauso wesentlich für die fortgeschrittenen Theorien von künstlicher Intelligenz zu sein. Vgl. den Artikel über Douglas R. Hofstadters letztes Werk, von James Gleick, »Exploring the Labyrinth of the Mind«, in: *The New York Times Magazine*, 21. August 1983, S. 23-100.
24 Jean Baudrillard, »What Are You Doing After the Orgy?«, in: *Artforum* (Oktober 1983), S. 43.
25 Vgl. z. B. Paul de Man, »Literary History and Literary Modernity«, in: *Blindness and Insight* (New York, 1971), und Octavio Paz, *Children of the Mire*.
26 Vgl. z. B. den überzeugenden Artikel von Ralph Cohen, »Literary Theory as Genre«, in: *Centrum* 3, no. 1 (Frühjahr 1975), S. 45-64. Auch Cohen sieht literarischen Wandel selbst als Genre an. Vgl. seinen Aufsatz »A Propadeutic for Literary Change«, und die Erwiderung darauf von Hayden White und Michael Riffaterre, in: *Critical Exchange* 13 (Frühjahr 1983), S. 1-17, 18-26, 27-38.
27 Wayne Booth, *Critical Understanding: The Powers and Limits of Pluralism*, Chicago, 1979, S. 33 f.
28 *Beyond Genres: New Directions in Literary Classification*, Ithaca, N. Y., 1972, S. 184. Vgl. auch die beiden Ausgaben über Konvention und Genre des *New Literary History* 13 und 14, no. 1 und 2 (Herbst

1981, Winter 1983).

29 Morson, S. 49.

30 Jacques Derrida, »La Loi du Genre/The Law of Genre«, in: *Glyph* 7 (1980), S. 206. Die gesamte Ausgabe beschäftigt sich mit dem Genre.

31 Der Ausdruck »in ihrem Wesen umstrittene Konzepte« wurde entwickelt von W. B. Gallie in seiner *»Philosophy and Historical Understanding«*, New York, 1968. Vgl. Auch Booths klare Analyse dieses Problems, S. 211-215, 366.

32 Vgl. Stephen Knapp und Walter Benn Michaels, »Against Theory«, in: *Critical Inquiry* 8, no. 4 (Juni 1983). »Revisionary Madness« ist der Titel von Daniel T. O'Haras Erwiderung, S. 726-742.

33 »A Reply to our Critics«, in: *Critical Inquiry* 9, S. 800.

34 Die Bedeutung des Glaubens für die Erkenntnis im allgemeinen und für Konventionen im besonderen wird von Denkern verschiedenster Richtungen anerkannt, auch wenn sie in Fragen nach dem Wesen der Wahrheit, des Realismus und des Genre geteilter Meinung sind. So stimmen zum Beispiel Nelson Goodman und Menachem Brinker überein, daß Glaube eine »akzeptierte Version« der Welt sei; E. D. Hirsch pflichtet beiden bei. Vgl. Nelson Goodman, »Realism, Relativism, and Reality«, Menachem Brinker, »On Realism's Relativism, A Reply to Nelson Goodman«, und E. D. Hirsch, »Beyond Convention?«, alle erschienen in: *New Literary History 14*, no. 1 (Winter 1983), S. 270, 273, 396 f.

35 Thomas S. Kuhn, *Die Struktur wissenschaftlicher Revolution*, Frankfurt, 1973, S. 213; Victor Turner, *Dramas, Fields and Metaphors*, Ithaca, N. Y., 1974, S. 16; Jonathan Culler, »Convention and meaning: Derrida and Austin«, in: *New Literary History* 13, S. 30; Jeffrey Stout, »What is the Meaning of a Text?«, in: *New Literary History 14*, no. 1, (Herbst 1982), S. 5. Ich bin mir darüber im klaren, daß andere Denker bei ihrem Versuch, radikalen Perspektivismus zu begrenzen, zwischen »Verschiedenheit« und »Subjektivität« des Verstehens unterscheiden; vgl. z. B. Stephen C. Pepper, *World Hypotheses*, Berkeley und Los Angeles, 1942, Stephen Toulmin, *Menschliches Erkennen*, Frankfurt, 1983, und George Bealer, *Quality and Concept*, Oxford, 1982. Aber ich frage mich, warum ihre Argumente es nicht vermochten, die Differenzen gegenüber den Relativisten aus dem Weg zu räumen oder wenigstens zu reduzieren; oder warum Richard Rorty und E. D. Hirsch einräumen, in der »Frage der Objektivität« nicht einer Meinung zu sein. Diese Frage war Thema einer Konferenz an der University of Virginia im April 1984.

36 Jürgen Habermas, in *Erkenntnis und Interesse*, Frankfurt, 1968, und *Technik und Wissenschaft als Ideologie*, Frankfurt, 1968, bietet ebenfalls eine nachdrückliche neo-marxistische Kritik der Erkenntnis und der Gesellschaft. In Kenneth Burkes *A Grammar of Motives*, New

York, 1945, war dieses politische und logo-logische Unternehmen bereits vor Foucault und Habermas breit angelegt.

37 Michel Foucault, *Language, Counter-Memory, Practice*, Hrsg. Donald F. Bouchard, übers. von Donald F. Bouchard und Sherry Simon, Ithaca, N.Y., 1977, S. 200.

38 Ibid., S. 213.

39 Dreyfus und Rabinow, S. 216 ff.

40 Frederic Jameson, *The Political Unconscious: Narrative as a Socially Symbolic Act*, Ithaca, N.Y., 1981, S. 286.

41 Edward Said, *The World, the Text, and the Critic*, Cambridge, MA., 1983, S. 5.

42 David Bleich, »Literary Theory in the University: A Survey«, in: *New Literary History* 14, no. 2 (Winter 1983), S. 411. Vgl. auch *What is Literature?* hrsg. von Paul Hernadi, Bloomington, In., 1978, S. 49-112.

43 Vgl. *Critical Inquiry* 9, no. 1 (September 1982); und Gerald Graff, »The Pseudo-Politics of Interpretation«, in: *Critical Inquiry* 9, no. 3 (März 1983), S. 597-610.

44 »The New Wilderness: Critics as Connaisseurs of Chaos«, in: Hassan und Hassan, S. 87-110.

45 »Falls die sozialen Verhältnisse allzu stark der (romantischen) Weltsicht der Literatur widersprechen, dann kann die Imaginäre Bibliothek – zuallererst die sie ermöglichenden Glaubenssätze und schließlich ihre institutionellen Ausprägungen – nicht länger bestehen«, bemerkt Alvin B. Kernan, *The Imaginary Library: An Essay on Literature and Society*, Princeton, 1982, S. 166.

46 Obschon »alles Ideologie ist«, wie wir heute gerne sagen, müssen wir doch noch zwischen Ideologien: Faschismus, Feminismus, Monetarismus, Vegetarismus etc., zwischen ihren offenen und versteckten Forderungen unterscheiden. Selbst der Postmodernismus verlangt als politische Ideologie nach Unterscheidungsmerkmalen. Lyotard zum Beispiel glaubt, daß »die postmodernen Verhältnisse der Entzauberung sowie dem blinden Delegitimierungspositivismus fremd bleiben« (*Ökonomie Postmodern*, S. 8); demgegenüber besteht Hal Foster auf einem »Postmodernismus des Widerstands«, einer »Gegen-Praxis nicht nur zur offiziellen Kultur des Modernismus, sondern auch zur ›falschen Normativität‹ eines reaktionären Postmodernismus« (*The Anti-Aesthetic*, S. xii). Interessanterweise scheinen französische Denker der Linken – Foucault, Lyotard, Deleuze, Baudrillard – subtiler in ihren Vorstellungen von »Widerstand« zu sein als ihre amerikanischen Kollegen. Dies ist verwunderlich, vielleicht gar paradox, da die Verfahren der »Massen«-, »Konsum«- oder »postindustriellen« Gesellschaft in Amerika fortgeschrittener als in Frankreich sind. Vgl. aber auch, als Gegenargument, Edward Saids Kritik an Foucault, »Travel-

ling Theory«, *Raritan* 1 (Winter 1982), S. 41-67.

47 *Critical Inquiry* 9, S. 78. In unserer therapeutischen Kultur suchen sich ständig die Sprache der Politik und der Diskurs der Begierde, als ob eine utopische Ehe zwischen Marx und Freud in unseren Worten schließlich vollzogen werden könnte. Daher die politische Verwendung erotischer oder analytischer Begriffe wie »libidinöse Ökonomie«, Jean-François Lyotard, *Économie libidinale*, Paris, 1974; »Verführung«, Jean Baudrillard, *De la séduction*, Paris, 1979; »Fieberwahn« oder »Verworfenheit«, Julia Kristeva, *Powers of Horror*; »Anti-Ödipus«, Gilles Deleuze und Félix Guattari, *Anti-Ödipus*, Frankfurt 1974; »Glückseligkeit«, Roland Barthes, *Die Lust am Text*, Frankfurt, 1974; und »das politisch Unbewußte«, Jameson, *The Political Unconscious*. Vgl. auch Ihab Hassan, »Desire and Dissent in the Postmodern Age«, *Kenyon Review*, n. s. 5, no. 1 (Winter 1983), S. 1-18.

48 Alfred North Whitehead, Abenteuer der Ideen, Frankfurt, 1971, S. 481.

49 Barthes, *Die Lust am Text*, S. 43.

50 Ibid., S. 26, 96.

51 Roland Barthes, *Leçon/Lektion*, Frankfurt, 1978, S. 36.

52 Ibid., S. 71.

53 Roland Barthes, *Fragmente einer Sprache der Liebe*, Frankfurt, 1984, S. 96. Einige Sätze dieses letzten Abschnitts sind in einem meiner früheren Aufsätze erschienen, »Parabiography: The Varieties of Critical Experience«, in: *Georgia Review* 34, no. 3 (Herbst 1980), S. 600.

54 In Amerika hat das Werk von Leo Bersani unter anderem folgende Fragen aufgeworfen: Kann eine Psychologie fragmentarischer und *un*zusammenhängender Begierden wiederhergestellt werden? Was sind die Strategien, mit deren Hilfe das Ich wiederum dramatisiert werden kann? Wie könnte die Begierde ihre ursprüngliche Fähigkeit, unstrukturierbare *Szenen* zu entwerfen, wiedererlangen? Bersani gibt Antwort auf diese Fragen, indem er vorschlägt, *das* »begehrende Ich kann ebenso verschwinden, indem wir lernten unsere unzusammenhängenden und partiellen begehrenden Ichs (in der Sprache) zu vervielfältigen«. In *A Future for Astyanax* (Boston, 1976), S. 6 f, 7.

55 *Critical Inquiry* 9, S. 82, 86.

56 William James, *Der Wille zum Glauben und andere popularphilosophische Essays* (Stuttgart, 1899), S. XII.

57 Ibid., S. 9.

58 Ibid., S. 12.

59 Ibid., S. 19-20.

60 Ibid., S. 60, 66.

61 Nochmals William James: »Keiner von uns sollte gegen den andern ein Veto schleudern, und wir sollten keine Schimpfreden wechseln.

Wir sollten im Gegenteil gegenseitig unserer geistigen Freiheit eine zartfühlende und tiefe Achtung entgegenbringen; nur dann werden wir die intellektuelle Republik zustande bringen; nur dann werden wir den Geist innerer Toleranz besitzen, ohne den alle unsere äußere Toleranz seelenlos ist, die Duldsamkeit, die den Ruhm des Empiricismus ausmacht; nur dann werden wir leben und leben lassen, in spekulativen Dingen ebenso wie in praktischen«. *Der Wille zum Glauben*, S. 32 f. Wie weit geht irgendein postmoderner Pluralist über das hinaus?

62 *Journals of Ralph Waldo Emerson*, 1803-1882, Hrsg. Edward Waldo Emerson und Waldo Emerson Forbes, vol. III: 1849-1855, Boston/ New York, 1912, S. 79.

Jürgen Peper
Postmodernismus: Unitary Sensibility

Von der geschichtlichen Ordnung
zum synchron-environmentalen System *

I

Der Postmodernismus betrachtet es als seine besondere Leistung, zahlreiche Spaltungen überwunden zu haben, die noch den Modernismus in Vereinzelung und Entfremdung befangen hielten. Kunst – Leben, Künstler – Kunstkonsument, hohe Literatur – Trivialliteratur, Ästhetik – Politik sind solche überwundenen Spaltungen. Susan Sontags »new (potentially unitary) kind of sensibility« überbrückt einen weiteren Graben, den zwischen »literarisch-ästhetischer Kultur« und »wissenschaftlicher Kultur«. Den modernistischen New Critics war diese Unterscheidung geradezu definierend gewesen für ihr autonomes Kunstwerk. Paradoxerweise überwindet Sontag diese Unterscheidung, indem sie gerade Ernst macht mit der Autonomie des Kunstwerks und noch radikaler jegliche moralische, didaktische, überwiegend inhaltliche Betrachtung der Kunst ablehnt.

Bei näherem Zusehen löst sich der Scheinwiderspruch auf. Der Weg zum neukritischautonomen Kunstwerk war der einer Formalisierung. Sontag formalisiert weiter. Ihre »literarisch-künstlerische Kultur« muß auf jene gedankliche, ›inhaltliche‹ Kulturkritik verzichten, wie sie etwa Matthew Arnold als eminente Funktion der Literatur sah. Susan Sontag formuliert antithetisch:

> The Matthew Arnold notion of culture defines art as the criticism of life – this being understood as the propounding of moral, social, and political ideas. The new sensibility understands art as the extension of life – this being understood as the representation of (new) modes of vivacity.

Kunst nicht als »Kritik«, sondern als »Erweiterung des Lebens«: das bestätigt zugleich die Gleichsetzung von Kunst und Leben. Daß dieser kulturellen Regression ein Abbau der klassischen

---

* Leicht überarbeitete Fassung eines Manuskripts, das anläßlich der 23. Jahrestagung der Deutschen Gesellschaft für Amerikastudien in Tutzing am 8. Juni 1976 zur Diskussion vorgelegen hat.

Erkenntnispyramide zugrunde liegt, impliziert Sontag wiederholt: »Die Grundeinheit für die zeitgenössische Kunst ist nicht der Gedanke, sondern die Analyse und Erweiterung der Sinnesempfindungen.«

An keiner Stelle wird Sontag hierzu deutlicher als an der folgenden, an der sie sich zu einer Einschränkung aufschwingt. So sei damit »keine notwendige Verleugnung der Rolle moralischer Wertung« gemeint, ganz im Gegenteil:

There is no necessary denial of the role of moral evaluation here. Only the scale has changed; it has become less gross, and what it sacrifices in discursive explicitness it gains in accuracy and subliminal power. For we are what we are able to see (hear, taste, smell, feel) even more powerfully and profoundly than we are what furniture of ideas we have stocked in our heads.

Indirektion hatte schon immer eine ästhetische Funktion. Und sicher nahm ihre Bedeutung für die Kunst in dem Maße zu, in dem sich eine (auch moralisch) normative Kultur auflöste. Man vergleiche nur Henry James mit Jane Austen. Darüber geht aber die Postmodernistin Sontag weit hinaus, mit ihrer Abwertung der gesamten ›Prä-Postmoderne‹ (um einmal die Begriffsverlegenheit auf die Spitze zu treiben). Der Austen- oder James-Leser etwa wird aufhorchen, daß die »moralische Wertung« in den Händen der postmodernistischen Nachfolger »weniger plump« geworden ist und dadurch an »Genauigkeit und unterschwelliger Kraft« gewonnen hat, daß sie »diskursive Ausdrücklichkeit« eingebüßt hat. Plumpheit und Ungenauigkeit hatte man bisher nicht dem großen realistischen Roman vorgeworfen. Offenbar ermöglicht jetzt eine inzwischen noch weiter entschwundene Kultur neue Höhen künstlerischer Indirektion. Aber wie das unfreiwillig enthüllende Bild in Sontags Begründung zeigt, gibt es gar keine kulturelle Vorstellungswelt mehr, und damit auch keine diesbezügliche Indirektion: Vor dem Hintergrund der frischen und erfrischenden Sinnesbewußtseinsaktivitäten des ›Sehens (Hörens, Schmeckens, Riechens, Fühlens)‹ werden die »gedanklichen Vorstellungen« in Sontags Bild totes, »gelagertes Mobiliar in unseren Köpfen«.

Die traditionelle Zweiteilung verschwindet also auch hier. Sie wird nicht überwunden, sondern sie entfällt. Sie entfällt mit der traditionellen Kultur. Folgerichtig ist die neue ›einheitliche‹ Kultur eine »nicht-literarische Kultur« für Sontag. Zur neuen Kultur-garde gehören »gewisse Maler, Bildhauer, Architekten, Gesell-schaftsplaner, Filmemacher, TV-Techniker, Neurologen, Musi-ker, Elektronik-Ingenieure, Tänzer, Philosophen und Soziolo-gen«. Und schamhaft in Klammern nachgesetzt: »(Ein paar Dich-ter und Prosaschriftsteller können dazu gerechnet werden.)« Sontag denkt dabei an Samuel Beckett und William Burroughs.

Die »Kunst von heute« steht mit »ihrem Geist der Exaktheit, ihrem Sinn für ›Forschung‹ und ›Probleme‹ dem Geist der Wis-senschaft näher als dem der Kunst im altmodischen Sinne«. Eine solche »schöpferische Gemeinschaft von Künstlern und Wissen-schaftlern ist damit beschäftigt, Sinnesempfindungen zu pro-grammieren, und desinteressiert an Kunst als einer Art morali-scher Journalistik«. Daß damit jede Unterscheidung zwischen ›hoher‹ und ›niederer‹ Kultur bedeutungslos wird, unterstreicht Sontag zu Recht. Kunst als »programming of sensations« macht »ein Rauschenberg Gemälde« einem »Song der Supremes« ver-gleichbar und erklärt so die Neigung »jüngerer Künstler und Intellektueller für die Pop Künste«.[1]

Die Formel »programming of sensations« drückt nicht nur die Offenheit dieser neuen Kunst für den Computer von Wissen-schaft und Technik aus. Sie nennt zugleich die Voraussetzung dafür: die vorausgegangene Regression der literarischen Kultur – oder was Sontag »moralische Journalistik« nennt – zu »sensa-tions«. Die Formel selbst entstammt der Informationsästhetik, für die das Behauptete voll gilt. Für den Informationsästhetiker Abraham A. Moles sind die Künste »von jetzt an, *programmierte Sensualisierungen der Umwelt*. Soviel Arten von Sensualisierung oder Kanäle der Empfindung es gibt, soviel Arten von Program-mierung, soviel Aspekte der Umwelt, soviel Künste kann man imaginieren.«[2] Max Bense hat für die Informationsästhetik Moles und Claude Lévi-Strauss darin bestätigt, »daß es keine prinzipiel-len Unterschiede gibt, die zwischen künstlerischen und wissen-schaftlichen Hervorbringungen bestehen«.[3] Und Helmut Hei-ßenbüttel, in Benses Diktion ein ›Hervorbringer‹ von Literatur oder ein ›Literaturmacher‹ in seiner eigenen, sieht »eine generelle Tendenz der aktuellen Literatur« in der »Hinwendung des Lite-raturmachens ins Methodische«, woraus sich »eine Parallelstel-lung der Literatur zur Wissenschaft« ergibt.[4] Heißenbüttel spricht für die Konkrete Poesie. Diese verwirklicht weitgehend eine Informationsästhetik und widerlegt insofern nicht Susan Sontags Nekrolog auf die Literatur, als sie gar nicht mehr Literatur im bisherigen Sinne ist. Aber wieder stehen wir vor dem Paradoxon, daß der neukritische Gegensatz ›Kunst – Wissenschaft‹ nicht durch Abbau der allen Neukritikern heiligen Kunstautonomie erreicht wird, sondern durch deren volle Verwirklichung.

Die New Critics suchten ihren Späthumanismus vor dem Zugriff einer szientistischen Zivilisation in eine autonome Kunstwirklichkeit hinüberzuretten. Auf der Ebene literaturwissenschaftlicher Praxis sahen sie diesen Zugriff in der Form positivistischer Methoden verwirklicht, also etwa in der Gestalt biographischer, historischer, soziologischer und ähnlich externer Fragestellungen. Hier war – im Sinne des autonomen Kunstwerks – die einzig mögliche Antwort der Rückzug auf das textinterne sprachliche und sprachgetragene Beziehungsgefüge. Diese Antwort war bereits ganz im Sinne der Konkreten Poesie und damit der neopositivistischen Sprachphilosophie. Man rettete sich vor dem Positivismus durch die Flucht in Richtung Neopositivismus, ohne natürlich voll dort anzulangen. Aber die Ironie aller geschichtlichen Entwicklung, die ein Aspekt ihrer dialektischen Zwangsläufigkeit ist, bleibt bestehen. Überspitzt gesagt, erwies sich neukritische Zivilisationsflucht somit als unfreiwilliges Zivilisationsengagement und derart unfreiwilliger Fortschritt der einstigen Agrarians als Regression unter einen Späthumanismus, zu dessen Verteidigung man doch ausgezogen war.

Natürlich fühlen sich die Konkreten nicht mehr als Humanisten. Im Gegenteil: Viele unter ihnen sehen im Humanismus eine »Ideologie der Entmachtung und Entfremdung aller Individuen«, und in der traditionellen Sprache ein »Vehikel« dazu. Wie sieht daher die »neue Sprache« des konkreten Gedichts aus?[5] Sie ist »konkret«, d. h., sie ist »nicht auf Korrelate außerhalb des Werkbereichs (Bild, Text) bezüglich, sondern sich selbst darstellend, eine *werkinterne Semantik* realisierend«. Sie ist »zur Selbstdarstellung emanzipiert«.[6] Sie ist für Franz Mon »ein autonomes Medium«. »Poesie ist Sprache, die sich zu sich selbst verhält.«[7] In diesem Sinn ist für Ernst Jandl das »konkrete Gedicht [...] ein Gegenstand, nicht eine Aussage über einen Gegenstand«.[8]

Manches neukritische Diktum zum Gedicht als Objekt, zur sich zu sich selbst verhaltenden Sprache usw. hat diese Aussagen bereits vorweggenommen. Nicht zufällig, wie gesagt. Nur sind die Konkreten radikaler. Der zentrale Begriff in ihren Manifesten heißt Reduktion. Es ist eine Reduktion, die weit über neukritische Theorie und erst recht Praxis hinausgeht. Es ist die »Reduktion auf das Wort«, auf die sinnemanzipierte Sprache. Heißenbüttel sieht bei seinem Freund Eugen Gomringer im besonderen auch die »Reduktion« der Metapher »auf das Wort«, das Aufgeben bildlich-symbolischer Redeweise – wie sie der amerikanische Modernismus noch praktizierte – und die Verwendung einer »gleichsam verdinglichte[n] Sprache«.[9]

Der Literaturkundige weiß, daß sich die Verselbständigung des Bildspenders in der Metapher und im Symbol jahrhundertelang vorbereitet und etwa im Imagismus einen ersten Höhepunkt gefunden hat. Die konkretistische Reduktion zum Intransitiven und zur Eingliedrigkeit von *unitary sensibility* hat also ihre lange Vorgeschichte. Dabei ist den Konkreten bewußt, daß es hier um mehr geht als um philologische Spezialitäten. Die Metapher ist eine Kulturfigur. So versteht Heißenbüttel seine Reduktion als eine Aufhebung des bürgerlichen Sinngebungsmonopols. Und Franz Mon sieht in der konkretistischen »Vergegenständlichung der Sprache« ebenfalls eine »Emanzipation von der zivilisatorischen Sinnfunktion«.[10]

Poetologische, ideologiekritische und gesellschaftspolitische Reflexionen verschmelzen hier. Dabei zeigt sich eine für viele Postmodernisten typische Dialektik zwischen Element und Totalität sowie zwischen Anarchie und Herrschaft. Heißenbüttel begrüßt die »Reduktion auf das Wort« und die »Kombinatorik von Wörtern«, weil damit »die der Sprache eingeschriebene Stufenordnung von Rängen (Über-, Unter- und Beiordnungen) durchbrochen« wird, »in der bestimmte gesellschaftliche Entwicklungen der Sprache ihren Stempel aufgedrückt haben«. Offensichtlich kann für Heißenbüttel die »Brechung des Abdrucks gesellschaftlicher Herrschaft« nur in einer »Einebnung der Sprache« bestehen. Solche »Sozialisierung der Sprache« ist radikaler als linke Kritik, die »doch der metaphorischen Redeweise der bürgerlichen Rechtfertigungspoetik verhaftet« bleibt. Daß Heißenbüttel sich in seinem Essay noch in der alten »Differenzierung« ausdrücken muß, sieht er selbst als eine »Klemme«. Aber das beweist nur die »eher utopische[n] Züge« einer vorauseilenden Kunst. In diesem Sinne sieht Heißenbüttel auch bei den anderen Konkreten den »Versuch, den Zwängen, die von außen kommen oder die einlaufen, zu entgehen, freien Raum zu schaffen ins noch Unartikulierte hinein«.[11]

Zu solcher auch ideologiekritisch und gesellschaftspolitisch motivierten Reduktion und Regression aufs Material gesellt sich nun ein Ganzheitsanspruch, der nur im ersten Augenblick verblüffen kann. Wir sind ja wieder beim postmodernistischen Phänomen *unitary sensibility*. »Der Mensch soll als Ganzes [...] ergriffen werden«, so sieht Heißenbüttel das Ziel der zeitgenössischen Kunst. Der Weg dahin führt über eine »Grenzverwischung in den überlieferten Medien«, die gleichzeitig begleitet ist von »einer Konzentration auf das unvermischt sinnliche Moment dieser Medien, auf Farb- und Formreize, ›Sounds‹ oder Hördifferenzen usw.« Die Regression auf den Sinnesreiz erlaubt dann die »Kombinatorik« von Sinnesreizen und -bereichen im Dienste einer totalen Erfassung des (reduzierten) Menschen.[12]

Auch die Konkrete Poesie ist bewußt multimedial. Siegfried J. Schmidt beschreibt »gewisse *Konkretisierungstendenzen*« so:

Abkehr von Informations*abläufen* zugunsten *simultaner* Informationsangebote, Reduktion der Mitteilungstendenz des Vertextens bis zur versuchten A-Semantizität, Aufhebung der Textlinearität zugunsten flächenhafter Verteilung von Sprachelementen (Phonemen, Silben, Lexemen, Syntagmemen) bis hin zum Übertritt in das rein (Typo-)Graphische.[13]

Zum lautlichen Element tritt das visuelle, das Bewußtwerden der Druckfläche. Noch wichtiger ist der Feldcharakter solcher Konkretion. Dahin weist die »Abkehr von« zeitlicher ›Linearität‹ – »von Informations*abläufen*« – »zugunsten« von ›Simultaneität‹. Die Konkrete Poesie will dem environmentalen System nicht mehr als ›Literatur‹ gegenüberstehen. Gomringer konzipiert Konkrete *Poesie als Mittel der Umweltgestaltung* (1969), der auditiven wie der visuellen Umwelt. Das geschieht methodisch in Tuchfühlung mit den Kommunikationswissenschaften und läßt Konkrete Poesie in Gebiete wie Werbung, Industrial Design, Architektur usw. vordringen.

In der totalen Erfassung des Menschen sind offensichtlich die neuen Medienkünste der Konkreten Poesie noch überlegen. Man kann sich ihnen (Film, Fernsehen u. a.) »schwerer entziehen«. Diese Wirksamkeit erklärt sich Heißenbüttel damit, »daß die Sinneseindrücke auf technischem Wege unverarbeitet reproduziert werden« und im Idealfalle lediglich durch eine »Kombinatorik« arrangiert werden, die der »Aufnahme- und Registrationsapparatur [!] des menschlichen Gehirns« gemäß ist. »Mit der Komplexität wächst die Unausweichlichkeit.«[14] Hinzufügen läßt sich als weitere Begründung, daß diese neuen Medienkünste – besonders die Formen des Environment und des Happening – den Menschen in das Zentrum eines Sinnenraumes stellen, um ihn von allen Seiten und auf möglichst allen Sinnesebenen zugleich zu reizen.

Die neue Ganzheit ist also ebenso regressiver Natur wie die vorangegangene Regression auf Wortmaterial und auf den Sinnesreiz. Das dahinterstehende Menschenbild ist post-individualistisch, genauer: sub-individualistisch. Heißenbüttel hatte ferner Reduktion und Regression als »Versuch« motiviert, »den Zwängen [gesellschaftlicher Herrschaft] zu entgehen«, einen »freien Raum zu schaffen ins noch Unartikulierte hinein«. Wie sehr dann die für Heißenbüttel so demokratische Emanzipation – sprich Regression – in diesen noch »freien Raum« hinein eine neue Form der Herrschaft vorbereitet, hat er oben selbst angedeutet: »Unausweichlichkeit«.

Heißenbüttel beschränkt scheinbar diesen Machtzuwachs auf den Künstler. Aber ›unitary sensibility‹ impliziert ja gerade die Entgrenzung postmodernistischer Kunst. Gomringer folgt dieser Konsequenz unbeschwerter. Auch ihm geht es um eine neue Ganzheit. Er will »die heute festzustellende kluft zwischen klassisch-humanistischer ganzheit und technologischem spezialismus« beseitigen. Dieser Kluft entsprechen zwei Sprachauffassungen: »sprache als universale einerseits und sprache als instrumentale andererseits«. Gomringers Lösung ist eine »universale gemeinschaftssprache«, in der »funktionalität [...] im sinne von wittgenstein« herrscht. Welche Sprachauffassung hier siegt, die universale oder die instrumentale, ist ebenso zweifelsfrei wie im Falle von Sontags zwei Kulturen. Und wer von der neuen Macht tatsächlich Besitz ergreift, das drückt Gomringer in Gestalt einer Personalunion von Dichter, Administrator und Technologen aus: »im allgemeinen kommunikationssystem sitzt der dichter an den beiden menschlich-psychologischen polen: an der quelle der information und deren aufschlüsselung für den gebrauch. er gehört zur gruppe der universalökonomen und ist berater des ingenieurs.«[15] Kulturelle Regression mündete noch immer in zivilisatorisch-technologisch-administrativen Fortschritt. Und Emanzipation wie Demokratisierung sind gesellschaftliche Aspekte dieses unaufhaltsamen Regression-Fortschritt-Prozesses.

Genau so wie das autonome innertextliche Beziehungsgefüge des neukritisch verstandenen Gedichts einen Vorblick gab auf das konkretistische Feld und auf das multimediale Environment – bei fast entgegengesetzter Absicht –, genauso weist die neukritisch-modernistische Sehnsucht nach einer verlorenen Ganzheit unbewußt und unfreiwillig in die Richtung des synchron-environmentalen Systems. Keiner hat beide Tendenzen in seiner eigenen Entwicklung exzessiver ausgelebt als Marshall McLuhan.

Der Anglist McLuhan der vierziger Jahre hängt dem New Criticism, ja einem solchen der *Agrarian* Prägung an. Er teilt die Auffassung des autonomen Gedichts, bejaht T. S. Eliots ahistorisches Traditionskonzept, spürt formalen *patterns* und *movements* im Text nach und zeigt sich allergisch gegenüber dem leisesten Anklang von Didaktik im Gedicht. So ist sein Resümee zu Keats' Oden, »The odes have no message«, uneingeschränktes Lob.[16] Derselbe Formalismus wird dann in einem bekannten Slogan des späteren Medientheoretikers durchschlagen: »The medium is the message.«

Die zweite Tendenz, die er mit vielen New Critics teilt, ist ein nostalgisches Heimweh nach einer verlorenen Ganzheit. Wie den Agrarians dient ihm der Gegensatz zwischen agrarisch-feudalem Süden und industrialisiertem Norden als Beispiel. McLuhans aristokratische Südstaaten leiden noch nicht unter einer »Trennung zwischen Gebildeten und ›Ungebildeten‹«. Hier ist noch nicht jene »bekannte Spaltung zwischen Kopf und Herz« eingetreten. Vielmehr hat der Süden »bis zu einem gewissen Grade die Ganzheit von Denken und Fühlen« bewahrt. Dagegen hat sich im Norden auf fatale Weise die instrumentale Vernunft durchgesetzt. »Gesellschaftsingenieur« und »Planer« sind Ausdruck einer ubiquitären positivistischen Methodologie.[17]

Rund anderthalb Jahrzehnte später ist McLuhan ein solcher Gesellschaftsingenieur und Planer. Das patriarchalische Vorbild ist ihm zu »engspurige[r], spezialisierte[r] Maskulinität« verkommen, die Frau zum Leitbild aufgestiegen.[18] Und der Verächter der Negerkultur ist zum Sprecher des ›weißen Negers‹, also der vom Lebensstil des Negers beeinflußten Jugend-Gegenkultur avanciert. Diese verblüffende Kehrtwendung beruht nicht auf einer

Absage an das neukritische Erbe, sondern weit eher auf einer radikalen Weiterentwicklung.

T. S. Eliot projizierte den Traum einer verlorenen Ganzheit vor die Mitte des 17. Jahrhunderts, Ezra Pound in das Mittelalter und in eine außereuropäische Antike, T. E. Hulme hinter die Renaissance. Alle drei Retrogressionen erwiesen sich für die modernistische Literatur, insbesondere die Lyrik, nicht nur als nicht reaktionär, sondern vielmehr als ungemein ›progressiv‹. Der Grund hierfür lag in dem verborgenen regressiven Zug dieser Retrogressionen. Dieser regressiv-fortschrittliche Zug fehlte McLuhans altem Süden. Was blieb, war ein reaktionäres Gesellschaftsideal, das man im übrigen auch Eliot und Pound vorgeworfen hat. Der spätere McLuhan geht dann hinter den Buchdruck, ja bis in einen Vor-Alphabetismus zurück, um die verlorene Ganzheit zu finden, die nun ›mythischer‹ Natur sein kann. Die Länge dieses Rückweges ist diesmal Ausdruck einer Regression, die zudem so grundsätzlich ist, daß sie Anschluß findet an die neopositivistische Reduktion in der Gegenwart. Daher kann auch McLuhan – im Unterschied zu Hulme, Eliot und Pound – sein vergangenes Ganzheitsparadies in der Gegenwart neu auferstanden sehen, noch dazu dank jener Kraft, die für die anderen wie für den früheren McLuhan Exponent aller Dissoziierung und Entfremdung gewesen war: dank fortgeschrittener positivistisch-szientistischer Technologie.

Insbesondere ist es die »elektrische Schaltung«, die in uns »die multidimensionale Raumorientierung des ›Primitiven‹ wiedererweckt«. Die elektronische Informationsflut verbietet »die Gewohnheit des Klassifizierens« und zwingt uns zur »Methode des *pattern*-Erkennens«. Der Begriff *pattern* erinnert an McLuhans neukritische Zeit. Er fährt fort: »Wir können nicht länger in einem Nacheinander Stein auf Stein, Schritt auf Schritt bauen, weil Sofort-Kommunikation dafür sorgt, daß alle Faktoren von *environment* und Erfahrung in einem Zustand aktiven Wechselspiels sind.« Die Analogie zwischen McLuhans *environment* und dem autonomen Text der Neukritiker drängt sich auf. In diesem Text befinden sich die Einzelwörter und Sprachbilder in einem ähnlichen aktiven Wechselspiel konnotativer Bezüge. So gesehen ist es dann auch kein Zufall, wenn McLuhan von dieser Technologie die Ausbildung »des ganzen menschlichen *environment* als ein Kunstwerk, als eine Lernmaschine« erhofft. Kunst und Tech-

nik fallen zusammen. Als höchste Weihe des kybernetisch gesteu-
erten Environment-Kunstwerkes fehlt dann nur noch die Charakterisierung als mythische Wirklichkeit:

Myth is the mode of simultaneous awareness of a complex group of causes
and effects.
 Electric circuitry confers a mythic dimension on our ordinary individual
and group actions. Our technology forces us to live mythically, but we
continue to think fragmentarily, and on single, separate planes.
 Myth means putting on the audience, putting on one's environment.
The Beatles do this.[19]

Das Fernsehen soll nun all diese Tendenzen verstärken. Es ist
mehrsinnig: visuell, auditiv, ja taktil und kinetisch. Der »abta-
stende Finger« des Zeilensystems verleiht dem Fernsehbild skulp-
turhaften Umriß; und der Zwang des betrachtenden Auges, aus
dem pointillistischen Lichtpunkte-Mosaik erst das Bild zusam-
menzusehen, erfordert eine »sinnliche Partizipation, die zutiefst
kinetisch und taktil ist, weil der Tastsinn das Wechselspiel der
Sinne ist«.[20] Diese audio-taktile Definition des Fernsehens ist
unseriös. Um so stärker fällt der Wille auf, die verlorene Kultur-
ganzheit wenigstens auf der untersten Ebene der transzendentalen Synthesis – um mit Kant zu sprechen – wiederzufinden, auf
der Ebene des sinnlichen Erkenntnisapparates. Folgerichtig begnügt sich McLuhan nicht damit, die klassische Erkenntnispyramide abzutragen. Er stülpt auch noch die Hierarchie innerhalb
der untersten Stufe, der sinnlichen Apperzeption, um. Die klassische Hierarchie, Gesichtssinn, Gehörsinn, Tastsinn, erhält die
umgekehrte Reihenfolge. Der Gesichtssinn ist durch seine Rationalität (Geometrie usw.) zu sehr kompromittiert. Der Tastsinn ist
der körpernächste Sinn und gilt als »Wechselspiel der Sinne«.
Eine höhere Auszeichnung ist in McLuhans Terminologie nicht
denkbar.
 Schon wegen dieser Reduktion des menschlichen Bewußtseins
auf seine sinnlichen Erkenntniskräfte darf McLuhan die oben
zitierte »sinnliche Partizipation« des Fernsehzuschauers verallgemeinern zur »Partizipation und Tiefenerfassung des ganzen Wesens« vor dem Bildschirm. Vielleicht fühlen daher so viele Fern-
sehzuschauer »ihre Identität bedroht«, wie McLuhan fortfährt.
Er bestätigt: »Beim Fernsehen werden Bilder auf dich projiziert.
Du bist der Bildschirm. Die Bilder umschließen dich. Du bist der
optische Fluchtpunkt. Das schafft eine Art Verinnerung, eine Art

von verkehrter Perspektive, die viel mit orientalischer Kunst gemeinsam hat.« Die Umkehrung des Verhältnisses zwischen dinglichem Bild und Betrachtersubjekt ist vollständig. Nicht mehr dominiert ein Bewußtsein mit seinem perspektivischen Sehen eine dingliche Welt. Das galt für die zweite, die ›Sündenfall‹-Epoche in McLuhans triadischer Heilsgeschichte: insbesondere für ihren Tiefpunkt als Zeitalter des Individualismus. Jetzt verdinglicht sich in der »verkehrten Perspektive« das Bewußtsein zum »Bildschirm«, gewinnt aber dafür McLuhans geschätzte volle »Partizipation« am Umweltgeschehen. McLuhan könnte sie sich nicht distanzloser und ganzheitlicher wünschen. Und nicht zufällig hat das Fernsehen gerade mit seinen banalsten Inhalten am radikalsten seine mediale Höchstform verwirklicht. Die Reklame-Spots haben am mutigsten die »abrupten Zooms«, die »elliptische Zusammenstellung«, die »flash cuts« usw. erprobt, die samt und sonders einem festen Betrachterstandpunkt den Boden entziehen.

Ontogenese gleich Phylogenese. Der kulturellen Regression entspricht die Regression in ein Jugend-, ja Kindesalter. McLuhan spricht mit besonderer Wärme vom »television child«. Zwar bevorzugte bereits Carl Orff ›das Vorschulkind, das Kind, dessen spontane Sinneswahrnehmungen noch nicht durch formale, literarische, visuelle Vorurteile eingeengt‹ sind. Aber das »Fernsehkind ist ernsthafter, hingebungsvoller« als »Kinder irgendeiner anderen Epoche«. Es ist eben dank Fernsehen Kind hoch Kind. »Die Jungen heutzutage leben mythisch und tiefenorientiert.« Sie »reagieren mit natürlichem Entzücken auf die Poesie und Schönheit des neuen technologischen *environment*, des *environment* der Pop-Kultur«. Sie »weisen Ziele zurück. Sie verlangen Rollen – R-O-L-L-E-N. Das heißt, totale Einbeziehung. Sie wollen keine zusammenhanglosen, spezialisierten Ziele oder Jobs.« Im Klassenzimmer der Zukunft werden Schüler und Lehrer zu Teilnehmern an einem »totalen elektrischen Drama«. Das »teach-in« trägt zu solcher Egalisierung bei. Es »stellt einen Versuch dar, die Ausbildung von der Unterweisung zur Entdeckung zu verschieben, von einer Gehirnwäsche der Schüler und Studenten zu einer Gehirnwäsche der Lehrer. Es ist eine große dramatische Umkehrung«.

»Gehirnwäsche« ist natürlich nur pointierte Formulierung. Was McLuhan vorschwebt, ist das als automatische Lernmaschine gestaltete totale Environment-Kunstwerk, das »alle Sinnespforten unseres Wesens« kontrolliert und in dem sich Egalisierung und Manipulation gegenseitig verstärken. (Das Egalisierte ist das schlechthin Manipulierbare!)

We have now become aware of the possibility of arranging the entire human environment as a work of art, as a teaching machine designed to maximize perception and to make everyday learning a process of discovery. Application of this knowledge would be the equivalent of a thermostat controlling room temperature. It would seem only reasonable to extend such controls to all the sensory thresholds of our being.[21]

Welcher Typus von »Kunstwerk« ist hier gemeint? Offensichtlich ist es ein autonomes, sich durch innere Kontrollen selbst regulierendes Kunstwerk: »Lernmaschine« und »Thermostat«. Um die Literaturwissenschaft zu verlassen, zitiere ich den Musikwissenschaftler Hans Heinrich Eggebrecht und seine Definition für »ästhetische Musik«. Sie ist »autonome« Kunst und bestand von der Romantik bis in unsere Gegenwart hinein:

Ästhetische Musik ist das Gebilde, dessen Intention es ist, die Begründung seines Daseins in seiner sinnlichen Medialität selbst zu haben, so nämlich, daß nicht nur die gehaltlichen Intentionen (die ›Bedeutungen‹), sondern auch die Bedingungen, aus denen es entsteht, und die Zwecke, für die es entsteht, aufgehoben werden in die Identität des musikalischen Sinnes mit sich selbst. In diesem Aufhebungsprozeß [...] werden die Schnüre, die es [das musikalische Gebilde] mit der Umwelt verbindet, intentional durchschnitten [...].

Die Funktion dieser autonomen Kunst des bürgerlich-liberalen Zeitalters definiert Eggebrecht so: »Kunst funktioniert bürgerlich auf zwei (zueinander funktional vermittelten) Ebenen: sie funktioniert (ästhetisch, autonom) in ihrem Inneren, damit sie (sozial) als Gegenwelt fungieren kann.«[22] Hier klingen Adorno, die Frankfurter an. Man darf aber auch an New Criticism und Werkästhetik denken. Hier war die Trennung zwischen Kunst und Wirklichkeit – ob wissenschaftlich erfaßter oder sozialer – teilweise definierend. Im einzelnen wäre gewiß stark zu differenzieren. Für die New Critics hat das Franz H. Link getan.[23]

Kehren wir nun von hier zum McLuhan-Zitat zurück, dann springt das Neue in die Augen. McLuhans autonomes Environment-Kunstwerk kann nicht mehr »(sozial) als Gegenwelt fungieren«, denn es ist schlechthin total und sozial umfassend geworden. Es ist mit Schillers Begriff, aber in einer ironischen Sinnverkehrung zum »ästhetischen Staat« geworden. Statt Schillers Traum scheint hier der Alptraum eines Frankfurters und Schiller-Nachfolgers Wirklichkeit geworden: Herbert Marcuses »eindimensionaler Mensch« in einer eindimensionalen Gesellschaft. Susan Sontags »unitary sensibility« als Ausdruck einer Totalwirklichkeit, in welcher Leben, Kunst und Wissenschaft zusammenfallen, erhält hier plötzlich einen bedrängenden Beigeschmack. McLuhans Bild des Thermostaten verleiht dieser Wirklichkeit noch auf drastische Weise die Geschlossenheit eines sich selbst steuernden Systems. Was dabei Sontags wie McLuhans Ableitung dieses szientistisch-mythischen Environments gleichermaßen auszeichnet, ist die geschilderte primitivistisch-regressive Abkunft.

Bemerkenswerterweise setzt McLuhan in unserem Zitat sein thermostatisch geregeltes Kunstwerk-Environment einer Lernmaschine gleich. Das enthüllt einen versteckten Behaviorismus. Und gerade dieser ist für Marcuse zentraler Ausdruck eindimensionalen Denkens. Die von Behavioristen wie B. F. Skinner entwickelte Lernmaschine operiert wie die behavioristische Verhaltenstherapie als Verhaltenskonditionierung des Schülers bzw. des Patienten. Im Unterschied zur Verhaltenstherapie geht Sigmund Freuds Psychotherapie noch von einer Geschichte des Individuums aus. Krankhafte Erscheinungen wie Zwangsneurosen werden als Symptome für traumatische Kindheitserlebnisse gedeutet. Das Heilgespräch hebt diese Geschichte ins Bewußtsein, um die Traumata abzubauen. Der Verhaltenspsychologe mag bei Zwangsimpulsen usw. zwar auch noch von Symptomen sprechen, aber zu Unrecht. Denn es gibt im verhaltenstherapeutischen Konzept »schlechterdings nichts mehr, wofür diese Störungen symptomatisch sein könnten«.[24] Die Therapie korrigiert ausschließlich das manifeste Fehlverhalten, ohne nach Ursachen oder gar einer Sozialisationsgeschichte des Patienten zu fragen. Den Platz des Individuums nehmen bloße Verhaltensweisen ein. Soweit diese der Umwelt, dem *environment*, angepaßt sind, gilt es sie durch Belohnungen zu stärken, andernfalls durch negative Folgen zu bremsen. Das kann durch einen Regelkreis automatisch ein- bzw. abgeübt werden. Nach diesem Prinzip arbeitet auch die Lehr- oder Lernmaschine, die McLuhan vorschwebt.

Schreitet man vom Verhaltens- und Lernpsychologen Skinner weiter zum behavioristischen Kulturingenieur Skinner, dann eröffnen sich weitere Querbezüge zum postmodernistischen Medienapostel und Kulturtheoretiker McLuhan. Der Medientheoretiker ist ausgesprochener Environmentalist. Er definiert »alle Medien« als »Erweiterungen irgendeiner menschlichen Fähigkeit – ob psychisch oder physisch«, etwa das Rad als Erweiterung des Fußes, das Buch als Erweiterung des Auges, Kleidung als Erweiterung der Haut oder die Elektronik als Erweiterung des zentralen Nervensystems. Diese »Medien ändern das *environment* und evozieren so in uns charakteristische Sinnesempfindungs-Stärkeverhältnisse«. Und »wenn sich diese Stärkeverhältnisse ändern, dann ändern sich auch die Menschen«.[25] McLuhans mythische Simultanwirklichkeit ist schließlich – wie schon belegt – die des Environment, welches das Ich absolut externalisiert.

Der Kulturplaner Skinner denkt genau so environmental und regressiv. Daß das nun nicht auf der Suche nach einer verlorenen mythischen Einheit, sondern im Dienste wissenschaftlicher Vereinheitlichung und Vereinfachung geschehen kann, wirft ein Schlaglicht auf die Konvergenz zweier jahrhundertealter Tendenzen in den beiden ›Kulturen‹. Skinner leugnet nun nicht die mögliche Existenz einer Bewußtseinsinnenwelt. Aber zum einen unterscheidet sie sich in nichts von der Außenwelt, zum anderen ist sie direkter wissenschaftlicher Analyse unzugänglich. Der Wissenschaftler ist auf die Beobachtung des manifesten Verhaltens angewiesen. Auch als Therapeut oder Kulturplaner kann er nur dieses Verhalten beeinflussen. Zugänglich als Verhaltensursachen sind aber lediglich die Faktoren des Environment. »Eine wissenschaftliche Verhaltensanalyse entthront den autonomen Menschen und übereignet die Kontrolle, die er angeblich ausgeübt hat, dem *environment*.« Für Skinner hat das Konzept des »autonomen Menschen« endgültig seine historische Funktion ausgespielt. Im übrigen stempelt solcher Environmentalismus den Menschen keineswegs zum passiven Opfer. Denn das ihn kontrollierende »Environment ist weithin sein eigenes Produkt«.

Damit geht die Kontrollfunktion freilich nicht zurück zum Einzelnen. Das wäre eine Wiederaufwertung des eigenverantwortlichen »autonomen« oder – mit David Riesmans Begriff – »innengelenkten« Menschen. Vielmehr scheint es zunächst der Gesellschaftsplaner und Kulturingenieur zu sein. Damit stellt sich auch Skinner die Frage nach den Wertvorstellungen und Zielen dieser Gruppe: »Wer soll sie [eine mächtige Verhaltenstechnologie] handhaben? Und zu welchem Zwecke?« Skinners Antwort gehört zum Aufschlußreichsten in *Beyond Freedom and Dignity*. Nicht »Freiheit oder Menschenwürde« dürfen wie bisher Leitwerte unserer Kultur sein. Die »oberste Wertvorstellung« dieses environmentalen Kultursystems muß sein »Überleben« sein. Im »gesellschaftlichen Environment, genannt Kultur« muß »der Einzelne unter die Kontrolle [auch] der entfernteren Konsequenzen seines Verhaltens« gebracht werden. Das gilt nicht zuletzt für den »Kontrollierenden« selbst. Die Kultur ist somit ein environmentales System, das durch eine verkürzte Rückkoppelung sich selbst kybernetisch effizient steuert und damit das eigene Funktionieren garantiert.

Für Skinners »wissenschaftliche Analyse« entfällt die Zweiteilung »Körper mit einer Person im Innern«. Vielmehr *»ist«* der Körper selbst »eine Person in dem Sinne, daß er ein komplexes Verhaltensrepertoire zur Schau stellt«. Damit schrumpft etwa Freuds dreiteilige Persönlichkeitsstruktur – Id, Ego, Superego – zu einem Körper mit einem oder mehreren Verhaltensrepertoires. Daß diese Dedifferenzierung vor allem ein Regressionsprozeß ist, also in Richtung auf eine Körper-Id-Einheit hin verläuft, dürfte einleuchten. Denn was bleibt nach dem Wegfall einer inneren Geschichte des Individuums noch vom Über-Ich? Welche Kontroll- und Regelfunktionen könnten Über-Ich und Ich noch behalten, die nicht ohne solche inneren Umwege direkter, d. h. effizienter vom environmentalen System besorgt würden, »neglecting supposed mediating states of mind«. Übrig bleibt das auch laut Freud zu kontrollierende und kontrollierbare Id. Ebenso geht im zwischenmenschlichen Bereich das Kontrollieren auf im environmentalen Kontrolliertwerden. »Nicht das Wohlwollen eines Kontrolleurs ist zu untersuchen, sondern die Bedingungen, unter denen er wohlwollend kontrolliert.« Und dieses Wohlwollen ist für den behavioristischen Kulturingenieur nicht mehr anders definierbar denn als effiziente Rückkoppelung im Dienste eines gut funktionierenden Systems.

Es ist daher kein Zufall, daß – wie Skinner bestätigt – »sich viel experimentelle Verhaltensanalyse mit niederen Organismen beschäftigt hat«. Und auch im menschlichen Forschungs- und Anwendungsbereich sind ausschließlich unbewußte Verhaltensweisen das behavioristische Zielobjekt. Hier sind die Erfolge beachtlich. Aber die Ausweitung auf den ganzen Menschen setzt dessen weitgehende Regression auf das Trieb-Es, das Id voraus, das solcherart kontrollierbar ist. Skinner impliziert den regressiven Drall seiner wissenschaftlichen Analyse einmal verblüffend massiv, als er die Erreichbarkeit seines kybernetischen Kultursystems belegen will:

[...] it should be possible to design a world in which behavior likely to be punished seldom or never occurs. We try to design such a world for those who cannot solve the problem of punishment for themselves, such as babies, retardates, or psychotics, and if it could be done for everyone, much time and energy would be saved.[26]

Der letzte Satz unterstreicht noch einmal, daß Ökonomie und Effizienz zur obersten Wertbegründung aufgerückt sind.

Für Marcuse ist dieser Behaviorismus und der ihm nahestehende Operationismus Ausdruck einer eindimensionalen, instrumentalistischen Vernunft. Für den Operationismus fällt der Sinn einer Aussage zusammen mit den Operationen ihrer Überprüfung. Das nicht Überprüfbare entfällt als sinnlos. Identität entsteht auch hier durch Reduktion. Ebenso fallen für den Behaviorismus äußeres Symptom und innere Ursache im manifesten Verhalten zusammen. Es gibt nichts mehr, was das environmental geprägte Verhalten transzendieren könnte. Erscheinung ist für eine eindimensionale Vernunft die einzige und letzte Wirklichkeit. Genauso entfällt für die sprachanalytische Philosophie (früher Wittgenstein) jede, auch kritische Transzendierung des Gegebenen. Marcuse spricht daher von einem »philosophische[n] Behaviorismus«.[27] Es ist aber nun bemerkenswert, daß Marcuse selbst, als Neofreudianer – wie Norman O. Brown auch – dieser eindimensionalen Vernunft spekulativen Vorschub geleistet hat. Ja selbst als neomarxistischer Kritiker der eindimensionalen Vernunft zeigt Marcuse diese unfreiwillige Tendenz. Beide Denker sind für Counter Culture und Postmodernismus wichtig geworden und verdienen hier Aufmerksamkeit.

Für Norman O. Brown sind das genitale Supremat der Erwachsenen-Sexualität sowie das Realitätsprinzip genauso repressiv wie Kants kategoriale Synthesis der Vernunft. Auf der Gegenseite steht eine für diese Zivilisationsgrößen »subversive« Kunst, die das Unbewußte bewußt macht, die unterdrückten Instinkte mobilisiert und somit eine früh-, wenn nicht vorkindliche, polymorph perverse Sexualität stärkt.[28] Regression wird so auch hier zur subversiven Kraft im Dienste wahren Fortschritts. Der »Sündenfall«, das sind die Unterscheidungen aller Art: »zwischen »gut« und »schlecht«, zwischen »mein« und »dein«, zwischen »mir« und »dir« (oder »es«)«, »die Polarität von Liebe und Haß«. »Wiedervereinigung« schafft dagegen ein »Symbolismus«, der alle Gegensätze einander austauschbar gleichsetzt – selbst den zwischen konkavem und konvexem Geschlechtsorgan (das Nonplusultra aller diesbezüglichen Emanzipation). Beispiele solcher »Fusion« zieht Brown aus regressiven Bewußtseinszuständen, aus dem »Traum«, aus dem »Totemismus«, aus dem »primitiven Animismus«:

The body that is identical with environment. As in dreams the whole landscape is made out of the dreamer's own body; so in totemism the human essence is projected into animal or plant [...].
  Fusion, mystical participation. Primitive animism is suffused with the unconscious identification of subject and object: *participation mystique.*[29]

Die Veräußerung des Menschen ist hier bis zur magischen Identifikation mit dem Environment getrieben. Der regressive Zug ist überdeutlich. *Participation mystique* – Wertbegriff auch bei McLuhan – ist *unitary sensibility* zu distanzloser Identität gesteigert. »Reunification« (s. o.) drückt wieder das Heimweh nach verlorener Ganzheit aus. Die enthemmte symbolistische Beziehungsvielfalt enthüllt den entropischen Bedeutungsschwund einer Spätzeit. Sie ist eher spät-modernistisch als postmodernistisch. Im Einklang damit steht, daß Brown noch wissenschaftsfeindlich ist.

Als Neofreudianer hat Marcuse bereits vier Jahre vor Brown Realitätsprinzip und genitale Sexualität unterlaufen, um in der kindlichen Psyche eine repressionsfreie Bewußtseinsformation zu finden. »Die Regression [in die Kindheit, phylogenetisch in eine vorpatriarchalische Zeit] übernimmt eine progressive Funktion« für Marcuse, insofern als die »wiederentdeckte Vergangenheit [...] kritische Maßstäbe« für eine bessere Zukunft, nämlich für eine repressionsfreie Kultur liefert, in der eine freigesetzte Libido alle Bereiche erfassen kann. Auch Marcuse dachte damit eine radikale Verkürzung der Stammes- wie der Individualgeschichte und eine damit verbundene Resexualisierung, also Entsublimierung. Die Entsublimierung hätte jedoch in so etwas münden müssen, was Marcuse neun Jahre später als Eindimensionalität geißelt. Er spekulierte daher auf eine gleichzeitig einsetzende *»Selbstsublimierung der* [befreiten] *Sexualität«* zum Eros. Doch neun Jahre später muß Marcuse erkennen, daß die sexuell permissive Gesellschaft zwar einen mächtigen Schritt in Richtung auf die Entsublimierung getan hat, aber ohne eine kompensierende *»Selbstsublimierung«.* Dieser Traum ist in *Der eindimensionale Mensch* ausgeträumt. Die eingetretene Entsublimierung heißt schlechtweg »repressiv«, weil die so befreite Sexualität von einer potentiell subversiven Kraft zu einer das bestehende ›Herrschaftssystem‹ bejahenden geworden ist.[30] Ein weiterer Schritt zur verhängnisvollen Eindimensionalität ist damit getan.[31]

Diesen regressiven Fort-Schritt haben sowohl Marcuse als auch Brown durch ihre idistischen Heilserwartungen gefördert. Daß das eindimensionale Ergebnis, oder Teilergebnis, dann so wenig diesen Erwartungen entspricht, verurteilt nicht die Geschichte, sondern lediglich die gesetzten Erwartungen. Nur als List der historischen Vernunft genommen, besitzen also diese neofreudianischen Heilserwartungen Wahrheit. Das ist nicht einmal wenig, so ironisch auch eine solche Wahrheit ist.

Marcuse ist mit seiner Kritik des eindimensionalen Menschen nun keineswegs aus den Diensten dieser listenreichen Fortschrittsvernunft ausgeschieden. An die Stelle einer Spekulation auf die erotische »Selbstsublimierung« tritt bereits in *Der eindimensionale Mensch* eine solche auf eine andere »nichtrepressive Sublimierung«. Nachdem der idistische Weg in die, statt aus der Eindimensionalität geführt hatte, konnte diese Fortschrittsvernunft nur noch den technologischen Weg vorgaukeln – falls meine These stimmt. Natürlich handelt es sich um eine qualitativ neue Technologie. Wie bei McLuhan dient die alte Technologie als Sündenbock und die neue als Heilsgarant. Marcuses neue Technologie soll aus der quantitativen Steigerung der alten entspringen, aus deren zu Ende geführten Tendenz, »das Metaphysische ins Physische zu überführen, das Innere ins Äußere, die Abenteuer des Geistes in Abenteuer der Technik«. Direkter läßt sich die Externalisierung gar nicht aussprechen. Sie wurde schon bei den Konkreten, bei McLuhan, Skinner und Brown belegt. Sie führt dann auch bei Marcuse zu einer Ganzheit, die er »Befriedetes Dasein« nennt. So würde »die Vollendung der technologischen Rationalität, indem sie Ideologie in [materielle] Wirklichkeit übersetzt, auch über die materialistische Antithese zu dieser [idealistischen] Kultur hinausgehen«. Wieder bahnt sich eine Konvergenz von künstlerischer und wissenschaftlich-technologischer Kultur an. Aber wie bei Sontag, den Konkreten und McLuhan zahlt die künstlerische Kultur den Preis. So sieht auch Marcuse eine »technologische Rationalität der Kunst«, und diese »scheint gekennzeichnet durch eine ästhetische ›Reduktion‹«. Das entspricht doch der Reduktion in der anderen Kultur. Kunst, Wissenschaft und Technik funktionieren nun einheitlich:

Die Rationalität der Kunst, ihre Fähigkeit, Dasein zu »entwerfen«, noch nicht verwirklichte Möglichkeiten zu bestimmen, ließe sich dann ins Auge fassen als *in der wissenschaftlich-technischen Umgestaltung der Welt bestätigt und in ihr funktionierend.*

Von einer »neuen Sensibilität« erwartet Marcuse dann die »Vereinigung von befreiender Kunst und befreiender Technologie«, die eine ästhetische »Lebenswelt«, eine »Gesellschaft als Kunstwerk« zeitigen soll.[32]

Nachdem idistische Regression in Richtung auf Eindimensionalität zu verlaufen schien, hat Marcuse den zweiten Weg gewählt, den der wissenschaftlich-technischen Reduktion. Das utopische Ziel selbst ist gleich geblieben: die heile Ganzheit im »befriedeten Dasein«. Aber diese Utopie ist jetzt noch schwerer zu unterscheiden von Marcuses Dystopie einer eindimensionalen Totalität. Haben nicht die Konkreten zehn Jahre vor Marcuse bereits diesen Weg beschritten? Sie unterwarfen die Wortkunst einer kaum überbietbaren Reduktion. Doch sie landeten bei einer »gleichsam verdinglichten Sprache«, die einer technologischen Informationsästhetik zugänglich war und Anschluß an jene neopositivistische, analytische Sprachphilosophie bot, die als »philosophischer Behaviorismus« Marcuses eindimensionale Vernunft repräsentierte. Auch McLuhan, der schon vor Marcuse zwischen ›böser‹ und ›braver‹ Technologie unterschied, landete mit der braven prompt im behavioristisch-eindimensionalen Sumpf – und schien sich wohl darin zu fühlen, wie die Konkreten übrigens auch. Auch für McLuhan fielen doch Kunstwerk und technologisch kontrolliertes Environment zusammen.

Dennoch muß man Marcuse für seine unfreiwillige Doppelbelichtung des Phänomens *unitary sensibility* dankbar sein. Sie fügt dem kritiklosen Positiv der meisten Postmodernisten ein kritisches, wenn auch einseitiges Negativ hinzu. Abgesehen da-

von fällt aber die große Übereinstimmung bei allen bisher vorgestellten Dichtern und Denkern auf. Alle befaßten sich mit *unitary
sensibility* als Ausdruck einer postmodernistischen Totalwirklichkeit. Und bei allen wurde deutlich, daß diese Totalwirklichkeit
aus der Konvergenz einer regredierenden »literarisch-ästheti-
schen Kultur« mit einer positivistisch reduzierenden Wissenschaft und Technik hervorging. Ob nun als Suche nach der
letzten verbindlich objektiven Wirklichkeit, ob als Streben nach
repressionsfreier Spontaneität oder ob als Sehnsucht nach einer
verlorenen (mythischen) Ganzheit – in allen Fällen war Regression (bzw. Reduktion) die Antwort. Und solche Regression
arbeitete einer positivistisch-wissenschaftlichen Erfassung in die
Hände, die mit der Methode der Reduktion den ganz analogen
Weg beschreitet. Darin beruhte die Konvergenz der beiden Kulturen.

Man regredierte also auf das Id und auf seinen programmierbaren Sensualismus, der zudem dem romantischen Machtanspruch
des Künstlers am weitesten entgegenkam. Von Edgar Poe über
Mallarmé und Valéry bis zum Postmodernismus bemächtigte sich
der Künstler zunehmend mit wissenschaftlicher Methodik seines
Stoffes, der freilich im selben Maße ›regredierte‹. Die surrealistische Anti-Kunst beabsichtigte dann alles andere als ein Abdanken
der Kunst. Das Anti richtete sich lediglich gegen ein überkomme-
nes Kunst-Ghetto. Anti-Kunst strebte die Besitzergreifung
kunstexterner Bereiche durch den Totalkünstler an. Die Perso-
nalunionen des Künstlers mit dem Revolutionär im Surrealismus,
mit dem Wissenschaftler bei Susan Sontag und den Konkreten,
mit dem Gesellschafts- und Kulturingenieur bei Gomringer und
McLuhan, mit dem Kritiker bei Ihab Hassan drücken diesen
Anspruch aus. »Die Künste« als »programmierte Sensualisierungen der Umwelt« (A. Moles) brachten diese Expansionsansprüche
der Kunst auf ihren kleinsten gemeinsamen, das heißt reduzierte-
sten Nenner. Ob solche Ästhesie-Technologie dann noch Kunst
heißen soll (oder will), ist eine offene Frage.

II

Die postmodernistische Ästhetik scheint der Literatur weniger
entgegenzukommen als irgendeiner anderen Kunstform. McLu-

han degradierte Literatur auch zur zweitrangigen Form, und Susan Sontag sprach gar von »einer neuen nicht-literarischen Kultur«. Die Konkrete Poesie, unser literarisches Paradebeispiel, ist eine hochspezielle Form geblieben. Doch im recht vitalen amerikanischen Gegenwartsroman lassen sich ebenfalls aufschlußreiche postmodernistische Tendenzen erkennen.

Ronald Sukenick stellt seinem Kurzroman mit dem bezeichnenden Titel »The Death of the Novel« einen Negativkatalog voran – eine alte amerikanische Praxis:

The contemporary writer [...] is forced to start from scratch: Reality doesn't exist, time doesn't exist, personality doesn't exist. God was the omniscient author, but he died; now no one knows the plot, and since our reality lacks the sanction of a creator, there's no guarantee as to the authenticity of the received version. Time is reduced to presence, the content of a series of discontinuous moments. Time is no longer purposive, and so there is no destiny, only chance. Reality is, simply, our experience, and objectivity is, of course, an illusion. Personality, after passing through a phase of awkward self-consciousness, has become, quite minimally, a mere locus for our experience. In view of these annihilations, it should be no surprise that literature, also, does not exist – how could it? There is only reading and writing, which are things we do, like eating and making love, to pass the time, ways of maintaining a considered boredom in face of the abyss.[33]

Im dritten und vierten Satz reißt Sukenick die Ablösung der Diachronie durch die Synchronie an. Es ist die ›Reduktion‹ (»reduced«) einer »sinngerichteten«, »schicksalhaften« (»destiny«) Zeit auf eine »Gegenwart«, die sich als bloße »Serie von diskontinuierlichen Momenten« darstellt. Der angedeutete Tod von Gott, dem »allwissenden Autor«, spricht die dahinterstehende Säkularisierungsgeschichte an. Die Auflösung einer »sinngerichteten« Zeit ist im Grunde bereits mit Gottes Tod und der Auflösung seines heilsgeschichtlichen »plot« besiegelt. Für den Postindividualisten Sukenick erscheinen die Epochen des Individualismus nur noch als »eine Phase linkischen Ichbewußtseins«. »Persönlichkeit« ist zu einem »bloßen Ort des Erfahrens« geschrumpft und »Wirklichkeit« zu eben diesem nackten, diskontinuierlichen »Erfahren«. Folgerichtig hat sich auch die geschichts- und traditionshaltige Wirklichkeit »Literatur« aufgelöst in die bloßen Tätigkeiten von »Lesen und Schreiben«. Es ist dieselbe »reductio ad actionem«, die Peter R. Hofstätter »als gemeinsames

Strukturprinzip« im »Pragmatismus, Operationismus und Behaviorismus« feststellt.[34] Gertrude Steins Repetitionsmethode und
Ernest Hemingways Ästhetik, »the sequence of motion and fact«,
sind früher Ausdruck derselben neopositivistischen Reduktion,
wie ich anderswo ausgeführt habe.

Gleichzeitig hat diese *reductio ad actionem* den dedifferenzie-
renden Effekt im Dienste von *unitary sensibility*: Statt Literatur
»gibt es nur noch Lesen und Schreiben, die unsere Tätigkeiten
sind wie Essen und Lieben auch«. Kunst und Leben fallen so
ununterscheidbar zusammen. Sukenick demonstriert das in seinem Kurzroman durch ein Ineinander von Aktion, manifestarti-
gen Reflexionen (wie der obigen) und Sexspielen des Privatman-
nes Sukenick mit seinen weiblichen »Romanfiguren«. Ebenso
mischt sich Kurt Vonnegut in *Slaughterhouse 5* und dann noch
demonstrativer in *Breakfast of Champions* unter seine Figuren.
Raymond Federman nivelliert diese früher voneinander abgeho-
benen Ebenen in *Double or Nothing* noch kunstreicher. Solche
Bemühung, die Realitätsbereiche von Kunst und Leben zur Dek-
kung zu bringen, ist seit Dadaismus und Surrealismus nicht mehr
abgerissen. Am augenfälligsten versuchten das die Bildenden
Künste zu demonstrieren: Marcel Duchamps Readymades, Pop-
Art, Mischformen des Happening und Environment sind Beispiele. Das Living Theatre ist ein einziger Versuch, Kunst und
Leben zu vereinigen. Teile der Jugendkultur bemühten sich
darum. Der Pariser Mai verkündete diese Devise.

Weitere Folgerungen spricht Sukenick in seiner »Ausarbeitung
der neuen Tradition«, die er Bossa Nova nennt, vier Jahre später
so aus:

Needless to say the Bossa Nova has no plot, no story, no character, no
chronological sequence, no verisimilitude, no imitation, no allegory, no
symbolism, no subject matter, no »meaning«. It resists interpretation
[...]. The Bossa Nova is nonrepresentational – it represents itself. Its main
qualities are abstraction, improvisation and opacity.[35]

Der eben beobachteten eingliedrigen Totalität, Leben – Kunst,
entspricht hier das Aufgeben aller zweigliedrigen literarischen
Denk- und Ausdrucksformen. In besserer Anpassung an die
literarische Säkularisierungsgeschichte müßte die Reihenfolge der
Ablehnung vielleicht heißen: »no allegory, no imitation, no symbolism«, mit der symbolistischen Zweigliedrigkeit des Modernis-

mus als letzter und bereits lockerster Stufe. Das Aufgeben von
»subject matter« und »meaning« entspricht der neuen Eingliedrigkeit. Und Sukenick langt dann auf demselben Wege wie die
Konkreten bei einer »selbstdarstellenden« Kunst an. Dieser jahr-
hundertelange Prozeß ist formal am anschaulichsten im Gedicht
zu verfolgen. Dort läßt sich nachweisen, wie die Auflösung des
Bildempfängers – des kulturellen »subject matter« oder »meaning« – zugunsten des interpretierenden Bildspenders gekoppelt ist
mit einem Schrumpfen des diachronischen Bezugskontextes zugunsten eines synchronen Feldes.

In letzter Konsequenz müßte im postmodernistischen Roman
das synchrone Feld der Druckfläche zum Ausdruck kommen wie
bereits im Konkreten Gedicht. Tatsächlich lehnt Raymond Federman mit dem chronologischen *plot* die Druck- und Lesefolge
»von links nach rechts, von oben nach unten« ab: »Daher werden
jetzt die Elemente der neuen dichterischen Rede (Worte, Sätze,
Folgen, Szenen, Abstände usw.) [...] simultan auftreten und im
Leseprozeß vielfältige Möglichkeiten der Neuanordnung anbieten.«[36] Mit *Double or Nothing* hat Federman einen solchen
Roman vorgelegt. Sukenick verlangt ebenfalls die Anerkennung
der »technologischen Realität« des Buches, die für ihn dreidimen-
sional ist. Er weist auf den Roman des Franzosen Marc Saporta
hin, der aus losen Blättern besteht, die stets neu gemischt werden
können. Sukenicks Plädoyer ist wie immer erfrischend direkt:

We have to learn to think about a novel as a concrete structure rather than
an allegory, existing in the realm of experience rather than of discursive
meaning and available to multiple interpretation or none, depending on
how you feel about it – like the way that girl pressed against you in the
subway. Novels are experiences to respond to, not problems to figure out,
and it would be interesting if criticism could begin to expand its stock of
responses to the experience of fiction.[37]

John Donne oder Jane Austen könnten schwerlich eingesehen
haben, daß »discursive meaning« nicht Teil von »experience« ist.
Sollte Sukenicks Postmodernismus Eliots »dissociation of sensibility« aufgehoben haben, dann sicher nicht durch Retrogression,
sondern Regression. Die angestrebte Konkretion ist die sinnlicher
Erfahrung von Papierfläche, Druckerschwärze, Frauenkörper.
Solche Erfahrung soll »vielfache Interpretation oder keine« zulassen, je nachdem es dem Leser gerade zumute ist. Sukenick wendet
sich hier besonders gegen jede durch den Autor fixierte Interpre-

tation, die aus dem Roman eine »Allegorie« machen würde. Vieldeutigkeit galt bereits dem Modernismus als Reichtum. Und der gewitzte modernistische Autor verfaßte wahre Symbolkonstrukte, die unbegrenzte Interpretationsvielfalt garantieren sollten. Für manche Kritiker freilich war solche Sinnvervielfältigung nur auf dem Boden von (kultureller) Sinnentleerung möglich. Und Sukenicks obige Gleichsetzung von »vielfacher Interpretation oder keiner« könnte im Verein mit seinem »no subject matter, no ›meaning‹« dahin deuten.

Ist also nun diese eingliedrige, konkrete Totalität eine eindimensionale im Sinne Marcuses und – um vorzugreifen – eine entropische im Sinne Thomas Pynchons? Der engagierte Postmodernist wird diese Frage vehement verneinen. Das genaue Gegenteil ist seine Absicht. Er wird vielmehr der überwundenen Zweigliedrigkeit so etwas wie Eindimensionalität nachsagen. War doch der Bildspender und damit die Imagination ›gefesselt‹ an einen vorgegebenen kulturellen Bildempfänger – am engsten etwa in der mittelalterlichen Allegorie. Daher wollte Sukenick den traditionellen Roman als »Allegorie« diskreditieren. In einem früher wiedergegebenen Zitat sprach er von »chance« als Alternative zu fixiertem Schicksal und sinngepolter Zeit, plädierte also für ein absolut offenes Universum. Franz Mon sprach von einer »Emanzipation von der zivilisatorischen Sinnfunktion«, und Helmut Heißenbüttel wollte ebenfalls durch Regression und Reduktion »der metaphorischen Redeweise der bürgerlichen Rechtfertigungspoetik« entgehen, um so einen »freien Raum zu schaffen ins noch Unartikulierte hinein«.

Denselben Weg mit demselben Ziel beschreitet Federmans »Surfiction«. Auch für diese »Dichtung der Zukunft« entfallen alle »Unterscheidungen zwischen dem Wirklichen und dem Imaginären, zwischen dem Bewußten und dem Unbewußten, zwischen Vergangenheit und Gegenwart, zwischen Wahrheit und Unwahrheit«. Und wie Norman O. Brown sagt Federman jeglichem Dualismus den Kampf an:

And above all, all forms of duality will be negated – especially duality: that double-headed monster which, for centuries now, has subjected us to a system of values, an ethical and aesthetical system based on the principles of good and bad, true and false, beautiful and ugly.

Die Flucht soll also nicht in ein System, sondern aus einem

überkommenen »Wertesystem« hinaus in eine anarchisch anmutende Offenheit und Freiheit führen. Soweit es im Zusammenhang mit »Surfiction« überhaupt »Bedeutung« gibt, ist es nicht eine vorgegebene, sondern nur eine stets neu erdichtete: »Schreiben heißt also Sinn zu *produzieren*, und nicht einen vorgegebenen Sinn zu *reproduzieren*. [...] Dichtung zu schaffen ist in der Tat eine Art, Wirklichkeit zu vernichten«. Und »Surfiction« zeichnet sich gerade dadurch aus, daß sie die »Fiktionalität der Wirklichkeit enthüllt«. Auch hier gibt es keine kunst-externe Wirklichkeit mehr.

Ebenso »total frei« und ohne »eine fixierte Identität« sind die Figuren dieser neuen Dichtung. Sie tragen nicht mehr »die Bürde eines Namens, einer gesellschaftlichen Rolle, einer Nationalität, verwandtschaftlicher Beziehungen«. Hinter dieser Fehlanzeigenliste ist deutlich das Verkümmern der diachronischen Dimension erkennbar, sowohl auf phylogenetischer wie auf ontogenetischer Ebene. Es ist eine Regression in Richtung Id:

Made of fragments, disassociated fragments of himself, this new fictitious creature will be irrational, irresponsible, irrepressive, amoral, and unconcerned with the real world, but entirely committed to the fiction in which he finds himself, aware, in fact, only of his role as fictitious being.

Diese Beschreibung kommt keinem Bereich in Freuds Ich-Struktur näher als dem Triebbereich, dem Unterbewußten, dem Vor- und Irrationalen des Id. Die Geschöpfe der neuen Dichtung sind »Wort-Wesen«, und sie »werden so wandelbar, so unstabil [...] sein wie die Rede, die sie erzeugt«. Diese »Sprache« aber »entspringt dem Unbewußten«.[38]

Henry James half die Technik des Bewußtseinsstroms vorbereiten. Aber er zögerte noch vor dem letzten Schritt. Es war die Scheu vor dem »schrecklichen Fluß der Selbstenthüllung«.[39] Der Modernismus tat diesen Schritt. Aber als literarische Technik fungierte auch der Bewußtseinsstrom bei aller Enthüllung des Id immer noch als eine Kontrolle. Es bedeutet also einen Schritt weiter, wenn der Postmodernist Sukenick das Aufgeben der eigenen »Selbstzensur« (»censoring myself«) als »vielleicht entscheidend« in seiner schriftstellerischen Laufbahn sieht. Daß das im Zusammenhang mit einer bewußten Regression zu sehen ist, geht aus demselben Interview hervor: »Ich glaube wirklich, daß wir es ungeheuer nötig haben, unsere Charakterstrukturen aufzu-

lösen«. Henry Miller, Jean Genet, Wilhelm Reich, die Drogenkultur sind ihm Beispiele für dieses Bedürfnis. Wieder versteht
sich dieser idistische Anarchismus als Flucht aus einem einengenden Gesellschaftssystem in die Freiheit offener Möglichkeiten.
Sukenick zitiert den »viktorianischen Geschäftsmann« als Gegenbild. Ziel ist die Einsicht, »daß man amorph ist«, »lediglich ein
Bewußtseinsort«, und damit »alle Arten von Möglichkeiten«.
Darin sieht Sukenick das »enorm Befreiende« bei Genet, schreckt
dann allerdings vor der letzten, ihm als »pervers« erscheinenden
Konsequenz bei Genet zurück. Für ihn existieren immer noch
»some givens«, welche solche Freiheit einschränken.[40]
  Das Realisieren idistisch-anarchischer Freiheit durchzieht nun
den zeitgenössischen amerikanischen Roman auf vielfältige
Weise. Paul Bowles, William Burroughs, John Hawkes, Jerzy
Kosinski, Norman Mailer, Henry Miller, Ronald Sukenick, Ru-
dolph Wurlitzer u. a. breiten ein Panorama aus von mannigfaltig
erfüllten Id-Wünschen, von Sexismen, Sadismen, Perversionen
aller Art. Natürlich wird keiner der erwähnten Autoren erlauben,
daraus auf einen »Narzißmus« des Autors schließen zu lassen, auf
ein Ausleben »der entfesselten Appetite des Ego«, genauer des Id.
Und keiner von ihnen würde eine »Pathologie der literarischen
Imagination in der Gegenwart« zugeben.[41] Auch nicht Mailer,
der in seinem »Psychopathen« den möglichen Schrittmacher eines
freieren Menschen sieht, oder Vonnegut, der in schizophrener
Aufspaltung die Möglichkeit einer Bewältigung des Absurden
erhofft, oder Brown, der im Polymorph-Perversen die Freiset-
zung der Libido feiert.
  Diese Autoren verstehen im Gegenteil ihr Werk als Anprange-
rung oder Überwindung eines pathologischen Gesellschaftszu-
standes, der laut Mailer ein »verkrüppeltes und pervertiertes Bild
des Menschen« darstellt.[42] Burroughs, geradezu besessen von
Perversion, geißelt eine Obszönität des christlichen Rituals, wie
Klaus Poenicke gezeigt hat.[43] Und die versklavende Drogensucht
wird ihm weniger zur Kritik an der Drogenkultur als an der
spätkapitalistischen Konsumgesellschaft. Dabei zeigt Burroughs
gerade hier den das System aktivierenden Drall jedes Idismus.
Denn was als idistisch-anarchische Absage an das System beginnt
– der Griff nach der Droge –, das endet in einer Hörigkeit, die ihr
Opfer einem potenzierten Pusher- und Polizeisystem ausliefert.
Burroughs hat das drastisch dargestellt. Dennoch scheint er die-

sen Zusammenhang eher unfreiwillig zu enthüllen, wie seine Suche nach einer bewußtseinserweiternden Droge, die nicht hörig macht, nahelegt. Diese Droge soll wenigstens auf Zeit aus dem Gefängnis der »dualen Strukturen« (Poenicke) führen, die Burroughs wie schon Brown und Federman ablehnt: Burroughs' *unitary sensibility* ist insofern noch radikaler, als auch das Leibliche vom Fluch der Dualität gezeichnet ist. Dieser Postmodernist nähert sich hier einer leibfeindlichen (christlichen) Mystik, die ihre Visionen nur noch negativ erfassen kann.

Immer wieder – wie schon an den Konkreten belegt – ist die Regression eine Fluchtbewegung vor einem einengenden, tödlichen System. Viele amerikanische Romane der Gegenwart enthalten das Motiv der Paranoia. Und immer wieder ist das Ziel eine neue Freiheit. Im Rückzug auf Mailers »Psychopathen«, seinen »weißen Neger«, bedeutet Regression die Sprengung des Realitätsprinzips, ist also beabsichtigte Befreiung von gesellschaftlichen Zwängen. Diese neue Freiheit verspricht, die eigenen Möglichkeiten auszuleben, ein neues Ich, ungezählte neue Ichs zu erfinden. Sukenick lernt von Alain Robbe-Grillet, »daß die didaktische Hauptaufgabe des zeitgenössischen Romanciers darin besteht, den Leser zu lehren, wie er seine Welt erfinden kann«.[44] Und Vonneguts Eliot Rosewater und Billy Pilgrim versuchen »sich und ihr Universum neu zu erfinden. Science-fiction war dabei eine große Hilfe«.[45] Im selben Roman bedeuten schizophrene Erzählform und eine Art schizophrenen Bewußtseins des ›Helden‹ die Möglichkeit, mit einer absurd-inkonsequenten Wirklichkeit fertig zu werden. Billy setzt der unverbundenen Vielfalt von Ereignissen eine gleiche Vielfalt von Ichen gegenüber. Damit löst er die Absurdität auf, die noch den Modernismus plagte. Für den Postmodernisten Robbe-Grillet »ist die Welt weder bedeutungsvoll noch absurd. Sie *ist* ganz einfach.«[46]

Auch für den Postmodernisten Heißenbüttel »reduziert sich« das autonome Subjekt. Es »löst sich auf in ein Feld von Bezugspunkten« und bestimmt sich nicht mehr durch »seine je einzige [...] Individualität, sondern durch seine Sozialität«. Der »Begriff des Subjekts« kann nur noch »als etwas Multiplizierbares gedacht werden. Ich bin nicht ich, sondern eine Mehrzahl von Ich.« Und Heißenbüttel fügt unmittelbar darauf hinzu, daß eine »solche Uminterpretation [...] den Kategorien der Humanwissenschaften und der Spezialphilosophien« antwortet und daß »Literatur und

Wissenschaft« in diesem Entwurf des menschlichen Wesens »parallel« gehen.

»Reduziert sich« das Subjekt bei Heißenbüttel »überspitzt ausgedrückt, zu einem Bündel Redegewohnheiten«,[47] so bei Skinner zu einer Anzahl von »Verhaltensrepertoires«, die der Anzahl von Environments entspricht, in denen diese »Selbste« eines »Körpers« funktionieren: Familie, Beruf, Freundeskreis usw. Dabei antwortet Heißenbüttels »Feld von Bezugspunkten« perfekt Skinners Environment. Für Skinner entspricht »eine solche Uminterpretation« (Heißenbüttel) nicht nur wissenschaftlichen Bedürfnissen, sondern im besonderen denen seiner »Verhaltenstechnologie«, durch die er einen außenorientierten Menschen »unter die Kontrolle« der Verhaltenskonsequenzen bringen will, eben durch eine environmentale Rückkoppelung.[48] Schließlich strebte ästhetisch auch Heißenbüttel eine totale Erfassung des Kunstpublikums an, und Gomringer zählte den Dichter »zur gruppe der universalökonomen« und nannte ihn »berater des ingenieurs«.

Welche Reduktionsschnitte auch immer – ob auf »Redegewohnheiten«, ob auf »Verhaltensrepertoires« –, stets verwandeln sie das Ich in »etwas Multiplizierbares«. Heißenbüttel und Skinner erachten eine solche »Uminterpretation« der Individualität in Sozialität für notwendig. Thomas Pynchon läßt in *The Crying of Lot 49* eine Figur genau diese Uminterpretation an sich vollziehen. Wendell (»Mucho«) Maas leidet als Gebrauchtwagenhändler noch an der identitätslosen Austauschbarkeit seiner Gebrauchtwagen und deren Insassen. Mucho tritt dem Leser also zu Beginn als ›modernistisch‹ entfremdetes Individuum in der Massengesellschaft entgegen. Gegen Ende des Romans spricht der Arbeitgeber Muchos »Identitätsverlust« aus und nennt ihn eine »wandelnde Menschenmenge«, »ein ganzes Zimmer voll Leute«. Mucho bejaht das für sich und fügt hinzu: »Ein jeder ist das.« Als Disk-Jockey, mit absolutem Gehör begabt, hat er im Laufe des Romans so etwas wie akustische Charakter-»Spektralanalyse« erlernt. Er reduziert seine Mitmenschen auf die Grund- und Oberschwingungen ihrer Stimmen und träumt davon, in einer Synchronisation »ein paar hundert Millionen« mit »derselben Stimme« als eine Person sprechen zu lassen. Panik ergreift Oedipa Maas angesichts ihres Mannes, von dem »bereits so viel zerfallen ist«.[49]

Peter L. Abernethy hat ausgeführt, daß in diesem Roman alle

Charaktere bis auf Oedipa »als geschlossene Systeme dargestellt sind, in denen Entropie zunimmt«. Im Falle Muchos zeigt sich diese Entropie darin, daß »er zu viele Dinge für zu viele Menschen geworden ist«.[50] Das stimmt, verlangt aber nach einer erklärenden Ergänzung. Muchos ›Zu-viele-Dinge-für-zu-viele-Menschen-Sein‹ beruht auf der eben angedeuteten De-Differenzierung seines Selbst- und Mitmenschenverständnisses. Dieses Menschenverständnis ist geradezu wissenschaftlich-reduktiv, wenn auch in parodistischer Überzeichnung. »Spektralanalyse« ist hier keine zufällige Metapher. Und diese De-Differenzierung ist egalisierend und daher wie jede Egalisierung von entropischem Bedeutungsschwund gekennzeichnet. So sieht sich Mucho als »eine Antenne«, die sein »pattern« »allnächtlich zu einer Million von Leben hinaussendet«, die zugleich seine »eigenen Leben sind«. Und im Songtext, »She loves you«, »ist sie jede beliebige Anzahl von Leuten«. »Und das ›you‹ ist jedermann. Und sie selbst dazu.«[51]

Der letzte Nachsatz weist auf den Narzißmus Muchos hin, den Pynchon im ganzen Roman in enger Verbindung mit entropischem Bedeutungsschwund sieht. Narzißmus kann als Regression in Richtung auf ein mehr oder minder geschlossenes psychisches System definiert werden, das dann als solches von entropischer Sinnauszehrung bedroht ist. Kritiker haben das an Pynchons Metzger nachgewiesen. Insofern, als Oedipa in ihrer Erkenntnissuche Gefahr läuft, sich zunehmend in ihren eigenen Deutungen zu verstricken, ohne sie noch als eigene Fiktionen zu durchschauen, ist auch sie davon bedroht, sich »im geschlossenen System der Paranoia selbst« gefangen zu setzen. Heinz Ickstadt hat Pynchons »Meisterschaft in der Errichtung metaphorischer Gebäude« verfolgt, deren Bildlichkeit jedoch nicht mehr auf einen Bildempfänger außerhalb weist, vielmehr selbstbezogen, ›systemimmanent‹ bleibt. So wird »einerseits Erkenntnis zur bloßen Fiktion herabgesetzt, andererseits Fiktion zum eigentlichen Modus von Erkenntnis aufgewertet«.[52]

Diese Gleichsetzung von Erkenntnis und Fiktion steht ganz im Einklang mit *unitary sensibility*, und sie war oben Teil von Federmans und anderer Postmodernisten Optimismus. Doch bei Pynchon verspricht sie weniger den Weg ins Offene, als daß sie die Sinnentleerung eines geschlossenen Systems androht. Jerome Klinkowitz hat daher Pynchon wie John Barth einer »Literatur of Exhaustion« (Barth), einer modernistischen Nachhut zugerechnet. Ein wichtiger Grund dafür mag das Fehlen postmodernistischer Positivität, um nicht zu sagen Euphorie, gewesen sein, die fast zum Unterscheidungsmerkmal gegenüber einem ›pessimistischen‹ Modernismus der ›Waste Land‹-Bewohner geworden ist. Solche Positivität liegt im Wesen von *unitary sensibility*. So möchte Klinkowitz selbst der Entropie als einem stabilen Zustand positive Züge abgewinnen.[53] Doch das Bild, das Pynchon zeichnet, ist nicht das einer verflossenen oder gerade sterbenden geschichtlichen Ordnung – selbst dort nicht, wo der Roman in die Vergangenheit zurückführt. Das reduktive und regressive Menschenbild stimmte vielmehr mit dem der Postmodernisten idistischer wie szientistischer Prägung überein. Entropischer Bedeutungsschwund und Paranoia erwiesen sich bei Pynchon als systemeigen, nicht ordnungsbedingt. Gewiß erinnerte die Symbolik noch an das zweigliedrige Denken und ihre elaborate Ausbildung an einen späten Modernismus. Aber sie war nicht lediglich hypertroph, sondern intransitiv, ja selbstbezogen, selbstrepräsentativ, systemimmanent. Das machte *The Crying of Lot 49* zum autonomen Kunstwerk – nicht mehr im milden Sinne der New Critics, sondern in dem absoluten der Konkreten, McLuhans, Federmans oder Sukenicks.

In diesem Roman findet Mucho aus der Entfremdung einer Individualität, die in sich selbst und mit der Umwelt zerstritten ist, in die Geborgenheit der Sozialität des Systems. Das geschieht durch Abstoßen des fixierten Ich und Über-Ich, also durch Regression auf das Trieb-Es. Dieses bedarf nicht mehr der gewissensbeklommenen und neurosenreichen Zähmung durch das Über-Ich, da das environmentale System eine direktere, effizientere und unbewußt-schmerzlose Kontrolle ausübt: Liebe ohne Furcht, Moral ohne Verzicht. Mucho ist glücklich über diesen neuen Einklang mit sich selbst und mit der Umwelt. Er empfindet systemimmanent. Oedipa sieht erschreckt den Identitätsverlust ihres Mannes. Ihr Standpunkt ist also außerhalb des Systems. Das gilt auch für den Autor, wenn er Entropie und so etwas wie Eindimensionalität als Begleiterscheinungen darstellt. Marcuses Standpunkt oszilliert, wie schon gezeigt. Die anderen besprochenen Postmodernisten stehen letztlich im System, und dies trotz einer oft geradezu besessenen Kritik an Konformismus und Manipulation durch ein totales System. Dabei spielt es keine Rolle, ob diese Zwänge in bequemer Selbsttäuschung noch einer vergangenen Kultur- und Persönlichkeitsstruktur angelastet werden oder ob hier schon klarer unterschieden wird. Denn die anarchisch-idistische Gegenposition dieser Postmodernisten hat – wie gezeigt – letztlich Schrittmacherfunktion für den weiteren Ausbau des Systems. Wie ja überhaupt die antiautoritäre Ideologie nur in der Absicht, nicht im Endeffekt eine Gegenposition zur technokratischen Ideologie ist. Diese Postmodernisten kommen so in den Genuß, eine oppositionelle Regression zu betreiben, die ebenso fortschrittlich wie systemkonform ist. Dieser gern verdrängte, aber ebenso gern genutzte Einklang mit dem System entleert freilich zunehmend die avantgardistische Gebärde.

III

Theodore Roszak hat die postmodernistische Gegenkultur der sechziger Jahre als die bisher am konsequentesten »radikale Technokratie-Kritik« dargestellt. Ein »zutiefst personalistischer Gemeinschaftssinn« opponierte hier gegen »technische und industrielle Werte« und ihre Entfremdung:

While the art and literature of our time tell us with ever more desperation that the disease from which our age is dying is that of alienation, the sciences, in their relentless pursuit of objectivity, raise alienation to its apotheosis as our *only* means of achieving a valid relationship to reality. Objective consciousness *is* alienated life promoted to its most honorific status as the scientific method.

Für Roszak hat daher C. P. Snow den Graben zwischen den ›beiden Kulturen‹ nicht annähernd tief genug gesehen.[54] Schwer vorstellbar, daß Roszak meiner Konvergenzthese zustimmen könnte. Der engagierte Postmodernist Ihab Hassan jedenfalls hat meine Eingliederung von B. F. Skinner in die Postmodernismus-Diskussion als »unfair« kritisiert.

Nun will und kann ich gar nicht den Antagonismus zwischen den ›beiden Kulturen‹ leugnen. Er ist für mich lediglich nicht absolut, sondern dialektisch, somit ›fortschritts-konstitutiv‹. Die Gegenkultur selbst ist ein Beispiel dafür. Sie war sicher weithin, besonders in der ›Blumenkinder-Phase‹, »radikale Technokratie-Kritik«. Erst recht war sie aber auch Gegenkultur zu einer eben vergangenen abendländischen Kultur. Deren hierarchischen Ordnungsresten stellte sie einen idistischen Anarchismus gegenüber, deren individualistischer Spätform Roszaks »Gemeinschaftssinn«, deren repräsentativer Demokratie eine Radikaldemokratie. Die Konvergenz idistischer Regression mit technologischem Fortschritt war eine These des vorliegenden Aufsatzes. Von ihr aus gesehen ist es nicht verwunderlich, daß die radikalsten und artikuliertesten Vertreter der Counter Culture, die Yippies, diese Ziele sehr wohl mit McLuhans Technologie-Mythos zu verbinden wußten.[55]

Hier konnte ich Roszaks Teileinsicht und Hassans Aspirationen nicht mehr Gewicht verleihen als dadurch, daß ich *unitary sensibility* zum Fixpunkt meiner Postmodernismus-Analyse machte. Mit *unitary sensibility* beansprucht der Postmodernismus doch die bewußtseinserweiternde Aufhebung all jener entfremdenden Entzweiungen, die Roszak oben im Sinne seiner Gegenkultur als szientistischen Fluch brandmarkte. Aufgehoben werden sollte auch die Spaltung zwischen literarisch-ästhetischer Kultur und szientistischer Technologie. Das lag im Totalitätsanspruch von *unitary sensibility*. Daß dieses Maximalziel tatsächlich in greifbare Nähe gerückt ist, stand im Mittelpunkt der Ausführungen. Freilich, was da näherrückte, das war eine ironische Verkehrung – wie so oft in der Geistesgeschichte. Das macht Hassans Protest verständlich.

Die ironische Verkehrung war, daß entfremdungsfreie *unitary sensibility* nicht dadurch entstand, daß eine humanistische Kultur sich die szientistische Technologie unterwarf, sondern umgekehrt in ihr aufging. Das war historisch sogar konsequent. Wenn Entfremdung ein Aspekt der »Selbstentäußerung des Geistes« (Hegel) ist und diese Selbstentäußerung der einzig mögliche Weg wachsender Bewußtheit, dann war bei genügend fortgeschrittener Entäußerung ein Gegenstandsloswerden der Entfremdung zu erwarten. *Unitary sensibility* machte Entfremdung nicht rückgängig durch Rückkehr in vorwissenschaftliche Zeiten, sondern lediglich gegenstandslos durch Verabsolutierung positivistischer Wissenschaftlichkeit, etwa auch in der postmodernistischen Ästhetik und Kunst.

Diese Selbstentäußerung wurde hier weniger philosophisch, dafür konkreter als Externalisierung verstanden. Roszak selbst sieht in Externalisierung »das Ideal des objektiven Bewußtseins«, das seinerseits den szientistischen Kern darstellt: »The ideal of the objective consciousness is that there should be as little as possible In-Here and, conversely, as much as possible Out-There. For only what is Out-There can be studied and known.«[56] Aus beiden Roszak-Zitaten zusammen geht Roszaks Einsicht in den Zusammenhang von Externalisierung mit Entfremdung einerseits und Bewußtmachung andererseits hervor: »Denn nur was außen ist, kann erforscht und gewußt werden.« Gewiß handelt es sich lediglich um das messende Wissen positivistischer Wissenschaft. Aber so wesentlich solche Einschränkung ist, welchen Stellenwert besitzt sie noch für das öffentliche Bewußtsein in einer verwissenschaftlichten Welt! Der Neopositivist Skinner betrieb solche Externalisierung zielstrebig mit Roszaks Begründung, die diskutierten Postmodernisten setzten weitere Erwartungen in diesen Vorgang. Sogar der späte Marcuse versuchte sie in seine Dienste zu stellen, trotz früherer Positivismuskritik.

Positivistische Externalisierung entsprach einem reduktiven Wissenscharakter. Man reduzierte ein unzugängliches Innen auf ein äußeres Medium und *environment*, auf ein Material, das physikalisch zugänglich ist. Solcher Reduktion entsprach in der humanistischen Kultur eine Regression auf das Körperliche. Die geschichtliche Reise von den Bewußtseinslagen der Vernunft zu den körpernahen, die ich buchlang verfolgt habe, der Weg von Freuds Super-Ego zum Id ist gerne als eine Reise ins Innen des Bewußtseins charakterisiert worden. Häufig galt sie als Alternative zu wissenschaftlicher Verengung und Veräußerlichung (Proust, Bergson usw.). Anderen diente sie als anarchischer Idismus revolutionärer Ziele (Surrealismus, Neofreudianer usw.). Oder sie war bei manchen Künstlern geradewegs wissenschaftlich ambitioniert (z. B. manche Realisten und Naturalisten, oder Robbe-Grillet).

Am *vorläufigen* Ende dieser Reise ins Innen steht in postmodernistischer Literatur und Kunst ein Sensualismus, der diese Reise plötzlich weit eher als eine Reise ins Außen verstehen läßt. Das ist eine überraschende Konvergenz mit der wissenschaftlich-technischen ›Kultur‹. Diese Konvergenz wird noch dadurch erhärtet, daß es sich nun um einen »programmierbaren Sensualismus« handelt. Dabei besitzt dieser programmierbare Sensualismus bei den Konkreten immer noch einen emanzipatorischen, bei Marcuse revolutionären Drall und bei McLuhan einen utopischen Zug. Auf dem Weg dorthin konnte freilich kein Regressionsphänomen ausgelassen werden, wie Literatur und Kunst überreich demonstriert haben. Marxistische Kritiker haben das gerne als Dekadenz und Untergang westlicher Zivilisation abqualifiziert. Nicht nur gerechter, sondern vor allem ergiebiger ist es, das Aufgehen einer regredierenden Kultur in einer wissenschaftlich-technischen Zivilisation zu erkennen. McLuhans Zusammensehen von elektronischer Technologie und archaisch-mythischem Bewußtsein drückte wenigstens als Wunschdenken die Konvergenz dieser kulturellen Regression mit dem zivilisatorischen Fortschritt aus. Was sich für McLuhan zu eitel Gewinn addiert, erscheint anderen als reiner Verlust. Realistischer ist es wieder, die dialektische Verzahnung von Gewinn und Verlust zu erkennen.

Insgesamt löste ein synchron-environmentales System die geschichtliche Ordnung ab. Solche Externalisierung mit Entzeitlichung und Verräumlichung war bei der Konkreten Poesie zu beobachten, ebenso in postmodernistischer Romanästhetik und -praxis, andeutungsweise (aus Platzmangel) auch in der Bildenden Kunst. Dabei konnte der Roman krasser als die Bildende Kunst einen narzißtischen Grundzug enthüllen: die Unfähigkeit, das Selbst und seine Appetite von der Außenwelt und deren Belangen zu unterscheiden. Der engagierte Postmodernist begrüßte darin die Aufhebung der Entfremdung zwischen Innen und Außen. Und der behavioristische Gesellschaftsingenieur, oder schon viel banaler: die Werbung erkannte in dieser Identifikation die Chance einer environmentalen Steuerung. Regressiver Narzißmus (als Ausdruck einer regredierenden Kultur) und wissenschaftlich-fortschrittliche Technologie erwiesen sich so als zusammengehörig. Soziologisch artikuliert hat diese Externalisierung David Riesman mit der Ablösung des »innengelenkten« durch den »außengelenkten« Menschentypus. Gemeinschaft (Roszak, s. o.) und Gruppe stehen heute im Mittelpunkt des Interesses – wieder meist in narzißtischer Identifikation. Als Faktoren des *environment* strukturieren sie nun das Selbst synchron-environmental. Die diachrone (Gewissens-)Struktur des Individuums früherer Zeiten ist dagegen zurückgetreten. Eine im Namen der Selbstverwirklichung zunehmend von Ich und Über-Ich emanzipierte Irrationalität verlangt nicht nur, sondern ermöglicht zuallererst ihre zunehmend effiziente Kontrolle durch die technische Rationalität.

Wie sehr dieses neue, id-betontere Persönlichkeitsbild eine Erscheinung der egalitären Massendemokratie ist, läßt sich bereits aus den Zeilen des prophetischen Alexis de Tocqueville herauslesen. Ja schon Plato weiß etwas dazu, wenn auch unspezifischer und voreingenommener. Unter den Gewährsleuten meines Aufsatzes haben die Konkreten den Zusammenhang von Reduktion (und Regression) mit massendemokratischer ›Emanzipation‹ gesehen und bejaht (und nicht nur sie allein). Der egalitär-massendemokratische Charakter der positivistischen Wissenschaft wiederum ist von Norman O. Brown hervorgehoben worden, ganz im Einklang mit den Konkreten, nur mit entgegengesetzter Bewertung.[57]

Das alles fügt sich zusammen zu einer Kulturtheorie. Sie ist nicht das Thema dieses Aufsatzes, der ihre Kenntnis auch nicht voraussetzt. Aber sie füllt ihn randvoll. Auch das mag Kritik auslösen. Doch wenn Kulturtheorie ohne Literatur-, Kunst- und die übrigen Kulturwissenschaften leer ist, dann ist für mich Literaturwissenschaft ohne eine orientierende Kulturtheorie blind.

Anmerkungen

1 »One Culture and the New Sensibility«, *Against Interpretation and Other Essays* (New York, ³1967), S. 296, 293, 299-300, 300, 298, 297, 302, 303.

2 »Informationsästhetik«, *Ästhetik heute: Sieben Vorträge*, hg. Anastasios Giannarás (München, 1974), S. 135 (UTB 313).

3 *Ungehorsam der Ideen* (Köln, 1965), S. 76; s. a. S. 45.

4 »Ich schreibe nicht weil«, *Theoretische Positionen zur Konkreten Poesie: Texte und Bibliographie*, mit einer Einf. hg. Thomas Kopfermann (Tübingen, 1974), S. 28.

5 Jochen Gerz, »Für eine Sprache des Tuns«, *Theoretische Positionen zur Konkreten Poesie*, S. 37.

6 Siegfried J. Schmidt, »Zur Poetik der konkreten Dichtung«, *Theoretische Positionen zur Konkreten Poesie*, S. 83, 85.

7 »An eine Säge denken«, *Akzente*, 15 (1968), 432, 431.

8 »Voraussetzungen, Beispiele und Ziele einer poetischen Arbeitsweise«, *Protokolle* (1970), Nr. 2, S. 29.

9 Helmut Heißenbüttel, »einleitung«, Eugen Gomringer, *worte sind*

    schatten: die konstellationen 1951-1968, hg. Helmut Heißenbüttel
    (Reinbek, 1969), S. 19, 17.

10 »An eine Säge denken«, S. 434.

11 »einleitung«, S. 19, 20, 18.

12 »Kurze Theorie der künstlerischen Grenzüberschreitung«, *Theoreti-
    sche Positionen zur Konkreten Poesie*, S. 25, 24-25, 24.

13 »Zur Poetik der konkreten Dichtung«, S. 82.

14 »Kurze Theorie der künstlerischen Grenzüberschreitung«, S. 24.

15 »23 punkte zum problem ›dichtung und gesellschaft‹«, *worte sind
    schatten*, S. 287, 288, 289, 291.

16 »Aesthetic Pattern in Keats' Odes« (1943), nachgedruckt in *The
    Interior Landscape: The Literary Criticism of Marshall McLuhan
    1943-1962*, hg. Eugene McNamara (New York, Toronto, 1969),
    S. 113.

17 »The Southern Quality«, *The Sewanee Review*, 55 (1947), 374, 361.

18 Marshall McLuhan und George B. Leonard, »Die Zukunft der Sexua-
    lität«, dt. v. Edward Reavis und Burghardt H. Kiegeland in *Acid:
    Neue amerikanische Szene*, hg. R. D. Brinkmann und R. R. Rygulla
    (Darmstadt, 1969), S. 371. (»Future of Sex«, *Look*, 25. 7. 1967)

19 Marshall McLuhan and Quentin Fiore, *The Medium Is the Massage*,
    hg. Jerome Agel (Harmondsworth: Penguin, 1967), S. 56, 63, 68,
    114.

20 *Understanding Media: The Extensions of Man* (New York, [17]1964),
    S. 272-273.

21 *The Medium Is the Massage*, S. 125, 128, 126, 56, 126, 100, 101, 68.

22 »Grenzen der Musikästhetik?«, *Ästhetik heute* (s. Anm. 2, oben),
    S. 81, 82.

23 »Das Verhältnis der Dichtung zur Wirklichkeit bei Allen Tate und
    anderen *new critics*«, *DVjs*, 34 (1960), 554-580.

24 Peter R. Hofstätter, *Individuum und Gesellschaft: Das soziale System
    in der Krise* (Frankfurt a. M., 1972), S. 143; vgl. S. 141-147.

25 *The Medium Is the Massage*, S. 26, 27-41.

26 *Beyond Freedom and Dignity* (New York: Bantam, [6]1972), S. 182,
    196, 205, 96-97, 173, 165, 163, 190, 12, 174, 192, 62.

27 *Der eindimensionale Mensch: Studien zur Ideologie der fortgeschritte-
    nen Industriegesellschaft*, dt. v. Alfred Schmidt (Neuwied und Berlin,
    1970), S. 187.

28 *Life Against Death: The Psychoanalytical Meaning of History*
    (Middletown, Conn.: Wesleyan Univ. Pr., repr. 1970), S. 27, 63, 95,
    275, 321, 63.

29 *Love's Body* (New York, 1966), S. 143, 253, 227, 254 (Vintage Books
    V-419).

30 *Triebstruktur und Gesellschaft: Ein philosophischer Beitrag zu Sig-
    mund Freud*, dt. v. Marianne von Eckardt-Jaffe (Frankfurt a. M.,

1970), S. 24, 202.

31 Paul A. Robinson formuliert den Wandel so: »Wo somit der sexuell Abnormale der Held von *Triebstruktur und Gesellschaft* gewesen war, übernahm in *Der eindimensionale Mensch* der hochgradig gehemmte Neurotiker die Rolle des wichtigsten Gesellschaftskritikers.« *The Sexual Radicals*, Einl. v. Alex Comfort, repr. (London, 1972), S. 179-180.

32 *Der eindimensionale Mensch*, S. 245, 246, 245, 250; »The New Sensibility«, *An Essay on Liberation* (Boston, 1969), S. 48, 45.

33 *The Death of the Novel and Other Stories* (New York, 1969), S. 41.

34 *Psychologie [Das Fischer Lexikon]* (Frankfurt a. M., 1958), S. 67.

35 »The New Tradition«, *Partisan Review*, 39 (1972), 586-587.

36 »Surfiction – Four Propositions in Form of an Introduction«, *Surfiction: Fiction Now ... and Tomorrow*, hg. Raymond Federman (Chicago, 1975), S. 11.

37 »The New Tradition«, S. 583.

38 »Surfiction – Four Propositions in Form of an Introduction«, S. 8, 7, 13, 12, 13, 12-13, 11.

39 »Preface to *The Ambassadors*«, *The Art of the Novel: Critical Prefaces by Henry James*, Einl. v. Richard P. Blackmur (New York, London, 1953), S. 321.

40 »Ronald Sukenick Interviewed by Joe David Bellamy«, Joe David Bellamy, *The New Fiction: Interviews with Innovative American Writers* (Urbana, Chicago, London: Univ. of Illinois Pr., 1974), S. 68, 61, 64, 63, 64.

41 Hilton Kramer in einer Besprechung von Jerzy Kosinskis Roman *Cockpit* (1975): »Lonely Rituals«, *Commentary*, 60/6 (1975), 79, 78, 79.

42 »The White Negro: Superficial Reflections on the Hipster«, *Advertisements for Myself*, repr. (London, 1970), S. 271.

43 »William Burroughs«, *Amerikanische Literatur der Gegenwart in Einzeldarstellungen*, hg. Martin Christadler (Stuttgart, 1973), S. 274, 286; 294.

44 »The New Tradition«, S. 584.

45 Kurt Vonnegut, jr., *Slaughterhouse-Five or The Children's Crusade, A Duty-Dance with Death*, repr. (New York: Dell, 1975), S. 101.

46 Alain Robbe-Grillet, »Une voie pour le roman futur«, *La Nouvelle Revue Française*, 8 (1956), 80.

47 »13 Hypothesen über Literatur und Wissenschaft als vergleichbare Tätigkeiten«, *Über Literatur* (Olten und Freiburg i. Br., 1966), S. 213-214, 213.

48 *Beyond Freedom and Dignity*, S. 189-190, 1 ff., 165.

49 *The Crying of Lot 49* (New York: Bantam, ⁵1967), S. 104-106, 108.

50 »Entropy in Pynchon's *The Crying of Lot 49*«, *Critique*, 14 (1972),

30.

51 *The Crying of Lot 49*, S. 107, 106.

52 »Thomas Pynchon: The Crying of Lot 49«, *Amerikanische Erzähllite-*
   ratur 1950-1970, hg. Frieder Busch und Renate Schmidt-v. Bardeleben
   (München, 1975), S. 135, 133, 137.

53 »The Death of the Death of the Novel«, *Literary Disruptions: The*
   Making of a Post-Contemporary American Fiction (Urbana, Chicago,
   London: Univ. of Illinois Pr., 1975), S. 4, 11-15.

54 *The Making of a Counter Culture: Reflections on the Technocratic*
   Society and Its Youthful Opposition (Garden City, New York, 1969),
   S. 232 (Anchor Books).

55 Vgl. Peper, »Der heruntergekommene Surrealismus oder Regression
   als Fortschritt: Amerikas Youth Counter Culture in zwei Manifesten«, *Amst*, 19/1 (1974), 9-29.

56 *The Making of a Counter Culture*, S. 220.

57 »Apocalypse: The Place of Mystery in the Life of the Mind« (1961),
   repr. in *The American Experience: A Radical Reader*, hg. Harold Jaffe
   and John Tytell (New York, Evanston, London, 1970), S. 208-209.

Gottfried Boehm
Die Zeit der Unterscheidung

Über moderne und post-moderne Malerei

I

Der schnelle Wechsel künstlerischer Konzepte, wie er sich seit den siebziger Jahren abspielte, veränderte nicht nur das Erscheinungsbild gegenwärtiger Kunst nachdrücklich. Er subsumierte nun auch die jüngsten Artefakte der Malerei unter das Stichwort der ›Postmoderne‹, welches die Architekturdebatte schon länger beschäftigt hatte.[1] Darüber hinaus war es zu einer Signatur des Zeitgeistes geworden, die für globale Diagnosen der Gegenwart (philosophischer, historischer oder soziologischer Art) als bestimmendes Kriterium diente.[2] Die neue Malerei formulierte sich mit ihren regionalen Dialekten vor allem in Italien (»Trans-Avantgarde«) und den deutschsprachigen Ländern (»Neue Wilde« u. a.) aus, zeigte sich insgesamt als ein Phänomen der europäischen und amerikanischen Kunstdiskussion. Die Frage, wie neu diese neue Kunst eigentlich sei, wurde vielfach gestellt. Ihrem Selbstverständnis nach ist sie auf eine Weise neu, die diesen Gesichtspunkt *auflösen* möchte: sie lokalisiert sich jenseits der Avantgarden, der Kette wirklicher oder vermeintlicher Innovationsschübe, welche die Moderne bis dahin gekennzeichnet hätten. Der völlige Dissens ist erklärt, darauf deuten die Begriffe der Nach-Moderne, der von Achille Bonito Oliva erfundene der ›Trans-Avantgarde‹, die Rhetorik zahlreicher Rechtfertigungstexte, vor allem aber die Malerei selbst.[3] Noch einmal: was ist grundsätzlich neu und anders an dieser Kunst, was charakterisiert sie, wenn diese Frage – angesichts der Vielfalt individueller Stimmen – so überhaupt beantwortet werden kann? Rechtfertigt sie die Diagnose einer tiefgreifenden Krise der modernen Kunst in toto, oder versteht man sie besser als die pathetische Stimme einer neuen Generation, die den radikalen Reduktionismus ihrer Vorgänger, des Minimal oder der Konzept-Kunst als entleert empfand? So wichtig der Impuls einer jungen Generation gewesen ist, schon Ausstellungen wie der »Zeitgeist« machten deutlich, daß sie ältere Wurzeln hat, die dort z. B. mit Beuys, Twombly, Kounellis und Baselitz identifiziert wurden.[4] Dieser Befund deutet jedenfalls darauf hin, daß sich die Krisis der künstlerischen Moderne schon viel früher ankündigte, nämlich bereits in den dreißiger Jahren. Genauer betrachtet ist diese Krisis, d. h. der diachrone und synchrone Unterscheidungsprozeß zwischen widersprüchlichen Konzepten ein Kennzeichen, welches die moderne Entwicklung von Anfang an prägt. Man sollte die mit der Devise der Postmoderne ausgesprochene Deklaration einer neuen Zeit also besser nicht so wörtlich nehmen, wie sie klingt; sie macht auch den Skeptiker neugierig, enthält sie doch eine implizite Deutung der Moderne, die allererst rechtfertigte, sie abschreiben zu wollen. Die sachliche Tragweite postmoderner Malerei hängt sicherlich auch von der Qualität ihrer impliziten Kritik der Moderne ab. Deren Konsistenz und Selbstbegründung steht also zur Diskussion. Was an neuer Malerei unter dem vorläufigen Stichwort der Postmoderne figuriert, gibt zunächst Anlaß zu der Nachfrage, was wir an der Moderne gehabt und was wir daran verstanden haben.

II

Im Lichte der neuen erscheint die moderne Malerei vor allem als ein sich verengender Prozeß, der sein Gesetz in fortschreitender Reduktion hat, einer Geschichtsphilosophie der Kunst, deren Agenten die jeweiligen Avantgarden sind. Mit der zerebralen Konzept-Kunst, die in ihren radikalsten Formulierungen ohne jedes materielle Substrat auskommt (Art & Language), mit der objektivistischen Attitude des Minimal, die auch die letzten Spuren eines kontingenten und leibhaftigen Subjektes austilgte, hatten diese Konzepte ihre destruktiven Widersprüche enthüllt.[5] So voraussetzungslos und innovatorisch sich Minimal- oder Konzept-Kunst präsentierten, sie gewannen ihr Profil erst, indem sie sich als Vollstrecker der Moderne definierten. Darin lag eine ungeheure Verengung und Usurpation eines begrenzten Aspektes jener Möglichkeiten, die etwa zwischen 1910 und 1930 konkurrierend entwickelt worden waren. Beispielsweise blieb völlig unbedacht, daß sich die Idee des abstrakten Bildes als ein Interpretament von *Wirklichkeit* eingeführt hatte. Der ›Positivismus‹

oder die tautologische Identitätsformel minimalistischer Objekte dagegen sagte vor allem ein »Ist« aus, das ohne Subjekt und ohne Inhalt blieb. »What you see is what you see«, wie es Stella 1964 formulierte.[6] Wichtig zu sehen, daß in ihrer eigenen Konsequenz eine Kunst *nach* der radikalsten Reduktion im Grunde gar nicht denkbar war. Minimal- und Konzept-Kunst definierten sich als ein Finalstadium, bereiteten auf diesem Wege die Postmoderne indirekt mit vor. In dem Maße es den Ausläufern der Abstraktion gelungen war, sich als die historische Essenz und Konsequenz der Moderne insgesamt darzustellen, konnte auch der völlige Paradigmenwechsel der neuen Malerei als eine Position jenseits der Avantgarden, d. h. als Nach-Moderne, verstanden werden. Die Logik wechselseitiger Herausforderung, die zwischen der Avantgardenattitude der letzten Abstrakten und dem Spontaneitätspathos der neuen Wilden entstanden war, macht einiges am plötzlichen Umschlag in der Entwicklung verständlicher. Um so mehr, als einige der neuen Maler sich zunächst als Konzeptkünstler (z. B. Dokoupil und Salomé) versuchten, einige ältere Künstler einer tautologisierenden Abstraktion, z. B. Frank Stella, den Wechsel in ihrem Werk selbst vollzogen haben. Die kentaurische Aufhebung der Malerei ins Objekt, wie sie seine black-paintings von 1959 betreiben, mündet über kontinuierende Zwischenglieder in die hektischen, ihrer ästhetischen Attitude nach ›wilden‹ Wandobjekte, wie sie z. B. auch anläßlich der »Zeitgeist«-Ausstellung gezeigt wurden.[7] Wenn die Trans-Avantgarde auch mit dem optimistischen Fortschrittsdenken und dem Kriterium des Progressiven Schluß machen wollte, sie selbst kommt doch nicht umhin, noch einmal einen letzten Fortschritt und eine, wenn nun auch ziellose, eine *streunende* Innovation zu etablieren. Allergien und Idiosynkrasien gegenüber abstrakten Bildideen veranlaßten aber bereits Maler der fünfziger und sechziger Jahre, nach Alternativen jenseits einer gleichermaßen leer empfundenen Abstraktion und abbildender Gegenständlichkeit zu suchen und ohne in bereitliegende Bahnen, z. B. surrealistischen Zuschnittes, einzumünden. Schon damals existierte freilich jene Interpretation der Moderne, als eines sich in fortschreitender Reduktion erfüllenden Prozesses. Die damals verbreitete Rede von der abstrakten Kunst als »Weltsprache« macht das ebenso deutlich wie z. B. Greenbergs dezidierte Lehre eines Modernismus, der endlich begriffen habe, daß es ausschließlich um eine erkenntnisleere Wahrnehmung abstrakter Bildelemente gehe, die von einer ästhetischen Intuition erfaßt und erfüllt würden.[8] Jenseits dieser Position haben so verschiedene Maler wie Wols, Fautrier, Morandi, Francis Bacon, der alte Picasso oder Magritte auf ihre Weise die Attraktivität einer inhaltlich (d. h. gegenständlich) reflektierenden Malerei erprobt. Wenn es dessen bedurft hätte, Kaspar Königs ›Westkunst‹-Ausstellung machte durch die Wahl ihres historischen Ausgangspunktes (1939) auch dies deutlich. Schließlich gibt es eine Generation von Malern, die kurz vor oder im zweiten Weltkrieg geboren wurden und sich schon lange vor der Proklamation der neuen Malerei auf dieser Entwicklungslinie einer mit Ikonographien operierenden Kunst zu bewegen suchten: u. a. Per Kirkeby (geb. 1938), Kurt Kappa Kocherscheidt (geb. 1943), Georg Baselitz (geb. 1938) u. a. Zum Teil wurden sie, mit fragwürdigem Recht, als, wenn auch junge, Väter der wilden Maler in Anspruch genommen. Baselitz brachte in seinem früheren Werk Bildinhalte unter Bedingungen von Diskontinuität (mittels Schnitten, Überlagerungen, Fragmentierungen, Drehungen). Es waren Setzungen und Eingriffe, die das Gezeigte gleichsam einklammern, so daß sich daran eine Sprache der Malerei entwickeln kann, die weder auf die Stilisierung von Dingen noch auf ein abstraktes Bildmuster zielt.[9]

III

Wer die Logik der Moderne mit der fortschreitenden Reduktion gleichsetzt, der wird die Post-Moderne als einen entsprechend tiefen Einschnitt beurteilen. Wenn es bei einer so verkürzten Sicht auf die Geschichte der Kunst der letzten drei Generationen bleiben würde, so käme dies der Selbstinszenierung der neuen Malerei entgegen. Ihre wirkliche Beurteilung wird auf die Dauer aber nicht ohne eine Korrektur jener Interpretation auskommen, die modernistische Kunst und neue Malerei – sich darin paradox verbündend – von der modernen Kunstentwicklung und von ihrer Tragweite gegeben haben. Fürs erste ist darauf zu verweisen, daß die Bildideen, die zu Beginn dieses Jahrhunderts entstanden – so radikal ikonoklastisch und so reduktionistisch sie auch waren – niemals einem *Erkenntnisinteresse*, einem bildnerischen Denken abgeschworen haben. Malewitschs suprematistische Bilder, Kandinskys abstrakt-expressive Werke von 1913/14, Mondrians Kompositionen der dreißiger Jahre, seine späten New York-Bilder, auch noch Ad Reinhardts letzten, die schwarzen Bilder, die Werke Pollocks, Newmans, Rothkos u. v. a., ihnen allen geht es um eine souveräne Deutung der Welt. Souverän deshalb, weil sie keineswegs darum bemüht ist, unser zivilisatorisches Alltagswissen oder dasjenige der Wissenschaften zu bestätigen, sondern in der Malerei gründende, z. T. paradoxe Auslegungen, vieldeutige Metaphern der Wirklichkeit zu geben. Bei allen genannten Malern läßt sich dies bis ins Detail nachweisen, jedenfalls dann, wenn man die Bilder nicht auf ihre formalen Aspekte reduziert.[10] Mag dieses Verständnis der abstrakten Malerei seine konservativen und seine modernistischen Gegner haben, es allein dürfte imstande sein, Modelle zu liefern, welche den tiefgreifendsten Wandel in der Bildgeschichte überhaupt, den zum abstrakten Bild, begreifbar machen. In dieser Revolution ging es darum, den Erfahrungsdruck, der von einer völlig verändert empfundenen Wirklichkeit ausging, aufzufangen. Der Prozeß einer so grundlegenden Revision dessen, was Bilder sind (die Art, wie sie funktionieren, wie sie Sinn zu generieren vermögen), war keine Atelierkaprice oder eine ästhetische Bizarrerie. Seine historische und sachliche Notwendigkeit ist längst keine Frage mehr. In den abstrakten Bildern erfassen wir Deutungen von Natur, die beispielsweise die paradoxe Identität von Raum- und Zeitwahrnehmung (etwa bei Mondrian) oder die völlige Involvierung des betrachtenden Auges in den Bildprozeß beinhalten, d. h. die Ununterscheidbarkeit einer Subjekt- und einer Objektseite in der Bilderfahrung. Wir beobachten intellektuell unbeherrschbare Umschläge zwischen Bildfaktum und Bildwirkung etc.[11] Dennoch wären wir mißverstanden, wenn daraus der Schluß gezogen würde, die abstrakte Kunst sei eine erkenntnis-theoretische Hilfsveranstaltung zur Behebung gnoseologischer oder ontologischer Unsicherheiten gewesen. Ihre Auskünfte über die Wirklichkeit hüllen sich in Farben, Gesten, Materialien, kurz: in vieldeutige Bilder; sie sind von der Art und Weise ihrer Formulierung niemals abzuziehen, auf den Begriff zu bringen. Schon gar nicht sind sie Zeugen einer puren Rationalität, gerade auch Mondrian nicht, der oft dafür gehalten wird. Die geistige Dimension einer Kunst hüllt sich in ein sinnliches Kleid. In einzelnen Werken schwört sie weder der wilden Ekstase und Erotik ab (z. B.

Kandinsky vor 1914, Jackson Pollock nach 1945) noch einer Seelenhaftigkeit (z. B. Rothko, Albers) oder der begriffslosen verführerischen Schönheit (z. B. Arp, Ellsworth Kelly) oder anderen Modifikationen eines ›Scheins‹, den man deshalb ästhetisch nennt, weil er nicht für etwas anderes steht, sondern für sich.[12] Er bringt einen Sinn aus sich selbst hervor, der doch über den Ort seines Erscheinens hinausweist in den Erfahrungshorizont der Betrachter. Was die Bilder zeigen, läßt sich gleichwohl vor dem Gerichtshof der Vernunft weder verifizieren noch falsifizieren, sie überzeugen durch die Konsequenz ihrer Formulierung, durch ihr Gelingen.

Wenn die abstrakte Bildidee auf eine Interpretation der Wirklichkeit zielte, dann liegt schon darin, daß von ihrer Position aus der Bezug auf wiedererkennbare Gegenstände, als ein künstlerischer Weg, keineswegs verschlossen sein mußte. Dies ist keine Frage von Liberalität oder Bonhomie. Denn die Abstraktion bewegt sich selbst auf der Linie eines Verarbeitungsprozesses, der bei Ansichtigkeiten, Dingen oder Motiven ansetzt, sie in einen bildlichen Zustand überführt, bei dem formale Äquivalente die abbildliche Korrespondenz ersetzen. Viele moderne Maler verharren in diesem Abstraktionsprozeß, ohne den Übergang in das radikal amimetische Bild zu vollziehen: der Kubismus, die Malerei von Paul Klee, die von Picasso, Matisse u. v. a. Entscheidend ist jedenfalls, daß die Idee des abstrakten Bildes auch dasjenige verändert, was von nun an Bildinhalt (Gegenstand) ist. Gerade darin ist sie revolutionär, weil sie die *gesamten* Möglichkeiten der Malerei (auch jene außerhalb ihrer eigenen Bildsprache) umdeutet. Nach der abstrakten Kunst ist auch gegenständlich argumentierende nicht mehr, was sie war – wenn sie sich überhaupt ihrem eigenen Zeitalter stellt. Das gilt selbst noch für Beckmann, dessen Polemik gegen die Abstraktion doch nicht verdrängen kann, daß bei ihm, wie es Carl Einstein sagte, die Deformation die Stelle der Abstraktion vertritt.[13] Der ganze historische Umschlag ist nur erklärbar, wenn man unterstellt, daß sich die Malerei nach Maßgabe dessen veränderte, was an der komplexen Realität verändert erfahren wurde.

Es zeigte sich von Anfang an, daß der Prozeß der Abstraktion keine Einbahnstraße war, weg von der Realität. So unwiderstehlich die Faszination des absoluten Bildes auch anzog, aus dem Horizont der Realität war es nicht entlassen. Zwei richtungsverschiedene Tendenzen lassen sich unterscheiden, die dennoch auf reziproke Weise der Darlegung der gleichen Erfahrung dienen. Das eine Verfahren überführt Elemente der Realität in reine bildliche Strukturen, schließlich in abstrakte Setzungen. Das andere Verfahren erfaßt die Gegenstände so, daß sie ein bildhaftes, ungegenständliches Wirkungs- und Erfahrungsmoment vermitteln. Kandinsky hat diesen Zusammenhang bereits 1913 im Almanach des Blauen Reiters mit aller wünschenswerten Deutlichkeit dargelegt. Die von ihm erstrebte Bildstruktur einer *reinen* Konstellation von Klängen schien ihm vermittels einer Komposition aus Dingen ebenso erreichbar wie vermittels einer abstrakten. Er sieht sich darin durch Henri Rousseau bestätigt, der zu einer reinen »Klangkomposition« gelangte, zu einer großen Realistik, die Kandinsky deswegen groß nennt, weil sie die dargestellten Dinge einem begrifflich-sachlichen oder praktisch-vertrauten Wahrnehmungsrahmen entzieht.

Das Dargestellte will nichts mitteilen oder abbilden und läßt gerade so seinen rein wahrnehmungsmäßigen Charakter zum Klingen kommen. »Die erwähnte, erst keimende große Realistik ist ein Streben, aus dem Bild das äußerliche Künstlerische zu vertreiben (das sind z. B. Stilisierungen oder Mittel der »Peinture« – G.B.) und den Inhalt des Werkes durch einfache (»unkünstlerische«) Wiedergabe des einfachen harten Gegenstandes zu verkörpern. Die in dieser Art aufgefaßte und im Bilde fixierte äußere Hülse des Gegenstandes und das gleichzeitige Streichen der gewohnten aufdringlichen Schönheit entblößen am sichersten den inneren Klang des Dinges.«[14] Über den Fall Henri Rousseau hinaus bedeuten Kandinskys Überlegungen: große Realistik und große Abstraktion als die beiden Glieder einer einzigen Aufgabe zu sehen, die durch die Bildrevolution seiner Zeit formuliert wurde. Beide Seiten schließen sich nicht wechselseitig aus, sondern arbeiten wie kommunizierende Röhren zusammen. Das dargestellte Ding verwandelt sich dabei in etwas, von dem wir nichts primär wissen wollen, das vielmehr jene magische Resonanz erregt, die von einer unbekannten Macht ausgeht und sie bezeugt. Die magischen Dingembleme bilden im ›großrealistischen‹ Bild einen Zusammenhang von jener Art, wie die reinen Farben und Formen im großabstrakten. Das Ungegenständliche (Abstrakte) im Gegenständlichen zeigt sich dann, wenn seine Wahrnehmung entkonventionalisiert, Wiedererkennbares zurückgedrängt wird. – Zum andern kommt in der Abstraktion dann das am stärksten wirkende Reale zum Ausdruck, wenn seine Elemente rein und absolut, d. h. abgelöst von praktischen Darstellungszwecken erscheinen. »Die größte Verschiedenheit im Äußeren (zwischen gegenständlicher und ungegenständlicher Malerei – G.B.) wird zur größten Gleichheit im Inneren« (im Hinblick auf die Entstehung einer ungegenständlichen Erfahrung, die Kandinsky rein nennt und mit der Metapher des Klanges kennzeichnet).[15]

Diese Überlegungen zeigen, trotz ihrer begrenzten künstlertheoretischen Ausrichtung, daß die Alternativen gegenständlich – ungegenständlich, sinnlich – unsinnlich, rational – spontan usw. keineswegs geeignet sind, eine sinnvolle Frontlinie zur Moderne oder innerhalb ihrer aufzumachen – jedenfalls wenn man den gesamten Umfang ihrer Möglichkeiten betrachtet. Mit Blick auf die Entwicklung der Kunst bis in die dreißiger Jahre läßt sich sagen, daß nach dem abstrakten Bild, Duchamps ätzender Probe auf die Kunst, nach Dada, den surrealistischen Recherchen, einer revidiert gegenständlichen Malerei etc. ein so weiter Umfang künstlerischer Sprachmöglichkeiten erschlossen war, daß es von nun an wichtiger sein mußte, mit diesen Sprachen zu sprechen als ihren Umfang zu erweitern (von wenigen Ausnahmen, z. B. dem amerikanischen Non-relational oder dem Informel einmal abgesehen). Von diesem Spektrum konkurrierender künstlerischer Grundideen lebt die Moderne seitdem. Eine lineare Entwicklungslogik legt es nicht nahe, eher eine Pluralität von Ansätzen, deren jeweilige Begrenztheit die künstlerische Arbeit in Atem hält. Das historische Verlaufsschema ist deshalb eher gestreut, netzartig, denn linear-progressiv. So gesehen ist die Rückkehr der neuen Malerei zu Ding-Emblemen, zu expressiven Gebärden, zu historischen Zitaten etc. nichts, was geeignet wäre, eine grundsätzlich veränderte Position *außerhalb* der Moderne, und d. h. zeitlich gesehen: *nach* ihr, zu definieren. Es zeichnet sich schon ab, daß der Begriff der Postmoderne entbehrlich ist, wenn es darum geht, die Bildideen und künstlerischen Grundlagen der neuen Malerei zu kennzeichnen. Ein übriges tun auch die nicht seltenen historisierenden Rückgriffe, das Schlüpfen in diese oder jene Kleider der Moderne – wie es Euch gefällt. Die Funktion solcher Zitate bedarf noch genauerer Erläuterungen, es fällt zunächst auf, daß viele Versatzstücke der Moderne (stilistischer, motivischer, gegenständlicher Art) wiedergekäut werden, Fetting zitiert van Gogh via Francis Bacon, Bernd Zimmer Kirchner oder Nolde, Dieter Hacker gibt einem Bild den Titel: »Beckmann, Matisse und Picasso malen eine Frau« (1981) etc. Die Übernahmen sollen gar nicht kaschiert werden. Von einem Eklektizismus kann man dennoch kaum reden, da die Zitate in den Dienst einer Ästhetik treten, die ihnen ihren möglichen Eigenwert wieder nimmt. Es sind die Eigentümlichkeiten dieser Ästhetik und die Züge der Bildstrategien, welche es am ehesten erlauben, den Ort der neuen Malerei innerhalb oder außerhalb der Moderne anzuvisieren.

Zuvor aber läßt sich feststellen, daß die moderne Kunst, als ein Phänomen, das sich historisch nach der Mitte des 19. Jahrhunderts zu etablieren beginnt und mit den künstlerischen Konzepten der Zeit zwischen etwa 1910 und 1930 das Gewicht einer eigenen Epoche erlangt, ihrerseits bereits eine Weise kritischer Verarbeitung der europäischen Neuzeit darstellt. Die »moderne« Kunst ist also gerade nicht der Vollstrecker der »Moderne«, wenn man darunter die europäische Neuzeit versteht, datiere man ihren Beginn mit der kopernikanischen Wende, der französischen oder der ersten industriellen Revolution. Deren wissenschaftlichen Rationalismus, ihr hierarchisches Vernunft- und Verstandesdenken mit all seinen technischen Umsetzungen und zivilisatorischen Folgelasten forderte die moderne Kunst bereits seit der Mitte des 19. Jahrhunderts zu Alternativen heraus. Diese wissenschaftlich-zivilisatorisch umrissene Moderne ist auch der eigentliche Gegner einer philosophischen Kritik, die sich postmodern nennt oder sich so lokalisieren läßt. Ihr Angriff ist fundamental, denn er richtet sich zuletzt gegen das transzendentale Postulat eines Logos, gegen die Identifizierung des Logischen und des Wissenschaftlichen, den Anspruch, das letzte, das gewisse Wort benennen zu können. Die moderne Kunst richtet sich jenseits solcher Prinzipien von Rationalität ein. Sie unterhöhlt den Dogmatismus der Wirklichkeit und die Ästhetik des Abbildens, installiert eine Polysemie des Sinnes. Es scheint überaus fraglich, ob diese kritische Position der modernen Kunst, die geradezu ihr Geburtszeichen war – im übrigen künstlerisch überaus produktiv – insgesamt eine »Nach-Ordnung« der Kunst gegenüber der europäischen Neuzeit (der ›Moderne‹), nun durch eine Nach-nach-Ordnung, wie sie eine postmodern definierte Malerei erstrebt, noch zu überbieten ist. Tatsächlich setzt das Programm der neuen Malerei im entscheidenden Punkt nicht auf *Erkenntnis*, sondern auf *Artistik*.

IV

Die neue Malerei bedient sich geläufiger Formen des Tafelbildes, wenn auch die angekündigten altmeisterlichen bzw. handwerklichen Techniken auf sich warten lassen.[16] Was die Grundlagen anbelangt, fügt sie der ikonoklastischen Revolution vom Beginn dieses Jahrhunderts nichts hinzu. In ihren bildnerischen Verfahren, der erstrebten Ästhetik erzeugt sie freilich Eigenarten, die sich auch dann charakterisieren lassen, wenn der eine oder andere Maler in einzelnen Aspekten davon abweicht. Der Gruppengeist darf insofern wörtlich genommen werden, etwa im Hinblick auf die Maler der Mülheimer Freiheit und die neuen Wilden in Berlin, wie sie Heinrich Klotz vorgestellt hat.[17] Die Arbeit von Georg Baselitz, die in manchem Vorreiter war und die eine oder andere sachliche Verwandtschaft aufweist, bleibt im folgenden beiseite. Die Risiken einer solchen Kritik lassen sich kaum beseitigen. Die wenigen Jahre, in denen sich die neue Malerei bislang vorstellte, die ungeheure Rhetorik ihrer Präsentation, erlauben erst begründete Vor-Urteile. Die Kunstkritik hat sich sehr schwer getan, jenseits von Eulogien oder Verdammungsrufen, zur Analyse der Phänomene beizutragen. So sind Kriterien, an denen das Gelingen gemessen werden könnte, kaum in Sicht. Geht es überhaupt um ein Gelingen im herkömmlichen Sinn, um die Identität des Bildes, die Frage seiner Einheit und Bündigkeit (welchen Gepräges auch immer)?[18] In allen Diskontinuitäten und Schocks der Artefakte kann die Rückfrage nicht untergehen, was das ist, das wir gesehen haben? Die Kritik tappt diesbezüglich wie durch einen Nebel, den gelegentliche heftige Interjektionen der Zustimmung oder der Ablehnung zwar durchdringen, aber nicht lichten. Die engagierte Ratlosigkeit hat vermutlich mit der Bestimmung der bildnerischen Verfahren, der impliziten Ästhetik dieser Malerei zu tun.

Was die »heftigen« Bilder von Hödicke, Zimmer, Mittendorf, Dahn, Kever u. a. charakterisiert, läßt sich mit neoexpressiven oder abstrahierenden Bildmustern zwar umschreiben. Es fällt freilich auf, daß die ins Spiel gebrachten Inhalte die Züge von Clichés tragen, auch dann, wenn sie aus älterer Malerei zitiert sind. Der erste Akt ist nicht das Sehen von realen Dingen, sondern die Erzeugung von Kürzeln oder gestischen Abkürzungen. Der Betrachter nimmt diese Inhalte nicht wörtlich, möchte ihre Ikonographie im Detail gar nicht bestimmen, noch ihre Bedeutungsreferenz so ernst nehmen, wie er dies bei Kirchner, den Fauvisten, van Gogh oder Nolde täte. Die inhaltlichen Momente sind ihrerseits nur Anlässe für etwas anderes, nämlich für Akte von Malerei, die sich *an* ihnen und vermittels ihrer in Gang setzen. Deren Heftigkeit, Vitalität und Eigenwert wird als die bestimmende Ebene des Bildes erfahren. Beide Bildaspekte weisen darauf hin, daß die Sprache, die hier gesprochen wird, ein Slang ist. An vielen Details zeigt sich, daß die eigentliche Öffnung der neuen Malerei sich nach einer Seite vollzieht, die für die Moderne bis dahin kaum Bedeutung hatte: die der Subkultur. Sie gewinnt Einfluß auf Inhalte und Darstellungsverfahren. Dies ließe sich im einzelnen belegen. Subkultur meint nicht den Surrealismus oder Sous-realismus, nicht die Erfahrung von Traum, Tod oder Geschlecht, nicht die Welt des Dionysos. Ihr Stellenwert ist auch nicht derjenige der alten Bohème, welche die produktiven Spielräume des Bürgertums mobilisierte. Die Subkultur beinhaltet ein Mixtum von Popularmusik, der Bilderwelt der Medien, latentem Jugendprotest etc. Die Bild-, aber auch die Marktstrategien der neuen Maler bedienen sich in auffälliger Weise der Clichés. Wie die U-Musik der Medien arbeitet diese Malerei mit »labels«, mit marktrhetorischen Etiketten, sowohl innerhalb der einzelnen Bilder wie in der Erzeugung marktgängiger Stars oder Trends. »Wer mit den Riten der jüngsten Popularmusik vertraut ist, dem offeriert die Neue Wildheit der Malerei keinerlei Schock«, schreibt Walter Bachauer im »Zeitgeist«-Katalog.[19] Der Name der heftigen oder »wilden« Malerei signalisierte vor allem diese Funktion. Dokoupil bemerkte zu dieser Etikette, nachdem sie ausgedient hatte: »Was heißt schon wild? Heute weiß doch jeder, unser Wildsein war gespielt, war Attitude und gespielt gegenüber der Presse.«[20] Die künstlerische Arbeit mit Blick auf Medien und Markt einzurichten, unterscheidet Gruppen wie die Mülheimer Freiheit oder die Berliner Wilden grundsätzlich von älteren Avantgarden, die nicht am Markt, sondern an ihrem Erkenntnisinteresse arbeiteten, nicht selten generationenwährende Rezeptionsverzögerungen in Kauf nehmen mußten. Die neue Malerei macht sich jene Veränderungen zunutze, die im Medienzeitalter zu einer Schwächung der Trennschärfe zwischen Hoch- und Subkultur geführt haben. Unter Bedingungen dschungelhafter Pluralität »geht« fast alles, jedenfalls dann, wenn es unterhält. Aufmerksamkeit sammeln, diffuse Tagträume aufnehmen und verstärken, sie auf affektive Muster hinlenken, dies gehört zur Strategie der Medien, welche die neuen Maler offenbar nicht unbeeindruckt ließ. Alles ist verfügbar, ist deswegen gleichgültig, steht zur Disposition. Nach der Pop-art, aber ganz anders als sie, handelt es sich um eine Kunst, welche die globale Nivellierung aller Ereignisse durch die Ubiquität der bildlichen Information voraussetzt. Eine solche Anbindung würde auch erklären, warum die neue Malerei in stupender Breite und mit epidemischer Schnelligkeit aufgetreten ist. In kürzester Zeit versammelte sie eine Fülle von Autoren, Dilettanten als Genies? Halbe Akademieklassen präsentierten ihre noch feuchten Bilder in zahlreichen Ausstellungen, die man besser Shows nennen sollte, weil ihr Ziel nicht in Sichtung, sondern in Trendverstärkung bestand. Wie in der Branche üblich, bedarf es der Stars. Viele Sternchen sind längst wieder von der Bildfläche verschwunden.

Das subsidiäre Verhältnis, welches beispielsweise die Unterhaltungsmusik gegenüber der Tradition der Kunst, ihrer Geschichte, ihren Standards und Präsentationsformen – schließlich zu ihrer eigenen Entwicklung – einnimmt, ist geeignet, das Zitierwesen vieler neuer Bilder zu erhellen. Bach, Beethoven, Volkslieder, Musik der Naturvölker, sie stehen für die Unterhaltungsmusik als Muster, besser gesagt: als Schrottplatz beliebig zur Verfügung. Die Frage einer Rezeption stellt sich schon deshalb nicht, weil es lediglich darum geht, auf Clichés reduzierte Elemente zu entleihen, welche zudem in ein Feld übertragen werden, auf welchem es zur künstlerischen Syntax der großen Musik kaum Äquivalente gibt. Was auch immer zur Entnahme geeignet erscheint, es dient der Erzeugung affektiver, rhythmischer, melodischer, instrumentaler etc. Muster, die vor allem unterhalten müssen. Das gelingt um so eher, wenn sie vereinfacht und so weit bedeutungsentleert sind, daß sie die Projektionswünsche des Publikums an sich zu binden vermögen.[21]

Das zum Cliché erstarrte Zitat finden wir in vielen Bildern der neuen Malerei. Es können Gegenstände, Stilgebärden, Kompositionsformen, Farbwerte u. a. sein. Aus den erläuterten Gründen wäre es falsch, darin eine Übernahme im Sinne des Historismus oder Eklektizismus zu sehen. Beide setzen voraus, daß sich Zitatgeber und Zitatnehmer auf einer vergleichbaren Argumentationsebene bewegen. Dies unterscheidet die postmoderne Malerei auch von älteren Historisierungstendenzen (z. B. des 19. Jahrhunderts), verbietet, sie als eine Art Historismus der Moderne zu beschreiben (Begriffe wie Neo-Expressionismus etc. weisen in diese Richtung). In der Art und Weise der Clichierung zeigt sich noch am deutlichsten der Autor des Bildes, der sich im übrigen vom gewählten Sujet, seiner Stimmung und seiner Einsicht in den Trend, auf den Weg einer Malhandlung bringen läßt, deren artistische Kraft und Dichte das eigentliche Ziel der bildnerischen Arbeit darstellen soll. Wenn die Strategie dieser Malerei darauf zielt, von bedeutungsindifferenten Versatzstücken zur artistischen Aktion überzuleiten, dann bedeutet dies auch den Abschied von einem dem Bilde innewohnenden bildnerischen Denken. Wer die neue Sinnlichkeit feiert, der sollte nicht übersehen, daß sie sich von Sinnaspekten nachdrücklich distanziert. Es ist ein schwaches Denken, dessen Schwäche die Einstimmung zu einer Deutung der Wirklichkeit einschließt, deren höchster Gesichtspunkt Indifferenz heißt. Worum es geht, ist die Aufstachelung zu einer spontanen Malhandlung, in deren Spur wir jene libidinöse Energie nacherfahren sollen, die den Maler in Bewegung setzte. Die Malerei, der schnelle Stilwechsel, sie folgen dem Lustprinzip. Bilder sind »Dispositive der Libido« (Lyotard).[22] In der Artistik dieser Erfahrung verdunsten die letzten Bedeutungsreste jener inhaltlichen Clichés, mit denen die Reise begann. Die Ästhetik dieser Malerei ist auf eine verzweifelte Weise selbstbezogen, sie prätendiert einen Hedonismus, dem aber schon die Ruhe fehlt, um den Genuß zu erlauben. Der Betrachter folgt vielen schreienden Monologen, deren Lautstärke in denkwürdigem Kontrast zu ihrer Mitteilung steht. Bildlichen Clichés und Artistik mangelt schon die Materie eines möglichen Dialoges oder Diskurses. Der gestische Gefühlsausdruck endet abrupt in Einsamkeit: Es sind Orgien solo, denen das Dithyrambische und Dionysische, allem Programm zum Trotz, abgeht. Wenn die Unterhaltung und ihr künstlerisches Pendant: Artistik, Schaustellung, Arrangements um sich greifen, dann soll die Welt nicht gedeutet, sondern – so gut es geht – genossen werden. Allzuweit trägt dieser Genuß freilich nicht. In der Wiederholung wird er schal, er zwingt zum Wechsel, zur schnellen Variation, zu 15 oder 16 Stilen in drei Jahren, wie es Dokoupil in jenem Interview einräumte.

Das bildnerische Verfahren unterscheidet sich mit aller Deutlichkeit von jenen der abstrahierenden, realistischen oder expressionistischen Malerei. Dort sind die Mittel eingesetzt, um einen jeweiligen bildlichen Kosmos zu formulieren. Hier handelt es sich eher um eine Einklammerung der Dinge, um jene Selektion, die den Abstoß zur malerischen Aktion, zu Spontaneität, zur Schnelligkeit, zum Delirium, zum Wahn, zur Skurrilität zuläßt. Wie? Sind also diese Affekte der Ernst dieser Malerei, oder sind sie –notwendigerweise – gespielt? Die Ikonographien, auf die wir stoßen, sind jedenfalls nicht beliebig, sie sind kein bloßer Anlaß für peinture, wie sich ein Stillebenmaler sein Arrangement von Dingen aufbauen mag. Sie bringen vielmehr den Malakt mit in Gang, nicht selten, weil sie ein Tabu signalisieren, bestehe es nun in der Mythen- oder Heroenwelt der Nazis (Kiefer), deren politischer Embleme (Lüpertz), in den Repräsentanten homophiler Geschlechtspraxis (Salomé), überraschenden Zeichen oder Fragmenten, individuellen oder surrealistischen Konstellationen (Dokoupil, Paladino). In anderen Fällen ist es der Typus alter Bildgattungen, von Landschaften, Stadtbildern, Musikbildern oder Akten, die als Bildvorlage dienen. Ihre Pointe liegt in dem, was sie veranlassen: eine Ausstellung von Stimmungen, Ängsten, Orgien, Gefühlen. Es sind höchst momentane Evokationen, die heraufbeschworen werden.

Die Frage der Kriterien dieser Bilder präzisiert sich an dieser Stelle. Es geht nicht darum, diese oder jene Deutung der Wirklichkeit zu kanonisieren. Zur Beurteilung und zum Genuß dargeboten werden künstlerische Produkte. Mögen sie dem Sinn abschwören und der Hektik trauen: In welchem Sinne führen die skizzierten Strategien in all ihrer Heterogenität und Subjektivität zu *Bildern*? Wo wird aus einer bloßen Suggestion, der unterhaltenden Beschwörung von Gefühlen oder Gefühlsfiktionen eine Formulierung, die *steht*, *besteht* – die der wilden Rhetorik ihrer Autoren ebenso wenig bedarf wie der nachfolgenden Projektionen der Betrachter? Die mögliche Verwechselbarkeit zwischen formulierten und intendierten Gefühlen läßt einen bekannten und selten gebetenen Begleiter der Moderne am Horizonte auftauchen: den Kitsch. Greenberg nannte ihn die natürliche Nachhut der Avantgarden.[23] Er triumphiert, wo das Gemeinte und der Effekt sich gefühlvoll über *mögliches* Gelingen erheben. Oder ist auch die Kategorie des Gelingens aus dem Spiel – wenn alles geht? Wenn auch alles gehen mag, die Kultur und die Tradition der Moderne haben es mehr mit dem Bleiben und dem Bestehen zu tun. Die Zeit, die über die neue Malerei hinweggeht, ist das unvermeidbare Gericht, das mit großer Unerbittlichkeit Intentionen und Suggestionen von jenen Formulierungen unterscheiden wird, in denen die Erfahrung mit der Form, der Sinn mit der Sinnlichkeit zusammengewachsen ist, in denen die gespielte oder gelebte Wildheit zum Bild geworden ist. Die postmoderne Debatte bedeutet für die Malerei eine Zeit der Unterscheidung. Dies in doppeltem Sinne: die Moderne muß sich in ihrer bisherigen Gestalt reflektieren, präzisieren und mit sich selbst verständigen. Die neue Malerei aber kann gar nicht anders, sie wird sich *vor dieser Instanz* beweisen müssen.

Anmerkungen

1 Vgl. zusammenfassend Charles Jencks, Die Sprache der postmodernen Architektur. Die Entstehung einer alternativen Tradition, Stuttgart 2.A., 1980; Heinrich Klotz, Moderne und Postmoderne. Architektur der Gegenwart 1960-1980, Braunschweig/Wiesbaden 1984; Jürgen Habermas, Moderne und postmoderne Architektur, in: Die Neue Unübersichtlichkeit, Kleine Politische Schriften V, Frankfurt 1985, S. 11-29.

2 Vgl. Jean Baudrillard, Agonie des Realen, Berlin 1978; Jean-François Lyotard, Das postmoderne Wissen, Theatro Machinarum, Heft 3/4, 1982, Jg. 1; Jürgen Habermas, »Die Moderne – ein unvollendetes Projekt«, Kleine Politische Schriften I-IV, Frankfurt 1981 (bes. S. 444-464); vgl. zur Diskussion der kontroversen Positionen: Wolfgang Welsch, In: Differenz, Komplexität und Vernunft. Zur philosophischen Bestimmung der Postmoderne (Vortrag, Dubrovnik 1985, unveröffentlicht), ferner: Traditions- und Innovationsverhältnis, modifizierter Begriff und philosophische Perspektiven der Postmoderne, in: Zschr. f. Ästhetik u. Allg. Kunstwiss. XXX, 1985, 2. Hbb. – Zur Begriffsgeschichte: M. Köhler ›Postmodernismus‹: ein begriffsgeschichtlicher Überblick, in: Amerikastudien 22/1, 1977, S. 9-18.

3 Vgl. Achille Bonito Oliva, Im Labyrinth der Kunst, Berlin 1982, S. 54 ff.: Die italienische Trans-Avantgarde; Wolfgang Max Faust/

237

Gerd de Vries, Hunger nach Bildern, Köln 1982, Katalog der Ausstellungen: Heftige Malerei, Haus am Waldsee, Berlin 1980; Bildwechsel, Akademie der Künste, Berlin 1981; A New Spirit in Painting, Royal Academy London 1981; Mülheimer Freiheit, Museum Groningen 1981 u. a.

4 Katalog der Internationalen Kunstausstellung Berlin 1982, »Zeitgeist«.

5 Paul Maenz, Gerd de Vries, Art & Language. Texte zum Phänomen Kunst und Sprache (T. Atkinson, D. Bainbridge, M. Baldwin, H. Hurrell, J. Kosuth), Köln 1972, S. 15 u. ö.: »Preisgabe des ›material-gebundenen/körperlich-objekthaften‹ Paradigmas«.

6 Bruce Glaser, Questions to Stella and Judd, in: G. Battcock (Hg.), Minimal Art, a critical anthology, New York 1968, S. 158.

7 Zu den Widersprüchen in der künstlerischen Arbeit des jungen Frank Stella vgl. vom Verf.: Bild-Dinge. Stellas Konzeption der ›black paintings‹ und einige ihrer Folgen, in: Frank Stella, Werke 1958-76, Katalog Kunsthalle Bielefeld 1977, S. 9-19.

8 Clement Greenberg verwies in Diskussionen auf Kants Erkenntnislosigkeit des ästhetischen Urteils (in der ›Kritik der Urteilskraft‹), um seine These zu begründen (Gießen, 1981). Die Berechtigung dieses Verweises kann hier nicht weiter hinterfragt werden. Ähnliche Bemerkungen bereits in: C. Greenberg, Art and Culture, Critical Essays, Boston 1961, passim.

9 Vgl. R. Jablonka, Ruins. Strategies of Destruction in the Fracture Paintings of Georg Baselitz 1966-69, London 1982. – Kurt Kappa Kocherscheidt, Zeichnungen 1971-76, Katalog Freiburg 1977, darin vom Verf.: Inniger Verkehr mit der Außenwelt – Zu Kocherscheidts Südamerikanischen Landschaftszeichnungen (S. 15 ff.).

10 Exemplarisches Beispiel einer solchen Interpretation abstrakter Malerei: Max Imdahl, Who's afraid of red, yellow and blue, Stuttgart 1971. – Der Verf. dankt Max Imdahl auch für gesprächsweise Anregungen zum Themenkreis Moderne versus Postmoderne (Sommer 1985).

11 Albers Unterscheidung von actual fact and factual fact, sowie seine Analysen ihres Zusammenhanges (in: »Interaction of Color« und »Search versus Research«) sind über sein eigenes Werk hinaus für die abstrakte Malerei bedeutsam. Zum Fall Albers vgl. vom Verf. auch: Die Dialektik der ästhetischen Grenze, in: neue hefte für philosophie Nr. 5, 1973, S. 118-138.

12 Vgl. K. H. Bohrers Beitrag: Schein und Chock, im Katalog »Zeitgeist« (Berlin 1982), S. 25-37, wo vor allem der Überhang der Erkenntnisseite in der Kunst kritisiert wird: »Merkwürdig, in den letzten Dekaden ist irgendwie vergessen oder verdrängt worden, daß die Kunst nicht unbedingt den Geist darstellt« ... »Die Kategorie des ›Bösen‹ in der Ästhetik ist hingegen die radikalste Realisierung der ›Natur‹, nicht

›Wahrheits‹-Bezogenheit der Kunst. Hätte man diese Einsicht nicht verdrängt, dann hätte die konservative Reaktion gegen die Avantgarde nicht so viel Wind machen können ...«

13 Dieser Hinweis bei H. Belting, Max Beckmann, Die Tradition als Problem in der Kunst der Moderne, München 1984, S. 27 (unter Hinweis auf Die Kunst des 20. Jahrhunderts 3.A – 1931): »Dem Motiv gegenüber will der Maler durch Deformation seine Überlegenheit beweisen. Er verteidigt sich gegen seine Umwelt durch schnittige Grausamkeit am Motiv.«

14 W. Kandinsky, Über die Formfrage, in: Der Blaue Reiter (Hg. K. Lankheit), München 1965, S. 154.

15 A.a.O., S. 156.

16 So von Achille Bonito Oliva (a.a.O.) prognostiziert.

17 Heinrich Klotz, Die Neuen Wilden in Berlin, Stuttgart 1984.

18 A. B. Oliva zu dieser Frage lapidar: »Wenn keine Kohärenz existiert, existiert auch kein Widerspruch« (a.a.O., S. 86). Konsequent dann auch die Abkehr vom »Logos« (S. 87).

19 Katalog Zeitgeist a.a.O., S. 23.

20 Interview mit Georg Jiři Dokoupil unter dem Titel: »Meine nächsten Bilder sind immer die besten«, in: art Nr. 8/August 1984, S. 122.

21 In A. Bonito Olivas Programmatik wird dieser Befund in seinen Grundzügen bestätigt, wenn auch als neue Freiheit dargestellt: »Die neue Mentalität der Kunst bewegt sich in der Freiheit des Ausdrucks jeglicher Sprache, in der Libertinage von Aktionen, die sich nicht erpressen lassen von irgendeinem Verbot, das oft das Vorgehen der Avantgarde begleitet hat ...« (S. 86). »Die Kunst ist eine ständige Umschichtung von Sprachen, die dem Künstler zufallen, ...« (S. 87).

22 Jean-François Lyotard, Essays zu einer affirmativen Ästhetik, Berlin 1982, S. 45 ff.

23 Clement Greenberg, a.a.O., S. 9 ff.

Friedrich Kittler
Medien und Drogen in Pynchons Zweitem Weltkrieg

Für David Wellbery

Im deutschen Herbst 1983 ging eine dpa-Meldung durch die Presse:

Der CSU-Vorsitzende und bayerische Ministerpräsident Strauß verfügt nach eigenen Angaben über »ziemlich konkrete Informationen«, wonach die DDR schon seit Jahren unterirdische Anlagen aus der Zeit des Dritten Reiches für die Stationierung von Atomraketen wieder ausbaut. Diese »natürlichen Festungen« befinden sich zum Teil in 300 bis 400 Meter Tiefe unter einer Gesteinsschicht, so daß sie atomwaffensicher seien, sagte Strauß auf einem Internationalen Symposium der Hanns-Seidel-Stiftung. (FAZ, 3. 11. 1983: 12)

Was dpa unterschlug: Jene »»natürlichen Festungen«‹, zumal die bei Nordhausen im Harz, hatten schon einmal Raketen beherbergt und sogar massenproduziert. Weshalb die SS 20 in ihren Felsbunkern oder die Pershings auf unseren Bundesautobahnen[1] alle nur den Bogen, den Regenbogen einer exzentrischen Heimkehr beschreiben.

1. Krieg

Gravity's Rainbow, der Regenbogen der Schwerkraft, ist die Flugparabel der V 2-Raketen, die ein letztes Kriegshalbjahr lang – vom 8. September 1944 bis zum 27. März 1945[2] – die deutschalliierten Fronten überflogen, von Abschußbasen in Holland oder Niedersachsen auf Metropolen wie London und Antwerpen. *Gravity's Rainbow* ist auch Thomas Pynchons Versuch, die Zeichen der Zeit als Roman zu lesen. Denn diese Zeichen, allen Nachkriegsträumen zum Trotz[3], hat der letzte Weltkrieg geschrieben: als »Mutter« (66)[4] der Technologien, die uns bewirkt haben, und noch der Postmoderne, die solche »Ideen von Ursache und Wirkung selbst bedroht« (93).

Die V 2, wie sie durch Wernher von Braun und die Heeresver-

suchsanstalt Peenemünde vom Technikerspielzeug zur serienrei-
fen Wunderwaffe entwickelt wurde und in Pynchons abgründig-
ster Fiktion bei Kriegsende auch noch – frei nach Brauns Blaupausen – die bemannten Weltraumflüge unserer Tage vorweg-
nahm, war die erste Flüssigkeitsrakete der Kriegsgeschichte. Deshalb steht sie im Brennpunkt eines Romans, der unsere Zeichen
liest. Am fernsten Horizont dagegen von Roman oder Kriegstheater, in Hiroshima und Nagasaki, taucht die amerikanische
Waffenparallelentwicklung auf (749, 788, 840). Man braucht also
den konventionellen Sprengstoff der V 2, eine nach Hitlers per-
sönlichem Vorschlag[5] noch vor Bodenkontakt gezündete Tonne
Amatol (157, 488), nur durch Uran oder Plutonium als Raketen-
nutzlast zu ersetzen, um beim Stand der Dinge von 1985 zu sein.
Während nämlich das deutsche OKH einer gKdos vom
15. 10. 1942 zufolge »Atomzerfall und Kettenreaktion« nur als
möglichen R[aketen]-Antrieb« plante (RULAND, 1969: 268),
arbeiteten Fermi und von Neumann schon an einer sachgemäßen
Nutzlast, die (wie der Fortschritt seither gezeigt hat) für ihre
eigenen Enola Gays (919) und Bomber überhaupt viel zu schade
war.

Deutsch-amerikanische Freundschaft als Technologietransfer ist
demgemäß Pynchons Thema. Was am Sandstrand von Peenemünde begann und in den (von der IG Farben gebauten, vom
Reich übernommenen) Bunkern Nordhausens[6] – wo übrigens
auch die ersten Düsenjäger hergestellt wurden (477) – zur Serien-
reife gedieh, läuft weiter in Huntsville (872) und Baikonur (1106).
Als Summe aller Innovationsschübe, die der Zweite Weltkrieg
ausgelöst hat – vom Tonband (815) über Farbfilm und UKW bis
hin zu Radar (607), UHF (510) und Computer (409) –, resultiert
eine Nachkriegszeit, deren einfaches Geheimnis die Vermarktung
von Wunderwaffen und deren Zukunft mithin absehbar ist.

Sicher, auch noch im Zweiten Weltkrieg glaubten Leute für
Vaterländer zu sterben. Aber der ehemalige Boeing-Ingenieur
Pynchon macht in seiner Präzision klar, daß »die Produktion von
Todesarten« (125) »nur ein vordergründiges Spektakel abgab, das
die wirkliche Dynamik des Krieges zu verschleiern half« (171).
»Die wahren Krisen« nämlich »waren Krisen der Kontingente
und Prioritäten, nicht zwischen Firmen – es war nur so inszeniert, daß dieser Anschein aufkam –, sondern zwischen den
verschiedenen Technologien, Kunststoffchemie, Elektronik,

Flugzeugbau« usw. (813).

Wenn aber der Krieg ein Kriegstheater im Wortsinn war und sein Leichenmeer ein Simulakrum, hinter dessen Schirm diverse Technologien um ihre oder unsere Zukunft stritten, spielt sich alles wie in den Medien ab, die ja vom Drama bis zum Computer auch nur Information transportieren. Konkurrenzkämpfe und Prioritätsstreitigkeiten zwischen Technologien sind immer schon Konkurrenz um Informationen über sie. Wie eine Romanfigur aus Kreisen der Industriespionage so melancholisch resümiert: Nur »vor dem ersten Krieg«, als noch »Drogen oder Weiber« interessierten, »war das Leben einfach«. Seit 1939 aber »ist die Welt verrückt geworden«, weil »Information das letzte gültige Tauschmittel darstellt« und noch die Industriespionage selber im Begriff steht, von Agenten oder Menschen überzugehen auf »Informationsmaschinen« (406 f.).[7]

Unter Bedingungen totaler Semiotechnik bleibt nur die Frage nach den Medien, die sie implementieren. Und wenn mit einer Formel Pynchons »die persönliche Dichte direkt proportional ist zur Bandbreite in der Zeit« (794), tun Medienwissenschaften gut daran, die Kriegsgeschichte ihrer eigenen Gegenstände zu erinnern. Was an Medien Narrativität und damit Unterhaltung scheint, schirmt womöglich nur semiotechnische Effizienzen ab. Medien wie Literatur oder Film oder Schallplatte – und genau deshalb betreibt *Gravity's Rainbow* ihre systematische Kombination – stehen alle im Krieg.

2. Literatur

In jener mythischen Vorzeit, als noch Drogen oder Weiber interessierten, mag der Krieg ein Soldatenlied gewesen sein, mündlich und erzählend. Aber spätestens seitdem »im Felde niemand fehlen darf«, weil allgemeine Wehrpflicht eingeführt ist, gibt es – nach Goethes sofortiger Einsicht – für Erzählungen einfach keine Hörer mehr: Alle sind betroffen.[8] Die Befreiungskriege, wie sie von 1806 bis 1815 die Leute Mitteleuropas zu Nationalstaatsuntertanen und das hieß Volksheeren befreit haben, brauchten also auch ein neues Medium. Es war die Literatur als Schrift und Kommando. Der neue, nämlich absolute Feind[9] mußte erst einmal benannt und seine Vernichtung befohlen werden – genau das leisteten Dramen wie Kleists *Hermannsschlacht*, dieser Feldherrnhügel des Propagandakrieges.

Bekanntlich währte solches Schriftstellerglück nicht lange. Als die Feldherrnhügel in den Materialschlachten des Ersten Weltkriegs verschwanden, mußte die Literatur zur Frontschweinperspektive absteigen (wie das Fussells brillante Untersuchung für englische Texte zeigt[10]). Eine absolute Feindschaft, die von Maschinen übernommen wurde, brauchte keine Erzählungen, Begründungen und Planungen mehr. Unerfindlichen Befehlen und unsichtbaren Feinden gegenüber blieb der Literatur – nach Jüngers denkbar genauem Titel – einzig noch *Der Kampf als inneres Erlebnis*. Und das war einfach Film. An der Grenze des Mediums Buch, wo Explosionen alle Wörter dementierten[11], erschien sein technischer Ersatz. Wann immer Leutnant Jünger, statt noch expressionistische Erlebnisstudien zu verfassen, hinter Morgennebeln und Stacheldrähten auf ein Reales traf, war der Feind eine filmische Doppelgängerhalluzination.[12] Schon deshalb legten die Romane aus der Frontschweinperspektive, wie auch Remarque beweist, ihre Verfilmung nahe.

Aber wenn die Produktion von Todesarten und die Simulation von Freund-Feind-Verhältnissen nur zur Maskierung konkurrierender Technologien dient, die ihrerseits nicht auf Erlebnis oder Narration basieren, sondern auf Blaupausen, Statistiken und geheimen Kommandosachen, werden Frontschweinperspektiven obsolet. *Gravity's Rainbow* als Spurensicherung des Zweiten und technologischen Weltkriegs setzt von Anfang an andere Erzähltechniken ein.

Anstelle des einen Krieges mit seinem inneren Erlebnis tritt eine stochastische Streuung von Figuren und Schauplätzen, von Fronten und Diskursen, von alliierten und deutschen Stellen. Erst die Zufallskoinzidenz zweier Zufallsdistributionen bringt es zur Perspektivierung eines Helden, einer Handlung. Die Poisson-Verteilung nämlich, in der die V 2s in London einschlagen, deckt sich Punkt für Punkt mit der Privatstatistik, die ein amerikanischer Leutnant namens Slothrop über seine erotischen Zufallsbegegnungen führt. Und genauso, wie die Raketen mit ihrer Überschallgeschwindigkeit Ursache und Wirkung, hörbare Bedrohung und sichtbare Explosion vertauschen (41)[13], sind auch Slothrops Erektionen ein Index (im Doppelsinn von Peirce und allen Propheten), der die jeweils nächste Einschlagstelle schon markiert.

Die V 2s folgen den Erektionen wie das Fluggeräusch dem Auf-
schlag. Mit anderen Worten: auch Slothrops Liebe oder »Imaginäres hat Bombenstruktur« (KAMPER, 1984). Grund genug für
die alliierten Dienste, den Lieutenant als Versuchsperson im
technischsten Sinn zu gebrauchen. Er wird eingeschleust ins
zusammenbrechende Reich, um dort auf die Spur jener letzten,
einzigartigen und mythischen Rakete zu kommen, die seinen
deutschen Doppelgänger in Weltraum und/oder Tod befördert.

Nur, daß Slothrop der »operativen Paranoia« (44) jener Ge-
heimdienste im selben Maß entrinnt, wie sie ihn selber packt.
Medium dieses Übergangs ist das Medium Schrift. Der Lieutenant stammt von puritanischen Papierfabrikanten ab, Leuten
also, die Amerikas »schrumpfende« Wälder »Morgen für Morgen
und Schlag auf Schlag in Papier verwandelten – Toilettenpapier,
Banknoten, Zeitungspapier –, ein Medium oder Fundament für
Scheiße, Geld und das Wort« (48). Dieses Symbolische, um mit
Lacan zu reden, holt ihn beim Studium der erbeuteten V 2-
Dokumente ein. Lesen und Paranoia fallen zusammen. Alle Spuren, die Slothrop in der Festung Europa entziffern lernt, deuten
nämlich darauf, daß der militärisch-industrielle Komplex über
Kriegsfronten immer schon erhaben war und das heißt die bedingten Sexualreflexe amerikanischer GIs genauso konditionierte
wie die Innovationen deutscher Raketentechniker. Aus seinen
Dossiers, die ja sogenannte Erlebnisse oder Lebensgeschichten
schon seit längerem regieren, kann Slothrop entnehmen, daß er
bereits als Kleinkind – auf der historisch völlig korrekten Schiene
zwischen IG Farben und Rockefellers Standard Oil[14] – behaviou-
ristische Versuchsperson desselben Prof. Jamf war, der mit seinen
synthetischen Polymeren auch den bemannten Weltraumflug
möglich machen wird. Nachträglich wie immer kommt also
zutage, daß der Detektiv und sein Doppelgänger im V 2-Cockpit
zusammenfallen. Und daß auch die Koinzidenz zweier ikonischer
Muster, der realhistorischen Raketentrefferkarte und des ero-
tisch-romanesken London-Stadtplans das Gegenteil von Zufall
war. Bei gründlichem Aktenstudium verraten Koinzidenzen immer ein Komplott.

Einzige Prämisse dieses sinistren Schlusses ist aber nicht, wie
Leser in ihrer andressierten Unschuld meinen könnten, die Immanenz der Fiktion. Es ist vielmehr die historische Exaktheit
dessen, was der Text selber »Daten-Rückpeilung« nennt (909).

Slothrops romaninterne Paranoia wiederholt, und zwar Schritt um Schritt, eine kritisch-paranoische Methode, wie der Romancier sie bei Dalí gelernt haben könnte. Auch wenn die Akten Romancier und Helden in umgekehrter Zeitfolge entgegentreten mögen, macht sie das noch nicht fiktiv. Als Textbeispiel der sogenannten Postmoderne ist *Gravity's Rainbow* hundertfach gewürdigt, von Umfang und Genauigkeit der eingebauten Recherchen schweigt die Literaturwissenschaft. Und doch baut der Text, wie sonst wohl nur noch historistische Romane vom Typ *Salammbô* oder *Antonius*[15], schlechthin auf dokumentarische Quellen, unter denen allerdings zum erstenmal auch Schaltpläne und Differentialgleichungen, Konzernabmachungen und Organisationsgraphen sind. (Für Literaturwissenschaftler leicht zu überlesen.)

Gravity's Rainbow ist Daten-Rückpeilung an einen Weltkrieg, dessen Geheimakten ja erst in dem Maße zugänglich werden, wie ihre Planziele ins Reale eingezogen sind und Sekretierung, heißt das, nicht mehr brauchen. Schon deshalb ist Paranoia – laut Freud oder Morris wie alle Psychosen nur eine Verwechslung von Wörtern und Dingen[16], von Designaten und Denotaten[17] – Erkenntnis selber. Wenn das Symbolische von Zeichen, Zahlen und Buchstaben über sogenannte Wirklichkeiten bestimmt, wird Spurensicherung zur ersten Paranoikerpflicht.

Mit der Folge, daß die kritisch-paranoische Methode des Romans auf seine Leser übergreift. Sie verwandeln sich von Konsumenten einer Erzählung zu Hackern eines Systems. Denn Slothrop, bei aller Puritanerliebe zum Wort (329), decodiert beileibe nicht sämtliche Kriegsgeheimnisse, die der Roman encodiert hat. Unmöglich könnte er noch entziffern, daß jener fiktive US-Major Marvy, der für den V 2-Technologietransfer nach den Staaten zuständig ist, nur ein Kryptogramm des historisch korrekten Namens Staver darstellt.[18] Oder daß Pointsman, der Chefbehaviourist britischer Geheimdienste im Roman, nur deshalb so heißt, um im multinationalen Komplott zusammenzufallen mit seinem deutschen Namensdoppelgänger: einem Ingenieur Weichensteller, der in Peenemünde ausgerechnet »für die Wiedereintrittsphase« der V 2s in britischen Luftraum »zuständig war« (709).

In *Gravity's Rainbow* maskieren fiktive Namen und narrative Strukturen einen Informationsstand, der zudem mit anderen, nicht minder paranoischen Romanen verschaltet ist (vgl. 918) und aus den praktischsten Gründen von der Welt besser nicht erzählt wird. Damit ist der Roman auf der Höhe der Zeit. Wenn Technologien die Vorherrschaft über Wissenschaft und Ästhetik antreten, zählt einzig Information. Schließlich liegen manche Wurzeln der Semiotik selber in jenen behaviouristischen Semiotechniken, die Pynchon als Kriegsstrategien analysiert.

Bei der Analyse und Rekombination ebenso gestreuter wie geheimer Daten bleiben allerdings zwei Probleme: die Schließung und die Selbstanwendung des Systems. Nicht bloß, weil Slothrops Daten-Rückpeilung schon 1945, also lange vor Öffnung der einschlägigen Geheimarchive statthat, »tanzt er auf einem Boden aus Schrecken, Widersprüchlichkeit und Absurdität«. Erstens ist es dem militärisch-industriellen Komplex ein leichtes, »ganze Wagenladungen von Programmierern einzuschleusen, die dafür sorgen würden, daß die ausgedruckten Informationen harmlos bleiben« (909) – harmlos zum Beispiel wie ein narrativer Roman. Und zweitens läuft Tyrone Slothrops paranoische Einsicht darauf hinaus, daß er sein Begehren nur für sein eigenes gehalten hat (344), obwohl es in Wahrheit – frei nach Lacan – immer schon Begehren des Anderen oder Versuchsleiters war. Über seine historischen Vorbilder Watson und Baby Albert hinaus hatte Jamf eben die »elegante«, weil »binäre« Idee, bei Baby Tyrone nicht so unmeßbare Daten wie Angst, sondern das schlichte und unzweideutige Faktum Erektion als bedingten Reflex zu konditionieren (137 f.). Folgerecht taucht in Slothrops Träumen ein »uraltes Wörterbuch für technisches Deutsch« auf, das »JAMF«, den Eigennamen seines Versuchsleiters, durch den englischen Index »›I‹« übersetzt (450, vgl. auch 974).

Das Ich ist also, mit anderen, aber immer noch Pynchons Worten, nur »eine Zweigstelle des Menschen in jedem unserer Gehirne, jede der lokalen Vertretungen besitzt eine Tarnung namens Ego, und ihre Mission auf dieser Welt heißt schlicht Beschiß« (1118, vgl. 448). Ende des Zitats, das genausogut von Foucault stammen könnte und auch das Ende aller Paranoia ist. Denn von einem unfreiwilligen Privatdetektiv, der das Alibi und d. h. Anderswo seines eigenen Ego endlich geknackt hat, bleibt niemand mehr übrig. Unter Bedingungen totaler Fernsteuerung zergeht die Erzählbarkeit von Romanhelden. Lieutenant Slothrop verliert in einer endlosen Serie von Kleiderwechseln und Meta-

morphosen Uniform, Eigennamen und Alphabetismus; er löst
sich auf in Episoden, Comic Strips, Mythen und zuallerletzt
Platten-Cover (1165). So und nur so entkommt er der Falle, die
das Medium Schrift, selber ein Teil der militärisch-industriellen
Komplexe, Lesern als solchen stellt. Wenn es nämlich die Paranoia als ahnungsvolle Lektüre eines einzigen, zusammenhängen-
den und erzählbaren Komplotts gibt (1102), so »gibt es doch auch
eine Anti-Paranoia, in der nichts mehr mit irgend etwas anderem
verschaltet ist« (678).

Und wenn die historische Gattung Roman dadurch definiert
war, daß die Verzweigungsmöglichkeiten ihrer Markoff-Ketten
in direkter Proportion zum zurückgelegten Weg des Helden
abnahmen, bis schließlich eine Struktur oder Lösung feststand, so
produziert die Anti-Paranoia von *Gravity's Rainbow* gerade
umgekehrt einen Zuwachs an Information und damit (nach Shannon) an Entropie. In seiner progressiven Vermischung bestehen-
der Figuren, Organisationen und Fronten wiederholt der Roman
sehr planvoll den zweiten Hauptsatz der Thermodynamik. Das
Gesetz, daß Entropie immer wächst, gibt der Zeit ihre Richtung
und kann mithin – nach einem schönen Beispiel Eddingtons –
klarstellen, ob Filme in der physikalischen Zeit vorwärts oder
rückwärts laufen.[19]

3. Film

In diesem technischen und zeitlichen Sinn ist *Gravity's Rainbow*
Film. Nicht weil der Roman verfilmbar wäre wie bei Remarque,
oder unsichtbare Feinde halluzinieren würde wie bei Jünger,
sondern weil er der Negentropie der militärisch-industriellen
Komplexe seinen progressiven Zerfall entgegensetzt. Schon das
durchgehaltene Präsens aller Episoden im Gegensatz zum klassischen Romanpräteritum sorgt für eine Vergeßlichkeit, die lineare
Verkettungen von Ursachen und Wirkungen gar nicht erst aufkommen läßt. »Jeder [Raketen]Einschlag ist von allen anderen
völlig unabhängig. Bomben sind keine Hunde. Kein Verbin-
dungsglied. Kein Gedächtnis. Keine Konditionierung.« Also
auch keine Frage, »welche Orte am sichersten wären«, und dank
solcher Schulung eine »*ganze* Generation«, deren »Nachkriegszeit nur noch aus Zufallsereignissen bestehen wird, isoliert, von

einem Augenblick zum nächsten neu erschaffen« (93).

Nur der »Monte-Carlo-Trugschluß« (93) kann demnach annehmen, daß ein Raketeneinschlag, ein Filmbild, ein Romanereignis n, als hätte es Gedächtnis, von der Serie 1 bis n-1 bestimmt würde. Sicher, dem Chefbehaviouristen im Text signalisiert das Raketenfeuer über London, daß »die Wirklichkeit nicht umkehrbar ist«. Es könnte erst enden, wenn »die Geschosse demontiert werden, der ganze Film rückwärts abläuft, geglättete Haut zu Stahlblech, rohen Barren, weißer Glut und Erz und Erde« (226). Aber wie ausgerechnet Walther Rathenau, der Erfinder deutscher Kriegswirtschaften und damit auch sowjetischer Fünfjahrespläne, in seiner Eigenschaft als beschworener Geist erklärt, ist das »Gerede von Ursache und Wirkung weltliche Geschichte und weltliche Geschichte ein Ablenkungsmanöver« (269) oder eben »Komplott« (265). Weltliche Geschichte hauste bekanntlich im Medium Buch; technische Medien dagegen erlauben (über das Ablenkungsmanöver ihres Unterhaltungseffekts hinaus) die Variation genau der Parameter, die sie und nur sie erfassen, also auch der physikalischen Zeit. Ganz wie der Raketeneinschlag die Abfolge von Explosion und Geräusch vertauscht, so arbeiten die vielen fiktiven Filme in *Gravity's Rainbow* mit jenem Trick, der im Elektronikerdialekt des Realen den schönen Namen Time Axis Manipulation führt.

Das letzte Werk Gerhardt von Gölls, der im Roman für seine historischen Kollegen Papst, Lang, Lubitsch steht (183), heißt »Neue Droge« und demonstriert »jeden Tag 24 Stunden nonstop«, wie diese Droge unfähig macht, »jemals irgend jemandem zu sagen, was man dabei fühlt oder, schlimmer noch, wo man sie herhat«. »Es ist offenkundig die Droge, die dich sucht – Teil einer verkehrten Welt, deren Agenten mit Schießprügeln herumlaufen, die so wie Staubsauger in Richtung Leben funktionieren: man zieht den Abzug durch, und schon werden die Kugeln aus den frischen Leichen gesaugt, begleitet vom abschwellenden Geräusch des rückwärts ablaufenden Schusses« (1170). Nur bleiben solche Filmtricks nicht auf das Imaginäre von Halluzinationen und Kinobesuchen beschränkt. Der Roman beschreibt auch die britische Bombardierung einer V2-Schußstelle als »Rückverwandlung« der »Fahrzeuge in die Hohlformen ihrer frühesten Reißbrettentwürfe« (873) und deutet damit schon die finsterste seiner paranoischen Erkenntnisse an: Daß nämlich Deutschlands

Industrieanlagen – frei nach der Ruinentheorie Albert Speers, ihres Chefs[20] – von vornherein auf die Zerstörungen der Royal Air Force hin gebaut wurden und mithin erst oder gerade als Ruinen ihre Nachkriegsaufgabe im multinationalen Komplott erfüllen (812).

Ähnliche Zeitumkehrungen leistet, nur nicht so programmiert, auch von Gölls erstes Werk, ein gefälschter Dokumentarfilm nach allen Regeln alliierter Black Propaganda.[21] Als Hereros geschminkte Briten spielen eine von Generalmajor Kammlers motorisierten Raketenbatterien. Der fertige Film wird künstlich gealtert und beschädigt, also um jenes Rauschen bereichert, das technische Medien wie ihr Background definiert (vgl. 153), um dann als Pseudo-Dokument aus einer getürkten V 2-Stellung deutsche Gerüchte über Neger in der Waffen-SS auszulösen (183 f.). Das nennt von Göll »mit jener tiefen Demut, über die nur Regisseure aus Deutschland gebieten«, seine »Mission, Samenkörner der Realität zu säen« (606, vgl. 433). Und in der Tat: 1929 säte Langs *Frau im Mond*-Film den Countdown (1182) und die künftige V 2 überhaupt.[22]

Aber nicht genug mit dieser Verkehrung von Ursache und Wirkung, Programmieren und Dokumentieren, läuft die Spirale weiter. Im Fall von Göll kommt nachträglich ans Licht des Romans, daß jene Waffen-SS-Hereros nicht Effekt, sondern magische Ursache ihrer propagandistischen Simulation waren. Weil es sie schon gibt, müßte von Gölls Fälschung rückwärts laufen wie Countdowns ja auch. Und einmal mehr taucht die Rätselfrage auf, in welchem Verhältnis bei Medien Programm und Narrativität stehen.

Guerre et cinéma, Virilios letztes Buch, versucht den Nachweis, daß Weltkriege und Filmtechnologien nicht einfach gleichzeitig, sondern strikt solidarisch sind. Eine Kriegsführung, die militärisch, technologisch und propagandistisch auf Geschwindigkeit und Information setzt, kommt nicht aus ohne Raffungen, Dehnungen, Umkehrungen von Zeit, ohne Time Axis Manipulation also. Was im Medium Schrift oder Literatur – trotz Ilse Aichingers *Spiegelgeschichte* – das Unmögliche wäre, steht auf dem Programm des Films seit seinen Anfängen, die ihrerseits (unter anderem) im Trommelrevolver liegen.[23] Sicher vermochte Literatur jene Zeiten zu manipulieren, die Bildungsweg oder Kampf als inneres Erlebnis vorspiegeln. Aber um mit der physikalischen

Zeit selber, in der Bildungswege oder Todeskämpfe ja statthaben, arbeiten zu können, werden technische Medien notwendig. Raketentechnologie braucht Filmtechnologie und umgekehrt. Daß die V 2 überhaupt und trotz aller Ungläubigkeit der neugeschaffenen Technikerabteilung im britischen Geheimdienst[24] zielgenau nach London fand, verdankte sie einer genialen Neuerung: Ihr gemessener Parameter war nicht der Weg wie immer schon bei Heeren oder die Geschwindigkeit wie neuerdings bei Panzern; es war die Beschleunigung als einzige der Rakete selber zugängliche Information, die aber durch Einfachintegration dann die Geschwindigkeit und durch Doppelintegration schließlich auch den Weg berechenbar machte (471 f.). Ein Pendel und nachgeschaltet zwei RC-Kreise in Serie – so einfach läßt Virilios Dromologie sich bauen, so einfach aber auch (wie von den britischen Experten) übersehen.

Nach Pynchon besteht eben eine »eigentümliche Affinität des deutschen Geistes zum Suggerieren von Bewegung durch eine rasche Folge sukzessiver Einzelbilder – seit Leibniz, als er den Infinitesimalkalkül entwickelte, den gleichen Ansatz gewählt hatte, um die Flugbahnen von Kanonenkugeln aufzulösen« (636, vgl. 885). Das technische Medium aber, das Bewegung als Infinitesimalkalkül implementiert, heißt Film. Alle Kinoillusionen von kontinuierlich bewegten Bildern sind seit Mareys photographischer Flinte[25] Einfachintegrationen wie die Geschwindigkeit der V 2, abhängige Variabeln einer Zeitachsenmanipulation, die beim Optimieren von Vernichtungswaffen einzig zählt. Wie schon jener Filmvorläufer von 1885 wurden auch die Hochleistungskameras der Ascania von 1941 nicht für das Imaginäre der Spielfilmbesucher entwickelt, sondern für Zeitlupenstudien des V 2-Flugs (636). Was allerdings keineswegs ausschließt, solche Techniken auch, »über die Kader des Films hinaus, auf menschliche Leben auszudehnen« (636).

Eine der vielen Erzählungen, deren Entropie *Gravity's Rainbow* ist, stellt Erzählbarkeit selber mit Technik in Frage. Sie handelt von einem Peenemünder Ingenieur, dem der Trick Zeitachsenmanipulation gespielt wird. Das Simulakrum in diesem Spielfilm oder Leben ist seine zwölfjährige Tochter, die übrigens schon ihre Zeugung der Semiotechnik Film verdankte. Eine von Gölls spätexpressionistischen Vergewaltigungsszenen nämlich, in der Vorführversion vor dem Höhepunkt geschnitten, aber im Studio wie im Privatarchiv von Joseph Goebbels bis zum bitteren Ende durchgezogen, schwängerte außer der Filmdiva selber auch zahllose Ehefrauen oder Freundinnen der heimkehrenden Kinobesucher. Unter hochtechnischen Bedingungen sind Kinder eben nur noch Doppelgänger ihrer Doppelgänger auf der Leinwand: Kanonenfutter im Fall von Boys, Pin-up-girls im Fall von Girls.

Dreizehn Jahre später. Das filmgezeugte Kanonenfutter tritt an zum Blitzkrieg, Pin-ups werden gebraucht. Der Raketeningenieur – als Pynchonfigur, die er ist – hat seine Tochter und ihr Aussehen natürlich längst vergessen. Ab 1939 aber erscheint sie ihm bei jedem Kriegssommerurlaub wieder: als Sonderbelohnung der HA Peenemünde. Und erst nachdem die Pin-up-Tochter ihn auch noch verführt hat, wird klar, daß sie Jahr um Jahr aus Doppelgängerinnen ohne Original montiert worden ist. Das KZ Dora bei Nordhausen, auch für die V 2-Massenproduktion zuständig, beurlaubte ab 1939 einfach Insassinnen, zunächst eine Zwölfjährige, dann eine Dreizehnjährige usw. bis Kriegsende. Mit Pynchons Worten: »Die einzige Kontinuität bestand in ihrem Namen und in der Liebe des Vaters – einer Liebe wie die Trägheit des Auges, die SIE benutzten, um ihm das lebende Bild einer Tochter vorzugaukeln, eine Projektion nur dieser Einzelbilder jedes Sommers, aus denen er sich selbst die Illusion eines Kindes schaffen mußte« (660). Kinogänger als solche sind also Opfer einer Semiotechnik, die ihnen Lebenszusammenhänge vorspiegelt, wo es nur noch Momentaufnahmen und Blitzlichter gibt. Der Spielfilm begann, zumindest in Deutschland, mit Doppelgängern, die Verfilmung selber verfilmten und propagierten[26], und gipfelt für Pynchon wie für Virilio[27] in den ungezählten Japanern, die die Bombe »als zarten Fettfilm auf den eingeschmolzenen Schutt« ihrer Stadt Hiroshima abbildete (919).

Die Belichtungszeit? 67 Nanosekunden oder Blitzkrieg im Wortsinn.

Ein Krieg aber, der mit Abbildung zusammenfällt, wird unabbildbar. Alle Unmöglichkeiten, technologische Kriege noch darzustellen, versammelt *Gravity's Rainbow* in der Figur von Slothrops deutschem Antipoden. Hier der GI, den erst Zufälle und Marschbefehle auf die Spur der V 2 setzen müssen, dort ein Chef, der nicht nur Produktion und Abschuß dieser Wunderwaffe befehligt, sondern mit lebensechten Filmtricks auch noch die Sexualität seiner Ingenieure. Abbildung im Fall des Peenemünde-

Chefs wäre also eine Wiederauflage des Kriegsfilmklischees vom bösen Deutschen. Daß Pynchon sie umgeht, um statt dessen das Rätselverhältnis von Fakt und Fiktion selber zu inszenieren, hat zwar bewirkt, daß seinen Interpreten an dieser Stelle nicht mehr einfällt. Aber es ist die Größe des Romans.

Historisch unterstand die HA Peenemünde bekanntlich General Dornberger vom Heereswaffenamt, der schon 1932, als Hauptmann und Adjutant Prof. Beckers, den jungen Wernher von Braun entdeckt hatte. So blieb der Organisationsgraph von Kummersdorf nach Peenemünde, bis die planvoll wuchernden Entropien des Hitlerstaates (667) aus der SS einen Staat im Staat machten. 1944, nachdem das Heereswaffenamt seine Technikerpflicht getan hatte und die Wehrmacht überhaupt in Agonie überging, fiel deshalb das Kommando über Peenemünde, Nordhausen und ein zugeordnetes Armeekorps z. b. V.[28] (das einzige in der deutschen Heeresgeschichte) an Obergruppenführer Dr. Kammler vom Wirtschafts-Verwaltungshauptamt der SS.[29] Hans Kammler, Jahrgang 1901, teilt mit Thomas Pynchon, Jahrgang 1937, den seltsamen Zug, alle seine Photos vernichtet zu haben.[30] Genauso unabbildbar durchzieht er den Roman.

Pynchons fiktiver Raketenchef löscht seine eigenen Kennzeichen, weil er gar keine Figur ist, sondern Produkt einer Doppelbelichtung. Ab 1932 heißt der Raketenchef »Major Weißmann«, ist also Wehrmachtoffizier und (wie Dornberger auch) »ein brandneuer Typ von Militär, halb Geschäftsmann und halb Wissenschaftler« (626). Bis in seine Gespräche mit untergebenen Ingenieuren hinein, die kriegswirtschaftlichen Druck mit wissenschaftlichem Interesse camouflieren (651 f.), folgt Pynchons Weißmann seiner einen Quelle: der unfreiwilligen Offenheit von Dornbergers Erinnerungsbuch.[31] Folgerecht taucht der Name Dornberger im genauesten aller Romane nicht auf, als seien Fakt und Fiktion die zwei Seiten eines Papierblatts.

Derselbe Weißmann hat aber später in Peenemünde, ganz ohne Begründung, den SS-Rang »Gruppenführer« (654), um schließlich 1944 sogar seinen Namen gegen den »SS-Codenamen Blicero«, eine Umschreibung von Tod selber, einzutauschen (505). Als Blicero kassiert Weißmann alle Förmlichkeiten deutscher Generalstäbler; er wird zum brüllenden Tier, das letzte Raketenbatterien über die zerbombten Reichsautobahnen jagt. Nichts anderes berichten Dornberger, Braun und ihre entsetzten

Ghostwriter von Kammler und seinem Glauben, den Krieg allein entscheiden zu können.[32] Als seien alle Entropien des Hitlerstaates Fleisch geworden.

Der Zusammenfall von Dornberger und Kammler, Weißmann und Blicero, von Wehrmacht und SS, Ordnung und Entropie ist das exzentrische Zentrum des Romans, die Stelle seiner Unabbildbarkeit. Ob Blicero tot ist oder nicht, bleibt ein Rätsel (vgl. 1043), wie viele Nachkriegsjahre lang auch beim realen Kammler.[33] Seine Taten oder Delirien gibt es nur als Erzählungen von Erzählungen von Zeugen, die ihrerseits unter der Droge Oneirin standen (724, 1048 ff.). Oneirin, natürlich einmal mehr vom fiktiven Prof. Laszlo Jamf synthetisiert (545), hat aber »die in der Fachwelt Aufsehen erregende Eigenschaft Zeitmodulation« (608, vgl. 1102). Deshalb kann Blicero, diese Doppelbelichtung von 1932 und 1944, von Dornberger und Kammler überhaupt sein. Deshalb kann sein Wahnsinn irgendwo in den Ruinen des Reichs einen bemannten Weltraumflug starten, den es erst zwanzig Jahre später geben wird. Deshalb schließlich kann Pynchons Zweiter Weltkrieg mit den Interkontinentalwaffen des nächsten enden. Denn Bliceros bemannte V 2, 1945 in Niedersachsen abgeschossen, landet auf der letzten Romanseite im Hollywood von 1973, dem Erscheinungsjahr des Romans. Ihr Bodenabstandszünder spricht auf genau das Kino an, in dem Pynchon und seine Leser sitzen. »Uns alte Fans, die wir immer im Kino gehockt sind«, endlich erreicht uns ein Film, »den zu sehen wir nicht gelernt«, aber seit Muybridge und Marey schon lange herbeigeträumt haben: der Zusammenfall von Film und Krieg (1193 f.).

Oneirin hat aber weitere, weniger sensationelle Eigenschaften. Im Unterschied zum Strukturalismus von Cannabis indica (vgl. 544) »zeichnen sich« die Oneirin-Halluzinationen »durch eine narrative Kontinuität aus, die so klar verfolgbar ist wie, sagen wir, ein durchschnittlicher *Reader's Digest*-Artikel«. Sie sind, mit anderen Worten, »banal, konventionell« und amerikanisch (1102). Womit Pynchon seinen Beitrag zum Thema Narrativität in den Medien geliefert hätte. Seine Erklärung auch, warum jedes Medium, den Roman selber eingeschlossen, eine Droge ist und umgekehrt.

Nach Stresemann beten Leute eben »nicht nur um ihr tägliches Brot, sondern auch um ihre tägliche Illusion« (707). Und Konzerne wie die reale IG Farben oder Jamfs fiktive Psychochemie

AG (394) tun alles, um »die Grundfrage, wie man andere Menschen dazu bringt, für einen zu sterben«, nach dem Ruin erst der theologischen und dann der geschichtsphilosophischen Illusionen endlich positiv, nämlich psychopharmazeutisch zu beantworten (1099). Schon 1904, als »sich American Drug and Food entschloß, das Kokain aus der Cola herauszunehmen«, bescherte uns das »eine alkohol- und todesorientierte Generation von Yanks, ganz ideal geeignet, den WK-Zwo zu kämpfen« (706). So bleibt – nach Worten des großen Oneirin-Kenners von Göll – nur noch auf den endgültigen Zusammenfall von Film und Krieg zu hoffen. Mag Slothrop, demzufolge »wir hier« im Roman »nicht in irgendeinem verfluchten Film *sind*«, noch eine Weile lang zu Recht fürchten, daß Leute erschossen werden, obwohl das im Drehbuch »nicht vorgesehen war«, von Göll weiß es besser. Dem Filmregisseur zufolge sind wir »noch nicht« im Film. »Vielleicht noch nicht ganz. Genieße es, solange dir Zeit dafür bleibt. Eines Tages, wenn das Material erst empfindlich genug ist, wenn die Ausrüstung in die Jackentasche paßt und für jedermann erschwinglich wird, wenn Scheinwerfer und Mikrophongalgen wegfallen, *dann erst* ..., ja, dann ...« (823).

Schon 1973 aber veranstaltet *Gravity's Rainbow*, als Fernsehquiz für seine Leser, »Augenblicke der Kurzweil mit Takeshi und Ichizo, den komischen Kamikazes«. Und wer wie »Captain Esberg von den Marines aus Pasadena« errät, daß dieses ganze Spektakel »nur ein Film«, nur »eine unserer beliebten WK-Zwo-Situationskomödien« ist, gewinnt als ersten Preis einen Gratisflug (ohne Rückfahrt) zum tatsächlichen Filmschauplatz. Dort darf er dann neben »sintflutartigen Regenfällen« »die authentische Kamikaze-Zero« kennenlernen, bedienen, fliegen und – abstürzen (1083 f.).

Die narrative Kontinuität von Oneirin-Halluzinationen oder Spielfilmen sucht also den Roman selber heim, der sie zum Thema macht. Handlungen und Dialoge laufen ab, als wären sie unter der Droge geschrieben (vgl. 1104 f.). Mit der Folge, daß *Gravity's Rainbow* auch ein *Reader's Digest*-Artikel ist: banal, konventionell und amerikanisch. »Natürlich sollte die Geschichte eine Pointe haben. Aber sie hat keine.« (1157) Die Rätselfrage, ob und wie Weltkriegstechnologien unsere sogenannte Nachkriegszeit programmiert haben, läuft ungelöst weiter. Der Roman bleibt Roman und sein Held Slothrop »ein Schwachkopf«. Statt

Weißmann-Bliceros bemannter Weltraumrakete, die er vergebens gejagt hat, ist ihm »Mittelmaß« beschieden.

Und das, wie es bitter und ausdrücklich heißt, »nicht nur in seinem Leben, sondern auch, heh, heh, in seinen Chronisten« (1158).

4. Schallplatte

Die Schrift speichert Symbolisches, der Spielfilm Imaginäres. Medium der Dummheit dagegen sind die unzähligen Songs im Roman. Plattenrillen halten die Schwingungen realer Körper fest, deren Dummheit bekanntlich keine Grenzen kennt. Was Kriege und Drogen und Medien Körpern alles antun, läuft deshalb weiter als Musik. »Tape my head and mike my brain, stick that needle in my vein«, beginnt ein Song in *Gravity's Rainbow* (PYNCHON, 1980: 71). Immer wieder kommt der Roman zum Stillstand, weil fiktive Rumbas, Beguines, Foxtrotts, Blues-Improvisationen usw., von genauesten Aufführungsanweisungen begleitet und allen Kriegsspielen fern, Handlungen oder Komplotte umbiegen in Ritornelle, in eine ewige Wiederkehr von Strophe und Chorus. Am Ende, während hoch über Kalifornien ein neuer Weltkrieg beginnt, steht ein Lied des Trostes für eine »geschundene Zone«, die nicht nur Nachkriegsdeutschland meint. Und am Ende von Lied und Roman: »Now everybody –«.

Anmerkungen

1 Über die Strategie von Autobahnen seit dem Ersten Weltkrieg vgl. KITTLER, 1984a.

2 Vgl. dazu BERGAUST, 1976: 111.

3 Über Zweiten Weltkrieg und Nachkriegstraum vgl. PINK FLOYD, 1983: side I.

4 Reine Seitenangaben im Text nennen Stellen und Parallelstellen aus *Gravity's Rainbow* nach der ausgezeichneten Übersetzung von Elfriede Jelinek und Thomas Piltz (PYNCHON, 1981).

5 Vgl. die Erinnerungen Wernher von Brauns (RULAND, 1969: 141) und die begreiflichen Abweichungen bei DORNBERGER, 1953: 120 f.

6 Über Nordhausen, diese größte bekanntgewordene Fabrik unter der Erde, vgl. BORNEMANN, 1971.

7 Über die Geburt des Computers aus dem Geist der Spionage vgl. KITTLER, 1984b. Zur Entstehungszeit von *Gravity's Rainbow* schlief die Tatsache, daß im britischen Bletchley Park Informationsmaschinen die Agenten schon 1943 abgelöst hatten, noch in den Geheimakten.

8 Hier der Wortlaut jenes *Zahmen Xenions*, das die Einführung der allgemeinen Wehrpflicht nicht militärisch und nicht ideologisch, sondern diskursanalytisch bestimmt:
»Hatte sonst einer ein Unglück getragen,
So durft' er es wohl dem andern klagen;
Mußte sich einer im Felde quälen,
Hatt' er im Alter was zu erzählen.
Jetzt sind sie allgemein, die Plagen,
Der einzelne darf sich nicht beklagen;
Im Felde darf nun niemand fehlen –
Wer soll denn hören, wenn sie erzählen?«
(GOETHE, 1904-05: IV 131).

9 Über absolute Feindschaft, totale Mobilmachung und Kleists »Partisanendichtung« vgl. SCHMITT, 1963.

10 Vgl. FUSSELL, 1975.

11 Vgl. JÜNGER, 1922: 98 und 92 (der Erste Weltkrieg als »Würger unserer Literatur«).

12 Vgl. JÜNGER, 1922: 12, 28, 50 und 107 f.

13 Im Fall der V 2 betrug diese Verzögerung 16 Sekunden (RULAND, 1969: 221).

14 Vgl. dazu STEVENSON, 1977, sowie die unzulängliche IG Farben-Monographie von BORKIN, 1979.

15 Über Flauberts *Tentation de Saint-Antoine* vgl. FOUCAULT, 1974: 157-177.

16 Vgl. FREUD, 1946-68: X 302.

17 Vgl. MORRIS, 1972: 67 f.

18 Über Staver vgl. RULAND, 1969: 249. Weitere Namensspiele zwischen Fakt und Fiktion: Aus Höhler, dem Architekten der Nordhausener Mittelwerke (BORNEMANN, 1971: 23), wird Ötsch (469-474), aus Enzian, dem Tarnnamen eines Peenemünder Raketenprojekts (RULAND, 1969: 261), wird der Name des Chefs der fiktiven Waffen-SS-Hereros. »Max« und »Moritz« schließlich, die zwei Ingenieure beim Abschuß der bemannten V 2 (1189-1191), zitieren von Brauns A 2 vom November 1934 (RULAND, 1969: 89 f.). Leser sind zum Weitersuchen aufgefordert ...

19 Vgl. SHANNON/WEAVER, 1976: 22.

20 Über Speers Theorem, daß alle Architektur schon ihren künftigen

»Ruinenwert« einplanen muß, vgl. VIRILIO, 1984: 101.

21 Vgl. dazu HOWE, 1983.

22 Eine Figur bei Pynchon formuliert nach Besuch dieses Mondraketen-flugfilms, daß »der wirkliche Flug und der Traum vom Fliegen zusammengehören« (257). Über die UFA und Prof. Oberths erste Flüssigkeitsraketenprojekte vgl. RULAND, 1969: 57-61, über *Frau im Mond* und Filmmacht schließlich VIRILIO, 1984: 105 f.: »Le film sortira le 30 septembre 1929, mais sans la publicité initialement pré-vue: le lancement expérimental d'une vraie fusée sur la plage de Horst en Poméranie, engin qui devait s'élever à une quarantaine de kilomèt-res ... En 1932, la technique des réacteurs devient l'un des principaux secrets militaires du Troisième Reich [sic], et le film de Lang est saisi par les autorités allemandes, *il est désormais perçu comme vraisembla-ble.* En effet, le 7 juillet 1943, Wernher von Braun et Dornberger présentent à Hitler le film du lancement réel de la fusée A 4 [= V 2]. Le Führer so montre amer: ›Pourquoi ai-je douté du succès de vos travaux? Si nous avions eu cette fusée en 1939, nous n'aurions pas eu à faire la guerre ... devant semblable fusée, il faut reconnaître que l'Europe et le monde entier sont désormais devenus trop petits pour une guerre.‹«
Klarere Beweise für Filmmacht gibt es kaum: Der Cinéast Hitler, den alle Vorführungen der V 2 im Realen langweilten (vgl. DORNBER-GER, 1953: 73-77 und 99-101), wird durch Verfilmung überzeugt.

23 Vgl. VIRILIO, 1984: 15 (über Mareys chronophotographische Flinte).

24 Vgl. die diesbezüglichen Eingeständnisse des Chefs dieser Abteilung (JONES, 1978).

25 Funktion und Bild dieser Flinte siehe bei GIEDION, 1948: 21 f.

26 Die Einzelheiten siehe bei KITTLER, 1985.

27 Vgl. VIRILIO, 1984: 137.

28 Vgl. DORNBERGER, 1953: 259.

29 Über Kammlers Bautätigkeit (auch für Nordhausen) im Wirtschafts-Verwaltungshauptamt der SS vgl. GEORG, 1963: 37 f., sowie BOR-NEMANN, 1971: 43, 82 f. und 125. Seine Lebensdaten bis 1932 (Grenzschutz Ost, Sturmabteilung Roßbach, Siedlungsamt Danzig, Reichsarbeitsministerium usw.) siehe bei KAMMLER, 1932. Wenn Leser mit weiteren Informationen helfen können ...

30 Vgl. RULAND, 1969: 170, wo allerdings über Kammlers Motive nichts gesagt ist. Über Pynchon weiß man dagegen aus *Gravity's Rainbow*, daß er auch seine Leser fragt: »Seid ihr das denn, diese unbestimmt verbrecherische Fratze auf eurem Ausweis, deren Seele von der Regierungskamera geholt wurde, als die Guillotine des Ver-schlusses fiel?« (218).

31 Als Modell für das Gespräch Weißmann-Pökler lese man den langen

Dialog zwischen Dornberger und Dr. Steinhoff, dem Elektroniker von Peenemünde in DORNBERGER, 1953: 147-149.

32 Vgl. etwa DORNBERGER, 1953: 286. »Kammler wollte an den bevorstehenden Zusammenbruch nicht glauben. Er raste von der Front in Holland und im Rheinland nach Thüringen und Berlin. Tag und Nacht war er unterwegs. Immer hin und zurück. Besprechungen wurden auf nachts 1 Uhr irgendwo im Harz einberufen, oder wir trafen uns um Mitternacht an irgendeinem Punkt der Autobahn, um nach kurzer Orientierung und schnellem Meinungsaustausch wieder zu unserer Arbeit zurückzufahren. Eine unmenschliche Nervenspannung hielt uns in Atem. Wir waren gereizt, nervös, überarbeitet. Wir legten die Worte nicht auf die Goldwaage. Kammler weckte, wenn es ihm nicht schnell genug ging, vor dem Weiterfahren die eingeschlafenen Begleitoffiziere durch einen Feuerstoß seiner Maschinenpistole.«

33 Vgl. RULAND, 1969: 282 f. »Da SS-General Kammler, Hitlers Sonderbevollmächtigter der V-Waffen, [nach Kriegsende] nicht zu finden ist, will London an seiner Stelle Dornberger vor Gericht stellen. Niemand weiß zu dieser Zeit, was aus Kammler geworden ist. Erst einige Jahre später gibt es Gewißheit: Am 4. Mai 1945 ist Kammler mit einem Flugzeug in Prag aufgetaucht. Am 9. Mai verteidigt er mit einunddzwanzig SS-Männern einen Bunker gegen sechshundert tschechische Partisanen. Kammler verläßt triumphierend den Bunker und feuert mit seiner Maschinenpistole auf die vorstürmenden Tschechen. Kammlers Adjutant, Sturmbannführer Starck, hat schon seit Monaten den Befehl, seinen Chef im Ernstfall nicht in die Hände des Feindes fallen zu lassen. Er muß ihm stets mit zehn Schritt Abstand folgen – ›auf Schußweite‹. Jetzt, in dieser aussichtslosen Situation, jagt Starck dem SS-General eine Geschoßgarbe aus seiner Maschinenpistole in den Hinterkopf.«

Literatur

Bergaust, Erik, 1976, Wernher von Braun. Ein unglaubliches Leben. Düsseldorf–Wien

Borkin, Joseph, 1979, Die unheilige Allianz der I.G. Farben. Eine Interessengemeinschaft im Dritten Reich. Frankfurt/M.–New York

Bornemann, Manfred, 1971, Geheimprojekt Mittelbau. Die Geschichte der deutschen V-Waffen-Werke. München

Dornberger, Walter, 1953, V 2 – Der Schuß ins Weltall. Geschichte einer großen Erfindung. Eßlingen

Foucault, Michel, 1974, Schriften zur Literatur. München

Freud, Sigmund, 1946-68, Gesammelte Werke, chronologisch geordnet;

hrsg. Anna Freud u. a. London–Frankfurt/M.

Fussell, Paul, 1975, The Great War and European Memory. New York–
London

Georg, Enno, 1963, Die wirtschaftlichen Unternehmungen der SS.
(Schriftenreihe der Vierteljahreshefte für Zeitgeschichte Nr. 7) Stuttgart

Giedion, Siegfried, 1948, Mechanization Takes Command: a contribution
to anonymous history. New York

Goethe, Johann Wolfgang, 1904-05, Sämtliche Werke. Jubiläums-Aus-
gabe, hrsg. Eduard von der Hellen. Stuttgart

Howe, Ellic, 1983, Die schwarze Propaganda. Ein Insider-Bericht über
die geheimsten Operationen des britischen Geheimdienstes im Zweiten
Weltkrieg. München

Jones, Reginald V., 1978, Most Secret War. London

Jünger, Ernst, 1922, Der Kampf als inneres Erlebnis. Berlin

Kammler, Hans, 1932, Zur Bewertung von Geländeerschließungen für die
großstädtische Besiedlung. Diss. Ing. TH Hannover

Kamper, Dietmar, 1984, Atlantis – vorgeschichtliche Katastrophe, nach-
geschichtliche Dekonstruktion. Vortragstyposkript Paris

Kittler, Friedrich, 1984a, Auto bahnen. Kulturrevolution. Zeitschrift für
angewandte Diskurstheorie, Nr. 5, S. 42-44. Bochum

Kittler, Friedrich, 1984b, Das Gespenst im Computer. Alan Turing und
die moderne Kriegsmaschine. Überblick, Jg. 8, Nr. 9, S. 46 f. Düsseldorf

Kittler, Friedrich, 1985, Romantik – Psychoanalyse – Film: eine Doppel-
gängergeschichte. In: Jochen Hörisch/Christoph Tholen (Hrsg.), Ein-
gebildete Texte. München

Lusar, Rudolf, 1959, Die deutschen Waffen und Geheimwaffen des
Zweiten Weltkrieges und ihre Weiterentwicklung. München

Morris, Charles William, 1972, Grundlagen der Zeichentheorie, übers.
Roland Posner. München

Pink Floyd, 1983, The Final Cut: a requiem for the post war dream.
London

Pynchon, Thomas, 1980, Gravity's Rainbow. New York (9. Auflage)

Pynchon, Thomas, 1981, Die Enden der Parabel. Reinbek

Ruland, Bernd, 1969, Wernher von Braun. Mein Leben für die Raum-
fahrt. Offenburg

Schmitt, Carl, 1963, Theorie des Partisanen. Zwischenbemerkung zum
Begriff des Politischen. Berlin

Shannon, Claude E./Weaver, Warren, 1976, Mathematische Grundlagen
der Informationstheorie. München–Wien

Stevenson, William, 1977, A Man Called Intrepid: the secret war. New
York

Virilio, Paul, 1984, Guerre et cinéma I: Logistique de la perception. Paris

Hans Robert Jauß
Guillaume Apollinaire – ein Klassiker der jüngst vergangenen Moderne

I

Warum wird der Anfang zum Problem, in der Praxis des Alltags wie im geschichtlichen Handeln, sobald das Gewohnte durchbrochen und Neues erprobt, wenn nicht gar der Zustand der Welt verändert werden soll? Zum Problem aber nicht weniger für den Betrachter, der den Anbruch des Neuen im geschichtlichen Wandel erkennen will, vom Redner ganz zu schweigen, von dem erwartet wird, daß er noch nicht Gesagtes zu bringen weiß! Das geflügelte Wort aus dem WILHELM MEISTER: »Aller Anfang ist heiter, die Schwelle ist der Platz der Erwartung« verbirgt das Problem im rosaroten Schein des Optimismus. Was es verheißt, setzt schon voraus, daß der Lehrling die Schwelle erkannt hat, vor der er steht – den Anfang des Anfangens. »Il faut commencer par le commencement«, rät auch schon das französische Sprichwort. Bei Goethe war damit die rechte Frage zur rechten Zeit gemeint. Die Frage nach dem ersten Anfang – nach dem Anbruch, der Herbeiführung oder der Wahrnehmung des Neuen – beschäftigt und fasziniert heute den Historiker in der allgemeinen Geschichte wie in den Geschichten der Künste gleichermaßen. Geschichtliche und ästhetische Erfahrung begegnen und durchkreuzen sich an der Schwelle vom Alten zum Neuen. Ob und wie nun aber die Schwelle als »Platz der Erwartung« von Augenzeugen erkannt wird, ob ein Epochenumbruch im Epochenbewußtsein der Zeitgenossen von einem ersten, herbeigeführten oder wahrgenommenen Anfang an überhaupt erfahren werden konnte, ist eine intrikate Frage, an der sich die Geister und Methoden scheiden: sie zu bejahen, scheint ein Vorrecht der Geschichte der Künste zu sein, das ihr die Strenge der historischen Betrachtung bestreitet.

Denn die so einsichtige, für alle Geschichtsschreibung kaum entbehrliche Metapher der Epochenschwelle führt – genauer besehen – in das Dilemma, daß wir zwar im Alltag bemerken, welche Räume eine Schwelle teilt, woher wir kommen und wohin wir gehen, wenn wir die Schwelle überschreiten, nicht aber in der aktuellen Erfahrung der Geschichte. Zwar pflegt jedes Geschichtsbuch – zumindest bis zur Hochkonjunktur der ›Nouvelle Histoire‹ – so übersichtlich in Epochen untergliedert zu sein, als ob die Schnittpunkte zwischen dem Ende des Alten und dem Anfang des Neuen allemal so real und bemerkbar gewesen seien, wie es die Metapher der Schwelle glaubhaft machen will. Sie vermag dies um so mehr, als sie letztlich auf das mythische Ritual der Reinigung oder Wiedergeburt im Durchschreiten eines Tors zurückgeht. Doch dem steht die historische Kritik entgegen. Sie hat triftige Gründe, der Behauptung absoluter Anfänge in der Geschichte und zumal dem überschwenglichen Anspruch: ›Denn siehe, es ist alles neu geworden‹ zu mißtrauen. Nimmt man die Metapher der Epochenschwelle historisch beim Wort, so verdeutlicht sie an der Erfahrung des geschichtlichen Wandels, daß sich der Übergang vom Alten zum Neuen hier keineswegs mit einem Mal und vollständig zu vollziehen pflegt (selbst Gründerfiguren führen noch viel altes Gepäck über die Schwelle mit) und daß dieselbe Schwelle nicht allen Zeitgenossen in gleicher Weise zu Gebote steht (manche wollen sie erst nicht sehen, manche überschreiten sie mit rückwärts gewandtem Blick, manche bleiben überhaupt vor ihr zurück). Darum setzt eine historische Epochenschwelle nicht notwendig ein prägnantes Anfangsereignis oder Datum, eher einen erst kaum merklichen Limes, besser gesagt: einen sich allmählich eröffnenden und erweiternden Horizont voraus, an dem sich das Neue vom Alten scheidet. Das gilt selbst dort, wo es ein prägnantes Anfangsereignis gab, wie im Falle von Christi Geburt, die für die beginnende christliche Ära die Weltgeschichte radikal in ein Vorher und Nachher teilte. Auch hier konnte die geschichtsmächtige Bedeutung des Neuen gewiß nicht schon im ersten Anfang, sondern erst in seinen Folgen, aus dem noch Unabsehbaren, was aus ihm hervorging, erkannt werden. Darum ist der Epochenbegriff im kritischen Verständnis der Moderne erst in der Rückschau, als Kategorie geschichtlicher Erkenntnis, legitim. Und eben darum gilt als naiv, ja als gemeingefährlich, wer sich anmaßt, im Anbruch des Neuen sogleich seine ganzen Folgen abzusehen, wenn nicht gar eigenhändig eine geschichtliche Wende herbeiführen zu wollen.

Doch was sich im kritischen Licht der Historie nicht begründen ließe, kann auf dem Boden der Religion durchaus legitim erscheinen und selbst wieder zur geschichtlichen Kraft werden. Das paulinische Paradigma des alles verändernden Glaubens hat seit der Renaissance das Pathos des Neubeginns erst in den religiösen Reformen, dann in der revolutionären Naherwartung von 1789 und schließlich – nach ihrem Scheitern – in den ästhetischen Revolutionen der Moderne vorgeprägt. Das gilt insbesondere für die Epochenschwelle, der die folgende Betrachtung gewidmet ist. Denn kaum eine literarische Bewegung hat ihren Aufbruch so euphorisch verkündet und als einen radikalen Neubeginn angesehen wie die literarische und künstlerische Avantgarde von 1912. Apollinaire, Picasso und ihre Freunde glaubten, an der Schwelle einer neuen Moderne zu stehen, der die technische Zivilisation unter Führung der Schönen Künste unerahnte Möglichkeiten zu eröffnen schien. Dem ›Art nouveau‹ sollte, wenn die vereinten Künste mit aller Vergangenheit – der Untergangsstimmung des ›Fin de Siècle‹ wie den ferngerückten Idealen der Antike und der humanistischen Bildung insgesamt – brachen, die verlorene Chance der politischen Avantgarde zufallen, nunmehr die Spitze der voll bejahten, rauschhaft erfahrenen Bewegung der Zeit in eine phantasmagorische Zukunft zu übernehmen. Die utopische Hoffnung dieses ästhetischen Avantgardismus ist indes politisch schnell als Illusion einer ›Stunde Null‹ durch die von keinem Beteiligten geahnte Geschichtskatastrophe des Ersten Weltkriegs so gründlich wie blutrünstig widerlegt worden. Das bezeugt literarisch am großartigsten Musils MANN OHNE EI-GENSCHAFTEN. Hier scheitert eine Elite an der Zumutung, ein geschichtliches Ereignis erfinden zu sollen. Statt dessen tritt der ungeplante Krieg ein und verkehrt im Zieljahr der »Parallelaktion« die für 1918 geplante Jubelfeier der österreichischen Monarchie in ihren Untergang. Wer die Lehre der Geschichte, daß sich das Neue nicht geradewegs herbeiführen lasse, auch heute noch ignoriert, braucht für den Spott nicht zu sorgen. Das bezeugt im bescheideneren Maßstab ein politisches Schlagwort unserer Tage: man gebrauche die Metapher einer Wende immer dann, »wenn man nicht weiß, wo wir herkommen und wo wir hinsollen«, kommentierte Manfred Rommel die für die Bundesrepublik proklamierte »geistig-moralische Wende« und fügte die ironische Pointe hinzu, es handle sich um einen Begriff, »den besonders Verirrte häufig gebrauchen«.

Gleichwohl war den politisch gescheiterten Avantgarden von

1912 jenseits der Politik ein unbestreitbarer Erfolg beschieden. Sie haben theoretisch und praktisch, in ihren ästhetischen Manifesten wie in epochemachenden Neuerungen für alle Künste, mehr oder minder schon entworfen, erprobt und vorweggenommen, was die Kunst des XX. Jahrhunderts in ihrem rapiden Stilwandel letztlich nur noch auszuführen brauchte. Sie sind dabei dem Schicksal aller Avantgarden nicht entgangen: die Geschichte, die sie als Baumeister der Zukunft im Protest gegen alle Tradition verwarfen, wußte sich auf stille Weise zu rächen. Auch der auf Dauer gestellten Bewegung des modernen Avantgardismus schlug die Stunde, in der sie zu ›Klassikern der Moderne‹ promoviert und zugleich in eine nunmehr abgeschlossene Vergangenheit verabschiedet wurden. Wann in der Nachkriegszeit diese Stunde eigentlich schlug, ist schwer auszumachen. Denn die jüngste Epochenschwelle in der Geschichte der ästhetischen Moderne zeigte sich weder in einem Anfangsereignis noch in herausragenden Gründerfiguren und auch nicht im Anspruch einer Elite an, eine geschichtliche Wende herbeiführen zu wollen. Hier bekundet sich der Anbruch des Neuen zunächst und zumeist im Bewußtsein vom Ende einer Epoche, der Erschöpfung ihrer Ästhetik wie – angesichts einer drohenden atomaren Apokalypse – ihrer Politik.

Es ist die Stunde einer seit der Mitte der sechziger Jahre auf den Plan tretenden *Postmoderne*, die – wie der selbstgewählte Name verrät – die Schwelle zum Neuen offenbar nur mit rückwärts gewandtem Blick zu überschreiten vermag. Von einer Epochenschwelle zu sprechen, erlaubt hier zwar nicht ein proklamierter Anspruch, die Erwartung des Neuen im Vorgriff auf eine mögliche Zukunft zu artikulieren, wohl aber eine neu gewonnene Distanz zum jüngst Vergangenen, aus der gesehen die Vielfalt und Konkurrenz der avantgardistischen Künste in der ersten Jahrhunderthälfte nunmehr in die retrospektive Einheit einer abgeschlossenen Epoche einrückt. Als literarische Epoche setzte diese Moderne mit dem Experiment von Autoren wie Apollinaire und Pound, Proust und Joyce, Brecht und Beckett ein und vollendete sich in einem Prozeß, den der experimentelle Weg vom ULYSSES zu FINNEGAN'S WAKE so exemplarisch repräsentierte wie das ENDSPIEL oder der *nouveau roman* das Nonplusultra von Schauspiel oder nichterzählender Prosa. Das Experiment der modernen Lyrik kann in solcher Rückschau kaum besser vor Augen geführt werden als durch Apollinaire, der den Schritt über die Epochenschwelle von 1912 mit vorwärts gewandtem Blick vollzog, den Bannkreis der *poésie pure* des großen Mallarmé durchbrach und in der Entgrenzung der Poesie auf eine bisher nicht kunstfähige äußere und innere Realität das ›Erhabene der Moderne‹ im orphischen Licht des Simultanen entdeckte.

Um diesen Horizontwandel zu erläutern, stelle ich Z O N E, das programmatische Eingangsgedicht des Zyklus A L C O O L S (1912), in einer kontrastiven Interpretation L U N D I R U E C H R I S T I N E aus dem nächsten Zyklus C A L L I G R A M - M E S gegenüber. Mit ihm hat Apollinaire eine Folge von ganz anders gearteten ›Gedichten mit verschiedenen Stimmen‹ begonnen, die er »poèmes-conversation« taufte. So läßt sich im Schnittpunkt der beiden Zyklen die Geburt eines »Art nouveau«, des poetischen Prinzips der jüngst vergangenen Moderne, wie im Brennspiegel einer Linse erfassen.

II

»Zuletzt bist du müde dieser veralteten Welt
O Eiffelturm Hirte die Herde der Brücken blökt heute morgen
Du hast es satt zu leben im griechischen und römischen Altertum
Sogar die Automobile sehn hier veraltet aus
Die Religion nur ist neu geblieben die Religion
Ist einfach geblieben wie die Flughafen-Hangars« (v. 1-6)

Bereits die Eingangsverse von Z O N E proklamieren in pathetischer Geste, fern aller Elegie des Abschieds, die Absage an die alte Welt der ganzen abendländischen Vergangenheit: ist die griechische und römische Antike nicht ferner gerückt als je, wenn selbst die unlängst erfundenen Automobile nun schon ›alt‹ erscheinen können? Die klassische Bukolik, ironisch zitiert im Anruf des Eiffelturms als Schäfer inmitten einer Herde blökender Brücken, kündet an, was hernach als »Anmut der Fabrikstraße« (v. 23) zum Inbegriff einer authentischen Lyrik der Avantgarde gerühmt wird: Großstadt als ästhetische Landschaft, als Produktionsstätte einer Poesie, die sich tagtäglich in »lauthals singenden« Prospekten, Katalogen, Plakaten erneuert und ihr prosaisches Seitenstück in den Zeitungen, Groschenheften, Starportraits und »tausend verschiedenen Artikeln« hat (v. 11-14). Schon Baudelaire hatte Paris als Hauptstadt des XIX. Jahrhunderts zum lyrischen Paradigma der *modernité* erhoben, diese aber zugleich als poetische Erfahrung der Entfremdung begriffen. Das Kaleidoskop der Großstadtbilder in ZONE scheint Baudelaires Erfahrung zurückzulassen: nicht der *Spleen*, der in den FLEURS DU MAL selbst noch bei der kühnsten Evokation naturfremder Paradiese (wie im *Rêve parisien*) den immer drohenden Erfahrungsabbruch der Weltangst ahnen läßt, sondern das naive Staunen über die sich rasch und ständig überbietenden Vollbringungen der technischen Zivilisation und ein geradezu gläubiges Vertrauen auf ihre noch großartigere Zukunft bestimmen den Grundtenor der *Tableaux parisiens* von 1912! Nicht genug, daß das Schöne provokativ im Tagesablauf der arbeitenden Massen als ›Anmut‹ einer neuen Straße im Industriegebiet der Stadt entdeckt wird (v. 15-24). Die Euphorie der Weltbejahung steigert sich hinauf zu einer Phantasmagorie der Moderne, die den Eingangsvers: »Die Religion nur ist neu geblieben« mit einer Vision des wie ein Flugzeug aufsteigenden 20. Jahrhunderts einlöst. Der Christus dieser Moderne, erst noch in einer Litanei der Prädikate seiner alten Verehrung glorifiziert, schlägt in seiner neuen Himmelfahrt alle Höhenrekorde und eröffnet den Horizont eines neuen Himmels, in dem sich – wie einst in der Predigt des hl. Franziskus – Vögel aller Breiten und ältester Mythen mit der fliegenden Maschine verbrüdern (v. 42-70).

Doch diese kühne Profanisierung des in die Bewegung der Moderne mitgerissenen katholischen Glaubens ist kaum blasphemisch gemeint. Vielmehr zeigt sich in den dialektischen Bildern und Phantasmen auch schon die Wiederkehr der eingangs verworfenen *alten Welt* an. Die erst verleugnete Vorzeit kehrt als verdrängte wieder, doch nun in mythischer, nicht in geschichtlicher Gestalt. Was hinter der Stunde Null der Gegenwart in toto als Horizont und Autorität des Vergangenen zurückbleiben sollte, bevölkert hernach in zahlreichen Gestalten unbefragter Geltung den imaginären Horizont der modernen Welt: der alte und der neue Adam, Propheten, Simon Magus, Lazarus, nicht zuletzt aber der Turmbau zu Babel und das Pfingstereignis. So tritt alles Moderne, das in ZONE erscheint, ins Licht mythischer Perspektiven. Diese aber haben »ihre verborgene Achse im Mythos des Turmbaus von Babel als dem Urmythos der Entfremdung und dem Pfingstmythos als dem Mythos der Aufhebung der Entfremdung« (K. Stierle). Es ist das Grundthema von Tod und Wiedergeburt des Universums, das schon die frühere Dichtung Apollinaires durchzieht. Dort war es die mythische Gestalt des Sängers Orpheus, das antike Analogon zu dem in ZONE allgegenwärtigen Christus, der angesichts des Todes die Poesie als Möglichkeit der Auferstehung und der Wiedergeburt der verlorenen Welt entdeckt. Auch der prononcierte Modernismus von ZONE hat dieses Urmodell nicht ganz außer Kraft zu setzen vermocht. Das unbegründbare neue Vertrauen auf Schönheit und Glück einer erst anhebenden, modernen Welt scheint im orphischen Dichtermythos Apollinaires zu gründen, nur daß es nicht mehr das lyrische Subjekt ist, das jetzt noch die Erneuerung der Welt vollziehen kann, wie es jener Orpheus tat, der im früheren BESTIAIRE die unvordenklichen Tiergestalten zu benennen und umzudeuten wußte, oder wie der MAL-AIMÉ in ALCOOLS, der sich rühmte, über alle Töne der alles verwandelnden, jede Gefahr bannenden Poesie zu verfügen. Denn das lyrische Subjekt in ZONE ist selbst von der Entfremdung geschlagen, die es als Brandmal der modernen Welt verleugnet.

Zwar weiß der Flâneur in ZONE auf seinem Gang durch Paris die Poesie der Technik und Schönheit der ›industriellen Kunst‹ allerorts zu entdecken und zu rühmen. Doch in dem Maße, wie er die Faszination der Metropole bis zur Neige – vom frühen Morgen der arbeitenden Massen bis zum schalen nächtlichen Vergnügen der vom Elend Geschlagenen – auskostet, muß er sein eigenes Selbst als ein entzogenes erfahren, das er im Ich wie im Du seiner wechselnden Stimmen vergeblich zur Rede zu stellen sucht. Der durch die Stadt Streifende, der im Strom der Menge jeden prägnanten Anblick des gegenwärtigen Lebens euphorisch aufnimmt und genießt, scheint verdammt zu sein, jedem erinnerten Moment seines vergangenen Lebens wie einem fremden Ich zu begegnen. Der hohe Preis für die unerahnte Grenzerweiterung der modernen Welterfahrung ist der Verlust der identitätsverbürgenden Erinnerung. Die verdrängte Weltangst des Baudelaireschen *Spleen de Paris* kehrt in ZONE als »die Angst um Liebe« wieder, »die die Kehle zuschnürt« (v. 73). Die Erfahrung der Zerstückelung des Ich in Raum und Zeit, der Fluch der Selbstentzogenheit, schlägt auf die euphorische Erfahrung des Daseins in der anonymen Menge zurück: nun läßt die »Angst um Liebe« dem Flâneur die Frauen »in Blut getaucht«, das idyllische Gegenbild der armen jüdischen Emigranten unerreichbar, die Liebe selbst als »eine Krankheit, der man sich schämt«, erscheinen (v. 86), die er am Ende an einer »ärmlichen Hure mit gräßlicher Lache« abbüßen will (v. 143). Und wenn er schließlich nach durchzechter Nacht heimkehrt, um unter seinen ozeanischen Fetischen Schlaf zu suchen, erscheint ihm, statt der utopischen Fliegergestalt des modernen Christus, ein unkenntlicher, in die Vielheit zerstückelter Gott (»Es sind niedere Christusse dunkler Hoffnungen«, v. 154) und wird der Eingangsvision eines Himmelsflugs der modernen Welt das makabre Schlußbild der enthaupteten alten Sonne entgegengesetzt:

Adieu Adieu   (Ade Ade
Soleil cou coupé   Sonne Hals durchhackt)

So endet die Erfahrung der Zerstückelung im Selbstverlust des lyrischen Ich und gipfelt in einer Vision der zerstückelten Natur, so daß sich in ZONE auch schon der hohe Preis anzuzeigen scheint, der für die emphatische Bejahung des technischen Triumphzugs der Moderne zu entrichten war. Andererseits hat Apollinaire der Zerstückelung des Subjekts in der Erfahrung von Raum und Zeit eine ästhetische Gestalt gegeben, die mit modernen, in ZONE normgebend erprobten Verfahrensweisen eine Epochenwende in der Geschichte der ästhetischen Wahrnehmung herbeiführen sollte. Es ist zum einen der ›vers libre‹, der nunmehr – freigesetzt von aller Interpunktion – die ganze Vielfalt möglicher (auch: gewollt deformierter) Vers-, Rhythmus- und Reimverhältnisse auszuspielen und dabei stets auch klassische Versmuster oder lyrische ›Töne‹ zur Orchestrierung einer bislang unerhörten Vielstimmigkeit zu erneuern erlaubt. Es ist zum andern eine neue Ästhetik der Simultaneität, des ständig zerstückelnden Schnitts und der amimetischen Montage, die Realitätsaspekte, Zitate und Erinnerungsfragmente einschließen kann. Als ob E. A. Poes Maxime: »Alle epische Absicht verrät einen noch unvollkommenen Begriff von Poesie« nun erst voll eingelöst würde, findet sich der Leser mit einem Text konfrontiert, dessen neuartige Dunkelheit nicht mehr einem verschlüsselten oder mehrdeutigen Sinn, sondern allein dem abrupten, kaleidoskopartigen (oft nur mit einem unvermittelten ›jetzt‹ angezeigten) Wechsel der

Erscheinungen, Visionen, Erinnerungen wie auch der sie gerade so erfahrenden Subjekte entspringt. Damit ist vom Leser eine ungewohnte Leistung der ästhetischen Wahrnehmung gefordert: da ihm der situationsbedingte Anlaß der Evokationen entzogen bleibt, muß er als ›dritte Person‹, gleichsam in der Rolle eines Fremden, auf den das evozierte Geschehen nicht zugeordnet ist, selbst ständig Sinnhypothesen erstellen und die irritierende Textwirklichkeit in immer wieder anderen Ansätzen ordnen, um in verschiedenen Lektüren oder ›parcours‹ durch den Text dem Simultanen der von Ort zu Ort springenden neuen Erfahrung modernen Lebens ansichtig zu werden.

Die geforderte Lektüreleistung, mit der die Dialogstruktur – das auf den Adressaten Zugesprochene – der klassischen Lyrik aufgehoben wird, ist der Betrachtung eines kubistischen Bildes durchaus analog. Denn die Ästhetik der kubistischen Malerei arbeitet gleichfalls mit idealen oder kategorialen Schnitten, die den dargestellten Gegenstand zerstückeln, um daraus ein neues ästhetisches Objekt zu gewinnen. Dieses kann erst im Auge des Betrachters erstehen, wenn sein aktives, zergliederndes, ordnendes und wieder umordnendes Schauen das Werk des Künstlers aufnimmt und vollendet. Darum endet auch die vom Leser erwartete Eigenleistung nicht schon in der Wahrnehmung der Vielfalt simultaner Erscheinungen der modernen Großstadt. Sie erfordert vielmehr, daß der Leser die herkömmlich kontemplative Einstellung aufgibt und selbst produktiv wird, um durch die Destruktion gewohnter Erwartungen zur Rekonstruktion einer modernen Erfahrung des Ganzen zu gelangen, zu einer ästhetischen Idee der Welt, die im absolut Neuen ein unvordenklich Altes erkennen läßt. In der diskontinuierlich lyrischen Bewegung von Z O N E, in der Rühmung eines unerhörten Hochflugs der Moderne, in die gegenläufig die Erfahrung des zerstückelten, sich selbst entzogenen Ich eingeschrieben ist, kann der Widerspruch von Anfangsvision und Schlußbild ungelöst bleiben. Entspricht er doch vollauf dem modernen »Gefühl des Erhabenen«, »das dem Menschen erlaubt, das Chaos zu ordnen«, wie es sich Apollinaire vom *Esprit nouveau* der avantgardistischen Dichtung und Malerei erhofft hat.

III

In LUNDI RUE CHRISTINE sind die poetischen Mittel von ZONE für eine kühne Grenzüberschreitung der Poesie eingesetzt, um eine in der Tat völlig neue Ästhetik zu eröffnen. Das Gedicht setzt mit der unvermittelten Gegenwart einer Situation in der Kneipe an einer kleinen Straße ein, die sich von keiner geschichtlichen oder privaten Vergangenheit mehr absetzt und auch die Welten des Mythos, der Phantasmagorie und des Traums hinter sich gelassen hat: nun ist das Simultane in einem herausgehobenen Moment modernen Lebens selbst zur ästhetischen Idee des Gedichts geworden. Es handelt sich um den Prototyp eines »poème-conversation«, in dem – wie Apollinaire einmal formulierte – »der Dichter, inmitten des Lebens plaziert, aufzeichnet, was immer die Poesie der Dinge und Stimmen ihm zuträgt«. Doch der Dichter selbst – das ist die zweite, nicht weniger kühne Neuerung – ist im Text schon gar nicht mehr als ruhender Pol und Ursprung einer einheitstiftenden Perspektive faßbar. War das lyrische Ich in ZONE schon zerstückelt und ins Augenblickliche eines wandernden, sprunghaft wechselnden Blickpunkts versprengt, so blieb es für den Leser immer noch Ursprung eines nach außen wie nach innen gerichteten Blicks: als Flâneur, der seinen verfolgbaren Weg durch den markierten Pariser Tag einschlägt und mit der Heimkehr vollendet, und zugleich als einer, der seine verlorene Identität in aufleuchtenden und quälenden Momenten der Erinnerung sucht und dabei dem vergangenen Selbst immer nur als einem fremden begegnet. In LUNDI RUE CHRISTINE ist mit dem Verzicht auf diese Schwundstufe perspektivischer Orientierung das lyrische Subjekt schlechthin unbestimmbar geworden. Nun ist es am Leser, das verlorene, in der puren Kontingenz fremder Rede aufgegangene Subjekt zu suchen, was erfordert, daß ihn jede Rede vor die meist nicht eindeutig beantwortbare Frage stellt, wer hier zu wem und in welcher Absicht spricht: ist es der protokollierende oder der für sich selbst sprechende Dichter, ist es sein Freund, oder sind es andere, anonyme Subjekte? Bilden zwei (oder mehr) aufeinanderfolgende Verse und weiterhin die in ganz verschiedener Gruppierung ›geschnittenen‹ Quasistrophen (von einer bis zehn Zeilen Länge) eine semantische Einheit, oder sind sie in verschiedener Einstellung mit verschiedener Bedeutung zu entschlüsseln? Ist eine Äußerung als fingierte Wahrnehmung, als subjektiver Eindruck, als humoristischer Kommentar oder als Gedanke anderer (doch welcher?) Personen zu verstehen?

Aus dieser vielfachen Unbestimmtheit des »lyrisme ambiant«, der »frei zirkulierenden Lyrik«, folgt nicht allein, daß der Leser das Gedicht aus verschiedenen Perspektiven interpretieren *kann*, sondern daß er es aus verschiedenen Perspektiven interpretieren, mögliche Konsistenzen suchen und aus den stets »gebrochenen Bildern« verschiedene Gestalten bilden *muß*, um mehr und mehr den irritierenden, nie zur definitiven Gestalt sich verfestigenden Gesamteindruck des Simultanen im Jetzt und Hier gegenwärtigen Lebens zu gewinnen. Dieser neuartige literarische Effekt, zu seiner Zeit der Modernismus par excellence, ist durchaus dem – von Apollinaire selbst geprägten – Begriff der orphischen Malerei analog, mit der sein Freund Delaunay den Schritt von der kubistischen zur gegenstandslosen Malerei vollzog. Mit der völligen Abkehr von der Perspektive werden die Simultankontraste der Farben so entbunden, daß nach Max Imdahl »Bildform und Erregung des Auges ineins fallen. (...) Das Bild ist, unmittelbarer als je zuvor, eine Entfaltung des Sehens überhaupt (...) Das Auge sieht simul et singulariter. (...) Im selben Maße offenbart sich, nach Delaunay, dem Auge im Farbsehen zwangsläufig die gleichermaßen nicht als Sukzessivfolge, sondern als Simultanaktion von Gegeneinander und Zueinander vorgestellte Vitalität der Welt.« Das Spiel der Simultankontraste im Gemälde, die sich entfalten wie Sätze in Farben, und ebenso das analoge Spiel der semantischen Kontraste von Worten im Gedicht wäre demnach kein Selbstzweck, nicht der letzte Akt des neu auf die Probe gestellten Verstehens, sondern Bedingung dafür, daß in der synchronen Bewegung die Harmonie einer ästhetischen Idee gebildet werden kann. Für Delaunay ist sie das Licht selbst als einzig verbleibende Realität: »Ich male die Sonne, die nichts als Malerei ist«, für Apollinaire der »lyrisme ambiant« einer orphischen Urpoesie oder – wenn man so will – seine Lösung des Widerspruchs, in dem das Gefühl des Erhabenen in Z O N E noch verblieb.

Es ist deshalb nicht damit getan, daß es jedem Leser überlassen bleibe, dem Gedicht seinen Sinn zu geben, der per se nicht ›objektiv‹ und damit auch für andere Leser gültig werden könne, oder den Gesamteindruck einer irrealen Boulevard-Szene auf die

Formel zu bringen, daß das Gedicht zur Vereinheitlichung einlädt und sie zugleich verweigert, weshalb alles Verstehen mit dem immer neuen Auslegen der Karten eines Patience-Spiels sein Bewenden haben müsse. Auch LUNDI RUE CHRISTINE gewänne in seinem prononcierten Modernismus nicht die Qualität eines Gedichts, wäre es nur dazu geschaffen, seine poetischen Verfahren zu beschreiben und machte die Beliebigkeit der Details die hermeneutische Erwartung völlig zunichte, daß sich aus dem Aufbau des Textes und der Bewegung der Verse am Ende auch hier wieder ein zwingendes, obschon verschieden deutbares Ganzes ergeben kann.

So schockierend modern das Gedicht auf den ersten Blick auch erscheinen mag, erneuert – und benötigt – es doch die von Haus aus klassische Einheit von Ort und Zeit. Gleichviel ob in manchen Versen die Grenzen zwischen Außen und Innen, expliziter Rede und bloßer Vorstellung verwischt sind, der Leser – folgt er der Grundorientierung des Textes – wird und muß alle Äußerungen als ›Abschattungen‹ der einen Situation und des einen Zeitpunkts in der Brasserie Rue Christine aufnehmen. Daraus entspringt denn auch – durch alle scheinbar beliebig aufeinander folgenden Details hindurch – eine fast unmerkliche, sich gleichwohl intensivierende Einheit des Geschehens: der prägnante Augenblick simultanen Lebens. Die Grundorientierung der Lektüre, die in den Koordinaten von Raum, Zeit und Geschehen auch noch den verschiedensten Deutungen der kontingenten Redevielfalt zwingend, weil dem Aufbau des Textes entspringend, vorgezeichnet und dem Leser zur Realisierung aufgegeben ist, läßt sich wie folgt bestimmen: Der Ort, im Titel mit *Rue Christine* lokalisiert, aber erst v. 24: »Die schwarze Katze streift durch die Kneipe« benannt, füllt sich zum Schauplatz mit konkreten Details der Umwelt und des Mobiliars (v. 5, 8, 11, 16, 26, 31 und vielleicht 47/48, wenn auf v. 12 zurückbezogen und als Uhr bestimmt) und mit spezifischen Floskeln des Dialogs zwischen Gästen und Bedienung (v. 18, 29); nimmt man »Wenn du nach Tunis kommst« (v. 9) und »Ich fahre 20 Uhr 27« (v. 15) als Anzeichen einer Abreise, die das Bruchstück von v. 36: »Personen- und Frachtschiffahrtsgesellschaft« (Annoncentext oder Antwort auf die Frage, wie gereist wird?) bestätigt, so weitet sich die Szene auf die imaginierte Ferne der Orte Smyrna, Neapel, Tunesien, China. Die Zeit, im Titel mit »Montag« auf einen Wochentag fixiert (der als Verabredung der Tafelnden verstanden werden kann), verengt sich hingegen auf den Abend (den »Drei Gasflammen« in Vers 5 anzeigt; dazu vielleicht v. 26/27) und zieht sich vom Glockenschlag: »Bim bam bim« (v. 12) über die fahrplanmäßig exakte Zeit einer bevorstehenden Abfahrt (v. 15, 23) zu: *l'heure que marque/ la quinte major* (v. 47/48) auf eine feierlich markierte Stunde zusammen. Glockenschlag und feierliche Benennung der Stunde rücken vom letzten Vers aus zusammen und geben der Einheit der Zeit die Würde eines großen (obschon durch v. 47 ironisierten) Augenblicks.

Apollinaire hat indes das klassische Prinzip der dreifachen Einheit von Zeit, Ort und Handlung nur übernommen, um es radikal zu erneuern. Der eine Tag und der immer gleiche Schauplatz, die den Personen zum Schicksal werden, sind hier in die kleinste, momentane Einheit zurückgenommen, um im Jetzt und Hier des Geschehens das zugleich Gegenwärtige in seiner irritierenden Vielfalt zum Vorschein zu bringen. Das setzt voraus, die klassischen Bedingungen einer epischen oder dramatischen Handlung ganz preiszugeben: die Situation und Motivation des Handelns, die ihr Subjekt stets erkennen und verstehen läßt, auch wenn ihr Konflikt mit anderen Personen den Sinn der Handlung problematisiert. Nun soll alle Handlung in pures Geschehen und damit das eine, ordnende Subjekt in die kollektive Vielheit von unbestimmten Subjekten aufgehen – in das Geschehen des einen, beliebigen Augenblicks, wie es allein im gerade jetzt zu Sehenden und zu Hörenden – im Anblick der Dinge wie im alltäglichen Reden von Personen – erscheinen mag. Damit kommt die letzte, für die Geschichte der Lyrik revolutionäre Neuerung zum Tragen: die Einbeziehung protokollierter Konversationsfragmente und damit die Aufhebung alltäglicher in poetische Rede. Dabei fällt nicht ins Gewicht, ob Apollinaire in der Tat an einem Montag, mit Freunden in der besagten Brasserie sitzend, eine Weile alles Gehörte aufgezeichnet hat; der Effekt wäre derselbe, hätte er die Gesprächsfetzen einer Alltagskonversation fingiert. Diese Neuerung führt einen Schritt über die Analogie zur orphischen Malerei hinaus. Denn dort schloß das Prinzip der Simultankontraste reiner Farben alles Gegenständliche ja gerade aus, das hier in LUNDI RUE CHRISTINE mit den Redebruchstücken wieder kontrastiv eingesetzt wird. Damit leitet Apollinaire literarisch die gleiche Wende ein, die Picasso zur selben Zeit mit seinen ersten Collagen (seit 1912) und Duchamp mit seinem ersten Ready-made (Fahr-Rad, 1913) für die bildende Kunst vollzogen haben.

IV

Die Analogie zwischen bildender Kunst und Poesie erstreckt sich in der ›neuen Ästhetik‹ dieser Epochenwende zunächst darauf, dem Betrachter oder dem Leser den Sinn vorzuenthalten, den das gleichsam zitierte Fragment – das ins Bild aufgeklebte ›objet réel‹ wie der ins Gedicht einmontierte Gesprächsfetzen – im Kontext seiner Herkunft gewiß hatte, den nun aber der Kontext der Montage fremd erscheinen läßt. Während sonst ein Zitat zwischen dem alten und dem neuen Kontext vermittelt und damit dem Zitierten eine neue Bedeutung erschließt, die sowohl den Sinn des gegenwärtigen wie den des früheren Textes bereichern kann, macht das Zitat in der modernen Montage die zitierte Realität wieder unverfügbar. Unverfügbar, aber darum nicht unkenntlich! Vielmehr läßt das Zitat in diesem modernen Gebrauch die fragmentarisch zitierte Realität gerade im Widerstand gegen ein Verstehen neu erfahrbar werden, das über die Alltagsrealität wie selbstverständlich verfügen zu können glaubte. Die einmontierten Gesprächsfetzen sind meist banal und dunkel zugleich, nicht weil sie an sich selbst dunkel wären oder weil sie eine unaufhebbare Differenz zwischen dem Gesagten und dem Gemeinten bekunden würden, sondern weil sie vom Ursprung und Zweck der Rede abgeschnitten sind. Nicht die Kommunikation zwischen den Stimmen der Gäste, der Bedienung oder der Passanten ist in Frage gestellt (sie dürfte nach den Regeln der Sprechakttheorie durchaus für ›geglückt‹ gelten), sondern die Kommunikation zwischen dem Konversationsgedicht und seinem Leser. Er ist der ausgeschlossene Dritte, auf den hin alles Geäußerte nicht mehr – wie in der bisherigen lyrischen Tradition – dialogisch zugeordnet ist. Nun bleibt ihm gerade der authentische Sinn an sich klarer Sätze entzogen, obschon dem Leser ein zwingendes Ganzes: das simultane Geschehen im Jetzt und Hier einer Brasserie, fremd und doch auch wieder vertraut vor Augen steht. Gerade das Faktische, das »objet trouvé« im Ready-made wie die lebenswahre Konversation im Gedicht, mithin das authentische Detail, das im Realismus des 19. Jahrhunderts die Wahrheit der Illusion in der Nachahmung der Wirklichkeit garantiert hätte, muß nun dazu dienen, die Realität des modernen Alltags fiktiv erscheinen zu lassen und den Schein ihrer Vertrautheit zu zerstören, um – wie Adorno am schönsten formuliert hat – durch eine »zweite Entfremdung der entfremdeten Welt« zu ihrer Restitution zu gelangen.

Auf diese Weise hob die avantgardistische Kunst der jüngstvergangenen Moderne die Grenze zur Realität scheinbar auf, stellte den ästhetischen Charakter des autonomen Werks selbst in Frage und provozierte den Betrachter zu der Reflexion, ob und wie sich Fiktion und Realität in der modernen Welt überhaupt scheiden lassen. Die letzte Herausforderung des traditionellen Kunstverständnisses ist in der merkwürdigen, bisher noch kaum gewürdigten Forderung Duchamps zu sehen, ein Ready-made müsse auf den Tag, die Stunde und die Minute genau datiert sein, mithin den Betrachter auf den Moment verweisen, in dem es in den Fluß der Zeit ›eingeschrieben‹ wurde. Als eine solche ›Augenblicksaufnahme‹ (Duchamp nennt sie auch »horlogisme«) kehrt das »objet trouvé« seine pure Beliebigkeit vollends hervor und bringt dem Betrachter, den der gewählte Augenblick als Augenzeugen ausschließt, das Nichteinholbare aller zeitlichen Erfahrung zu Bewußtsein. Und als ob es letztlich darauf ankäme, die Realität in ihrer Unverfügbarkeit und Widerständigkeit herauszufordern, will Duchamp die Absicht, »ein Ready-made einzuschreiben«, wie ein Rendez-vous auf einen zukünftigen Zeitpunkt datiert wissen. Dementsprechend kann auch der Titel L U N D I R U E C H R I S T I N E als ein vordatiertes Ereignis, wenn nicht gar als Verabredung eines Duells verstanden werden (dann aber gewiß nicht als Anspielung auf Apollinaires Biographie, sondern als ›Duell mit der Realität‹!).

Wiederum hat Apollinaire, der zur selben Zeit zwei authentische Stenogramme stattgefundener Konversationen ohne weiteren Kommentar, doch mit genauer Angabe von Ort und Stunde veröffentlichte, das avantgardistische Experiment seines Freundes Duchamp noch einen Schritt weitergeführt. Wenn das Ready-made der schon gegenstandslosen, ›reinen Kunst‹ das nicht erfundene, sondern gefundene ›reine Objekt‹ entgegensetzt, sollte es dann nicht doch auch möglich sein, die aufgerissene Kluft zwischen der orphischen Malerei, die das reine Spiel der Farben von aller Gegenständlichkeit entbindet, und dem Ready-made, das im isolierten Gegenstand die kontingente, sinnfremd gewordene Realität präsentiert, wieder zu überbrücken?

In der Tat präsentiert LUNDI RUE CHRISTINE die sinnentzogene Realität der zerstückelten Konversation nur auf den ersten Blick als Spiel des Zufalls: in der Form des Gedichts gewinnt sie für den simul et singulariter aufnehmenden und deutenden Leser eine sekundäre, von Verseinheit zu Verseinheit sich verdichtende und im »horlogisme« des feierlichen Schlußverses zutage tretende Einheit – die Einheit eines erfüllten, euphorisch aufgenommenen Augenblicks, der im kontingenten Jetzt und Hier die unerahnte Vielfalt des simultanen modernen Lebens ansichtig macht.

L'honneur tient souvent à l'heure que marque / La quinte major (v. 47/48): es ist die im Glockenschlag von v. 12 angekündigte, nun erfüllte Stunde, die dem synchronen Geschehen die Weihe einer »repräsentativen Harmonie« geben und die prosaischen Gesprächsfetzen mit ihren unerwartbaren semantischen Kontrasten rückwirkend gleichsam poetisieren soll. Das Gedicht setzt in v. 1–6 provokativ mit dem am meisten schockierenden Stück Alltagsprosa, der Verabredung von zwei Ganoven zu einem Einbruchdiebstahl, ein. Nach dieser Eröffnung, die als das einzig konsistente Gespräch des Gedichts in platter Eindeutigkeit zu verstehen ist, beginnt die zerstückelte Konversation, die dem Leser die schon erörterte Arbeit der Entzifferung, des probeweisen Durchspielens verschiedener Bedeutungs- und Umdeutungsmöglichkeiten, aufgibt. Diese Arbeit wird in dem Maße zum genießenden Verstehen, wie die Lektüre – dem Streben nach Vereinheitlichung widerstehend – die Kontrastwirkungen der aufeinanderfolgenden Verse (z. B. v. 29 ff.: »Hier mein Herr / Der Ring aus Malachit / Der Boden ist voll Sägemehl«), die Versgruppierungen (z. B. wenn gerade nach der auch inhaltlich ganz ›ungereimten‹, für jede Zeile einen anderen Referenten suggerierenden Strophe II ironisch die Einzeilerstrophe III: »Da scheint sich zusammenzureimen« [v. 10] plaziert ist) und die Bedeutungsreihen wahrzunehmen beginnt (z. B. in der Naheinstellung auf das kümmerliche Mobiliar und die banalen Reden im Bierlokal, str. 4, 6, und in der Ferneinstellung auf verlockende Reiseziele, v. 9, str. 9, v. 42/43). Für eine Einzelanalyse ist hier nicht der Ort; sie würde unterschwellige Poetisierung in ›kühnen Metaphern‹

der Alltagssprache (z. B. »Diese Dame hat 'ne Nase wie ein Regenwurm«, v. 20), in einem *Fait divers*, der zu einem einzigen Vers zusammengezogen ist (»Die rothaarige Kellnerin ist von einem Buchhändler entführt worden«, v. 33) oder im hintergründigen Humor vieler Äußerungen (z. B. »Sie sind ein mickriger Hurenbock«, v. 19) gewiß schon bemerkt haben, bevor im Schlußvers der hohe Ton der Poesie bombastisch und ironisch zugleich aufgerufen wird, um die Stunde zu markieren, die das simultan fluktuierende Leben als Aspekte des einen Schauplatzes und als Abschattungen des einen Augenblicks einbegreift und aufzeichnet: *L'Honneur tient souvent à l'heure que marque/La quinte major.*

Dieser Vers ist schwerlich noch als Gesprächsfetzen zu verstehen. Er gibt sich als eine zitierte, altertümliche Sentenz aus dem vergilbten Ehrenkodex und stützt – denkt man an ein Duell – die Vermutung, daß schon der Titel (ineins vielleicht mit v. 39: »Nach dem Mittagessen Café du Luxembourg«) den Zeitpunkt einer Verabredung, wenn nicht den willkürlich antizipierten Moment meinen könnte, an dem das Konversationsgedicht – wie ein Ready-made – in die Realität eingeschrieben werden soll. Die feierliche Benennung der Stunde pflegt in zwei Hauptbedeutungen interpretiert zu werden, zu der ich noch eine dritte, bisher unbemerkte, stelle. Die Quinta major (im Poker auch: royal flash genannt) bezeichnet im Kartenspiel eine mit dem As beginnende Folge von fünf Karten derselben Farbe, woraus man ableiten kann, daß der Trumpf des Schlußverses die immanente Poetik des Gedichts enthalte, das dann als Spiel mit immer neu zu mischenden Karten und auszulegenden Konstellationen zu verstehen wäre. Die Quinta major bezeichnet zweitens einen übermäßigen Intervall in der Harmonielehre und könnte in der markanten Stellung eines letzten Verses den Schlußakkord einer orphischen Harmonie meinen, die im Jetzt und Hier aus der chaotischen Fülle des simultanen Lebens erklingt, wäre die übermäßige Quinte nicht eine in der klassischen Musik nicht gebrauchte Dissonanz, was diese Deutung gleich wieder ironisiert. Die Quinta major kann zuletzt aber auch an eine sakrale Zäsur der mittelalterlichen Zeitrechnung erinnern: im Missale romanum werden die Wochentage, beginnend mit dem Sonntag, als feria prima, secunda etc. benannt und die auf sie fallenden hohen Feiertage mit major ausgezeichnet (sexta major für Karfreitag), so daß Quinta major den ›Großen Donnerstag‹ (oder Gründonnerstag) mit dem Ereignis des Abendmahls (feria quinta de cena domini) aufruft. Setzt man diese Bedeutung ein, so hätte Apollinaire den »horlogisme« von LUNDI RUE CHRISTINE damit gekrönt, die Verwandlung der willkürlich gewählten Stunde der Verabredung in das euphorische Ereignis einer Quinta major anzuzeigen – die Stunde der Transsubstantiation des Alltags in die Poesie des profanen Dîners in der Brasserie Rue Christine, in die Feierstunde der orphischen Harmonie des modernen Lebens!

V

Die Stunde, die der ersten Welle der ästhetischen Avantgarde des 20. Jahrhunderts schlug, war die Quinte major von 1914. ›Was Ehre ist, hängt vom Zeitpunkt ab‹ – das Pathos dieser Sentenz hat sich gerade am weiteren Schicksal Apollinaires im ironischen Sinn bewahrheitet. Wie sehr er die Fragwürdigkeit der geschichtlichen Stunde verkannte, der Faszination des Außerordentlichen wie den kollektiven und nationalen Mythen des ›Kriegserlebens‹ anheimfiel und die Ehre der Dichtung preisgab, indem er sie in seiner Kriegspoesie zu retten glaubte, zeigt fast die ganze spätere Lyrik des bis zum Ende (er fiel 1918) unbeirrt weiterdichtenden, engagierten Artilleristen: er hat den Krieg selbst in keinem Text ausdrücklich verworfen. Über diesen ›Sturz des Icarus‹ (Ph. Renaud) der Avantgarde von 1912 hat die Rezeptionsgeschichte nach einer anfänglich noch scharfen Kritik (vorab von André Breton) bald den gnädigen Mantel des Vergessens gebreitet. Aus guten, sowohl ideologiekritischen wie ästhetischen Gründen! Denn die Kriegspoesie Apollinaires ist als Zeugnis einer ideologischen Verblendung auch dafür lehrreich, wie genuine poetische Mittel degradieren können, wenn sie der naiven Bejahung einer schlimmen, schicksalhaft hingenommenen Wirklichkeit dienen müssen: die orphischen Töne der *Calligrammes* verklärten, was nicht zu verklären war.

Dieser These hat Claude Debon mit Argumenten widersprochen, die es wert sind, hier noch abschließend erörtert zu werden.[1] Ein gerechteres Urteil dürfe Apollinaire nicht anlasten, was in einem erstaunlichen Maße für seine Generation zutreffe: Dieser Krieg habe sie wie ein psychischer Schock getroffen, der ihre ästhetische Existenz radikal in Frage stellte, durch Dichtung und Kunst nicht unmittelbar bewältigt werden konnte. Er habe Reaktionen ausgelöst, die uns als Flucht ins Engagement, in Stoizismus, ins Imaginäre, ins Verschweigen oder auch als bloßes Verstummen befremden mögen, letztlich aber der tiefsten Not einer Selbsterhaltung entsprangen, über die sich post festum nicht einfach richten lasse. Beispiele einer in actu errungenen kritischen Distanz, die erlaubte, das Kriegserlebnis in seiner sinnfremden Realität zur Sprache zu bringen (wie Blaise Cendrars *J'ai tué* von 1918), sind nicht nur in der französischen Literatur höchst selten. Die Periode von 1914 bis 1918 sei in allen europäischen Literaturen mehr oder minder ein Blackout. Dieser Krieg, mit seinen Materialschlachten der erste ›absolute‹, habe nicht allein einem kriegerischen Heroismus ein Ende gesetzt, sondern zugleich die idealistische Literatur einer säkularen Epoche getötet. Die moderne Ästhetik der Negativität, in deren Namen wir heute die affirmative Kriegspoesie verdammen, sei letztlich erst dem Widerspruch gegen die Verklärung des Inhumanen, gegen die Ästhetisierung der Politik wie gegen die Politisierung der Kunst, entsprungen. Sie übersehe, daß selbst ein für den Krieg und sein Vaterland engagierter, an die »pureté de la France« glaubender Dichter wie Apollinaire nie aufgehört habe, in seinen Kriegsgesängen Verse von eigentümlicher Schönheit zu schaffen, den Konflikt von Liebe und Tod in einer persönlichen Mythologie auszutragen und mitten in dem überwältigenden Geschehen die Idee einer Erneuerung der Welt durch das poetische Wort unbeirrbar zu verfechten.

Wenn ich mich der psychohistorischen Rechtfertigung Apollinaires auch nicht länger verschließen kann, die gewiß ein neues Licht auf die Aporie des Sagbaren und des Unsagbaren in der Epoche totaler Kriege wirft, hat mich Claude Debons Versuch seiner ästhetischen Rehabilitation doch nicht voll überzeugt. Gewiß finden sich in seiner späten Lyrik Verse und Strophen von poetischer Kraft oder Stücke (wie in *Case d'Armons*), die das avantgardistische Experiment der *Calligrammes* weiterführen. Und gewiß hebt sich die Kriegspoesie Apollinaires insgesamt durch spezifische Grundthemen wie die provokative Verschmelzung oder Reversibilität von Krieg und Eros, die Sakralisierung von Raum und Horizonten der Schlacht, die magische Potenz von Waffen und Material, die Erneuerung der Zeiten durch das

Blutbad und den Horror des Kampfs, von der bemitleidenswerten Mediokrität der sonstigen Produktion patriotischer Kriegsliteratur ab. Doch reicht diese Originalität aus, um dem Kriegsdichter Apollinaire, der sich als Prophet einer neuen Zeit stilisierte, den gleichen Rang wie dem Avantgardisten der ästhetischen Moderne zuzuerkennen? Ist nicht gerade das dominante Zukunftspathos ein letzter Grund der Verklärung des nicht Verklärbaren? »Son écriture n'est dans l'ensemble ni emphatique, ni blanche, ni dégradée. Ses poèmes ne privilégient pas l'aspect fantastique du champs de bataille. Tout en lui devient élément d'une musique intérieure. Mais l'instrument se désaccorde.«[2] Was immer sich für eine gerechtere Würdigung der Kriegslyrik Apollinaires vorbringen läßt – seine Lyra verstimmt sich und zerbricht niemals im Gesang. Sie verwandelt – wie König Midas, dem alles zu Gold wird, was er anrührt – selbst noch den Horror und das sinnlose Leiden des Krieges ins grausig Schöne, erweckt die Hoffnung auf die Heraufkunft eines im Licht der Künste zu erneuernden, humaneren Universums und vermag darum nicht zu sagen, woran die Lyra des Dichters im Gesang selbst zerbrechen müßte. Gemeint ist der Erfahrungsabbruch des Kriegserlebens, vor dem auch ästhetische Erfahrung ihre ›Ehre‹ nur im Eingeständnis ihres Ungenügens bewahren kann.

Dem poetischen Verfahren als solchem ist dabei die unwillentliche Verklärung nicht per se anzulasten. Daß der Horror des absoluten Krieges durchaus auch mit modernen, ›imagistischen‹ Mitteln und orphischen Tönen poetisch ergriffen und – der Tendenz der Sublimierung entgegen – als Schockerfahrung wirksam gemacht werden kann, erweist zum Beispiel das Gedicht: *Der Krieg* von Georg Heym, zu dem ich bei Apollinaire kein Gegenstück zu finden weiß. Daß Heyms Gedicht schon drei Jahre vor dem Ausbruch des Ersten Weltkriegs entstand, tut seinem exemplarischen Rang keinen Abbruch. Vielmehr zeigt es in diesem Zusammenhang an, daß das Zukunftspathos der Avantgarden um 1912 nicht allein die Illusionen eines unbegrenzten Fortschritts, sondern – obschon vereinzelt – auch die Ahnung der bevorstehenden geschichtlichen Katastrophe einbegriff:

Aufgestanden ist er, welcher lange schlief,
Aufgestanden unten aus Gewölben tief.
In der Dämmrung steht er, groß und unbekannt,
Und den Mond zerdrückt er in der schwarzen Hand.

In den Abendlärm der Städte fällt es weit,
Frost und Schatten einer fremden Dunkelheit.
Und der Märkte runder Wirbel stockt zu Eis.
Es wird still. Sie sehn sich um. Und keiner weiß.

In den Gassen faßt es ihre Schulter leicht.
Eine Frage. Keine Antwort. Ein Gesicht erbleicht.
In der Ferne zittert ein Geläute dünn,
Und die Bärte zittern um ihr spitzes Kinn.

Das Ereignis von 1914 hat – auch wenn es Marinetti nicht
wahrhaben wollte – die ›Ästhetik des Krieges‹ auf die blutrünstig-
ste Weise dementiert, wie andererseits die revolutionäre Naherwartung der Avantgarden nach 1918, die Welt durch eine Politisierung der Ästhetik zu erneuern, durch den Gang der Geschichte
Lügen gestraft wurde. Apollinaire, der diesem Aufbruch der
zweiten, surrealistischen Avantgarde noch den Namen gab, doch
gewiß ohne an die Strategie einer »action directe« zu denken, läßt
in seiner Hoffnung auf eine ›vollständigere Kunst‹ wie auch in
den Verirrungen seiner Kriegsdichtung aus der heutigen Rückschau einen übermächtigen Stammvater der ästhetischen Moderne erkennen, dem gewiß auch der Surrealismus mit seinem
Projekt des »direkt negativen Gesamtkunstwerks« (O. Marquard)
verpflichtet ist: Friedrich Nietzsche. Sein berühmter Satz: »daß
nur als ästhetisches Phänomen das Dasein der Welt gerechtfertigt
sei«, stand Pate, als das Epochenbewußtsein der ästhetischen
Avantgarden vor und nach dem Ersten Weltkrieg in ideologische
Verblendung umschlug. Wie sich die verworfene Geschichte und
die verleugnete Natur in der Folgezeit zu rächen wußten und
warum wir heute aufgerufen sind, Nietzsches fatalem Satz entschieden zu widersprechen, bedarf in der gegenwärtigen Stunde,
vor dem Endspiel unseres Jahrhunderts, gewiß keiner Erläuterung mehr.

Anmerkungen

Für diese Publikation wurde die ursprüngliche Vortragsfassung beibehalten. Aus ihr ist eine umfassendere Darstellung der *Epochenschwelle von 1912* hervorgegangen (*Sitzungsberichte der Heidelberger Akademie der Wissenschaften*, Philos.-hist. Klasse, Jg. 1986, Bericht 1); dort findet sich die hier fehlende Dokumentation.

1 Bei der Diskussion meines Vortrags auf einem Kolloquium in Nantes unter Bezugnahme auf ihr Buch: *Guillaume Apollinaire après ›Alcools‹, I: Calligrammes – Le poète et la guerre, Paris 1981.*

2 Ebd., S. 281.

Helmut Lethen
Lob der Kälte
Ein Motiv der historischen Avantgarden

> Lobet die Kälte, die Finsternis und das Verderben!
> Schauet hinan:
> Es kommet nicht auf euch an
> Und ihr könnt unbesorgt sterben.
>
> Bertolt Brechts *Großer Dankchoral*

Das Streitgespräch um die »Moderne« und »Postmoderne« dreht sich um die Pole der »Kälte« und der »Wärme«. Es bleibt im Banne des binären Schemas.

Unter *Architekten* spricht man vom »eiskalten Herz der Moderne« und vom Bauhaus-Kubus als einer Gefriermaschine; man begründet damit die Wende zu den höheren Wärmegraden der Postmoderne.[1]

Die *Geschichtsphilosophen* argumentieren ebenfalls im Rahmen der thermischen Polarität: »Seit Auschwitz und Hiroshima« – so lese ich in einer Würdigung von Manfred Franks Buch »Der kommende Gott. Vorlesungen über die neue Mythologie« (1982) – seit diesen Zeitmarken also ist der »Fortschritt so endgültig rationell und ›kalt‹ geworden, daß noch der ›heißeste‹ Einspruch dagegen, und geschehe er im Namen des Dionysos, einen Sinn macht«.[2] Und im Steirischen Herbst von 1983 verfällt Manfred Frank selbst, bei der Erläuterung eines zentralen Terminus der Moderne, der »Entzauberung«, in die Klage:

Die Metapher des kalten Herzens breitet sich aus und erwirbt die Qualität eines Zentralsymbols für die europäische Großwetterlage unter Bedingungen kultureller und ökonomischer Modernität.[3]

Frank knüpft an diese Klage aber einen durchaus modernistischen Habitus seines Denkens, wenn er sich weigert, aus seiner Diagnose den Schluß zu ziehen, daß man sich in postmoderne Reservate der Wärme zurückziehen solle:

Notwendig bewegt sich, wer das Bewußtsein der ›Dialektik von Entmythologisierung und Aufklärung‹ in sich wach hält, auf dünnem Eise. Die Gefahr einzubrechen ist indessen nicht tödlicher als die, es gar nicht erst zu betreten und alsdann den gewiefteren Eistänzern die Fläche zu überlassen.[4]

Die *Soziologen* konstatieren indessen die Tendenz der Subkultur, sich gegen die »kalten Systeme« abzugrenzen; und die *Psychologen* entdecken das Motiv dieser Bewegung darin, den Kälte-Zumutungen der Ich-Disziplin auszuweichen, um sich in Wärme-Kulturen den Wunsch nach symbiotischer Gemeinschaft zu erfüllen.

Das erfolgreichste philosophische Buch des Jahres 1983 in der Bundesrepublik, Peter Sloterdijks »Kritik der zynischen Vernunft«, ist ein großes Pamphlet gegen das »Kälte-Denken« des »vereisten Ich«[5]; es malt das Traumbild eines Denkens, das auf eine störungsfreie Mutter-Kind-Symbiose gerichtet ist und eine kynische Kindheit rekonstruiert, in der Kindheit ohne Kälteschock zu haben wäre.

Aber immer wenn das Projekt der Moderne in eine kritische Phase tritt, spalten sich die Diskurse. Es entmischen sich die verschiedenen Schattierungen des Lebens: als Schatten eines Wärme-Kults tritt der Kälte-Kult auf den Plan. Der Ideologie der Intimität, den Subkulturen der Wärme antwortet das Pathos der Distanz und das funktionalistische Lob der Entfremdung. Einer der Wortführer des neuen Kälte-Kults ist der amerikanische Soziologe Richard Sennett. Er hält es für einen »Mythos«, die Mißstände der Gesellschaft ausgerechnet auf die »Kälte« zurückzuführen, da diese tatsächlich doch erst ein Funktionieren von Gesellschaften gewährleiste.[6] Und in Manifesten des New Wave in der BRD liest man:

Kommt unter der behaglichen Schmusedecke der Subkultur hervorgekrochen und stellt euch der Kälte, die euch umgibt.[7]

Und:

Es ist schockierender und wirkungsreicher geworden, einverstanden zu sein. Zu den Strategien gehört es beispielsweise, alle Entfremdungs-Beton-Atomkraftistböse-Phraseologie umkippen zu lassen in einen virtuosen Blick für die Schönheit der Dinge, aus dem immer wieder durch einen Anhauch von schierem Frost oder laserscharfer Ironie ein Strahl Wahrheit angeschossen kommt.[8]

Der Spielraum der Reflexion über die »Moderne« scheint vorgeschrieben. Was ist das für ein fatales Schema, das unsere Rede so steuert, daß sich die Diskurse der Moderne um den Kälte-Pol lagern und die der Postmoderne um den Wärme-Pol? Das Schema, das dergestalt unser Reden lenkt, entstammt alten Archiven. In ihnen zu blättern wird die Aufgabe der folgenden Überlegungen sein.

1. Ein Psychoanalytiker träumt

> Auch das Problem der Eiszeit hat etwas von solcher geistigen Polarfahrt. Der Sucher darf sich nicht abschrecken lassen, wenn er selbst zunächst noch einfriert, nicht von der Stelle kommt oder von loser Scholle ganz woanders hingetragen wird, als er wollte.
>
> Wilhelm Bölsche, *Eiszeit und Klimawechsel*, 1919

Im Frühjahr 1914 notiert der Psychoanalytiker C. G. Jung einen Traum, der sich in drei Nächten wiederholt. Er träumt, daß mitten im Sommer arktische Kälte in die ihm vertraute Landschaft Lothringens hereinbricht: »So sah ich z. B. die gesamte lothringische Gegend und ihre Kanäle gefroren. Alles Land war menschenleer, und alle Seen und Flüsse waren zu Eis erstarrt.«[9] Jung knüpft an diese Träume Überlegungen über den Zusammenhang von kollektiver Phantasie und individuellem Erleben. Seine Methodik ist bekannt: er versucht, die hinter den Emotionen liegenden Bilder bewußt zu machen. Auffällig genug wendet er aber diese Technik nicht auf seine Traumbilder arktischen Eises an. Jung vermutet vielmehr, daß die Traumbilder von der Krisenerfahrung der Vorkriegszeit zeugen, die sich in Eisbildern Ausdruck verschafft habe. Zugleich billigt er ihnen – im Rückblick – prophetische Qualität zu: als Ankündigung des nahenden Krieges. C. G. Jung bemerkt nicht, daß die Bilder, die seine Emotionen und den Text seines Traumes dirigierten, sich im Rahmen eines ehrwürdigen Topos bewegten; ein Beweis dafür, wie ungebrochen der Bann dieser Topos war. Jahrhundertelang waren im Topos des Einbruchs arktischer Kälte Krisenerfahrungen und Katastrophenerwartungen formuliert worden. Die Kette der Eisbilder illustrierte die menschliche Unheilsgeschichte.[10]
  Zu Beginn des 20. Jahrhunderts war die Vorstellung einer plötzlichen Vergletscherung der Erde die populärste Bildform der Endzeit-Erwartung. Im Jahre 1900 wurde die Angst vor dem

»grenzenlosen Grönland« als »Modekrankheit« bezeichnet.[11]
Wilhelm Bölsche schreibt 1909: »Es ist nicht zu viel gesagt, wenn
man behauptet, daß gegenwärtig monatlich mindestens eine Bro-
schüre über die Eiszeit erscheint.«[12] Diese »Eiszeit-Folklore«
wird von der Geologie und Paläontologie nicht etwa ihres magischen Schreckens beraubt. Im Gegenteil. Die Wissenschaft kann
sich aus der Klammer der Untergangsphilosophien nicht lösen
und produziert selbst neue Varianten der Untergangs-Prognose.
Da die Ursache der Vergletscherung umstritten ist, blieb Spielraum genug für die Prognose einer erneuten Vergletscherung. In
diesen Spielraum griff der alte Diskurs vom Untergang ein und
schrieb vor, wie man sich ihn vorzustellen hatte. Auch die
Entdeckung der Interglazialzeiten durch Penck und Brückner
(1907) schützte die Forschung nicht vor neuen Übertreibungen:
»Wer ganz kühn ist, läßt in den Interglazialzeiten überhaupt alle
Schrecknis wieder heruntertauen, Binneneis und Riesengletscher
schwinden, so daß wirklich jede neue Eiszeit wie ein neues
Wunder vom Himmel gefallen wäre.«[13] Wilhelm Bölsche, der
dies noch im Jahre 1919 konstatieren muß, scheint zu resignieren.
Er wollte die naturwissenschaftliche Eiszeit-Theorie aus der
Klammer der modischen Untergangsphilosophien lösen. Aber er
stößt immer wieder auf den fatalen Umstand, daß mythische
Bilder selbst die Wissenschaft steuern. Dagegen hat auch sein
Spott nichts ausrichten können, mit dem er in seiner Schrift
»Wenn der Komet kommt« im Jahre 1900 die Tendenz der
Wissenschaft kommentiert hatte:

Das Christkindlein mit seinem Eiszapfen am Tann wird der Todesengel
der Menschheit sein!

Über die Tradition des Topos der Eiszeit, der seine Struktur
sogar den wissenschaftlichen Prognosen einschreibt, haben Manfred Frank und Joachim Metzner materialreiche Forschungen
vorgelegt.[14] Sie konzentrieren sich auf literarische Ausprägungen
des Topos von Dante bis Shelley, von Edgar Allan Poe und
Georg Heym; sie verweisen auf die Weltvereisungstheorien von
George Buffon im 18. Jahrhundert bis zu Edgar Daqués Prophezeiung im 20. Jahrhundert, daß der arktische »Fimbulwinter« der
polaren Regionen sich wieder über alle Erdteile ausbreiten werde.
Aber nicht nur auf dieser Gipfellinie der Literatur und Untergangsphilosophie beweist der Topos seine Wirksamkeit. Die

Sagenwelt des 19. Jahrhunderts wird von ihm strukturiert. Die Bewohner des Wallis erzählten die Sage, daß in den grünen Spalten des Aletschgletschers die unerlösten Seelen hausen müssen. Und die Sage des Oberwallis »Der Ewige Jud auf dem Matterhorn« erklärt – ähnlich wie Oswald Spengler – den Untergang der Städte:

Der Matterberg unter dem Matterhorn ist ein hoher Gletscher des Walliserlands, auf welchem die Visper entspringt. Der Leutsage nach soll daselbst vorzeiten eine ansehnliche Stadt gelegen haben. Durch diese kam einmal der laufende Jud gegangen und sprach: ›Wenn ich zum zweitenmal hier durchwandere, werden da, wo jetzt Häuser und Gassen sind, Bäume wachsen und Steine liegen. Und wenn mich zum drittenmal der Weg daherführt, wird nichts dasein als Schnee und Eis.‹ Jetzo ist schon nichts mehr da zu sehen als Schnee und Eis.[15]

Gleichzeitig mit der Konjunktur der Bilder der Vergletscherung als Bilder des Untergangs vom letzten Drittel des 19. Jahrhunderts bis zum Ersten Weltkrieg wird die energische Kolonisierung der großen Eisflächen der Erde in Angriff genommen.[16] Bis gegen Ende des 19. Jahrhunderts sind die großen Gletscher Europas weitgehend erschlossen. 1875 wird die Einrichtung von Stationen auf dem Nordpol beschlossen. Von 1895 bis 1914 werden heroische Polar-Expeditionen durchgeführt. 1895 erreichen Nansen und Hjalmar Johansen 86°14′ nördlicher Breite, 1897 wird Spitzbergen erschlossen, 1899 bricht Umberto Cagni Nansens Rekord und erreicht 86°34′. Im ersten Jahrzehnt des 20. Jahrhunderts versucht Peary auf drei Expeditionen, den Nordpol zu erreichen, seine Eroberungsmeldungen bleiben aber suspekt; 1908 behauptet Cook, Pearys Konkurrent, den Pol erreicht zu haben, aber mit Gewißheit konnte auch das nicht nachgewiesen werden. Um den Südpol herrschte ein vergleichbarer Kolonisierungs-Eifer, nachdem im Jahre 1895 auf einem geologischen Kongreß in London die Erschließung der Südpolargegend als das »dringendste geographische Bedürfnis« der Zeit benannt worden war. Zwischen 1893 und 1914 zählt man mindestens 18 Expeditionen. Mawson und Mackay hissen auf dem magnetischen Südpol im Januar 1909 ihre Flagge. Erst Amundsen gelingt es, im Dezember 1911, den Nordpol zu erreichen.

Aber die wissenschaftliche und imperiale Erschließung der großen Gletscher und des Polar-Eises mindert nicht die Attraktion des Schreckbildes vom »grenzenlosen Grönland«. Jede fehlschlagende Expedition nährt das Katastrophenbild. Als wenn die Tausende von Kilometern, die sich die Expeditionsteilnehmer unter extremen Entbehrungen bis in die Zentren der Polarregion vorkämpfen, eine Distanz wären, die der Gletscher seinerseits im Gegenschachzug bis in die Zentren der Zivilisation zurücklegte. Eher stärken die Polarexpeditionen die mythische Anziehungskraft der Polarbilder, als daß sie sie zu entschärfen vermöchten: das Kolonisierte schlägt zurück. Noch im Jahre 1916 verkündet Theodor Lessing in seinem Buch über den »Untergang der Erde am Geist«: »Die Kälte nördlicher Länder wächst. Die Tundra, der Eisgürtel an den Polen rückt langsam weiter, die Erde mit neuer Eiszeit bedrohend.«[17]

Wir machen einen Zeitsprung: im Jahre 1982 erscheint ein Roman von Richard Hey mit dem Titel »Im Jahre 95 nach Hiroshima«. Der Roman gibt einen Ausblick in die vergangene Zukunft der Eiszeitprognosen. Um das Jahr 2000 ist infolge unmäßigen Kohle- und Erdölverbrauchs die Atmosphäre so aufgeheizt, daß Teile der Eiskappen von Arktis und Antarktis abgeschmolzen sind. Es entsteht eine neue Sintflut. Durch plötzliche Abkühlung im Jahre 2015 entstehen neue Gletscher, die ganze Landstriche mit Eis bedecken.[18]

Die Untersuchung dieser erstaunlichen Konstanz in der Imagination des Untergangs ist unter verschiedenen Aspekten interessant: Warum wurden die Bildsysteme extremer Kälte mit der Bedeutung der Katastrophe aufgeladen? Warum versprechen die Kältebilder, den diagnostischen Blick auf die Gegenwart zu schärfen? Und warum stehen diese Bilder in der Regel unter dem Stern *wissenschaftlicher* Prognose?

Auf diese Fragen gibt es inzwischen standardisierte Antworten von seiten der Kulturkritik, der Psychoanalyse und des Marxismus. Sie alle kennen die realen anthropologischen oder sozialen Gründe, auf die sich die Konstanz des Schreckbildes zurückführen läßt: auf den Prozeß der *Modernisierung*, der die Menschen aus ursprünglicheren, symbiotisch gedachten Umwelten löst; auf das Geburtstrauma des *Kälteschocks*, der die biologische Klammer zur Mutter zerschneidet, oder auf die ungebrochene Konstanz der »*Entfremdung*« in kapitalistischen Systemen. Da die Eisbilder ein Interferenz-Feld aller drei Begründungen bilden, haben sie einen allseitigen Gebrauchswert. Um so erstaunlicher ist es, daß sich im Zeitraum der historischen Avantgarden (1910-

1930) eine Umwertung der Kälte-Bilder vollzieht. Wir werden
später bei der Kommentierung des Romans »Der Gletscher« von
V. Jensen und einem Blick auf die Geschichte der Kälte-Metaphorik im 19. Jahrhundert untersuchen, welcher Zusammenhang
zwischen der Umwertung der großen makroskopischen Eiszeit-
bilder und den kleinen Kältebildern und -metaphern bestehen
könnte, ob sie zusammen das System einer ›diskursiven Formation‹ im Sinne Foucaults bilden. Vorerst soll hier beschrieben
werden, daß und wie – scheinbar unvermittelt – in den zwanziger
Jahren die Bildsysteme der Kälte plötzlich mit positiver Bedeutung aufgeladen werden. In einem zweiten Schritt werden wir
erläutern, daß dieser Umschlag so unvermittelt nicht ist.

2. Schulen der Kälte

... und lenken die Segel in das besonnte Eisbärenparadies.

Th. W. Adorno, 1930 über Brechts *Mahagonny*[19]

Das Eis war einer unserer großen Lehrmeister, wie es der Winter heute
noch ist. Es hat unseren ökonomischen, technischen und moralischen
Sinn bestimmt. Es hat unseren Willen gestärkt, uns denken gelehrt.[20]

Die beiden Sätze von Ernst Jünger aus der Schrift »An der
Zeitmauer« aus dem Jahre 1959 sind ein spätes Dokument, ein
Epitaph auf eine vergangene Phase der historischen Avantgarde,
in der es zu einer Umwertung der Bildersysteme der Kälte
gekommen war. In ihr hatte sich das *Einverständnis* mit dem
Prozeß der Modernisierung, mit einem Denkbild Nietzsches
verbunden, der in der »Kälte« das Medium des »Freigeistes«
erkannt hatte.[21] Was nach der Umwertung des Topos als die
eigentliche Qualität des Freigeistes in Erscheinung tritt, ist in den
Negativbildern des Eises schon vorstrukturiert. Sie besteht in
einer virtuosen Fähigkeit zur *Trennung*; denn
– in der Trennung von wärmenden familiären Binnenräumen
liegt die Chance der *Mobilität*, die ein Überleben *im* Prozeß der
Modernisierung sichert;
– Trennung von »historisch-gewachsenen Gemeinschaften« ist
Voraussetzung für die zivilisatorische Umwälzung der »Gesellschaft«;

Kälte = Trennung

– »die Tätigkeit des Scheidens ist die Kraft und Arbeit des Verstandes« (Hegel), – Trennung ist Merkmal des analytischen Vermögens des Verstandes, »Entzauberungen« der mythischen Fiktionen, die den Alltag steuern, vorzunehmen;
– Trennung vom Ballast des kulturellen Erbes gilt als Voraussetzung, Innovationen der Künste in Angriff zu nehmen.

»Kälte« ist der sinnfällige Effekt der Trennungsprozeduren auf allen Ebenen: der symbiotischen, der analytischen, der kulturrevolutionären. Und es bedarf harter »Schulen«, eines zusätzlichen Trainings der Sinne, um »den Menschen« kältebeständig zu machen. Wenn das alte, das »bürgerlich« verfaßte Subjekt, diesen Kältetest nicht durchhält, muß ein anderer, vorbürgerlicher oder proletarischer »Typus« entworfen werden, der ihn besteht. Als Austragungsorte dieses Trainings gelten seit jeher die Städte; sie gelten als die Orte, die die »Entfremdung aller Entfremdungen« enthalten, »das Alltagsleben mit dem Gitternetz kalkulierter Entmischungen und Trennungen überziehend«[22]. Die historischen Avantgarden entwerfen keine Fluchträume jenseits dieses Ortes, die italienischen Futuristen und sowjetischen Konstruktivisten, Ernst Jünger und Bertolt Brecht konstruieren Trainingsräume der »Kälte« *in* den Zentren der »Entfremdung«. In ihren Werken bieten sie ein künstliches Environment, in dem Trennungsfähigkeit geübt werden kann. Dazu war es nötig, wie Ossip Brik es formulierte, das Kunstschaffen von den »außerutilitären Laboratorien zu den Laboratorien des realen Lebens zu überführen«[23], aus dem »romantischen Raum des Protests« in die »Sphäre der Macht«, wie Ernst Jünger[24] proklamiert.

Wenn heute von den Postmodernen nicht ohne Entsetzen der Bauhaus-Kubus als eine »Gefriermaschine« bezeichnet wird, so trifft das durchaus einen kalkulierten Effekt der Bauhaus-Pädagogik[25]. Die »Gefriermaschine« diente der Erziehung zur Trennung von den überheizten Stuben des 19. Jahrhunderts, die als Brutstätten von der »Moderne« unangemessenen Verhaltensweisen galten. Der ästhetische Reizwert, der plötzlich von der Sphäre des Kalten, des Anorganisch-Mineralischen, des Gläsernen und Mechanischen ausgeht, ist nicht lostrennbar von der Strategie der »Sinnesschulung«[26] und behavioristischen Modellierung von Bewegungsabläufen und Körperhaltungen, die man sich von funktionalem Design und Innenarchitektur versprach.

Die Architekten Bruno Taut und Alexander Schwab plädieren

in Manifesten des Neuen Bauens für die »Auskühlung« der Wohnung als Grundvoraussetzung der Befreiung der Frau. In der Auseinandersetzung über die »kalten«, leichtbeweglichen Stahlrohrmöbel von Marcel Breuer und Mart Stam, Le Corbusier und Mies van der Rohe wird »Kälte« als *Funktionswert* neu bestimmt: sie ist ein Indiz des reibungslosen Funktionierens. Was nicht reibungslos funktioniert, erzeugt Hitze. Hitze ist ein Indiz funktionslos verausgabter Energie; sie muß vermieden werden. Darum macht Bruno Taut 1924 in seiner Schrift »Die neue Wohnung« das Schicksal der Hausfrau vom Zustand der bürgerlichen Interieurs abhängig: Räume, die wie Hitzekammern wirken, nur Energien absorbieren, ohne funktional zu sein. Die Freilegung der Lichtquellen, metallische Möbel und die sichtbare Verwendung »kälterer« Materialien sollen den Effekt der »Auskühlung« erzielen. Die auffällige Verwendung von Stahlbeton, Drahtglas, Aluminium im Wohnungsbau, die Bevorzugung von weißen Schleiflackmöbeln mit eingelassenen Metallteilen – all das sind Indizien für den ästhetischen Reiz, der von der plötzlichen Zuwendung zum Helligkeits/Kälte/Transparenz-Pol ausgeht. Le Corbusier preist 1926 metallene Büromöbel, Laborausstattungen und Schreibmaschinen der City National Bank mit Worten, mit denen sich auch die neusachliche Schreibweise gern definierte: »Das ist kalt und brutal, aber es ist genau und ehrlich.« Ernst Bloch charakterisiert das »Schiffshaus« in Hamburg mit Sätzen, die auf Brechts Erziehungs-Environments der Lehrstücke gemünzt sein könnten:

Auch an diesem *lernt man frieren*. Drinnen wie draußen ist die Wand nackt. Aber dafür sieht man das Innere offen, das Draußen bricht durch.[27]

Glas erscheint als das ideale Material, weil es Kälte mit Transparenz verbindet:

Glas ist nicht umsonst ein so hartes und glattes Material, an dem sich nichts festsetzt. Auch ein kaltes und nüchternes. Die Dinge aus Glas haben keine Aura. Das Glas ist überhaupt der Feind des Geheimnisses. Es ist auch der Feind des Besitzes. Der große Dichter André Gide hat einmal gesagt: jedes Ding, das ich besitzen will, wird mir undurchsichtig.[28]

Kälte und Durchsichtigkeit sollen zur Fähigkeit disponieren, sich vom Besitz zu trennen.

Brechts Kälte-Szenarien bilden ein Environment, in dem Trennungsfähigkeit geübt werden soll. Wenn Brecht Lernprozesse darstellt, dann in einem Raum, dessen dominierende Qualität die Kälte ist.[29] Wie grundlegend Brechts Umpolung des Topos ist, mag ein Vergleich mit einem Roman des russischen Schriftstellers Zamjatin verdeutlichen. Zamjatins Roman »Die Höhle« erscheint 1920. Er beschreibt die bolschewistische Revolution im Bilde des Vorrückens arktischen Klimas. Schauplatz der Handlung ist das zur Polarstadt gewordene Petersburg. Der Held, ein Intellektueller, versucht, sich durch das Verbrennen der Bücher seiner Bibliothek die zum Überleben notwendige Wärme zu verschaffen.[30] Das alte »Individuum«, das in Zamjatins Höhle am Feuer seines kulturellen Erbes überwintern soll, wird in Brechts Pädagogik auf den offenen Kampfplatz der »Kälte« gezerrt.

Schon in seinen Kälte-Hymnen der »Hauspostille« hatte er empfohlen, dem alten Lamento über die »Kälte der Welt« eine Haltung entgegenzusetzen, die sich mimetisch der Kälte anzugleichen sucht, um schließlich selbst Subjekt *in* der Kälte zu werden.[31] Selbstbestimmtes Subjekt wird nur, wer gelernt hat, eine Wegstrecke durch den Kälteraum zurückzulegen, ohne sich von Räumen symbiotischer Wärme ablenken zu lassen. Peter von Matt hat den Leitsatz dieser Pädagogik formuliert: »Den Frierenden ist die Kälte zu zeigen. Sie kennen nichts so gut wie die Kälte. Also ist nichts dringlicher, als daß sie dies Bekannte auch erkennen.«[32] Diesem Training unterwirft Brecht seine Heilige Johanna auf den Schlachthöfen von Chicago. Es ist eine Probe aufs Exempel: kann die physisch-psychische Konstitution »des Menschen«, wie sie der Expressionismus ein letztes Mal entworfen hatte, den Kälte-Test bestehen? Johanna: »Oh, welch unbekannte Schule, ungesetzlicher Raum. Von Schnee erfüllt.« Johanna ist weder körperlich noch psychisch in der Verfassung, den Weg über diese Eisfläche des proletarischen Pädagogikums bis zum Ende zurückzulegen. Sie schwankt zwischen der Front des Klassenkampfes und Nischen, in denen noch die Kategorie des Mitleids intakt zu sein scheint. Schwankend zwischen Orten der Wärme und Kälte, erkältet sie sich und bricht ihren Weg ab: »Halt, lernt nicht weiter! Nicht in so kalter Weise! Nicht durch Gewalt. (...) Sagt: Es war zu kalt.« Sie stirbt an einer Lungenentzündung.

Die Figuren, die auf dem Boden dieses Experiments übrigbleiben, hatten gar keine Wahl. Der Kommentar des Arbeiters ist denn auch lakonisch genug:

Ich hab mir gleich gedacht, daß sie weggeht,
wenn der eigentliche Schnee kommt.
(...)
Der Schnee beginnt zu treiben
Wer wird denn da bleiben?
Da bleiben, wie immer so auch heut
Der steinige Boden und die armen Leut.

Der Zeitpunkt des Abbruchs dieses Kälte-Experiments, das Brecht mit der moralisch-physischen Konstitution des bürgerlichen Menschen vornimmt, ist symptomatisch. Das Stück wurde 1931 abgeschlossen. Die positive Besetzung der »Kälte« in den Künsten der Neuen Sachlichkeit war ein riskantes und darum schnell wieder abgebrochenes Experiment mit den »anthropologischen« Bedingungen des bürgerlichen Subjekts. In diesen Experimenten fungierte die Literatur als ein Medium der Exploration, wie weit die Synchronisierung der menschlichen Körperwelt und Psyche an die Bedingungen der »totalen Mobilmachung« der Modernisierung durchgeführt werden konnte. In den dreißiger und vierziger Jahren werden diese avantgardistischen Versuche aufgegeben. Der alte Kälte-Topos tritt als Schreckbild wieder unangefochten in seine Rechte. Vehement wird das Tribunal gegen alle Formen der Angleichung an die Kälte der Zivilisation neu eröffnet. Das geschieht in den großen Büchern des Exils, »Die Antiquiertheit des Menschen« von Günther Anders und der »Dialektik der Aufklärung« von Max Horkheimer und Th. W. Adorno. Hierin findet die Abrechnung mit Obsessionen statt, denen sich neusachliche Intellektuelle in den zwanziger Jahren überantwortet hatten. Nietzsches Devise des Freigeistes, »Lieber im Eise leben als unter modernen Tugenden und anderen Südwinden«[33], mußte in den dreißiger Jahren angesichts eines »eiskalten« Regimes, das die »modernen Tugenden« der Humanität an den Nagel gehängt hatte, neu überdacht werden. Bemerkt wurde, daß auch Mussolinis Gemüt sich »bei Schneegestöber« erheiterte.[34]

Soll aus diesem Grund die Tribunalisierung der Kälte-Aufwertung im Projekt der Moderne fortgesetzt werden, wie es die Tradition der Kulturkritik nahelegt?

Ein Denkmotiv bildet den heimlichen Kern der modernen Bildsysteme der Kälte, das vom deutschen Idealismus, von Hegel und Marx, von Nietzsche und Max Weber in Opposition zu romantischem und lebensphilosophischem Denken entwickelt wurde. Dieses Denkmotiv – das, wo immer es formuliert wurde, dem Denkenden eine stoische *Attitüde* vorschrieb – hat in den verschiedenen Schulen verschiedene Lektionen bestimmt. Die Avantgardisten konnten es nicht ohne Pathos formulieren; denn »heute blicken wir bereits durch die Risse und Fugen des babylonischen Turmes auf eine Gletscherwelt, vor deren Anblick auch das mutigste Herz noch erbebt«[35]. Seinen Grundsatz könnte man mit einer – leicht modifizierten – Formulierung Hegels[36] folgendermaßen definieren:

Nicht das Leben, das sich vor der Kälte scheut und von der Verwüstung rein bewahrt, sondern das sie erträgt und in ihr sich erhält, ist das Leben des Geistes. Die Macht gewinnt der Geist nur, indem er der Kälte des Negativen ins Angesicht schaut, bei ihr verweilt!

Diese Devise bildet den Stachel der Moderne. Man wird sie in verschiedenen Variationen antreffen: in den Polemiken von Engels und Marx gegen den Romantischen Antikapitalismus oder in Lenins und Max Webers Kritik an der revolutionären Ungeduld, in Brechts und Musils Spott über den »guten Menschen« oder in Carl Schmitts und Ernst Jüngers Verachtung der Kulturkritik. Das Projekt der Moderne entwirft die ästhetischen Environments, in denen die psychische Konstitution des Menschen dazu disponiert werden soll, die »Kälte« des zivilisatorischen Prozesses so zu ertragen, daß er sich mit Erfolg in ihn einschalten kann. So entstehen die pathetischen Landschaften. So entstehen die stoischen Orte:

Außer diesem Stern, dachte ich, ist nichts und er
Ist so verwüstet.
Er allein ist unsere Zukunft und die
Sieht so aus.[37]

3. Der Weg in den Gletscher

Manfred Frank ist bei seiner Erforschung des Kälte-Motivs zu
der Überzeugung gelangt, daß man aus den Bildern und Geschichten von der Reise ins ewige Eis eine Kulturgeschichte des
untergehenden Abendlandes erschließen könnte. Der Roman, der
jetzt vorgestellt werden soll, erhebt Einspruch gegen diese Tendenz:

Im Jahre 1908 erscheint das Buch des dänischen Schriftstellers
Johannes V. Jensen »Der Gletscher. Ein neuer Mythos vom
ersten Menschen«. 1911 wird es ins Deutsche übersetzt.[38] Jensen
war ein in Deutschland außerordentlich erfolgreicher Schriftsteller; sein Roman »Das Rad« hat Bertolt Brecht zu dem Stück »Im
Dickicht der Städte« angeregt. »Der Gletscher« und seine Wir-
kungsgeschichte waren der Forschung weitgehend unbekannt.

Jensens Eiszeit-Mythologie läßt sich heute aus verschiedenen
Blickwinkeln lesen: Sie erscheint als ein großes Bilderbuch der
seinerzeit herrschenden psychoanalytischen Erklärung des »Kälteschocks«, dem jedes Kind ausgesetzt ist, sobald es Kulturtech-
niken erlernen will; aus anderer Perspektive erblickt man mitten
auf dem »Gletscher« zu Beginn der Diluvialzeit Nietzsches Zarathustra und seine grimmigen Nordpolfahrer; und aus der Horde
der Waldmenschen, die der Roman auf der Flucht vor dem
Gletscher zeigt, erhebt sich plötzlich ein italienischer Futurist,
um mit seiner Kolonisierung des Gletschers sein Einverständnis
mit dem rapiden Prozeß der Zivilisation zu bekunden.

In Jensens Roman erscheinen Gestalten der Avantgarde in pathetischer Landschaft. Man mag über das Genrebildchen der
Moderne, das der Roman entwirft, lächeln. Aber es ist aus dem
Stoff, aus dem die Träume für die Zukunft gemacht waren, die
uns mittlerweile vergangen scheint.

Die Geschichte des Romanes ist einfach und herzergreifend. Die
Eingangsbilder werden vom Topos gesteuert: Die Reise ins ewige
Eis beginnt mit der Trennung von der »authentischen Gemein-
schaft«.[39] Wir sehen eine Horde von Waldmenschen, die gegen

Ende der Tertiärzeit in Skandinavien von ersten arktischen Stürmen in die Flucht gezwungen wird. Während die Horde panikartig vor dem anonymen Feind »Kälte« die Heimat, die einmal tropische Temperaturen gekannt hatte, verläßt und sich zu schützen sucht, indem sie ihre Körper immer enger um die Feuerstelle rückt, entschließt sich der Held namens Dreng am »Scheidewege« zwischen Ursprungswald und Kälte, das Feuer, für dessen Bewachung er verantwortlich ist, zu verlassen, um den Kampf mit der Kälte aufzunehmen. Bevor er das Lager verläßt, wirft er einen letzten Blick auf die schlafende Horde:

Mit einem weichen Blick sah er auf die Brüder, die da ringsum lagen und im Schlaf leise fröstelten, die Gliedmaßen dicht an den Körper gezogen, sogar die Zehen zusammengekrümmt vor Kälte.[40]

Als er am nächsten Morgen zurückkommt, ohne den mythischen Feind »Kälte« angetroffen zu haben, ist das Feuer erloschen. Die Horde greift ihn an, er erschlägt ein führendes Mitglied seines Stammes und wird ausgeschlossen. Daraufhin macht er Front gegen den »Nordwind«, trennt sich endgültig vom Ursprungswald und »marschiert in den Winter«. Hierbei stimmt er den großen »Verneinungs-Gesang« an. »Und dann«, so berichtet der Roman nicht ohne Feierlichkeit, »und dann begann seine Wanderung auf Erden als Mensch, als Anfänger, einsam und nackt, auf der kalten Erde.«

Der Held zieht auf den Gletscher und erkennt, daß es keinen persönlichen Feind gibt, der »schuld« an der Kälte wäre, »so schwindet der letzte Rest seiner Tierseele«; die *Arbeit* auf entzaubertem Plateau beginnt.[41]

Die Existenz auf dem Gletscher beschreibt Jensen als eine »harte Schule« des zivilisatorischen Fortschritts. Im Zeitraffer läßt er seinen Helden die Evolution von Jahrtausenden in einem Menschenleben absolvieren. Techniken der Jagd, des Planens und Konservierens, die Entdeckung des Feuersteins und die Vorteile der Monogamie. Der Held wird Stammvater des Volkes der Nordmenschen. Das alles spielt sich auf 153 Seiten ab und führt bis zur ersten Interglazialzeit. Die Erfahrung der ungeheueren Beschleunigung der Geschichtszeit, aufgrund derer Jensens Zeitgenossen das Schreckbild des Überfalls arktischer Kälte ausgemalt hatten, dient Jensen umgekehrt dazu, den Progreß der Zivilisation als rasanten Ablauf darzustellen. Der zweite Teil des

Romans schildert einen weiteren Zivilisationsschub anhand der Lebensgeschichte eines neuen Empörers, Hvidbörn mit Namen. Seine Eingangsbilder zeigen die Erstarrung des Volkes der Nordmenschen in feudalen Herrschaftsstrukturen. Um den alten Empörer Dreng hat inzwischen ein Priesterkult die Herrschaft stabilisiert. Die Sippe des Urvaters hat dem Volk ein Kasten-System aufgezwungen. Und wieder beginnt der Befreiungsakt mit Schuld und Ausschluß aus der Gemeinschaft – Trennung als Motor der Evolution. Hvidbörn erschlägt den Oberpriester, wird ausgeschlossen, nimmt seinerseits den einsamen Kampf mit dem Gletscher auf und gründet nach der notwendigen Phase nomadischen Lebens ein neues Volk von Ackerbauern und Fischern. Der Oberpriester des alten Stammes der Nordmenschen wird vom Schmelzwasser der folgenden Zwischeneiszeit weggeschwemmt.

Der Roman mündet in einer denkwürdigen Pointe, sogar die Tatsache, daß der Mythos vom zivilisierten Menschen überliefert ist, verdanken wir dem Eise. Hvidbörn graviert seine Lebensbeschreibung in eine Platte des »Urfelsens«, die der Gletscher glattgeschliffen hatte.[42] Schrift ohne Eiszeit, nicht denkbar!

Die Philosophie dieses Romans, der versucht, den Stand der Geologie und Paläontologie seiner Zeit getreulich wiederzugeben, hatte Jensen schon in einem Essay im Jahre 1908 verkündet: Jede Evolution beruht auf der Abkühlung der Erde. Sanftere Zeiten mögen befreiender auf den Instinkt wirken. Aber in einer Zeit, in der die großen Gletscher im Zurückweichen begriffen sind, ist es ein heilsames Erziehungsmittel, sich die Verdienste der Glazialzeit zu vergegenwärtigen.[43] Also entwirft er 1908 das Environment der Eiszeit, um sie als Schule zivilisatorischen Trainings vor Augen zu führen.

Jensens Umwertung des Eiszeit-Topos mündet in dem neuen Trivial-Mythos, der auch die Bilderwelt des frühen Brecht in hohem Maße strukturiert. Der große Verneinungs-Gesang, den der Held Dreng auf dem Gletscher anstimmt, erklingt bei Brecht in einer neuen Version: »Lobet die Kälte, die Finsternis und das Verderben ...« Von der frühen Lyrik an wird Brecht zugleich das soziale Terrain im Bild des Gletschers erschließen. Er läßt entdecken, daß Eiszeit und ewiger Schneefall eine »soziale Erscheinung« sind:

Ich sehe da auftreten Schneefälle
Ich sehe nach vorn kommen Erdbeben (...)
Aber die Schneefälle haben Hüte auf
Die Erdbeben haben Geld in der Brusttasche (...)
Das enthülle ich.

Warum bleiben diese Enthüllungen im Banne des Eis-Topos?
Bildet er eine Matrix, auf die – austauschbar – verschiedene
Namen eingetragen werden können, die für Trennungsprozedu-
ren stehen?

4. Versionen der Kälte-Metaphorik

> ›und Robert?‹ fällt der Graf ihm ein,
> es überfällt ihn kalt ...
>
> *Friedrich Schiller*

Bildet das große Bild-System der Kälte, die »Eiszeit«, den Rahmen für die Kälte-Metaphern? Unser Blick in die Archive des
Diskurses der Avantgarde scheint diesen Schluß nahezulegen.
Vorgeführt wurden Gestalten, deren Einverständnis mit dem
sozialen Prozeß der Modernisierung sich sowohl in positiven
Rahmenbildern der »Eiszeit« als auch in der Mikrostruktur auf-
gewerteter Kälte-Metaphern formulierte. Handelt es sich um eine
geschlossene *diskursive Formation*? Ein flüchtiger Blick auf die
Versionen der Kälte-Metaphorik im 19. Jahrhundert zeigt, daß
die Bildsysteme nicht so homogen sind, wie es einige Kälte-
Szenarien der historischen Avantgarde vorführen. Deren künstlerische Leistung der extremen Entmischung der Sphären setzt
förmlich voraus, daß die Bildsysteme des »realistischen« Diskurses des 19. Jahrhunderts gerade mit allen Schattierungen, mit
gemischten Temperaturen arbeiteten. Eindimensionale Bilder der
Kälte scheinen aus dem »realistischen« Diskurs in die politische
Rhetorik abgedrängt zu sein. Bekannt ist der Einsatz der »Eis«-,
»Schnee«- und »Kälte«-Metaphorik in der Rhetorik des Vormärz
zur Charakterisierung des *ancien régime*.[44] Die Rede von der
»eiskalten Zone des Despotismus« (Hölderlin) oder dem »Eispa-
last der Despotie« (Freiligrath) hat sich schnell eingebürgert. Sie
wurde mit der Forderung verknüpft, die »Eisdecke« absolutisti-
scher Form im »Völkerfrühling« aufzutauen oder gewalttätig zu

durchbrechen. Diese rhetorische Tradition hat bis heute Gültigkeit. Den Zeitgenossen des Vormärz stellte sich die Situation aber nicht so eindimensional dar, wie diese Rhetorik vermuten läßt. Denn die Literatur, die sich im anderen Lager im Einverständnis mit den verschiedenen Formen des *ancien régime* artikulierte, charakterisierte ihrerseits den Feind, die Wegbereiter der Progression, mit der Kälte-Metapher. Sie registrierte, wie sich in die Idyllenstruktur historisch gewachsener Räume die »Kälte« des *nouveau régime*, der Kapitalisierung, einzuschreiben begann, und sie glaubte, in Formen des *ancien régime* Garanten von Wärmeoasen zu haben. Es wäre interessant zu erforschen, inwiefern die rhetorischen Figuren der Kälte-Metaphorik noch gesteuert waren von den mittelalterlichen Natur- und Temperamentenlehren. Grimms Wörterbuch registriert den Einfluß dieses »in seiner Geschlossenheit bewunderungswürdigen Systems der geheimen Wissenschaft«, das bis tief ins 18. Jahrhundert den Sprachgebrauch prägt. Das phlegmatische Temperament gilt als »kalt und feucht«, das melancholische als »kalt und trocken«. Doch geht die Temperamentenlehre eher von Mischungen aus, denkt eher im Ausgleich als in antagonistischen Widersprüchen oder Dichotomien:

das hirn ist kalter natur, als Aristoteles spricht, und das herz ist haizer natur, und darumb ist das hirn gesetzt über das herz, das des herzen hitz des hirn kelten senftig, also sint auch andreu glider an dem menschen widerwärtig, wan ainz ist veucht, daz ander trucken, ainz kalt, daz ander warm ...[45]

Zu auffälligen neuzeitlichen Polarisierungen kommt es nach den Wortschatzbefunden des Wörterbuchs erst nach 1750. Jetzt tauchen die modernen Dichotomien auf. Als einsinnig »kalt« werden jetzt alle *Regelsysteme* begriffen, von der Staatskunst bis zur Grammatik, vom Rechnungswesen bis zur französischen Tragödie, von der »feierlichen Kälte einer Standesperson« bis zum analytischen Scharfsinn des regelrechten Zergliederns. Die »kalte Buchgelehrsamkeit, die sich mit kaltem Zeichen ins Gehirn drückt« steht in Opposition zum »warmen Busen der Natur«. Alle Intelligenzleistungen, die an eine Instanz gekoppelt sind, der man später, Ende des 19. Jahrhunderts, den Namen »Über-Ich« geben wird, werden als »kalt« bezeichnet. Der Terminus »Entfremdung« verknüpft sich mit der Vorstellung der Entfernung von wärmeren Ursprungsgegenden, sei es der Mutter, einer symbiotisch gedachten Umwelt oder der »Spontaneität«. Es ist aber kennzeichnend für das binäre Schema, daß seine Extreme gleichzeitig formuliert werden. In der Ägide des heftigen Affekts gegen die Regelsysteme definierte Kant die Pflicht zu »kalten Leidenschaften, welche nicht mit dem Ungestüm eines Affektes, sondern mit der Beharrlichkeit einer auf gewisse Zwecke angelegten Maxime verbunden sind«[46].

Die Romantik gewinnt der »Kälte« den Reiz der Ambiguität ab[47]: der »kalte Buchstabe« gewinnt den Reiz der Hieroglyphe, die Nachtseiten der Natur zu erschließen vermöchte; der »kalte Schweiß« des Horrors verrät psychische Dispositionen, für die der Mensch nach dem Entwurf der aufgeklärten Anthropologie nicht konstituiert schien; und das »kalte Gestein« bietet, in Opposition zur vergänglich vegetabilischen Welt, den Abglanz der Zeitlosigkeit. Die Kälte-Landschaften der Romantik sind ein Medium der Erforschung, inwieweit die symbiotische Konstruktion »Mensch-Natur« eine Illusion[48], inwieweit der Mensch von Natur aus künstlich ist. Manfred Frank hat bei seiner Untersuchung der Rede vom »kalten Herzen« beschrieben, daß die romantische Literatur mit der einsinnigen Tradition dieser Metapher, die einmal stoische Unempfindlichkeit gegenüber Schmerz und nahendem Tod und Akte der Abstraktion und des analytischen Vermögens bezeichnet hatte, bricht. Sie entdeckt in der »Metallisierung des Herzens« Faszination und Entsetzen. Sie läßt das »kalte«, das »gläserne« Auge in einem Grenzbereich von Wissenschaft und Magie operieren.

Manfred Frank weist auch darauf hin, daß Karl Marx in seiner Verwendung der Kälte-Metapher an die Ambivalenz der romantischen Bildlichkeit anschließt. Adam Müller hatte schon in seinen »Elementen der Staatskunst« von 1809 die Furcht zum Ausdruck gebracht, daß ein System, in dem der unschätzbare Wert einer Person auf einen ökonomischen Wert reduziert werde, eine »metaphysische Erkaltung der Seele« mit sich bringe. Marxens Theorie der »Entfremdung« bleibt dieser Vorstellung der »Erkaltung« verbunden. Aber für Marx ist der »Kältestrom« der Kapitalisierung gleichzeitig ein notwendiger Indikator des Fortschritts. Der Prozeß, der alle »idyllischen Verhältnisse« in das »eiskalte Wasser der Berechnung« taucht, kann und soll nicht rückgängig gemacht werden, noch können Wärmebezirke aus ihm ausgespart werden. »Kälte« ist hier nicht länger Indiz der Unheilsgeschichte, sie ist »dialektisch« wendbar. Dieses Motiv sollte aber im 19. Jahrhundert schnell wieder verdrängt werden; in Reinkultur wird es erst wieder von einigen Künstlern der Neuen Sachlichkeit in den zwanziger Jahren des 20. Jahrhunderts aufgegriffen. Inzwischen hat die Lebensphilosophie den alten Topos in ihrem Kampf gegen die »Eiszeit des Rationalismus« in Dienst genommen. »Ist das Herz der modernen Naturforschung eine Schneegrube?« fragt 1903 Wilhelm Bölsche, »Draußen lachender Frühling – und im Innern ein kalter Krater, in dem auch dann nur ein Stück Eiszeit andauert?«[49] Im Gros der expressionistischen Lyrik findet man dann in der Rede über den »erkalteten Stern« eine Mischung von lebensphilosophischer Klage und marxistischem Entfremdungsbegriff, die bis heute in der deutschsprachigen Literatur dominiert. Der auffällige Prozeß, der sich in den neusachlichen Künsten durchzusetzen beginnt, ist die Abspaltung der lebensphilosophischen Klage von dem zivilisatorischen Phänomen, das man »Entfremdung« nannte. Das hat, wie wir nach diesem Rückblick genauer erkennen können, zwei Aspekte. Einerseits verknüpfen die neusachlichen Künstler den *ästhetischen* Reiz, den schon die romantische Literatur dem Komplex des Anorganisch-Mineralisch-Gläsern-Kalten und Automatenhaften abgewonnen hatte, mit ihrer Strategie der »Sinnesschulung«, die sie für nötig halten, um eine adäquate Disposition für die Modernisierung zu erlangen. Andererseits entdecken sie, wie die Soziologie um die Jahrhundertwende, den funktionalen Aspekt der »Entfremdung«. Diese wird jetzt als unabdingbare Voraussetzung dafür begriffen, daß »Gesellschaften« sich überhaupt in einem System von Distanz und Nähe regeln können.

Inwiefern Nietzsche-Lektüren die Umwertung der Kälte-Bilder initiiert und gesteuert haben, bedürfte der genaueren Erforschung. Ihr Einfluß auf die meisten der in diesem Aufsatz genannten Schriftsteller und Maler ist evident. »Philosophie, wie ich sie bisher verstanden und gelebt habe«, schrieb Nietzsche im »Ecce Homo«, »ist das freiwillige Leben in Eis und Hochgebirge.«[50] Er entwirft für den Denkenden einen Ort der Existenz, der nicht vom »Schirokko« der Tugenden des Christentums erreicht werden kann. Das Ablegen der Hüllen, die die moralischen Fiktionen wie einen Wärmepanzer um den Menschen legen, ist für ihn der eigentliche Test, für den er die Kälte-

Metapher einsetzt. Während die »stubenwarmen« Bürger die Gestalt des Freigeistes nicht ohne Schauer betrachten (»am Eis der Erkenntnis erfriert er uns noch!«) ist dieser festentschlossen: »Lieber noch ein wenig zähneklappern, als Götzen anbeten!«

Es scheint aber auch für Zarathustra eine Frage der *Pädagogik* zu sein, den Menschen in ihren von Moral »geheizten Stuben« und den »Garküchen des Geistes« ausschließlich die Plateaus der Kälte zu zeigen und zu verschweigen, daß der Freigeist in den Genuß der »Sonnengürtel« hinter den Eisbarrieren kommt.

Die Metapher des »Im-Eise-Lebens« erschließt die affektive Dimension des *gefährlichen* Denkens und Lebens auf verbotenem Terrain. Im Grunde schreibt Nietzsche existentielle Bedingungen des radikalen Denkens vor:

– die Entfernung aus jeglicher »authentischen« Gemeinschaft, die »Einsamkeit« als Voraussetzung klaren Denkens;
– die »Lust am Neinsagen«, die Lust an der physiologischen Entzauberung der Ideale;
– der Verzicht auf den Mantel der Therapie, der Nächstenliebe, der Sinngebung.

Ein Buch wird in den zwanziger Jahren in der Gestalt des »Steppenwolfes« untersuchen, in welches Zwangssystem es führt, wenn man den von Nietzsche vorgeführten Denkhabitus in eine existentialistische Lebensführung übersetzt, die dann nicht des Rauschmittels entbehren kann, um die Kälte-Attitude aufrechtzuerhalten. Nietzsche ist klüger. Wenn er vom Eintauchen in die Kälte spricht, dann achtet er in der Regel auf die Dauer. Der lange Aufenthalt »im Eise« überfordert die Konstitution des bürgerlichen Subjekts. Darum empfiehlt er plötzliches Eintauchen, Geschwindigkeit, Erwärmen der Gliedmaßen durch den Tanz in der Kälte.[51]

5. Das gemalte Gletschererlebnis

Unter den bisher aufgeführten, meist pathetischen Landschaften des ewigen Schnees fehlten die naheliegendsten, die Gletscher der Alpen-Regionen. Hatte der Topos vom ewigen Schnee als Ort der Unheilsgeschichte auch die naturkundliche Erschließung dieser Regionen jahrhundertelang verzögert? Ein solcher Nachweis kann hier nicht geführt werden. Auffällig ist aber, daß in dem historischen Augenblick, in dem die wissenschaftliche Erschließung des bis dahin »wilden« Naturraums beginnt, auch der Topos zu kippen droht. In Gletschernähe kann der »Naturmensch« in seinem fabelhaften Unschuldszustand erblickt werden. Da Felsen und Gletscher eine natürliche Barriere gegen die Ausbreitung der Zivilisierung bildeten, glaubte man nun, in ihrer Nähe den Naturmenschen zu finden. In der Kette der Lobgesänge, die mit Haller beginnt, strahlen die Gletscher eine gewisse Garantie für eine unschuldigere Lebensweise aus.

Gegen Mitte des 18. Jahrhunderts wird der unbefriedete Naturraum der Gletscherregionen als »Experimentiergrund für neuzeitliche Grenzüberschreitungen« entdeckt; das Grauen vor dieser Region wird überwunden.[52] Der Blick schweift ab von den durch menschliche Arbeit modellierten Naturräumen, den terrassierten Berghängen und den Gärten der Niederungen mit ihren kanalisierten Flüssen. Hatte man sich in diesen Bildern noch einer vernünftig regulierten Körper-Trieb-Natur vergewissern können, so verschiebt sich – mit dem Affekt gegen die Zentren der Zivilisation und nach Maßgabe des Rousseauschen Gedanken über die Güte unmodellierter Natur – das Wunschbild auf die Wildnis, in der jahrhundertelang der Schrecken zu Haus schien. Freilich kann man den Gletscher-Zonen zu diesem Zeitpunkt noch keinen ästhetischen Reiz abgewinnen. Erst wird ihre Nützlichkeit in der göttlichen Weltordnung bedacht. Was Haller angekündigt hatte, führt Gottlieb Siegmund Gruner 1760 in seiner Abhandlung über die »Eisgebirge des Schweizer-Landes« systematisch aus: die Gletscher tun Dienst als Wasserreservoire Europas, als Barrieren, die gleichermaßen Schutz gegen Dürre und Überschwemmungskatastrophen bieten, die die Luft reinigen und die Minerallager behüten. Im gleichen Jahrzehnt beginnen die wissenschaftlichen Expeditionen de Saussures in die Gletschergebiete Savoyens. Er untersucht die Gesteinsschichtungen, Verwerfungen und Gletscherformationen und fertigt aufgrund seiner Vermessungen erste Zirkelpanoramen an. Auch für de Saussure ist das Terrain, das er vermißt, »irdisches Paradies«. Die Bilder der Maler, die die Expeditionen begleiteten, verzichten selten bei der Darstellung von Eis, Fels und Himmel auf die Gegenwart einer menschlichen Figur, die vom felsigen »Ufer« des »Eismeeres« die erhabene Natur betrachtet. Der Anblick der nicht-pazifizierten, aber vermeßbaren Natur ist in diesem historischen Augenblick frei von dem Verdacht, unter den die »Dialektik der Aufklärung« ihn seit der Romantik stellen sollte; er ist, wie es ein Zeitgenosse formuliert, »frey von Gewissensbissen«.

Mit der wissenschaftlichen Erschließung der Alpen-Gletscher trifft man aber zu Beginn des 19. Jahrhunderts auf eine *unheimliche* Dimension: sie scheinen auf eine rätselhafte Weise Aufschlüsse über eine katastrophale Periode der Erdgeschichte zu vermitteln. Dieses Rätsel wird das 19. Jahrhundert in seinen Bann schlagen. In den dreißiger Jahren des 19. Jahrhunderts formuliert Agassiz ausgehend von der Gletscherforschung zum erstenmal eine wissenschaftliche Eiszeit-Theorie, die aber bezeichnenderweise von der Cuvierschen Katastrophenlehre beeinflußt bleibt.

Die Kunsthistorikerin Monika Wagner hat an den malerischen Darstellungen des Gletschererlebnisses im 18. und 19. Jahrhundert die widersprüchliche Bewegung von Ent-Mythisierung und Rück-Mythisierung beobachtet. Erst in der späteren Phase der Romantik konnte Alexander von Humboldt von der »Schönheit des blauen Gletschereises« sprechen, nicht ohne hinzuzufügen, daß sich dieser ästhetische Reiz erst aus der Optik »des Romantischen« einstelle. Der romantische Blick auf die Gletscher ist aber so eindeutig nicht, wie Humboldt suggeriert, ein den Blick des Naturforschers ästhetisch ergänzendes Moment. Als William Turner auf seiner ersten Schweizreise von 1802 die Gletscher von Chamonix malt, verzichtet er auf jegliches Anzeichen von menschlicher Präsenz. Sobald sich die Ästhetisierung vom wissenschaftlich erschließenden Blick abspaltet, gewinnt die Romantik der Welt des Eises und der Minerallager den Schauer zurück. Und während seit den siebziger Jahren des 18. Jahrhunderts die Begehung des Gletschereises schon zum perfekten Gletschererlebnis der (zumeist englischen) Alpentouristen zählt und die wissenschaftliche und alpine Erschließung der Regionen des ewigen Eises im 19. Jahrhundert rasche Fortschritte macht, taucht der unselige Endzeit-Topos im Ästhetischen wieder auf. Die schnelle Trivialisierung des Schauers zeigt, wie ungebrochen der Topos blieb. Bis zu Ganghofer und Trenker bilden die eisbedeckten Alpen nun die Bühne und Kulisse für den literarischen Schrecken, daß die kolonisierte Natur »mythisch« zurückschlägt, als Rache am Frevel der Zivilisation, von der die Walliser Sagen schon im 19. Jahrhundert berichtet hatten.

Zu dem Zeitpunkt aber, zu dem die wissenschaftliche Erschließung der Alpengletscher abgeschlossen scheint, bietet sich schon eine neue »Wildnis« als moderner »Experimentiergrund für neuzeitliche Grenzüberschreitungen« an, die Polar-Regionen. Hier gab es einen Raum, der keine Spuren menschlichen Eingriffs aufzuweisen hatte. Mit den Polen sollten Punkte eines abstrakten Gradnetzes erobert werden, die weder einen besonderen panoramatischen Ausblick noch überhaupt visuelle Sensationen – wie noch die schneebedeckten Alpengipfel – zu bieten hatten. Vom visuellen Ertrag aus betrachtet scheinen darum die Polar-Expeditionen sinnlos. Auch das Moment der handfesten imperialistischen Gebietsaufteilung wird von der Weltpresse, die diesen Expeditionen einen hohen Grad an Aufmerksamkeit zollt, nur als Nebeneffekt vermerkt. Gefeiert werden die Helden, die als Speerspitzen der Zivilisation in die Schneewüsten eindringen, ohne Spuren ihrer Arbeit zu hinterlassen. Es ist gerade dieser *sinnlose* Akt extremer Entbehrungen, der Millionen Menschen als Publikum der Expeditionen in seinen Bann zog. Und es mag sein, daß zu einem Zeitpunkt, in dem die überheizten häuslichen Räume des Bürgertums Schrecken hervorriefen, die Vorstellung der Eiswüsten als neuer Front zivilisatorischen Kampfes zu einem Wunschbild avancieren konnte.

Auf jeden Fall erregt die erfolgreiche Polar-Literatur bis weit in die dreißiger Jahre unseres Jahrhunderts die Gemüter einer großen Leserschaft.[53] Die fatale Polar-Expedition des italienischen Generals Nobile, dessen Flugzeug »Italia« 1928 abstürzt, löst eine neue Serie von Hörspielen, Dramen und Reportagefilmen aus. Friedrich Wolff schreibt »S.O.S. ... Rao Rao ... Foyn ›Krassin‹ rettet ›Italia‹« (1929), W. E. Schäfer »Malmgren« (1929), R. Goering »Die Südsee-Expedition des Kapitän Scott« (1930). In den Dramatisierungen der Polarexpeditionen kreuzen sich zwei Motive: der Kampf mit der Kälte als Parabel der heroischen Pioniertat, das wüste Natursubjekt sich untertan zu machen, mischt sich mit der Haltung von Nietzsches »Nordpolfahrern«, für die die polare Region die ideale Landschaft ihres Nihilismus ist. So Arno Schirokauer 1930: »Es ist das Vorrecht weniger, für etwas zu sterben. Wie das Phantom heißt, ist nicht wichtig.«

Allerdings wird dieses Pathos nicht durchgehalten. Schon in den zwanziger Jahren beginnt der Aspekt der *sportlichen* Erschließung des ewigen Eises das Sujet der »Kälte« erheblich zu verkleinern. Im Genre des Hochgebirgsfilms geht es um den »Kampf ums Matterhorn« und die »Stürme über dem Montblanc«.

6. Aspekte des Kälte-Kults in den zwanziger Jahren

Gegen den Aberglauben der Erkältung

> Plötzlich fühl ich mich von hinten angefaßt
> mit kalter Hand.
>
> *Friedrich Schiller*

Die Polarisierung von »Gemeinschaft« und »Gesellschaft« hatte im deutschen Sprachbereich schon eine längere Tradition. Fatal wurden die politischen Implikationen dieser Polarisierung in den Lagerbildungen der zwanziger Jahre. Ferdinand Tönnies' Standardwerk »Gemeinschaft und Gesellschaft«, das im Jahre 1887 erschienen war, erzielt in den Jahren 1919 bis 1935 vier Neuauflagen. Es wird nicht überraschen, daß – im Banne des binären Schemas – der Diskurs der »Gemeinschaft« sich um den Wärme-Pol lagert, während der der Gesellschaft sich am Kälte-Pol kristallisiert. Das Ja zur »Gesellschaft« bedeutete offensichtlich die Bereitschaft, ein Maß an Trennungen auszuhalten, vor denen die »Gemeinschaft« den einzelnen abschirmen sollte.

Es wird nicht verwundern, daß die *psychoanalytischen* Theorien, die in diesem Zeitraum entwickelt wurden, keine »Gemeinschafts«-Theorien waren, sondern auf ihre Weise die notwendige Initiation in die Moderne begründeten. 1913 bringt Ferenczi in der Internationalen Zeitschrift für Psychoanalyse den Kälte-Schock der Geburt in Verbindung mit der Entwicklung des »Wirklichkeitssinnes« beim Kinde. Später leitet er im Thalassa-Mythos – die Entwicklungsgeschichte des Kindes auf die Menschheitsgeschichte projizierend – die Entstehung der ganzen Zivilisation aus der Eiszeit her. Diese Umpolung des Eiszeit-Topos ist uns inzwischen aus den Schriften von Wilhelm Bölsche und dem Roman von Johannes V. Jensen vertraut.

Der Kampf der Modernisten gegen den »Aberglauben« von der »Kälte« als Gefahr hat noch andere Konsequenzen, die die Pathologie des Alltagslebens betreffen. Hier sei an eine der witzigsten Kältetheorien erinnert, die der englische Psychoanalytiker Ernest Jones 1923 vorträgt.[54] Er untersucht den Zusammenhang von Kälte, Krankheit und Geburt. Dabei überprüft er als erstes, warum man Husten und Schnupfen »Erkältung« nennt; und warum im 19. Jahrhundert eine ganze Serie bakteriologischer

Zustände von der Tuberkulose bis zur Gastritis auf den schädlichen Faktor der »kalten Luft« zurückgeführt wurde; warum die pathologische Tragweite der Kälte ungeheuerlich übertrieben wurde und geradezu zur »Folklore« des Medizinverständnisses gehörte, obwohl die experimentelle Forschung an Menschen und Tieren gezeigt hatte, daß nur eine pathogene Infektion zu schwächen vermag.

Ernest Jones führt die Erkältungs-Folklore auf zwei Gründe zurück: erstens auf einen logischen Irrtum. Ein hervorstechendes *Symptom* der meisten dieser Infektionen sei ein Kälteschauer, ein Stadium des Schüttelfrostes. Der Terminus »Erkältung« verwechselt das Symptom mit der Krankheitsursache. Dieser »rein intellektualistischen« Erklärung fügt Jones eine zweite, psychologische hinzu. Er geht davon aus, daß formal-logische Irrtümer in erster Linie nicht in intellektuellem Mangel, sondern in emotionellen Faktoren begründet sind. Ernest Jones vermutet, daß die Furcht vor kalter Luft entwicklungsgeschichtlich von der Furcht herrührt, von der »warmen Herde« getrennt zu werden.[55] Er übersetzt den Terminus »Herde« psychoanalytisch in den Terminus »Familie« und letzten Endes in den der symbiotischen Beziehung des Kindes zur Mutter. »Kälte« aktualisiert das Leid, das vom Kind empfunden wird, sobald es aus dem Paradies der Symbiose vertrieben wird. Plötzlicher Einbruch von Kälte erinnert an den Kälteschock der Geburt. Darum ist Kälte – auch wenn man aufgeklärt genug ist, in ihr nicht den Grund für die meisten Krankheiten zu erblicken – dennoch ein unbehaglicher Reizzustand. Dieser muß ausgehalten werden, auch wenn die Psychoanalyse den »Aberglauben« der »Erkältung« vertrieben hat.

Die Legende vom kalten Kinde

> da sitz ich armes, armes Kind im kalten Abendhauche.
> *Ludwig Heinrich Christoph Hölty*

In der Bilderwelt Brechts, zeitlebens ein Verächter der Psychoanalyse, finden Experimente mit der psychoanalytischen Erkenntnis statt, daß sich der »Wirklichkeitssinn« nicht ohne »Kälteschock« herausbildet. In seinem Lied »Von der Freundlichkeit der Welt« charakterisiert er die erste Lebensphase der Menschwerdung als eine notwendige Existenz auf einem »Gletscher«:

Auf die Erde voller kaltem Wind
Kamt ihr alle als ein nacktes Kind
Frierend lagt ihr ohne alle Hab
Als ein Weib euch eine Windel gab.

Räume, die sich gegen diesen Kälteschock abschirmen und von symbiotischer Wärme erfüllt sind, beschreibt Brecht als Räume des Horrors, der Stagnation und der Dummheit.[56] Überheizte Kammern bedeuten in seiner Bilderwelt die unausgesetzte Präsenz der Eltern und anderer Kontroll-Instanzen, deren Fürsorge die Selbstbestimmung des Menschen vereitelt. Seine Abkehr von den Subkulturen der Wärme geht so weit, daß er einen neusachlichen Mythos vom kalten Kinde entwirft, das nie der wärmenden Symbiose im Mutterleib bedurfte. In seiner Legende »Vom armen B.B.« erinnert die Eingangsstrophe an eine Szene aus Jensens Gletscher-Mythos. Die Eingangsbilder des Romans zeigten den Helden am »Scheideweg« zwischen den warmen Ursprungswäldern und dem ewigen Winter; der Held entschied sich gegen die Regression in die Wärme, gegen Horde, Feuerstelle und Wälder, weil diese Regression ihn und seinen Stamm unrettbar dem Schicksal der vorrückenden Kälte-Zone ausgeliefert hätte. Brechts Strophe trumpft nun mit einer ganz neuen Version des Kälte-Topos auf:

Ich, Bertolt Brecht, bin aus den schwarzen Wäldern
Meine Mutter trug mich in die Städte hinein
Als ich in ihrem Leibe lag. Und die Kälte der Wälder
Wird in mir bis zu meinem Absterben sein.

Was geschieht hier mit dem Topos von den warmen Ursprungswäldern und den kalten Stätten der Zivilisation? Brecht stellt diesem Stereotyp eine Legende von einer Entwicklungsgeschichte entgegen, die nie mit dem Problem des »Scheidewegs« konfrontiert war. Die neusachliche Persona, die hier spricht, hat den Kälteschock nicht nötig, weil sie als Kind schon durch die »Kälte der Wälder« konditioniert worden ist, die Kälten der Zivilisation zu genießen. Man mag darin ein ironisches Spiel mit den alten Topoi vermuten. Wie bitterernst aber diese Legende in der Neuen Sachlichkeit genommen wurde, davon zeugt der Kommentar von Walter Benjamin. Er sagt: »Dem Dichter ist schon im Mutterleib so kalt gewesen wie in den Asphaltstädten, in denen er leben sollte.«[57] Aufgrund seiner in diesen Jahren entwickelten Theorie vermochte Benjamin in dieser Gedichtstrophe kein Spiel mit Trivial-Mythen zu sehen.[58] In seiner »Kommunistischen Pädagogik« entwirft er beiläufig eine merkwürdige Anthropologie für die Kinder der Arbeiterklasse, die er nun, seltsam genug, der Stilisierung des Dichters folgend, auf die pränatale Situation des kleinen Brecht überträgt. Benjamins Theorie läßt sich grob so zusammenfassen: Weil das Proletarierkind schon im Mutterleib der Kälte der Existenzbedingungen ausgesetzt ist, entwickelt es bereits in diesem Stadium eine angemessene Disposition zum Klassenbewußtsein; anders gesagt – schon hier wird es für den »Kältestrom des Marxismus« (Ernst Bloch) konditioniert. Die Arbeiterfamilie, in die es dann hineingeboren wird, ist, im Gegensatz zur bürgerlichen, kein geschlossenes Gehäuse, keine wärmende Subkultur, die das Kind beschirmt; denn »die Proletarierfamilie ist dem Kinde kein besserer Schutz vor schneidender sozialer Erkenntnis als sein zerfranstes Sommermäntelchen vorm schneidenden Wind«.[59] Das Proletarierkind bedarf also nicht der Kälte-Szenarien, die die Avantgardisten zur Erziehung der Sinne bürgerlicher Subjekte entwerfen. Es wird in die Umwelt der Kälte hineingeboren; es steht nie vor dem besagten Scheideweg, die Sphäre der Trennungen ist seine Welt. Noch bevor es vor eine Entscheidung gestellt wird, ist »Gesellschaft« seine natürliche Ausgangsbasis. Daher Brechts Abwehr gegen eine Tradition der Arbeiterbewegung, ihrerseits Subkulturen der Wärme, sozialdemokratische »Gemeinschaften«, einzurichten.

Erwerbsmaschine und Ironside

> Kain stand in betäubendem Schrecken
> todtblasz, kalter Schweisz umflosz die
> bebenden Glieder.
>
> *Salomon Gessner*

Der Einfluß Max Webers auf den Denk-Habitus der Neuen Sachlichkeit ist kaum erforscht, seine Bedeutung für die pragmatische Anthropologie, die die künstlerischen Manifeste in diesem Jahrzehnt zu steuern beginnt, weitgehend unbekannt.

Max Weber hatte dem lebensphilosophischen Affekt gegen den Rationalismus die Pflicht zum »Kältebad des Intellekts« entgegengesetzt. Wissenschaftlern und Politikern schreibt Weber den Grundsatz der kalten Leidenschaft vor, die, wie Kant gesagt hatte, »nicht mit dem Ungestüm eines Affektes, sondern mit der Beharrlichkeit einer auf gewisse Zwecke angelegten Maxime verbunden sind«. Nach den »mit dem Ungestüm des Affektes« betriebenen und verlorenen Aufständen der Jahre 1918 bis 1923 kündigt sich nun die Disziplin der »Realpolitik« oder der »Bolschewisierung« an, die den politischen Rahmen der Künste der Neuen Sachlichkeit bildeten. Aufschlußreich ist es, in diesem Kontext zu untersuchen, wie Max Weber die Metapher der »Kälte« in seiner Charakterologie der Bourgeoisie eingesetzt hat.

In seinen Betrachtungen über das Verhältnis von Askese und kapitalistischem Geist in der jungen puritanischen Bewegung stellt Max Weber eine merkwürdige Mischung fest: überraschend ausschweifend in der wissenschaftlichen Neugier – aber von einer »erkältenden Disziplinierung« gegen die Sinneskünste, die Erinnerungen an magische Praktiken auslösen, an Gnade appellieren oder sich an ästhetischem oder sportlichem Genuß dienenden Kulturgütern verausgaben. Das affektive Klima der Kälte scheint also durchaus die wissenschaftliche Neugier, Kühnheit der Tabudurchbrechung dieses Typus zu stimulieren. Der »rigoristisch kalte Stimmungsgehalt« und die gänzlich auf sich gestellte Isoliertheit hindert den Calvinisten nicht an seiner Mobilität, seinem Entdeckungsdrang und Wagemut, alles Verhaltensweisen der Trennung. Der Kälte-Habitus legt sich aber mit bleierner Schwere auf den Lebensrhythmus, insofern er sich an die Wahrung und Mehrung des Besitzstandes fesseln läßt:

Der Gedanke der Verpflichtung des Menschen gegenüber seinem anvertrauten Besitz, dem er sich als dienender Verwalter oder geradezu als ›Erwerbsmaschine‹ unterordnet, legt sich mit seiner erkältenden Schwere auf das Leben.[60]

Weber setzt die Metaphern der »Kälte« keineswegs nur negativ bei der Charakterisierung des calvinistischen Typs ein. So begeistert ihn die »Kaltblütigkeit« von Cromwells Reiterei, den »Ironsides«, oder die kühle, reservierte Ruhe, die die puritanischen Märtyrer in den Verhören dem fassungslosen Poltern der adligen Prälaten und Beamten entgegenhalten. Spuren hiervon entdeckt Weber noch zu seiner Zeit im angloamerikanischen Typus des »*gentleman*«, dessen reservierte Selbstkontrolle er schätzt. Das moderne Militär als Kälte-System:

Das asketische Prinzip der ›Selbstbeherrschung‹ machte den Puritanismus auch mit zum Vater der modernen militärischen Disziplin (...) Cromwells ›Ironsides‹, mit der gespannten Pistole in der Hand, ohne Schuß, in scharfem Trab an den Feind geführt, waren nicht durch derwischartige Leidenschaft, sondern umgekehrt durch ihre nüchterne Selbstbeherrschung, welche sie stets in der Hand des Führers bleiben ließ, den ›Cavalieren‹ überlegen, deren ritterlich-stürmische Attacke jedesmal die eigene Truppe in Atome auflöste.[61]

Weber bleibt in der Tradition des metaphorischen Redens über die Affekte, wenn er deren Kontrollinstanzen die Qualität des »Kalten« zuschreibt. Norbert Elias wird in den dreißiger Jahren den Prozeß der Entwicklung von Kontrollstrukturen der affektgeladenen Impulse (der »derwischartigen Leidenschaften«, wie Weber mit ethnozentrischem Blick formuliert hatte) als Geschichte der Zivilisation beschreiben, in der Zeitdisziplin, Kontrolle von Angriffslust und Zwang zur Langsicht erlernt werden. Die Zivilisierung der Sinne wird traditionell als »Abkühlung« beschrieben. Die »infantilen« Impulse blieben wärmeren Gegenden der Welt vorbehalten, »Haiti«, oder »Ägypten«, Ländern, die schon die Gemüter im 18. Jahrhundert fesselten, als man die ersten Gletscher wissenschaftlich erschlossen hatte.

Der Habitus des kalten Blicks

> da packt die andern kalter Graus
> sie fliehen in alle Welt hinaus.
>
> *Ludwig Uhland*

Der Seitenblick auf Max Webers Rekonstruktion des bourgeoisen Charakters macht skeptisch gegenüber dem Versuch der Künstler, ein »kaltes« Subjekt als ein *nicht-bürgerliches* zu entwerfen. Die Beobachtung des neusachlichen »kalten Blicks« legt nahe, daß das neue Subjekt sich vor allem durch die Negation der bürgerlichen *Moral* auszeichnet. Ist es dadurch aber nicht mehr aus dem Holz geschnitzt, aus dem schon die »Erwerbsmaschine« und die »ironsides« bestanden? Oder gleicht es sich dem Typus der Bourgeoisie an, um ihn mit eigenen Waffen zu schlagen?

In Zeichnungen und Gemälden der Neuen Sachlichkeit wird der Habitus des kalten Blicks vorgeführt. Das Selbstporträt von Otto

Dix zeigt, wie dieser Blick die ganze Muskulatur des Kopfes in Dienst nimmt, vom energisch vorgeschobenen Unterkiefer bis zu den »stechenden« Augen und die vom »Feststellungswillen« erfüllte Stirn des Nietzsche-Lesers. Diese Pose kündet vom Mut zum Verbotenen ebenso wie von der Lust des »im Eise lebens«, die Nietzsches »Antichrist« vermittelt hatte. Lektüre hat die Physiognomie modelliert. Nietzsche hatte deren Kontur an den »Nordpolfahrern« beschrieben:

Man sieht einen traurigen, harten, aber entschlossenen Blick – ein Auge, das hinausschaut, wie ein vereinsamter Nordpolfahrer hinausschaut (vielleicht um nicht hineinzuschauen? und nicht zurückzuschauen? ...) Hier ist Schnee, hier ist das Leben verstummt, die letzten Krähen, die hier laut werden, heißen »Wozu?«, »Umsonst!«, »Nada« – hier gedeiht und wächst nichts mehr.[63]

Von Nietzsche waren die Denkmotive, die den Habitus des kalt Blickenden steuern, erkundet worden. In der »Morgenröthe« hatte er eine Psychologie über die Kälte der Beobachtung entworfen: Im Widerstand zu physischem Schmerz entwickelt der Mensch eine besondere Schärfe der Beobachtung – und sei es auch nur für einige Augenblicke. In Momenten, in denen die Umwelt annimmt, daß sich der Blick durch den Grad des Körperschmerzes trübe, versucht der Leidende in einem Willensakt zu beweisen, daß er sich dessen nicht »schuldig« macht. So durchdringt der Blick des von Schmerz Geplagten für einen Moment die »warmen Nebelwelten«, in denen sich die Gesunden ihren Täuschungen überlassen. In diesem kalten Blick arbeiten drei wichtige Faktoren:
– er wehrt die *Sinngebungen*, die das Leid zu einem Element einer größeren Harmonie machen wollen, ab;
– er duldet keine Irritation durch die dem Patienten angebotenen *Therapien*, um deren Aussichtslosigkeit er weiß;
– er bleibt kalt gegenüber den Bekundungen des *Mitleids*, das den Heroismus des Willensaktes nur entwürdigen kann.
  Es ist der stechende, d. h. der schlechthin anti-therapeutische Blick. Es ist ein Habitus »im Renaissance-Stile«, wie Nietzsche an anderer Stelle sagt.[65] Auch in den zwanziger Jahren wird diesem Habitus die Leistung besonderer Wahrnehmungsschärfe zugeschrieben. Es tritt überall da auf, wo sich der Blick vor den moralischen Impulsen des Mitleids (»des Multiplikators des

Elends und dessen Konservator«) abschirmen will; wo auf die fatalen Folgen einer Anthropologie des »guten Menschen« in politischem Kontext gewiesen wird. Walter Benjamin geht davon aus, daß das »Kaltstellen der moralischen Persönlichkeit« Voraussetzung für scharfe Beobachtung sei.[66] Die Theorien der Wahrnehmungsschärfe, die in diesem Zeitraum entwickelt werden, laufen alle darauf hinaus, daß der Effekt der Wahrnehmungsschärfe nur dann erzielt werden kann, wenn sich der Autor oder Maler »kalt« zu den Ansprüchen der bürgerlich-humanistischen Moral verhält. Ernst Jünger erhebt zu Beginn der dreißiger Jahre in seinem Essay »Über den Schmerz« die Forderung, die Wahrnehmung von der Kälte des Bewußtseins regieren zu lassen. Das kalte Bewußtsein zeichne sich dadurch aus, daß es, unberührt von den Ausstrahlungen des Schmerzes und der Leidenschaften, den Körper als ein fremdes Objekt wahrnehme. Die »Kälte« der Wahrnehmung verbürge eine gleichsam klinische Reinheit des Observierens. Das Auge müsse wie die gläserne Linse der Kamera registrieren.

In den frühen Fototheorien der zwanziger Jahre wird man in handwerklich-technischen Variationen diese Argumente wiederfinden.

Blochs Parabel vom »Kälteingenieur«

dann die weicheren Strümpfe die festlichen,
sollst Du mir anziehn, ...
dasz nicht kalte der Fusz, es ist noch
kühlig des morgens.

Johann Heinrich Voß

Als Ernst Blochs »Geist der Utopie« 1919 erschien, begrüßte Margarete Susman, noch im Banne des Topos, diesen neuen Entwurf einer Metaphysik als ein »glühendes Licht«, das in der »eisigen Sturmnacht im Schnee« den Verirrten der Nachkriegszeit leuchte.[67] Das öde Schneefeld galt als Landschaft des Nihilismus, der keine Orientierungsmarken mehr bot.

Es überrascht, in diesem als Wärme- und Lichtquelle begrüßten Buch erste zögernde Begründungen zugunsten eines Funktionalismus zu finden, der sich später ohne die von Bloch gewünschten Reserven durchsetzen wird. Bloch plädiert in seinen Überlegungen zur »technischen Kälte« für eine Entmischung der kulturellen und der technisch-zweckrationalen Sphäre; er setzt sich damit in Widerspruch zur herrschenden Tendenz des russischen Konstruktivismus. Anknüpfend an Gedanken von Adolf Loos über das »Ornament als Verbrechen« schlägt er vor, die »kalten Geräte« von der wuchernden Ornamentik zu befreien und die reine »Zweckform des Maschinengeistes« zu gestalten. Das klingt wie eine Richtlinie des »Werkbundes« oder die Vorwegnahme von Ratschlägen Moholy Nagys vom »Bauhaus«. Blochs Argumentation hat aber andere Konsequenzen. Denn er fordert die Abspaltung der Sphäre der Expression von der Zweckrationalität mit dem Ziel, »das kalte Zweckgerät erst recht kalt zu machen, damit man merke, was danach noch reichlich zu erwärmen bleibt«.[68] Maschinen sollen für funktionelle Entlastung sorgen, damit im Reich der Expression pragmatische Gesichtspunkte ungestraft vernachlässigt werden dürfen. Die Funktionalisten des Bauhauses aber wollten, wie wir gesehen haben, gerade durch die Übereinstimmung der Sphäre der Zweckrationalität mit kulturellem Environment eine »Sinnesschulung« erreichen. Bloch hatte nicht mit dem gerechnet, was in den folgenden Jahren eintrat: das »kalte Gerät« wird zum ästhetischen Idol. Den bis in die Wohnungen eindringenden funktionalen Einrichtungen billigt er vom ästhetischen Standpunkt höchstens »den Zauber der modernen sanitären Anlage« zu, wenn er auch Momente der Befreiung von Interieur der Wohnungen des 19. Jahrhunderts einräumt.

Bloch plädiert für eine entschiedene Bejahung des »spielfrei Kalten«, der entlastenden Technik, um die Energien, die zur Verhüllung des Funktionellen verausgabt wurden, für das Reich der wilden Expression frei zu machen. Als habe er geahnt, daß der stürmischen Verurteilung der Maschinenwelt ihre ebenso stürmische Ästhetisierung folgen könnte, erscheint in seinem Zukunftsbild die Trennung der Sphären noch einmal als utopische Hoffnung:

Die Kunst bleibe fortan dem Gebrauch fern und versage sich dem niederen Ruf des Geschmacks, der wohllebigen Stilbildung des unteren Lebens: *große Technik* regiere, ein entlastender, kühler, geistreicher, demokratischer »Luxus« für alle, ein Umbau des Sterns Erde mit dem Ziel der abgeschafften Armut, maschinell übernommener Mühsal, zentralisierter Automatie des Unwesentlichen, dadurch möglichen Müßiggangs; und *große Expression* regiere, den Schmuck wieder in die Tiefe bewegend und

dem Tönen der inneren über dem Schweigen der äußeren Sorge reine
Zeichen des Verstehens, reine Ornamente der Lösung gewährend.[69]

Das »spielfrei Kalte«, das Ernst Bloch nur für den Bereich der
Zweckrationalität der Technik gelten lassen wollte, wird in den
funktionalistischen Künsten selbst zum ästhetischen Reiz. Die
Maschinenmetapher beherrscht neusachliche Redeweisen. Pragmatische Ästhetik macht das Reich der »wilden Expression« zu
einer Randerscheinung. Der »Ingenieur« tritt als Leitfigur auf den
Plan. In seinen Kategorien zu denken, wird jetzt auch im kulturellen Sektor modern. Auch wenn diese gleichgültig gegenüber
den Fragen von Humanität oder Barbarei sind:

Welche Form der Staat hat, ist dem Ingenieur höchst gleichgültig, genauso
gleichgültig wie die Frage, ob das Maschinenhaus mit weißen oder grünen
Kacheln ausgelegt ist; wesentlich ist, daß die Maschine arbeitet, und zwar
mit anständigem Wirkungsgrad.[70]

Bloch kommentiert den Prozeß, der zu diesem Zustand führt, in
Parabeln und Denkbildern; er schreibt Parodien auf Funktionalisten wie Siegfried Giedion, die, wie Bloch spottet, »in jedem
Schiebefenster schon ein Stück Zukunftsstaat« sähen.[71] Er warnt
vor den Formen der »neusachlichen ratio«, die glänzende Funk-
tionssysteme aufbaue, hinter denen sich das Chaos verberge.
Zwar werden die »Geräte einfach und genormt, die Maschine
schafft serienweise, die stählernen Zimmer werden praktisch
schlechthin, und wären sie nicht so teuer, so wirkten sie fast
klassenlos«, aber dahinter bleibe die »Anarchie der Profitwirt-
schaft« unangetastet: sie wird nicht vom funktionalistischen Design modelliert. Dennoch versucht Bloch, in vielen funktionalistischen Gebilden »Zukunftkörper im Kapitalismus« zu erkennen;
dazu müßten sie freilich mit »dialektischem« Blick betrachtet
werden.[72] Eine »Dialektik« allerdings, die sich im Rückblick auf
die frühe Sowjetunion ihrer Zukunft vergewissert.

1929 erläutert Bloch diese Problematik in einer Erzählung: »Die
Angst des Ingenieurs«. Hierin wird der Kälte-Topos so lange
gedreht und gewendet, bis Bloch an seiner, im theoretischen
Kontext entworfenen, »Dialektik« selbst irre wird und resümiert:
»Das kann einer anderen Weisheit Anfang sein als derjenigen,
welche in Kältetod und Neubeginn und wieder Kältetod im
Karussell von Ektropie und Entropie also der kosmischen Weis-
heit letzten Schluß zieht.«[73]

Erzählt wird die Geschichte von der Angst eines Kälte-Spezialisten, die Bloch zur Parabel der Moderne macht: Ein junger Ingenieur baut Kältemaschinen, die Temperaturen erzeugen sollen, die an der Grenzlinie des thermischen Nullpunkts liegen. Die Industrie braucht diese Maschinen, weil gewisse chemische Verbindungen nur in der Nähe des absoluten Nullpunktes gelingen. Kurz vor dem erfolgreichen Abschluß des Experiments erschrickt der Ingenieur, als er sich mögliche Folgen seines Versuchs vergegenwärtigt. Er atmet auf, als in der entscheidenden Phase seine Kältemaschine zerbricht. Bloch muß nun ausdrücklich aus seinen Überlegungen ausschließen, was unser Kontext nahelegt. Die plötzliche Angst des Technikers sei nicht verursacht durch Endzeit-Visionen wie Theodor Lessings »Untergang der Erde am Geist« oder Ludwig Klages' »Geist als Widersacher der Seele« – Bücher, die Bloch dem »Okkultismus der besseren Herren« zuschlägt. Der Abbruch des Experiments gründe weder in Maschinensturm-Motiven noch in der Kalkulation des Unfall-Risikos. Vielleicht gründe sie in der Vergegenwärtigung der »Daseinsmechanik aus totaler Leere«, vielleicht aber auch darin, daß der Ingenieur jenseits der thermischen Grenze einen *magischen Raum* fürchte. Vielleicht besitze die Technik in ihrem Endeffekt eine neue Beziehung zu einem magischen »Natursubjekt«? Blochs Geschichte wird labyrinthisch. Programmatische Sätze der Neuen Sachlichkeit, daß der Weg durch das Eis der Entzauberung des mythologischen Scheins hindurch zu einem Raum ohne Schrecken führe, werden durchgespielt und verworfen. Der bis zum Extrem durchgeführte Kälteversuch, der abgebrochen wird, beweist ihm, daß der »Wagen« des wissenschaftlich-technischen Fortschritts auf eine *magische Grenze* trifft.

> Ich stand auf der Brücke,
> Allein vor der trägen Kälte des Himmels.
> Atmet noch schwach,
> Durch die Kehle des Schilfrohrs,
> Der vereiste Fluß?[74]

Peter Huchel, *Winterpsalm*

Wir haben aus Theodor Lessings Buch über den »Untergang der Erde am Geist« schon einige Zitate angeführt, die sich der Vorschrift des alten Eiszeit-Topos fügten. Jedoch finden sich in diesem Buch, verstärkt in den Umarbeitungen, die Lessing nach 1916 in Abgrenzung gegen Oswald Spenglers Untergangsphilosophie vornimmt, zunehmend Denkfiguren, die einen Umschlag ankündigen. In der Polaritätsbeziehung von Kultur und Zivilisation ordnet er das System der Arbeitswelt einer »polaren Eiskappe« zu, die sich ausdehnt und alle flutenden Elemente des Lebens erstarren läßt.[75] Das ist ganz in der Tradition des Topos gedacht. »Amerika« wird als das Terrain bezeichnet, auf dem ein eisiger Rationalismus schon alle Lebensbezirke durchdrungen hat und ein Menschentypus entstanden ist, den er als »klar und schön wie der Mond, die erkaltete Leiche im Weltraum« charakterisiert.[76] Aber im Gegensatz zu den anderen Untergangsphilosophien sieht er keinen Weg zurück. Die Notwendigkeit eines linearen Kurses verstärkt er in der Ausgabe des Buches aus dem Jahr 1930:

> Wir kommen nicht los von der Maschinerie, denn sie ist das unbewußte Ziel des abendländischen Menschen und die Verwirklichung des Gottes, dem wir dienen und in dessen Dienst wir weiter gehen müssen, *mag auch der Weg in den Gletscher führen und an den Eispol. Daß wir die holden Landschaften der Seele verlassen und weiterwandern müssen bis ins Eis.*[77]

Wie Wilhelm Bölsche schon 30 Jahre zuvor, vermutet Lessing, daß der Mensch sein Wachbewußtsein der Kälte des Weltraums verdanke.[78] Die technische Intelligenz habe aber Energiequellen erschließen helfen bis zur Atomenergie, die in Zukunft Straßen und Behausungen gleichmäßig beheizen werden, ... und hier nimmt seine Argumentation eine frappierende Wendung: die Abschaffung der Kälte, die er im Bereich technischer Möglichkeiten sieht, könnte das Bewußtsein des Menschen, das von der Weltraumkälte geweckt wurde, und seine ganze im Kampf mit der Kälte gehärtete Verfassung unheilvoll ändern. So führt Lessing den Kälte-Topos in Paradoxien. Gleichzeitig wächst sein Mißtrauen gegen die Wärmetheoretiker, die aus dem zivilisatorischen Prozeß aussteigen wollen. Gegen Oswald Spenglers Bild der künftigen Cäsaren, die den Prozeß der Zivilisation wenden sollen, sagt er:

Wenn nun dieses Zukunftsbild als der Weg in den Gletscher erscheint, nun, so mögen wir bedenken, daß es hundertmal besser ist, von der Logik des Einmaleins abhängig zu sein als vom Menschen, und sei es auch der gewaltigste und edelste Mensch (...) Die Vereinheitlichung des allseitig zersplitterten Lebens im Geiste wird starrer und stärker binden als die endgültig verlorene Einheit der Urnatur.[79]

Und um diese Wende durch eine politische Entscheidung zu verbürgen, schreibt er ins Vorwort zur vierten Auflage:

Die Zeit der tragischen Polaritätsphilosophien ist vorüber, ich bin nicht Romantiker, ich bin Sozialist.

Im binären Schema erklärt er, warum sich sein Weg von dem langjährigen Gefährten Ludwig Klages trennte. Während Klages den kommoden Weg in die wärmeren Gefilde der »Philosophie des Rausches« eingeschlagen habe, habe er sich, »aus Wüste und Tropen kommend«, entschieden, bei Gefahr des Erstarrens seinen Weg bis zum »Eispol« fortzusetzen, um sich keiner intellektuellen Mittel zu begeben. Der Wissenschaftler muß das »Kältebad des Intellekts« (Max Weber) aushalten! Bei Lessing kündigt sich mit der Entscheidung zum Sozialismus im Medium des Kälte-Topos eine Denkfigur an, die sich auch bei anderen Intellektuellen findet, die sich entscheiden, in den »Kältestrom des Marxismus« einzutauchen.

Ernst Bloch ist davon ausgegangen, daß die Elemente der rückhaltlosen Entzauberung mythischen Scheins und der Ideologiekritik sowie die Schärfe der Reduktion mannigfaltiger Phänomene auf das Wertgesetz des Kapitals den unvermeidlichen »Kältestrom des Marxismus« ausmachen.[80] Einen Marxismus ohne diese Dimension hält er für aussichtslos. Zwar könne dieser eine gewisse Zeit die humane Flagge zeigen, wäre aber schon bald zu einem Fiasko in der Praxis oder zu Sektierertum verurteilt:

Ohne solche Abkühlung käme Jakobinertum oder gar völlig verstiegene, abstraktest-utopische Schwärmerei heraus.[81]

Gleichzeitig erinnert Bloch entschieden an die andere Dimension. Der »Marxismus als Wärmelehre« bedeutet Aufdeckung des »keiner Entzauberung unterliegenden In-Möglichkeit-Seins«. Seine Stimme verhallt unter den kommunistisch orientierten Marxisten ungehört; es fasziniert in diesen Jahren die »Kälte«, der High Tech der Bolschewisierung der Sowjetunion.

So gleichen manche marxistischen Intellektuellen der zwanziger Jahre den »Nordpolfahrern« Friedrich Nietzsches in ihrem Habitus: dem Schmerz der Erfahrung der Niederlagen der Jahre 1918 bis 1923 muß die »Kälte« des Blicks als Gegengewicht entgegengestellt werden. Der extreme Entscheidungsdruck in der Endphase der Republik läßt eine Lockerung dieses Habitus kaum zu. Zu tief scheint sich die Erfahrung eingeschärft zu haben, daß »spontane« Erhebungen sich an einer »kalten« Militärmaschine blamiert hatten. Und so erscheint in den verschiedensten Versionen der Leitsatz, der in den »Schulen der Kälte« gelernt worden war: »Ebenso kalt wie der Wind ist die Lehre, ihm zu entgehen.«

Man gewöhnt sich, den Gegensatz zwischen reformistischer und revolutionärer Politik im binären Schema zu erklären: die Warmherzigkeit reformistischen »Flickwerks« (des Mantels, der vor der Kälte schützen soll) verfällt dem Spott der kommunistischen Kältetheoretiker. Und in Begriffen des Leninismus erzählt man sich immer wieder die Äsopische Fabel vom Tod des warmherzigen Mannes: Dieser hob eine halberfrorene Schlange auf. Er wärmt sie an seinem Busen, und sie beißt ihn tot. Aber wie sollten die eiskalten Lehrsätze in der Körperwelt ohne schrecklichen Verlust durchgeführt werden?

Die dreißiger Jahre, die Zeit des Exils, bieten Raum zur Korrektur des Denkens im binären Schema. Einer der Abrechnungsberichte, die in diesen Jahren verfaßt werden, greift noch einmal die alten Bilder auf, in denen die Kader gedacht hatten. Die Szene ist makaber. Rubaschow, Agent der Komintern, erläutert in Arthur Koestlers Roman »Sonnenfinsternis« von 1940 einem jungen Arbeitergenossen, den man einer Rechtsabweichung bezichtigt, die Notwendigkeit einer eiskalten Politik, die sich von den Menschenmassen isoliert. In seiner Argumentation scheint der Grad der »Kälte« gegenüber jedem spontanen Impuls schon ein Indiz für die Richtigkeit der Argumentation zu sein. Der »korrekte Kurs« scheint von Natur aus »eisig«. Dem entgegnet – beim illegalen Treff in der Dresdner Gemäldegalerie – der junge Genosse:

Was du sagst, ist wohl richtig. Und der Pfad im Gebirge, von dem du sprichst, das ist sehr schön. Aber ich weiß nur, daß wir verloren haben. Die noch übrig sind, gehen uns davon. Vielleicht weil es zu kalt ist oben auf dem Pfad. Vielleicht, Genosse, ist es zu kalt bei uns. Die andern, die haben ihren Leuten fein eingeheizt. Bei denen gibt es Musik und Fahnen, und die sitzen alle um den warmen Ofen. Vielleicht haben sie deshalb gewonnen. Und wir brechen uns alle den Hals.[82]

Die Geschichte sucht sich dann für die Entscheidung die pathetische Landschaft des alten Topos aus. Allerdings erschien er auch jetzt in seinen zwei Versionen:

Und tag und nacht tobt auf den schneefeldern
von smolensk der kampf um die würde des menschen.
Bertolt Brecht, *Arbeitsjournal*, Eintragung vom 12.4.1942

Vor Stalingrad verweht die Chaussee
sie führt in die Totenkammer aus Schnee.
Peter Huchel, Dezember 1942[83]

7. Epilog

Denn ich halte es mit tiefen Problemen wie mit einem kalten Bade – schnell hinein, schnell hinaus. Daß man damit nicht tief genug *hinunter* komme, ist der Aberglauben der Wasserscheuen, der Feinde des kalten Wassers; sie reden ohne Erfahrung.
Oh! Die große Kälte macht geschwind![84]

Friedrich Nietzsche

Die Energien für den Kälte-Habitus waren schon vor 1933 weitgehend erschöpft. Einige Avantgardisten hatten in ihren Künsten durchexerziert, wieweit die »Synchronisation« des bürgerlichen Menschen mit der von ihm angerichteten Modernisierung getrieben werden kann. Brechts Lehrstücke kamen am Ende der Republik zu einem schaurigen Fazit: er vergegenwärtigt den Kälte-Kult in Sterbeszenen.

Im April 1930 erscheint im Ullstein-Magazin »Uhu« eine Kari-
katur von Walter Trier, die den »Erfinder der Stahlmöbel«
zeigt.[85] Auf einem schwarzen Kubus steht das »Modell C 4« eines
Stahlrohrstuhls. Sein Erfinder, ein kleiner Mann mit hoher Stirn
und Intellektuellen-Brille, hockt in leicht gekrümmter Stellung in
einem Polstersessel davor. Vier große Kissen umhüllen ihn; seine
Füße ruhen auf einem fünften. Eine Parodie, ein Abgesang auf
den neusachlichen Mythos vom Kinde, das der Wärme des Mut-
terleibs entbehren konnte, sich aber angesichts der kalten Geräte,
die es dann produziert hat, wieder in ihn zurückzieht?

Günther Anders wird in den dreißiger Jahren in dieser Haltung
einen Ausdruck der »prometheischen Scham« sehen wollen. Der
Mensch schäme sich, da ihm die körperliche Synchronisation mit
seinen eigenen Geräten nicht gelingen wolle. Der Kälte-Fetischis-
mus wird in diesen Jahren zunehmender Kritik unterzogen.
Rudolf Arnheim entgegnete schon im Jahre 1932 in der »Welt-
bühne« auf die Veröffentlichung von Brechts Gedichten »Aus
dem Lesebuch für Städtebewohner«. Er macht Brecht, der hierin
begründet hatte, warum es gelte, die »Kälte der Welt« mimetisch
in die Schreibweise aufzunehmen, auf einen Denkfehler aufmerksam: »Aber die Wirklichkeit redet ja gerade nicht kalt und
allgemein, sondern warm und speziell. Sie redet zuerst zu den
Gefühlen und dann zum Verstand. Sie bringt Erlebnisse und
keine Lehrsätze.«[87] Arnheim nimmt an, daß der »Puritanismus«,
der sich in dem Bestreben äußere, in der Schrift der Kunst, die
Kälte zu überbieten, auch politisch im Abseits lande.

Ein Grund mehr, die Archiv-Räume des binären Schemas zu
verlassen und sich zu den Liebhabern des Halbschattens zu
gesellen.

Anmerkungen

1 M. Schreiber, Suche nach einer neuen Architektur. Frankfurter Allgemeine Zeitung vom 28. 12. 1983.
2 H. M. Lohmann, Das Nichts steht vor der Tür. Frankfurter Allgemeine Zeitung vom 7. 12. 1982.
3 M. Frank, Zwei Jahrhunderte Rationalitäts-Kritik und die Sehnsucht
nach einer neuen Mythologie. In: »Manuskripte«, 23. Jg., H. 82
(1983), S. 36.
4 Ebd.

5 P. Sloterdijk, Kritik der zynischen Vernunft. Frankfurt 1983, Bd. 2, S. 823.

6 Vgl. »Psychologie heute« (1983), Nr. 8.

7 D. Diedrichsen, Manifest Nr. 1. In: Staccato – Musik und Leben. Hg. v. D. Diedrichsen/P. Kid, Heidelberg 1982.

8 P. Glaser, Die neue deutsche Wanderbühne. In: Das schnelle Altern der neuesten Literatur. Hg. v. J. Hörisch/H. Winkels, Düsseldorf 1985, S. 234.

9 C. G. Jung, Erinnerung, Träume, Gedanken v. C. G. Jung. Hg. v. A. Jaffé, Zürich 1962.

10 Vgl. J. Metzner, Persönlichkeitszerstörung und Weltuntergang. Das Verhältnis von Wahnbildern und literarischer Imagination, Tübingen 1976; und M. Frank, Das Scheitern am ›Heil‹: die Reise ins ewige Eis. In: M. Frank, Die unendliche Fahrt. Ein Motiv und sein Text. Frankfurt 1979, S. 88-103.

11 W. Bölsche, Wenn der Komet kommt. In: Vom Bazillus zum Affenmenschen. Leipzig 1900. Zit. n. der Ausgabe von 1921, S. 87.

12 W. Bölsche, Auf dem Menschenstern. Gedanken zu Natur und Kunst. Dresden 1909, S. 208. Über Wilhelm Bölsches Versuch der Rettung der Eiszeittheorien aus der Klammer der Untergangsphilosophien vgl. H. Lethen, Geschichten zur ›kristallinen Zeit‹. In: »Die sterbende Zeit«, hg. v. D. Kamper/Wulf, Darmstadt und Neuwied 1987, S. 83-100. Für den Hinweis auf Bölsche danke ich A. Berentzen.

13 W. Bölsche, Eiszeit und Klimawechsel. Stuttgart 1919, S. 15.

14 S. Anm. 10.

15 Der ewige Jude auf dem Matterhorn. Brüder Grimm, Deutsche Sagen. Stuttgart 1974, S. 324.

16 Ich orientiere mich bei den historischen Fakten an der Darstellung von J. Romein, Op het breukvlak van twee eeuwen. Amsterdam 1976², S. 36 ff.

17 Zit. n. Metzner (Anm. 10), S. 64.

18 R. Hey, Im Jahre 95 nach Hiroshima. Hamburg 1982.

19 Th. W. Adorno, Mahagonny. In: Der Scheinwerfer, Blätter der städtischen Bühnen Essen III, H. 14 (1930). Zit. n. Th. W. Adorno, Moments musicaux. Frankfurt 1964, S. 131-141, S. 134.

20 E. Jünger, An der Zeitmauer. Stuttgart 1959, S. 198.

21 F. Nietzsche, Der Antichrist. Fluch auf das Christentum. In: Ders., Werke in drei Bänden, hg. v. K. Schlechta, Bd. III, S. 1164.

22 H. Brüggemann, Stadt lesen – Stadt beschreiben. Über historische und ästhetische Bedingungen literarischer Stadterfahrungen. In: Literatur & Erfahrung. Zeitschrift für literarische Sozialisation, Nr. 14 (1985), S. 32.

23 Zit. n. R. Wick, Bauhaus-Pädagogik. Köln 1982, S. 125.

24 E. Jünger, Der Arbeiter. Herrschaft und Gestalt (1932). Hamburg

⁴1941, S. 54. Vgl. H. Lethen, Zwei Barbaren. Über einige Denkmotive von Ernst Jünger und Bertolt Brecht in der Weimarer Republik. In: »Anstöße«. Aus der Arbeit der evangelischen Akademie Hofgeismar 1/1984, S. 17-27.

25 Tom Wolfe beschreibt die psychische Einstellung, sich im Bauhaus-Stil einzurichten mit der Bereitschaft, »sich ein Glas Eiswasser ins Gesicht schütten zu lassen«. T. Wolfe, Mit dem Bauhaus leben. Die Diktatur des Rechtecks. Königstein 1982, S. 10.

26 Über die Bedeutung der »Sinnesschulung« für die Bauhaus-Pädagogik, vgl. R. Wick (Anm. 23), S. 125 ff.

27 E. Bloch, Erbschaft dieser Zeit. Erweiterte Ausgabe. In: Ders., Gesamtausgabe IV. Frankfurt am Main 1962, S. 229.

28 W. Benjamin, Erfahrung und Armut. In: W. Benjamin, Illuminationen. Frankfurt 1961, S. 316.

29 P. von Matt, Brecht und der Kälteschock. In: Die neue Rundschau 87 (1976), S. 613-629.

30 Vgl. J. Metzner (Anm. 10), S. 109.

31 Vgl. H. Th. Lehmann, H. Lethen, Hauspostille und politische Lyrik. In: H. Th. Lehmann/H. Lethen, Bertolt Brechts ›Hauspostille‹. Text und Kollektives Lesen. Stuttgart 1978, S. 255-270.

32 Anm. 29.

33 F. Nietzsches Anfangspassagen des »Antichrist« (Anm. 21).

34 E. Jünger, An der Zeitmauer. S. Anm. 20.

35 E. Jünger, Die totale Mobilmachung (1930). In: Ders., Sämtliche Werke V. Stuttgart 1982, S. 146.

36 Nach Hegels Vorrede zur Phänomenologie des Geistes. Philosophische Bibliothek (Felix Meiner Verlag) 114, S. 29 f.

37 B. Brecht, Gesammelte Werke Bd. 10. Frankfurt 1967, S. 959.

38 Jensens Roman »Der Gletscher« war der erste in einer Serie von sechs Romanen, die die Evolutionsgeschichte darstellten. »Der Gletscher« erlebte bis 1935 allein in Dänemark 11 Auflagen und wurde in 10 Sprachen übersetzt. Von allen sechs Romanen erschienen Übersetzungen in der Sowjetunion und in Deutschland.

39 Vgl. M. Frank, Das Scheitern am ›Heil‹ (Anm. 10), S. 130.

40 J. V. Jensen, Der Gletscher. Leipzig 1911, S. 35.

41 Ebd., S. 62.

42 Ebd., S. 248.

43 J. V. Jensen. Die Jugend der Welt. Zit. n. M. Voigts (Hg.): 100 Texte zu Brecht. Materialien aus der Weimarer Republik. München 1980, S. 61 f. Vgl. auch Aestetik og Udvikling. Kopenhagen 1923, S. 33 ff. Ders., Vor oprindelse. Kopenhagen 1941, S. 97 ff.

44 H. W. Jäger, Politische Metaphorik im Jakobinismus und im Vormärz. Stuttgart 1971.

45 K. von Megenberg (1307-1374), Das Buch der Natur. Zit. n. Grimms

Deutsches Wörterbuch. Leipzig 1873, Bd. V, S. 80.

46 Zit. n. Grimms Deutsches Wörterbuch (Anm. 45).

47 Vgl. M. Frank, Das Motiv des ›kalten Herzens‹ in der Romantisch-symbolistischen Dichtung. In: Euphorion 71 (1977), H. 4. Ders., Steinherz und Geldseele. Ein Symbol im Kontext. In: Ders., Das kalte Herz und andere Texte der Romantik. Frankfurt 1978, S. 233-366.

48 Vgl. J. Enklaar, Adalbert Stifter, Landschaft und Raum. Alphen aan de Rijn 1984, S. 20.

49 W. Bölsche, Aus der Schneegrube. Dresden 1903, S. 8.

50 F. Nietzsche, (Anm. 21) Bd. II, S. 1063.

51 Vgl. Die Fröhliche Wissenschaft, (Anm. 21) Bd. II, S. 256. Also sprach Zarathustra (Auf dem Ölberge), ebd., S. 422-425.

52 Ich folge in dieser Skizze den Forschungsarbeiten von Götz Grossklaus und Monika Wagner: Götz Grossklaus, Der Naturraum des Kulturbürgers und Monika Wagner, Das Gletschererlebnis – Visuelle Naturaneignung im frühen Tourismus. In: Grossklaus/Oldemeyer (Hg.), Natur als Gegenwelt. Karlsruhe 1983.

53 Über das Genre der Polar-Literatur unterrichtet: Jürgen Thömig in: Sozialgeschichte der deutschen Literatur, (Hg. v. J. Berg u. a., Frankfurt 1980).

54 E. Jones, Kälte, Krankheit und Geburt (1923). In: E. Jones, Die Theorie der Symbolik und andere Aufsätze. Frankfurt, Berlin, Wien 1978, S. 169-174.

55 Jones schließt sich hier den Ansätzen von Trotter an.

56 Vgl. H. Lethen, Horrorbilder des Ungetrennten. In: H. Th. Lehmann/ H. Lethen, Bertolt Brechts ›Hauspostille‹. Stuttgart 1978, S. 55-59.

57 W. Benjamin, Kommentare zu Gedichten von Brecht. In: Ders., Versuche über Brecht. Hg. v. R. Tiedemann. Frankfurt 1966, S. 63.

58 W. Benjamin, Eine kommunistische Pädagogik (1929). In: W. Benjamin, Gesammelte Schriften III, Frankfurt 1972, S. 206-209.

59 Ebd., S. 88.

60 M. Weber, Die protestantische Ethik und der Geist des Kapitalismus. Hamburg 1975[4], S. 177.

61 Ebd., S. 216.

62 O. Dix, Toy im November 21. 1921. Bleistiftzeichnung. In: D. Schubert, Otto Dix in Selbstzeugnissen und Bilddokumenten. Reinbek 1980, S. 51.

63 F. Nietzsche (Anm. 21) Bd. II. S. 895.

64 Ebd., Bd. I, S. 1088 ff.

65 Ebd., Bd. II, S. 1166.

66 W. Benjamin, Programm eines proletarischen Kindertheaters (1928). In: W. Benjamin, Gesammelte Schriften. Bd. II, 2. Frankfurt 1977, S. 763-769, S. 766.

67 M. Susman, Geist der Utopie. In: Frankfurter Zeitung vom

12. 1. 1919. Wiedergedruckt in: Ernst Bloch zu ehren. Beiträge zu seinem Werk. Hg. v. S. Unseld, Frankfurt 1965, S. 383-394.

68 E. Bloch, Geist der Utopie. Bearbeitete Neuauflage der zweiten Fassung von 1923. Frankfurt 1964, S. 20.

69 Ebd., S. 26.

70 W. Büttner, Ingenieur, Volk, Welt. Leipzig 1927, S. 42.

71 Vgl. S. von Moos, Die zweite Entdeckung Amerikas. Nachwort zu Siegfried Giedions Buch »Die Herrschaft der Mechanisierung«. Frankfurt 1982, S. 786, Anm. 8. Ernst Bloch, Erbschaft dieser Zeit. Erweiterte Ausgabe. Frankfurt 1962, S. 219.

72 Erbschaft dieser Zeit (Anm. 71), S. 212-228.

73 E. Bloch, Die Angst des Ingenieurs. In: E. Bloch, Verfremdungen I. Frankfurt 1962, S. 163-176, S. 175.

74 P. Huchel, Chausseen Chausseen. Frankfurt 1963, S. 80.

75 T. Lessing. Europa und Asien. Untergang der Erde am Geist. Fünfte, völlig neu bearbeitete Auflage, Leipzig 1930, S. 35.

76 Ebd., S. 215.

77 Ebd., S. 237 (Hervorhebung von mir!)

78 Ebd., S. 231.

79 Ebd., S. 332.

80 E. Bloch, Kälte- und Wärmestrom im Marxismus. In: Ders., Das Prinzip Hoffnung, Gesamtausgabe Bd. 5. Frankfurt 1959, S. 235-242.

81 Prinzip Hoffnung (Anm. 80), S. 240.

82 A. Koestler, Sonnenfinsternis. Stuttgart 1948, S. 44.

83 P. Huchel, Chausseen Chausseen (Anm. 74), S. 64.

84 F. Nietzsche, Die Fröhliche Wissenschaft (Anm. 21), Bd. II, S. 256.

85 Uhu, Das Magazin der 20er Jahre. Nachdruck der Erstveröffentlichungen aus den Original-Uhu-Bänden 1924-1933. Frankfurt, Berlin, Wien 1979, S. 34.

86 G. Anders, Die Antiquiertheit des Menschen. Über die Seele im technischen Zeitalter der zweiten industriellen Revolution. München 1961, S. 21-96.

87 Zit. n. E. Schumacher, Die dramatischen Versuche Bertolt Brechts 1918-1933. Berlin 1955, S. 543.

Evert van Uitert
Modern – Klassisch

1 Edouard Manet, Le déjeuner sur l'herbe (1863)

Die Geschichte der modernen Kunst, die ihren Anfang im französischen Impressionismus hatte, wird fast immer als ein heroischer Kampf der verkannten Erneuerer dargestellt. Sie mußten gegen den starken Strom der offiziell anerkannten, vom Staat unterstützten Künstler schwimmen. Ein heroischer, aber dank einer verständnisvollen Nachwelt auch erfolgreicher Kampf. Wir haben gelernt aus unserer Zeit, d. h. modern zu sein. Dieses Dictum klang im 19. Jahrhundert wie ein künstlerischer Kampfruf, der den andauernden Erneuerungsdrang begleitete. »Man muß unbedingt modern sein«, erklärte der Dichter Rimbaud 1873, zehn Jahre nachdem der Bruch zwischen alt und neu in der Malerei eingetreten war.[1] 1863 wurde neben dem offiziellen Salon der Salon der Abgewiesenen organisiert, wo Manets Gemälde *Le déjeuner sur l'herbe* (Abb. 1) einen Skandal verursachte.[2] Ein Jahr nach Rimbauds Äußerung, 1874, begann außerhalb der offiziellen Kreise die erste einer Reihe von Ausstellungen einer Malergruppe, die mit dem Schimpfnamen Impressionisten bezeichnet wurde.[3] Ihr langer und mühsamer Kampf um Anerkennung hat das Bild des modernen Künstlers nachhaltig bestimmt. Ihre Verkennung wurde immer wieder zur Verteidigung der neuesten Strömungen zitiert. Modernisten bildeten eine Gruppe mit eigenen Regeln, die für manche Gruppenmitglieder zu Glaubensartikeln, die keinen Zweifel zuließen, wurden. So entstanden modernistische Tabus, die uns noch immer die Einsicht in die Entwicklung der Kunst des 19. und 20. Jahrhunderts verwehren. Aus modernistischer Sicht muß die Entwicklung als Emanzipationsprozeß interpretiert werden, in dem die bildende Kunst sich von der Literatur, der Erzählung, der Anekdote loslöste, um ihre Bedeutung ausschließlich eigener bildender Mittel wie Form, Farbe, Linie, Struktur usw. zu entnehmen. Die Theoretiker sprachen oftmals von reiner Malerei, die ihre größte Reinheit in der abstrakten Kunst erreichte. Diese Vorstellung ist zu simplizistisch, um wahr zu sein, und wird dann auch mehr und mehr angefochten. Damit wird anderen, realistischen Strömungen innerhalb der modernen Kunst viel Aufmerksamkeit beigemessen. Die Rolle, die die Vorstellung in vielen der gegenwärtigen Künste spielt, erscheint somit nicht verwunderlich – wenn es auch schwerfällt, den Weg der Beeinflussung zu bestimmen.

In meinem Beitrag zur Revision der Geschichte der modernen Kunst möchte ich mich auf die unverkennbare Rolle der Tradition innerhalb des Modernismus, der klassischen Elemente im Werk und der Kunsttheorie der modernen Künstler und ihrer Verteidiger in den neunziger Jahren des vorigen Jahrhunderts und danach konzentrieren. Die auf der Hand liegende Schlußfolgerung ist, daß das unbedingt Moderne, worüber Rimbaud sprach, nicht als so unbedingt aufgefaßt werden darf.

Antik und Modern

Um dies zu verdeutlichen, will ich mich in die Terminologie vertiefen: Wie ist der Begriff modern entstanden, und was bedeutet Modernität zu verschiedenen Zeitpunkten? Ein extremes Beispiel gibt Marinetti mit seinem futuristischen Manifest, das 1909 in Paris veröffentlicht wurde. Der Futurismus kann als die Strömung gelten, in der der Hang zum Modernen fast pathologische

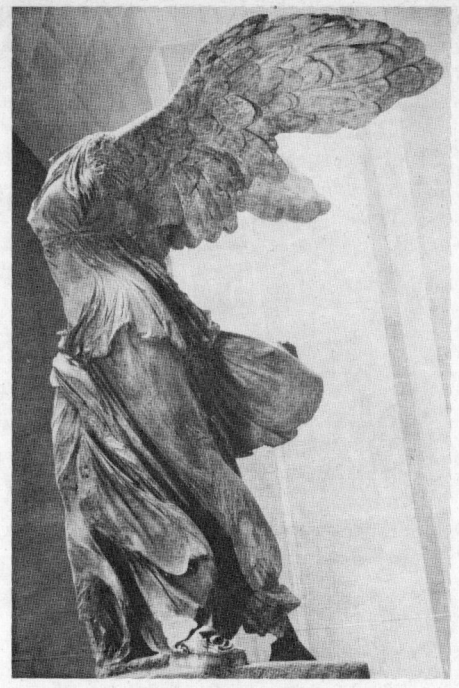

2 Nike von Samothrake

Formen annahm. Nicht zu Unrecht hat man wohl von *Modernolatrie* gesprochen.[4] In seinem Manifest erklärte Marinetti unter anderem, daß »die Großartigkeit der Welt eine neue Schönheit gewonnen hat: die Geschwindigkeit. Ein Rennwagen, seine Motorhaube mit dicken Rohren wie Schlangen mit explosivem Atem verziert, ... ein dröhnendes Auto, das, wenn es fährt, einem Maschinengewehr gleicht, ist schöner als die Nike von Samothrake.«[5] (Abb. 2 und 3) Dieser Vergleich zwischen einem berühmten Bild der Antike und einem Produkt der modernen Technik kann unterschiedlich kommentiert werden. So können wir Marinettis prophetischen Blick bewundern. Nicht lange nach seiner Erklärung sollte sein Landsmann Bugatti Autos bauen, die als Kunstwerke geschätzt und gesammelt wurden.[6] Marinettis antikes Beispiel war gut gewählt, weil die heranschwebende Nike

3 Raceauto. Robert Dunlop in einem Deutz-Wagen (1908)

als Siegesgöttin ebenso beispielhaft für die futuristische Vorliebe für Geschwindigkeit und Gewalt ist wie der Rennwagen mit dem Geräusch eines Maschinengewehrs.

Mir geht es um den Vergleich an sich, der gänzlich in die lange Tradition der sogenannten *Querelle des Anciens et des Modernes* paßt.[7] Die Abwägung der zeitgenössischen Kultur gegen die der Antike fiel im 19. Jahrhundert zugunsten der Modernen aus. Modernisten haben immer ein schwieriges Verhältnis zur Tradition gehabt, selbst wenn sie die Tradition leugneten, wie etwa die Futuristen, die dafür eintraten, die Museen anzuzünden.

Der weitaus wichtigste alte Meister, von dem zu Lebzeiten schon geschrieben wurde, daß er die Antiken nicht nur erreicht, sondern selbst übertroffen hat, ist Michelangelo (1475-1564). Seit der zweiten Hälfte des 18. Jahrhunderts galt Michelangelo als »Vater der modernen Kunst«, um die Worte Sir Joshua Reynolds (1723-1792), Maler und Präsident der Londoner Akademie, zu gebrauchen.[8] In seiner Nachfolge drückte der französische Maler Eugène Delacroix (1798-1863) ein halbes Jahrhundert später seine Bewunderung für Michelangelo in einem Essay aus und beschrieb ihn als einen Melancholiker, den Prototyp des modernen romantischen Genies.[9]

Delacroix stand nicht allein. Er scheint vom großen Vorkämpfer einer überaus modernen Strömung, dem Schriftsteller Stendhal, inspiriert, der sich in der Polemik zwischen den Klassizisten und Romantikern für die letzteren entschieden hatte. Stendhal hatte sich schon in einer seiner frühesten Schriften, *l'Histoire de la peinture en Italie*, die 1817 erschien, mit *le beau idéal moderne* befaßt. Das Kapitel über Michelangelo zählt zum originellsten Teil des Buches und wurde nicht zu Unrecht das erste romantische Manifest genannt.[10] So wie Shakespeare in der Literatur, ist Michelangelo in der bildenden Kunst das größte Vorbild. Stendhal und die Romantiker haben das klassische Schönheitsideal relativiert und sogar ins Lächerliche gezogen. Sie haben für eine moderne Kunst gekämpft, die sich nicht mehr an klassischen Regeln orientieren sollte.

In Daumier (1808-1879) erkennen wir einen würdigen Nachfolger Stendhals. In vielen Stichen hat er die antiken Helden ironisiert, namentlich in der Serie *Histoire ancienne* von 1842.[11] Sein kunsttheoretischer Standpunkt zeigt sich in einem Stich, auf dem der Kampf zwischen einem realistischen Maler in Kittel und auf Holzschuhen und einem idealistischen Maler – ein recht magerer, kurzsichtiger Held mit antikem Helm – abgebildet ist. (Abb. 4) Daumier ist auch der Künstler, der dem Anspruch, zeitgenössisch zu sein, vollständig gerecht wurde. Mit seinen Lithographien kommentierte er die Politik seiner Zeit.

Handelte es sich bei Stendhal um einen fortwährenden Vergleich zwischen antiker und moderner Schönheit, die beide trotzdem miteinander verbunden waren, so hob der Dichter und Kritiker Charles Baudelaire (1821-1867) das Moderne in der Kunst besonders hervor. Er gab dem Begriff Modernität eine

4 Honoré Daumier, Combat des écoles. L'Idealisme et le Réalisme (1855)

neue Bedeutung. Schon in seinem Salon von 1845 sprach Baudelaire vom »Heroismus des modernen Lebens«.[12] In seiner zweiten
Besprechung des Salons von 1846 behandelte er die Frage »Was
ist Romantik?«. Für ihn war das der neueste und aktuellste
Ausdruck des Schönen. Im selben Zusammenhang zitierte er
Stendhal: »Es gibt ebenso viele Arten der Schönheit, wie es
übliche (gängige) Wege gibt, um das Glück zu suchen.« Im
Kapitel »Über den Heroismus des modernen Lebens«, eine Ausarbeitung dieser Idee, setzte Baudelaire die altbekannte *Querelle
des Anciens et des Modernes* im Sinne Stendhals fort. Alle Formen
der Schönheit enthalten ein dauerndes und ein wechselndes Element, ein absolutes und ein besonderes. Absolute und immer-
während Schönheit gab es in Baudelaires Augen nicht. Seine
Betonung lag jedoch nicht auf einer allgemein gültigen, sondern
einer individualistischen Ästhetik.

Baudelaires wichtigster Artikel, in dem er seine Ideen entfaltet
hat, erschien 1863 unter dem Titel »Le peintre de la vie moderne«.
Der Maler, auf den er sich darin bezog, nur mit Initialen angedeu-

tet, war Constantin Guys (1802-1892). Er war nach den Worten Baudelaires gleichzeitig »Mann von Welt, Mann der Menge und Kind«.[13] Guys gelang es, das »Ungreifbare, Flüchtige, Zufällige, die Hälfte der Kunst, deren andere Hälfte das Immerwährende und Unveränderliche ist«, zu gestalten. Es ist deutlich, daß Baudelaire dem Flüchtigen und Zufälligen mehr Gewicht zumißt. Später sollte sein modernistischer Erbe, der Dichter und Kritiker Guillaume Apollinaire, einen Schritt weiter gehen und behaupten: »Dieses Monstrum der Schönheit ist nicht ewig.«[14] Baudelaire und Guys entdeckten die moderne Schönheit im mondänen Leben, das sich in den Salons, in Luxusbordellen, Wirtschaften und Gaststätten, im Theater, in der künstlichen Natur und in den Stadtparks abspielte. Ihr Ideal war in hohem Maße das Künstliche und Aristokratische.

Edouard Manet

Der Künstler, der eher noch als Constantin Guys den Baudelaire-schen Idealen entsprach, war Edouard Manet (1832-1883).[15] Auf seiner *Musique aux Tuileries* (1862) (Abb. 5) tritt Baudelaire selbst als ein Mann der Menge auf und verkörpert das eigentliche

5 Edouard Manet, Musique aux Tuileries (1862)

Thema. (Sein Profil ist vor dem Baumstamm links dargestellt, über der sitzenden Dame mit Schirmhut und Kinnband. Im Vordergrund spielen Kinder, während der Maler selbst mit Spazierstock links im Vordergrund steht.) Es gab Kontakte zwischen Manet und Baudelaire, der zu dieser Zeit seinen Essay über den Maler des modernen Lebens schrieb. Manets Gemälde entspricht genau dieser Darstellung. Übrigens übernahm nicht Baudelaire, sondern der junge Schriftsteller Émile Zola die Verteidigung dieser neuen Kunst. 1866 schrieb er seinen ersten Salonbericht, und 1867 widmete er Manet ein Pamphlet. Mit Manet sind wir auch bei jenem Maler angelangt, der übereinstimmend als der Initiator der modernen Kunst gilt; nicht nur für seine Zeitgenossen, sondern auch für spätere moderne Maler, für Kritiker und Kunsthistoriker.[16] Der Begriff ›modern‹ hat nun eine spezifische Bedeutung gewonnen, die über ›zeitgenössisch‹ hinausgeht. Es handelt sich in diesem Zusammenhang weniger um die frühen Arbeiten Manets, die so viel Aufregung verursacht hatten, Werke wie *Le déjeuner sur l'herbe* (1863) und die *Olympia* (1863), sondern um die Werke seiner letzten Jahre, die anscheinend in keiner Weise mehr der Tradition entsprachen. Überdies war am Ende der siebziger Jahre allgemein deutlich, daß Manets Malweise und seine Ideen Nachahmung bei den Impressionisten gefunden hatten. Obwohl Manet nie mit ihnen zusammen ausstellen wollte, wurde er doch als der eigentliche *chef d'école* angesehen. Von diesem Zeitpunkt an kann man den Bruch mit der Vergangenheit markieren und von einer neuen, ununterbrochenen Tradition der modernen Kunst sprechen. Mit den Worten des impressionistischen Malers Renoir (1841-1919): »Courbet verkörperte noch die Tradition; Manet, das war ein neues Zeitalter der Malerei.«[17] Obwohl Gustave Courbet (1819-1877) schon vor Manet für Skandale sorgte, ist die Thematik seines Werks nicht im Baudelaireschen Sinne modern, seine Art zu malen ebensowenig. Der Schriftsteller und Kritiker Huysmans, anfangs ein Anhänger Zolas und Bewunderer Manets späten Werks, bezeichnete Courbets Talent als eine »vollendete Mystifikation«.[18]

Huysmans lobte in seinem ersten Salonbericht von 1879 Manets *Dans la serre* und eröffnete darin den Dialog über die *modernité*, was damals schon ein modischer und viel mißbrauchter Begriff zu werden drohte. Die Impressionisten waren für Huysmans posi-

6 Edouard Manet, Chez le père Lathuile (1879)

tive Beispiele der Moderne in der Malerei. In der Literatur bezog
er sich auf Flaubert, de Goncourt und Zola, kurzum die naturali-
stische Schule, zu der er seinerzeit selbst noch gehörte. Was die
Architektur betraf, verwies Huysmans auf den Gare du Nord, die
Hallen und andere, von Ingenieuren entworfene Gebäude, als
moderne Äquivalente der mittelalterlichen Kathedralen.[19]

1880 stellte Manet im offiziellen Salon seine *Chez le père
Lathuile* aus. (Abb. 6) »Das ist das Moderne, von dem ich
sprach«, schrieb Huysmans.[20] Es ist ein alltägliches Thema, keine
Geschichte, keine Literatur, das Leben so, wie es ist, ohne großes
Aufheben, aber wunderschön gemalt. So beschrieb der Kritiker
dieses Gemälde. Manet befolgte als Maler die in einem alten
romantischen Kampfruf bezeichnete »couleur locale«: die wahr-
heitsgetreue Darstellung der Sitten und Gewohnheiten und aller
»choses locales«. Kurzum die Physiognomie der Zeit, um es in
einen anderen Begriff des 19. Jahrhunderts zu fassen.[21]

In seinem Salonbericht von 1880 sprach Huysmans auch von
einigen Impressionisten, die damals unter dem Namen *Indépendants* ausstellten. Sie waren in den Augen Huysmans' und anderer fortschrittlicher Kritiker die einzigen, die wirklich das zeitgenössische Leben wiederzugeben versuchten, Degas (1834-1917)

wurde von Huysmans ebenfalls lobend erwähnt. Er nahm, anders als Manet, wohl an den impressionistischen Gruppenausstellungen teil und hatte dem offiziellen Salon den Rücken gekehrt.[22]

Das Bild der modernen Kunst in diesen Jahren wird noch deutlicher durch den Unterschied, den Huysmans zu den Malern machte, die beim großen Publikum im Rufe standen, modern zu sein. Es betrifft die ziemlich sentimentalen Vorstellungen von Malern wie Bastien – Lepage (1848-1884) und Gervex (1852-1929). Sie wählten zu dieser Zeit nicht nur traditionelle Themen, sondern malten auch auf eine konventionelle Weise, wobei sie einige impressionistische Errungenschaften verwendeten. Im allgemeinen wurden die Impressionisten zwar von den offiziellen Salons ausgeschlossen, ihre Erneuerungen, die Verwendung heller Farben, eine spontane Pinselführung und vor allem die Arbeit unter freiem Himmel, fand aber zunehmend Widerhall bei den Salonkünstlern. Sie konnten sich einen Ruf als gemäßigte Moderne erwerben, indem sie einige äußerliche Kennzeichen übernahmen.[23]

Auch Zola schrieb 1880, auf Wunsch seiner alten Malerfreunde, nach langer Zeit wieder einen Salonbericht; *Le Naturalisme au Salon*.[24] Zola vermied den negativ besetzten Namen ›Impressionisten‹ und nannte sie, wie die Maler, *Indépendants*. Manet ist sein Kronzeuge, der »véritable chef«. Der Schriftsteller hat ihn schon 14 Jahre verteidigt, und noch immer ist seine Kunst und die der Impressionisten nicht offiziell akzeptiert. Außer Manet stellten in diesem Jahr auch Monet und Renoir im offiziellen Salon aus, weil sie meinten, daß dort der Kampf um Anerkennung gewonnen werden müßte. Doch verlor nun gerade in diesen Jahren der Salon an Bedeutung, weil der Staat sich mehr und mehr aus der Organisation zurückzog. Die moderne Kunst spielte sich jetzt in einer alternativen Szene ab. So stellten z. B. Manet, Monet und Renoir auch im Gebäude des Blattes *La Vie Moderne* aus und konnten weiter bei Kunsthändlern unterkommen, die mehr und mehr in Künstler und ihre Werke investiert hatten, anstatt einzelne Werke zu kaufen.[25] Der Erfolg, der der modernen Kunst in den achtziger Jahren bei einer Gruppe reicher Leute zuteil wurde, war entscheidend. Die Ausstellungen wechselten einander in schnellem Tempo ab. Kunst wurde ebenso populär wie Sport, stellte Huysmans 1896 fest.[26] Seit diesen Jahren hatten moderne Kunst und die modernen Künstler einen hohen Gebrauchswert für die

7   Edouard Manet, Le bar aux Folies-Bergère (1882)

künstlerisch interessierte Society. Künstler wie Kees van Dongen (1877-1968) und Picasso (1881-1973) haben das ausgezeichnet verstanden.

Die Geschichte der modernen Kunst spielte sich vor allem auf den Ausstellungen des *Salon des Indépendants*, 1884 gegründet von der Brüsseler Vereinigung *Les Vingt* (1884-1893) und den Galerien solcher Händler wie Durand–Ruel, Theo van Gogh, Vollard, Kahnweiler, Rosenberg, Wildenstein usw. ab.[27] Diese Aufzählung kann mühelos bis in die Gegenwart fortgeführt werden, obwohl sich nach dem Zweiten Weltkrieg auch die Museen dafür eingesetzt haben. Der Ausdruck modern im Zusammenhang mit der Malerei wurde um 1880 populär. Ich erwähnte bereits das Blatt *La Vie Moderne*; Huysmans nahm seine Artikel 1883 in einer Sammlung unter dem Titel *L'Art Moderne* auf. Der Fürsprecher van Goghs, Gauguins und der Symbolisten, Albert Aurier, redigierte das Blatt *Le Moderniste*.[28] Im (offiziellen) Salon erzielte Manet 1882 einen Erfolg mit *Le Bar aux Folies-Bergère*. (Abb. 7) »Das modernste und interessanteste Gemälde der ganzen Ausstellung«, schrieb Huysmans. Aber das kam zu spät, um »20 Jahre Mangel an Erfolg auszugleichen«.[29] Manets später Erfolg steht im Zusammenhang mit seiner Weigerung, mit

335

den revolutionären Impressionisten auszustellen. Als Manet 1883 starb, widmete man ihm im darauffolgenden Jahr eine Gedenkausstellung in der offiziellen *École des Beaux Arts*, wo den Schülern immer vorgehalten worden war, bloß nicht in Manets schlechte Manier zu verfallen. Der subversive Émile Zola schrieb die Einführung zum Katalog dieser Gedenkausstellung. Manets Hauptgegner im konservativen Lager, Cabanal (1823-1889), über den Manet sich sein Leben lang geärgert hatte, verlor schnell an Einfluß. Laut einer Anekdote von Octave Mirbeau paßte Cabanal sich so stark an, daß sein Werk für das von Manet gehalten wurde. Cabanal fühlte sich dadurch auch noch geschmeichelt. Selbst Zola, »zum Naturalismus der Akademie bekehrt«, war zufrieden, fügte Mirbeau seinem Artikel von 1889 maliziös hinzu, jedoch nicht ganz zu Unrecht.[30]

Neo-Impressionisten

Während die Kunst der Impressionisten noch lange nicht allgemein akzeptiert war, kristallisierte sich 1886, im Jahr der letzten impressionistischen Gruppenausstellung, eine neue Strömung heraus. Im *Salon des Indépendants* stellte Georges Seurat (1859-1891) sein großes Gemälde *Un dimanche après-midi à l'île de la Grande Jatte* (Abb. 8) aus, das erste Meisterwerk des Neo-Impressionismus.[31] Diese neue Strömung, die auch unter den Namen Pointillismus und Divisionismus bekannt ist, war nur teilweise eine Fortsetzung des Impressionismus. Seurat wählte zwar moderne Themen im Sinne Baudelaires, aber seine Art zu komponieren und zu malen, war durchaus nicht zufällig oder spontan. Er strebte als moderner Künstler nach einer Kunst mit klassischer Allüre, beherrscht von wissenschaftlich erprobten Regeln, nach einer Verbindung von flüchtiger und unvergänglicher Schönheit, um auf Baudelaires ästhetische Terminologie zurückzugreifen. Seit Seurat war diese klassische Tendenz Bestandteil der modernen Kunst und erlebte in den zwanziger Jahren einen Höhepunkt im Werke Picassos. Damals schon glaubten einige Beobachter, daß es um die so anti-traditionell begonnene moderne Kunst mit ihrer starken Betonung der Originalität und des Neuen geschehen war.

Seurat beschwor bewußt Erinnerungen an antike Reliefs, Teppi-

8 Georges Seurat, Un dimanche après-midi à l'île de la Grande Jatte
(1886)

che und die Wandmalereien von Puvis de Chavannes (1824-1898). Puvis fertigte mehrere große Dekorationen, u. a. für das Pantheon und die Sorbonne in Paris, in einem sehr strengen, akademischen Stil an. Mit seinen umfangreichen, sehr ausgewogenen und fries-artigen Kompositionen, die oftmals eine friedliche, arkadische Atmosphäre hervorrufen, wußte er sowohl die konservativen Kreise als auch jüngere Maler zu fesseln. Sein Einfluß machte sich bis nach 1900 geltend.[32]

Es ist eines der interessantesten Phänomene, daß fast alle modernen Maler ihren Klassizismus durch ein traditionelles Kunstwerk von musealem Format zu beweisen suchen. Es handelt sich um Kompositionen mit Nackten, manchmal selbst mit einer deutlich klassischen Ikonographie. Meistens aber haben die heidnischen Göttinnen Badenden Platz gemacht. Einige Beispiele werden im folgenden zur Sprache kommen.[33]

Seurats Beispiel animierte einen der ältesten impressionistischen Maler mit großer Autorität, Camille Pissarro (1831-1903), der sich zusammen mit seinem Sohn Lucien zur neuen Richtung bekehrte. Er wurde in einem Artikel von Octave Mirbeau 1892 als ein Revolutionär charakterisiert, der »un pur classique« geworden war, u. a. durch seinen »respect des tradition respecta-

9 Auguste Renoir, Baigneuses (1887)

bles«.[34] Den gleichen Respekt, aber mit einem völlig anderen
Ergebnis, zeigte Auguste Renoir. Zwischen 1884 und 1887 arbei-
tete er an einem großen Gemälde mit Badenden, inspiriert durch
ein Relief des klassischen Bildhauers Girardon (1628-1715); stimuliert durch die klassische Kunst, die er in Italien gesehen hatte.
(Abb. 9) Renoir bezeichnete er als »monœuvre maîtresse«.[35] Das
Tuch wurde 1887 zusammen mit dem Werk von Whistler und
Rafaelli beim Kunsthändler Petit in einer Exposition internationale ausgestellt. Renoirs neuer Stil erhielt nicht allzu günstige
Kritiken. Die Avantgardekritiker, mit Huysmans an der Spitze,
fielen selbst über ihn her. Für die moderne Kunst wurde Renoir
als verloren erklärt.[36]

Eines von Seurats bemerkenswertesten Gemälden in der Reihe
großer, bewußt konzipierter Meisterwerke, die mit *Une baignade
à Asnières* begonnen hatte, ist das Figurenstück *Les Poseuses*.[37]
(Abb. 10) Es wurde 1888 auch wieder bei den Indépendants
ausgestellt. Die drei Modelle – eins von hinten abgebildet, das
Stehende frontal wiedergegeben und das dritte im Profil – hat
Seurat so dargestellt, als würde er einem einfachen Lehrbuch
folgen. Mit diesen drei Nackten in den klassischen Hauptstellun-
gen kombinierte der Maler seine Eindrücke vom »Heroismus«

10 Georges Seurat, Les Poseuses (1888)

des Lebens in der modernen Großstadt Paris, wenn er an der Atelierwand seine *Grande Jatte* abbildete. Von den klassischen Nackten ist nur die Stehende völlig nackt, das Modell auf der rechten Seite zieht einen Strumpf an oder aus, das dritte Modell ist halb bekleidet. Dies alles erinnert an das Meisterwerk von Claude Lantier, aus dem kurz vorher erschienenen Roman von Émile Zola, *l'Œuvre*. Lantiers geschriebenes Gemälde enthält eine Stadtansicht mit den Brücken von Paris, auf dem drei Badende vorkommen, die sich ankleiden. Seurats Gemälde darf nicht als eine Illustration zu Zolas Erzählung aufgefaßt werden, schon deswegen, weil bei Zola der Versuch scheitert und sein Maler Selbstmord begeht. Zolas Buch wurde in Malerkreisen viel besprochen, es kam zu einer spürbaren Abkühlung zwischen Zola und seinen alten Freunden. Es erscheint jedoch sicher, daß Zolas evokative Beschreibung Einfluß auf ein späteres kubistisches Meisterwerk von Delaunay, *La ville de Paris*, hatte, auf das ich noch zurückkommen werde.[38]

Der Neo-Impressionismus wurde sofort als neue moderne Strömung erkannt und fand im Kritiker Fénéon einen eifrigen Verfechter. Er sah in Seurats *Les Poseuses* »le plus ambitieux effort de l'art nouveau«.[39] Zur gleichen Zeit vereinfachten Maler wie Gau-

339

guin, Cézanne und Vincent van Gogh ihren Stil auf eine vergleichbare Weise, so daß auch sie zu Vätern der späteren modernen Künstler werden konnten. Es ist hier nicht der Ort für eine Beschreibung dieser Einflüsse, aber es bleibt wichtig, zu erkennen, daß die modernen Strömungen begannen, einander in immer schnellerem Tempo abzuwechseln. Das führte zu der paradoxen Situation, daß ein moderner Maler vorzugsweise in mehr als einem modernen Stil zu arbeiten versuchen mußte. Man suchte dazu immer noch häufig Unterstützung bei den Künstlern anderer Kunstrichtungen, im besonderen bei den Schriftstellern, die mit Hilfe der Kunstkritik bekanntwerden wollten. Die Kunstkritik war, in Frankreich jedenfalls, ein respektiertes Genre mit Berühmtheiten wie Diderot, Stendhal, Baudelaire, Zola, Huysmans, Mirbeau und Apollinaire. Neue Strömungen oder Ansätze wurden immer wieder mit Namen bedacht, von denen nur ein kleiner Teil in den kunsthistorischen Handbüchern zu finden ist.[40] Jeder ehrgeizige Maler versuchte, sich mit einem Meisterwerk zu manifestieren, so, wie Zola mit viel Gefühl diesen Mechanismus in *l'Œuvre* beschrieben hat.

Modern – klassisch, klassisch – modern

Die klassisch gewordene Definition des modernen Gemäldes stammt vom Maler und Theoretiker Maurice Denis (1870-1943). Er behauptete unter dem überraschenden Titel *Définition du néo – traditionisme* (1890), daß das Gemälde – im Gegensatz zur Abbildung eines Pferdes z. B. – eine Fläche ist, bedeckt mit Farben in einer bestimmten Anordnung.[41] Wurde von den letzten Gemälden Manets gesagt, daß das Thema nicht viel mehr war als der Anlaß zum Malen; in der Definition Denis' wird die Rolle der Vorstellung weiter zugunsten der Abstraktion zurückgedrängt. Denis trat in die Fußstapfen eines der frühesten Maler und Theoretiker der Abstraktion, Paul Gauguins. Die Bedeutung seiner Arbeit lag nach seinen Angaben nicht an erster Stelle an dem Thema, sondern an der abstrakten Wirkung von Linien und Farben. Darin lag Gauguins origineller Beitrag zur Entwicklung der Kunst.[42] Er setzte sich stark von der Literatur und der westlichen Tradition ab und behauptete, lieber ein Stümper zu sein als jemand, der Plagiat begeht. So stellte er sich auf einem

Selbstporträt für seinen Freund Vincent van Gogh, *misérable* als Jean Valjean, die Hauptfigur aus Victor Hugos *Les Misérables*, dar.[43] Ohne Literatur ging es also nicht. In seinem Gepäck für seine Reise in den Stillen Ozean befanden sich Photos des klassischen Parthenonfrieses. Die Spuren davon und auch die Einflüsse ägyptischer und hinduistischer Kunst sind in seinem Werk zu finden. Dies alles gipfelt in einem großen friesartigen Gemälde, das er selbst mit Puvis de Chavannes verglich, aber mit weniger literarisch allegorischen Eigenschaften. Doch gab er seinem Lebensfries einen tiefsinnigen Titel: *Woher kommen wir? wer sind wir? wohin gehen wir?*[44]

Vincent van Gogh hatte nie die Möglichkeiten, ein monumentales Figurenstück zu produzieren. Doch war er so von Puvis de Chavannes' *Inter artes et naturam* beeindruckt, daß er es in einem seiner Briefe skizzierte. Van Gogh träumte davon, sein »Meisterwerk« in der Form einer Dekoration zu verwirklichen, die aus einer Gemäldegruppe in einem Raum bestehen sollte.[45]

Deutlicher als alle anderen aus dem Impressionismus hervorgegangenen Maler hat Paul Cézanne (1839-1906) die Schule des Museums durchlaufen. Die Überraschung kam 1895, als er in Vollards Kunsthandel seine *Badende* ausstellte. Sowohl Pissarro als Renoir erkannten das Streben ihres alten Freundes und sprachen von Klassizismus und Qualität wie von pompejanischen Fresken.[46] Später, im Herbstsalon von 1904, 1905 und 1906 erregten Cézannes *Baigneures*, von dem es verschiedene Versionen gibt, viel Aufsehen.[47] Während der letzten Jahre seines Lebens befaßte er sich intensiv mit diesem Thema. (Abb. 11) Weil auf der Ausstellung 1904 sowohl ein Saal dem Werk Cézannes als auch Puvis de Chavannes' gewidmet war, und sie im Katalog aufeinander folgten, konnte leicht eine Beziehung hergestellt werden. 1885 hatte man übrigens schon bemerkt, daß Cézanne zwischen Puvis und van Gogh stand.[48] Ein Teil der jungen Generation sah in Cézanne einen neuen *chef d'école*, und dies kam am besten in der *Hommage à Cézanne*, die Maurice Denis 1900 malte, zum Ausdruck. Einige Maler, unter ihnen Odilon Redon, Vuillard, Bonnard, Denis selbst, der Kunsthändler Vollard und noch einige andere Leute, sind um eine Staffelei gruppiert, auf der ein von Cézanne gemaltes Stilleben abgebildet ist.[49]

Eher aber als die Stilleben gehörten die verschiedenen *Großen Badenden* und *Badenden* zu den von ehrgeizigen Malern bewun-

11 Paul Cézanne, Die großen Badenden (1898-1905)

derten Meisterwerken der modernen Kunst, die übertroffen werden mußten.[50] Männliche und weibliche Badende wurden unvermeidlich. Sogar Apollinaire machte 1911 Witze darüber und schrieb Denis die Rolle des großen Vulgarisators zu. »Man findet«, schrieb Apollinaire, »in fast jedem Saal Badende wie die seinen, die sich dazu zwingen, gleichzeitig antik, christlich, modern, russisch und deutsch zu sein.«[51]

Maurice Denis stellte 1905 sogar fest, daß Matisse Schule, die lebendigste, neueste und meistbesprochene war. Matisses Kunst entsprach völlig der von Denis bereits zitierten Definition eines Gemäldes. Es ist »le peinture en soi, l'acte pur de peindre«.[52] Die Themen sind, um bei Denis' Terminologie zu bleiben, neo-traditionell. Matisse hatte seine modernistische Laufbahn mit neo-impressionistischen Werken begonnen. Das große Tuch *Luxe, calme et volupté* (1904) bildete einen ersten Höhepunkt. (Abb. 12) Den Titel entnahm er einem Gedicht Baudelaires, *L'Invitation au voyage* mit der dreimal wiederholten Zeile »Luxe, calme et volupté«, der die eher programmatische Zeile »La, tout n'est qu'ordre et beauté« vorausgeht.[53]

1905 erregte er im sogenannten Saal der *Fauves* im *Salon d'Automne* Aufsehen. Im Jahr danach zeigte er im *Salon des Indépendants* ein großes Figurenstück, *Bonheur de vivre*. (Abb. 13) Das

12 Henri Matisse, Luxe, calme et volupté (1904)

13 Henri Matisse, Bonheur de vivre (1906)

Stück scheint von einem großen Werk Derains inspiriert, einer
seiner Mit-Fauves, das den Titel *L'Age d'or* trug.[54] Im Hintergrund steht Ingres' große Dekoration im Schloß Dampierre mit
demselben Titel. Matisse übernahm wohl die Hirten, Tänzer und

343

14 Pablo Picasso, Demoiselles d'Avignon (1907)

Liebespaare Ingres', aber, charakteristisch für den Modernismus, nicht die Götter und Göttinnen.[55] Nach *Bonheur de vivre* setzte Matisse seine Reihe großer Figurenstücke mit *La Danse* und *La Musique* (1907) fort. Apollinaire zitierte 1907 einige Aussprüche Matisse, der sich mit Ideen sowohl alter als moderner Meister befaßte. Matisse glich einem unwilligen Avantgardisten.[56] Aus seinen eigenen, 1908 veröffentlichten, *Notes d'un peintre* kommen seine große Hochachtung vor der älteren Kunst und zugleich die Einsicht, daß jeder Maler zeitgenössisch sein muß, zum Ausdruck.[57]

Bildeten zwischen 1905 und 1910 Matisse, Derain und die anderen Fauves die Avantgarde, versuchte Picasso bereits 1907 (1881-1973) mit seinen *Demoiselles d'Avignon* (Abb. 14) die Führung zu übernehmen. Wieder ein Figurenstück, das außer klassischen Einflüssen auch die Einflüsse der primitiven Kunst aufweist. Tatsächlich mißlang dieser Versuch Picassos; doch es entstand eine neue Strömung: der Kubismus, begeistert vom Dichter Guillaume Apollinaire (1880-1918) unterstützt.[58] Der Kubismus ist die wichtigste moderne Strömung geworden, weil er radikal mit einigen Regeln, die seit der Renaissance galten, bricht. Was am meisten auffiel, war das Abschaffen der zentralen

Perspektive als Mittel, die Illusion des Raumes zu wecken. Der Kubismus wurde als eine weitere Spezialisierung der Malerei aufgefaßt, die nicht länger im Dienste der Literatur stand und auch nicht länger sklavische Nachbildung der echten oder vorgestellten Wirklichkeit sein wollte. Diese Spezialisierung und Konzentration auf die Mittel der Malerei an sich wurde von den späteren Verfechtern der abstrakten Kunst als lobenswerte Emanzipation interpretiert. Doch sind andere Interpretationen ebensogut möglich, und es ist von großer Bedeutung, daß Kubisten wie Picasso, Braque und Gris nie den Schritt zur gänzlich gegenstandslosen Kunst getan haben. Selbst die doch sehr revolutionären Erneuerungen des Kubismus wurden bald als eine Form des Klassizismus präsentiert. Die Anknüpfung an die moderne Tradition war öffentlich. Kein kubistisches Atelier ohne eine Reproduktion von Seurats *La Grande Jatte*, schrieb André Salmon, der Intimus von Picasso und seinem Kreis.[59] Juan Gris fand in seinen Gemälden Übereinstimmungen mit Ingres und Seurat. Sie waren außergewöhnlich kühl, schrieb er seinem Kunsthändler Kahnweiler 1915, und das war ein überaus klassizistisches Kennzeichen.[60] Maurice Denis wies selbst auf eine allgemeine Rückkehr zum Klassizismus bei jüngeren Malern hin. Sie bewunderten wieder Italien, Ingres und Poussin, obwohl die Romantik lächerlich gemacht wurde. Sowohl in der Literatur als in der Politik, meinte Denis schon 1909, haben die Jüngeren »la passion de l'ordre«. Weiter schrieb er – u. a. beeinflußt von den Kritiken Apollinaires –, daß im Vokabular der Kritiker der Avantgarde »das Wort klassisch das höchste Lob enthält und folglich dazu dient, fortgeschrittene Tendenzen zu bewerten«.[61] Apollinaire über die Braqueausstellung von 1908 zitierend, nannte Denis die neue Kunst dieser Zeit »plus noble, plus mesuré, mieux ordonné, plus culturé«.[62] Der Modernismus war nicht länger romantisch und nicht länger impressionistisch, er wurde klassisch. Diese Rückkehr zur Ordnung, dieser Klassizismus sollte vor allem nach dem Ersten Weltkrieg eine wichtige Rolle spielen und auch aus den Kriegsumständen heraus erklärt werden. Doch stimmt dies nicht ganz; der Klassizismus war gleichsam in den Modernismus selbst eingebaut.

Ein schönes kubistisches Beispiel ist das unverkennbare Meisterwerk *La Ville de Paris* von Robert Delaunay (1885-1941) (Abb. 15), das im Gegensatz zum Werk Picassos, das nur im

15 Robert Delaunay, La Ville de Paris (1912)

Kunsthandel zu sehen war, im *Salon des Indépendants* von 1912 ausgestellt wurde. Auf diesem mehr als vier Meter breiten Tuch kombinierte der Maler ein kubistisches Stadtbild mit einer Gruppe von drei nackten Frauen, die formal auf ein antikes Fresko mit drei nackten Grazien aus Pompeji verweist. So klassisch hatte es Manet früher nicht gemacht. Es ist überdies möglich, eine literarische Parallele mit dem Meisterwerk von Zolas Romanhelden aus *l'Œuvre* zu konstruieren. Auch dieser Maler entwarf ein großes Stadtbild von Paris und inkorporierte drei Frauenfiguren hinein, eine nackte, eine halb bekleidete und eine im Badeanzug. Zola unterstellte seinem modernen impressionistischen Maler Claude Lantier eine Wendung zum »geheimen Symbolisieren« und nannte das nun gerade ein Wiederaufblühen der Romantik.[63] Delaunay verwendete, auf wohl sehr altmodische Weise, allegorisch Figuren, in seinem Versuch, modern zu sein. Das war ohne Zweifel als tiefsinniger Verweis auf die Tradition gemeint. In einer Schelte auf diesen *Salon des Indépendants*, in der Delaunay einen schweren Stand hatte, bemerkte der Schriftsteller und Boxer Arthur Carvan, daß das Werk Delaunays die Spuren von Eile trug und den Willen verriet, koste es, was es wolle, der erste zu sein.[64] Doch *la Ville* ist eine Verherrlichung der modernen Stadt Paris, mit dem Eiffelturm als bedeutendes

Symbol. Schon seit seinem Bau 1889 hat der Turm diese Bedeutung u. a. im Werk Seurats. Auch Zola hält ihn in einer beeindruckenden Photoserie fest.[65] Bei seinem Schüler Huysmans änderte sich das. Er schrieb: »Die außergewöhnliche Häßlichkeit des Eiffelturms; das ist sicher das künstlerische Symbol einer Ära.«[66] Delaunay entwickelte seinen kubistischen Stil alsbald zum *Orphismus*, ein von Apollinaire eingeführter Name für eine mehr oder weniger abstrakte Malerei.[67]

In den Jahren vor dem Ersten Weltkrieg entwickelte Picasso in enger Zusammenarbeit mit Georges Braque (1882-1963) den Kubismus weiter. Aber ab 1915 machte sich Picasso einen Zeichenstil zu eigen, der auf Ingres zurückgeht. Sein Klassizismus wurde durch seinen Kontakt zum russischen Ballett von Serge Diaghilev (1872-1929), wo dieselbe Tendenz spürbar war, verstärkt. Der Tänzer und Choreograph Lifar schrieb in seiner Diaghilev-Biographie, »1912 endete in einer Atmosphäre der Antike, mit der Schöpfung von zwei neuen Balletts: *Prélude à l'après – midi d'un faune* von Debussy und Nijinski; und *Daphnis et Chloé* von Focine und Ravel«.[68] Zur Vorbereitung hatte Diaghilev lange Stunden mit dem Studium der Bildhauerei, Basreliefs und antiken Vasen verbracht, erzählte Lifar. Dieses »archäologische Experiment« erwies sich als wichtig, weil es zu revolutionären Balletts, wie *Le Sacre du Printemps* (1913), führte. Picasso kam in den Kreis Diaghilevs, als er an dem Ballett *Parade* (1917) mitarbeitete und einige Zeit mit der Gruppe in Rom verbrachte. Er nahm die Gelegenheit wahr, auch Neapel und Pompeji zu besichtigen. Diese für Picasso später klassizistische Periode hat der italienische Maler Prampolini am deutlichsten beschrieben.[69]

War Michelangelo der erste Vater der modernen Kunst gewesen, so orientierten sich die modernen Künstler nun am überaus akademischen Maler Raffael.[70] Picasso war von seinem Werk überwältigt, meldete Prampolini. »Die einheitschaffende und bindende Kraft der Idee, die mit Form und Farbe identifiziert wurde, stellte die revolutionären Pläne des Meisters aus Malaga (Picasso), der von einem kubistischen Wirbelsturm nördlich der Alpen erfaßt war, auf den Kopf.« Raffaels Popularität sollte noch wachsen und 1920 manifestartig von André Derain (1880-1954) in Worte gefaßt werden. Ich komme später darauf zurück. Picasso arbeitete auch am Ballett *Pulcinella* mit, für das Strawinsky die Musik des Komponisten Pergolesi aus dem 18. Jahrhundert bear-

beitete. Die Choreographie von Massine wurde von einem Kritiker als eine »ironische Annäherung zum Klassizismus« charakterisiert.[71]

Die moderne Tradition

André Salmon, der die Entwicklung aus der Nähe verfolgt hatte,
schrieb einen Artikel über Seurat, in dem er die »moderne
Tradition« zusammenfaßte. Sowohl seine Meinung wie das Jahr
der Veröffentlichung, 1920, sind bezeichnend. »Georges Seurat,
der Rekonstrukteur, wird es in Zukunft möglich machen, die
entgegengesetzten Elemente in der französischen Kunst miteinander in den traditionellen Kanälen zu versöhnen, die am Ende
des 19. Jahrhunderts wiederentdeckt wurden. Ohne Seurat hätten
wir weder Matisse noch den Kubismus, der nicht gänzlich aus
Cézanne abgeleitet werden kann, gehabt. Wir wissen, was der
Kubismus Cézanne verdankte, aber wir müssen uns daran erinnern, daß die ersten kubistischen Ateliers mit Photos vom Werk
Ingres' und Seurats, im besonderen *La Chahut*, einem der größten modernen Kultbilder, behängt waren.« Etwas weiter nannte
Salmon Ingres' *Bain turc*, das 1911 ins Louvre kam und Picasso in
den zwanziger Jahren verschiedene Figuren von Badenden liefern
sollte.[72]

Waren die klassizistischen Tendenzen dem Modernismus der
Fauves und der Kubisten inhärent, während des Ersten Weltkriegs wurden sie als Folge eines starken französischen Nationa-
lismus noch verstärkt. Die französische Tradition wurde betont
und damit die sogenannte *latinité*. Das hatte großen Einfluß auf
die Entwicklung der modernen Kunst in Paris, zu der viele
ausländische Künstler beigetragen haben. Picasso malte in einem
neo-impressionistischen, also anerkannt modernen Stil, die Paraphrase einer Bauernmahlzeit des französischen Malers Le Nain
aus dem 17. Jahrhundert (Abb. 16). Für den Spanier Picasso war
Le Nain ›echt französisch‹, und er meinte, daß im Grunde alle
Franzosen Bauern waren.[73] Apollinaire, wenn auch kein gebürti-
ger Franzose, schätzte Picassos Versuch und äußerte den
Wunsch, daß sein Malerfreund andere große Gemälde malen
sollte, »wie Poussin«.[74] Daß es sich nicht um eine zufällige
Bemerkung handelte, zeigte sich in einem Vortrag, den Apolli-

16 Pablo Picasso, Le repos de paysans (1917-18)

naire 1917 hielt: »Der neue Geist und die Dichter«. In diesem
Vortrag behauptete er – an die Polemik zwischen Klassizisten
und Romantikern aus dem zweiten Viertel des 19. Jahrhunderts
anschließend –, daß der neue Geist vor allem an dem klassischen
Erbe des gesunden Menschenverstands, festen kritischen Prinzipien, einer umfassenden Sicht auf die Welt und die menschliche
Seele und einer moralischen Verantwortlichkeit festhalten müsse.
Das romantische Erbe betonte Apollinaire weniger. Es sind die
Franzosen, die, wie zuvor die Revolution, nun die moderne Lyrik
zu allen Völkern bringen, u. a. zu den Katalanen, wo eine junge
Generation bereits Maler hervorgebracht hat – Apollinaire zielte
bestimmt auf Picasso – die eine Ehre für beide Völker sind,
meinte er.[75] Picasso berief sich tatsächlich auf die französische
Tradition, nicht nur in seinen Anlehnungen an Ingres, sondern

auch in seiner Le Nain Variation. In einem Brief an Picasso aus dem Jahre 1918 faßte Apollinaire sein klassizistisches Streben noch einmal zusammen.[76] Es gipfelte schließlich in dem Rat an den modernen Künstler, sich von klassischen und klassizistischen Quellen inspirieren zu lassen, ohne einen Pastiche herzustellen. So sprach er von einer Erneuerung seines poetischen Tons, jedoch im klassischen Rhythmus. Dabei mußte man sich auf sich selbst verlassen und einen allzu direkten Vergleich mit den Klassikern vermeiden. So war Picasso tatsächlich einem Vergleich mit Le Nain aus dem Wege gegangen, indem er ein andersartiges Format und eine sehr abweichende moderne Maltechnik benutzte.

Picassos Klassizismus

Picasso malte nach dem Ersten Weltkrieg in verschiedenen Stilen und kam in den zwanziger Jahren mit einer großen Reihe klassizistischer Nackter (Abb. 17), die einen gewaltigen Schock im Lager der Modernisten verursachte.[77] Delaunay sprach 1924 von einer »réaction neo-classique«, die Picasso u. a. anführte.[78] Andere sprachen unumwunden vom Verrat Picassos, des Künstlers, der vor dem Krieg die Führerrolle von Matisse übernommen hatte und als Prototyp des modernen Künstlers galt. Überdies erzielte er ziemlich schnell und leicht Erfolge im Gegensatz zu den Impressionisten van Gogh, Gauguin oder Cézanne. Von den Gegnern der modernen Kunst, im besonderen des Kubismus und der abstrakten Kunst, wurde Picassos neuer, klassisch inspirierter Stil als eine Rückkehr auf den rechten Weg, fast als ein Schuldbekenntnis interpretiert. War es für die Anti-Modernisten eine einfache Sache, die Verfechter des Modernismus hatten ihre Schwierigkeiten. Sie konnten sich aus dem Dilemma retten, indem sie auf Picassos früheren Klassizismus hinwiesen und den neuen Stilwechsel nicht als Opportunismus, sondern als Zeichen von Genialität auffaßten. Schon 1918 schrieb Apollinaire: »Picasso ist der Erbe aller großen Künstler, und plötzlich zum Leben erweckt, begibt er sich in eine Richtung, die man noch nicht eingeschlagen hat. Er ändert die Richtung, kehrt zurück, geht aufs Neue mit großen Schritten los ...«[79] Kurzum, ein Genie ist unberechenbar, und Picasso wußte diesen Status schon früh zu erreichen; »handelnd wie ein Kriegsgott und ein militärischer

17 Pablo Picasso, Grande baigneuse (1921-22)

Kommandant zugleich, änderte Picasso mit einer einzigen Geste die künstlerische Karte«, schrieb ein Kritiker 1924.[80] Picasso war zu einem Monument der modernen Kunst geworden, an dem neue Strömungen nicht einfach vorbei konnten.

Selbst Dadaisten und Surrealisten machten ab und zu eine Verbeugung in seine Richtung. Obwohl die Dadaisten den Kubismus ächteten, trat ihr Vormann Tristan Tzara in einem Pamphlet von 1922 für Picasso ein, und André Breton verteidigte den Maler, als während eines Dada-Abends gerufen wurde: »Picasso tot auf dem Schlachtfeld.«[81] Picassos führende Position war nicht länger unanfechtbar. Als André Salmon 1920 Bilanz zog, konnte er keinen Führer mehr ausmachen. Es gab eine Linie von Cézanne zu Picasso, in der auch der Solist Matisse arbeitete. Da

18 Gino Severini, Maternità (1916)

Picasso sich, genau wie Derain, in die Einsamkeit zurückgezogen hatte und beide Maler ein Auge auf Raffael warfen, fragte Salmon sich, wem die Zukunft gehören würde.[82]

Natürlich versuchten verschiedene Erben des Kubismus, die den Modernismus in der Form des Purismus, Konstruktivismus, Neo-Plastizismus und anderen Formen der abstrakten Kunst weiterentwickelten, die führende Rolle zu erobern. Das Bild der modernen Kunst in den zwanziger und dreißiger Jahren ist dann auch verwirrend, weil einige renommierte Modernisten sich zur Tradition bekehrten. Einer von ihnen war der in Paris arbeitende Gino Severini (1883-1966), dessen Gemälde *Maternità* aus dem Jahr 1916 (Abb. 18) enge Verwandtschaft mit dem Werk Derains aufweist.[83] Doch sah Severini sein Gemälde nicht als Bruch in der Entwicklung. »Was mich betrifft«, schrieb er, »nahm ich immer den Neo-Impressionismus als Ausgangspunkt und Seurat als Lehrmeister; für mich wurde die Idee der ›classicità‹, neben Cézanne, brillant von Seurat wiedergegeben …«[84] Daß Picassos Position angefochten wurde, zeigt sich auch in der ersten längeren Erklärung, die er 1923 gegenüber Marius de Zayas abgab. Ungewöhnlich für Picasso, der sich zumeist aphoristischer Äußerungen bediente, ist der verteidigende Ton. Er wehrte sich gegen eine Kunst, die auf Forschung gründete, und zielte damit auf die geometrisch abstrakte Kunst, die als logische Fortsetzung seines eigenen Kubismus gesehen wurde. Picasso behauptete nun, nicht zu suchen, sondern lediglich zu finden, und er annoncierte den Kubismus nicht als Übergang zu einer völligen Abstraktion, sondern als eine Schule, ebenso wie jede andere Schule. Das war eine ziemlich überraschende Anschauung über eine so revolutionäre Strömung. Picassos Absicht 1923 war deutlich genug; als sein neues Werk nicht mehr als avantgardistisch gewertet wurde, verneinte er einfach die Geschichte. »Für mich gibt es weder Vergangenheit noch Zukunft in der Kunst«, erklärte er.[85] Und um es noch deutlicher zu machen, fügte er hinzu: »Die Kunst der Griechen, der Ägypter oder der großen Maler, die in anderen Zeiten lebten, ist nicht die Kunst der Vergangenheit; vielleicht ist diese Kunst jetzt mehr denn je lebendig.«[86] Für das letztere sorgte Picasso selbst, der sich somit als Hersteller einer zeitlosen Kunst auf ein Niveau mit den großen Meistern stellte. Dies ist eher ein klassisches als ein modernes Anliegen. Die neue »ordre classique«, die Denis schon vor 1900 ausgerufen hatte, schien nun endgültig eingetreten, denn Picasso blieb nicht allein. Auch Derain und De Chirico kehrten in auffälliger Weise zur realistischen Tradition zurück. »Ich nehme drei Worte für mich in Anspruch: *Pictor classicus sum*«, schrieb De Chirico schon 1919.[87]

In den zwanziger und dreißiger Jahren dominierten realistische Strömungen, wenn es sich auch nicht um den Realismus des 19. Jahrhunderts von Courbet und Manet handelte. Dem gegenüber standen die abstrakten Künstler. Wer waren nun die Modernen? Bis vor kurzem war dies in der Kunstgeschichte eine ausgemachte Sache, nicht die Realisten und sicher nicht Derain und De Chirico. Heute ist man sich dessen nicht mehr so sicher. Es ist sogar möglich, die abstrakte Kunst nach dem Zweiten Weltkrieg als eine recht künstliche Nachblüte zu sehen, die es ohne den Krieg nicht gegeben hätte; als einen Rückschlag also, einen Aufenthalt in der Entwicklung der modernen und figurativen postmodernen Kunst. So argumentierend würde der Postmodernismus schon in den zwanziger Jahren angefangen und seine Wurzeln in einer realistischen Kunst haben, die in Strömungen wie Piturra Metaphysica, Surrealismus, Neue Sachlichkeit und Magischer Realismus unterteilt war.[88] Das modernistische Erbe im Postmodernismus betrifft die problematische Rolle der Vorstellung, die es wohl gibt, aber deren Wichtigkeit mehr oder weniger verneint wird. Das modernistische Dogma, daß der Wert eines Gemäldes nur in der Handhabung der Bildmittel gesucht werden muß, gilt noch immer. Das führt in der Betrachtung von sowohl moderner wie postmoderner Kunst oft zu doppeldeutigen Positionen, mit denen Künstler und Kritiker nur schwer etwas anfangen können.

(Aus dem Niederländischen von Karl Schillings)

Anmerkungen

1 »Il faut être absolument moderne«, Arthur Rimbaud in »Adieu«, aus dem Bündel *Une saison en enfer* (1873).

2 John Rewald, *The History of Impressionism*, New York (The Museum of Modern Art) 1978 (1946); Joseph Sloane, *French Painting between past and present. Artists, critics, and traditons from 1848 to 1870*, Princeton 1973 (1951); *Manet 1832-1883*, Katalog zur Ausstellung Paris, New York 1983, Nr. 62.

3 Rewald, *Hist. of Impres.*; Jacques Lethève, *Impressionnistes et symbolistes devant la presse*, Paris 1959; *Centenaire de l'Impressionnisme*, Katalog zur Ausstellung, Paris 1974.

4 Pär Bergmann, »*Modernolatria*« et »*Simultaneità*«. *Recherches sur deux tendances dans l'avantgarde littéraire en Italie et en France à la veille de la première guerre mondiale*, Uppsala 1962.

5 Punkt 4 des Manifestes lautet: »Wir erklären, daß sich die Herrlichkeit der Welt um eine neue Schönheit bereichert hat: die Schönheit der Geschwindigkeit. Ein Rennwagen, dessen Karosserie große Rohre schmücken, die Schlangen mit explosivem Atem gleichen ... ein aufheulendes Auto, das auf Kartätschen zu laufen scheint, ist schöner als die Nike von Samothrake«. Christina Baumgart, *Geschichte des Futurismus*, Reinbek 1966, S. 26.

6 *Die Bugattis: Automobile, Möbel, Bronzen, Plakate* (anläßl. der Ausstellung im Sommer 1983) Hrsg. vom Museum für Kunst und Gewerbe, Hamburg 1983.

7 Hans Robert Jauss, »Ästhetische Normen und Geschichtliche Reflexion in der ›Querelle des Anciens et des Modernes‹«, und Max von Imdahl, »Kunstgeschichtliche Exkurse zu Perraults *Parallèle des Anciens et des Modernes*«, in Charles Perrault, *Parallèle des anciens et des modernes en ce qui regarde les arts et les sciences*, München 1964, S. 8-64 und S. 65-79.

8 Sir Joshua Reynolds, *Discourses on Art*, Hrsg. Robert R. Wark, San Marino, Cal., 1959, S. 272.

9 Eugène Delacroix, »Michel-Ange«, *Revue de Paris* 1830, Nachdruck in *Œuvres littéraires II. Essais sur les artistes célèbres*, Paris 1923, S. 20-56; Lee Johnson, *The Paintings of Eugène Delacroix. A critical Catalogue*, 1816-1831, Oxford 1981.

10 *Histoire de la peinture en Italie*. Bei M. B. A. A., Paris 1817; *Idem* Hrsg. H. Martineau, Paris 1929; Paul Arbelet, *L'Histoire de la peinture en Italie et les plagiats de Stendhal*, Paris 1914; Stendhal, *Du romantisma dans les arts*. Gesammelte Texte, veröffentlicht von Julius Starzynski, Paris (Miroir de l'art) 1966.

11 Loys Delteil, *Le Peintre-Graveur illustré (XIXe et XXe siècles) Honoré Daumier III*, Paris 1925, S. 925-974 (1842-1843); *Honoré Daumier. Das lithographische Werk*. Herausgegeben von Klaus Schrenk. Mit einem Essay von Charles Baudelaire, München 1977, Band I, S. 327-335. Der Stich »Combat des écoles-l'Idéalisme et le Réalisme«, D 2629 (1855) *Delteil-Daumier* VII.

12 »Au vent qui soufflera demain nul ne tend l'oreille; et pourtant l'heroisme *de la vie moderne* nous entoure et nous presse.« Baudelaire, *Curiosités esthetiques L'Art romantique et autre Œuvres critiques*, Paris 1962, S. 85. Für Baudelaire als Kritiker, siehe: Gita May, *Diderot et Baudelaire. Critiques d'art*, Genf 1957; Walter Benjamin, *Charles Baudelaire. Ein Lyriker im Zeitalter des Hochkapitalismus*. Herausgegeben und mit einem Nachwort versehen von Rolf Tiedemann, Frankfurt am Main 1974 (1969).

13 »Il y a autant de beautés qu' il y a des manières habituelles de chercher le bonheur«, in »Qu-est-ce que le romantisme?«. Baudelaire, *Cur. Esth.* S. 102-103. Das erste Kapitel von *Le Peintre de la vie moderne* heißt »Le beau, la mode et le bonheur«, das dritte »L'artiste, homme du monde, homme des foules et enfant«, während das vierte »La modernité« zum Thema hat. Baudelaire, *Cur. Esth.*, S. 453-502.

14 »La modernité, c'est le transitoire, le fugitif, le contigent, la moitié de l'art, dont l'autre moitié est l'eternel et l'immuable.« Baudelaire, *Cur. Esth.*, S. 467. 1908 schrieb Apollinaire eine Einführung zu einem Ausstellungskatalog unter dem Titel *Les trois vertus plastiques*, in dem er erklärte: »Ce monstre de la beauté n'est pas éternel.« Guillaume Apollinaire, *Chroniques d'art 1902-1918*. Gesammelte Texte mit einem Vorwort und Anmerkungen von L.-C. Breunig, Paris 1960, S. 71.

15 *Manet 1832-1883.* Ausstellungskatalog, Paris-New York 1983; Theodore Reff, *Manet and Modern Paris.* Ausstellungskatalog Washington 1982, herausgegeben von The University of Chicago Press, Chicago und London.

16 George Heard Hamilton, *Manet and his critics*, New York 1969 (1954); Anne Coffin Hanson, *Manet and the modern tradition*, New Haven und London 1979 (1977).

17 »Courbet, c'était encore la tradition; Manet, c'était une ère nouvelle de peinture«, Ambroise Vollard. *En écoutant Cézanne, Degas, Renoir*, Paris 1938, S. 162.

18 »..., le talent de cet homme est une parfaite mystification«, schrieb Huysmans in einer späteren Anmerkung zu seinem *Le Salon officiel de 1880.* J.-K. Huysmans, *L'art moderne. Certains*, mit einem Vorwort von Hubert Juin, Paris 1976, S. 173.

19 Es handelt sich um den letzten Teil des Salonberichts. Huysmans, *L'art moderne*, S. 91.

20 »Le moderne dont j'ai parlé, le voilá!« Huysmans, *L'art moderne*, S. 164.

21 J. Kamerbeek jr., *Tenants et aboutissants de la notion »coleur locale«*, Utrechtse publicaties voor algemene literatuurwetenschap 2, Utrecht 1962. Einer der einflußreichsten Texte war das *Préface de Cromwell* von Victor Hugo. Der Begriff wird von Antonin Proust in seinem Salonbericht 1882 mit dem Realismus und mit Manet in Zusammenhang gebracht, im *Gazette des Beaux Art* 24, 2. pér. tome 25 (1882), S. 534. »Pour ma part, je suis fort éloigné de proscire l'allegorie, je n'ai garde de méconnaître le mérite qu'il peut y avoir à retracer des scènes historiques, empreintes de ce que l'on appelle la coleur locale, mais je confesse que j'ai une prédilection marquée pour la représentation de la chose vue, ...«.

22 Huysmans, *L'art moderne*, S. 163 und S. 293; Rewald, *History of Impressionism*, S. 444.

23 Emile Zola, *Mon Salon Manet Ecrits sur l'art*, Chronologie und Vorwort von Antoinette Ehrard, Paris 1970, S. 358; Huysmans, *L'art moderne*, S. 160; John House, »The Legacy of Impressionism in France«, in dem Katalog *Post-Impressionism Cross-Currents in European Painting*, London 1979. In der Ausstellung waren Werke von Bastien-Lepage aufgenommen; Hamilton, *Manet and his critics*, S. 253-254.

24 Zola, *Mon Salon*, S. 325-352; Emile Zola, *Le bon combat de Courbet aux impressionnistes*, Anthologie d'écrits sur l'art. Herausgegeben und mit einem Vorwort versehen von Gaetan Picon, Paris 1974, »Le naturalisme au salon«, S. 209-221.

25 Harrison, C., Cynthia A. White, *Canvases and career: institutional change in the French painting world*, N. Y., London und Sydney 1965.

26 »L'art étant devenu, comme le sport, une des occupations recherchées des gens riches, les expositions se suivent avec un égal succès, quelles que soient les œuvres qu'on exhibe, pourvu toutefois que les négociants de la presse s'en mêlent et que les étalages aient lieu dans une galerie comme, dans une salle réputée de bon ton par tous.« Huysmans, *L'art moderne*, S. 281.

27 Einige Kunsthändler und auch Maus haben über ihre Künstler geschrieben, ohne dem Leser eine Einsicht in ihren Handel zu verschaffen. Allmählich wird mehr über den Kunsthandel im 19. Jahrhundert veröffentlicht.

28 Rewald, *Post-Impressionism from van Gogh to Gauguin*, New York 1962 (2. Auflage), S. 366; Lethève, *Impres. et Symbolistes*, S. 134.

29 »Malgré tout, ce bar est certainement le tableau le plus moderne, le plus interessant que ce Salon renferme.« Huysmans, *L'art moderne*, S. 271; siehe auch Manets Antwort an den konservativen Kritiker Wolff, in Hamilton, *Manet and his critics*, S. 258-259.

30 Der Artikel anläßlich Cabanals Tot erschien im *Echo de Paris* vom 8. Februar 1889 und wurde in *Mes Artistes*, Paris 1922, nachgedruckt. Zola war »converti au naturalisme de l'Academie«.

31 *L'opera completa di Seurat*. Herausgegeben von André Chastel. Apparati critici e filologiei di Fiorella Minervino, Milano 1972 (Classici dell'Arte). Deutsche Bearbeitung Pierre Courtion, *Georges Seurat. Das Gesamtwerk*, Frankfurt am Main, Berlin, Wien 1980, S. 142; Rewald, *Post-Impres.*, S. 79-146; *Seurat in Perspective*. Herausgegeben von Norma Broude, Englewood Cliffs, New Jersey 1978, S. 71-79, für die ältere Literatur.

32 Rewald, *Post-Impres.*, S. 30-31 und 162-165.

33 Walter Cahn, *Masterpieces. Chapters on the history of an idea*, Princeton 1979; Evert van Uitert, »Van Gogh's concept of his *œuvre*«, *Simiolus* 12 (1981-1982), S. 223-244. Nachgedruckt in Evert van Uitert, *Vincent van Gogh in creative composition* (Diss. Amsterdam) 1983, S. 72-73. Zola schrieb in *Le Naturalisme au Salon*: »Chaque année, je constate que les femmes nues, les Vénus, les Eves et les Aurores, tout le bric-à-brac de l'histoire et de la mythologie, les sujets classiques de tous genres, deviennent plus rares, ...«

34 *Le Figaro*, 1. Februar 1892. Nachgedruckt in *Mes Artistes*, Paris 1922, S. 147-148.

35 François Daulte, *Auguste Renoir Catalogue Raisonné de l'œuvre peint I Figures 1860-1890*, Lausanne 1971, Nr. 514; Vollard, *En écoutant*, S. 217; B. Ehrlich White, »Renoir's Trip to Italy«, *The Art Bulletin* LI (1969), S. 344.

36 Vollard, *En écoutant*, S. 217.

37 Courthion, *Seurat*, S. 186; *Seurat* Broude, S. 46-47.

38 Patrick Brady, »*L'Œuvre*« de Emile Zola, roman sur les arts, mani-

feste, autobiographie, roman à clef, Genf 1968; Robert J. Niess, *Cézanne and Manet. A Study of »L'Œuvre«*, The University of Michigan Press 1968.

39 Félix Fénéon, *Au-delà de l'impressionnisme*. Texte gesammelt und herausgegeben von Françoise Cachin, Paris 1966 (Miroir de l'art); Félix Fénéon, *Œuvres plusque complètes*. Texte gesammelt und herausgegeben von Joan U. Halperin, I, *Chroniques d'art*, Genf-Paris 1970, »Le néo-impressionnisme a la IVe exposition des artistes independents« (1888), S. 84; Joan Ungersma Halperin, *Félix Fénéon and the language of Art Criticism*, Studies in the Fine Arts: Criticism, Nr. 6, S. 1. 1980.

40 Vor allem um 1890 sind mehrere »-ismen« aufgekommen; Synthetismus, Ideismus, Cloissonismus, Neo-Impressionnismus usw. René Wellek, *A History of Modern Criticism: 1750-1950*, 4. Teil, London 1955. Von fast allen wichtigen Kritikern sind moderne Ausgaben vorhanden, u. a. in der Serie *Miroirs de l'art*.

41 »Se rappeler qu'un tableau – avant d'être un cheval de bataille, une femme nue, ou une quelconque anecdote – est essentiellement une surface plane recouverte de couleurs en un certain ordre assemblées.« Maurice Denis, *Théories 1890-1910 du symbolisme et de Gauguin vers un nouvel ordre classique*, Paris 1920 (1912), S. 1; *Idem, Du symbolisme au classique Théories*. Texte gesammelt und herausgegeben von Olivier Revault d'Allonnes, Paris 1964, S. 33.

42 Evert van Uitert, »Vincent van Gogh and Paul Gauguin: a creative competition«, *Simiolus* 9 (1977), S. 149-168, nachgedruckt in Evert van Uitert, *Vincent van Gogh in creative competition*.

43 Georges Wildenstein, *Gauguin Catalogue*, Paris 1964, Nr. 239, S. 88; Rewald, *Post-Impres.*, S. 210-213.

44 Wildenstein, *Gauguin*, Nr. 561, S. 232-234; Robert J. Goldwater, *Paul Gauguin*, New York 1957; Herschel B. Chipp, *Theories of Modern Art*, Berkeley, Los Angeles und London 1973 (1968), S. 69-74.

45 Evert van Uitert, »Van Gogh's concept of his *œuvre*«, *Simiolus* 12 (1981-1982), S. 234-236.

46 »Comme Renoir me disait très justement, il y a un je-ne-sais-quoi d'analoque aux choses de Pompéi, si frustes et si admirables …«, Camille Pissarro, *Lettres a son fils Lucien*. Herausgegeben mit Assistenz Lucien Pissarros von John Rewald, Paris 1950, S. 390, Brief vom 21. Nov. 1895. (Deutsche Übersetzung Camille Pissarro, *Briefe*, Berlin 1970, S. 150.)

47 Lionello Venturi, *Cézanne, son art son œuvre*, 2 Bände, Paris 1936, Nr. 728, 729; *Cézanne in Perspective*. Herausgegeben von Judith Wechsler, Englewood Cliffs, New Jersey 1975, S. 38-48. Paul Serusier, Maler-Theoretiker aus dem Kreis um Gauguin, meinte, daß es sich im Falle Cézannes nicht um eine neue Kunst, sondern um die Wiederauf-

erstehung aller solider, reiner, klassischer Kunst handelt. Diese Ansicht und die anderer Maler wurde gesammelt und herausgegeben von Charles Morice im *Mercure de France* vom 1. August 1905, S. 346-359. Maurice Denis schrieb 1905, daß man Ingres nicht länger als gefährlichen Reaktionär betrachtete und daß Cézannes Kunst in allen Ateliers besprochen wurde. Denis, *Théories*, S. 203-204.

48 »Cézanne tenant le milieu entre Puvis de Chavannes et van Gogh«, schrieb *L'Art International* am 25. Nov. 1895; von Vollard zitiert in *En écoutant*, S. 86.

49 1907 veröffentlichte Denis einen Artikel über Cézanne. Denis schilderte eine Entwicklung vom objektiven Manet, über Gauguin zu Cézanne. »Devant le Cézanne nous songeons seulement à la peinture.« Ein Stilleben Cézannes neigt eher zu Chardin als zu Manet oder Gauguin; es ist klassisch, ausgeglichen. Denis, *Théories*, S. 247.

50 Venturi, *Cézanne*, Nr. 256-276, 381-390, 538-547, 580-591, 719-729. Cézanne verweist nur ganz ausnahmsweise auf die Mythologie. Aber als Darstellung von Schwimmenden und Sonnenbadenden entsprechen seine Gemälde nicht. Das Thema formt eigentlich eine dürftige Entschuldigung. Die Badenden sind mit den Worten André Lhotes, »désintéressé de toute aventure autre que plastique«. »L'enseignement de Cézanne« (1919), nachgedruckt in *La Peinture, le cœur et l'esprit*, Paris 1933, S. 17.

51 »Mais, mon Dieu! combien on sent l'influence de M. Denis aux ›Artistes français‹. On trouve dans presque toutes les salles des baigneuses fois antiques, chrétiennes, modernes, russes et allemandes«, Apollinaire, *Chroniques d'art*, S. 221. Arthur Craven sprach kernartig vom »Neppideal des Maurice Denis« in seiner Besprechung des Salon des Indépendants. Siehe Note 64.

52 »C'est l'école de Matisse qui paraît la plus vivante, la plus nouvelle et la plus discutée.« Denis, *Théories*, S. 207.

53 *Les Fleurs du Mal* LIII. Baudelaire, *Œuvres complètes*, I, Paris 1975 (Pléiade), S. 53-54 und S. 928-930. 1944 illustrierte Matisse eine Luxus-Ausgabe von *Les Fleurs du Mal*, die 1947, durch Aragon realisiert, erschien.

54 Der Titel »Bonheur de vivre« kann wiederum von Baudelaire hergeleitet sein. Diesmal von »L'Invitation au Voyage«, *Le Spleen de Paris* XVIII, *Œuvres Complètes*, I, S. 301-303.

55 Diese Überreste waren durch Kritiker von Stendhal zu Zola und obendrein durch Daumier in seiner Lithoserie *Histoire ancienne* von 1841-1843 lächerlich gemacht worden.

56 Interview aus *La Phalange*, II, 18. Dez. 1907, S. 481-485. Auch aufgenommen in englischer Übersetzung in Jack D. Flam, *Matisse on Art*, New York 1978 (1973), S. 31-32.

57 Für die *Notes d'un peintre* siehe Flamm, S. 32-40.

58 Diesbezüglich schrieb er 1912, daß der Kubismus »la manifestation artistique la plus élevée de notre époque« ist. 1910 und 1911 hatte Apollinaire über Picasso und den Kubismus geschrieben. Apollinaire, *Chroniques d'art*, S. 159, 210, 254 und 282. Apollinaire verglich Picasso mit dem Prototypen des modernen Künstlers: Michelangelo. Siehe »De Michel-Ange à Picasso«, *Chronique d'art*, S. 268-271.

59 André Salmon, »Georges Seurat«, *The Burlington Magazine*, 37 (1920), S. 115-122; teilweise nachgedruckt in *Seurat* Broude, S. 60. Der kubistische Maler und Theoretiker André Lhote schrieb ein Buch über Seurat, das 1920 bei Editions de *Valori plastici* in Rom herausgegeben wurde. Die ursprünglichen Kubisten waren nach Lhote die Erben Seurats und Cézannes. Die »Grande Jatte« hätte im Louvre zwischen Ingres' »Apotheose Homers« und den »Großen Badenden« von Cézanne hängen müssen. Siehe auch André Lhote, *La peinture, le cœur et l'esprit*, Paris 1933.

60 Daniel-Henry Kahnweiler, *Juan Gris His Life and Work*, New York 1968 (übersetzt aus dem Französischen und revidiert), S. 48. Siehe auch die gesammelten Texte in Edward Fry, *Der Kubismus*, Köln 1966 (aus dem Englischen und Französischen übersetzt). Auch Gino Severini war ein eifriger Bewunderer Seurats und betonte seinen Einfluß mit dem Cézannes.

61 Maurice Denis im wichtigsten Artikel »De Gauguin et de van Gogh au classicisme«, *Théories*, S. 267.

62 Der Impressionismus wurde abgewiesen. Seurat und die Neo-Impressionisten wurden als Suchende betrachtet. Denis, *Théories*, S. 267.

63 Zola schreibt in Kapitel IX über »le tourment d'un symbolisme secret, ce vieux regain de romantisme ...«. Emile Zola, *L'Œuvre*, Les Rougon-Maquart IV, Paris 1966 (Pléiade), S. 236.

64 Arthur Cravan, »L'Exposition des Indépendants«, *Maintenant* Mars-Avril, Numéro Special, S. 18. Reproduction anastaltique de la collection complète de la revue *Maintenant*, Paris 1977.

65 *Emile Zola, Photograph*, herausgegeben und zusammengestellt von François Emile Zola und Massin, München 1979 (ursprünglich französisch).

66 J.-K. Huysmans, *Lettres inédites à Ary Prins 1885-1907*, Genf 1977, S. 162.

67 Ausstellungskatalog, *Robert Delaunay (1885-1941)*, Paris 1976 (Orangerie).

68 Serge Lifar, *Serge Diaghilev. His life, his work, his legend. An intimate biography*, London 1940, S. 265.

69 Der ursprüngliche Text »Incontri con Picasso« erschien 1943. Übersetzt aufgenommen in den Bündel *A Picasso anthology: Documents, criticism, reminiscences*, herausgegeben von Marilyn McCully, London 1981 (The Arts Council), S. 122-124.

70 Für Prampolini siehe: *A Picasso Anthology*, S. 123. Für den Text von Derain siehe: *Les Realismes 1919-1939*, Centre Pompidou, Paris 1980-1981, S. 208. Diese Ausstellung war danach in Berlin zu sehen. Die Raffaelreputation war das Thema einer Ausstellung im Grand Palais, Paris 1983-1984, *Raphael et l'art français*.

71 Zitiert in Lifar, *Diaghilev*, S. 309.

72 André Salmon, »Georges Seurat«, siehe Note 59.

73 Picasso besaß einen Le Nain. Durch Format und Maltechnik sorgte er dafür, sehr deutlich von seinem Vorbild abzuweichen.

74 *A Picasso Anthologie*, S. 130.

75 Die Lesung »L'Esprit nouveau et les poètes« wurde im *Mercure de France* vom 1. Dez. 1918 veröffentlicht. Übersetzt ins Englische als Appendix One aufgenommen in Francis Steegmuller, *Apollinaire. Poet among the painters*, Harmondsworth 1973 (1963).

76 *A Picasso Anthology*, S. 123. Artikel von Ozenfant und Majakovsky, in *A Picasso Anthology*, S. 146-147 und 154, die Artikel von Waldemar George und Carl Einstein, nachgedruckt in *Picasso in Perspective*. Herausgegeben von Gert Schiff, Englewood Cliffs 1976, S. 68-74; Otto J. Brendel, »The classical style in modern art«, in *From Sophocles to Picasso*. Herausgegeben von Whitney J. Oates, Bloomington 1962, S. 71-118.

78 *The New Art of Color. The Writings of Robert and Sonia Delaunay*, herausgegeben und mit einem Vorwort von Arthur A. Cohen, New York 1978. Der Artikel von 1924 hat den Titel »Constructionism and Neo-Classicism«, S. 4-5.

79 Vorwort zu einem Katalog einer kombinierten Matisse-Picasso-Ausstellung in der Galerie Paul Guillaume. *Chroniques d'art*, S. 538.

80 Waldemar George, »Picasso et la crise actuelle de la conscience artistique«, 1929, übersetzt aufgenommen in *Picasso in Perspective* und nachgedruckt in *Les Realismes 1919-1933*, S. 212-214.

81 *Pablo Picasso A Retrospective*. Herausgegeben von William Rubin. Chronologie von Jane Fluegel, New York (The Museum of modern Art), London 1980, S. 224. Siehe auch Patrick Waldberg, *Der Surrealismus*, Köln 1965 (ursprünglich französisch).

82 *A Picasso Anthologie*, S. 138-144.

83 Christian Derouet, »Les réalismes en France rupture ou rature«, *Les Realismes 1919-1933*, S. 196-209.

84 Gino Severini, *La Vita di un Pittore*, Milano 1965; Gino Severini, *Témoignages 50 ans de réflexion*. Mit einem Vorwort von Georges Borgeand, Rom 1963. Severini nannte in einer Einführung zu *Du cubisme au classicisme* de *Théories* von Maurice Denis, »l'œuvre la plus élevée écrite à notre époque«. Außerdem nahm er dann einigen Abstand zum Klassizismus Cézannes. *Témoignages*, S. 84 und S. 86.

85 Das Interview ist übersetzt nachgedruckt in *Picasso on Art: A Selection*

of Views, zusammengestellt von Dore Ashton, Harmondsworth 1977 (1972) (Serie The Documents of 20th-Century Art), S. 4.

86 *Idem*. Die a-historische Anschauungsweise von Kunstwerken und Künstlern wurde im 19. Jahrhundert stark von Baudelaire verkündigt und ist Grundzug der sogenannten Kennerschaft.

87 *De Chirico Wir Metaphysiker*. Gesammelte Schriften herausgegeben von Wieland Schmied, Berlin 1973, S. 56. Die Äußerung steht in einem Artikel von 1919, in dem die Kubisten und Futuristen angegriffen werden: »Die Rückkehr zum Handwerk«.

88 Siehe den Ausstellungskatalog *Les Realismes 1919-1933*.

Adi Martis
Die Verantwortung der Bilder

>»Also gegenüber allen Versuchen, die Kunst zu binden,
>auf ihre Eigenständigkeit beharren und wenn ihre Funk-
>tionslosigkeit behauptet wird, die Verantwortung beto-
>nen, die die Bilder als Bilder haben.« J. G. Dokoupil
>(Interview mit W. W. Dickhoff in *Wolkenkratzer* Nr. 7,
>November/Dezember 1983, 9)

Wenn es eine postmoderne Malerei gibt, könnte ›Der Maler‹ des
Italieners Sandro Chia ein postmodernes Bild sein: es stellt einen
postmodernen Maler dar, der uns eine modernistische Arbeit
zeigt, eine Art Allegorie der neuen Malerei. (Abb. 1)

Auf überlebensgroßem Format sehen wir einen Maler – er hat
die Figur eines Rausschmeißers –, der ein abstraktes Bild in den
Händen hält, das den Blick fixiert. Die Physiognomie des Malers
und der klassische Kopf aus Stein scheinen nicht zu dessen
Körperbau zu passen.

Haben wir hier einen zum ›Helden der Arbeit‹ wattierten
antiken Heros vor uns? Und warum sind wir so sonderbar
berührt? Ich denke, nicht wegen des Resultats der modernen
Malerei, obschon die Ansprüche der abstrakten Kunst anscheinend zu ihrem Recht kommen, wenn man das Verhältnis der
beiden Formate einerseits und das Verhältnis des Malers zum Bild
im Bild andererseits betrachtet. Demonstriert wird, daß der postmoderne Maler auf andere Bilder und Stile vom Altertum oder
von Altamira bis heute frei zurückgreifen kann; Chia selbst
verwendet mit Vorliebe italienische Vorbilder des 15. und 16.
Jahrhunderts, wie Jeroen Stumpel kürzlich überzeugend nachgewiesen hat.[1]

Nicht nur die Bilder und Stile des zeitgenössischen Malers
bewegen sich zwischen Extremen, auch sein ›image‹ ist wechsel-
haft. Er kann mit beiden Beinen fest auf dem Boden stehen und
mit seinem Kopf, weit entfernt von irdischer Mühsal, der Götter-
welt nahe verweilen; ›Più vicino agli dei‹ – um den Titel eines
rezenten Werkes von Chias Kollegen und Landgenossen Cucchi
hier zu zitieren. (Abb. 2)

Meine Interpretation von ›Der Maler‹ ist nicht auf Äußerungen

1 Sandro Chia, Der Maler (1983)

des Künstlers über seine Intentionen zurückzuführen. Dennoch glaube ich, daß meine Interpretation nicht unbegründet ist und daß sie anhand meiner weiteren Ausführungen plausibel wird. Von Chia ist nicht viel Unterstützung zu erwarten, die neuen Maler machen es ihren Interpreten nicht einfach. Man wird leicht in die Rolle gedrängt, die die Hunde auf einem seiner Bilder mit dem Titel ›Der Herr und seine Hunde‹ haben: Angreifer, die den Herrn bedrohen. (Abb. 3) Der Hund jedoch – neben Vögeln, Fischen, Hirschen und Kaninchen –, einer der Lieblinge aus dem ikonographischen Zoo der neuen Malerei, erscheint auch in einer anderen, sympathischeren Rolle, und wer weiß, vielleicht darf ich, nachdem meine Geschichte fertig ist, den neuen Maler auf einer seiner heldenhaften Reisen als treuer Mitgeselle begleiten.

2 Enzo Cucchi, Più vicino agli dei (1983)

3 Sandro Chia, Der Herr und seine Hunde (1983)

Sandro Chia gehört neben Francesco Clemente und Enzo Cucchi zu den bekanntesten italienischen Malern, auf die 1979, mit dem Etikett »Transavantgarde« versehen, der Kritiker Achille Bonito Oliva aufmerksam machte.[2]

Die Besonderheiten, die Oliva an dieser Avantgarde ausmacht, stimmen mit den Eigenschaften, die bisher ›postmodern‹ genannt wurden, überein. Es wäre mir nun sehr recht, wenn ich behaupten könnte, daß das, was Oliva Transavantgarde nennt, postmodern ist; aber so einfach ist das nicht.

Kurz zusammengefaßt sieht sein Transavantgardebegriff so aus:
– Das Ziel, das unsere Gesellschaft anstrebt, ist undeutlich geworden;
– es gibt kein optimistisches Fortschrittsdenken mehr;
– die Transavantgarde hat die Illusion, daß der Kunst eine progressive Auffassung zugrunde liegen solle, aufgegeben;
– die Transavantgarde nimmt darum die Haltung von Nomaden ein; es gibt keine eindeutige Richtung, nur einen Mittelpunkt, nämlich das Kunstwerk;
– an die Stelle der Experimente mit neuen Materialien und Techniken tritt das alte Handwerk, das von der Transavantgarde wieder in Ehren erstellt wird; man greift zurück auf alte Maltraditionen;
– anstatt der Entmaterialisierung, der Depersonalisierung wird die eigene, zentrale Position unterstrichen, ohne daß man autobiographisch wird;
– der Stammbaum der Avantgarde ist nicht mehr gradlinig und hat nicht mehr nur für edle Vorfahren Platz, sondern er ist fächerförmig, und unter den Vorfahren befinden sich Künstler, die in der Kunst oder in der Politik oder in beiden auf der falschen Seite standen. (Man denke an Dali, den späten De Chirico, den späten Picabia etc.);
– ebenso charakteristisch für die Transavantgarde ist die Zersplitterung, die sich für Oliva in dem Verlangen nach fortwährender Veränderung, dem Gebrauch verschiedener Stile und Bilder, (also die Geschichte als Fundgrube), dem Spielen mit verschiedenen Bedeutungsebenen und dem metonymen Gebrauch von Bildern äußert;
– die Transavantgarde gibt sich schließlich national oder regional im Gegensatz zur Avantgarde, die international orientiert war.

Die möglichen Zeitpunkte einer Trennung zwischen Avantgarde und Transavantgarde datiert Oliva folgendermaßen: der Yom-Kippur-Krieg 1973, die hieraus entstandene Ölkrise und die ideologische Krise, die 1977 den Intellektuellen den Teppich unter den Füßen wegzog.[3]

Schon bevor Oliva den Begriff Transavantgarde einführte, hatte er sich mit dem Problem der Avantgarde auseinandergesetzt. In ›Le avantguardie diverse Europa/America‹ (1976) stellte er die Neoavantgarde der sechziger und siebziger Jahre der historischen Avantgarde Anfang des Jahrhunderts gegenüber. Er behandelte vor allem zwei Varianten, die seiner Meinung nach innerhalb der Neoavantgarde zu unterscheiden sind: die amerikanische Neo-avantgarde (mit dem Prototyp Andy Warhol) und die europäische (mit Joseph Beuys als idealem Vorbild): Die amerikanische Neoavantgarde, die sich leichtfertig und pragmatisch mit der Analyse der Gestaltungsmittel beschäftigte, auf der Basis eines Kontinents ohne Kultur und Vergangenheit, die in Wirklichkeit nur mit der Ausschöpfung des Heute beschäftigt war, gesteuert von Mechanismen der spätkapitalistischen, imperialistischen Ökonomie, die alles, auch die Kunst, zum Konsumartikel reduzierte; und die europäische Neoavantgarde, die eine reiche kulturelle Tradition aufzuweisen hatte, sich dessen bewußt war, aber gleichzeitig erkannt hatte, daß der Weg der Avantgarde in eine Sackgasse führte. Oliva zufolge gab es bei den europäischen Künstlern ein stark ideologisch gefärbtes Bewußtsein, aber es war unklar, wohin die Ideologie führen sollte: Kunst und Leben ließen sich nicht miteinander vereinbaren.

Bei der Einführung des Begriffs Transavantgarde rechnete Oliva auch mit der europäischen Neoavantgarde ab. Ein Teil der positiven Eigenschaften, die er ihr zuvor zugeschrieben hatte, überführte er nun in seinen Begriff der Transavantgarde. So konnte er feststellen, daß die Debatte über Kunst in den sechziger und siebziger Jahren vom Glauben an eine Dialektik zwischen dem Politischen und dem Ästhetischen gekennzeichnet war. Das politische Engagement jedoch hatte die Kunst auf ein »metaphorisch politisches Aktionsfeld« reduziert, in dem Sinne, daß die Kunst entweder eine Botschaft über die Vernichtung des bestehenden Systems austragen oder das Schicksal des eigenen Todes im Augenblick ihrer Schöpfung akzeptieren mußte, und damit auch, daß die Kunst sich nicht mehr auf die bestehende Wirklichkeit bezog. Mit dieser Auffassung verstand sich die Kunst – so nennt es Oliva – als ›antagonistischer Spiegel der Wirklichkeit‹, eine Art Guerillakrieg, bis zu dem Punkt, an dem sie sich in ihrem konzeptuellen Skelett präsentierte.[4]

Durch die Entideologisierung in der zweiten Hälfte der siebziger Jahre hat die Kunst den Standpunkt der schöpferischen Erfahrung als eines ewigdauernden Prozesses und das Bedürfnis, stets das Neue erzwingen zu müssen, überwunden, indem sie einen weniger spontanen, eher bedachtsamen Ton anschlug. Dies erklärt, Oliva zufolge, auch die *Ironie*, die für diese Transavantgarde kennzeichnend sein soll. Die Ironie, so meint er, löst das Kunstwerk aus dem Zusammenhang des ehrgeizigen, aber naiven Konflikts mit der Wirklichkeit: Ironie als eine Art Leidenschaft, die sich selbst befreit, indem sie Abstand nimmt; dadurch, daß die marginale Bedeutung der Kunst akzeptiert und eine andere Art von Genuß eingeführt wird, nämlich das Kunstwerk genießen, ohne daß es den Betrachter seiner Gegenwart und seines erzählerischen Vermögens beraubt.[5] Oliva unterscheidet in der Ironie eine explizite Komponente – das Aufgeben der utopischen Ansprüche – und eine implizite Komponente – die Bedeutung wird wieder in den Bildrahmen zurückgeholt. Die Ironie und die Bedeutung sind m. E. zwei der schwierigsten Aspekte der aktuellen Kunst; auf die Bedeutung werde ich später zurückkommen. Das, was Oliva explizite Ironie nennt, äußert sich tatsächlich in einer bescheidenen Billigung der Grenzen der Kunst. Die implizite Ironie jedoch weist dem Künstler derartige Fähigkeiten zu, daß er sich abwechselnd (und oft beinahe gleichzeitig) als Held, Zauberer, Priester oder Antiheld, Opfer oder Instrument präsentieren kann. Die Kunst scheint manchmal so selbständig geworden zu sein, daß sie selbst handelnd auftritt und den Künstler in die Rolle des willigen Zauberstabes drängt, der den Zaubereien der Einbildungskraft nicht mehr folgen kann. Das »Aus sich heraustreten« in Interviews scheint zu einem postmodernen Klischee zu werden, zu einem letzten Halt, in dem der Künstler zwei Fliegen mit einer Klappe schlägt. Er paßt nun in das postmoderne Gleichnis von der Kunst als eines simulierten schizophrenen Spiels (eine Schizophrenie, die der ›double bind‹ der Avantgarde verursacht hat), zugleich kann er die Schweigepflicht, die der Modernismus ihm als bildendem Künstler auferlegt hatte, brechen, ohne verantwortlich für eine neue Botschaft zu sein.

Ist nun das, was Oliva Transavantgarde nennt, postmodern? Insoweit, als beide Begriffe in bezug auf die europäische bildende Kunst gebraucht werden, ist das größtenteils der Fall. Aber die Angelegenheit ist, wie ich schon sagte, schwierig: Soweit die Debatte in der bildenden Kunst zwischen Modernisten und Postmodernen überhaupt geführt wird, so hauptsächlich im angelsächsischen Raum. Verglichen mit der Literaturkritik kam sie ziemlich spät in Gang, etwa 1975.[6] Außerdem scheinen die Grenzen, an die sich die Kritiker der bildenden Kunst halten, und die Kriterien, die sie anlegen, eher von persönlicher Vorliebe als von objektiven Normen abhängig zu sein.

Ich möchte zwei amerikanische Beispiele anführen.

Für Linda Chase ist der Fotorealismus schon 1976 »post-Pop, but it is also post-Conceptual, post-Process, and most of all post-Modernist«.[7] Um ihre Behauptung zu belegen, wies sie nach, daß Pop-art-Künstler aus den Konnotationen ihrer Bilder Geld schlugen, daß sie sich dadurch mit einer Art »Stenobild« (»shorthand«) zufriedengeben konnten, weil sie sich weniger mit der visuellen Information, die das Bild offerierte, beschäftigten, als mit dessen Bedeutung. Dadurch halten sie eine subjektive Beziehung zu ihren Themen aufrecht und verwerfen den echten Illusionismus. Die Auffassung ihrer eigenen Lieblingskünstler, der Fotorealisten, nennt sie eine Übersetzung der »existential awareness that, to quote Robbe-Grillet, ›the world is quite simply. That in any case is the most remarkable thing about it.‹«[8]

Zweites Beispiel ist die Position von Douglas Crimp, Redakteur einer amerikanischen Zeitschrift, die, ein postmodernes Paradox, *October* heißt und in der man die theoretisch fundiertesten Artikel über den Postmodernismus in der bildenden Kunst finden kann.

Für Crimp spielt die Fotografie auch eine wichtige Rolle, aber aus völlig anderen Gründen als für Chase. Crimp war, bevor der Postmodernismus in der bildenden Kunst aktuell wurde, ein Bewunderer von Konzeptueller Kunst und Performances; für ihn bedeutet Postmodernismus u. a. den Tod der alten handwerklichen Malerei. Darum kann er Robert Rauschenberg einen Postmodernisten nennen. Rauschenberg wurde in dem Augenblick zum Postmodernisten, als sich in seinem Werk die Fotografie mit der Malerei verbündete, um die letztere zu vernichten. In diesem Moment setzte Rauschenberg, so Crimp, seine Produktionstechniken (die Combines und Assemblages) durch *R*eproduktionstechniken (die Silkscreens und Transfer Drawings). (Abb. 4 und 5)

»Through reproductive technology«, schreibt Crimp, »postmodernist art dispenses with the aura. The fiction of creating subject

4 Robert Rauschenberg, Winterpool (1959)

gives way to frank confiscation, quotation, excerption, accumulation and repetition of already existing images.«⁹ Darum kann er auch das Werk von Cindy Sherman, einer Künstlerin der jüngsten Generation, bewundern, die sich in einer Art Selbstverleugnung bestehenden Typen angleicht. Auch das Werk eines konzeptuellen Künstlers wie Daniel Buren ist für Crimp postmodern, vor

5 Robert Rauschenberg, Tracer (1964)

allem, weil es eine der wichtigsten Institutionen, die dem ›modernistischen discours‹ Raum gaben, das Museum, untergräbt.[10]

Wir haben inzwischen drei Meinungen gehört: Olivas, Chases und schließlich Crimps. Während für Oliva die Transavantgarde handwerkliche Malerei wieder aufleben läßt, sieht Crimp im Postmodernismus gerade den Tod der Malerei; für Oliva sind die Vorstellungen wichtig, für Crimp nicht unbedingt; für Chase ist die fotografische Wiedergabe wichtig, die Subjektivität darf jedoch keine Rolle spielen, letzteres im Gegensatz etwa zu Oliva. Kurzum, eine verwirrende Situation. Und doch haben diese drei voneinander abweichenden Meinungen etwas gemeinsam, nämlich einen negativen Konsensus. Sie sind eigentlich alle drei antimodernistisch, gegen einen Modernismus gerichtet, so, wie er in den fünfziger und sechziger Jahren von dem einflußreichen amerikanischen Kritiker Clement Greenberg gepredigt wurde. Um das zu verdeutlichen, muß ich Greenbergs Ideen kurz darstellen, in der Hoffnung, daß dann durch Negation, durch Umkehrung, verständlich wird, was der Postmodernismus in der Malerei beinhalten kann.

Greenberg vertritt die Auffassung, daß sich der Modernismus gradlinig entwickelt hat, wobei die bildende Kunst sich von allen uneigentlichen Elementen befreit hat. Der Modernismus ist gewissermaßen eine interne Selbstkritik, eine stilistische Säuberung des Mediums, ein Prozeß der Selbstreinigung, wobei die Kunst sich in zunehmendem Maße auf die ihr wesentlichen Eigenschaften konzentriert. Kennzeichnend für das Medium Malerei waren bei Greenberg: die Fläche, die Form des Bildträgers und die Eigenschaften des Pigments.

Von Giotto bis Courbet war, Greenberg zufolge, die wichtigste Aufgabe der Malerei, die Illusion eines dreidimensionalen Raumes zu schaffen: man schaute durch die Oberfläche des Bildes wie auf eine Bühne, die immer tiefer wurde. Seit Manet haben die Modernen den Bühnenhintergrund immer weiter nach vorne gerückt, bis er mit dem Vorhang zusammenfiel, dem einzigen, was dem Maler noch zum Arbeiten blieb. Im Abstrakten Expressionismus sah er einen wesentlichen, typisch amerikanischen Beitrag zu dieser Entwicklung, und seine formalen Kennzeichen interpretierte er als Weiterentwicklung dieser modernen Tradition. So müsse man zum Beispiel die Schwarz-Weiß-Malerei, in die sich die Abstrakten Expressionisten zuweilen flüchteten, aus ihrer Angst, Objekte darzustellen, erklären und die großen Formate als Ergebnis ihrer Beschränkung auf die Fläche sehen: wo kein Raum für die Tiefe übrigblieb, mußte man in die Höhe und Breite ausweichen.[11]

Die logische Fortsetzung des Weges, den die Abstrakten Expressionisten eingeschlagen hatten, sah Greenberg nicht in der Pop-art, sondern in der ›Post Painterly Abstraction‹, wie er es selbst nannte. In der Pop-art sah er eher eine Mode als eine authentische neue Episode in der Entwicklung zeitgenössischer Malerei. Den Werken von Malern wie Jim Dine und Jasper Johns konnte er noch einiges abgewinnen, sie arbeiteten zwar figurativ, jedoch auf eine Art und Weise, die seiner Forderung nach Flachheit entsprach. Er hatte jedoch eine Vorliebe für Maler, die er 1964 in Los Angeles auf der Ausstellung ›Post Painterly Abstraction‹ zeigte, Maler wie Helen Frankenthaler, Morris Louis und wie Frank Stella, einer der jüngeren, deren Werk er auf dieser Ausstellung zeigte. (Abb. 6)[12]

Ich weiß nicht, wie Greenberg über die gegenwärtige Entwicklung von Stellas Werk denkt, ein Werk, das wir als postmodern bezeichnen könnten. Einige seiner Reaktionen auf den Postmodernismus im allgemeinen sind mir jedoch bekannt. Daraus wird deutlich, daß für Greenberg der Postmodernismus eine Art Verrat ist, vor allem darum, weil die neuen Philister nicht wie im 19. Jahrhundert aus der Mittelklasse stammen, sondern aus dem Umfeld moderner Kunst selbst. (Könnte er dabei zum Beispiel an Stellas gegenwärtige Arbeiten gedacht haben?) (Abb. 7)

Er wirft den Protagonisten des Postmodernismus schlechten Geschmack und schlechte Augen vor. In ihrer Haltung sieht er eine billige Selbstrechtfertigung dafür, weniger anspruchsvoller Kunst den Vorzug geben zu können, ohne sich ängstigen zu müssen, als reaktionär verschrien zu werden; denn das sei die »größte Angst der neuen Philister«, schreibt er.[13] Der Modernismus ist ein mühsamer Streit für Qualität. Der Postmodernismus ist für Greenberg eine Folge der Sucht nach Entspannung, so, wie sie in Avantgardekreisen bereits früher bei Marcel Duchamp, Dada, bei einigen figurativen Surrealisten (er hat es natürlich auf Maler wie Dali abgesehen) und in der Pop-art zu beobachten war. Im Postmodernismus sieht Greenberg einen Qualitätsverfall. 1955 hatte er geschrieben, daß die Malerei sich in eine neue Richtung bewege – vielleicht ohne Präzedenzfall –, weil wir jetzt (1955 also) persische Teppiche wie Bilder betrachten könnten und was wir jetzt als rein dekorativ anschauten, unseren Blick länger zu fesseln vermöge und uns länger interessieren werde als Staffeleibilder. Als er dies damals schrieb, konnte er nicht ahnen, daß

6 Frank Stella, Marquis de Portago (1960)

1982 eine Arbeit wie ›*Invitation*‹ von Miriam Schapiro entstehen sollte und von Bewunderern als postmodern (was für viele noch moderner als modern bedeutet) angesehen werden würde.

7 Frank Stella, Silverstone II

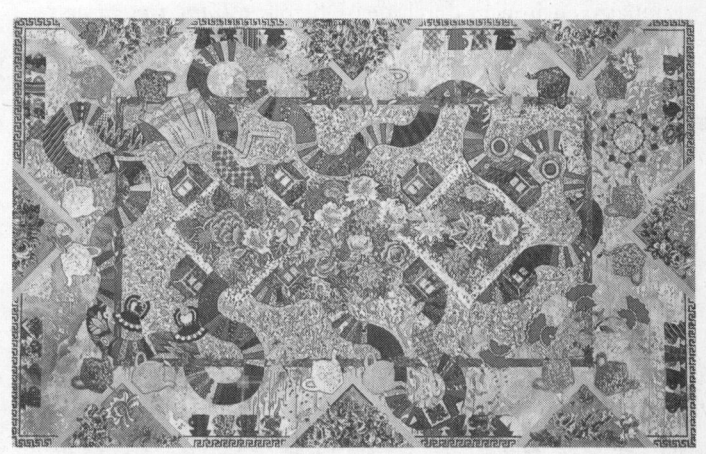

8 Miriam Schapiro, Invitation (1982)

(Abb. 8) Diese Art Kunstwerke hatte er sicherlich bei seinen Betrachtungen über Teppiche und Vorhänge nicht vor Augen.

Als Mitte der siebziger Jahre der Begriff Postmodernismus in die bildende Kunst eingeführt wurde, wirkte er polarisierend und polemisierend. Ein Teil der Polemik ist gegen den Modernismus à la Greenberg, *den* Theoretiker des Modernismus, gerichtet. Der Postmodernismus in der Malerei ist dann auch negativ gegen Greenberg formuliert, oder: anti-puristisch, anti-minimalistisch, anti-formalistisch, anti-dogmatisch, anti-cool, anti-flach usw.; positiv ist der Postmodernismus: pluralistisch, erzählend, figurativ, handwerklich, fröhlich, komplex, eklektisch usw.[14] Mit den letzten Begriffen wird selbstverständlich eine verwirrende Sammlung verschiedenartiger Phänomene umschrieben. Wenn davon eine Einheitlichkeit abgeleitet werden kann, so ist es eine Einigkeit über das, was man abweist, sie besteht nicht über das, was man zuläßt.

Ich selbst spreche nicht so voreilig von postmoderner Malerei. Wenn ich ein Etikett gebrauchen müßte, dann wäre das ganz neutral ›die neue Malerei‹, eine Benennung, die sich, denke ich, bereits weitgehend durchgesetzt hat. Von postmoderner Malerei spricht man in Europa weniger, und trotz angestrengter Versuche Olivas, den Begriff Transavantgarde einzuführen, ist es nicht gelungen, auch nicht durch den Überblick *Transavantgarde International*, den er 1982 veröffentlicht hat (siehe die Titel der verschiedenen internationalen Beiträge in der zweiten Hälfte dieses Buches: Contemporary American Art, Neue Malwut aus Deutschland, New Painting in Britain, La Nouvelle Peinture en France, the New Painting in Israel, La nueva Imagen en Latino America, La nueva Pintura Española).[15]

Im holländischen Beitrag »Neue Malerei in den Niederlanden« bespricht Hans Sizoo u. a. Werke von Malern wie René Daniëls, Kees Smits, John van 't Slot und Emo Verkerk: »Mit der internationalen Entwicklung hat ihre Arbeit einige fundamentale Kennzeichen gemeinsam. Sie arbeiten meistens unverhohlen figurativ oder realistisch malerisch ohne Angst vor dichterischem Ausdruck.«[16]

Ich bin mir daher im klaren, daß sogar ein so unschuldiges Etikett wie »Neue Malerei« Schwierigkeiten aufwirft. Der Begriff wurde bereits früher für das, was wir in Holland ›Fundamentale Malerei‹ nennen, verwendet. ›Fundamentele Schilderkunst‹ (Fundamentale Malerei) war der Titel einer Ausstellung, die 1975 im Stedelijk Museum in Amsterdam zu sehen war. Eine Ausstellung, die von vielen als Antwort auf die Ausstellung »Op losse schroeven« (Im Ungewissen schwebend) von 1969 verstanden wurde, wo das ›Entfernen und Überschreiten von Grenzen‹ in der Kunst der sechziger Jahre gezeigt wurde.[17]

Die Ausstellung löste Begeisterung aus: es wurde wieder gemalt! Die Kunstwerke wurden als post-minimal und post-konzeptuell präsentiert – nicht als postmodern –, aber sie standen der Minimalen und Konzeptuellen Kunst sehr nahe. Auf ziemlich willkürliche Art und Weise hatte man einige Künstler um Robert Ryman, Brice Marden und Robert Mangold gruppiert.

Es handelte sich um anti-illusionistische Bilder, die keine deutlichen kompositionellen Akzente setzten. Die Künstler betonten in ihren Äußerungen besonders den Denk- und Arbeitsprozeß, nicht als Hinweis auf innerliche Irritation, sondern als etwas rein Handwerkliches. Die Fundamentale Kunst griff mit sicherem Gespür bestimmte Aspekte des Werkes von Malern wie Newman, Rothko und Reinhardt auf und orientierte sich an der alten modernistischen Tradition, da sie sich auf die sogenannten Grundlagen der Malerei konzentrierte: Format, Maßstab, Farbe, Linie, Textur, Material und Arbeitsweise. Dazu gehörte anscheinend noch nicht die Vorstellung, daß der Maler die Farbe so wie Ryman verwenden sollte.

Der Verzicht auf Darstellung sollte den Modernisten, der Avantgarde, bald übelgenommen werden. In einem Statement in *Art News* faßte der Maler Cucchi diese Beschuldigung folgendermaßen zusammen: »We have lost iconography, the avantgarde, with all its ideas, has committed a great violence against the artist by depriving him of iconography, the essential element of his language. Now we are in a situation similar to the one that existed after the invention of writing. Oral communication has lost life, and men have lost an important means of expressing themselves. Writing impoverishes oral communication and makes it abstract. I would like to be able to do a painting for a church. What better dream could an artist have?«[18] Mit solchen Stellungnahmen wird die Figuration in der neuen Malerei gerechtfertigt. Trotzdem scheint die Art und Weise, wie diese neuen Maler Bilder Darstellungen produzieren, in krassem Gegensatz zu solch einer Position zu stehen; z. B. das Werk von Cucchi selbst. Es gibt eine Ikonographie, aber man malt in Rätseln. Die Bilder ähneln oft Bildrätseln, die zu einer Lösung einladen, eine eindeutige Interpretation jedoch ist oft nicht möglich. Eine allzu genaue Deutung wird übelgenommen. Warum? Das hat, denke ich, zwei Gründe.

Erstens das Nachklingen eines modernistischen Tabus: ein bildender Künstler darf nicht literarisch arbeiten, darf keine Geschichten darstellen. Zweitens sind die Darstellungen in der neuen Malerei teilweise tatsächlich nicht vollständig zu deuten, jedenfalls nicht auf traditionell ikonographische Art und Weise.

Wir könnten auf Cucchis Worte zurückgreifen. Was wirft er der Avantgarde vor? Sie leugnete, daß die Ikonographie wesentliches Element der Malerei ist. Da man sich auf die Fläche, auf die Farbe, auf das Material und dergleichen formale Bildelemente konzentrierte, geriet dies in Vergessenheit.

Die Art und Weise, wie heute viele Postmoderne diesen vergessenen Aspekt der bildenden Kunst behandeln, deckt sich damit, wie die Modernisten die von ihnen für wesentlich gehaltenen Gestaltungsmittel glaubten gebrauchen zu müssen: nicht als Mittel zum Zweck, sondern, dank der Verselbständigung der Gestaltungsmittel, zum Selbstzweck. Wie die Modernisten die Farbe nicht benutzten, um etwas zu malen, sondern die Farbe selbst malen wollten, den Bildträger nicht als Lasttier gebrauchten, sondern als Träger seiner selbst, so benutzt der postmoderne Ikonograph seine Bildsprache nicht, um etwas zu erzählen, sondern um des Erzählens selbst willen: Bilder als Bilder, Ikonographie als Ikonographie, das läßt sich mit der Farbe-als-Farbe-, Material-als-Material-Methode der vorigen Avantgarde vergleichen. Die Werke handeln ebenso von der Malerei wie die Bilder der Modernisten, es ist eben nur eine andere Malerei. Daher provoziert die Frage, was diese Bilder nun genau bedeuten, manchmal verlegene Reaktionen.

Zum Teil ist man sich dieses modernistischen Erbes bewußt. So sagte David Salle in einem Interview: »Conceptual Art allowed my paintings to exist ... My work is simultaneously itself, its own representation and, the idea of itself ... I am not really interested in the referent, nor to deny the reference – but I am caught up in the way the works are left to stew without being watered down. I am interested in the specificity of their presentation ... I see my paintings as emphasizing a dysfunctioning network of references that establish possibilities outside themselves.«[19] Die Art und Weise, wie die neuen Maler mit der *Darstellung* umspringen, ist tatsächlich ein Erbe der Konzeptuellen Kunst. Die Bilder sind oft keine Zeichen mehr, die auf irgend etwas verweisen, sondern handeln von der Bedeutung als eines

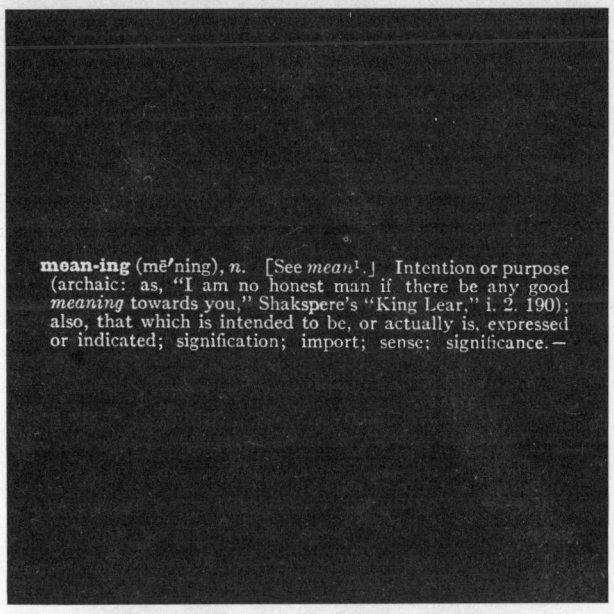

9 Joseph Kosuth, Titled (Art as Idea as Idea) (1967)

der wichtigsten Mittel der Malerei, nicht in streng konzeptuellem Sinn, wie zum Beispiel bei Joseph Kosuth oder bei Jan Dibbets, wo die Doppeldeutigkeit der räumlichen Illusion in den konzeptuellen Werken eine große Rolle spielte. (Abb. 9 und 10) Ein wesentlicher Teil der neuen Malerei bewegt sich auf einer ›meta-bildnerischen‹ Ebene von Bildern.

Ich möchte versuchen, dies anhand des Bildes von Markus Lüpertz ›Schwarz-Rot-Gold‹ von 1974 zu illustrieren. (Abb. 11) Im Katalog der Lüpertz-Ausstellung in Eindhoven 1977 schrieb Rudi Fuchs: »Einige Motive in Markus Lüpertz' Malerei sind ziemlich heikel, da es sich um sehr beladene Symbole des Dritten Reiches handelt. Im Bild wird ihre Anwesenheit nicht entschuldigt, sie werden nicht von zarten Farben oder einer eleganten Komposition verschleiert. Sie sind weder ironisch noch heroisch. Es sind kalte Bilder. Lüpertz benutzt diese Sprache so, wie Cézanne Äpfel benutzte (wer hat jemals die Frage gestellt, ob

379

10 Jan Dibbets, Perspective Correction – My Studio II (1968)

Cézanne für oder gegen Äpfel war?). Aber es sind keine Äpfel. Es sind Symbole des Dritten Reiches. Sie sind aggressiv, und sie machen das Bild aggressiv. Markus Lüpertz ist jedoch kein Maler, der Motive malt, und nicht das Motiv macht das Bild zum Bild. Das Motiv macht nur das Malen möglich, oder besser gesagt: es leitet das Malen. Das Motiv koordiniert die verschiedenen Aspekte des Malens.« (Fuchs versteht hierunter Material, Farbe, Größe, Ausführung) »Und sobald es fertig ist, läßt das Bild das Motiv hinter sich zurück. Es wurde nur ›genutzt‹.«[20]

Als Spät-Modernist, zaudernd auf dem Wege zum Postmodernismus, gibt Fuchs hier eine zu formale Interpretation des Motivbegriffs bei Lüpertz, was nicht seine eigene Idee war. Lüpertz antwortete in einem Interview in der ›Haagse Post‹ vom 10.12.77 auf eine Bemerkung von M. Piller, daß die Motive für ihn nicht so

11 Markus Lüpertz, Schwarz-Rot-Gold-dithyrambisch I (1974)

neutral seien wie eine Coca-Cola Flasche: »Ja, aber für mich schon. Schau, du mußt es so sehen, ich denke nie über meine Motive nach. Ich male eine abstrakte Linie genauso selbstverständlich wie einen Stahlhelm. Für mich ist das nie ein Problem.« Für Lüpertz ist es ein Problem des Betrachters: »Ich habe keine Motive. Ich werde zum Beispiel oft genauso von meinen Bildern überrascht und beunruhigt wie jeder andere. Ich bin immer der Betrachter meiner Bilder. Ich habe noch nie über ein Thema nachgedacht. Das Thema spielt sich auf der Straße ab. Da habe ich gar nichts mit zu tun. Wenn ich meine eigenen Bilder betrachte, (...) wenn ich mir vorstelle, daß ich mir die ausdenken müßte, dann würde ich denken, dieser Mann ist übergeschnappt. Ich werde nie in meinem Leben darüber nachdenken, warum ich male. Ich habe mit meinen Arbeiten keine pädagogischen Absichten ...«[21] Soll man Lüpertz tatsächlich glauben, daß er nicht über seine Motive nachdenkt? Ich glaube, daß Lüpertz Motive malt, sich seine Motive gut überlegt und daß das Bild das Motiv nicht hinter sich zurückläßt, wenn es vollendet ist, sondern mit sich trägt, um mit dem Betrachter einen Dialog aufzunehmen. Dieser Dialog wird nicht über die Wirklichkeit auf der Straße, nicht über das Dritte Reich geführt; es handelt sich auch nicht um einen Monolog über Material, Farbe, Arbeitsweise usw. Er hat größtenteils das Motiv als Bedeutungsträger zum Inhalt. Das Bild würde einen Großteil seiner Wirkung einbüßen, wenn uns nicht bewußt wäre, daß wir es hier mit Nazisymbolen zu tun haben, und wenn wir nicht, vielleicht unbewußt, Verweise auf Trophäenstilleben darin erkennen würden.[22]

Dieses Bild sollte im Zusammenhang mit Cézanne genannt werden. Es gibt der Entwicklung des Stillebens seit Cézanne, so, wie sie von vielen gesehen wird, eine andere Richtung. Das Stilleben ist ebenso wie das Landschaftsbild eines der wenigen alten Genres, die den modernen Bildersturm überlebt haben. Und zwar deshalb, weil man m. E. das Stilleben und das Landschaftsbild eher als zum Beispiel Historienbilder, Porträts und dergleichen formalisieren konnte, sie einfacher auf eine formale Studie von Bildelementen zurückführen konnte.

Ich will nicht behaupten, daß das Bild von Lüpertz ein Rückschritt ist. Es ist kein Stilleben, das auf die Wirklichkeit außerhalb des Bildes verweist in dem Sinne, daß es eine Nachahmung der Wirklichkeit wäre oder eine neue, ideale Wirklichkeit schaffen oder eine bestehende abweisen wollte. In diesem Sinn hat Lüpertz wirklich keine pädagogischen Absichten. Dieses Bild ist ein Verweis auf die Malerei, jedoch nicht auf deren materielle Aspekte, sondern auf ihre Motive, ihre Inhalte; die Bedeutung wird zu einem der Mittel, mit denen der Maler arbeitet. Der postmoderne Maler ist nicht mehr der Aktivist, nicht mehr der Philosoph, er ist eher ein Alchimist, vor allem aber Bildermacher.

Formale Aspekte der modernistischen Kunst spielen noch immer eine wichtige Rolle. Oft wählt man bewußt Motive mit überdeutlicher Bedeutung, mit starken emotionellen, persönlichen oder kulturellen Konnotationen, und diese Motive werden während des Malens aus ihrem ikonographischen Zusammenhang gelöst und verfremdet und auf eine Meta-Ebene gehoben. Diese Haltung ist vergleichbar mit derjenigen der Protagonisten der modernen Kunst. Roger Fry konnte Anfang dieses Jahrhunderts behaupten, daß moderne Kunst demokratisch sei, da sie keine

Ansprüche stelle an das Wissen, das eine kulturelle Elite monopolisiert habe, sondern für jeden, der Augen habe, verständlich sei.[23] Viele Bilder der letzten Jahre sind demokratisch, da sie unser Vorstellungsvermögen ansprechen, sich auf den Vorrat an Bildern berufen, über den wir dank der modernen Medien, der Kunstgeschichte und der Tiefenpsychologie verfügen. Ich möchte deshalb Greenbergs Position – daß ein Großteil alter, traditionell geschätzter Kunst, die wir gut finden, wirklich gut, nicht aufgrund des Inhaltes, sondern wegen ihrer formalen Eigenschaften, ist – variieren und behaupten, daß viele Werke der neuen Malerei gut sind, nicht aufgrund der alten formalen, modernistischen Argumente, mit denen sie verteidigt werden, sondern weil sie *Darstellungen* gebrauchen.[24] Die Mehrdeutigkeit steht im Zentrum, der trügerische, illusorische Charakter wird Teil der Bedeutung des Werkes. Man offeriert Schlüssel für die Interpretation, sowohl durch die Titel als auch durch die ikonographischen Klischees und die archetypischen Bilder, nur passen die Schlüssel nicht, besser gesagt, die Schlösser sind etwas zu groß.

Das Werk Enzo Cucchis, in dem Elemente traditioneller Ikonographie, Darstellungen aus seiner Heimat und Archetypen enthalten sind und in dem man letztlich sogar den Einfluß zeitgenössischer Maler entdecken kann, bestätigt das. Cucchis Werk wird von ihm selbst und von Kritikern auf dem Hintergrund seines Geburtsortes, wo er aufgewachsen ist und wo er immer noch arbeitet, gesehen: Ancona und die Marken (der Transavantgardekünstler ist nicht international, sondern national oder regional). Die Umgebung Anconas ist landschaftlich sehr heterogen: Wasser, Flachland und Berge. Ancona ist eine alte Stadt griechischen Ursprungs und wird als Schnittpunkt zwischen Ost und West, heidnischer und christlicher Tradition bezeichnet, und zahlreiche alte Legenden ranken sich um sie, auch wenn sie in der Literatur kaum Niederschlag gefunden haben.

Die Landschaften Cucchis enthalten Elemente seiner Umgebung, sind jedoch keine realistischen Abbildungen. Sie werden von kleinen, manchmal auch großen, meistens nackten Figuren und Tieren bevölkert; die Figuren und Landschaften scheinen nicht in adäquaten Größenverhältnissen zueinander zu stehen. Ihnen wird oft die Rolle von Jäger/Gejagtem, Sieger/Opfer oder Held/Antiheld zugeteilt. Die Landschaften könnten Bühnenbilder für Mythen und Legenden sein. Verschiedene Attribute,

12 Enzo Cucchi, Stigmata (1980)

Zeichen und Handlungen sind zwar zu erkennen, lassen jedoch keine schlüssige Geschichte oder Eindeutigkeit zu. (Siehe zum Beispiel ›*Stigmata*‹ von 1980 und ›*Caccia Mediterranea*‹ von 1979, Abb. 12 und 13.) Die örtlichen Legenden und Mythen sind, so sagt Cucchi selbst, sehr wichtig für ihn, sicherlich spielen aber auch Ideen der Tiefenpsychologie und Archetypen eine Rolle. Auf die Frage, was Wasser für ihn bedeute, antwortete er: »Das Meer ist der Ort der Wahrheit, der Legenden. Aus dem Meer entstehen alle Legenden, so wie ich selbst auch. Ich fühle das, es ist, als würde ich von außen auf mich selbst sehen. Mein Leben ist eine Legende, und ich bin ein Teil davon ...«[25]

Eine Auffassung, die geradewegs aus dem bekannten Artikel des Psychoanalytikers Otto Rank von 1909 stammen könnte: ›Der Mythos von der Geburt des Helden‹, ein Artikel über den

13 Enzo Cucchi, Caccia Mediterranea (1979)

Stellenwert, der dem Wasser in Heldenmythen zugeschrieben wird. Wasser nimmt (in unterschiedlichen Bedeutungen) einen wichtigen Platz in der Ikonographie der neuen Malerei ein.[26] In seiner Kunsttheorie verwendet Cucchi den Begriff Legende auch in einem anderen, postmodernen Sinn: »Legenden sind die echten Dinge, die bestehen«, sagte er in einem Interview 1983, »sie werden weiterbestehen. Der Rest ist Geschichte, aber die Geschichte ist, wie du weißt, falsch: Geschichte hinterläßt uns Tatsachen eines Ereignisses, jedoch nicht dessen Geist. Die Legende gibt uns auch den Geist, den Geruch der Geschehnisse.«[27] Neben Jungschen archetypischen Bildern verwendet Cucchi auch Vorstellungen aus der Kunstgeschichte, wie aus dem Bild ›Viaggio Eroico‹ von 1980 (Abb. 14) ersichtlich wird.

Es ist etwas seltsam, daß in dem Faltblatt aus der Serie ›Op het tweede gezicht‹ (Auf den zweiten Blick), in dem die Werke Cucchis im Stedelijk Museum behandelt werden – im Vergleich zu dem, was sonst üblich ist –, recht ausführlich auf die Ikonographie dieses Bildes eingegangen wird, jedoch nicht auf mögliche Vorbilder Cucchis. Es heißt da, daß das Tier zwischen den Beinen der Figur wahrscheinlich ein Fuchs ist. Im täglichen Leben würden Menschen von Hunden begleitet, in Träumen und My-

14 Enzo Cucchi, Viaggio Eroico (1980)

then oft von Füchsen. Der in Flammen stehende Schweif könne ein Verweis auf den Helden Samson sein, der Füchsen brennende Fackeln an die Schwänze band, um die Felder der Feinde anzuzünden.[28] Warum wird man nicht auf eine Gouache von Malewitsch ›Der Badende‹ von 1909/10 aufmerksam gemacht, die im Besitz des Stedelijk Museum ist; ich gebe sie hier zur Verdeutlichung spiegelbildlich wieder. (Abb. 15) Der postmoderne Maler mag dann stolz sein auf die freche Anwendung der »frank confiscation, quotation, excerption accumulation and repetition of already existing images«, aber die Vorbilder ohne Umschweife zu nennen ist noch immer ein Tabu. Als der Kunstkritiker Paul Groot Cucchi in einem Interview mit ›Der Badende‹ konfrontierte, antwortete der Maler kurz: »Was ist Zufall? Ist es Zufall,

15 Kasimir Malewitsch, Der Badende (1909-10)

daß man im Dschungel tausend Gorillas findet, die meinen Bildern ähneln? Oder Orang-Utans oder Menschen? Ist das zufällig?«[29] Neben Malewitsch könnte man auch an Canovas ›Herakles und Lichas‹ in Rom denken. (Abb. 16)

Aus demselben Interview noch ein Zitat: »Warum ich oft Schiffe male? Es ist eine große Leidenschaft, eine große Reise, Köpfe als Darstellung Reisender, die irgendwohin gebracht werden. Ein himmlischer, ein heroischer, ein spiritueller Transport. Köpfe ohne Körper auf einer unnatürlichen, geistlichen, heroischen Reise.« Auch die Köpfe bei Cucchi haben nicht nur Urväter, sondern auch moderne Väter. ›Disegno tonto‹ von 1982 und verschiedene andere Zeichnungen im Ausstellungskatalog von Essen (1982) erinnern an das Werk von Munch, Brancusi und Kounellis. (Abb. 17)

Die Bilder von Cucchi, die kürzlich im Stedelijk Museum in

16 Antonio Canova, Herakles und Lichas (1785-1802)

17 Enzo Cucchi, Disegno tonto (1982)

18 Enzo Cucchi, Grande disegno della terra (1983)

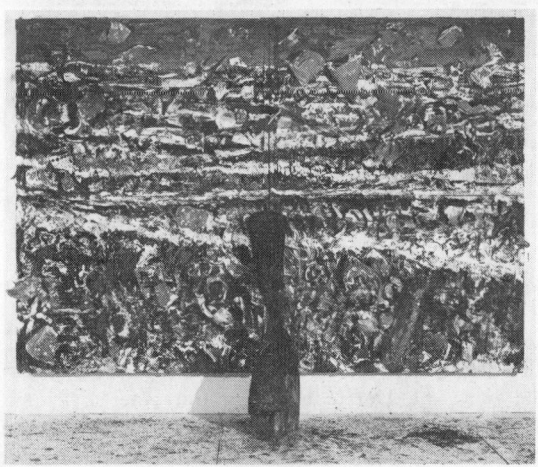

19 Julian Schnabel, The sea (1981)

Amsterdam und der Kunsthalle Basel zu sehen waren, zeigen, daß die neue Malerei sich auch selbst befruchten kann. Sie zeugen vom Einfluß solcher Maler wie Kiefer und Schnabel auf das gegenwärtige Werk von Cucchi. (Vergleiche zum Beispiel ›Grande disegno della terra‹ von 1983 mit Julian Schnabels ›The Sea‹ von 1981. [Abb. 18 und 19]) Die nördlichen Wälder von

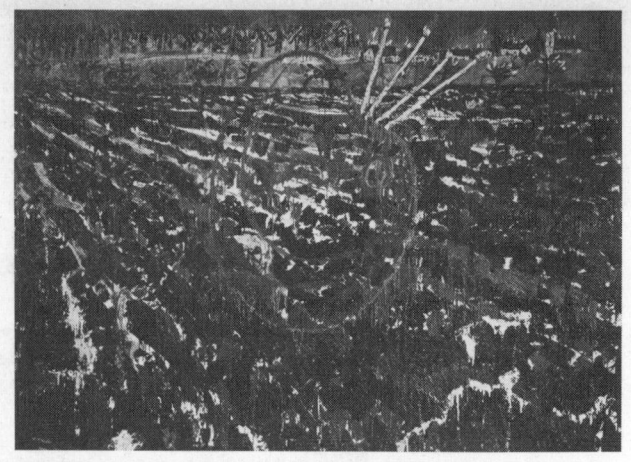

20 Anselm Kiefer, Nero malt (1974)

Kiefer scheinen auf dieser Ausstellung in prähistorische Bühnen-bilder für Cucchis Hähne verzaubert zu sein. Auch der Katalog/ das Künstlerbuch weckte, jedenfalls bei mir, Assoziationen mit ›Nero malt‹ von Kiefer. (Abb. 20)

Aber Cucchi bedient sich natürlich auch passender klassischer Mythen. So begegnet man ihm auf dem Umschlag des Katalogs von Essen (1982) als Prometheus. Derselbe Katalog enthält eine Künstlerbeilage, für die er eine Farbreproduktion des eigenen Bildes ›Musica Ebbra‹ (Trunkene Musik) benutzte. (Abb. 21) Als ob ›Musica Ebbra‹, auf dem ein Held abgebildet ist, der an Ikarus oder Phaeton erinnert, sich nicht deutlich genug auf die Antike beziehe, wird die Darstellung nun mit einer Zeichnung von Orpheus kombiniert. Der klassische Kontext wird dadurch expli-ziter, die Absicht jedoch weitläufiger, wenn nicht verschwomme-ner. Es ist auf jeden Fall eine Darstellung, in der verschiedene Prototypen von Künstlern erscheinen.

Eines der vielen Bedeutungsprobleme in der neuen Malerei betrifft nicht nur die verschiedenen Bedeutungsebenen und die Verschiebung der Bedeutung innerhalb des Bildes, sondern auch die Art und Weise, wie kunsthistorische, archetypische und andere Klischees benutzt werden, um persönlichen Angelegen-heiten Ausdruck zu geben, und auf der anderen Seite persönliche

21 Enzo Cucchi, Musica Ebbra (1982)

Metaphern gebraucht werden, um allgemeine Wahrheiten mitzu-
teilen.

Große und kleine Ereignisse des täglichen Lebens, wie auch
bekannte historische Ereignisse aus der Weltgeschichte oder nationalen Geschichte, die in die Bilder eingehen, lassen sich nur
schwer interpretieren, wenn der Maler sparsam in seinen Äußerungen ist.

Diese Probleme werden in bestimmten Bildern des deutschen
Malers Jörg Immendorff anschaulich, und mit ihm möchte ich
schließen.

Ohne Vorkenntnis und für sich betrachtet, kann man über ein
Bild wie ›Naht‹ von 1981 nicht viel mehr sagen, als daß es ein
repräsentatives Werk der neuen Malerei ist. (Abb. 22) Zu sehen ist
eine große, sternförmige Eisscholle, schräg auf der Bildfläche
gegen einen dunklen Hintergrund. Auf dem Eis sind einige
Spuren auszumachen, und wenn man etwas mehr von Immendorff weiß, erkennt man in den fünf ›blutigen‹ Linien, die auf eine
sechste stoßen, das Brandenburger Tor in Berlin. Immendorff
scheint das Straßentheater zu verlassen, Politik gegen Kunst
eingetauscht zu haben, in seine eigenen Bilder gekrochen zu sein,
und es scheint, daß diese Bilder – ich meine die Serie ›Café
Deutschland‹ – wiederum Bilder hervorbringen, die als neue,

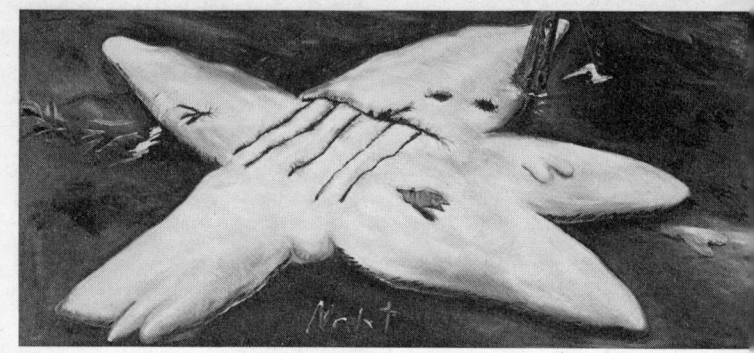

22 Jörg Immendorff, Naht (1981)

autonome, postmoderne Kunstwerke die Bühne verlassen.[30] (Abb. 23, 25-29)

Als direkter Anlaß für die 1977 begonnene Serie ›Café Deutschland‹ werden zwei Tatsachen genannt: Immendorff lernte das Werk des italienischen Künstlers Renato Guttuso auf der Biennale in Venedig (1976) kennen, und er machte 1977 in Ostberlin die Bekanntschaft des Malers A. R. Penck. Die Serie steht also in Zusammenhang mit der Freundschaft zu einem Künstler und mit dem Werk eines anderen Künstlers, letzteres unter anderem wegen eines Bildes über die Malerei, Guttusos ›Caffè Greco‹ von 1976, das Immendorff nach der Biennale von Venedig auf einer Ausstellung in der Kunsthalle in Köln sah (Abb. 24). Guttusos römisches Künstlercafé vereinigt Kunstwerke und Künstler aus verschiedenen Perioden. Immendorffs Serie ist also die Kommentierung eines Gemäldes über die Malerei und wahrscheinlich eine Kommentierung des Realismus von Guttuso. Eines der vielen Themen von ›Café Deutschland‹ ist die Malerei.

Und doch ist die Serie auch sehr persönlich: die beiden zentralen und immer wieder auftauchenden Personen sind Penck und Immendorff. Die Serie ist ein Kommentar auf die Malerei, das Zeugnis einer persönlichen Freundschaft, jedoch auch eine Kommentierung der politischen Situation Deutschlands. Außer Immendorff und Penck befinden sich in ›Café Deutschland I‹ zum Beispiel auch Helmut Schmidt und Erich Honecker. Die Serie ist eine Variation malerischer Probleme im formalen Sinn, aber sie

23 Jörg Immendorff, Café Deutschland I (1977/78)

24 Renato Guttuso, Caffè Greco (1976)

25 Jörg Immendorff, Café Deutschland III (1978)

ähnelt auch improvisiertem Theater ohne durchgängige Handlung.

Nun gibt es einige Konstanten: Immendorff und Penck, den Ort der Handlung (ein Café); den Aufbau, die zweiteilige Komposition, bestimmte Personen, Zeichen und Symbole, die für Gegensätze stehen wie: Ost-West, Licht-Dunkel, Gut-Böse, Ernst-Spiel, Freude-Leid usw. Eine Konstante ist auch die Beziehung zum Zuschauer, die durch eine äußerst raffinierte Manipulation der bildenden Mittel erreicht wird: Licht-Dunkel-Wirkung, Standpunkt, räumliche Wirkung, Repoussoirs und Ähnlichem.

Die Serie ist geeignet, meine Fragestellung zu illustrieren, da die einzelnen Bilder durch ihren thematischen Zusammenhang eine zusätzliche Dimension erhalten; das gilt auch für ›Abzweigungen‹

26 Jörg Immendorff, Café Deutschland XII/Adlerhälfte (1982)

und ›Naht‹. Es ist unmöglich, auf alle Bilder und ihre Details besonders einzugehen, darum wollen wir einige frühe und späte Bilder aus der Serie näher betrachten.

Auf ›Café Deutschland I‹ (1977/78) (Abb. 23) sitzt Immendorff selbst am Tisch und streckt seine rechte Hand durch die ›Mauer‹ nach Penck aus, dessen Kopf wir im Spiegel hinter Immendorff erkennen. Immendorff ist gleichzeitig als Tänzer, links im Café, abgebildet. Schräg über ihm sehen wir einen Adler mit einem Hakenkreuz. Die ›Totempfähle‹ rechts und links stehen für West- und Ostdeutschland. Rechts, über der Lichtkuppel, sehen wir Bertolt Brecht mit einer Kerze. Mitten im Café verhandeln Honecker und Schmidt. Dahinter liebt sich ein Pärchen.

Die Einrichtung des ›Café Deutschland III‹ (1978) (Abb. 25) ist beinahe dieselbe, aber die Darstellung ist dynamischer, chaotischer geworden. Immendorff schläft, Penck ist verschwunden. Der Adler trägt nun einen Volkswagen, eine Anspielung auf die Lieferung von Autos an die DDR, aber dem verlassenen, unaufgeräumten Verhandlungstisch nach ist das Verhältnis Ost-West nicht besonders gut. Brechts Kerzen haben ihre Funktion und Bedeutung verändert: anstatt Licht für den Westen zu sein, ähneln sie jetzt Molotow-Cocktails, die auf die Geheimagenten oben in der Balustrade geworfen werden.

27 Jörg Immendorff, Café Deutschland XIII/Rede an meine Bilder (1982)

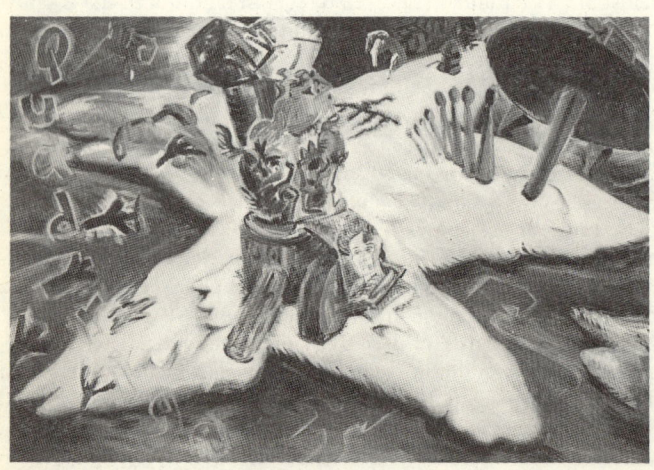

28 Jörg Immendorff, Café Deutschland XIV/Quadriga (1982)

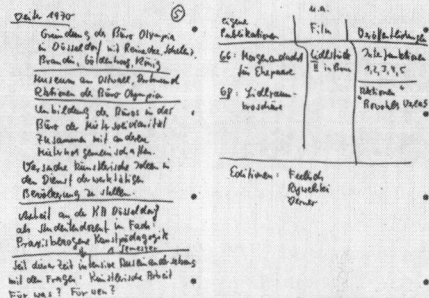

29 Jörg Immendorff, Für was? Für wen? (1972)

Auf ›Café Deutschland XII/Adlerhälfte‹ von 1982 (Abb. 26) ist das Chaos noch größer, und das Bild flacher. Immendorff frißt seine Zeitung. Die Lichtkuppel ist zu einem Becken geworden, in dem ein Panzer eingeklemmt ist (›Systemklemme‹). Im Spiegel hinter Immendorff sehen wir eine fuchsartige Figur mit einer sternförmigen Eisscholle, die an das Bild ›Naht‹ erinnert. Dar-über links tragen zwei Hände ein Bild, worauf ein roter Stern erkennbar ist. Über diesem Bild sind Marx und Engels auf der Balustrade in ein Gespräch vertieft. Die zwei Totempfähle sind durch Quadriga und Adler ersetzt. Am Tisch hinter Immendorff sitzt ein Soldat mit dem Brandenburger Tor, dahinter schmust das Pärchen.

30 Jonathan Borofsky, Art is for the Spirit at 2, 151, 726 (1973)

Auf ›*Café Deutschland XIII/Rede an meine Bilder*‹ (1982)
(Abb. 27) ist das Chaos noch größer. Eine große Eisscholle treibt
in das Café hinein (Abkühlung?). Rechts oben ist nun der Adler
im Becken eingeklemmt, es hat den Anschein, als ob die Bilder,
deren Anzahl zugenommen hat, vom Schauplatz getragen und in
Sicherheit gebracht werden. In der Mitte oben spielt Mao Schlagzeug. Unter ihm wird immer noch geschmust. Verschiedene
Elemente, die am Anfang der Serie noch Teil der Ereignisse im
Café waren, scheinen später ein Eigenleben zu führen.

So wurde seit ›*Café Deutschland XIV/Quadriga*‹ (1982)
(Abb. 28) die Café-Einrichtung eingetauscht für eine Inszenierung wie auf ›*Naht*‹: sternförmige Eisschollen, die schräg zu der
Bildfläche auf dem Boden liegen, drum herum verschiedene
Attribute, die eher zum Café passen. Wenn wir uns das meiste
davon wegdenken und das Bild ruhig werden lassen, sind wir
wieder bei ›*Naht*‹. Das Engagement eines gemalten roten Sterns
ist durch den erneuten kalten Krieg und eine postmoderne Ent-

Ideologisierung zu Schnee gefroren; die zeitgenössische Geschichte als Ego-Dokument beschworen.

Anläßlich der 5. Dokumenta (Kassel 1972) stellte Immendorff seinen Kollegen einige Gewissensfragen (siehe Abb. 30). Ich weiß nicht, ob er diese Fragen heute noch stellen würde. Vielleicht hat er inzwischen die Utopie, daß die Kunst das Leben unter dem Einfluß postmodernen Denkens verändern könne, aufgegeben oder zumindest relativiert. Hätte er trotzdem noch Probleme, so läge für ihn eine Antwort bereit, die schon ein Jahr später der amerikanische Künstler Borofsky gab: ›Art is for the Spirit‹ (Abb. 30). Dieser ›Spirit‹ entzieht sich augenscheinlich jeglichem Materialismus und Zwang und aller Politik, die Bilder müssen völlig frei sein. So sagt Dokoupil: »Jede Art von Motivation, von innerem Auftrag – wie zum Beispiel ›Die Welt verbessern‹ oder ›Falsches entlarven‹ ist für die Bilder selber völlig egal. Sie müssen für sich selbst stehen, eine in sich abgeschlossene Welt, die nicht über irgendetwas steht, sondern daneben: neben der Wirklichkeit. Man muß sich mit diesem Widerspruch immer wieder auseinandersetzen.«[31] Die ungewollt utopische Fortführung dieser Äußerung findet sich im Motto zu diesem Artikel.

(Aus dem Niederländischen von Andrea Heinrich)

Anmerkungen

1 J. Stumpel, ›Ars Simia artis. Sandro Chia als minnaar en rover van de kunst‹ (Ars simia Artis. Sandro Chia als Liebhaber und Räuber der Kunst), *Kunstlicht* Nr. 11 (Winter 1983/84), 6-18.
2 A. B. Oliva, ›The Italian Trans-avantgarde‹, *Flash Art*, Nr. 92-93 (Ottobre/novembre 1979), 17-21, Idem, *The Italian Trans-avantgarde*, Mailand 1980.
3 A. B. Oliva, *Avantguardia/Transavantguardia*, Mailand 1982, 148.
4 Ibidem.
5 Ibidem.
6 Der Begriff taucht in der Kritik der bildenden Kunst bereits früher auf, zum Beispiel bei: B. Doherty, ›What is Postmodernism‹, *Art in America*, 59 (1971) Nr. 3, 19, und L. Steinberg, ›Reflections on the State of Criticism‹, *Artforum* 10 (1972) Nr. 7, 37-49 (aufgenommen in L. Steinberg, *Other Criteria: Confrontation with Twentieth-Century Art*, New York 1972, 55-91). O'Doherty beschäftigte sich in seinem

redaktionellen Kommentar ausführlicher mit der Idee über den Tod der Avantgarde Ende der sechziger Jahre als mit dem Postmodernismus. Steinbergs Artikel ist wegen seines Angriffs auf den Modernismus Greenbergs und seiner Interpretation von Rauschenbergs Werk wichtig.

Daß der Postmodernismus nach 1975 aktuell wird, ist zum Beispiel an den Titeln der Sammlungen von Kritiken zu sehen wie: C. Tomkins, *The Scene: Reports on Postmodern Art*, New York 1976, und D. Davis, *Artculture: Essays in the Post-modern*, New York 1976. Der Inhalt der ersten hat meiner Meinung nach wenig mit Postmodernismus zu tun, von der zweiten weiß man, daß der Herausgeber sich den Untertitel ausgedacht hat; siehe D. Davis, ›Post-Everything‹, *Art in America* 28 (1980) Nr. 2, 11-14. Für einen teilweise vergleichbaren Begriff siehe: R. Pincus-Witten, *Postminimalism*, New York 1977. Siehe auch: K. Honnef, G. Honnef-Harling, ›Gedanken und Anmerkungen zur amerikanischen Kunst der letzten Dekade‹, Ausstellungskatalog *Back to the USA*, Kunstmuseum Luzern 1983, Rheinisches Landesmuseum Bonn 1984, Württembergischer Kunstverein Stuttgart 1984, 7-20.

7 L. Chase, ›Photo Realism: Post-modernist Illusionism‹, *Art International*, 20 (1976) Nr. 3/4, 14-27; Zitat 22.

8 Ibidem, 16.

9 D. Crimp, ›On the Museum's Ruins‹, H. Forster (Hrsg.), *The Anti-Aesthetic: Essays in Postmodern Culture*, Washington 1983, 43-56; Zitat S. 53 (eine weitere Version erschien in *October* Nr. 13, Sommer 1980).

10 D. Crimp, ›Pictures‹, *October* Nr. 8 (Spring 1979), 75-100 und D. Crimp, ›The End of Painting‹, *October* Nr. 16 (Spring 1981), 69-86.

11 C. Greenberg, »›American Type‹, Painting«, *Partisan Review* 22 (1955) Nr. 2, 176-196. Eine revidierte Version findet man in C. Greenberg, *Art and Culture: Critical Essays*, Boston 1961, 208-229; eine verkürzte Version der ursprünglichen Ausgabe findet man bei F. Franscina, C. Harrison (Hrsg.), *Modern Art and Modernism: A critical Anthology*, London 1982, 93-103.

Auffallend ist das erneute Interesse für Greenberg; siehe z. B. P. Halasz, ›Art Criticism (and Art History) in New York: the 1940s vs. the 1980s; Part three; Clement Greenberg‹, *Arts Magazine* 57 (1983) Nr. 8, 80-89; die Einleitung von R. Pincus-Witten, ›Entries (Maximalism)‹, New York 1983, und das dreiteilige Interview mit Greenberg in *Art Monthly* Nr. 73, 74 und 75 (Februar–April 1984).

12 Ausstellungskatalog *Post Painterly Abstraction*, County Museum of Art, Los Angeles 1964.

13 C. Greenberg, ›Modern and Post-Modern‹, *Arts Magazine* 54 (1980) Nr. 6, 64-66. Siehe auch P. Richter, ›Modernism and After -1, *Art*

Monthly Nr. 55 (März 1982), 3-7; idem -2, *Art Monthly* Nr. 55 (April 1982), 5-8.

14 Siehe für eine Liste Anti-Modernistischer Aussprüche des ›Pattern Painter‹ Joyce Kozloff: I. Sandler, ›Modernism, Revisionism, Pluralism and Post-Modernism‹, *Art Journal* 40 (1980), Nr. 1/2, 345-347.

15 Auf Seite 151 der *Transavantgarde International*, Mailand 1982, meint der Redakteur (Oliva) nach einer Aufzählung der Titel der Beiträge: »Not all new painting situations are necessarely identifiable with the term trans-avantgarde.«

16 H. Sizoo, ›Nieuwe Schilderkunst in Nederland‹, A. B. Oliva (Hrsg.), *Transavantgarde International*, Mailand 1982, 231-239.

17 Ausstellungskatalog *Op losse schroeven*, Stedelijk Museum, Amsterdam 1969, und Ausstellungskatalog *Fundamentele Schilderkunst*, Stedelijk Museum, Amsterdam 1975. Siehe auch: *Prospect 73 – Maler/Painters/Peintres*, Städtische Kunsthalle, Düsseldorf 1973; *Arte come Arte*, Centro Comunitario di Brera, Mailand 1973 und *Geplante Malerei*, Westfälischer Kunstverein, Münster 1974.

18 *Arts News* 80 (1981) Nr. 3, 88.

19 R. Pincus-Witten, ›David Salle: Holliday Glassware‹, *Arts Magazine* 56 (1982) Nr. 8, 58-60.

20 Ausstellungskatalog *Markus Lüpertz*, Van-Abbe-Museum, Eindhoven 1977.

21 M. Piller, ›De Duitse Avant-garde (2): De Negers van Europa‹ (Die deutsche Avantgarde (2): Die Neger von Europa), *HP*, 10. Dezember 1977.

22 Siehe zur Ikonographie von Markus Lüpertz die Beiträge von W. Hofmann und S. Holsten im Ausstellungskatalog *Markus Lüpertz*, Kunsthalle, Hamburg, 1977.

23 R. Fry, *Vision and Design*, Harmondsworth 1961, 228 (ursprüngliche Ausgabe 1920).

24 C. Greenberg, ›Abstract, Representational, and so forth‹, *Art and Culture: Critical Essays*, Boston 1961, 133-138.

25 Ausstellungskatalog *Chia-Clemente-Cucchi*, Kunsthalle, Bielefeld 1983, 80.

26 O. Rank, *The Myth of the birth of the Hero and other Writings*, New York 1964, 3-96. Siehe zur Bedeutung von Wasser bei Chia: J. Stumpel, op. cit. Anm. 1.

27 G. Politi, H. Kontova, ›Interview with Enzo Cucchi‹, *Flash Art* Nr. 114 (November 1983), 18.

28 *Op het tweede gezicht: Enzo Cucchi 1950 – Fontana Ebbra. Dronken Fontein 1982*, Stedelijk Museum, Amsterdam, o. J., 139-142.

29 P. Groot, »Cucchi: ›Alle goede schilderkunst is klein‹. Italiaanse kunstenaar exposeert nieuw werk bij Art and Project in Amsterdam« (Cucchi: ›Jede gute Malerei ist klein.‹ Italienischer Künstler stellt bei

Art and Project in Amsterdam neue Arbeiten aus.), *NRC*, 31. Dezember 1981.

30 Eine gute Interpretation der Serie findet man bei: U. Krempel, Die Wirklichkeit der Bilder. Zu Jörg Immendorff ›Café Deutschland/ Adlerhälfte‹, Kunsthalle Düsseldorf, 1982, 17-50.

31 J. G. Dokoupil in einem Interview mit W. W. Dickhoff in *Wolkenkratzer* Nr. 7 (November/Dezember 1983), 9.

Walther Ch. Zimmerli
Wie autonom kann Kunst sein?*
Photorealismus und postmoderne Ästhetik

I. Die modische Postmoderne

Alle reden über ›Postmoderne‹, auch und zumal in der bildenden und bauenden Kunst.[1] Die ästhetische Reflexion aber hat sich des naiven Gebrauchs solcher Etiketten so lange zu enthalten, wie sie nicht geklärt hat, was damit gemeint ist. Und da muß in bezug auf den Begriff der Postmoderne zunächst festgehalten werden, daß es sich dabei um einen Epochenbegriff handelt. Historische Epochalisierungen haben nun sowohl die theoretische Ordnungsfunktion, Struktur in die amorphe Masse geschichtlicher Daten zu bringen, als auch die praktische Orientierungsfunktion, ein neues Programm in eine Formel zu gießen. Besonders deutlich wird dies, wo an ›Nahtstellen‹ der Geschichte beide Funktionen reziprok verwoben sind, wie etwa in unserem Fall der Postmoderne. Wie bei jedem modischen Terminus hat allerdings auch hier die Jargonlawine den Gedankenkern des Begriffes nahezu völlig verschüttet. Nur daraus läßt sich erklären, warum die These, wir befänden uns bereits nicht mehr in der Moderne, sondern schon in der Postmoderne, die massive Kritik etwa von Jürgen Habermas herausfordern konnte, der diese These mit der parteilichen Ansicht des Neokonservatismus oder der Ökologiebewegung identifiziert.[2]

Bei den Konturen dieses Begriffes, die es nun näher herauszuarbeiten gilt, handelt es sich um solche, die auf zwei verschiedenen Ebenen liegen: zum einen zeigt der Begriff ›Postmoderne‹, noch ohne daß ihm Erfahrungen, Beobachtungen o. ä. zugeordnet würden, bestimmte funktionale Zusammenhänge an, und zum anderen drückt er inhaltlich etwas aus, was sich nur durch die Beschreibung des Gegenwartsbefundes phänomenologisch absättigen läßt. Zunächst zu den formal-funktionalen Merkmalen:

(a) Das Präfix ›post‹ drückt primär eine zeitliche und erst im übertragenen Sinne eine logische Beziehung aus. Daher muß ›postmodern‹ nicht schon eo ipso ›anti-modern‹ heißen. Wohl aber impliziert das zeitrelationale Präfix ›post‹ eine (jedenfalls partielle) Negation: In mindestens einer Hinsicht muß sich die Postmoderne von der Moderne unterscheiden.

(b) Diese Hinsicht muß zudem als für die Moderne charakteristisch aufgefaßt werden; würde es sich nur um eine marginale Differenz in den Akzidenzien handeln, dürfte man nicht von ›Post‹-, sondern müßte man vielleicht eher von ›Spät-Moderne‹ sprechen. Anders: Die These der Postmoderne behauptet das Ende der Moderne, ohne damit zwingend das *Projekt der Moderne* aufgeben zu wollen.

(c) Nun kann aber aus Gründen der Denkpragmatik nur solches zum Gegenstand unseres Denkens werden, in das wir nicht (oder nicht mehr) selbst verstrickt sind. Anders: die gedankliche ebenso wie die sprachliche Thematisierung hat Objektivierung zur Folge. Damit wird aber das *Faktum der Thematisierung der Moderne* zu einem Indikator dafür, daß der Thematisierende nicht mehr in dieser Moderne befangen ist. Das sagt noch nichts darüber aus, wie das Neue sein wird, das darauf folgt; Thematisierung ist nicht Ausdruck der bestimmten, sondern Ausdruck der unbestimmten Negation, was aber (s. o.) auch nicht mit ›genereller Negation‹ verwechselt werden darf. – Diese Einsicht der Philosophie des Deutschen Idealismus kann beibehalten werden, ohne daß damit zugleich deren Programm einer synthetischen Vermittlung der Differenz gutgeheißen werden müßte.[3]

Erst wenn wir uns über diese formal-funktionalen Bestimmungen Klarheit verschafft haben, wird deutlich, in welchem Sinne die Befunde zu verstehen sind, die ich im folgenden als inhaltlich beschreibende Indikatoren für die Postmoderne exemplarisch benennen will:

(a′) Wenn wir die Moderne mit jener nachhegelschen zweiten Hälfte der Neuzeit zusammenfallen lassen, in der neuzeitliche Wissenschaft und Technik auseinandertreten und sich dadurch so in Beziehung setzen lassen, daß diese als Anwendung von jener und jene als reine Theorie verstanden wird, wobei die bloße, ›wertfreie‹ Weiterentwicklung von beidem per se als ›Wert‹ betrachtet wird, und wenn wir ›modern‹ als Bezeichnung für eine weitgehend affirmative Einstellung zu diesem Konzept auffassen, dann kann die gegenwärtige Ausrichtung auf Wissenschaft und Technik schlechterdings nicht mehr als ›modern‹ bezeichnet werden. Es steht vielmehr außer Frage, daß sowohl die Trennung zwischen reiner Wissenschaft und Technik als auch die Affirmation als Haltung gegenüber dem von diesen repräsentierten Typus der Problemlösung und Rationalität zum Gegenstand der Kritik geworden ist.[4]

(b') Damit hängt eng zusammen, daß ebenfalls fraglos eine Grundstruktur der Moderne sich immer deutlicher herauskristallisiert: ihre immanente Widersprüchlichkeit, so ›sachlich‹ und ›real‹ wie möglich sein zu müssen, ohne jedoch jemals ein Konzept von ›Realität‹ entwickeln zu können. Die Wirklichkeit zerrinnt geradezu vor dem ›nüchternen Wirklichkeitssinn‹ der Moderne.[5] Daher ist die Reaktion darauf entweder Rückkehr in mythische Romantik oder Resignation, und beides trägt traditionale Züge, wie nostalgisch gefühlsvermittelt diese auch immer sein mögen. Daß solches nicht konservativ ist, sondern nur konservativismus-analoge Züge trägt, leuchtet ein.

(c') Wenn schließlich unter ›modern‹ auch eine bestimmte Ausdrucksrichtung, z. B. in der dichtenden, bildenden und bauenden Kunst ebenso wie in der Musik, verstanden wird, die sich durch Abkehr vom Erzählen, vom gegenständlichen Abbilden, von reicher Ornamentik und von Tonalität kennzeichnen läßt, dann ist die Gegenwart sicher nicht (mehr) modern.[6]

Bei genauerem Zusehen erweist sich, daß das zentrale Merkmal der Moderne das der *Autonomie* ist. Sowohl die reine Wissenschaft als auch die ›Realität‹ (was auch immer dies sein möge), die dichtende, bildende und bauende Kunst ebenso wie die Musik der Moderne verstehen sich als – im Gegenzug zur Tradition – autonom. Infolgedessen ist es auch kein Wunder, daß die Kritik an der Moderne eben hier einsetzte: bei der Autonomiekonzeption der Kunst, und daß eben hierüber im Ausgang der Moderne des langen und breiten diskutiert wurde. Daraus ergibt sich für die Postmoderne, wie wir unsere einstweilen nur durch eine Merkmalssammlung gekennzeichnete Übergangsphase nennen wollen, daß in ihr die Autonomiedebatte in reflektierter Form wiederaufgenommen wird. Und zwar gilt (nach der Zeit der ›engagierten Kunst‹) eine Art von negativer Antinomie, die sich als Ächtung zweier sich ausschließender Thesen formulieren läßt:

– Es gilt als ausgesprochen unfein, wenn ein Ästhetiker heute den Einfluß von Geschichte und Gesellschaft auf Kunst leugnet.

– Es gilt aber auch als ebenso unfein, wenn ein Ästhetiker heute die Autonomie von Kunst leugnet.

Insofern befindet sich die ästhetische Reflexion in der Postmoderne in der Tat in einer Situation, die die Moderne fortführt und sie im gleichen immanent negiert.

Es ist eine der fatalen Konsequenzen der erwähnten jargoninduzierten Verwechslung von Projekt und Epoche der Moderne, daß die richtige Diagnose der Epochenschwelle in diesem Falle gleich auch mit der Obsoletheitserklärung der modernen Vernunft vermischt wird. Und das bedeutet dann, daß die Autonomie-Antinomie noch mit einer Vernunft-Empirie-Disjunktion gekoppelt wird, die einen Rückfall in die vormoderne Frühneuzeit darstellt: Hie Vernunftästhetik der vermittelnden Reflexion – dort Unmittelbarkeit des sinnlichen Erfassens, hie philosophische Ästhetik vom Typus *top down* – dort literatur-, kunst- und musikwissenschaftliche Ästhetik vom Typus *bottom up* – so lauten dann die aufgemachten Scheinalternativen. In einer verspäteten Anpassung an empiristische Ideale meint nicht mehr, Ästhetik betreiben zu dürfen, wer seine generellen Sätze nicht induktiv gewonnen hat; und die philosophische Ästhetik ist offenkundig bislang nicht in der Lage gewesen, aus den Ergebnissen der wissenschaftstheoretischen Reflexion zu lernen, daß der Vorwurf mangelnder Induktionsstützung nicht nur kein Einwand, sondern geradezu Ausdruck der Banausie des ihn Äußernden ist. Aufgabe der Ästhetik der Postmoderne war es vielmehr, die Gegensätze zwischen Vernunft und Empirie, Vermittlung und Unmittelbarkeit als Ausdruck immanenter Widersprüche der Moderne nicht zu beseitigen, sondern zu begreifen.

Aus alledem ergeben sich zwei Aufgaben, die zudem ihrerseits jeweils gedoppelt sind: zum einem muß sowohl die Autonomiethese (II) als auch die Kontextabhängigkeitsthese (III) begründet werden. Das erste geschieht in einer metaphysischen, das zweite in einer semiotischen Reflexion, die aber ihrerseits nur die zwei verschiedenen Seiten ein- und derselben Bestimmung sind, wie zu zeigen ist: der Bestimmung nämlich, daß die Verwandlung des Seins in Sinn durch den Menschen in semiotischer Weise geschieht. Die Analyse der Voraussetzungen dieser beiden Bestimmungen in einer Explikation des »Abschieds von der Wirklichkeit« (IV) bildet dann den Ausgangspunkt, um die in diesen ästhetischen Überlegungen vom *top-down*-Typ gewonnenen Einsichten nun *bottom up* an einem besonders charakteristischen und sperrigen Fall sich ankündigender postmoderner Kunst, dem neuen ›Dennoch-Realismus‹, zu bewähren (V), woraus sich eine der Pointen der Postmoderne gewinnen läßt (VI).

II. Das Midas-Theorem

Modernes Vernunftdenken kann sich – so explizit und bestimmt es sich auch von allem kantischen Anfang an gegen Metaphysik gewehrt hat – eines minimalen Restes von Metaphysik nicht erwehren. Zwar gilt, wie Habermas festgehalten hat, in der Tat, daß »die Philosophie (…) heute nicht mehr im Besitze metaphysischer Wahrheiten«[7] ist. Trotzdem aber ist philosophische Reflexion, dem Projekt der Moderne zufolge, immer von metaphysischen, d. h. nicht direkt aus der Empirie nachweisbaren Annahmen getragen. Postmoderne philosophische Reflexion gerät damit in die Situation der Reflexionsposition, die, dies erkennend, von Minimalmetaphysik Gebrauch machen kann, ohne diesen Sachverhalt hinter groß klingenden Programmen verdecken zu müssen. Ihre ästhetische Reflexion besteht daher in einer Prüfung der metaphysischen Grundbestände auf ihre Haltbarkeit angesichts der analysierten gegenwärtigen Situation.

So betrachtet läßt sich festhalten:

Die Frage nach der Bestimmung von Kunst ist eine Frage nach dem Menschen. Sein In-der-Welt-Sein bestimmt sich – darin konvergieren Philosopheme unterschiedlichster Provenienz – als Anverwandlung des Seins, anders: als Umwandlung von Sein in Sinn. Worauf auch immer sich menschliche Intentionalität – sei es in kontemplativer oder in aktiver Vita – richtet –, das vergeht unter der Hand in seinem als ›Ansich‹ vermuteten eigen- und widerständigen Sein und wird zum Sein-für-Anderes, zum Sinnelement oder, wie Kant in epistemologisch-moderner Engführung sagt, zur ›Erscheinung‹.

Der antiken Mythologie zufolge wurde dem phrygischen König Midas die Erfüllung seines Wunsches, daß alles von ihm Berührte zu Gold werden möge, fast zum Verhängnis, da sich ihm auch die zum Überleben unabdingbaren Speisen und Getränke in ungenießbares Gold verwandelten. Erst ein Bad im Flusse Paktolos, zu dem ihm sein ›Wohltäter‹ Dionysos riet, befreite Midas wieder von dieser fatalen Gabe.[8]

Es könnte sich bei dieser Geschichte, die von der Dummheit der scheinbaren menschlichen Klugheit berichtet, durchaus auch um ein Gleichnis für die Sinnstiftungsleistung des Menschen handeln: Was auch immer menschliche Wesen denkend und handelnd in den (Be)Griff nehmen, verwandelt sich in Sinnartiges.[9] Das gilt auch und gerade noch dort, wo etwas als völlig oder teilweise ›sinnlos‹ apostrophiert wird. Für diese Gabe muß indessen der Preis gezahlt werden, daß das ›Ansich‹, das gedachte Undenkbare, sich dem Zugriff des erkennenden und handelnden Menschen definitiv und auf immer zu entziehen droht. Dieser Zustand kann aber auf Dauer nicht ohne schwerwiegende Dissonanzen ertragen werden; die kompensatorische Leistung, die hier Entlastung schafft, ist die eigenständige Produktion von Sinn, ohne daß dabei Sinn in Sein umgewandelt werden müßte. Die Produktion von Kunst ist – genau besehen – eben dies: autonome Produktion und Entäußerung von Sinn. Es kann, wenn die Grundgedanken des Entwickelten zutreffen, kein Zweifel daran sein, daß Kunst noch vor aller genaueren Gattungs- und Art-Ausdifferenzierung im strengen Sinne des Wortes ›auto-nom‹ ist und sein muß. Dies schränkt die Möglichkeit, autonome Sinnstiftung mit den Mitteln realistischer Schilderung ›ins Werk‹ zu setzen, nicht im geringsten ein. Dafür sind, wie noch zu zeigen sein wird (s. u. IV), andere, stärker geschichtliche Faktoren ausschlaggebend.

Das ›Midas-Theorem‹, wie ich diesen Gedanken der Kürze halber nennen möchte, läßt sich mithin so zusammenfassen:

Kunst ist im Prinzip kompensatorische Sinnstiftung, die das Defizit wettmachen soll, das in der überschießenden Kompetenz des Menschen liegt, Sein ausnahmslos in Sinn zu verwandeln, was schließlich zur fast vollständigen Preisgabe des Anspruchs auf ein ›Ansich‹ führte. Die kompensatorische Sinnstiftung, wie sie die Kunst repräsentiert, trägt den Charakter von Schöpfung: das der Intention von Denken und Handeln hinter dem intentionalen Gegenstand stets verborgene ›Ansich‹ wird im poietischen Akt zur Erscheinung und – mit Bloch geschichtseschatologisch gesprochen – zum Vor-Schein gebracht. Das Kunstprodukt trägt daher den paradoxen Charakter, beides, ›Ansich‹ (Absolutes) *und* (kontrafaktische) Erscheinung zu sein.

III. Lob der Zweideutigkeit

Die Formulierung des ›Midas-Theorems‹ erfüllt zugegebenermaßen nach dem Katalog moderner Denkverbote den Tatbestand vorsätzlicher und schwerer Metaphysik – soll heißen: es entstammt einem nicht streng regel- und erfahrungskontrollierten Gebrauch der Vernunft. Schon Kant hatte allerdings in aestheticis bestimmte Formen dieses Gebrauches unter der Bedingung für zulässig erklärt, daß kategorial der Modus des ›Als ob‹ gewählt würde. Daß die aus diesem Vorschlag resultierenden Schwierigkeiten diejenigen bei weitem überwogen, denen damit beigekommen werden sollte, ist hinlänglich bekannt, und es empfiehlt sich daher, einen anderen Weg einzuschlagen.

Metaphysiken lassen sich sogar Carnaps Auffassung zufolge durch die Benennung von Korrespondenz- oder Reduktionsregeln gleichsam ›entschärfen‹, und es hat sich im Zusammenhang des ›linguistic turn‹ in der Philosophie der auslaufenden Moderne die Auffassung durchgesetzt, daß der als Prozeß der Verwandlung von Sein in Sinn bezeichnete Vorgang sich an seinem Zeichencharakter feststellen und folglich auch mit semiotischen Mitteln explizieren lasse. Der Annahme, daß jedes Weltverhalten, also auch dasjenige der Kunst, Sinnstiftung sei, wird dabei dadurch Rechnung getragen, daß alle Elemente von Welt als Zeichen aufgefaßt werden, wobei unter ›Zeichen‹ dasjenige zu verstehen ist, was seinerseits Gegenstand von Zeichenwahrnehmung wird oder werden kann. Der Semioseprozeß, wie dieses Zusammenspiel von Zeichen und Zeichenwahrnehmung nun heißt, kann weiter differenziert werden. Die Schwierigkeiten der klassischen Bestimmungsversuche etwa von Charles W. Morris lagen darin, daß kein ausreichend differenzierendes Kriterium auffindbar war, mit dessen Hilfe ästhetische von anderen Zeichen hinlänglich genau hätte abgetrennt werden können. Von Morris' Ansatz her könnte nämlich alles ein Kunstwerk werden, was zum Gegenstand ästhetischer Wahrnehmung gemacht wird, »und es gibt nichts, das nicht in diesem Sinne und bis zu einem gewissen Grade ein Kunstwerk werden könnte«.[10]

Hier hilft im Kontext der semiotischen Bemühungen eine zusätzliche Differenzierung weiter. Ein ästhetisches Zeichen oder, wie Umberto Eco es präziser formuliert hat, eine »Botschaft mit ästhetischer Funktion ist vor allem in bezug auf das Erwartungssystem, das der Code darstellt, zweideutig strukturiert«[11]. Hierdurch läßt sich zum einen die apophantische Struktur von Sinnstiftung durch Zeichensetzung als zugleich reflexiv denken: Während das Zeichen in seinem außerkünstlerischen Verwendungszusammenhang für einen gegebenen Betrachter auf seine Bedeutung verweist, die es vertritt, kann es in seiner künstlerischen Verwendung auch auf sich selbst verweisen und so sich verselbständigende Autosignifikanz gewinnen. Zum anderen läßt diese Bestimmung aber auch deutlich erkennen, daß es eine Frage der (wie noch zu zeigen sein wird: historisch kontingenten) Einstellung und nicht eine ontologische Bestimmung des Gegenstandsbereiches ist, ob und wodurch Zeichen zu ästhetischen werden.

Die konstitutive Ambiguität ästhetisch fungierender Botschaften verhindert, daß die Botschaften allein referentiell gedeutet werden und ihr Zeichencharakter gleichsam transparent wird. Vielmehr beginnt nun die Botschaft als Zeichen interessant zu werden; dadurch, daß die Verweisungsfunktion des Zeichens auf etwas, was als Botschaft semiotisch bereits identifiziert ist, nicht eindeutig ersichtlich wird, verwandelt sich das Zeichen vom Bedeutungstransportmittel zum ästhetisch-intentionalen Gegenstand. Es ist die kontextbezogene Anordnung der Zeichenelemente in bezug auf den jeweiligen Rezeptionszusammenhang, die die ästhetische Funktion einer Botschaft, also das, was man traditionell ›Kunstwerk‹ nennt[12], ausmacht. Die ästhetisch fungierende Botschaft selbst kann mithin stets beides: dasjenige mitteilen, worauf sie als Zeichenakt selbst hinweist, was sie also in diesem Sinne ›be-deutet‹, *und* dasjenige mitteilen, worauf sie auf der Ebene des gleichsam undurchsichtig gewordenen Zeichencharakters selbst verweist. Damit ist aber noch eine weitere Dimension verbunden: Wenn nämlich fragwürdig wird, was es ist, worauf sich die ästhetischen Zeichen beziehen, dann eröffnet dies, wie uns die Poststrukturalisten gelehrt haben, auch die Möglichkeit der ›Intertextualität‹[13], d. h. die Möglichkeit, daß Zeichen ihrerseits ad infinitum nur auf Zeichen verweisen. Zitat- und Montagetechniken, Verwendung der referentiellen und semantischen Funktion von Bildungsgut sowie die daraus resultierenden vielfachen Vernetzungs- und Schachtelungsvarianten bereichern mithin das Arsenal ästhetisch interpretierbarer Zeichen.

So betrachtet ist aber die ästhetische Funktion von Zeichen gebunden an den *pragmatischen Kontext ihrer möglichen Rezep-*

tion, und das bedeutet, daß mit einer herkömmlichen Vorstellung von Autonomie im vollen Sinne hier nicht mehr gerechnet werden darf. Es ergibt sich daher das, wie ich es der Kürze halber nennen möchte, ›*Lob der Zweideutigkeit*‹:

Die in ästhetischer Funktion auftretenden Zeichen, deren man sich nur durch eine Differenzierung der entsprechenden Zeichenwahrnehmung versichern kann, lassen sich durch ihre Zwei- und Mehrdeutigkeit bestimmen, der eine komplementäre Zwei- und Mehrdeutigkeit der auf sie sich beziehenden Wahrnehmungs- bzw. Rezeptionsformen entspricht. Neben den Referenzen auf Bedeutungen lassen ästhetische Botschaften auch Referenzen auf Referenzen (Inter-Referenzen) zu. Diese Zweideutigkeit, die deswegen zu loben ist, weil es ohne sie keine Kunst gäbe, entspricht dem, was Kant in der Sprache der Moderne das »freie Spiel von Einbildungskraft und Verstand« genannt hat. Damit ist aber ausgeschlossen, daß ›Kunst‹ im epistemologisch strengen Sinne autonom ist; es gilt vielmehr, daß die ästhetische Botschaft in starkem Maße von der Zeit des Rezipienten in bezug auf die Zeit des Produzenten abhängt.

IV. Abschied von der Wirklichkeit

Von diesen metaphysisch-semiotischen Überlegungen her ergibt sich für die postmoderne Ästhetik eine tendenzielle Lösung des Autonomieproblems: Was die prinzipientheoretische Bestimmung von Kunst betrifft, Sinn zu produzieren, ohne dazu auf Sein angewiesen zu sein, so ist Kunst stets autonom; aus eben dieser Unabhängigkeit ergibt sich aber – aus semiotischer Sicht – eine grundsätzliche Abhängigkeit dort, wo autonome Sinnproduktion zu verstehen ist als Loslösung der Zeichen von ihrer realistisch zu interpretierenden Bedeutung. Die schon bei der Diskussion des ›Midas-Theorems‹ konstatierte paradoxale Grundbestimmung von Kunst spiegelt sich also auch im Verhältnis von metaphysischer und semiotischer Bestimmung. Und so läßt sich auch hieraus die zunehmend stärker werdende Verunsicherung über die Frage erklären, ob Kunst aus sich heraus und überzeitlich oder aus anderem und historisch bedingt sei.

Nun trifft vielleicht zu, daß dies immer schon die Bestimmung von Kunst war; damit diese Bestimmung aber ins (postmoderne)

Bewußtsein treten und so die Selbstverständlichkeit der modernen Autonomieauffassung überhaupt gefährden kann, mußten bestimmte Voraussetzungen erfüllt sein. Nicht als ob damit gesagt sein sollte, Kunst sei einst absolut autonom gewesen und dann sukzessive geschichts- und gesellschaftsabhängig geworden – eine solche Behauptung wäre nicht nur historisch falsch, sondern auch systematisch irreführend. Vielmehr gilt es zu bedenken, daß die explizite Frage nach der Autonomie der Kunst sich nur unter der Bedingung stellen kann, daß zum einen die Fraglosigkeit der dienenden Rolle von Kunst etwa gegenüber der christlichen Religion gebrochen und daß zum anderen die daraus resultierende Notwendigkeit einer Neubestimmung der Funktion von Kunst problematisch geworden ist. – Und eben dies ist die Situation der auslaufenden Moderne als des zweiten Schrittes der Neuzeit.

Ergänzt man das von Odo Marquard in die professionelle Philosophie eingeführte Genre der spekulativen Kurzgeschichte um dasjenige des spekulativen Märchens, so könnte ein Beispiel dafür in unserem Zusammenhang etwa so aussehen:

Es waren einmal (im Spätmittelalter) zwei Ideen, die ihres jahrhundertlangen Zusammenlebens überdrüssig geworden waren: die Idee des personalen Schöpfergottes, der die Wahrheit des Denkens und die Richtigkeit der Normen des Handelns zu garantieren hatte, und die Idee des weltlichen Wissens, mit der Idee des Schöpfergottes aristotelisch-christlich getraut. Der Trennung der beiden entsprang (zu Beginn der Neuzeit) – sonderbar genug – ein Nachkomme: *das Realitätsproblem*, schon bei Descartes in die Form des Zweifels an der Unterscheidbarkeit von Sein und Schein gebracht. Nachdem es als arme Vollwaise allen möglichen Ausbildungsgängen empiristischer, rationalistischer, transzendental-philosophischer und dialektischer Art ausgesetzt worden war, erhielt es gegen Ende des 19. Jahrhunderts seine für unser Jahrhundert bestimmende Fassung durch Nietzsche: daß Sein und Schein nicht unterscheidbar sind, so daß sich die wahrheitsdefinierende Adäquatheitsrelation auf die ästhetische Relation abbilden läßt et vice versa. Alle wissenschaftstheoretischen und sonstigen Versuche der Moderne, sich auf irgendeine Weise doch noch denkend der Realität als solcher vergewissern zu können, müssen als fehlgeschlagen betrachtet werden.

Dieser in seiner Genese als spekulatives Kurzmärchen erzählte

Sachverhalt läßt sich hinsichtlich der damit verbundenen Konsequenzen für die Lebenswelt als die »lebenspraktische Antinomie der technisch-wissenschaftlichen Moderne«[14] ausdrücken:

– Die realistische Annahme der Übereinstimmung von Denken und Sein erweist sich nach dem Scheitern sowohl der transzendentalen als auch der wissenschaftstheoretischen Legitimationsversuche als grundlos.

– Die realistische Annahme ist jedoch für unser Sein und Handeln in der Welt lebenspraktisch unabdingbar.

Am Ende der Neuzeit müssen wir in einer Welt, die wir selbst ›realistisch‹ mitgestaltet haben, mit der Gewißheit leben, entweder keinen Zugang zur Realität zu haben oder neben und hinter einer lebenspraktisch unterstellten ›Realität‹ den Abgrund des gedanklich nicht Faßbaren stets mit bedenken zu müssen. Das bedeutet, daß nun allen bewußt wird, daß die Erscheinung – anders: das, was Realität zu sein scheint – das einzige ist, was Realität *hat*. Versuchen wir, hinter sie zurückzugehen, hebt sich unser Denken in Unsicherheit und Haltlosigkeit gegenüber der unterstellten Realität auf.

Diesen, von Nietzsche antizipierend auf den Begriff gebrachten Einschnitt, der die begrifflichen Voraussetzungen der Moderne für unsere Beantwortung der Autonomiefrage bereitstellt, können wir auf die Zeit zwischen 1880 und 1920 datieren. In diese Zeit fällt Wesentliches, sowohl in der Entwicklung der bildenden Kunst als auch in derjenigen der Literatur, Musik etc. Es handelt sich dabei um eine exemplarische Umbruchzeit, deren Ausgangspunkt und Ziel Werner Hofmann auf die Kurzformel »Von der Nachahmung zur Erfindung der Wirklichkeit«[15] gebracht hat. Bildende Kunst wie Dichtung und Musik befinden sich ebenso auf dem Wege zu einer radikalen Neubestimmung wie Politik und Wissenschaft. Die berühmten ›Zwanzigerjahre‹ Berlins etwa sind die Frucht dieser Reifungsjahre, aber auch der Nationalsozialismus. Es ereignet sich der ›Abschied von der Wirklichkeit‹, der sich in Kunst niederschlägt aufgrund von deren Bestimmung, Sinn zu schaffen, ohne Sein umzuwandeln; es bildet sich die im eingeschränkten Sinne ›moderne‹ Kunst heraus:

Realität kann in dieser Welt des Scheins nicht *sein*; auch sie taucht nur im Modus des Scheinens auf. Sie ist der *Vor-Schein*, zu dem sie in der Kunst kommt, und so muß, da realistisches Bilden und Abbilden hinsichtlich seines Ergebnisses vielfach deutbar ist, nicht das Kunstwerk selbst, sondern seine Begrifflichkeit, seine Programmatik und Interpretation – kurz: sein Ideenumfeld, durch es ausgelöst oder ihm vorausliegend, beanspruchen können, Realität zu *scheinen*. – Die Spielformen dieses Aufbruches des Künstlerischen reichen vom Fauvismus eines Matisse zum Kubismus Braques, vom Expressionismus Kirchners zur ›Neuen Sachlichkeit‹ von Adolf Loos, ebenso aber auch vom literarischen Dadaismus bis Musil und von Strawinsky bis Schönberg.

V. Und dennoch: Realismus

Die Fiktion von Realität ist, wie schmerzlich auch immer dies gewesen sein mag, der Realität der Fiktion gewichen. Und damit scheint auch der Realismus sich den definitiven Formen der Vergangenheit einreihen zu müssen. Und dennoch sprechen wir heute (und gar nicht einmal so selten) wieder von ›Realismus‹; und es ist auch kein Zufall, daß wir dies vordringlich im Rahmen der Kunst tun. Zwar gilt, daß auch die wissenschaftstheoretische Diskussionslandschaft von – scheiternden – Realismuserneuerungsversuchen geprägt ist,[16] und auch in lebenspraktischen Zusammenhängen ist der ›Realist‹ gefragt. Aber eben hierin besteht das Problem. Worin nämlich – so muß gefragt werden – soll noch die ›Realität‹ liegen, auf die sich der Realismus beziehen und von der sich der Schein der Erscheinung unterscheiden soll, wenn doch die vermeintlich ›eigentliche‹ Realität, also das, was wir wissenschaftlich erfassen, sich als Realität nicht ausweisen läßt?

Die in der wissenschaftstheoretischen Diskussion umstrittene realistische Interpretation bezog sich anfänglich allein auf die theoretischen Terme; unterdessen ist aber längst die Unterscheidbarkeit von theoretischen Termen und Beobachtungsausdrücken fraglich geworden. Jede Beobachtung ist theoriegeleitet, und keine Theorie kommt ohne (jedenfalls implizite) Bezugnahme auf Beobachtetes aus. – Wie aber, wenn nun genau in diesem Bereich, in der Theorie, im Schauen, Entwerfen und Spekulieren die Realität zu greifen wäre? Wenn nicht Theorien Bilder der Erscheinungswelt, sondern diese Bilder von jener wären?

Damit soll gesagt sein, daß ›Realismus‹ heute, auch dann, wenn er sich auf den ersten Blick diesen Anschein gibt, nicht Wiedergabe von Realität im naiven Sinne des unvermittelten Realismus sein kann. Dies läßt sich besonders deutlich daran ablesen, daß die spezielle Gruppe, die Realismus in diesem unvermittelten Sinne betreibt, gesondert als ›Naive Maler‹ gekennzeichnet werden muß. Nicht naiver, sondern gegenwärtiger Realismus in der Kunst ist durch die trompe-l'œil-Phase ebenso hindurchgegangen wie durch den Surrealismus; er muß auf gestalterischer Ebene der spätmodernen ontologischen Bankrotterklärung des Realitätsglaubens entsprechen.

Das läßt sich fraglos in der bildenden Kunst am deutlichsten erkennen, deren Realismus der Leiter der Hamburger Kunsthalle Werner Hofmann noch 1969 als zu Ende gegangen betrachtete: »Je weniger ein Bild eine Scheinwirklichkeit, also Wirklichkeit zweiten Grades ist, desto mehr ist es autonomer, selbstgenügsamer Gegenstand.«[17] Daß dieser Satz, der die Abstraktion, die ›erfundene‹ Wirklichkeit der Moderne, in Begriffe faßt, falsch sein kann, obwohl er wahr ist, zeigt die Tatsache, daß sich gleichzeitig der Neue Realismus vorbereitete und zum Teil auch schon realisierte: in der Pop-art, von vielen kritisch bis skeptisch betrachtet, war die Abbildung jener Fiktionalität von Wirklichkeit, die ›Werbung‹ heißt, als Aufbruchsignal für die Distanzierung von abstrakter Darstellungsweise zum Prinzip gemacht worden. Und die Inszenierung des im engeren Sinne als ›Realismus‹ zu bezeichnenden »Sharp Focus Realism« (auch: Photorealismus) fand seit 1972, zumal durch Susan Pear Meisel in New York, statt.[18]

Und es ist noch ein viel früheres Datum, nämlich das berühmt gewordene Diktum von Jasper Johns, das von ihm 1958 gemalte Bild der amerikanischen Fahne sei »kein Gemälde, das ist eine Fahne«[19], das das Neue illustriert, die Ersetzung von Bild durch Abgebildetes, aber nicht in der Weise des objet trouvé oder der Fallenbilder Daniel Spoerris, durch Verwendung von Realität, sondern durch Kopie eines Realitätsfensters.

Die Photorealisten benutzen jenes ›Fenster‹, das das genaueste Surrogat von Wirklichkeit zu sein scheint: die Photographie. Dies wird in den Bildern und Selbstinterpretationen der amerikanischen Photorealisten überdeutlich. Indem sie – wie etwa Chuck Close – nicht die ›Wirklichkeit‹ (denn wo wäre die nach dem Ausgeführten zu suchen?) kopieren, sondern aufgerasterte Photographien malend mit unterschiedlichen Techniken vergrößern, entwickeln sie einen Meta-Realismus, anders: einen Realismus,

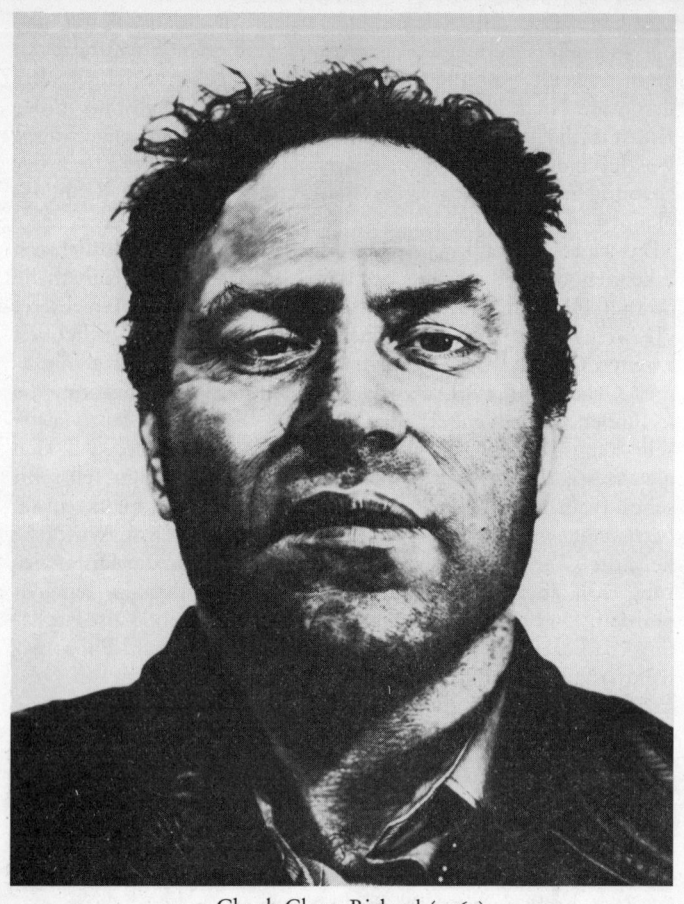

1 Chuck Close, Richard (1969)

der durch die Erfahrung der Unmöglichkeit von Realitätserfas-
sung hindurchgegangen ist, nicht eine naive, sondern eine ›reflektierte‹, eine ›vermittelte‹ Anspielung auf Wirklichkeit.

»Richard« (Abb. 1), ein schon 1969, im ersten Versuch des
Photorealismus entstandenes Schwarz-Weiß-Portrait riesigen
Ausmaßes (270 x 210 cm), läßt die Negation des modern-Abstrak-

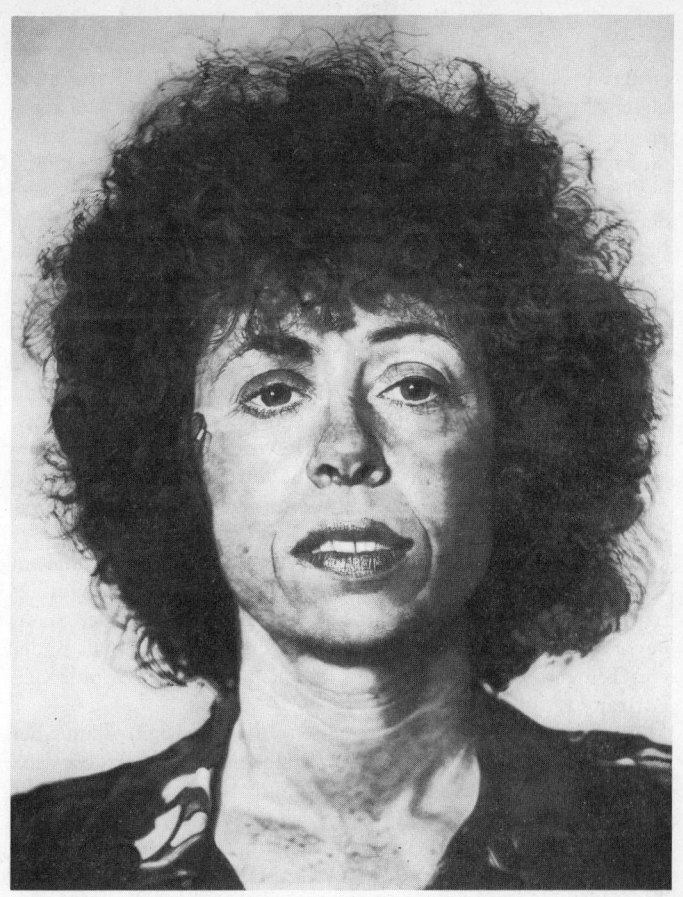

2 Chuck Close, Linda (1975/76)

ten besonders deutlich erkennen. Statt dicke Farbe auf großen
Flächen anzubringen, reduziert sich Close auf Schwarz-Weiß und
auf die illusionäre Reproduktion photographischer Effekte.

»Linda« (Abb. 2), 1975/76 entstanden, in demselben gigantischen Format, zeigt, daß analoge Effekte von ›Realität‹ sich mit
ganz anderen Techniken herstellen lassen. Arbeitete Close in

seiner Schwarz-Weiß-Phase mit der Spritzpistole und dem Sieb, um sich möglichst weit von der dick aufgetragenen Farbe zu entfernen, erlaubte ihm nun eine Verkleinerung des Rasters auf bis ein Promille wieder die Verwendung traditioneller Malwerkzeuge: des Pinsels und dicker Farben. Der Effekt des Photorealismus eines Chuck Close ist beeindruckend: die präziseste, schärfste Portraitdarstellung, in der Distanz nicht unterscheidbar von der ›Realität‹ oder einer Photographie derselben, löst sich beim Näherkommen in ein abstraktes Flickmuster von Kleinquadraten auf; die Realität verschwimmt.

Ein weiteres Beispiel ist Richard Estes, der in die Detail-Realität des amerikanischen Alltags greift und Dutzende von völlig alltäglichen Szenen auf die Leinwand bringt, wie etwa die »Telephone Booths« (Abb. 3) von 1968, die auch an der Documenta 5 zu sehen waren. Estes ist wahrscheinlich der perfekteste Illusionist unter den Photorealisten, der eben deswegen auch den Realitätseindruck in besonders starkem Maße auflöst und irreal macht. Anders als andere Photorealisten nimmt er nicht *eine* Photographie und vergrößert sie nach dem Rasterverfahren, sondern er komponiert mehrere Photographien aus etwas unterschiedlichem Winkel, so die Blickbewegung des menschlichen Auges simulierend. Seine Gegenstände sind alles Gegenstände aus der Stadt, bevorzugt spiegelnde Gegenstände, die ihrerseits nochmals Bilder von Bildern werfen; besonders deutlich etwa in »Double Self Portrait« (Abb. 4) von 1976.

Der Effekt ist nur auf den ersten Blick Illusion, dann aber Doppelbödigkeit, spürbar als »konkrete Irrealität«, »Ambivalenz zwischen vollkommen realer Erscheinung und zunehmend irrealer Wirkung«[20], wie es Peter Sager schon 1973 formuliert hat.

Noch verstärkt wird dieser Eindruck, um nur noch zwei weitere Beispiele zu geben, wenn der Ausschnittcharakter des Bildes, der die Bildgegenstände über die Bildränder hinauswachsen läßt, so gewählt wird, daß der irreale Charakter von Realität evident wird. So etwa in dem Bild »Harley Wheel Hub« (Abb. 5) von Don Eddy (1970).

In der Radkappe spiegeln sich andere Fahrzeuge, der Parkplatz und ebenfalls wieder der Photograph. Ein Stück Alltag, gewaschener Alltag allerdings, zeigt die Alltäglichkeit und Ereignislosigkeit dessen, was ›wirklich‹ sein soll. Keine große Heroenmalerei, sondern das Detail des Gewöhnlichen wird zum unerhörten

3 Richard Estes, Telephone Booths (1968)

4 Richard Estes, Double Self Portrait (1976)

5 Don Eddy, Harley Wheel Hub (1970)

Ereignis. Oder auch zum scheinbaren Surrealismus, den man Ben Schonzeit – wie ich denke irrtümlicherweise – zugeschrieben hat. Louis K. Meisel rückt ihn zusätzlich in die Nähe des abstrakten Expressionismus.[21]

Schonzeits Bild »Olé« (Abb. 6) schafft auf 1,83 x 2,14 m die Illusion einer Miniatur, die aber Raumtiefe im gleichen gewinnt und verliert, da die dargestellten Porzellanpuppen sich dadurch als bloßes Flächenbild entlarven, daß die Pinsel als auf ihm liegend dargestellt werden.

Dieses ständige Oszillieren zwischen Sein und Schein, zwischen den Ebenen von Realität und der sichtbar gemachten Technik, dem Sich-Spiegeln der spiegelnden Spiegel, macht den Photo-realismus zu einem Schritt in der Kunstentwicklung und führt ihn in den Rang einer inhaltlichen Interpretation des leeren

6 Ben Schonzeit, Olé

Begriffes ›Postmoderne‹. So verwundert es nicht, wenn die neue Gegenständlichkeit des Photorealismus auch auf Blüten wie John Clem Clarkes »*Abstrakten* Realismus« zurückgreift, exemplarisch dargestellt z. B. an dem impressionismuszitierenden Ölbild »Bathers« (Abb. 7).

Keine Frage: die programmatische Bezeichnung ›Realismus‹ versteckt im neuen und neuesten Realismus nichts mehr von den Abgründen von Spiegelungen und Widerspiegelungen, die – endlos und ohne fundamentum in re – im Abschildern der Oberfläche bzw. der Oberfläche der Oberfläche ... etc. sich auftun. Und so resultiert denn reflexiv, was Kunst in jeglicher Form auszeichnet: die Möglichkeit, sowohl konkret und zeitabhängig als auch autonom und überzeitlich interpretiert zu werden; und die Gestaltung eben dieser Einsicht ist es, was ich ›postmodern‹ nenne.

7 John Clem Clarkes, Bathers

VI.

Was ist dann aber noch Wahrheit, was Realität? Was hat der
Künstler zu bilden, wonach sich zu richten? Der ›Dennoch-
Realismus‹, die metakünstlerische Verkehrung des Surrealismus
eines Magritte, montiert nicht aus – spätmodern – realistisch
abgebildeter Fiktionalität eine zweite Realität; er ist gleichsam

einen Schritt weiter: in der exakten Schilderung von Oberfläche, im Überzeichnen von Details und Unschärfe, in den Exzessen der stupenden Technik offenbart sich die Banalität, Alltäglichkeit und letztlich Bedeutungslosigkeit dessen, was ›Erscheinung‹ oder gar ›Schein‹ der Realität zu sein versprach. In der Erscheinung kann kein ›Wesen‹ (Hegel) mehr erscheinen; Illusion wird desillusioniert, weil sie selbst ›alle Realität‹ – im Schein – zu sein scheint. – Nirgends enthüllt sich in einem reflexiven Sinne der modern-autonome Selbstzweckcharakter der Bildenden Kunst so deutlich wie in der Überwindung der modernen Epoche im postmodern werdenden Hyper- und Photorealismus.

Wie existentialistisch auch immer gedacht werden mag – eine äußere Sinngebung drängt sich trotzdem auf. Hegels Wort vom ›Ende der Kunst‹, das als Vorweis auf die zunehmend auf begriffliche Mitarbeit zumal auch des Rezipienten angewiesene nachhegelsche moderne Kunst aufgefaßt werden muß, gibt den Kontext hierfür ab. Die meisten Programme der neuen Realisten in den USA wie in Europa ließen sich ohne Concept Art ebensowenig begreifen wie ohne Pop-art. Nun, da nicht mehr auf eine ›hinter‹ der Erscheinung liegende Realität zurückgegriffen werden kann, werden auch die zuvor durch Symbole, Allegorien und Farbhinweise angedeuteten ideellen Inhalte des Kunstgegenstandes, wird mithin die Verweisungsdimension desselben frei verfügbar. Wenn gilt, daß nach Nietzsche auch die realistische ›adaequatio‹-Wiedergabe, die einst zur Bestimmung von ›Wahrheit‹ tauglich zu sein schien, sich – genau betrachtet – als Metapher erweist, dann fällt die herausgehobene Funktion der Metapher dahin: sie *überträgt* dann nichts mehr, sondern sie *ist*, was sie scheint.

So widersinnig es auch scheinen mag: gerade durch die so bestimmte postmoderne Rückwendung zum Realismus ereignet sich eine *Verstärkung* des Effekts der abstrakten Moderne: neurealistische Werke werden nahezu unbegrenzt interpretierbar und damit funktionalisiert. Realität ist in diesem neuen Realismus nicht mehr eindeutig auf *einen* Zweck hin zu betrachten, wie im frühen Sozialistischen Realismus, und auch, ob Kunst überhaupt in irgendeiner *bestimmten* Weise ›Realität‹ wiedergebe, ist in ihm durch ein überzeichnetes realistisches Abbildungsverfahren erneut offen. Nicht die Negation in Form von Ächtung der Vormoderne, sondern erst das freie Verfügen über deren Darstellungsmittel befreit von dem Negierten und macht autonom.[22]

Das Beispiel des Photo-Realismus zeigt – durch seine doppeldeutige Beziehung auf Realität überdeutlich –, wie gerade das Bewußtwerden der metaphysischen Autonomiebestimmung auf der semiotischen Ebene eine Abhängigkeit von der Zeit des Produzenten in der Sicht der Zeit des Rezipienten zur Folge hat. Nicht, wie kurzsichtige Theoretiker wohl meinen möchten, die – wie auch immer – engagierte Programmkunst, sondern die von Realitätsunterstellungen freigesetzte Kunst erlaubt die Einsicht in die Beziehung von Geschichte und Kunst; direkt funktionalisierte Kunstwerke veralten schnell. Diese gegenwartsspezifische Offenheit des Kunst-›Werks‹ (sit venia verbo) hat Eco gegenüber der prinzipiellen semiotischen Offenheit als ›zweite Offenheit‹ bezeichnet, in der die semiotische Offenheit reflexiv und zum Programm, d. h. eine zur Poetik sich wandelnde Ästhetik der Offenheit geworden ist.[23] Die steigende Theoretisierungsleistung, die vom Rezipienten spät- und postmoderner Kunst erfordert wird, ist Indiz hierfür. In aestheticis jedenfalls läßt sich das Autonomie- und Realisierungsprojekt der Moderne nur unter der Bedingung von deren Überwindung vorantreiben.

Anmerkungen

* Den Zuhörern thematisch verwandter Vorträge am Deutschen Kunsthistorikertag 1984 in Stuttgart, am Kongreß für Gegenwartsphilosophie 1985 in Kyoto, an der Vortragsreihe »Kunst und Philosophie« 1985 in Braunschweig sowie an der Columbia University/New York und an der University of Georgia at Athens danke ich für mannigfache Anregungen. Eine Vorstudie zur vorliegenden Arbeit erschien im *Journal of the Faculty of Letters*, The University of Tokyo, *Aesthetics*, vol. 10, Jg. 85 (1986), 19-28; eine englische Version erscheint in *Man and World* (1987/88).

1 Zu den Quellen und Hintergründen des Begriffs zumal in der Architekturästhetik vgl. Ch. Jencks, *Die Sprache der postmodernen Architektur*, 1972, dt. 2. Aufl. Stuttgart 1980, bes. S. 9, Anm.; vgl. auch die unten in Anm. 2 und 22 genannten Titel.

2 J. Habermas, *Die neue Unübersichtlichkeit*, Frankfurt a. M. 1985, S. 12 et passim; ähnlich, nur stärker ökonomisch, argumentiert auch M. Müller, *Architektur und Avantgarde. Ein vergessenes Projekt der Moderne?*, Frankfurt a. M. 1984.

3 Vgl. Habermas, *Die neue Unübersichtlichkeit*, (s. Anm. 2), S. 13.

4 Zur Geschichte der modernen Technikkritik und ihrer Motive vgl.
  H. Stieferle, *Fortschrittsfeinde*. Opposition gegen Technik und Industrie von der Romantik bis zur Gegenwart, München 1984.

5 Vgl. hierzu W. Ch. Zimmerli, *Das vergessene Problem der Neuzeit*.
  Realismus als nicht nur ästhetisches Konzept, in: *Jahrbuch für internationale Germanistik*, Jg. XVI, H. 1, 1985, S. 18-79.

6 Zur These vom Ende der modernen Kunst (allerdings noch ohne
  postmoderne theoretische Weiterungen) vgl. R. Simon-Schaefer, *Innovation und Kanonbildung oder das Ende der modernen Kunst*, in:
  Studia Philosophica 43, 1984, S. 42-57.

7 J. Habermas, *Die neue Unübersichtlichkeit* (s. Anm. 2), S. 59.

8 Ovid, *Metamorphosen* 11, 90 ff.

9 Vgl. hierzu auch W. Ch. Zimmerli, *Die ästhetisch-semiotische Relation
  und das Problem einer philosophischen Literaturästhetik*, in: *Studia
  Philosophica* 43, 1984, S. 173-189, bes. 178 ff.

10 Ch. W. Morris, *Ästhetik und Zeichentheorie*, 1939, dt. in: W. Henck-
   mann (Hg.), *Ästhetik*, Wege der Forschung XXXI, Darmstadt 1979,
   S. 278.

11 U. Eco, *Einführung in die Semiotik*, 1968, dt. München 1972, S. 146.

12 Zur Diskussion des Kunstwerkbegriffs vgl. W. Oelmüller (Hg.), *Das
   Kunstwerk*, Kolloquium Kunst und Philosophie 3, Paderborn, München, Wien, Zürich 1983.

13 J. Kristeva, *Poésie et négativité*, in: *Semeiotiké – Recherches pour une
   sémanalyse*, Paris 1969, S. 255; vgl. R. Warning, *Imitatio und Intertextualität*, in: W. Oelmüller (Hg.), *Ästhetischer Schein*. Kolloquium
   Kunst und Philosophie 2, Paderborn, München, Wien, Zürich 1982,
   S. 168-207.

14 Vgl. W. Ch. Zimmerli, *Das vergessene Problem der Neuzeit* (s.
   Anm. 5), S. 59 f.

15 W. Hofmann, *Von der Nachahmung zur Erfindung der Wirklichkeit*.
   Die schöpferische Befreiung der Kunst 1890-1917, 1969, dt. Köln
   1970.

16 Vgl. etwa P. Feyerabend, *Der wissenschaftstheoretische Realismus und
   die Autorität der Wissenschaften*, Ausgewählte Schriften, Bd. 1,
   Braunschweig, Wiesbaden 1978.

17 W. Hofmann, *Von der Nachahmung zur Erfindung der Wirklichkeit*
   (s. Anm. 15), S. 125.

18 Vgl. L. K. Meisel, *Preface* und *Introduction*, in: ders.: *Photorealism*,
   New York 1980, S. 7, 12 f. et passim.

19 Zitiert nach P. Sager, *Neue Formen des Realismus*. Kunst zwischen
   Illusion und Wirklichkeit, Köln 1973, S. 40. – Daß Johns hier seinerseits Magritte persifliert, dessen Bild »Der Sprachgebrauch« von 1928/
   29 eine Pfeife mit der Unterschrift »Ceci n'est pas une pipe« darstellt,
   belegt, daß bereits der neue ›Realismus‹ von Jasper Johns sich als

Aufhebung des Surrealismus, d. h. als reflektierten Schein-Realismus zweiter Stufe versteht; vgl. hierzu auch P. Good, *Die surrealistische Semantik im Werk von René Magritte*, in: Aachener Kunstblätter, Bd. 50, Köln 1982, S. 172-190, bes. 182.

20 P. Sager, *Neue Formen des Realismus* (s. Anm. 19), S. 69.

21 L. K. Meisel, *Photorealism* (s.Anm. 18), s. 399.

22 Dies, und nicht irgendeine eindimensionale Deutung des Ornamentbegriffs macht die Postmoderne zur Weiterführung des Projekts der Moderne. – Vgl. den ›locus classicus‹ bei A. Loos, *Ornament und Verbrechen*, 1908, wieder abgedruckt in ders.: *Sämtliche Schriften*, Bd. I: *Trotzdem (1900-1930)*, Wien, München 1962, S. 276-288; J. Rykwert, *Ornament ist kein Verbrechen*. Architektur als Kunst, 1982, dt. Köln 1983, bes. 162 ff.

23 U. Eco, *Das offene Kunstwerk*, 1962, dt. Frankfurt a. M. 1973.

Luuk Utrecht
Postmoderne-Tanz

Einleitung

Um die zwanziger Jahre herum tauchte erstmals der Begriff
›moderner Tanz‹ als Sammelbegriff für bestimmte Formen des
Bühnentanzes auf. Seitdem wurden fortwährend Bedenken gegen
diesen Begriff erhoben, vor allem seitens der Autoren, die ausdrücklich nicht von ›modernem Tanz‹ sprechen (Utrecht, 1983),
aber auch von vielen Autoren, die zwar die Problematik dieser
Terminologie sehen, jedoch, aus welchen Gründen auch immer,
akzeptieren, daß der Terminus ›moderner Tanz‹ bei vielen direkt
Beteiligten der gebräuchlichste ist (z. B. Baril, 1977; McDonagh,
1970; Martin, 1933).
 Dasselbe Schicksal scheint jetzt dem Terminus ›postmoderner
Tanz‹ beschieden zu sein, der seit der zweiten Hälfte der siebziger
Jahre an Popularität gewinnt. Wie Copeland (1983) richtig bemerkt, ist die Verwendung dieses Begriffs kennzeichnend für die
terminologische Unsorgfältigkeit, mit der die Tanzgeschichte im
allgemeinen beschrieben wird. Trotzdem will Copeland den Terminus ›postmoderner Tanz‹ nicht aufgeben, vor allem weil sich
seiner Meinung nach darin die Verbindung zeigt, die zwischen
bestimmten Formen des Bühnentanzes und anderen künstlerischen Schöpfungen besteht, namentlich bestimmten Formen der
Architektur. Man kann die Stichhaltigkeit von Copelans Position
in Frage stellen, aus Gründen, die ich später anführen werde.
Bereits jetzt läßt sich allerdings sagen, daß diejenigen, die den
Terminus ›postmoderner Tanz‹ verwenden, meistens auch recht
unbekümmert mit dem Terminus ›moderner Tanz‹ umgehen. Wir
haben es dann aus semantischen Gründen mit einem Paradox zu
tun. ›Postmodern‹ beinhaltet schließlich, daß es sich um eine
Erscheinung handelt, die später auftritt und zugleich anders ist als
jene, die man als ›modern‹ bezeichnet. Dennoch ist ›postmoderner Tanz‹ noch immer eine Form des ›modernen Tanzes‹, oder,
mit anderen Worten, ›postmoderner Tanz‹ ist ein Teil des ›modernen Tanzes‹. Eine grobe Skizzierung der Geschichte des westlichen Bühnentanzes kann dazu dienen, die Herkunft dieser

Sprachverwirrung ein wenig zu erhellen und gleichzeitig einige Hintergründe des ›postmodernen Tanzes‹ zu beleuchten. Denn der ›postmoderne Tanz‹ hat, als Form des ›modernen Tanzes‹, seine Wurzeln in tanzkünstlerischen Konzepten, die um die Jahrhundertwende die Tanzkunst revolutionär erneuerten.

1. Der ›moderne‹ gegenüber dem akademischen Tanz

(Akademisches) Ballett

Bis ungefähr 1900 wurde der westliche Bühnentanz von *einer* Form dominiert: der akademischen Tanzkunst oder dem akademischen Ballett, kurz auch ›Ballett‹ genannt (anstelle von ›akademisch‹ wird auch die Qualifikation ›klassisch‹ verwendet). Die akademische Tanzkunst (Ballett) verdankt ihren Namen der Königlichen Akademie für Tanz (Académie Royale de Danse), die Ludwig XIV. 1661 gründete und die, ebenso wie die Königliche Akademie für Musik, einer der Vorläufer der heutigen Oper von Paris und der damit verbundenen Ballettgesellschaft war. In der Königlichen Akademie für Tanz begann die Professionalisierung des westlichen Bühnentanzes. Unter anderem wurden hier zum ersten Mal Basisschritte kodifiziert, die noch stets zur technischen Ausrüstung eines jeden akademischen Tanzkünstlers gehören. Hier wurde auch der wichtigste und noch immer gültige Ausgangspunkt der akademischen Tanztechnik festgelegt; das Prinzip des ›en-dehors‹ (das Auswärts-Drehen von Beinen und Füßen), von dem unter anderem die klassischen fünf Basispositionen der Füße abgeleitet sind.

Im Laufe der Jahrhunderte erneuerte sich das Ballett fortwährend von innen heraus (siehe dazu Kirstein, 1935). Diese Erneuerungen standen stets im Dienste einer theatralischen Illusion, die mit den Idealen oder Zielen einer bestimmten Epoche einherging. Die Prinzipien des 17. Jahrhunderts zeigten sich zum Beispiel in einer weitgehenden Stilisierung und damit auch Kontrolle der Schritte, die aus den Volks- und Hoftänzen jener Zeit hervorgingen. So kann man das Hofballett, die erste Form des westlichen Bühnentanzes, als charakteristisch für die Ideale der Aufklärung ansehen, als der Mensch sich der Überlegenheit seines Verstandes über die Natur bewußt wurde oder doch wenigstens die Natur seinen Zielen dienstbar machen konnte. Das unnatürliche Prinzip des ›En-dehors‹ zieht zum Beispiel wichtige Konsequenzen für die Technik nach sich, daß der Tänzer den Bewegungsspielraum seiner Beine im Unterschied zu früher ausdehnt. Sehr wichtige Neuerungen brachte das 19. Jahrhundert mit der Romantik und ihrem Interesse für übernatürliche Erscheinungen. Im Ballett wurden Geister, Sylphiden und andere überirdische Gestalten eingeführt, die schwerelos über den Boden glitten oder durch die Luft schwebten. In diesem Zusammenhang wurden das Tanzen auf den ›pointes‹ (Spitzen) und die großen Schwebsprünge erfunden, die noch immer zu den spektakulärsten Elementen der akademischen Virtuosität zählen. Im Grunde ist die akademische Tanztechnik, wie wir sie jetzt kennen, auf das romantische Ballett des 19. Jahrhunderts zurückzuführen. In diesem Sinne waren und sind die Märchenballette des französisch-russischen Choreographen Marius Petipa (1818-1910) tonangebend, namentlich sein ›Giselle‹ (1884) und ›Die schöne Schläferin‹ (1890). Diese und andere Ballette demonstrieren, daß die Neuerungen der Romantik Höhepunkt jenes Bestrebens der Aufklärung ist, sich die Natur untertan zu machen. Eine solche akademische Tanzvirtuosität schafft schließlich die Illusion, daß der Tänzer die natürlichen Beschränkungen und Behinderungen, welche ihm die Gesetze der Anatomie und der Schwerkraft auferlegen, überschritten hat.

Zwei Aspekte sind charakteristisch für den akademischen Tanz in seiner reinsten Form (das heißt, der des 19. Jahrhunderts): zum einen die Betonung der Bewegungen der Arme und Beine, wobei der Rumpf einen relativ geringen Anteil am Bewegungsganzen hat. Der zweite Aspekt betrifft die festgelegten Formen eines vorgeschriebenen Schönheitsideals, dem der Tänzer genügen muß. Mit etwas Übertreibung könnte man das akademische Tanzen mit dem stilisierten und stereotypen maschinellen Tanzen einer Gliederpuppe vergleichen, bei der ausschließlich die Gliedmaßen bewegt werden können. Aber dies ist natürlich eine karikatureske Beschreibung; das beweisen die großen Balletttänzer, die imstande sind, die vorgeschriebenen Bewegungsthemen derartig zu beseelen, daß sie im Moment der Ausführung spontan zu entstehen scheinen. Auch im 20. Jahrhundert ist und wird das akademische Ballett von innen heraus erneuert. Sehr großen Einfluß hatte zum Beispiel das Werk von Les Ballets Russes (das russische Ballett) unter der Leitung von Serge Diaghilev in den ersten zwanzig Jahren des Jahrhunderts; und später, dank der Hauschoreographen, die dieser legendären Ballettruppe ihren Stempel aufdrückten: Michel Fokine, Vaslav Nijinsky, Leonide Massine, Bronislava Nijinska, George Balanchine und Serge Lifar. Ihnen allen ging es vornehmlich darum, die visuelle oder emotionelle Aussagekraft des Tanzes zu verstärken. Aber auch in unserer Zeit geht die Erneuerung des akademischen Balletts weiter, wie unter anderem das Werk von Choreographen wie Rudi van Dantzig, Jiri Kylian und Hans van Manen zeigt. Kennzeichnend für die Weiterentwicklung der akademischen Tanzkunst seit den sechziger Jahren ist die Kombination der akademischen Tanztechnik mit modernen Tanztechniken. Daneben gibt es auch Vertreter des ›modernen Tanzes‹, die die akademische Tanztechnik einbeziehen.

Entstehung des Moderne-Tanzes

Es scheint denn auch, als hätte man jetzt mit der Überbrückung einer Kluft begonnen, die sich zu Beginn dieses Jahrhunderts wie ein Abgrund zwischen dem akademischen Bühnentanz und dem ›modernen Tanz‹ auftat. Der akademische Tanz war oft in leerer Virtuosität erstarrt; die traditionellen Ballettschritte und -themen wurden von so manchen Tanzkünstlern als drückendes Korsett empfunden. So entstanden Vorgehensweisen, die radikal mit den Traditionen des akademischen Tanzes brachen. Die Ansätze der betreffenden Tanzkünstler wiesen, ebenso wie heutzutage, große Unterschiede auf; das Gemeinsame in ihren Werken war jedoch die Negation der akademischen Prinzipien. Darum finde ich den Begriff ›nicht-akademischer Tanz‹ adäquater als den zeitgebundenen Begriff ›moderner Tanz‹. Letzterer führt zum Beispiel zu semantisch merkwürdigen Termini wie ›historisch moderner Tanz‹ (als Bezeichnung der nicht-akademischen Tanzformen der Vergangenheit, namentlich derjenigen, die vor dem Zweiten Weltkrieg entstanden). Der Terminus ›moderner Tanz‹ ist jedoch geläufiger als ›nicht-akademischer Tanz‹. Darum werde ich im folgenden den ersten Terminus ebenfalls verwenden, allerdings in der Schreibweise ›Moderne-Tanz‹, um darauf hinzuweisen, daß der Begriff ›modern‹ seine übliche Bedeutung verloren hat. Ebenso wird der Terminus ›Postmoderne-Tanz‹ verwendet werden. In Übersichtswerken, die sich mit der Geschichte des Moderne-Tanzes der Vorkriegszeit beschäftigen (z. B. Baril, 1977; McDonagh, 1970; Mazo, 1977), wird vor allem den folgenden Tanzkünstlern und -pädagogen Aufmerksamkeit geschenkt:

– Loie Fuller (1879-1958), Isadora Duncan (1877-1927) und Ruth St. Denis (1879-1968), die zu den bekanntesten der ersten Pioniere gehören. Obwohl alle drei gebürtige Amerikaner sind, feierten Fuller und Duncan ihre Triumphe vor allem in Europa;

– Martha Graham (1894) und Doris Humphrey (1894-1958); beide Amerikanerinnen;

– Rudolf Laban (1879-1958), Mary Wigman (1886-1973) und Kurt Jooss (1901-1979), deren künstlerische Entwicklung im Deutschland der Vorkriegszeit ihren Anfang nahm.

Da der Postmoderne-Tanz seinen Ursprung im Moderne-Tanz der Vereinigten Staaten hat, werde ich mich auf die amerikanischen Pioniere des Moderne-Tanzes beschränken, namentlich auf Duncan, St. Denis, Graham und Humphrey.

Dabei ist zu allererst bemerkenswert, daß vor allem das Werk von Duncan in zwei Punkten Gemeinsamkeiten mit bestimmten Formen des Postmoderne-Tanzes, die ein halbes Jahrhundert später entstehen, aufweist. Der erste Punkt betrifft Duncans sehr persönlichen Tanzstil. Dieser zielte auf möglichst natürliches Tanzen, wobei die Betonung auf gewöhnlichen, alltäglichen Bewegungen lag, wie gehen, rennen und hüpfen. Wahrscheinlich konnte Duncan auch nicht anders, denn ihren Ausführungen fehlte es an allem, was gemeinhin unter tanztechnischer Virtuosität verstanden wird. Der zweite Punkt betrifft den fließenden Charakter von Duncans Tanzspiel, wobei die Bewegungsthemen natürlich und organisch auseinander hervorgehen. Die wogende oder flatternde Bewegung ihrer Kostüme unterstrich diesen fließenden Eindruck noch. Es gab allerdings auch einen wichtigen Unterschied zum Postmoderne-Tanz unserer Zeit. So war der Tanz für Duncan der Ausdruck von Emotionen, wobei die musikalische Begleitung ein wichtiges Hilfsmittel für das Auslösen von Gefühlen war. Dies steht im Gegensatz zum Postmoderne-Tanz, der sich nicht primär auf Gefühlsexpressionen richtet und bei dem die musikalische Begleitung, wenn überhaupt anwesend, gewöhnlich vor allem als rhythmische Unterstützung eingesetzt wird.

Ruth St. Denis verfügte über mehr Technik als Duncan, wobei

sie sehr eklektisch viele verschiedene Tanz- und Bewegungstechniken einsetzte. Letzteres ist auch ein Kennzeichen des Postmoderne-Tanzes. Ein wichtiger Unterschied jedoch besteht in dem illusionistischen Charakter des auf Glamour ausgerichteten Tanztheaters von St. Denis, in dem sie lange Zeit mit Ted Shawn zusammenarbeitete und das Publikum in eine vergangene oder weit entfernte, oft östliche Welt entführte. St. Denis und Shawn hatten außergewöhnlich großen Einfluß, vor allem dank der zahlreichen Schulen, die sie überall in den Vereinigten Staaten gründeten, und der verschiedenen Tanztruppen, die sie leiteten; diese Schulen und Truppen werden unter dem Namen Denishawn zusammengefaßt.

Der Tanzexpressionismus von Graham und Humphrey

Aus Denishawn sind unter anderem Martha Graham und Doris Humphrey hervorgegangen. Sie gingen jedoch bald ihren eigenen Weg, da ihnen Denishawn mit seiner Betonung glamouröser Glanzeffekte zu oberflächlich erschien. So wurden Graham und Humphrey in den dreißiger Jahren die ersten einflußreichen Vertreter des amerikanischen Tanzexpressionismus; das heißt Tanz ›mit einer Botschaft‹, wobei die Bewegungsthemen in erster Linie Gefühls- und Stimmungsbilder hervorrufen sollten. In dieser Hinsicht ist die Arbeitsweise von Graham und Humphrey jener von Duncan ähnlich, allerdings verfügten die ersteren über ein tanztechnisch gesehen reicheres und ausgefeilteres Vokabular als Duncan. Im Werk von Graham und Humphrey spielt Virtuosität denn auch eine wichtige Rolle. Im übrigen ist ihr Werk inhaltsreich und voller Symbolik; dabei ist ihr Bemühen um möglichst eindringliche Darstellung von Gefühlen und Stimmungen sowie eine psychologisch glaubwürdige Charakterdarstellung in ihren Stücken typisch für den Tanzexpressionismus im allgemeinen.

Doch gibt es auch Unterschiede zwischen ihnen. Verglichen mit Grahams Werk sind die Tanzstücke von Humphrey – die anfangs viel mit Charles Weidman und später mit Jose Limon zusammenarbeitete – lyrischer, und inhaltlich stehen gesellschaftliche Gruppenphänomene im Mittelpunkt. Der Mensch wird als Individuum geschildert, das zwar unterschiedlichen Emotionen unterworfen ist, seine Gefühle jedoch zu beherrschen weiß. Dieses Interesse

am seelischen Gleichgewicht spiegelt sich in Humphreys tanz-
technischen Ausgangspunkten wider, die auf dem Gegensatzpaar
>fall and recovery< basieren. So analysiert Humphrey alle Bewe-
gungen als Verlust bzw. Wiederherstellung des Gleichgewichts.
In Humphreys Tanzstücken sieht man denn auch den Tänzer
gleichsam im Dialog mit der Schwerkraft. Heute gilt Humphrey
als eine der wichtigsten amerikanischen Tanztheoretikerinnen,
und ihr postum publiziertes Buch >The art of making dances<
(Humphrey, 1959) ist für viele Moderne-Tanzkünstler, einschließlich der postmodernen, seit den siebziger Jahren ein unentbehrliches Handbuch.

Im allgemeinen sind Bewegungsthemen, die sich mit dem Fallen
befassen, charakteristisch für den ganzen Tanzexpressonismus.
Vor dem Zweiten Weltkrieg war dies sogar eines der wichtigsten
formalen Kennzeichen, mit deren Hilfe man den Moderne-Tanz
vom akademischen Tanz unterscheiden konnte. Heute ist dieser
Gegensatz nicht mehr vertreten; fallende Bewegungen spielen
jetzt sowohl beim akademischen wie auch (unabhängig von der
postmodernen Orientierung) beim Moderne-Tanz eine wesentliche Rolle. Fallen ist buchstäblich ein Zeichen für den Verlust des
körperlichen Gleichgewichts und kann daher auch als Zeichen für
den Verlust des seelischen Gleichgewichts verstanden werden,
z. B. bei heftigen Emotionen. Unter diesem Gesichtspunkt spielt
das Fallen auch eine große Rolle in den Tanzstücken von Martha
Graham. Verglichen mit Humphrey ist Grahams Werk – die stark
von ihrem jahrelangen musikalischen Mitarbeiter Louis Horst
beeinflußt wurde – jedoch dramatischer und inhaltlich stärker auf
psychische Konflikte des Individuums bezogen. Grahams Menschenbild ist von tiefenpsychologischen Theorien geprägt, namentlich der von Freud und Jung, in denen das Unbewußte
zentralen Stellenwert hat. Ihr Menschenbild ist leidensvoller als
jenes von Humphrey, es stellt den Menschen als ein heroisches
Individuum dar, das zwar einen gewissen Stolz bewahrt, emotional jedoch zerrissen wird von Angst, Trauer, Eifersucht und Haß.
Hierbei hat Graham sich häufig z. B. von tragischen Helden und
Heldinnen aus der biblischen Überlieferung und den griechischen
Sagen inspirieren lassen. Tanztechnisch beruht Grahams Werk
auf dem Gegensatzpaar >contraction and release<. Bei der Kon-
traktion wird die Brust- und Bauchmuskulatur angespannt, wodurch sich die Silhouette von Rücken und Schultern nach außen

wölbt; beim ›release‹ oder der Lockerung wird die Muskulatur entspannt, und Rücken und Schultern richten sich wieder auf. Ausgangspunkt der Bewegung ist dabei der Solarplexus (das Sonnengeflecht), ein Netz von Nerven, das sich in der Magengegend befindet; vom Rumpf aus geht die Bewegung dann in die Glieder über. Auf diese Weise erfaßt die Bewegung nicht nur den ganzen Körper, sondern es entsteht auch der Eindruck, als komme die Bewegung ›von innen heraus‹; das heißt, sie hat einen emotionalen Ursprung. Die Grahamtechnik eignet sich denn auch ausgezeichnet dazu, die Aussagekraft von Tanzstücken zu vertiefen. So sehen es auch viele gegenwärtige Choreographen, die von der akademischen Ballettechnik ausgehen, diese aber mit Elementen der Grahamtechnik kombinieren. Dadurch ist die Grahamtechnik die einflußreichste, weil verbreitetste der Moderne-Tanztechniken geworden. Selbst Postmodernisten wenden sie an, namentlich diejenigen, die sich zwar nicht für die emotional-expressiven Möglichkeiten interessieren, wohl aber den Solarplexus als physischen Ausgangspunkt der Bewegung wählen.

2. Die Entstehung des Postmoderne-Tanzes

Anti-expressionistisches Credo

Der Tanzexpressionismus, wie er unter anderem von dem Werk Grahams und Humphreys vertreten wird, ist gewissermaßen die Krönung der Rebellion, die um 1900 gegen den akademischen Tanz ihren Anfang nahm. Ungefähr in der zweiten Hälfte dieses Jahrhunderts entstand eine Bewegung gegen diesen Expressionismus, und zwar von der Seite des Moderne-Tanzes selbst. Tonangebend war hierbei einer von Grahams eigenen Solisten, nämlich Merce Cunningham (1919). Er trennte sich relativ schnell von Graham und wird in der Postmoderne-Tanz-Literatur (z. B. Ballet Danse, 1981; Banes, 1980) als einer der wichtigsten Vorläufer, wenn nicht sogar als Vater des Postmoderne-Tanzes bezeichnet. Das Jahr 1952 gilt dabei als Wendepunkt in der Geschichte des Moderne-Tanzes. Damals fand nämlich jene künstlerische Manifestation statt, die als Prototyp des ›Happenings‹ gilt, an der unter anderem Cunningham, der Komponist John Cage (der bis heute Cunninghams fester musikalischer Mitarbeiter ist) und der bildende Künstler Robert Rauschenberg mitarbeiteten. Diese Happenings mit dadaistischem Charakter, die vor allem in den fünfziger und sechziger Jahren populär waren, zerschlugen (oft satirisch) alles, was bis dahin auf künstlerischem Gebiet – dazu gehört auch der Moderne-Tanz – an festen Prinzipien und Traditionen gültig war (siehe dazu Kirby, 1966). So ebneten die Happenings den Weg für ein neues Genre von Tanzstücken, die nichts mehr von bedeutungsvollem Inhalt, Symbolik, psychologierenden Menschenbildern und festgelegten Regeln für Tanztechnik und Tanzkomposition wissen wollten.

Bei diesen neuen Tanzformen ist keine Rede mehr von Inhalten, es sei denn, man wolle die Form als Inhalt verstehen. Für eine solche Form – in der der Tanz weder eine Vorstellung oder Darstellung einer Geschichte ist noch Gefühls- oder Stimmungsbilder wachruft, sondern in der es ausschließlich um die reine Bewegungskonstruktion geht – verwende ich den Terminus ›absoluter Tanz‹, hergeleitet von dem Terminus ›absolute Musik‹, den Strawinsky zur Charakterisierung eines Teils seines Œuvres einführte. Cunningham kann in bezug auf den Moderne-Tanz als Vater des absoluten Tanzes gelten (so, wie Georg Balanchine der Vater des absoluten Tanzes für das akademische Ballett war). Das choreographische Credo Cunninghams, welches auch als Credo des Postmoderne-Tanzes zu verstehen ist, läßt sich wie folgt zusammenfassen (in Anlehnung an Banes, 1980, 6):

1. Jede Bewegung kann als Tanzschritt oder -thema fungieren. Dies gilt zum Beispiel für ganz gewöhnliche, alltägliche Bewegungen wie gehen, rennen, hüpfen, kriechen und dergleichen, die auch von vielen Postmodernisten bevorzugt werden.

2. Jedes Verfahren kann als Kompositionsmethode verwendet werden. Berühmt ist in diesem Zusammenhang das von Cunningham in den Bühnentanz eingeführte und von Cage übernommene Zufallsverfahren; dabei wird zum Beispiel mit Würfeln die Reihenfolge von Tanzthemen bestimmt. Das konträre Verfahren ist das des minimalen oder repetitiven Tanzes. Hierbei handelt es sich um eine Form des Postmoderne-Tanzes, wobei nach bestimmten mathematischen Formeln einfache Bewegungsthemen mit kleinen Änderungen wiederholt werden.

3. Jeder Körperteil kann eingesetzt werden. Auffällig ist dies vor allem bei den sogenannten ›Isolationen‹, das heißt isolierten Bewegungen von Körperteilen, wie Kopfschütteln, Hochziehen

einer Schulter oder Schwingen mit dem Unterarm oder Unterschenkel.

4. Choreographie, Musik, Kostüme, Dekor und Licht sind gesonderte Bestandteile eines Tanzstücks, die eventuell völlig autonom – das heißt ohne bewußten, geplanten Zusammenhang – funktionieren können.

5. Jeder beliebige Tänzer kann als Solist auftreten.

6. Jeder Raum kann als Tanzraum fungieren. Postmoderne-Tanz hat zum Beispiel auf den Treppen eines Museums, auf dem Dach eines Hochhauses, auf einer Grünfläche im Park und an einer Straßenecke stattgefunden.

7. Tanz kann alles mögliche zum Inhalt haben, befaßt sich aber in erster Linie prinzipiell mit dem menschlichen Körper und seinen Bewegungsmöglichkeiten. Im Zusammenhang hiermit muß das Buch ›The thinking body‹ von Mabel Todd (Todd, 1937) erwähnt werden; es handelt von der Funktion und dem Zusammenspiel von Skelett, Muskeln und Nervensystem und ist für viele Postmodernisten eine tanztechnische Quelle der Inspiration (z. B. Merkx, 1985, 56).

Diese Ausgangspunkte weisen alle darauf hin, daß bedeutungsvolle Zusammenhänge in einem Tanzstück nicht unzulässig sind, aber auch nicht beabsichtigt zu sein brauchen. Bedeutungen, und damit auch Inhalte, können und dürfen rein zufällig entstehen, weil es eben nach dieser Anschauung einzig und allein um den Tanz geht: Form ist von primärer Bedeutung, nicht oder kaum der Inhalt. So bilden die genannten Ausgangspunkte gewissermaßen ein anarchistisches Manifest, eine Stellungnahme gegen den inhalts- und bedeutungsvollen Expressionismus, der bis zum zweiten Weltkrieg den Moderne-Tanz dominierte.

Ich behaupte, daß der Postmoderne-Tanz die Formen des absoluten Tanzes einschließt, die sich vor allem in den Vereinigten Staaten seit den sechziger Jahren innerhalb des Moderne-Tanzes entwickelten und die man als anti-expressionistisch verstehen kann. Hierfür kann man den Terminus ›Postmoderne-Tanz‹ verwenden. Aufgrund seiner Abstraktheit, die im allgemeinen typisch ist für alle Formen des absoluten Tanzes, ist der Postmoderne-Tanz am besten zu vergleichen mit abstrakter bildender Kunst. Bei dieser geht es um die Spannung, die entsteht, und zwar nicht durch Inhalt oder Botschaft des Kunstwerks, sondern durch die formalen Eigenschaften von Linien, Flächen, Volumen und

Farben. Analog dazu geht es im Postmoderne-Tanz um die Spannung, die durch die formalen Eigenschaften der Bewegung entsteht, namentlich derjenigen, die sich auf den Raum beziehen (z. B. Richtung der Bewegung), auf die Zeit (z. B. Rhythmus und Tempo) und auf die Bewegungsdynamik (z. B. ›harte‹ gegenüber ›weichen‹ Bewegungen, gleitende gegenüber stoßenden Bewegungen usw.).

Judson Tanztheater

Gemeinhin gilt die erste Vorstellung des Judson Dance Theatre (siehe dazu Banes, 1980, 1981, 19) vom 6. Juli 1962, woran unter anderen David Gordon, Deborah Hay, Steve Paxton und Yvonne Rainer mitarbeiteten, als die Geburt des Postmoderne-Tanzes. Diese Vorstellung wurde von Robert Dunn organisiert, der in Cunninghams Studio Tanzkomposition unterrichtete. Hierbei ließ er sich vor allem von Cages Ideen über Zufallsverfahren inspirieren sowie von repetitiven Kompositionsmethoden des französischen Komponisten Erik Satie. An Dunns Stunden nahmen außer den bereits genannten auch Trisha Brown und Simone Forti teil, die ebenfalls am Judson Tanztheater arbeiteten. Hierunter darf man nicht etwa eine feste Tanzgruppe unter Leitung eines Choreographen namens Judson verstehen. Das Judson Tanztheater ist im Grunde ein Sammelbegriff für eine Anzahl Produktionen, die in wechselnden Zusammenstellungen von (Tanz)Künstlern in einer Künstlerwerkstätte, die sich in der Judson Memorial Church in New York befand, entwickelt wurden. Hier arbeiteten sowohl Tänzer wie andere Künstler neben- und miteinander, vornehmlich aus finanziellen und organisatorischen Gründen – man konnte billiger und einfacher Stücke vorführen, als es bei einem einmal pro Jahr gemieteten Saal der Fall gewesen wäre – und um in einer informellen Atmosphäre mit gleichgesinnten Künstlern zusammenarbeiten zu können. Das Judson Tanztheater, an dem unter anderem auch noch Lucinda Childs, Kenneth King und Meredith Monk arbeiteten, war bis zu den letzten Vorstellungen im Jahre 1968 tonangebend für die Entwicklung des Postmoderne-Tanzes.

3. Ausgangspunkte des Postmoderne-Tanzes

Formen des Postmoderne-Tanzes

Aus dem Judson Tanztheater hat sich der Postmoderne-Tanz in den siebziger Jahren mit einer außergewöhnlich reichen und in der Geschichte des Bühnentanzes einzigartigen Vielfalt an Tanzformen entwickelt (siehe dazu Ballet Danse, 1980; Banes, 1980; Livet, 1978). Dabei kann man meiner Meinung nach vier Kategorien unterscheiden; man sollte sich jedoch darüber im klaren sein, daß die Grenzen nicht immer scharf zu ziehen und Mischformen nicht gerade selten sind. Im folgenden nun eine Beschreibung der von mir unterschiedenen Kategorien, als da sind: reiner Tanz, Pantomime-Tanz, Performance-Tanz und Multimedia-Tanz:

Reiner Tanz

Als reiner Tanz lassen sich diejenigen Formen qualifizieren, deren Hauptbestandteil der Bewegungskomposition aus rein tänzerischen Bewegungskonstruktionen besteht. Zu den bemerkenswertesten Beispielen gehören Formen des minimalen oder repetitiven Tanzes. Charakteristisch dafür ist eine Choreographie, die von wenigen, einfachen Schrittfolgen ausgeht, welche zu einer beschränkten Anzahl von schlichten Tanzthemen kombiniert werden. Anschließend werden die Tanzthemen zu klaren und durchschaubaren räumlichen Mustern zusammengefügt, da das Linienspiel auf einfachen geometrischen Mustern wie Gerade oder Kreis beruht. Wesentlich ist, daß die Schritte, Themen und Muster mit eiserner Zwangsläufigkeit nach bestimmten mathematischen Formeln wiederholt werden. Trotzdem entstehen Variationen in der Tanzkombination, indem nämlich die Wiederholung mit minimalen Veränderungen in Rhythmus, Tempo oder Richtung der Bewegung stattfindet. Die ästhetische Wirkung dieses repetitiven Tanzes gleicht einer Halluzination: die Wiederholung versetzt nicht nur den Tänzer in einen Trance- oder Rauschzustand, sondern auch den Zuschauer. Das kann man zum Beispiel optima forma bei Tanzstücken von Lucinda Childs erleben, die auf Schrittfolgen mit einem hüpfenden Charakter aufbauen; durch die Betonung geometrischer Muster entsteht dann der Eindruck von spielerisch tanzenden Dreiecken, Rauten, Vierecken und

Kreisen. Eine berauschende Wirkung von geradezu ekstatischer Art erzielen die Tanzstücke von Laura Dean, die vor allem durch Tanzthemen bekannt wurde, in denen sich der Tänzer wie ein Derwisch lange Zeit um die eigene Körperachse dreht. Eine sehr eigenständige Version des minimalen Tanzes zeigt auch die in den Niederlanden tätige Krisztina de Châtel mit Stücken, die einen geschlossenen und strengen Eindruck machen und in denen die Tänzer oft militaristisch stramm, wie Soldaten in Reih und Glied, auf schnurgeraden Bahnen marschieren. Neben dem mathematisch reglementierten Vorgehen des minimalen oder repetitiven Tanzes werden Tanzstücke mit freierem und spontanerem Charakter produziert. Oft handelt es sich dabei um eine eklektische Verwendung von Tanztechniken, wobei die Cunningham-Technik eine herausragende Rolle spielt. Populär ist auch die sogenannte Kontaktimprovisation geworden, deren Begründer Steve Paxton ist. Bei der sehr körperlichen Kontaktimprovisation liegt die Betonung auf dem Duett, wobei Bewegungsimpulse aus physischem Kontakt entstehen, und zwar indem Körper zusammenstoßen, sich voneinander abstoßen oder übereinander gleiten.

Charakteristisch für den freieren reinen Tanz ist die Betonung des fließenden Bewegungsstroms, wobei der Eindruck der Flüssigkeit durch organisch auseinander hervorgehende und ineinander übergehende Tanzthemen erzielt wird. Als Beispiel dafür können die oft spielerischen Tanzkompositionen von Trisha Brown, Yvonne Rainer und Twyla Tharp gelten wie auch die heiteren Tanzstücke der Niederländerin Pauline de Groot. Aufgrund des abstrahierenden, anti-expressionistischen Charakters des reinen Tanzes greift man in der Beschreibung meistens auf Bewegungsabläufe in der Natur zurück, die nicht durch eigene innere Impulse in Gang gesetzt wurden, wie zum Beispiel das Rollen eines Steins über einen Abhang, das Wirbeln eines Blattes im Wind oder das Gleiten eines Objekts in Wasser oder Luft.

Pantomime-Tanz

Zum Pantomime-Tanz kann man diejenigen Stücke rechnen, in denen die Bewegungskonstruktionen größtenteils den Charakter einer Pantomime haben. In Übereinstimmung mit dem Postmoderne-Tanz überhaupt, der schließlich nicht auf Darstellung oder Vorstellung abzielt, geht es hierbei nicht um klassische, nachahmende Pantomime, sondern um eine moderne und abstrakte. Es handelt sich also wiederum um die formalen Eigenschaften von Bewegungen und nicht um den Ausdruck von Vorstellungen, von Gefühlen oder Stimmungen. Beispiele für den Pantomime-Tanz findet man in Bewegungskompositionen von Douglas Dunn, David Gordon und Kenneth King, die überdies häufig ein Gefühl für Ironie und Humor demonstrieren.

Performance-Tanz

Das Spielerische, oft ein Bestandteil des Postmoderne-Tanzes überhaupt, zeigt sich am prägnantesten im Performance-Tanz. Mit diesem Terminus bezeichne ich jene Form des Postmoderne-Tanzes, in der das Bewegungsspiel hauptsächlich den Charakter einer Performance hat; das heißt, dem Tänzer geht es nicht in erster Linie darum, bestimmte Bewegungskonstruktionen zu realisieren, sondern vielmehr um das eigene, persönliche Erlebnis beim Ausführen der Aktionen und Handlungen. Subjektives Erleben und subjektive Befriedigung stehen im Vordergrund und sind Ziel an sich, wie es auch beim Spiel von Kindern der Fall ist. Vom Zuschauer wird entsprechend dieselbe Art von Aufmerksamkeit und Einfühlungsvermögen erwartet, die man braucht, um sich durch die Beobachtung spielender Kinder faszinieren zu lassen.

Charakteristisch für dieses (Kinder)Spiel ist das Improvisieren, und die Improvisation, die im Prinzip bei allen Formen des Postmoderne-Tanzes eingesetzt werden kann, ist auch ein häufig vorkommendes Element des Performance-Tanzes. Dabei geht man gewöhnlich von einem oder mehreren Aufträgen aus. So kann man zum Beispiel das Schauspiel eines großen Knäuels von ›Tänzern‹ beobachten, die sich in einer quirligen Masse fortbewegen. Die entsprechende Anweisung lautete dann, sich in einer möglichst verschlungenen Gruppe kriechend und rollend von einem Startpunkt zu einem Zielpunkt zu bewegen.

Vor allem bei Spiel und Performance, die dem Selbstausdruck dienen, ist oft der Prozeß, mit dem der Künstler zu einem Endresultat gelangt, ganz besonders wichtig und im Grunde ein Ziel an sich. Sehr großen Einfluß bei der Entwicklung von Spielstrukturen hatte Simone Forti, die damit ihrer Lehrmeisterin Ann Halprin folgte. Halprin war eine der ersten, die Improvisationstechniken unterrichtete und außerdem bei ihren Schülern die Fähigkeit zum Selbstausdruck zu entwickeln suchte (Banes, 1980, 22).

Multimedia-Tanz

Oft wird beim Postmoderne-Tanz die Bewegungskunst (Tanz und Pantomime) mit anderen Kunstformen kombiniert; für derartige Kombinationen verwende ich den Terminus ›Multimedia-Tanz‹. Bewegung kann zum Beispiel mit Textvorträgen kombiniert werden, wie es Margaret Beales, Trisha Brown, Meredith Monk (die ebenfalls mit ihren Gesangsexperimenten bekannt wurde) und der Niederländer Ton Lutgerink getan haben.

Sehr beliebt ist die Kombination mit bildender Kunst, einschließlich der Architektur. So kann ein besonderer Raum (›environment‹) entworfen werden, dessen integrierter Bestandteil die Tänzer sind. Als Vorläufer dieser Form gilt Alwin Nikolais, der bereits zu Beginn der fünfziger Jahre seine Tänzer in objektartigen Kostümen auftreten ließ (z. B. in großen Säcken, in denen die Tänzer völlig verschwanden), so daß sie zusammen mit dem restlichen Bühnenbild ein Environment bildeten. Wenn die Betonung auf dem greifbaren Erleben eines speziell kreierten Baumes liegt, könnte man von einem ›environment‹-Tanz sprechen; das Bewegungsspiel hat dann einen ausgesprochen objektivierenden Charakter, indem nämlich die Tänzer als Gegenstände zu Bestandteilen des Environments werden. Beispiele hierfür zeigt das Werk des Niederländers Bart Stuyf, unter anderem mit seinem spektakulären ›Spiegel‹, worin das Environment von einem die ganze Bühne bedeckenden Gerüst, verbunden mit Plexiglasböden, gebildet wird, um das man riesige, drehbare Spiegel aufgestellt hat. Die Tänzer bewegen sich auf dem Gerüst, wobei der Zuschauer die Bewegung von unten sehen kann (durch das durchsichtige Plexiglas hindurch); indem die Bewegungen überdies von den Spiegeln widerspiegelt werden, löst dieses einzigartige Schauspiel beim Zuschauer eine völlige Desorientierung aus.

Das Paradox des Postmoderne-Tanzes

Die verschiedenen Formen des Postmoderne-Tanzes lassen sich als tänzerische Demonstrationen verschiedener Kategorien verstehen, mit denen Hassan (1980, 123) den Postmodernismus im allgemeinen vom Modernismus unterscheidet: Dadaismus, Spiel, Zufall, Anarchie, Prozeß, Performance, Happening, Zerstörung und vor allem Ironie. Diese Kategorien hängen allesamt mit den allgemeinsten Eigenschaften des Postmoderne-Tanzes zusammen, als da sind: sein anti-inhaltlicher Charakter und sein Bemühen um nicht bedeutungsvolle, sondern um sinnliche und vor allem visuelle Aussagekraft. Dies beinhaltet, daß der Postmoderne-Tanz keine Sinngebung außerhalb des Tanzes anerkennt: der Tanz leitet seine Bedeutung ausschließlich aus sich selbst ab. Wie bereits gesagt, läuft dies den psychologisch motivierten Ansätzen des Tanzexpressionismus zuwider. Eigentlich widerspricht es sogar dem ursprünglichen, natürlichen Charakter des Tanzes als einem menschlichen Ausdrucksmittel für Emotionen.

Damit trägt diese Strömung des Moderne-Tanzes einen Widerspruch in sich, den ich das Paradox des Postmoderne-Tanzes nennen möchte: meiner Meinung nach beinhaltet der Postmoderne-Tanz sowohl eine Humanisierung wie eine Dehumanisierung des Tanzes. Die Humanisierung liegt in dem Umstand, daß beim Postmoderne-Tanz die Menschen gewöhnliche Menschen sind und nicht etwa Illusionen schaffende Wesen aus einer anderen Welt; ferner werden die Tanzthemen selbst in den meisten Fällen von ganz gewöhnlichen alltäglichen Bewegungen abgeleitet. Die Dehumanisierung hingegen ist darin begründet, daß der Tanz seinen ursprünglichen, emotional-expressiven Charakter verloren hat und daß es im Grunde nur noch um physische Formeigenschaften von Bewegung als Konstruktion geht. Dadurch wird der Tänzer depersonalisiert und seiner Seele sowie seiner Absichten, die das menschliche Handeln im allgemeinen lenken, beraubt. Diese Depersonalisierungstendenz ist kennzeichnend für die Reaktion auf den Tanzexpressionismus, der auf die Vermittlung bedeutungsvoller Inhalte abzielte und voller Symbolik steckte. In anderen Kunstformen läßt sich ebenfalls eine Depersonalisierungstendenz feststellen, namentlich im absurden Theater, dem nouveau roman und der Pop-art (siehe dazu Stüber, 1984, 159 ff.).

Das Paradox des Postmoderne-Tanzes ist vielleicht auch der Grund dafür, daß Copeland in seinem aufregenden Artikel ›Postmodern dance, postmodern architecture, postmodernism‹ (Copeland, 1983) zu einer Stellungnahme kommen konnte, die der meinen völlig entgegengesetzt ist. Zwar suggeriert Copeland mit Recht, daß der Postmodernismus in bildender Kunst und Architektur vor allem eine anti-formalistische Ästhetik zeigt, welche ein erneutes Interesse für den Realismus weckt. In diesem Zusammenhang behauptet Copeland jedoch auch, daß der Postmodernismus seine theoretische Basis in der Semiologie findet, die lehrt, daß jede Wahrnehmung eine – sozial und historisch determinierte – bedeutungsvolle Interpretation ist (ebd., 37 ff.). Diese Anschauung ist nun meiner Meinung nach jener des Postmoderne-Tanzes gerade entgegengesetzt. Bei letzterem geht es schließlich nicht um den bedeutungsvollen Inhalt, sondern um die reinen, von Bedeutung gerade abstrahierenden formalen Formeigenschaften der Bewegung. Gleichzeitig will man oft die (Tanz)Bewegung auf eine neue, unbefangene – und eben gerade nicht von sozialen und historischen Fakten bestimmte – Weise sehen.

Realismus und bedeutungsvoller Inhalt beim Bühnentanz haben meiner Ansicht nach aber mit Bewegungsausdruck als dem natürlichen Ausdruck von Gefühlen, Stimmungen und Gedanken zu tun. Der Performance-Tanz kommt dem anscheinend noch am nächsten, aber der Unterschied zum Expressionismus liegt in den künstlerischen Zielen des Artisten. Beim Performance-(Tanz)-künstler geht es primär um das eigene, subjektive Erleben, wobei Formen entstehen, die an den Zuschauer keine anderen Ansprüche stellen, als als ›reine‹ Form und Konstruktion verstanden zu werden. Dahingegen versucht der expressionistische (Tanz)-Künstler mit seiner Kunstform, seine Absichten so eindringlich wie möglich zu verwirklichen. Dies beinhaltet, daß der expressionistische Künstler das Erlebnis des Zuschauers eigentlich manipuliert, indem er sich bemüht, die eigenen Gedanken und Gefühle so prägnant wie möglich auf den Zuschauer zu übertragen. Entsprechend ist hierbei das Produkt das Wichtigste, während bei der Performance gerade der Prozeß von primärem Interesse sein kann. Die von Copeland festgestellte Verwandtschaft zwischen Postmoderne-Tanz und Postmodernismus in der bildenden Kunst und Architektur (ebd., 36 ff.) scheint einigermaßen gerechtfertigt zu sein im Hinblick auf den oben genannten Aspekt der Humanisierung, den man beim Postmoderne-Tanz feststellen kann. Mindestens genauso wichtig ist jedoch der von Copeland nicht bemerkte Aspekt der Dehumanisierung, wo es um abstrakte und formale Eigenschaften von Bewegung geht. Diese Dehumanisierung ist in meinen Augen jedoch essentieller als die Humanisierung, eben weil sie dem primären, natürlichen Ursprung des Tanzes, der psychologisch seine Impulse aus Emotionen bezieht, zuwiderläuft. Aus dieser Sicht ist der Postmoderne-Tanz mit seinem Interesse an Abstraktionen und reinen Formeigenschaften dem Modernismus in der bildenden Kunst und Architektur näher als dem Postmodernismus. So besehen kann nur der ›Post-Postmoderne-Tanz‹, der wieder auf Gefühlsexpressionen abzielt, mit der heutigen bildenden Kunst und Architektur verglichen werden. Interessant dabei ist, daß es diesen Post-Postmoderne-Tanz inzwischen auch gibt und daß er manchmal als ›neo-expressionistischer Tanz‹ bezeichnet wird. Eines der bekanntesten und einflußreichsten Beispiele dafür ist das Werk der deutschen Choreographin Pina Bausch (Müller & Servos, 1979; Servos, 1982).

(Aus dem Niederländischen von Angela Pfaff)

Literatur

Ballet Danse, 1980 (avril/juillet). »Post-modern dance«. Paris: L'Avant-Scène (trimestriel).

Banes, S., 1980. *Terpsichore in sneakers, post-modern dance.* Boston.

Banes, S., 1981. »Democracy's body: Judson Dance Theatre and its legacy.« *Performing Arts Journal*, vol. V, no. 2, 98-108.

Banes, S., 1982. »The birth of the Judson Dance Theatre: ›A concert of dance‹ at Judson Church, July 6, 1962.« *Dance Chronicle*, vol. 5, no. 2, 67/212.

Baril, J., 1977. *La danse moderne, d'Isadora Duncan à Twyla Tharp.* Paris.

Copeland, R., 1983. »Postmodern dance, postmodern architecture, postmodernism.« *Performing Arts Journal*, vol. III, no. 1, 27-44.

Garvin, H. R., (hrsg.), 1980. *Bucknell review: Romanticism, modernism, postmodernism.* Lewisburg.

Hassan, I., 1980. »The question of postmodernism.« In H. R. Garvin (hrsg.), 1980, 117-126.

Humphrey, D., 1959. *The art of making dances* (hrsg. B. Pollack). London.

Kirby, M., 1966. *Happenings.* New York.

Kirstein, L., 1935. *Dance, a short history of classic theatrical dancing.* Unabridged republication; New York, N.Y.: Dance Horizons (fourth printing, 1977).

Livet, A., (hrsg.), 1978. *Contemporary dance.* New York.

McDonagh, D., 1970. *The rise and fall and rise of modern dance.* New York, N.Y. & Scarborough, Ontario.

Martin, J., 1933. *The modern dance.* Republication: New York, N.Y.: Dance Horizons (fifth printing, 1972).

Mazo, J. H., 1977. *Prime movers, the makers of modern dance in America.* New York.

Merkx, M., 1985. *Moderne dans in ontwikkeling.* Amsterdam.

Müller, H. & Servos, N., 1979. *Pina Bausch – Wuppertaler Tanztheater.* Köln: Ballett-Bühnen-Verlag R. Garske. (Niederländische Übersetzung in Servos, 1982).

Servos, N., 1982. *Het danstheater van Pina Bausch.* Amsterdam. (Niederländische Übersetzung von Müller & Servos, 1979; übersetzt von P. Jaminon, B. Kroonen & S. Overbeeke).

Stüber, W. J., 1984. *Geschichte des Modern-Dance, zur Selbsterfahrung und Körperaneignung im modernen Tanztheater.* Wilhelmshaven.

Todd, M. E., 1937. *The thinking body, a study of the balancing forces of dynamic man.* Unabridged republication; New York (1968).

Utrecht, L., 1983. »Moderne dans: zijn arrogantie en onhygiënisch taalgebruik.« *Muziek en Dans*, Jg. 7, Nr. 6, 20-24.

Leo Samama
Neoromantik in der Musik:
Regression oder Progression?

Seit einigen Jahren werden auch in den Medien immer häufiger die Begriffe Neoromantik und Postmodernismus erwähnt, sowohl hinsichtlich der Literatur und der bildenden Kunst als auch in bezug auf die Musik. In wissenschaftlichen Kreisen hat man diese Begriffe bis heute peinlichst vermieden. Vor allem in den Niederlanden, wo namentlich in der Musikwissenschaft das Studieren und Analysieren von und das Schreiben über zeitgenössische Kunstwerke, taktvoll, aber zu Unrecht, als nicht ›historisch‹ beiseite geschoben wird. Trotzdem ist es auffallend, daß vor allem in den letzten 15 Jahren der Romantik des 19. Jahrhunderts und den kulturellen Entwicklungen der ersten Jahrzehnte unseres eigenen Jahrhunderts allergrößte Aufmerksamkeit gewidmet wird und daß der Rekurs auf diese faszinierende Periode jetzt auch in den verschiedenen Künsten, für manchen unerwartet, stark in den Vordergrund gerückt ist.

In der Mai/Juni-Nummer 1980 der Neuen Zeitschrift »Für Musik« begann Wolfgang Burde seinen einführenden Artikel über diese Erscheinung mit dem Titel ›Aktualisierte Romantik oder romantisierendes Epigonentum?‹ mit den Worten: »Kein Zweifel, die gegenwärtige Musik-Szene ist in einer Weise von romantischer Musik heimgesucht wie kaum je zuvor in der Nachkriegszeit.« Und in demselben Artikel zitiert er den renommierten Komponisten Wolfgang Fortner (1907): »In der derzeitigen Nostalgiewelle erkenne ich weniger die Scheu vor dem Experiment als eher den Wunsch mancher Komponisten, auf breitere Öffentlichkeit einzuwirken, um auf diese Weise größere Popularität zu gewinnen ...« In der Textbeilage der letzten Kassette der zehnteiligen Produktion des Deutschen Musikrats, Zeitgenössische Musik in der Bundesrepublik, stellte Wolfgang Schreiber in einer Ausführung mit dem vielsagenden Titel ›Tradition und Bearbeitung – Die Musik der 70er Jahre‹ unter anderem folgendes fest: »Gewissermaßen im Zentrum der Musikanschauung der siebziger Jahre steht die neu angefachte Auseinandersetzung mit der musikalischen Überlieferung, ja mit der Geschichte überhaupt.«

Von demselben Standpunkt aus verdeutlichte Wilhelm Killmayer (1927) die kreative Grundlage seiner Dritten Symphonie (1972/73) und unterstrich damit gewissermaßen Fortners Stellungnahme: »Meine 3. Sinfonie ›Menschen-Los‹ setzt sich mit der Sinfonik des ausgehenden 19. Jahrhunderts auseinander, die ihrerseits eine Verklärung (Mahler) oder eine Verwitterung (Sibelius) des beethovenschen Sinfonie-Typus darstellt. Der Titel ›Menschen-Los‹ verweist auf die Pathetik der Programm-Sinfonie. Die Mittel, die ich verwende, sind nicht vordergründig aktuell. Die Vertrautheit des Erscheinungsbildes, die ich durch Verkleidung in ein historisches Idiom erreiche, ermöglicht einen leichteren Zugang zu dem Emotions- und Assoziationspotential des Zuhörers.« Und Joseph Häusler fragt sich verwundert in seinem Artikel zum achten Teil der obengenannten Schallplattenproduktion des Deutschen Musikrats, 1970-1980, Das ›gegenständliche‹ Jahrzehnt: »Gelangen wir in eine neue ›romantische Ära‹?«

Der junge niederländische Komponist Peter-Jan Wagemans (1952) äußerte sich in einem Interview in der Zeitschrift Keynotes (1979:2) der Stiftung Donemus wie folgt: »... ich glaube, daß wir Schritt für Schritt die Musik auf das Publikum abstimmen müssen, ohne jedoch in die neoromantische Falle zu laufen«. Und Jan van Vlijmen (1935), Komponist und Direktor des Königlichen Konservatoriums in Den Haag, formuliert es folgendermaßen: »Es gibt viele Stücke von Anton Webern, die ein breites Publikum vorerst nicht verdauen konnte. Sie wußten nichts damit anzufangen, verstanden es nicht. Aber jetzt, wo man die Kontinuität in der Musik erkennt, werden die Anknüpfungspunkte an die Spätromantik sehr deutlich.« Und: »Es wurde ein deutlicher Weg zu einem anderen Bezugssystem eingeschlagen. Für manche ist das die Minimal Music, für andere die Romantik.« Van Vlijmen spricht sogar von der »regressiven Tendenz zur Romantik«. Und obwohl er im allgemeinen in den Niederlanden zu den Avantgardisten gerechnet wird, scheint auch er dieser Tendenz zu folgen, unter anderem in der Oper Axel (zusammen mit Reinbert de Leeuw, 1977) und in dem Orchesterzyklus Quaterni I-IV (1979-84).

Kurze Begriffsbestimmung

Aber wir reden hier von einem Begriff, ohne ihn zu benennen, von einer Tendenz, ohne sie näher zu erklären. Was verstehen wir, zumindest in der Musik, unter Neoromantik und Postmodernismus? Gibt es überhaupt eine deutlich abzugrenzende Strömung, die man so nennen kann? Und handelt es sich dann um eine regressive oder progressive Tendenz? Ist sie restaurativ oder etwa revolutionär, so, wie Hans Werner Henze in verschiedenen Äußerungen behauptet. Aufgrund der Aktualität der Erscheinung ist es nicht einfach, eindeutige Antworten zu geben, unter anderem auch wegen des erwähnten Mangels an Bezugsrahmen und Forschungen auf diesem Gebiet. Wörtlich genommen enthält Neoromantik eine Tendenz, die rückverweist auf die Romantik des 19. Jahrhunderts – dabei lassen wir außer Betracht, an welchem Punkt diese kulturhistorische Phase endet –, in der entweder Stil und Technik oder Sprache und Diktion der Musik des 19. Jahrhunderts erneut verarbeitet und angewandt werden. In dieser Tendenz scheint es, als ob – und das im Vergleich zu den seriellen, aleatorischen und postseriellen Tendenzen in den fünfziger und sechziger Jahren – die schöpferischen Künstler, bewußt oder unbewußt, ›einen Schritt zurück‹ getan, über die Schulter zurückgeblickt haben.

Der Begriff Postmodernismus ist problematischer, besonders für den Musikwissenschaftler, da seine Bedeutung so vage ist, daß es kaum möglich scheint, den Inhalt klar zu bestimmen. Wenn Jürgen Habermas in ›Die Moderne – ein unvollendetes Projekt‹ behauptet: »Als modern gilt nun, was einer spontan sich erneuernden Aktualität des Zeitgeistes zu objektivem Ausdruck verhilft«, dann kann innerhalb der Musikgeschichte höchstens der Serialismus der frühen fünfziger Jahre dazu gerechnet werden, eventuell noch eine vereinzelte Entwicklung innerhalb des Barock und zur Not auch die Ars Nova des 14. Jahrhunderts. Die so oft als objektiv gedeutete Kunst der Wiener Klassiker (eine hoffnungslos veraltete und falsche Bezeichnung aus dem späten 19. Jahrhundert), aber auch die sogenannten Experimentellen aus den sechziger Jahren würden dann nicht darunter fallen, da ihre Werke alles andere als objektiv gemeint sind. Strawinsky hingegen könnte ein ausgezeichnetes Beispiel sein für das, was Habermas vor Augen hat.

Trotzdem sieht man in Strawinskys Neoklassizismus eher eine regressive als eine progressive Tendenz, und viele meinen – Adorno als einer der heftigsten Verfechter –, daß die wirklich Modernen diejenigen waren, die etwa zur Zeit des Ersten Weltkriegs ganz neue Ideen über Materialordnung entwickelten, also die Mitglieder der Zweiten Wiener Schule, die Dodekaphonisten. Aber ist ihre Kunst nicht im Grunde eine selbstverständliche Fortsetzung derjenigen des 19. Jahrhunderts? Der Expressionismus kann doch, ebenso wie der Impressionismus (und, wenn Sie wollen, Symbolismus, Art Nouveau, Jugendstil usw.) unmöglich anders aufgefaßt werden als ein Ausläufer – einer der vielen Ausläufer – der Romantik. Außerdem hatten die Komponisten der Zweiten Wiener Schule außerordentlich klassizistische ästhetische Ideale. Fast alle ihre Werke – auch die von von Webern! – sind eigentlich nicht nach anderen Prinzipien gestaltet als jene von Beethoven oder Mozart ...

(Nebenbei muß hier bemerkt werden, daß namentlich in der deutschen wissenschaftlichen Literatur mit den Modernen tatsächlich die meist progressiven Komponisten aus der Zeit des Ersten Weltkriegs gemeint werden. Das hat die äußerst verwirrende und merkwürdige Folge, daß die Komponisten, die sich in den siebziger und achtziger Jahren des 20. Jahrhunderts an den Modernen orientierten, ohne weiteres als Neomoderne abgestempelt werden. Wenn Wissenschaft nicht mehr beinhaltet als die Suche nach den richtigen Schubfächern für die richtigen Personen und/oder Gruppen ...)

Bei alledem ist die Annotation ›objektiver Ausdruck‹ deshalb das große Hindernis. Denn was ist objektiv? Die reine Handarbeit, die Technik, Musik als Teilbereich des Quadriviums? Und geht es dann um die Objektivität des Überbringers, des Komponisten oder des Zuhörers oder etwa auch noch des in der Musik so wichtigen Vermittlers, des ausführenden Künstlers? Und wenn der Komponist behauptet, objektiv zu sein, wie es Strawinsky nur allzu gern tat, ist das dann ein meßbarer Zustand oder nicht mehr als Wunschdenken, gelenkt von einem bewußten Widerstand gegen den angeblichen – und oft aus analogen Gründen erwähnten – Subjektivismus des romantischen Künstlers?

Vorausgesetzt, daß modern objektiv ist und postmodern demnach subjektiv – warum auch nicht –, dann bevorzuge ich doch ein anderes Begriffspaar, nämlich klassizistisch und antiklassizistisch, womit gerade die ästhetischen Auffassungen deutlicher gekennzeichnet werden können. Außerdem ist es dann einsichtig, daß ein Kunstwerk zur gleichen Zeit das eine und das andere sein kann. Um bei meinem eigenen Leisten und einem historischen Beispiel zu bleiben: eine Symphonie von Mozart ist strukturell gesehen klassizistisch, nämlich klar, in deutlichen Gliederungen aufgebaut, mit abgerundeten Phrasen, wobei von dem Komponisten keine außermusikalischen Ideen einbezogen wurden; wenigstens nicht bewußt. Dieselbe Symphonie ist aber auch antiklassizistisch, weil sie im harmonischen Sinne ungeheuer dramatisch ist (und dann dürfen Sie ein derartiges Werk nicht mit Mahler vergleichen, sondern mit Kompositionen aus der gleichen Zeit!), mit thematischen Konflikten und einer starken melodischen Expressivität. Introvertiertheit und Extrovertiertheit sind hier gleichgewichtig. Mozarts Musik ist ja auch gleichzeitig aristokratisch und bürgerlich ...

Eine solche Betrachtungsweise ist – wie grundlegend auch immer – natürlich mit jedem anderen Werk aus jeder anderen Periode möglich. Und sogar dann haben wir es noch immer oft mit den Widersprüchen zwischen den Intentionen des Komponisten und den Erfahrungen eines Publikums zu tun, und dazwischen steht immer wieder dieser ewige Vermittler, der ebensowenig in der Lage ist, sich von seiner eigenen Zeit zu lösen, egal, wie historisch und authentisch seine Arbeitsweise auch ist, wie objektiv und rein seine Absichten auch sind ... Dem ganzen Philosophieren zum Trotz ist es von diesem Gesichtspunkt aus nicht möglich, Bezeichnungen wie modern und postmodern zeitlich voneinander abzugrenzen; und das dann noch, ohne die tatsächlich ›ewigen‹ Querelles des Ancients et des Modernes in die Diskussion einzubeziehen. Die vielleicht einzige Ausnahme ist der strengste und härteste Kern der Serialisten, der zwischen 1948 und 1956 tatsächlich kein anderes Ziel hatte – und das auch in fast allen Fällen perfekt realisierte –, als Musik zu schreiben, in der für Emotionen (in ihren Augen oft tierische Emotionen) kein Platz mehr ist.

In diesem letzten Fall müssen wir, wenn wir uns auf die zweite Hälfte des 20. Jahrhunderts beschränken wollen – welches, wie sich inzwischen wohl herausgestellt hat, für den Begriff Postmodern sicherlich nicht die einzige Möglichkeit ist –, alles, was als Reaktion auf die Serialisten und von den Serialisten selbst unter

Einfluß von ›unreinen‹ Ideen – wir nennen die Serialisten dann in der Regel Postserialisten – produziert wurde, zum Postmodernismus zählen. Wobei einer der auffälligsten Ausläufer der letzten zehn bis fünfzehn Jahre die Neoromantik ist, und um 1960 übrigens bereits die ›Neue Expressivität‹, namentlich der polnischen Schule (Krzysztof Penderecki, Witold Lutosławski, Tadeusz Baird usw.) und der ausgesprochen lyrischen Produkte von Italienern wie Luciano Berio (1925) und Bruno Maderna (1920-73).

Es kann aber dem aufmerksamen Hörer zeitgenössischer Musik nicht entgangen sein: Die Klänge sind vor allem in den letzten zehn Jahren auf fast allen Fronten der zeitgenössischen Musik erkennbarer, emotional direkter geworden. So mancher Komponist hat dem Serialismus, der Aleatorik und anderen sogenannten Avantgarde-Techniken aus der Periode nach 1945/50 größtenteils den Rücken gekehrt oder sie derartig umgeformt – der eigenen Vorstellung, Ästhetik oder dem gesellschaftlichen Ziel angepaßt –, daß sie Bedeutungen und Inhalte erhalten haben, welche oft den eigentlichen generativen Kräften, die zu ihrem Entstehen geführt haben, vollkommen entgegengesetzt sind. Manche haben sich sogar öffentlich zum ›romantischen‹ Symphonieorchester bekehrt, dem ›althergebrachten‹ Streichquartett oder dem ›einfachen‹ Kunstlied, um eine für das 19. Jahrhundert typische Sehnsucht, eine wohllautende, melodische Musik, oft sogar eine auffallend tonale Harmonik auszudrücken. Um nur einige jetzt schon zu erwähnen: Krzysztof Penderecki, George Rochberg, György Ligeti, Karlheinz Stockhausen, Luciano Berio, Peter Schat, Friedrich Cerha ...

Entstehung: die Musik

Wie läßt sich das erklären? Man kann diese Enwicklung von der Musik selbst her angehen, sie aber auch als Teil eines gesellschaftlichen und psychologischen Prozesses sehen. Um mit ersterem zu beginnen: seit der Einführung der Dodekaphonie in den zwanziger Jahren (eigentlich schon seit den ersten atonalen Kompositionen von Arnold Schönberg um 1910) wurde die Tonalität in der Avantgarde-Musik in den musikalischen Vorhutscharmützeln in Frage gestellt, ja, in vielen Fällen sogar verdrängt zugunsten der

Atonalität. Das war anfangs hauptsächlich eine regionale Erscheinung, nämlich in dem Kreis um Schönberg – auch wenn parallele
Tendenzen in Rußland, anderen Teilen von Westeuropa und den
Vereinigten Staaten angeben, daß es gewiß ›in der Luft‹ gelegen
hat.

Nach dem Zweiten Weltkrieg hat die damalige jüngste Komponistengeneration diese Tendenz mit dem Serialismus (das heißt
komponieren mit extrem durchgeführten Reihentechniken) fortgesetzt und durch ein immer verzweigteres Netz von Festivals für
zeitgenössische (oder Avantgarde-)Musik internationalisiert. Da
im strengen Serialismus möglichst viele Elemente, die schließlich
ein Musikstück bestimmen, in Systemen und Formeln festgelegt
werden, war der Rechenstab für den modernen Komponisten
allmählich ein unentbehrliches Instrument geworden – später
häufig durch den Computer ersetzt.

Inzwischen hatten die Amerikaner John Cage (1914) und Earle
Brown (1926) schon die ersten aleatorischen Kompositionen
geschaffen (im Grunde sind diese also nicht als direkte Reaktion
auf den Serialismus entstanden). Die Zufälligkeit, die offene
Form, graphische Partituren (klingende Gemälde oder gemalte
Musik), eine Fusion der aus dem Jazz entlehnten Improvisations-
formen (Brown) und orientalischer Philosophien (Cage) traten in
Erscheinung. Und von der Aleatorik her kam in den sechziger
Jahren eine grundsätzliche Diskussion über das Wesen der Kunst
in Gang. Das praktische, ironisierende und relativierende Pendant war die ›Fluxus‹-Bewegung. Sie erinnern sich bestimmt
noch: die Beine unter einem Klavier wegsägen, ein Gummiball
und ein Mikrophon auf dem Podium, die Zeitung mit oder ohne
elektronische Manipulationen vorlesen, ein einziger Akkord, der
eine Ewigkeit dauern muß, oder der Prototyp dieses Trends:
4′33″ (Stille?) von John Cage. Im gewissen Sinne Dada in der
Musik, lange nachdem die bildenden Künste sich darin schon
ausgiebig ausgetobt hatten.

Die meisten dieser experimentellen Komponisten sind atonal,
haben keine deutliche Melodik, jedenfalls nicht im traditionellen
Sinn, und machen auf den unvorbereiteten Zuhörer größtenteils
einen ›unwirklichen‹, chaotischen Eindruck. Er weiß ja nicht, wie
und worauf er hören soll. Ihm fehlt in der Regel ein Bezugsrahmen, Erkennbarkeit und vor allem ein deutlicher Kode oder
zumindest eine Kodebeschreibung, um die Message empfangen

zu können. Aufgrund des immer größeren Überangebots an alter, lies: erkennbarer, bekannter Musik, ist er ratlos über eine Musik, die nicht mehr erkennbar ist. Durch einen für ihn augenscheinlichen Mangel an Tradition innerhalb der zeitgenössischen Musik – es sieht so aus, als ob nie mit neuen Lösungen ›weitergearbeitet‹ wird, als ob auch die Musik zur ›Wegwerfkultur‹ geworden ist – fehlen oft unterstützende, vielleicht sogar notwendige Orientierungspunkte. Er hat auch nicht gelernt, nur assoziativ oder ausschließlich mit seinen Sinnen, wie Kinder es oft so gut können, zuzuhören.

Dies gilt übrigens nicht nur für den Amateur. Auch der Komponist, der nicht experimentierende, der sich begnügt mit dem, was sich aus Melodien und tonaler Harmonik, oft sogar aus anerkannt ›klassizistischen‹ Strukturen noch brauen läßt, wird aus der Fassung gebracht. Denn wessen Laterne soll er folgen? Tonal und melodisch zu komponieren war tabuisiert (jedenfalls in der ›ernsthaften‹ Musik). Man sah darin nicht selten etwas Altmodisches und Lächerliches. Und so, wie die Avantgardisten in manchen Ostblockländern in den fünfziger und sechziger Jahren – aus partei- und kulturpolitischen Gründen – glattweg ausgeschaltet wurden, so konnten auch die ›altmodischen‹ Tondichter, die sogenannten ›Arrièregardisten‹, in der freien westlichen Welt keinen festen Fuß mehr fassen (einzelne wie Britten und Schostakowitsch vielleicht ausgenommen).

Trotzdem suchten schon um 1960 verschiedene Avantgardisten nach einem Ausweg, nach (Quasi-)Tonalität, nach einer neuen, am liebsten erkennbaren Melodik, nach einer verständlichen Sprache, oder, wie in Polen, nach einer ungeheuer heftigen Dramatik und Theatralik, welches in der Tat als ein Kompromiß aufgrund des manchmal unerträglichen Drucks der Konsumgesellschaft aufgefaßt werden könnte. Aber es gibt natürlich auch weniger pragmatische Gründe. Mancher Komponist suchte von innen her nach mehr Geborgenheit, einer deutlicheren Diktion und einer direkteren Beziehung zwischen den eigenen Emotionen und den klingenden Ergebnissen.

Hier zeigt sich immer wieder – die meisten Komponisten wurden auf empirischem Wege mit diesem Phänomen konfrontiert –, daß dasjenige, was wir in der Musik als Spannung empfinden, zum Großteil abhängig ist von einem tonalen Magneten, einem Grundton als Koordinationspunkt, und von einem bewußten

Akkordaufbau aus dem Akkord selbst, seiner Dissonanz und Konsonanz, selbständig und im Verhältnis zueinander, und seiner Beziehung zu seiner realen oder fiktiven Tonika. Kurz, harmonische Steuerung und musikalische Spannung sind eng verwandt. (Audiophysiologische Untersuchungen auf diesem Gebiet haben dafür übrigens noch keine unwiderlegbaren Beweise erbringen können, aber man hat immer mehr Hinweise, die in der Tat eher auf physiologische als auf soziokulturelle Ursachen schließen lassen.)

Von Modern zu Postmodern

Wie konnte man das nun von den seriellen und postseriellen Techniken aus verwirklichen, ohne gleich mehr oder weniger das 19. Jahrhundert zu plagiieren? Das ist vor allem Sache der Wahl des Materials, der Ordnung und der Strukturen. So hat der Zufall, die Aleatorik der streng seriellen Musik Mitte der fünfziger Jahre im Grunde schon eine dramatischere Gestik verliehen (Boulez: Dritte Klaviersonate, Stockhausen: Klavierstück XI), wenn auch der Unterschied noch minimal war. Denn sie betraf kaum den Klang vertikaler und horizontaler Strukturen, sondern nur die Intention des Notierten.

In der, hauptsächlich aus dem Fluxus hervorgegangenen, Minimal Music, oder besser: ›gradual process music‹ (La Monte Young, Terry Tiley, Steve Reich, Philip Glass u.v.a.), wird der Schritt von einer in den meisten Fällen willkürlichen Steuerung zu einer bewußten, oft sogar tonalen oder quasi-tonalen Steuerung fast wie selbstverständlich um des beabsichtigten Effekts willen gemacht. Nicht umsonst kam Philip Glass 1974 mit Another Look at Harmony! Einflüsse aus der Popmusik, aber auch aus nicht-europäischen Musikkulturen, haben dabei eine bedeutende Rolle gespielt. Zurück zur hörbaren Einfachheit, zurück zur Musik als Ritual, als Medium, als Geisterbeschwörung, oder für den modernen Menschen in der industrialisierten Gesellschaft, um *seinen* Geist zu beschwören, zu beruhigen.

(Nebenbei bemerkt: Möglicherweise liegt hier ebenfalls die Erklärung für die plötzliche und überwältigende Barockwelle seit Mitte der fünfziger Jahre – und parallel dazu eine ähnliche und mindestens ebenso auffallende Welle in den zwanziger Jahren –, eine Belebung und ein erneutes Interesse, das damals im Grunde mit einer überwiegend quasiobjektiven, einfallslosen Ausführungspraxis angefangen hat; jetzt, in den achtziger Jahren, entwickelt man ›authentische‹ Techniken, wodurch übrigens deutlich geworden ist, daß oft auch Barockmusik, trotz der vielen Verhaltenskodes einer postfeudalen Gesellschaft, von dem zeitgenössischen Zuhörer als sehr dramatisch und emotional geladen empfunden werden kann ...)

Zitat und Collage

Von dem Serialismus und Postserialismus aus war der Schritt zu Another Look at Harmony aber viel komplizierter. Einer der elegantesten und ebenfalls gefährlichsten Wege war der des Zitats. Natürlich haben viele Komponisten durch die Jahrhunderte hindurch alle möglichen Zitate in ihrer Musik verarbeitet. Sei es als Hommage, als Persiflage oder als Symbol, einmal lose eingefügt, dann wieder als strukturelles Kompositionselement. Im vorigen Jahrhundert verschwand diese Technik allmählich, vor allem als der Gegensatz zwischen der atonalen Basis und erkennbaren, also meist tonalen Zitaten zu groß wurde. Das Zitat war dadurch wirklich fehl am Platz. Die auffallendste Ausnahme ist das Violinkonzert (1935) von Alban Berg. Bei den seriellen Komponisten wird die Möglichkeit des Zitierens schließlich fast gänzlich ausgeschlossen und nicht in erster Linie wegen der offensichtlichen Materialunterschiede, sondern wegen der strengen Serienordnung und der dogmatischen Kompositions-Prinzipien.

Der erste Durchbruch auf diesem Gebiet ist dem Deutschen Bernd Alois Zimmermann (1918-70) zuzuschreiben, der um 1960 eine Synthese von alt und neu anstrebte, und zwar aufgrund des philosophischen Ansatzes, daß Gegenwart, Vergangenheit und Zukunft in unserem Gedächtnis gleich weit voneinander entfernt sind: die Kugelgestalt der Zeit. Für das Komponieren bedeutet das, daß Stilelemente aus allen Zeiten wie eine Einheit behandelt werden können. Ein frappantes Ergebnis dieser Auffassung sind die Totaloper Die Soldaten (1965) und die davon thematisch abgeleiteten Monologe (zweite Fassung, 1964) für zwei Klaviere. Darin wird Material aus Den Soldaten zu einer kaum auflösbaren Einheit mit Musik von Bach, Mozart, Debussy, Messiaën und verschiedenen zeitgenössischen Komponisten verschmolzen. Andere Komponisten mit dieser Technik sind Musique pour les soupers du roi Ubu (1966), Requiem für einen jungen Dichter (1967/69) und Photoptosis (1968).

Zur gleichen Zeit wie Zimmermann hatten auch in den Vereinigten Staaten verschiedene Komponisten wie George Rochberg (1918) und William Bolcom (1938) mit Experimenten, mit Collagen und Stilvermischungen begonnen. So hatte Rochberg, nachdem er sich übrigens durch viele bedeutsame serielle Kompositionen außergewöhnlich stark profiliert hatte, entdeckt, daß er sich mit diesen Techniken nur ungenügend ausdrücken konnte, daß der strenge Serialismus eigentlich auch seiner Auffassung über Musik als Sprache und über das Verhältnis des Menschen zu seiner Vergangenheit zuwiderlief. Musik ist für ihn nicht ausschließlich an die Gegenwart oder an die Zukunft gebunden. Ebenso wie in der gesprochenen Rede muß es auch in der Musik möglich sein, ›Worte‹ von heute und gestern durcheinanderzuwürfeln, solange die musikalische Mitteilung nur sinnvoll ist. (Also auch hier wieder das Kommunikationsproblem, das in den sechziger Jahren in den Mittelpunkt des Interesses rückte.) Der Mensch, sagt Rochberg, kann seine Vergangenheit nicht auswischen, nicht seine eigene, aber auch nicht die Vergangenheit aller Generationen vor ihm. (Durch unsere Konservierungsindustrie: Schallplatten, fotografische Reproduktion, Museen, Kulturgeschichte usw. wird es dem heutigen Menschen auch nicht einfach gemacht, sich von seiner Vergangenheit zu lösen.) Drittens ist laut Rochberg die Tonalität ein wesentliches Element, um Spannung und Kontraste zu kreieren, auch wenn daneben atonale Techniken verwendet werden.

Diese Erkenntnisse führte Rochberg zunächst zu Collage-Verfahren, unter anderem in Music for the magic Theatre (1965), worin Fragmente aus der Vergangenheit (Mozart, Mahler) als musikalische Filmbilder, als Flashbacks präsentiert werden. Von da aus nahm die Vergangenheit immer mehr überhand, bis Rochberg in seinem Dritten Streichquartett (1972) und Violinkonzert (1974) zu einer ganz eigenen Sprache gelangte. (Merke: nicht Stil, sondern Sprache!) Gegenwart und Vergangenheit, für Rochberg vor allem die Hochromantik, sind so verschmolzen, daß sie ohne einander nicht existieren und doch als selbständige Einheiten unterschieden werden können. Rochbergs Musik erinnert uns an

Schönbergs Äußerung: »Die Romantik ist tot. Es lebe die neue Romantik.« Also auch damals schon!

Es ist übrigens auffallend, daß in der gleichen Periode, oft aufgrund ganz anderer ästhetischer Ideale, in der Sowjetunion ein ähnlicher Weg eingeschlagen wurde. In der überwiegend tonalen Musik, die bis in die sechziger Jahre in der Sowjetunion geschrieben wurde, war das Selbstzitat als musikalisch-psychologisches Konzept schon lange Zeit sehr beliebt. Das ist bis heute so geblieben, wobei das außergewöhnlichste und jüngste Beispiel das Œuvre von Alfred Schnittke (1934) ist. In seiner Dreizehnten Symphonie referiert Schostakowitsch einige Male ein Kurt-Weill-artiges Idiom, ohne jedoch zu zitieren. In zwei seiner letzten Kompositionen, der Fünfzehnten Symphonie (1971) und der Sonate für Bratsche (1975), dreht sich alles um wohlbekannte Zitate, die sowohl die Struktur selbst als die Aussagekraft, die hierdurch hervorgerufene assoziativ-psychologische Bedeutung, in hohem Maße bestimmen. Namentlich in der Fünfzehnten Symphonie hat Schostakowitsch, indem er im ersten Teil den bekannten Wilhelm-Tell-›Galopp‹ aus Rossinis gleichnamiger Oper verwendete, der Musik eine unzweideutige, heftige, eher politische als ›nur‹ musikalisch-erzählende Bedeutung hinzugefügt.

Diesen letzten Aspekt, den musikalisch-erzählenden, zur Not psychologischen Effekt von Zitaten, das fast filmisch-reziproke, eine Art musikalisch-historischer Flashbacks, hat Rodion Schtschedrin (1932) in ein Ballett wie Anna Karenina (1972) eingebracht. Viel faszinierender ist aber das Werk von Schnittke. Schnittke hat ja mehr als jeder andere russische – und womöglich auch westliche – Komponist eine perfekte Fusion von wörtlichen Zitaten und Stilzitaten aus der gesamten russischen und westlichen Musikgeschichte und überwiegend postserielle Techniken (Dodekaphonie, Aleatorik, Mikrotöne, Clustertechniken usw.) realisiert. Ebenso wie bei Alban Berg ist auch bei Schnittke das Zitat kein wesensfremdes Element in einer abwechselnd atonalen und quasitonalen Umgebung. Schnittke hat von Zimmermanns Kugelgestalt sozusagen die scharfen Kanten abgefeilt und dadurch die Wirkung von einer plakativen Dramatik auf eine direkt ansprechende Lyrik verschoben.

Schließlich hat auch der Italiener Luciano Berio einen beachtenswerten Beitrag zu dieser Entwicklung geliefert, und zwar in der umfangreichen Sinfonia (1968) für Symphonieorchester und Vokalensemble. Im dritten Teil dieser Komposition wird der musikalische Rahmen hauptsächlich von dem dritten Teil (Scherzo) von Mahlers Zweiter Symphonie gebildet. Allein schon diese Wahl ist typisch für die geschilderten Veränderungen (vielleicht auch im symbolischen Sinne: Mahlers Scherzo ist ja seinerseits abgeleitet von Mahlers Lied Des Antonius von Padua Fischpredigt, in dem die Predigt des Heiligen die Fische übrigens kaum berührt; sie bleiben das, was sie waren: Fische ...).

Mahlers Musik funktioniert als Koordinationspunkt, als Leitfaden und Bindemittel, in die sämtliche anderen Zitate von Bach, Schönberg, Ravel, Debussy, Berlioz, Strauss, Brahms, Strawinsky, Boulez, Stockhausen und Berio selber projiziert werden, eine Art ›Voyage à Cithère‹, so, wie Berio es sich vorstellt, eine Collage ›al fresco‹, dabei als Traumdeutung unter anderem Textfragmente aus Samuel Becketts The Unnamable, Slogans, die während des Studentenaufstands 1968 an den Wänden der Sorbonne standen, Fetzen wirklicher und imaginärer Gespräche und Solfeggios. Der Effekt eines solchen Amalgams von Stilen und Fragmenten ist besonders aufregend, nicht zuletzt wegen der aufblitzenden Momente des Wiedererkennens, und für Berio selbst ist es ein Durchbruch gewesen zu einer noch klareren Sprache mit darin verarbeiteten verschiedenen tonalen Referenzen.

Entstehung: die Gesellschaft

In derselben Sinfonia hat Berio ebenfalls Texte von Martin Luther King verwendet. Und mit den erwähnten Studentenaufständen 1968, dem Mord an King und der politischen Niederlage der Vereinigten Staaten in Südost-Asien sind wir beim zweiten Gesichtspunkt angekommen, nämlich den gesellschaftlichen und psychologischen Prozessen, aus denen die Entstehung bestimmter neoromantischer Tendenzen ebenfalls erklärt werden könnte. Nach dem Zweiten Weltkrieg stand die internationale Wirtschaft, namentlich in der westlichen Welt, ganz im Zeichen des Wiederaufbaus. Der Krieg hatte zwar ein großes Loch in die Entwicklungen gerissen, aber die Möglichkeiten für die Zukunft schienen unbegrenzt. Viele futuristische Ideale ließen sich verwirklichen:

Raketen, Menschen auf dem Mond, der Computer, Automatisierungsprozesse, aber auch die neuen Satellitenstädte, Telekommunikation, schnellerer Transport, Massenproduktion. Die kartesianische Idee des ewigen Fortschritts, direkt nach oben, ohne zurückzublicken, ohne Bindung an die Vergangenheit. (Seit dem 17. Jahrhundert, als die alte, klassische Kultur noch als ästhetisches und oftmals auch ethisches Bezugssystem fungierte – also ›nach vorn‹, mit dem Blick auf eine ›göttliche‹ und ›klassische‹ Vergangenheit –, aber allmählich, zum Teil auch durch den steten und unaufhaltsamen Zerfall der Aristokratie einem neuen Zukunftsbild Platz machen mußte, wußte man es nicht besser.) Die Gesellschaft war nach 1945 schon mehr als ein Jahrhundert auf Konsum eingestellt. Seit der industriellen Revolution war das auch möglich. Denn der Mensch kennt keine Grenzen . . . Bis es schiefgeht. Und das geschah dann in den sechziger Jahren.

Zu diesem Zeitpunkt fing der Mensch an, selbst auf das System zu reagieren. Gegen das, was er die Entmenschlichung nennt, gegen den Kollektivismus, die Masse, die alles beherrschende Technokratie. Orwells beängstigendes Zukunftsbild »1984« durfte sich unter keiner Bedingung bewahrheiten. Der Mensch war angeblich ein Herdentier, aber der Nachdruck lag allzusehr und sogar immer mehr auf Tier, auf Instinkt, auf blindem Folgen, auf einer auch geistigen Mechanisierung und nicht nur auf Herde, zusammen, gruppenweise – eine Tatsache, die wir auf einer übervölkerten Erde und dann vor allem in ihren übervölkerten und verstädterten Teilen nun einmal nicht leugnen können. Der Mensch wollte zwar mit anderen zusammen, aber vor allem auch selbständig sein, ein Individuum. Auch wenn dieses Individuum immer wieder peinlich getroffen wurde und wird, wenn es begreift, daß es in dem augenscheinlich Individuellen doch wieder ein Teil der Masse ist . . . Trotzdem strebt es nach selbständigem Denken innerhalb der Gruppe. Als Herdenmensch zur Not. Wir sprechen jetzt vom Ego-Zeitalter.

Fast zur gleichen Zeit werden verschiedene gefestigte Normen und Werte attackiert. Orientalische Philosophien und Lebensweisen, Gurus, Flower-Power, Zurück-zur-Natur, Anti-Krieg-Bewegungen, Hippies, Provos, Spontis machten von sich reden. Die Weltmacht der Vereinigten Staaten wurde kritisiert, die Autorität von Präsidenten, Direktoren und Rektoren von Universitäten wurde untergraben. Aber auch die Autorität der Architekten von Neubauvierteln, der Stadtverwaltungen und die Autorität von Eltern und Erziehern. Und das alles zusammen mit der mißlungenen Intervention der Amerikaner in Vietnam, mit den Studentenaufständen in Amerika und Europa, mit den ersten düsteren Wolken über dem, was einmal die unerschöpflichen Expansionsmöglichkeiten und Energievorräte der mordernen Konsumgesellschaft zu sein schienen. Der amerikanische Traum war endlich. Die wirtschaftliche Regression stand vor der Tür.

Der abendländische Mensch begann, wie vom Blitz getroffen, an sich selbst zu denken: mit Gemütlichkeit, Wohnvierteln, ökologischen Bewegungen, Selbstverwaltung, Mitspracherecht und zwischenmenschlicher Kommunikation versuchte er, seinen Selbstwert, seine Individualität, seinen Platz auf dieser Erde zurückzuerobern. Man hatte Bedürfnis nach einem Halt, einer Gewißheit, einer selbständig erworbenen Sicherheit. Diesmal also kein technokratischer, sondern ein menschlicher und natürlicher Halt. Man träumte sogar von einem postindustriellen Zeitalter.

Retour à la nature

In der Musik ist das deutlich spürbar und sicher nicht zuletzt wegen des erneuten Interesses für das Problem der musikalischen Kommunikation. Wie der niederländische Komponist und Theoretiker Joep Straesser (1934) 1980 in einem Interview klagte: »Es ist bezeichnend, daß kein Schwein versteht, was man macht ... Man will schließlich gehört werden, man will, daß die Leute reagieren auf das, was man macht.« Und: »Ich finde, daß die serielle Musik als die totale Konsequenz der Zwölftonmusik, die sie zweifellos ist, eine gewaltige Menge neuer Möglichkeiten eingebracht hat. Das Resultat ist, daß völlig neue Arten der Materialorganisation gefunden wurden ... Natürlich hat diese Entwicklung auch ihre negativen Seiten. Die überwiegend technologischen Aspekte des Komponierens, die eine Entmenschlichung dieser Musik bewirkt haben. Das wurde auch bewiesen. Unter anderem von Ligeti in einem Artikel aus dem Jahre 1959. Über die Illusion der totalen Organisation. Aus eher strukturalistischen Gründen wurde es auch von Ruwet in einem Artikel aufgezeigt, in dem er aufgrund linguistischer Theorien verdeutlicht, daß die totale Organisation in gewissen Stücken von Stockhausen tatsächlich zu einer derartigen Überinformation führt, daß die Musik als solche nicht mehr funktioniert. Stockhausen hat sich zu jenem Zeitpunkt auch überhaupt nicht mehr um die Anforderungen eines Kommunikationssystems wie Sprache oder Musik gekümmert.« Und zwei Jahre davor sprach ein Exponent der jüngsten Komponistengeneration, Wolfgang von Schweinitz (1953), von »unserer gegenwärtigen, von hypertrophiertem Rationalismus und Materialismus geprägten Welt (...), in der das Bedürfnis nach Überwindung unserer zunehmenden menschlichen Entfremdung ständig dringender und dessen Erfüllung immer utopischer wird«.

Immer mehr Komponisten wurden sich um 1970 der Rolle bewußt, die ihre Musik einem Publikum gegenüber zu erfüllen hätte. Eine mögliche Überbringerin gesellschaftlicher und politischer Ideale (Luigi Nono, Hans Werner Henze), eine Trägerin unterschiedlicher Botschaften, ob diese nun abstrakt-ästhetisch oder konkret sind. Musik und Gesellschaft, Musik und Publikum, Komponist und ausführender Musiker. Schließlich wurden diese im Kern verwandten Probleme wesentliche Diskussionspunkte, über die man, wenn wir uns den Stand des heutigen Musiklebens und der gegenwärtigen Kunstmusik näher ansehen, übrigens noch längst nicht ausreichend nachgedacht hat.

Wodurch war und ist die Musik, die zeitgenössische Musik, in eine solche Isolation gelangt – nicht nur, wie man vielleicht nicht ganz zu Recht meint, angesichts der Situation vor ein paar Jahrhunderten, sondern mehr noch und um so bitterer im Vergleich zu den immensen Massen, die von der Popmusik und allerlei Formen der U-Musik angezogen werden? Warum wird das Publikum immer stärker der alten und immer älteren Musik in die Arme getrieben? Ist das Publikum etwa dumm und beschränkt? Oder taub für die neuen Perspektiven in der Musik ihrer eigenen Zeit? Oder ist etwas nicht in Ordnung mit der zeitgenössischen Musik? War der Komponist vielleicht zu schnell und unüberlegt vorausgeeilt (›Ach, meine Zeit kommt schon noch.‹)? Bedachte er etwa nicht genügend die Konsequenz seiner Materialwahl und Technik? Eine einfach bejahende Antwort auf diese und ähnliche Fragen würde übrigens nur von unbegründetem Mißtrauen und von Naivität zeugen.

Retour à la nature. Das Ohr wurde untersucht. Durch Forschungen auf dem Gebiet der Audiophysiologie haben wir in den letzten Jahren gelernt – ich habe das bereits erwähnt –, daß die Möglichkeiten des menschlichen Ohrs und des Teils des Gehirns, in dem die Hörerfahrungen gesteuert werden, beschränkter sind, als man vom Standpunkt des ewigen Fortschritts, der totalen Organisation aus vermutet hatte. Das Empfinden musikalischer Spannung und das Unterscheiden komplexer Zusammenklänge und Mikrointervalle in einem dichten kontrapunktischen Gewebe ist ohne deutliche Bezugspunkte kaum möglich. Das Ohr neigt sogar dazu, sehr viel zu korrigieren und zu camouflieren. Aber man war ein halbes Jahrhundert lang so eifrig mit Neuerungen beschäftigt, daß man beinah vergessen hat, was die elementaren Eigenschaften dessen waren, was man veränderte. Aber die Komponisten zählten und rechneten, vergaßen jedoch dabei den Menschen, den Hörer, das Ohr!

Alles greift ineinander. Als die Telefonverbindung zwischen Komponist und Publikum zunehmend schlechter funktionierte, ja manchmal sogar ganz ausfiel, wurden nacheinander das Publikum, das Telefon selbst, der Komponist und die elektrische Transmission angeprangert. Und die Nostalgiewelle kam auf. Rückkehr zur direkten Emotionalität der alten Musik und vieler leichter Musikstücke, Rückkehr zur dramatischen Expansion in der Musik der Jahrhundertwende, zum alten Handwerk (siehe Schuster), zu den Großen aus der jüngsten Vergangenheit: Mahler, Schönberg, Berg, Debussy und Strawinsky. Aber auch zu den zahlreichen kleineren Göttern, die wir in unserer Hast, in unserer blinden Flucht in die Zukunft vergessen hatten.

Manchmal scheint es, als ob jeder neu entdeckte kleine Meister der Vergangenheit einen Seufzer der Erleichterung hervorruft: Gott sei Dank, man kann noch genügend Neues im Alten finden! Solange wir damit unsere Neugier befriedigen können, können wir die wirklich neue Kunst wenigstens noch eine Weile links liegenlassen. Die abendländische Kultur wurde ein immer monumentaleres Museum für alte Kunst mit einem – das muß gesagt werden – sorgfältig in Stand gehaltenen Anbau, am liebsten mit eigenem Eingang, für die zeitgenössischen Kunstwerke. Das gilt übrigens in viel stärkerem Maße für die Musik als für jede andere Kunst.

In der Tat, auch die Komponisten nahmen regen Anteil an der Nostalgiewelle der siebziger Jahre. Als ob sie das Bedürfnis hätten, noch einmal alten und vertrauten Wegen zu folgen, zurück zu dem Brunnen, wo Melisande ihre geheimnisvolle Vergangenheit zurückgelassen hatte; und dann Schritt für Schritt in eine neue Zukunft. Erinnert uns das nicht an eine bekannte Redensart: reculer pour mieux sauter? Dieser neue Weg sollte die Kommunikation mit dem Publikum wiederherstellen. Und an diesem Weg wachsen bekannte und vertrauenerweckende Bäume mit bedeutsamen Kerben in der Rinde, Zeichen menschlicher Sentiments, erkennbarer Emotionen, Signale aus der Vergangenheit. Wie zum Beispiel Penderecki (1933), nach einer Karriere als experimenteller Klangmagier mit grellen, schrillen Clustern und einer pathetischen Gestik (De natura sonoris 1 und 2), auf der Suche nach der Geborgenheit von einst, auf der Suche nach dem verlorenen Paradies (Paradise Lost, 1978; Zweite Symphonie, 1980); schwelgende Kompositionen mit einem überschwenglichen Pathos und einer harmonischen Palette, die manches Mal die Grenze zum Kitsch überschreitet ...

Und Penderecki ist in Polen bestimmt nicht der einzige gewesen, der sich so Hals über Kopf um 180 Grad gedreht zu haben scheint. Henryk Gorecki (1933) hat zum Beispiel viel Aufsehen erregt mit seiner Dritten Symphonie (1977), ›Symphonie der Klagelieder‹ für Sopran und Orchester, worin während einer dreiviertel Stunde, über drei Lentos verteilt, ein langsamer Musikstrom fließt, der auffallend tonal ist, melodisch eng verwandt mit den in Polen gebräuchlichen Kirchenliedern, und der eine Wiederholungstechnik verwendet, die viele Gemeinsamkeiten mit der der Minimalisten hat. Das Ganze macht einen unerwartet archaischen und naiven Eindruck, wie wir ihn zum Beispiel auch von der Johannespassion von Arvo Pärt kennen.

Goreckis Landsmann Zygmunt Krauze (1938) sorgte in den siebziger Jahren für ähnliche Überraschungen, indem er sich an der Volksmusik orientierte wie in Idylle (1974) für vier Drehleiern, vier Fideln, vier Dudelsäcke, vier Hirtenflöten und sechzehn Hirtenglocken. Alles außerordentlich klangschön und zweifellos melodiös, obwohl der Großteil dieser Komposition improvisiert wird anhand alter Spieltechniken, wie sie bei der Landbevölkerung gang und gäbe war. Kurzum, ein großes Volksfest mit einer gewissen mystischen Glut, verstärkt durch den Rahmen von Avantgarde-Konzerten, in dem diese Musik präsentiert wird. Manches Mal verwendet Krauze dabei auch repititive Techniken, wie in Tableau Vivant (1982). Dieselbe Verbindung von archaischen Elementen und repititiven Techniken finden wir in Werken wie Tabula Rasa (1977), Fratres II (1980) und Johannespassion (1981) des seit ein paar Jahren im Westen lebenden Esten Arvo Pärt (1935), eines Komponisten, der vor zwanzig Jahren noch folgsam in den Reihen des sozialistischen Realismus marschierte. Das Requiem (1975) von Alfred Schnittke weist ähnliche archaische Kennzeichen auf.

George Rochbergs Kniefall vor Beethoven, Schumann, Brahms und Mahler (Klavierquintett, 1975; The Concord Quartets, 1978) haben wir bereits erwähnt. Das hatte eine Musik zur Folge, die in Amerika die widersprüchlichsten Reaktionen hervorrief, von reinstem Kitsch bis genial, Musik allerdings, die niemanden unberührt läßt. William Bolcom hat bis heute einen ähnlichen Weg verfolgt, beispielsweise mit Commedia (1971) für ein ›(almost) 18th-Century Orchestra‹, Open House (1975), eine Reihe ernster und kabarettistischer Lieder für Tenor und Kammerorchester, die Zweite Violinsonate (1980) und die Songs of Innocence and of Experience (1984).

In den Vereinigten Staaten hat die vermeintliche ›Neue Romantik‹ sogar zu einem vollständigen Konzertzyklus geführt mit dem Werk von 25 überwiegend amerikanischen Komponisten, ungefähr geboren zwischen 1910 (William Schuman – wieso: *neue* Romantik?) und 1960. Mit musikalischen Referenzen an Mahler, Debussy, Strauss, Berg, kurzum: Romantik in höchster Vollendung. Aber auch an die Vertreter der Minimal Music als Parallelbewegung. Namentlich David del Tredici (1937) hat mit seinem noch fortdauernden Alice in Wonderland-Zyklus (seit 1968) die Federhalter in Bewegung gebracht, unter anderem durch die überschwengliche Verwendung derartig schmelzender Harmonien à la Mahler und Richard Strauss, daß er fortwährend am Rande des Abgrunds von Clichés und Kitsch balanciert.

Der inzwischen in Deutschland wohnhafte österreichisch-ungarische Komponist György Ligeti (1922) bewegte sich in den siebziger Jahren weg von dichten Klangfeldern voller, kaum für das Ohr wahrnehmbare Mikroverschiebungen in feinmaschigen

Netzstrukturen und hin zur Melodie pur sang und zum altbe-
kannten Kontrapunkt: Melodien (1971), San Francisco Poly-
phony (1974) und schließlich das Horntrio (eine Hommage an
Brahms) (1982), bis hin zu Chopin und der scheinbaren Einfachheit der Minimalisten: drei Stücke für zwei Klaviere (1975) mit
dem zweiten Teil ›Ein Selbstporträt mit Reich und Riley (und
Chopin ist auch dabei)‹. Ligetis Referenz an die Minimal Music
ist übrigens nicht mehr als ein Zeichen des Erkennens: in gewissem Sinne arbeiteten Reich und Riley mit gleichlautenden Klang-
ideen – man vergleiche zum Beispiel Ligetis Continuum für
Cembalo (1968) –, obwohl sie auf unterschiedlichen Seiten einer
ideologisch und technisch schwer zu überbrückenden Kluft stehen. In Ligetis ersten großen Kompositionen wie Atmosphères
(1961) und Lontano (1967) steht das Totalbild einer ›vollkommen
in sich selbst ruhenden‹ Musik im Mittelpunkt. Später scheint
nicht nur die Art des Webens, also die Webstruktur, sondern
auch die Qualität des Stoffs, die Farbenbeschaffenheit eine wichtige und sogar strukturbestimmende Rolle zu spielen. Es gibt
immer öfter isolierte Muster in den Geweben, und diese Muster
werden im Laufe der siebziger Jahre auch noch ständig deutlicher: wie Figuren aus der Vergangenheit eingebettet in moderne
Webtechniken, so auch an vielen Stellen in der Oper Le grand
Macabre (1978), einem grotesken Schauspiel, worin das Absurde
unserer auf Selbstvernichtung eingestellten Gesellschaft heftig
angeprangert wird – aufs neue wird hier eine frappante Brücke
zwischen den siebziger und den dreißiger Jahren geschlagen, als
Michel de Ghelderode 1936 La Ballade du Grand Macabre
schrieb.
  Karlheinz Stockhausen (1928), jahrelang neben Boulez der um-
strittenste Prophet der Avantgarde, trieb es noch bunter. Er
strebt mit Pythagoras und Guru nach der Harmonie der Sphären,
manchmal unverfälscht à la Gershwin und in einem nur vorgeblich orientalischen Stil (Inori, 1974; Tierkreis, 1975; Licht, 1977).
Namentlich in dem wagnerisch megalomanischen Zyklus ›Licht‹
werden alle Elemente der seriellen, postseriellen, der neuen quasi
tonalen, ›eats meets west‹ und elektronischen Tendenzen mit viel
Feeling für Show und Theater (Bewegungen sind für Stockhausen
schließlich ein fester und genau notierter Bestandteil seiner letzten Kompositionen) und weniger Feeling für Proportionen zusammengefügt, wodurch er kitschige Momente nicht ganz ver-

mieden hat. Soweit ›nicht-abendländische‹ Elemente in die abendländische Musik integriert werden, sind die Resultate bei z. B. Ton de Leeuw (1926), François Bernard Mâche (1935) oder Peter Michael Hamel (1947) weitaus faszinierender und subtiler, darüber hinaus – und das ist ein wesentlicher Punkt, wenn man zumindest Edelkitsch und touristische Orientalismen vermeiden will – respektieren sie in aufrichtiger und ehrlicher Weise die nicht-abendländische Kultur.

Luciano Berio (1925) hingegen hatte, ebenso wie Bruno Maderna (1920-73), schon immer etwas mit der Vergangenheit geliebäugelt und sich auch nie als strenger Serialist profiliert, in den sechziger Jahren entwickelte er sich jedoch zu einem virtuosen Orchestrator und einem gewandten Publikumsverführer. Das begann bereits mit Folk Songs (1964) und Sinfonia, gefolgt von Ora (1971), dem Konzert für zwei Klaviere (1973), Points on a curve to find ... (1974), Coro (1976) und Il ritorno degli snovidenia (1977). Möglicherweise hat Berio von all diesen Komponisten trotz allem noch am wenigsten seinen eigenen Stil und seine Sprache seit den frühen fünfziger Jahren verleugnet (wiederum neben Boulez). Für Maderna gilt, obwohl in geringerem Maße, dasselbe. Anfang der fünfziger Jahre wurde seine Musik bereits auffallend lyrisch, manchmal sogar ungeniert emotional. Kritiker entschuldigten dies dann, vielleicht unsinnigerweise, mit seiner Karriere als Dirigent und seiner musikantischen italienischen Art. Maderna begab sich um 1970 herum ebenfalls auf den Weg der Zitate, namentlich in seiner letzten Theaterproduktion, der Oper Satyricon (1972/3).

Anders ist es um den aufsehenerregendsten niederländischen (Ex)Avantgardisten Peter Schat (1935) bestellt, der nach ein paar gelungenen Experimenten mit dem Totaltheater (Labyrinth, 1964; Reconstructie, 1969, zusammen mit Louis Andriessen, Reinbert de Leeuw, Misha Mengelberg und Jan van Vlijmen), mit Elementen aus der Pop- und Rockmusik (Thema, 1970; To You, 1972) und Zwischenspielen mit dem Electric Circus, 1974 mit Canto General – trotz seines nicht nachlassenden politischen Engagements (siehe Hans Werner Henze) – spektakulär die Richtung wechselte und auf eine neue Tonalität zusteuerte, eine neue Harmonie, basierend auf Schönbergs dodekaphonischen Techniken, Debussys Intervallsteuerungsverfahren und eigenen Theorien in bezug auf das, was er die Tonuhr nennt: Houdini (1976),

Erste Symphonie (1978), Polonaise (1981), Zweite Symphonie (1983) und eine Serenade für Streicher (1984). Und dies alles mit freundlichen Grüßen an Beethoven, Brahms, Tschaikowsky, Mahler und Strawinsky. Auffälliger vielleicht ist die besondere Durchsichtigkeit, die Schat mehr oder weniger gleichzeitig in der Oper ›Aap verslaat de knekelgeest‹ (1979), nach dem chinesischen Cartoon ›Reise in den Westen‹ von Wu-Cheng-en und Wang Hsing-pei, realisiert.

Der Österreicher Friedrich Cerha (1926) ist, wie es scheint, noch immer auf der Suche, er orientiert sich dabei an Brahms (Konzert für Violine und Cello, 1975), an Berg (die Rekonstruktion des dritten Aktes von Lulu, 1980) und an Kurt Weill (Baal, 1979). Kurt Weills Geist ist übrigens ebenfalls in dem Liederzyklus Voices (1973) von Hans Werner Henze und im Pandämonium Frankenstein (1977) von H. K. Gruber (1943) zu spüren. Gruber stand 1965 zusammen mit seinem Wiener Landsmann Kurt Schwertsik (1935) an der Wiege der Wiener Salonkonzerte und des Ensembles ›MOB art & tone ART‹, wofür Schwertsik unter anderem Draculas Haus & Hofmusik schrieb. Hätten Boulez, Stockhausen und Goeyvaerts es sich 1950 träumen lassen, daß kaum ein Vierteljahrhundert später Graf Dracula und seine Nachtgeister in Gesellschaft von auf üppige Salonunterhaltung orientierten Tondichtern zurückkehren würden, die quasi-bekannte Melodien schreiben und dabei Großmutters musikalisches Boudoir plündern (wie die Romantiker des ›Des Knaben Wunderhorn‹), die Partituren voller tönender Freudscher Theoriechen schreiben, verpackt in Bonbonpapier oder buntes modernes Plastik?

Und was soll man von dem Interesse für Wagner und Satie, das sich in der Oper Axel (1977) von Jan van Vlijmen und Reinbert de Leeuw nach dem gleichnamigen Schauspiel von Villiers de l'Isle-Adam ausdrückt, halten? Oder die Vorliebe für namentlich Alban Berg in der Oper Lou Salomé (1981) von Giuseppe Sinopoli (1946), eine Oper, die durchtränkt ist von nostalgischen Gefühlen für das Fin de siècle. Und von den Verweisen auf Ravel und Richard Strauss in dem großartigen Orchesterwerk Abschied (1973) von Reinbert de Leeuw (1938), der in den Niederlanden auch als Pianist, Dirigent und Organisator eine wahre Satie-Mode in Gang gebracht hat und jetzt ähnliche Versuche unternimmt mit Schönberg, Busoni, Schreker, Webern und vor allem Liszt. Jan van Vlijmen hat zwar weiterhin in seinen bereits genannten Quaterni mit seriellen Techniken gearbeitet, aber auf der anderen Seite hat er ebensoviel Raum geschaffen für wohllautende, oft erkennbare Melodik und Harmonik und schließlich für eine Expressivität, die tatsächlich sehr an die allerfrühesten Produkte von Alban Berg und Anton Webern erinnert.

Dasselbe Interesse, vor allem für den frühen Schönberg und Alban Berg, aber auch für Mahler, kennzeichnet die Musik von Wolfgang Rihm (1952), unter anderem in seiner Dritten Symphonie (1977), den fünf Abgesangsszenen (1979/81), den Doppelgesängen (1980/83) und den früher erschienenen Klavierstücken Nr. 5 (1975) und Nr. 6 (1977/78), abgesehen natürlich von seiner vielgerühmten Kammeroper Jakob Lenz (1978) nach Georg Büchners ›Lenz‹ und den vielen Liedern nach Texten von unter anderem Hölderlin, Celan, Wölffli und Herbeck. Schon die Wahl derartiger Schriftsteller von Themen wie dem Sturm-und-Drang-Dichter Lenz und dem umfangreichen Artaud-Zyklus zeigt, wie sehr Rihm nicht nur an der psychologischen Tragfähigkeit und Ausstrahlung der Romantik und vielleicht noch mehr an der des Expressionismus orientiert ist, sondern wie sehr er, abgesehen von dieser Thematik, auch in seinen Partituren nach einer beinah exhibitionistischen Ausdruckskunst strebt, nach Bekenntnismusik, wie sie die abendländische Kunst seit Mahler kaum noch gekannt hat. »Um zu sehen, wer ich bin, muß ich mir ins eigene Fleisch schneiden, mich öffnen und einen Spiegel fragen, was er sieht«, meinte Wolfgang Rihm einmal in einem Interview (Neue Zeitschrift für Musik, 1979:1). Dasselbe zeigt auch die Dritte Symphonie ›Menschen-Los‹ (1972/73) von Wilhelm Killmayer oder dessen Schumann in Endenich (1972): Musik über die Entgleisung des menschlichen Geistes, über Einsamkeit, über ausgesprochene und verschwiegene psychologische Prozesse, nach denen unsere Vorfahren aus dem 19. Jahrhundert so verrückt waren. Konrad Boehmer hat mit seiner neuen Faust-Oper diesen Weg bereits eingeschlagen ... Man braucht zum Beispiel nur noch auf eine Hausse von Dostojewski-Opern zu warten.

Eine merkwürdige Erscheinung – eher in Deutschland als in jedem anderen Land – ist die Bearbeitung, wie die Bearbeitungen, mit denen Dieter Schnebel (1930) 1972 angefangen hat; Bearbeitungen, die der Komponist selbst als Aktualisierungen sieht, die aber trotzdem denselben Eindruck machen, wie wenn jemand alte schwarzweiße Hollywood-Filme eingefärbt hätte. Auch wenn Schnebel dabei unterschiedliche Materiallagen verwendet, imaginäre Klänge oder auch selbständige ›Blendwerke‹, das schließlich mit dem Ohr wahrzunehmende Resultat ist kaum originell und im Grunde nicht mehr als eine Bearbeitung. Die Mozart-Variationen (1976) von Wolfgang von Schweinitz (1952) eröffnen vergleichsweise mehr Zukunftsperspektiven. Hier ist das Modell – Mozarts Maurerische Trauermusik (KV 477) – Ausgangspunkt für sechs Variationen, worin die musikalischen und technischen Errungenschaften der letzten dreißig Jahre keinen Moment vergessen werden, sondern die im Gegenteil auf Mozarts Musik ein besonders faszinierendes und vor allem auch neues Licht werfen. Von Schweinitz hat sich in einem früheren Stadium übrigens auch mit den Ideen der Neuen Einfachheit beschäftigt, wie in Motetus (1974), einer Komposition, die ihre Pendants namentlich in der niederländischen Tonkunst der letzten zehn Jahre findet (Louis Andriessen, Peter-Jan Wagemans, Cornelis de Bondt u. a.).

Wie groß und vielseitig der Anklang der Nostalgiewelle unter den jungen deutschen Komponisten ist, zeigt ebenfalls das Werk von Detlev Müller-Siemens (1957) mit Under Neonlight II (1980), seine Erste Symphonie (1980) und in einem früheren Stadium sogar Variationen über einen Ländler von Schubert (1978); oder das Werk von Manfred Trojahn (1949) mit zum Beispiel Architectura Caelestis (1974/76): »Das Stück ist ein auskomponierter Abschied von der Mikropolyphonie, vom Cluster, von der Klangfarben-Spekulation und vor allem von dem, was man heute noch Avantgarde nennt.« Eine auskomponierte Entwicklung, die sich bei Trojahn weiter profiliert hat in Werken wie die Fünf See-Bilder (1979/83), das Flötenkonzert (1981/83) und die Dritte Symphonie (1983). Trojahns Abschied von »allem, was man heute noch Avantgarde nennt«, finden wir auch bei Hans-Jürgen von Bose (1953), und nicht nur in Werken wie Travesties in a Sad Landscape (1978) oder Idyllen für Orchester (1982/83), sondern auch in einer Äußerung von 1974: »Die Materialexperimente sind erschöpft – jetzt kommt es auf den Ausdruckswillen an, der mit dem Material-Fetischismus Schluß macht.« Wieder und wieder der ›Ausdruckswille‹, mit dem die jüngste Generation für sich ein künstlerisches Existenzrecht im Ego-Zeitalter glaubt einklagen zu müssen.

Strawinsky und die Neue Einfachheit

In deutschen und amerikanischen Artikeln hat man manchmal die Neigung, Neoromantik und Neue Einfachheit über einen Kamm zu scheren oder damit sogar ein und dieselbe Tendenz zu bezeichnen. Doch sind es wesensfremde Entwicklungen, auch wenn sie gleichen Ursprungs sind. Die Neoromantik greift schließlich auf völlig andere Elemente zurück. Die Komponisten der Neuen Einfachheit sind nicht oder doch kaum an der Romantik interessiert; sie bleiben mir ihren Bezugsrahmen soweit wie möglich im eigenen Jahrhundert und liebäugeln dabei gerade mit allen möglichen präromantischen Musikerscheinungen: der Ars Antiqua oder Ars Nova, der Renaissance, dem Barock oder den sogenannten Präklassikern. Sie streben gerade nach einer gewissen Objektivität, nach einem ästhetischen Gleichgewicht, obwohl sie das anhand von existierenden Modellen, Techniken oder Ideen tun. Die Neue Einfachheit knüpft teilweise an die Minimal Music an, aber auch an den neoklassizistischen Strawinsky, an den neobarocken Hindemith oder an die frühesten Produkte der Groupe de Six, ja auch an Satie und parallel an Werke, die namentlich John Cage vor 1950 geschrieben hat. Der auffälligste Aspekt, zweifellos nicht ausschließlich in den Niederlanden, ist die Rolle, die die Musik Strawinskys in alledem spielt. »Bald werden die ›Clusters‹, die seriellen Rezitative und die Happenings sich endgültig erschöpft haben, und der junge Komponist wird sich vergebens in solchem Ödland nach Nahrung für seine hungrige Seele umsehen. Und ich glaube – im Gegensatz zu Boulez, dem der klassizistische Strawinsky ›sehr schwach‹ vorkommt (da schwinden sie hin, die vierzig Jahre Musikgeschichte, mit einem Wort hinweggefegt!), daß er in den nächsten Jahren in seiner ganzen Größe und Bedeutung erst richtig gesehen und verstanden werden wird. – Aber es sind ja genug Fälle in der Musikgeschichte bekannt, wo eine Reorientierung notwendig war. So wird es auch in der nahen Zukunft sein.« So Hans Werner Henze in einem Interview mit Wolf-Eberhard von Lewinsky, ›Experimente und Avantgarde‹, 1967.

Obwohl man in der schöpferischen Musik noch nicht von einer internationalen Neubesinnung auf den neoklassizistischen Strawinsky sprechen kann – viele Neo-Strawinskyaner, namentlich in den Vereinigten Staaten, sind das bereits seit ihrer Ausbildung bei Nadia Boulanger oder bei einem ihrer Schüler, gehören auf jeden

Fall einer älteren Generation an –, sehen wir doch in verschiedenen Ländern Komponisten in den Vordergrund treten, die in ihrer Musik vor allem die Klarheit von Diktion und Technik anstreben. No-nonsense-Musik, ohne psychologisches Brimborium, ohne übermäßige Emotionen, ohne einen technischen Rahmen, der nur auf Blättern voller kryptischer Hieroglyphen enthüllt werden kann. Im ästhetischen Sinn klassizistische Musik, Musik, die von sich selbst handelt, Musik über Musik. Da taucht bereits Strawinskys Geist auf. Manches Mal handelt es sich um Musik, in der Strawinskys eckige Melo-Rhythmik und seine scharf geschnittenen Melodien einen mindestens ebenso auffallenden Platz einnehmen.

Vielleicht ist es kein Zufall, daß gerade in den Niederlanden eine derart auf Strawinsky ausgerichtete Form der Neuen Einfachheit viele Nachfolger gefunden hat, mit oder ohne Hinweise auf die Minimal Music, den Neoklassizismus (mit einer Vorliebe für die Ars Antiqua und Ars Nova) und andere Formen der Neuen Einfachheit oder Neuen Klarheit, wie in extremo angewandt von Morton Feldman oder in der technisch doch wieder komplexeren Variante von Donatoni. Ein frühes Beispiel für niederländischen ›Neo-Strawinsky‹ sind die Symphonies of winds (1963) von Ton de Leeuw (1926). Otto Ketting (1935) verfolgte diesen Weg mit Time Machine für Bläser und Schlagzeug (1972) und der Symphonie für Saxophone und Orchester (1978), ein außerordentlich eindringliches und geradliniges Werk, in dem sich übrigens überraschend zeigt, wie sehr gradual process-Prinzipien, die harmonischen Errungenschaften des postseriellen Zeitalters und eine Bergianische Grandeur (Quasi-Tonalität und Modalität) verbunden werden können, ohne in Clichés aus dem 19. Jahrhundert zu verfallen. Noch strenger und vor allem gradueller verfährt Louis Andriessen (1939) – außerdem mit deutlichen Referenzen an Strawinskys Sacre du Printemps neben dessen Symphonies d'instruments à vent – unter anderem in Der Staat (1976), Mausoleum (1979), Die Zeit (1981) und die Geschwindigkeit (1983/4) und vermischt mit Hoketus-Techniken aus dem 14. Jahrhundert in Hoketus (1977). Auch hier zurück zu einem überwiegend tonalen Rahmen, einer zweifellos faszinierenden Variante der amerikanischen Minimal Music. Diesem Trend sind viele Schüler Andriessens gefolgt, er hat nicht nur in den Niederlanden ein breites Publikum.

Des weiteren gehört Geert van Keulen (1943) in diese Aufzählung, mit Choral (1979) und vor allem seinem jüngsten Violinkonzert (1982), einer umfangreichen und sehr persönlichen
Hommage an Strawinskys Elegie für Violine oder Bratsche. Und
der brillanteste unter den jüngeren Niederländern, Tristan Keuris
(1946), der bereits in seiner Sinfonia für Orchester (1974) sein
Interesse für den vertikalen Verlauf der Musik zeigte und sogar
nicht davor zurückschreckte, am Schluß dieses Werks ein Klavier
solo bezaubernd süße Akkorde spielen zu lassen: Gershwin in
Holland ... Vor allem in seinem Klavierkonzert (1980) und
Movements for Orchestra (1981) zeigt sich überdeutlich, wieviel
Keuris Strawinsky schuldet.

Die frappantesten Beispiele der Neuen Einfachheit finden wir
hingegen bei einer Gruppe von Komponisten, die größtenteils
von der improvisierten Musik her kommen, Komponisten, die
sich täglich mit allerlei Formen des Free-Jazz, Avantgarde-Im-
provisationen und Experimenten auf dem Gebiet der modernen
Improvisation beschäftigen, wie Theo Loevendie (1930), Guus
Janssen (1951) und Paul Termos (1952). Ihre Musik ist als äußerste Form der klingenden Objektivität beabsichtigt; sie wollen
nicht mehr als ein paar, am liebsten nicht allzu komplizierte, aber
dafür ›ear-catching‹-Techniken in den Mittelpunkt rücken, um
von da aus sehr transparente, manchmal sogar unterkühlte Werke
aufzubauen. Der polnische Komponist Boguslaw Schaeffer beschrieb die Faktur derartiger Musik als »ökonomisch, einfach
repetitiv; die musikalische Form wird sehr frei entwickelt und
enthält ziemlich viel Improvisationen und Phantasien, aber wenig
Disziplin und wenig übergeordnete Ideen«. Diese übergeordneten Ideen werden absichtlich vermieden. Komponieren ist ein
nettes Spiel mit Tönen, ungefähr so wie Schachspielen. Hiermit
ist sowohl ideologisch wie technisch sofort die Grenze gezogen
zwischen Neoromantik und der Neuen Einfachheit. Sie richten
sich auf unterschiedliche Brennpunkte der Vergangenheit, aber:
beide sind zweifellos Tendenzen, Erscheinungsformen des zeitgenössischen Postmodernismus.

Neoromantik als Neomanierismus?

Es dürfte klar sein, daß ein Rekurs auf die Romantik und eventuell auf eine andere Epoche keine isolierte oder lokale Tendenz ist. Auch wenn die Franzosen als Ausnahmefall der Regel bis heute sich kaum daran beteiligen. Trotzdem ist auch das neueste Werk von Pierre Boulez, Repons (1981/82), auffallend mild im Klang (trotz der Mikrointervallverschiebungen und des Computers) und romantisch in der Gestik. Und sogar ein sprichwörtlicher Einzelgänger wie Xenakis ist – ungeachtet der technischen Rahmen, die im Laufe der Jahre höchstens komplexer geworden sind – in einem Orchesterwerk wie Empreintes (1975) außergewöhnlich mild und lyrisch. Deutlicher als früher geht Debussys Geist in vielen Werken der zeitgenössischen Musik um, und das nicht nur in Frankreich. Vielen jüngeren Komponisten hat Debussy, nicht in erster Linie als Impressionist, aber vor allem in seinem kompositorischen Handwerk, eine sinnvolle Alternative geboten neben der Dodekaphonie der Zweiten Wiener Schule oder den Tonexperimenten eines Varèse.

Aber was ist in dieser Zeit eigentlich romantisch? Und was Avantgarde? Die Kriterien des vorigen Jahrzehnts sind bereits wieder ungültig. Zimmermanns Kugelgestalt der Zeit scheint eine Tatsache zu sein. Alles ist erlaubt, alles ist möglich. Für den jungen Komponisten ist es sehr schwer, eine Wahl zu treffen, eine Wahl an einer Kreuzung, deren Wege ausschließlich in eine verschleierte Zukunft führen. Was immer wir uns vorstellen mögen, die Entwicklungen der letzten dreißig Jahre, die Errungenschaften der seriellen und postseriellen Techniken können nicht einfach vom Tisch gefegt werden. Die neuen Organisationsmethoden sind an niemandem vorbeigegangen, noch nicht einmal an den bewußten Außenseitern.

Angesichts der Tatsache, daß genaugenommen das Gros der Tondichter in den fünfziger und sechziger Jahren sich nicht viel von diesen neuen Techniken versprach (die Avantgarde ist immer schon eine selektive Gruppe gewesen), könnte man beinahe denken, daß die Zeit zwischen 1933 und 1968 ›kurz‹ stillgestanden hat. Vor allem nach dem Krieg hat H. G. Wells Time Machine uns in einer unbekannten Zukunft landen lassen, einer Zukunft, die vielleicht zu entfernt war, um jetzt schon Realität zu werden. Allerdings auch eine Zukunft, die – obwohl im Nu wieder vorbei

– tiefe Eindrücke hinterlassen hat, aber schließlich und endlich nicht fähig war, sich selbst zu generieren. Adornos prachtvollen Utopien zum Trotz! Und jetzt sind wir also immer noch unterwegs, auf der Suche nach dem Ort, wo wir uns selbst und unsere Mitmenschen verloren haben. Aber was ist dann Romantik? Nicht nur Sehnsucht, nicht nur Träumerei, nicht ausschließlich Suche.

Romantik ist Konflikt, Dramatik, also im Grunde antiklassizistisch. Die Emotion steht im Vordergrund, die Empfindsamkeit, Sturm und Drang, die Oper, die Publikumswirkung. Romantische Kunst strahlt aus, ist extrovertiert in bezug auf die Intention (nicht so der Barock, denn der Barock verwendet vor allem Emotionen auf Kommando, Barockkunst ist etikettiert, weil überwiegend aristokratisch, der Barock besitzt wenig ›Drama‹ und viel ›Tragödie‹ im klassischen Sinne des Wortes). Das hat wenig mit Strukturen zu tun. Eine klassizistische Struktur kann schließlich sehr dramatisch sein. Mozart und Beethoven haben das ausreichend bewiesen. Und beinahe alle sogenannten hochromantischen Kompositionen besitzen außerdem eine ausgesprochen klassizistische, das heißt ausgewogene, klare, präzise, obwohl für das Laienohr nicht immer problemlos zu unterscheidende Form.

Es geht dabei an erster Stelle um die Intention des Komponisten. Was will er mit seiner Musik? Und diese Intentionen wurden, grob gesagt, seit Mitte des 18. Jahrhunderts, in der Oper schon seit dem 17. Jahrhundert, kaum mehr modifiziert, seit der Entstehung einer bürgerlichen Kunstmusik. Mozart träumte, was das betrifft, dasselbe wie Beethoven, Brahms, Mahler, Schönberg, Boulez und Rihm: Musik muß die Waage halten zwischen Kopf und Herz, zwischen Intellekt und Emotion, für Kenner und Nicht-Kenner. Dieser wertvolle goldene Mittelweg schließt Vorhutscharmützel und gegenseitige Verkennungen nicht aus, läßt allerlei kleine Abweichungen zu, ist aber immer noch für die abendländische Kunstmusik, die sich an ein überwiegend bürgerlich strukturiertes Publikum wendet, gangbar. (Was wir heute, rückblickend, die Meisterwerke von zum Beispiel Boulez, Stockhausen, Xenakis und Berio nennen – auch aus den fünfziger und sechziger Jahren –, genügt ebenfalls dem genannten Kriterium.) Und daran scheint sich vorläufig wenig zu ändern.

Also keine Neoromantik oder Postromantik, sondern Romantik?! Noch immer! Aber auch keine Hochromantik und nach zwei Weltkriegen auch keine naive märchenhafte Romantik. Der Künstler des zwanzigsten Jahrhunderts wälzt sich dennoch ständig im eigenen Nestschmutz, er sucht Auswege, neue Ausdrucksmittel, andere Techniken, eine neue Präsentation. Trotzdem will er im innersten Herzen dasselbe sagen wie seine Ahnen. Er ist ein Manierist, ein Neomanierist mit Gustav Hockes Worten – und dies wirklich im Hinblick auf den Manierismus des späten 16. Jahrhunderts. Daher auch die immer neuen Stoßseufzer, es gebe nichts Neues auf Erden. Und das, obwohl jede kreative Frucht – wie winzig auch immer – doch immer wieder als etwas Neues angeboten wird. Weißer als weiß. La nuova musica …

Und genau wie der Manierist des 16. Jahrhunderts beschäftigt sich auch der des 20. Jahrhunderts vornehmlich mit Technik, er macht Erfindungen, entwickelt neue Theorien und neue technische Tricks, er ist ein virtuoser Konstrukteur. La bella maniera, Varietà, Effetti meravigliosi und vor allem die Imitazione della imitazione della natura anstelle der direkten Imitazione della natura à la Aristoteles; das alles gehört zu den Zaubertricks des Manieristen. Er theoretisiert, versteinert die lebendige Kunst, neigt zu Overstyling. Der Neomanierist des 20. Jahrhunderts versucht gleichzeitig der Vergangenheit abzuschwören und die Gegenwart in Theorien zu bannen. Seine wissenschaftlichen Kollegen greifen ihm dabei mit Freuden unter die Arme. Er vertraut blindlings darauf, daß seine technischen Entdeckungen tragfähig genug sind, um als Ziel (und nicht als Mittel) seiner Schöpfungen fungieren zu können. Dagegen zieht wiederum der Neoromantiker in den Krieg, wenn auch mit alten Ideen und schon oft erprobten Sentimenten. Und er theoretisiert seinerseits über das Warum und Wieso seines Handelns. Auch er ist also ein Neomanierist. Die zeitgenössische Kunst steht tatsächlich völlig im Zeichen der bedeutendsten manieristischen Symbole: Irrgarten, Spiegelsaal, Maskerade …

Zum Schluß

Bleibt nur noch die Frage: Warum wurde gerade in den fünfziger Jahren ein so außergewöhnlicher und anfänglich kompromißloser Ausflug in die Zukunft gemacht? Und warum werden die damaligen Ideale so rasch wieder beiseite geschoben? Vielleicht, weil der Komponist nur ein Produkt seiner Gesellschaft ist. Er kann sich von ihr abwenden, sich einschließen, darauf reagieren. Aber das alles hilft nur wenig. Er bleibt wohl oder übel ein Kind seiner Zeit, die Zeit des kalten Krieges, des deutschen Wirtschaftswunders. Der Boom des sozialen Wohnungsbaus, der Hochhäuser, der uniformen Blöcke. Die Zeit der himmelblauen Zukunft. Eine Zukunft, in der der Intellekt siegen würde. Die westliche Gesellschaft des zwanzigsten Jahrhunderts hat tatsächlich viele Facetten. Sie ist zersplittert, hat sogar einen Januskopf: Fortschritt-Rückschritt, technokratischer Futurismus versus bürgerliche Nostalgie, Masse versus Individuum, Space Odyssee versus Retour à la nature. Es geht auf Biegen oder Brechen.

Am Anfang eines jeden Jahrhunderts liegt alles noch im Bereich des Möglichen. Zwei Weltkriege haben den Erneuerungswillen, den Willen, allem, was zu diesen Kriegen geführt hat, den Rücken zu kehren, nur noch verstärkt. Der Komponist, der Künstler konnte sich in den fünfziger und sechziger Jahren noch nicht vom Druck des kalten Krieges lösen, von der Drohung aus dem Ostblock. Aber die Zukunft und darin der überlegene Intellekt des Menschen würden einen Ausweg bieten. Wenn sich dann aber das Ende des Jahrhunderts nähert, ziehen wir die Bilanz. Hat sich wohl so viel zum Guten gewendet? Wir erschrecken, haben Angst vor der ungewissen Zukunft, mit dieser psychischen Barriere, der Jahrhundertwende und diesmal sogar einer Jahrtausendwende in immer größerer Nähe.

Der Mensch wird auf sich selbst zurückgeworfen. Beinahe siebzig Jahre lang haben wir so weit vorausgeschaut, daß wir uns selbst vergessen haben. Die Gesellschaft war auf kollektive Interessen eingestellt. Jetzt stellt sich heraus, daß durch die wirtschaftliche Regression der Kollektivsektor zugunsten der Privatisierung, zugunsten individueller Interessen eingeschränkt wird. Jeder will auf einmal nur die eigenen Schäfchen ins trockene bringen. Ein Retour à la nature, ein Retour à l'etre humain kommt jedoch in jedem Jahrhundert vor, vor allem wenn das Ende dieses Jahrhunderts in Sicht ist. Also doch ein Fin-de-siècle-Syndrom? Auch! Was könnte spannender sein, als alles bewußt zu verfolgen, mitzumachen, vielleicht sogar zu steuern? Die Kunst besteht darin, aktiv und neugierig darauf einzugehen. Allen Kulturpessimisten zum Trotz: die Moiren haben den Lebensfaden der Erato noch nicht abgeschnitten.

Deshalb müssen wir weitermachen, auch wenn die Probleme immer die alten bleiben, auch wenn die ganze künstlerische Grübelei nichts einzubringen scheint, auch wenn das ganze Geschreibe über neue Bezugssysteme und Neotendenzen, über Stellenwert und Funktion des zeitgenössischen Komponisten, über Technik und Material nur eine Nebelwand aufbaut, hinter der sich Scheingefechte abspielen. Jeder von uns soll seinen eigenen Weg verfolgen, wenn es sein muß, wie ein Blinder oder wie Diogenes mit einer Lampe am hellichten Tag, im augenscheinlichen Chaos der eigenen Zeit auf der Suche nach einer eigenen musikalischen Ausdruckskunst, nach dem Samen der blauen Blume ... Später, viel später wird sich herausstellen, ob wir nicht doch alle denselben Weg verfolgt haben ... Ob die Neoromantik dabei regressiv oder progressiv gesehen werden muß, ist im Grunde nicht relevant. Bis ins 18. Jahrhundert war der Weg zurück (ins klassische Altertum) derselbe wie der Weg nach vorne. In Wirklichkeit ist jeder Rückschritt nicht mehr als eine Fiktion des jetzigen Moments ...

(Aus dem Niederländischen von Angela Pfaff)

Henk Manschot
Nietzsche und die Postmoderne in der Philosophie

1. Einleitung

In den Veröffentlichungen über die Postmoderne taucht mit voraussagbarer Regelmäßigkeit der Name Nietzsches auf. Das gilt im besonderen für die zeitgenössische französische Philosophie. Autoren wie Barthes, Bataille, Blanchot, Deleuze, Derrida, Foucault, Lyotard und Klossowski, die man gerne unter dem Etikett ›post-modern‹ versammelt, haben alle ausführlich über Nietzsche geschrieben. Sie unterscheiden sich von anderen Postmodernen durch den spezifischen Standort, von dem aus sie sich Nietzsche nähern. Sie teilen nämlich alle die Überzeugung, daß man nur dann einen Zugang zu Nietzsches Kulturkritik findet, wenn man diese im Kontext seiner Sicht auf die Macht der Sprache liest. Nietzsches Kulturphilosophie wird von ihnen in eine spezifisch rhetorische Perspektive gestellt.

Diese Fragestellung führt bei einigen von ihnen aufgrund der Idee, daß diese Stilform selbst als ein Teil seiner Philosophie verstanden werden muß, zu einem systematischen Interesse an Nietzsches Schreibstil. Sie weisen darauf hin, daß Nietzsche keine ›gewöhnlichen‹ philosophischen Abhandlungen verfaßt hat. Sein Stil ist unsystematisch und aphoristisch. Er schreibt auf eine Weise bildhaft, daß nicht mehr auszumachen ist, ob es sich dabei um literarische oder philosophische Texte handelt. Nietzsche jongliert mit verschiedenen Genres: Gedichten, Liedern, Fabeln, Polemiken, fingierten Dialogen, Streitschriften. Nur der wissenschaftliche, objektiv anmutende Diskurs fehlt selbst dort, wo er naturwissenschaftliche Themen abhandelt.

Auch in der Literaturwissenschaft ist das Interesse an Nietzsches Stil gewachsen.[1] Vielleicht kann man sagen, daß erst jetzt, hundert Jahre nach seinem aktiven Schriftstellerleben (1868-1888), Philosophen die Entdeckung machen, daß man – will man Nietzsche verstehen – dort anfangen muß, wo er selbst angefangen hat: bei der Sprache. Anhand dieser rhetorischen Annäherung an das Werk Nietzsches will dieser Aufsatz Einblick in seine ersten philosophischen Aussagen über die Macht der Sprache geben. Die Grundlage dafür sind zwei Vorlesungen über Rhetorik, die er als Professor der klassischen Philologie geschrieben hat. Es handelt sich dabei um wenig bekannte Texte aus der frühen Periode (1870-1873). Meine Absicht ist weniger, Nietzsches erste sprachphilosophische Aufzeichnungen zu erörtern, ich will vielmehr zeigen, welch entscheidende Bedeutung seine Auffassung von der Funktion der Sprache bereits in einem sehr frühen Stadium seines Denkens für seine Kultur- und Gesellschaftskritik hat. Nietzsches Einsicht in die allumfassende Macht der Sprache zwingt ihn, die Sprache der Macht einer kritischen Untersuchung zu unterziehen.

2. Von der Rhetorik zur Rhetorik der Sprache

Nietzsche betritt die akademische Bühne als Philologe. Im Alter von 25 Jahren beginnt er, an der Universität Basel Vorlesungen, unter anderem über Rhetorik und Beredsamkeit, zu halten. Aus zwei Vorlesungsperioden sind Texte erhalten geblieben: Vorlesungen aus dem Wintersemester 1872/73 und vermutlich aus dem Sommersemester 1874. Die Herausgeber der Nietzsche-Ausgabe haben diese Texte bis vor kurzem kaum beachtet.[2] Sie wurden eher als für Schulzwecke geeignete Zusammenfassungen von Standardwerken über Rhetorik betrachtet, in denen Nietzsches eigene Gedanken kaum eine Spur hinterließen.[3] Aus den Texten, wie sie nun zugänglich geworden sind, geht jedoch hervor, daß Nietzsche hier – mitunter zwischen den Zeilen, mitunter ausdrücklich – das Problem der Sprache eigenständig abhandelt. Diese Problematik kann in der folgenden Frage zusammengefaßt werden: Ist die Rhetorik eine bestimmte Art des Sprechens, eine Kunst, nämlich die Kunst der Wortgewandtheit, wobei der Sprecher mittels Stilfiguren und Bildern bestrebt ist, seine Zuhörer mitzureißen? Oder ist es die Sprache selbst, die aus Stilfiguren besteht, und die uns in ihr Spiel von Verführung und Überzeugung, Einbildung und Verkehrung hineinzieht?

Der Kontext, in dem diese Frage gestellt wird, ist bedeutsam. Es ist Nietzsches Intuition, daß Rhetorik und Wahrheit miteinander kollidieren. Eine Erhellung des rhetorischen Charakters der Sprache wird darum zugleich auch Klarheit über dies Spannungsverhältnis schaffen müssen. Bereits im Einleitungssatz der Vorlesung geht Nietzsche auf dieses Verhältnis ein:

»Die ausserordentliche Entwicklung der Rhetorik gehört zu den spezifischen Unterschieden der Alten von den Modernen: in neuerer Zeit steht diese Kunst in einiger Nichtachtung, und wenn sie gebraucht wird, ist auch die beste Anwendung unserer Modernen nichts als Dilettanterei und rohe Empirie. Im Allgemeinen ist das Gefuehl fuer das an sich *Wahre* viel mehr entwickelt: die Rhetorik erwaechst aus einem Volke, das noch in mythischen Bildern lebt, und noch nicht das unbedingte Beduerfnis nach historischer Treue kennt.«

Die Anerkennung oder Verkennung der Rhetorik wird so schon zu Beginn der Vorlesung an die nicht vorhandene oder vorhandene Vorherrschaft des »an sich Wahren« gebunden. Das Interesse an dieser Verbindung geht deutlich in den Abriß über die Entwicklung der Rhetorik im klassischen Altertum ein, dem der erste Teil der Vorlesung gewidmet ist. Diese Fragestellung schärft auch seinen Blick für die Wertverschiebung, die sich bereits in der griechischen Welt abzeichnet. Anfänglich, konstatiert Nietzsche, war die Kunst des Wortes eine gefürchtete und begehrte Macht. Die Rhetorik war direkt mit der Kunst des Regierens verbunden. Ein guter Staatsmann herrschte durch seine Rede, nicht durch Gewalt. Aber um seiner Rede Geltungskraft zu verleihen, muß er sich zuallererst unterschiedliche Meinungen angehört haben. Auch dies lehrt die Rhetorik:

»Sodann ist es eine wesentlich *republikanische* Kunst: man muss gewohnt sein, die fremdesten Meinungen und Ansichten zu ertragen und sogar ein gewisses Vergnuegen an ihrem Widerspiel empfinden: man muss ebenso gerne zuhoeren als selbst sprechen, man muss als Zuhoerer ungefaehr die aufgewandte Kunst wuerdigen koennen. Die Bildung des Antiken Menschen kulminirt gewoehnlich in der Rhetorik: es ist die hoechste geistige Bethaetigung des gebildeten politischen Menschen – ein fuer uns sehr befremdlicher Gedanke!«

Die integrierte Kunst des Redens und Regierens, die Nietzsche positiv aufgreift, verliert aber bereits in der griechischen Welt einen Teil ihres Ansehens, und zwar mit dem Aufkommen einer Philosophie, die behauptet, daß das Wahre an sich erkannt werden könne. Zwar unterrichtet auch diese Philosophie noch mit den Worten, wie sie ausgesprochen und von jedem verstanden werden, aber sie mißt die Richtigkeit ihrer Bedeutung an dem Wahren. Die Rhetorik gerät in ein schiefes Licht. Im Lichte des

Wahren wird sie als Schönsprecherei, Heuchelei und Schmeichelei um die Gunst der Menschen abgetan. In etlichen Texten äußert Platon – in Nietzsches Augen der Hauptschuldige – seinen unverhüllten Haß gegen die Rhetorik. In der rhetorischen Kunst sieht Platon das Vermögen, Lust und Zerstreuung zu bewirken. Sie wird auf gleiche Ebene mit der Kochkunst und der Kunst, sich zu schmücken, gestellt.

Für mein Anliegen ist es wichtig, daß in der Kontroverse zwischen der Rhetorik und dem, was ich einfachheitshalber die »Wahrheitsphilosophie« nenne, die Sprache selbst allerlei Unterscheidungen unterworfen wird. Obwohl Nietzsche diese Unterscheidungen selbst nicht systematisch abhandelt, läßt sich aus seinem Text der Unterschied zwischen buchstäblichem und figürlichem Sprechen ableiten. Das figürliche Sprechen soll der Rhetorik eigen sein, das Buchstäbliche der Wahrheitsphilosophie. Unterschieden wird weiterhin zwischen gekünsteltem und natürlichem Sprechen, zwischen Sprechen in Metaphern und Sprechen in Begriffen, wobei das gekünstelte Sprechen und das Sprechen in Metaphern der Rhetorik und das natürliche Sprechen und das Sprechen in Begriffen der Wahrheit zugeordnet werden. In den philosophischen Sprachgebrauch, in die Sprache also, die von nun an von den Philosophen verwendet werden wird, geht mit der Erkenntnis des ›in sich selbst Wahren‹ die Idee einer gereinigten, eigentlichen, wahren, »natürlichen« Sprache ein. Nietzsche sagt ausdrücklich, daß der Rhetorik im günstigsten Falle eine didaktische Aufgabe zugewiesen wird. Das Sprechen in Metaphern, Bildern und Figuren kann dazu dienen, den noch nicht Eingeweihten, jenen Menschen, die noch nicht über die Sprache der Philosophen verfügen und für die begriffliches Denken noch zu schwierig ist, etwas verständlich zu machen. Die rhetorische Sprache ist zur Dienstmagd, zur Gehilfin des Philosophen des Wahren geworden, der sich auf ihrem Rücken zum Regenten aufschwingt.

Für Nietzsche hingegen ist der Streit zwischen Rhetorik und Wahrheitsphilosophie am allerwenigsten zugunsten der letzteren geschlichtet. Er führt den Unterschied zwischen den beiden Parteien auf den Punkt zurück, um den sich alles zu drehen scheint: die Sprache. Beide Lager bedienen sich der Sprache, der Worte, Satzwendungen und Ausdrücke, aber jede von ihnen erkennt dem, mit Blick auf die Wahrheit, einen eigenen Wert zu.

Um diese Kontroverse entscheiden zu können, muß die Sprache selbst genauer untersucht werden.

In der dritten Vorlesung mit dem Titel: »Die Beziehung zwischen dem Rhetorischen und der Sprache« wirft Nietzsche die Frage auf, die ich eingangs nannte, und die deutlich sein eigenes Interesse an dieser Materie widerspiegelt: Ist die Rhetorik bloß eine Art des Sprechens, oder ist sie das Wesen der Sprache? Hier seine Antwort:

»Es ist aber nicht schwer zu beweisen, dass was man als Mittel bewusster Kunst ›rhetorisch‹ nennt, als Mittel unbewusster Kunst in der Sprache und deren Werden thaetig waren, ja, dass die *Rhetorik keine Fortbildung der in der Sprache gelegenen Kunstmittel* ist, am hellen Lichte des Verstandes. Es gibt gar keine unrhetorische ›Natuerlichkeit‹ der Sprache, an die man appelliren koennte: die Sprache selbst ist das Resultat von lauter rhetorischen Kuensten. Die Kraft, welche Aristoteles Rhetorik nennt, an jedem Dinge das heraus zu finden und geltend zu machen, das wirkt und Eindruck macht, ist zugleich das Wesen der Sprache: diese bezieht sich ebensowenig wie die Rhetorik, auf das Wahre, auf das *Wesen* der Dinge.«

Nietzsche verdeutlicht dies, indem er darauf hinweist, daß jedes Wort nur eine Facette, einen Eindruck des Dinges festlegt, das es bezeichnet. Sein bevorzugtes Beispiel ist das Wort »Schlange«. Das Wort fängt die schlängelnde Bewegung der Schlange ein. Aber eine Schlange ist natürlich mehr als ihre Weise, sich zu bewegen. Sie ist auch lang, rund, starräugig, und sie zischelt. Diese Eindrücke haben sich jedoch beim Entstehen des Wortes »Schlange« nicht durchgesetzt. Der Eindruck der Bewegung hat die anderen dominiert. Worte heben so einen Aspekt des Dinges hervor.[5]

»Der Sprachbildende Mensch fasst nicht Dinge oder Vorgaenge auf, sondern Reize«, schreibt Nietzsche. Und in Paragraph 7 wiederholt er noch einmal: »Die Sprache drueckt niemals etwas vollstaendig aus, sondern hebt ueberall nur das am meisten hervorstechende Merkmal hervor.«

Worte sind deshalb ihrem Wesen nach metaphorisch. Dies kann auch nicht anders sein, da das Wesen der Dinge nicht in Worte zu fassen ist.

Der Dichter und der gute Redner lernen von der Sprache, wie durch das Benennen eines Aspektes eine umfassendere Wirklichkeit heraufbeschworen werden kann. Wenn er »Segel« für Schiff sagt, »Wogen« oder »wiegendes Wasser« für Meer, betreibt er dann nicht etwas, was die Sprache selbst besser und subtiler tut?

Ich gehe nicht auf die Auslegung, die Nietzsche im folgenden von den verschiedenen Stilfiguren gibt: der Metapher, der Metonymie, der Synekdoche und anderer, ein und schließe mit seiner zentralen Behauptung, daß diese Stilfiguren in der Sprache selbst wirksam sind. Sie sind also keine Verzierungen, keine Spiele, die man mit der Sprache spielen kann und die man folglich auch unterlassen könnte. Anders ausgedrückt – und in akademischen Worten –: die Stilfigur ist keine marginale Weise des Sprachgebrauchs, sondern das linguistische Paradigma par excellence. Es ist zu Recht bemerkt worden, daß diese Idee keine Entdeckung von Nietzsche ist. Vieles hat er dem Buch Gustav Gerbers, *Die Sprache als Kunst* (1871/72), entnommen, in dem folgendes steht: »Alle Worte sind von Anfang an ›Tropen‹. Es gibt keine eigentlichen, buchstäblichen Worte in der Sprache. Die ›Trope‹ macht das Wesen der Sprache aus.« Nietzsches eigener Beitrag besteht meiner Ansicht nach darin, daß er dieser Einsicht, die bei Gerber nur sprachwissenschaftliche Bedeutung hat, eine philosophische Dimension gibt. Erst Nietzsche stellt die Frage, ob dieses Charakteristikum der Sprache sich mit der herrschenden Vorstellung vom Wahren, von der Erkenntnis, von der Moral, von der Kunst und nicht zuletzt von der Sprache selbst vereinbaren läßt.

3. Die Ehe von Wahrheit und Fiktion

Sprache ist also rhetorisch. Bis zuletzt hat Nietzsche versucht, dieses Merkmal der Sprache in Worte zu fassen, in Worten auszudrücken und zu denken. Ich nenne hier einige: Fiktion, Fabel, Schein, Maske, Lüge, Illusion, Metapher, figürlich. Aber welches Wort auch benutzt wird, sie alle haben für uns einen negativen Klang. Sie rufen bei uns jedesmal, jedes auf seine eigene Art und Weise, Assoziationen mit »unwahr«, »nicht-wirklich« hervor. Es scheint, als könne man diese Worte nicht selbständig gebrauchen. Jedes von ihnen bildet zusammen mit einem anderen Wort ein Paar. Wenn das eine genannt wird, ist auch sogleich das andere präsent. Nennt man die Sprache zum Beispiel »fiktiv«, dann wirft dieses Wort sogleich die Frage nach einer nichtfiktiven, einer buchstäblichen Sprache auf. Nennt man die Sprache eine Maske, dann folgt unmittelbar die Frage nach der wahren Wirklichkeit, die sich hinter der Maske verborgen hält. Auf die

Bezeichnungen »Illusion« und »Schein« einzugehen, ist überflüssig. Sie sprechen für sich. Wir sahen schon, daß »figürlich« seinem Ursprung nach auf einen Partner, die eigentliche, buchstäbliche Bedeutung, verweist. Sollte man also eher in Metaphern sprechen, zum Beispiel von »Fabel« oder »Lüge«? Was immer auch Nietzsche unternimmt, um diese quasi-metaphysischen Ehepartner zu scheiden, ihr Band aufzulösen, er bemerkt stets von neuem, daß sein Werk unvollendet ist. Im Vokabular unserer Sprache verbirgt sich hinter dem Figürlichen stets das Wahre und Buchstäbliche, woran die Sprache ihren Halt findet. So stößt Nietzsche auf die Tatsache, daß in unserer westlichen Kultur der absolut rhetorische Charakter der Sprache überhaupt nicht gedacht werden kann, weil unsere Kultur von der Idee durchdrungen ist, daß das Wahre das Maß und die Matrix aller Dinge ist, auch der Sprache.

Auf verschiedenste Weisen prangert Nietzsche in Ausdrücken und Wortverbindungen an, daß der Wahrheit, dem Wahren, ein offensichtlicher Wert zugesprochen wird. Und in seiner Polemik gegen die westlichen Philosophen stellt er ihnen die Frage: Warum haltet ihr die Wahrheit für etwas derartig Wertvolles und Vornehmes? Warum die Wahrheit höher achten als den Schein?

»Das Neue an unserer jetzigen Stellung zu Philosophie ist eine Überzeugung, die noch kein Zeitalter hatte: *dass wir die Wahrheit nicht haben*.«[6]

Je ausführlicher er sich mit diesen Fragen beschäftigt, um so mehr sieht er sich in seiner Überzeugung bestärkt, daß uns vor allem das Wahrheitssyndrom daran hindert, die Sprache ernst zu nehmen, und daß das Ernstnehmen der Sprache zu der Einsicht führt, daß wir die Wahrheit nicht erkennen können, daß die Wahrheit nicht in unseren Machtbereich fällt. Nietzsche stellt sich auf die Seite der Sprache und ist somit dazu verurteilt, den Streit mit dieser Wahrheit aufzunehmen, den Streit mit der Macht, die diese Wahrheit sich in unserer Kultur erobert hat.

Dieser Streit drückt sich in erster Linie in seinem eigenwilligen, unakademischen Schreibstil aus, in der Stilform selbst. Davon war früher schon die Rede. Wenn wir von seiner Auffassung der Sprache ausgehen, dann wird uns verständlich, warum Nietzsche keine »wahren« Abhandlungen, keine objektivierenden Aufsätze schreibt, ja nicht schreiben konnte. Er schreibt ironisch, polemisch, metaphorisch. Dem entsprechen auch die Titel seiner

Werke. »Menschliches, Allzumenschliches« oder »Die fröhliche Wissenschaft« bezeugen dies. Und sein Meisterwerk »Also sprach Zarathustra« trägt den Untertitel: »Ein Buch für alle und keinen«. Die Titel der ersten drei Kapitel von »Ecce Homo« heißen: »Warum ich so weise bin«, »Warum ich so klug bin«, »Warum ich so gute Bücher schreibe«. Nietzsche hat sich in allen Schreibgattungen bewegt. So verhinderte er, daß sein Stil selbst zur Wahrheit wurde.

Auf diese Weise eröffnet er den Kampf gegen die offenen oder verborgenen Wahrheitsansprüche, gegen die Humanwissenschaften, die zu wissen glauben, wie der Mensch ist, gegen Religion und Moral, sofern sie zu wissen vorgeben, wie der Mensch eigentlich, in seinem Wesen, seinem Innersten ist, und folglich, wie er sein sollte. Und auch der Philosophie wird es nicht besser ergehen. Das Aufspüren des Wahrheits-Diskurses bringt ihn dazu, alle Institutionen, die die westliche Kultur hervorgebracht hat, kritisch zu betrachten: die Religion, die Moral, die Philosophie, die Wissenschaft und nicht zuletzt ihr Bildungszentrum, die Universität. Nicht eine Institution scheint ohne Wahrheitsanspruch auszukommen, nicht einmal die Kunst, obwohl sie am ehesten gegen ihn rebelliert und sich manchmal diesem Anspruch zu entziehen weiß. Nietzsches Frage, woher dieser Wahrheitstrieb rühre, bleibt offen. Gibt es etwas in uns, das ihn bejaht und sein Gegenteil »verneint«? Worin liegt die Anziehungskraft des Wahren an sich? Mit welcher unsichtbaren Macht wird hier ein Pakt geschlossen, einer Macht, die anscheinend niemand sieht?

So ist das Wahrheitssyndrom für Nietzsche zu einem vielköpfigen Ungeheuer geworden, das jedesmal ein anderes Antlitz zeigt. Um dieses Ungeheuer, das er selbst immer heraufbeschwört, zu bekämpfen, überschreitet er die Grenzen der Philologie, innerhalb deren er sich anfangs mit Sprache und Wahrheit auseinandergesetzt hat. Sein Blick richtet sich nun auf das Problem der Macht in der westlichen Kultur. Seine Leidenschaft für die Sprache verwandelt sich in die Leidenschaft für die Bildung. Die Frage, wie der Mensch und die Gesellschaft aussehen könnten, wenn man die Herrschaft des Wahren bricht, tritt deutlicher in den Vordergrund. Diese Verschiebung ist bekannt. Weniger bekannt ist vielleicht, daß dies im Namen der Sprache selbst und im Horizont einer rhetorisch-dynamischen Konzeption der Sprache geschieht. Es gibt eine geradlinige Verbindung zwischen dieser

Sprachauffassung und Nietzsches politischer Philosophie. Wie diese Verbindung in der frühen Periode entsteht, wird im nachfolgenden Abschnitt rekonstruiert.

4. Das Bündnis zwischen Wahrheit und Staat

1. Die Vorlesungen über Rhetorik, von denen soeben die Rede war, waren für das Wintersemester 1872/73 und das Sommersemester 1874 geplant. Die erste Vorlesung wurde von zwei Studenten besucht, einem Juristen und einem Germanisten. Die zweite fiel mangels Interesse aus. Im Jahre 1873, also zwischen den beiden Vorlesungen, schreibt Nietzsche eine kleine Abhandlung mit dem Titel: »Über Wahrheit und Lüge im aussermoralischen Sinne.« Diese Schrift ist als eine Arbeit über die Sprache bekannt. Sie befaßt sich in der Tat mit der Sprache, der metaphorischen und der Wahrheitssprache und ihrem wechselseitigen Verhältnis. Aber wichtiger ist vielleicht der Kontext, in den die Sprache hier gestellt wird. Es handelt sich dabei um die Urszene der Menschwerdung. Damit meine ich den Übergang oder den Bruch, der sich in der Geschichte des Menschentieres ereignet hat, als er vom Natur- zum Kulturwesen geworden ist. Vor Nietzsche beschäftigte sich bereits Rousseau, als er über den Gesellschaftsvertrag und die Sprache schrieb, mit dieser Urszene. Auch Darwin darf hier nicht vergessen werden, der den Menschen in den Überlebenskampf mit der Natur eingebunden sieht. Beide Schriftsteller haben Nietzsche tief beeindruckt.[8]

Es geht also um die Urszene der Menschheit, den Übergang von Natur zur Kultur. Wie soll man darüber schreiben? In welchem Stil? Historisch? Evolutionistisch? Philosophisch? Phantasierend? Niemand ist dabeigewesen. Nietzsche wählte eine Stilform, die man vielleicht am besten eine »conte philosophique«, eine philosophische Erzählung, nennen könnte. Sie beginnt folgendermaßen:

»In irgend einem abgelegenen Winkel des in zahllosen Sonnensystemen flimmernd ausgegossenen Weltalls gab es einmal ein Gestirn, auf dem kluge Thiere das Erkennen erfanden. Es war die hochmüthigste und verlogenste Minute der »Weltgeschichte«: aber doch nur eine Minute. Nach wenigen Athemzügen der Natur erstarrte das Gestirn, und die klugen Thiere mussten sterben. – So könnte Jemand eine Fabel erfinden und würde doch nicht genügend illustrirt haben, wie kläglich, wie schattenhaft und flüchtig, wie zwecklos und beliebig sich der menschliche Intellekt innerhalb der Natur ausnimmt; es gab Ewigkeiten, in denen er nicht war; wenn es wieder mit ihm vorbei ist, wird sich nichts begeben haben.«

Ich werde zusammenfassen, wie es dem klugen Menschentier im weiteren ergehen wird. Nietzsche beschreibt es als ein Quasi-Naturwesen, das um sein Überleben kämpft und dabei alle seine Kräfte mobilisiert, im besonderen seinen Intellekt, es heuchelt und betrügt, wo es heucheln und betrügen kann.

Nach zweieinhalb Seiten wird die Urszene aufgeführt, der Übergang von Natur zur Kultur. Diese Passage scheint mir eine Persiflage auf Rousseaus Text über den Gesellschaftsvertrag zu sein. Sie lautet:

»... weil aber der Mensch zugleich aus Noth und Langeweile gesellschaftlich und heerdenweise existiren will, braucht er einen Friedensschluss und trachtet darnach dass wenigstens das allergröbste bellum omnium contra omnes aus seiner Welt verschwinde. Dieser Friedensschluss bringt aber etwas mit sich, was wie der erste Schritt zur Erlangung jenes räthselhaften Wahrheitstriebes aussieht. Jetzt wird nämlich das fixirt, was von nun an »Wahrheit« sein soll d. h. es wird eine gleichmässig gültige und verbindliche Bezeichnung der Dinge erfunden und die Gesetzgebung der Sprache giebt auch die ersten Gesetze der Wahrheit.«

Eine allgemeingültige Benennung der Dinge geht mit dem Entstehen der menschlichen Gesellschaft einher. Sie verlangt nach einer Wahrheit, die Ordnungen schafft und Regeln festlegt. Oder wäre es richtiger zu sagen, es ist die Ordnung, die die »Wahrheit« einfordert, die das »Wahre« erfindet als Zeichen ihrer Autorität? Nietzsche sagt nicht, wie dies geschieht. Im Gegensatz zu früheren Texten bleibt unklar, ob die klugen Menschentiere schon eine Sprache hatten, bevor sie in den gesellschaftlichen Verband eintraten.[9] Entschieden vertritt er jedoch, daß mit der Errichtung einer gesellschaftlichen Ordnung zugleich auch die Wahrheitssprache die Oberhand über das metaphorische Vermögen der Sprache gewinnt. Schon in der Urszene werden die Weichen falsch gestellt. Der Eintritt in die Gesellschaft einerseits und die Unterwerfung unter die Wahrheit andererseits scheinen zwei Seiten eines Ereignisses zu sein, die einander vermittelt und unauflöslich miteinander verknüpft sind. Das innere Band zwischen Wahrheit und Ordnung tritt in der Art und Weise, in der

Nietzsche die Auswirkungen der Wahrheitssprache beschreibt, ans Licht. Ihr erstes Verdienst ist es, daß sie eine Ordnung herstellt, derart, daß das Verbindliche und Geregelte über das Spiel der flüchtigen Eindrücke gestellt wird. Die Wahrheitssprache schätzt das Gesellschaftliche höher ein als das Einzigartige und Individuelle. Sie hält abstrakte Schematisierungen für wertvoller als konkretes und bildhaftes Sprechen. So wird denn durch diese Vorlieben, die von der Wahrheitssprache geformt werden, das möglich, was anders nicht hätte geschehen können. Allein eine derartige Wahrheit kann es erreichen – ich zitiere –

»... eine pyramidale Ordnung nach Kasten und Graden aufzubauen, eine neue Welt von Gesetzen, Privilegien, Unterordnungen, Gränzbestimmungen zu schaffen, die nun der anderen anschaulichen Welt der ersten Eindrücke gegenübertritt, als das Festere, Allgemeinere, Bekanntere, Menschlichere und daher als das Regulirende und Imperativische«.

Es sollte nicht unbemerkt bleiben, daß hier eine politische Terminologie verwendet wird, um die Auswirkung der Wahrheitssprache zu beschreiben. Es ist von einer Ordnung nach Graden und Kasten, von Gesetzen, Privilegien, Unterordnungen und klaren Grenzbestimmungen, die regulierend und imperativisch sind, die Rede. Die Wahrheit erscheint hier als Ordnung, Regel, Gesetz. Und das Gesetz bestimmt sich in der Sprache der Wahrheit als Gesetz. Diese Verschiebung von einer erkenntnistheoretischen zu einer politischen Terminologie erklärt Nietzsche auf die folgende Weise. Insofern feststeht, daß die Sprache nicht in der Lage ist, das Wesen der Dinge wiederzugeben, und es als offensichtlich erachtet werden muß, daß der Mensch das Wesen der Dinge nicht erkennen kann, entfällt die Berufung auf das Wahre als Motiv für die Autorität der Wahrheitssprache. Es muß also ein anderes Motiv, ein anderer Impuls in der Begriffssprache zum Ausdruck kommen. Ein anderes Bedürfnis muß sich hinter dem Verlangen nach dem Wahren verbergen, z. B. das Bedürfnis nach Ordnung, nach Klarheit und Sicherheit oder das Bedürfnis nach Führung. Der Wegfall der erkenntnistheoretischen Perspektive auf die Wahrheit zugunsten einer moralisch-politischen Fragestellung ist daher für Nietzsche eine der Konsequenzen, die aus dem rhetorischen Charakter der Sprache folgen.

2. Ich kehre nun zu Nietzsches Darstellung der Urszene zurück. In der zitierten Passage werden noch andere Aspekte

genannt: der Übergang vom individuellen zum gemeinschaftlichen Leben, die Suche nach Sicherheit und Frieden und die Anerkennung einer allgemeingültigen und verbindlichen Benennung der Dinge. Man kann sich des Eindrucks nicht erwehren, daß Nietzsche an dieser Stelle – und sei es auch mit der nötigen Ironie – im wesentlichen doch in die Fußstapfen der Vertragstheorie von Rousseau und Hobbes tritt. Sie haben die politische Ordnung als Ergebnis eines freiwilligen Vertrages zwischen Individuen dargestellt, die sich, durch ihr eigenes Interesse motiviert, aus rationalen Gründen dafür entscheiden, fortan das Gesetz über die Macht des Stärkeren zu stellen. Sie betrachten dies als eine positive Entwicklung, als einen entscheidenden Schritt in Richtung auf eine rationalere und humanere Gesellschaft. Von dieser positiven Bewertung bleibt bei Nietzsche nicht viel übrig. »Not und Langeweile«, das sind für ihn die Motive, in der Gesellschaft zu leben – zweitrangige Motive und niedere Gefühle also. Die Umkehrung in die Bewertung erhält noch einen besonderen Akzent, indem er »Gesellschaft« und »Herdenverband« gleichsetzt. Auch das Bedürfnis nach Frieden ist für ihn kein eindeutig positives Motiv. Aber das wichtigste ist vielleicht, daß Nietzsche die Behauptung, es handele sich um eine freiwillige Zustimmung, in Frage stellt. Ist die gesellschaftliche Ordnung wirklich das Ergebnis einer freiwilligen Zustimmung? Kann sie das überhaupt sein? Die ironische Darstellung erweckt den Eindruck, daß Nietzsche den Vertragsgedanken selbst für ungeeignet hält, um die Merkmale der gesellschaftlichen Ordnung zu beschreiben. Deutlicher als in der hier zitierten Passage nimmt diese Ablehnung in seinen späteren Werken Gestalt an. Der *Genealogie der Moral* ist das folgende Zitat über die Urszene entnommen:

»Die gruendlichste aller Veraenderungen die der Mensch ueberhaupt erlebt hat, ist jene Veraenderung, als er sich endgueltig in den Bann der Gesellschaft und des Friedens eingeschlossen fand. (...) Zur Voraussetzung meiner Hypothese ueber den Ursprung des schlechten Gewissens gehoert erstens, dass jene Veraenderung keine allmaehliche, keine freiwillige war und sich nicht als ein organisches Hineinwachsen in neue Bedingungen darstellte, sondern als ein Bruch, ein Sprung, ein Zwang, ein unabweisbares Verhaengniss, gegen das es keinen Kampf und nicht einmal ein Ressentiment gab. (...) dass der aelteste ›Staat‹ demgemaess als eine furchtbare Tyrannei, als eine zerdrueckende und ruecksichtslose Maschinerie auftrat und fortarbeitete, bis ein solcher Rohstoff von Volk und

Halbthier endlich nicht nur durchgeknetet und gefuegig, sondern auch *geformt* war. Ich gebrauchte das Wort ›Staat‹: (…) ich denke, jene Schwaermerei is abgethan, welche ihn mit einem ›Vertrage‹ beginnen liess.«[10]

Nicht der Vertrag, sondern das »Eingeschlossen-Werden« zeichnet die Beziehung zwischen den Menschen und der gesellschaftlichen Ordnung aus; nicht die freiwillige Zustimmung, sondern das von außen und mit Gewalt Eingezwängt- und Geformt-werden. Um dies zu betonen, ersetzt Nietzsche den Terminus »Gesellschaft« durch den Terminus »Staat« – Staat in Anführungszeichen –, der für ihn stets mit der Bedeutung »Zwang« verbunden ist. Das Paradigma des Vertrages wird an dieser Stelle ganz fallengelassen. An seine Stelle tritt ein ursprüngliches Spannungsverhältnis: Die Spannung zwischen dem »noch nicht festgestellten Tier« – wie Nietzsche den Menschen mitunter nennt – auf der einen Seite und der Ordnung, dem Gesetz, der Regel auf der anderen Seite. Die Auflösung dieser Spannung ist per definitionem gewalttätig. Das neue Paradigma nährt einen fundamentalen Zweifel am Werte des Gesetzes als dem höchsten, gestaltgebenden Prinzip der menschlichen Gesellschaft. Dies provoziert daher die Frage, ob nicht ein anderer Leitfaden gefunden werden könnte. Aus dem neuen Paradigma folgt auch eine neue Aufgabenstellung für die Philosophie. Nietzsche macht es ihr zur Aufgabe, die Formen und Gestalten, die die Staatsgewalt bis zum heutigen Tage angenommen hat, offenzulegen und für die Zukunft neue Lösungsmöglichkeiten auszuarbeiten, weil er keine der bestehenden für befriedigend hält.

3. Man kann sich nicht genug über die radikale Weise wundern, in der Nietzsche die Idee des »Staates« und des Gesetzes als Gewalt und Zwang bestimmt. Er ist darin radikaler und kompromißloser als irgendein anderer Philosoph Ende des 19. Jahrhunderts, ja radikaler noch als Marx. Marx hat sich bekanntermaßen gegen die bürgerliche Form des Staates gewendet. Vor allem in seinen früheren Schriften verteidigt er den Gedanken, daß der Staat zerstört werden muß. Gleichzeitig hält er aber an der Idee des Gesetzes und der Gesetzmäßigkeit als dem Schlüssel für das politische Denken fest und handelt sich alle damit verbundenen Probleme ein, wie Kolakowski gezeigt hat. Auch Sorels Ideen über die direkte Demokratie oder Bakunins Anarchismus bleiben

hinter der radikalen Kritik Nietzsches zurück. Wie ist es möglich, daß Nietzsche in seiner Problemstellung so weit gehen konnte? Was veranlaßt ihn, sich ungewöhnlich heftig gegen den »Staat« zu wenden? Die Erklärung kann nicht in der Analyse, die er von der politischen Situation seiner Zeit gibt, zu finden sein. Es handelt sich dabei eher um Impressionen denn um Analysen. Die Erklärung scheint mir darin zu liegen, daß Nietzsche Wahrheit und Gesetz parallelisiert. So, wie der Wahrheits-Diskurs der metaphorischen Mehrdeutigkeit der Sprache Gewalt antut, die lebendige Umgangssprache säubert, sie zurechtschneidet und -stutzt, so wird dem Menschentier, das dem Gesetz unterworfen wird, unmittelbar Gewalt angetan. Die Gewalt der Wahrheit gibt das Modell für die Gewalt des Gesetzes ab. Was über den »Staat« und das Gesetz gesagt worden ist, das ist zuvörderst über die Wahrheit gesagt worden: Auch dort fanden wir dieselbe Terminologie, dieselben Assoziationen mit Gewalt, denselben Absolutheitsanspruch. Die Parallele scheint also vollkommen zu sein. Und es ist der Text »Über Wahrheit und Lüge im aussermoralischen Sinne«, der den ersten Ansatz zu dieser Parallelisierung enthält. Dort wird zum ersten Mal die Macht des Staates als die Macht, allgemeingültige und verbindliche Benennungen festzulegen, beschrieben, wobei das Bedürfnis nach einer derartigen Festlegung als Bedürfnis nach »Gesellschaft« beschrieben wird.

Es führt zu weit, den Vergleich zwischen Nietzsches Kritik an der Wahrheit und seiner Kritik an Gesetz und ›Staat‹ für sein Gesamtwerk auszuführen. Für meine Zwecke genügt es, auf die folgenden drei Berührungspunkte zwischen seiner Kritik an der Wahrheit und seiner Kritik am Gesetz hinzuweisen.

Der erste Punkt betrifft die Typisierungsfunktion des Gesetzes. Eben dies ist auch Nietzsches erste Definition von »Begriff«. In »Über Wahrheit und Lüge im aussermoralischen Sinne« wird der Begriff als »das Gleichsetzen des nicht-Gleichen« gebrandmarkt. In dieser Definition von Gesetz und Begriff selbst drückt sich ihre gewalttätige Wirkung folgendermaßen aus: die Einzigartigkeit und Mannigfaltigkeit der individuellen Lebensmöglichkeiten und Welterfahrungen werden durch ein allgemeingültiges Modell in Fesseln gelegt. Dies hat zur Folge, daß im Bildungsprozeß des Menschen eine externe Macht die Oberhand hat, und nicht die anleitende Kraft, die aus dem Menschen selbst kommt. Das »Ich will« wird ersetzt durch das »du sollst«, steht in *Zur*

Genealogie der Moral, und »selbst Kants Imperativ riecht nach Gewalt«.[13]

Der zweite Punkt betrifft das innere Band zwischen dem Gesetz und bestimmten Bedürfnissen und Trieben. Das Gesetz stimuliert bei den Menschen die Impulse zum Gehorsam und erhebt den Gehorsam und die Unterwerfung zum höchsten Wert. Die Autorität des Gesetzes steht über dem Menschen. Diese Autorität anzuerkennen, das bedeutet – wie wir soeben sahen –, daß der Mensch die Bestimmung über sein Leben aus den Händen gibt und die Entwicklung dieser Triebe der Autorität überläßt. In Nietzsches Vorstellung ist diese Delegation von Macht an das Gesetz keineswegs selbstverständlich. Man kann sich zumindest zu jeder Zeit die Frage stellen, was der Mensch bei dieser Art der Delegation gewinnt und was er dabei verliert. Nietzsche schärft den Blick für diese Frage, in dem er eingehend ausarbeitet, daß die Menschen, was den größten Teil ihrer Geschichte betrifft, dem Gesetz nicht von Herzen zugestimmt haben. Das Gegenteil ist sogar der Fall gewesen. Lange Zeit hat der »Staat« allein durch körperliche Gewalt, durch die rigide Durchsetzung seiner Gesetze, Gehorsam erzwingen können. Nur bestimmte »aufgeklärte« Gruppen in der modernen Gesellschaft akzeptierten das Gesetz freiwillig und von Herzen. Aber hinter ihrer problemlosen Delegation von Macht sieht Nietzsche – wie schon bemerkt worden ist – trübe Motive im verborgenen wirken: das Bedürfnis nach Klarheit und Sicherheit, nach Frieden und Ruhe, nach Sicherung des Besitzes und Bequemlichkeit. Es ist der schwache, der bedürftige, der »redliche« Mensch, der sich in der Welt des Gesetzes zu Hause fühlt, so, wie es auch der schwache und bedürftige Mensch ist, der sein Handeln unter die Herrschaft der Abstraktionen stellt, weil er gegen plötzliche Eindrücke wehrlos ist und Angst hat, von unerwarteten Impulsen mitgerissen zu werden.

Der dritte Punkt betrifft den Preis, den der Mensch für die Anerkennung der Autorität von Wahrheit und Gesetz zahlen muß. Der Preis ist keineswegs gering. Nietzsche schreibt: »unter dem tyrannischen Druck des Staates entsteht die Seele, das Bewußtsein, das Gewissen, oder wie die Schulsprache es ausdrückt ›das Subjekt‹«. Der Mensch wird also »gespalten« (noch vor Freud gebraucht Nietzsche den Terminus »Spaltung«). Das Gesetz zwingt ihn, sich selbst in »höhere« und »niedere« Vermögen aufzuteilen, in Seele und Körper, Vernunft und Leidenschaft, moralischen Imperativ und sinnlichen Genußtrieb, in Bewußtes und Unbewußtes, und was der Teilungen noch mehr sind. Mit Hilfe dieser Substantivierungen, Schöpfungen des Wahrheitsdiskurses, soll der Mensch seine Identität formen. Der erste Terminus in dieser Serie ist stets mit einem positiven Wert verbunden, der zweite mit einem negativen. Unter Anleitung der Vernunft und des Gewissens, Verinnerlichungen von Wahrheit und Gesetz, wird dem Menschen beigebracht, den Körper, die Leidenschaften und die Sinnlichkeit zu formen. Er wird darüber belehrt, daß diese Kräfte kein eigenes Bildungsprinzip in sich haben, sondern von ›oben‹ geformt und diszipliniert werden müssen.

Am Ende seines schriftstellerischen Lebens, gegen 1887, wird Nietzsche die Urszene noch einmal anders darstellen. Er kontrastiert nun den »Staat« nicht mehr mit dem »Menschentier« oder dem »Individuum« oder dem »Menschen« – Bezeichnungen, die noch stark von der westlichen Philosophie geprägt und von Darwin beeinflußt sind –, sondern mit dem vielfältigen, vielsinnigen, unbegreifbaren, lebendigen menschlichen Leib, der noch nicht hierarchisiert, noch nicht in die genannten Zweiteilungen auseinanderdividiert worden ist. »Am Leitfaden des Leibes« will Nietzsche die Urszene noch einmal von neuem durchdenken. Der eine, ungeteilte, ungeordnete, lebendige Leib wird letztendlich das Komplement der metaphorischen Sprache. Anders ausgedrückt: die metaphorische Sprache ist die Sprache des lebendigen Leibes. Ihre gemeinsamen Ursprünge und ihre Kraft stellt Nietzsche der Hegemonie von Wahrheit und Gesetz gegenüber.

Schluß

Nietzsches negatives Urteil über den ›Staat‹ gründet in der Parallele, die er zwischen GESETZ und WAHRHEIT zieht. Die Ablehnung des Wahrheitsanspruches folgt geradewegs aus der rhetorischen Sprachauffassung. Damit ist eine Wurzel von Nietzsches Kulturkritik genealogisch offengelegt. Wenn meine Analyse richtig ist, dann illustriert sie die Behauptung der postmodernen französischen Philosophie, daß Nietzsches Kulturkritik unzugänglich bleibt, wenn sie nicht mit seiner Einsicht in die Macht der Sprache verbunden wird.

Nietzsches Einsicht in die Macht der Sprache läßt sich in dem Paradox zusammenfassen, daß die Sprache sowohl allumfassend als auch unzureichend ist: allumfassend, weil dem Menschen außerhalb der Sprache nichts zugänglich ist. In diesem Sinn gilt zum Beispiel Derridas Parole ›il n'y a pas de hors texte‹. Unzureichend ist die Sprache, weil der konkrete, materielle Korpus der Sprache immer begrenzt ist.

Die von den französischen Philosophen nahegelegte Deutung dieses Paradoxes zeigt, daß die zensierende Wirkung der Sprache von Anfang an Modell für Nietzsches Bild von der Kultur gestanden hat. Die Isomorphie zwischen beiden ist besonders in Nietzsches unbeirrbarer Aufmerksamkeit für die rohen und subtilen Gewalteffekte der Kultursprache zum Ausdruck gekommen, aber ebensosehr auch in seiner Faszination für die ›Randgebiete der herrschenden Sinngebung‹, für alles das, was durch die Kultur ausgeschlossen und verdrängt wird: die Erfahrungen des Wahnsinns, der Stille, des Spiels und des Nomadentums. Aufmerksamkeit für Machteffekte und Aufmerksamkeit für Grenzerfahrungen sind Bestandteile dieses Paradigmas. Postmoderne Philosophie, die das Wahrheitsdenken endgültig hinter sich läßt, wird diese Themen von selbst aufgreifen.

(Aus dem Niederländischen von Christiane Goldmann)

Anmerkungen

1 Vgl. auch Paul de Man, *Allegories of reading. Figural language in Rousseau, Nietzsche, Rilke and Proust*, 1979 (erscheint in Deutsch unter dem Titel *Allegorien des Lesens*, Frankfurt 1987). Auch andere Autoren der Yale School haben sich mit dem Werk Nietzsches beschäftigt (Harold Bloom, Geoffrey Hartman und J. Hillis Miller).

2 Dieser Text ist noch nicht in der Kritischen Studien-Ausgabe, herausgegeben von Colli und Montinari, erschienen. Ich habe, neben der Kröner-Ausgabe (*Fr. Nietzsche's Werke*, Band XVIII, Philologica, Leipzig 1912, S. 237-269), die französische, kritische Ausgabe dieses Textes benutzt: ›Friedrich Nietzsche. Rhéthorique et Langage, textes, traduits, présentée et annotés par Philippe Lacoue-Labarthe et Jean-Luc Nancy‹, erschienen in der Zeitschrift: *Poétique 2* (1971) S. 99-141. Sie stützen sich auf verschiedene Editionen der Werke Nietzsches. Auf ihrem Text basiert die englische Übersetzung, die in der Zeit-

schrift ›*Philosophy and Rhetoric*‹, Vol. 16, No. 2 (1983) S. 95-129 erschienen ist.

3 Nietzsche bezieht sich vor allem auf Richard Volkmann, *Die Rhetorik der Griechen und Römer in systematischer Übersicht dargestellt*. Berlin 1872; Gustav Gerber, *Die Sprache als Kunst*, Bromberg 1872; und Blass, *Die griechische Beredsamkeit in dem Zeitraume von Alexander bis auf Augustus*, Berlin 1865 und *Die attische Beredsamkeit*, die ersten beiden Teile erschienen 1868 in Leipzig. Ich habe diese Angaben der ›Présentation‹ von Lacoue-Labarthe und Nancy, *Poétique*, a.a.O. S. 101 entnommen.

4 Auf diese Unterscheidungen geht auch J. Derrida ein. Siehe ›La mythologie blanche, la métaphore dans le texte philosophique‹, abgedruckt in J. Derrida, *Marges de la Philosophie*, Paris 1972.

5 Das Beispiel mit der Schlange wird bezeichnenderweise wieder in der Schrift »Über Wahrheit und Lüge im aussermoralischen Sinne« aufgegriffen, die ein Jahr später, im Jahre 1873, erscheint. Folgende Passage ist in diesem Zusammenhang sehr erhellend:

»Wir reden von einer Schlange: die Bezeichnung trifft nichts als das Sichwinden, könnte also auch dem Wurme zukommen. Welche willkürlichen Abgrenzungen, welche einseitigen Bevorzugungen bald der bald jener Eigenschaft eines Dinges! Die verschiedenen Sprachen neben einander gestellt zeigen, dass es bei den Worten nie auf die Wahrheit, nie auf einen adäquaten Ausdruck ankommt: denn sonst gäbe es nicht so viele Sprachen. Das »Ding an sich« (das würde eben die reine folgenlose Wahrheit sein) ist auch dem Sprachbildner ganz unfasslich und ganz und gar nicht erstrebenswerth. Er bezeichnet nur die Relationen der Dinge zu den Menschen und nimmt zu deren Ausdrucke die kühnsten Metaphern zu Hülfe.«

6 Nietzsche, *Umwertung aller Werte*, (Hg. Fr. Würzbach), München 1969, S. 607, Nr. 566. Der Text lautet weiter: »Alle früheren Menschen ›hatten die Wahrheit‹, selbst die Skeptiker.«

7 Nietzsche, *Kritische Studienausgabe*, Berlin 1980, I, S. 875-890. Die Zitate sind diesem Text entnommen.

8 Auch Freud ist hier zu nennen, aber die Freudsche Version und die Idee des Ödipuskomplexes kommt erst später zum Tragen.

9 Schon seit 1868 hat Nietzsche viele Bemerkungen zum Zusammenhang von »ursprünglicher Sprache, Poesie und Musikalität« gemacht. Bereits im 18. Jahrhundert wird ein derartiger Zusammenhang von Rousseau und La Mettrie ausgearbeitet. Die Deutsche Romantik verfolgt dies dann weiter. Nietzsche hat zwei Hypothesen dieser Tradition viel Beachtung geschenkt. Die erste betrifft die ursprünglichen Kennzeichen der Sprache: je ›primitiver‹ die Sprache, desto musikalischer, affektiver, poetischer. Die zweite betrifft den »Schöpfer« der Sprache. Nietzsche weist in seinen Bemerkungen unter ande-

rem auf die Diskussion über die Mono- oder Polygenese der Sprache
hin, ohne daß er einen der beiden Standpunkte einnimmt. Er läßt es
auch dahingestellt sein, ob der Ursprung der Sprache natürlich (phü-
sei) ist oder konventionell (thesei). Wichtig für ihn ist die Idee, daß das
›Humane‹ von Anfang an eine Kultur hat und eben deshalb dem
›Animalen‹ überlegen ist. Vgl. auch Lacoue-Labarthe, a.a.O. S. 135.

10 Nietzsche, *Kritische Studienausgabe*, Band V, S. 324, sowie § 16,
S. 321 ff.

11 G. Deleuze hat diese Zweifel in seinem Aufsatz ›Pensée nomade‹
ausgearbeitet. In der radikalen Ablehnung aller Kodierungen liegt ihm
zufolge der entscheidende Unterschied zwischen Nietzsche und Marx
oder Freud.

12 L. Kolakowski, *Die Geschichte des Marxismus*, Paris 1976, besonders
Teil II und III. Ich habe Kolakowskis Kritik in meinem Aufsatz ›Hoe
komisch is het marxisme‹ zusammengefaßt, der in *Nederlands Theologische Tijdschrift*, Oktober 1984, erschienen ist.

13 Nietzsche, *Kritische Studienausgabe*, Band V, S. 292-293.

14 Siehe hierzu Teil II *Zur Genealogie der Moral*.

Norbert Bolz
Die Utopie des Besonderen – Zum ästhetischen Nominalismus Th. W. Adornos

Für Wolfgang Hübener zum 50. Geburtstag

Der Schritt von Tragik zu Parodie, von Kritik zu Diskursanalyse, von der Negation zur »ironischen Neureflexion« des bereits Gesagten ist der Schritt in die Postmoderne. Bleibt die Frage, ob es sich hier um ein Ante und Post weltalterlichen Ausmaßes oder um den periodischen Wechsel eines Denkstils handelt. In seiner »Nachschrift zum ›Namen der Rose‹« hat U. Eco neuerdings den Postmodernismus mit Riegls Terminus als ein »Kunstwollen« bezeichnet, in dem sich die Menschen in Krisenzeiten von einer drückend gewordenen Vergangenheit entlasten. »Man könnte geradezu sagen, daß jede Epoche ihre eigene Postmoderne hat, so, wie man gesagt hat, jede Epoche habe ihren eigenen Manierismus (und vielleicht, ich frage es mich, ist postmodern überhaupt der moderne Name für Manierismus als metahistorische Kategorie).«[1] Doch restituiert dieser Karneval der Vergangenheit, dieser ironische Maskenball der Geschichte nicht just jenen Historismus, gegen den sich die Kritische Theorie der Moderne konstituierte? Ist der Postmodernismus nur eine zynische Wiederkehr des Historismus? Das hat Habermas in seiner berühmt gewordenen Dankrede zur Verleihung des Adorno-Preises klar gesehen. Allerdings verstellte seine allzu raffinierte Rubrizierung des französischen Poststrukturalismus als »jungkonservativ« die längst fällige Kontroverse zwischen Adornos Ästhetik und dem Postmodernismus.

Die Sicherheit auf postmodernem Terrain ist trügerisch, weil zwar die Idee der modernen Kunst am Ende, das »Projekt der Moderne« aber gescheitert ist. Ist aber beim Schritt ins postmoderne Zeitalter die Verwirklichung versäumt worden, so hält sich ein Denken am Leben, »das sich dem Geist der Moderne (...) vorbehaltlos verschrieben hat«.[2] Daß das Projekt der Moderne gescheitert ist, hat immanente Gründe. Von Anfang an trug die bürgerliche Kunst den Keim des Zerfalls in sich. Diese in sich krisenhafte Moderne wird im folgenden auf den Begriff des ästhetischen Nominalismus gebracht. Ästhetischen Nominalismus nennt Adorno zwei einander entsprechende Prozesse in der Subjekt-Objekt-Dialektik der modernen Kunst: einmal die Fortschrittsfigur ästhetischer Materialbeherrschung, dann die erkenntnistheoretische Einstellung des Kritikers zum konkreten Gegenstand in dessen radikaler Vereinzelung. Dabei bezieht sich Adorno auf erkenntniskritische Motive des Benjaminschen Barockbuches, das den Nominalismus Croces und Burdachs inmitten eines Bestandes ästhetischer Ideen zu retten versuchte.

Burdach schreckt vor kunstphilosophischen universaliis in re als mythologischen Restbeständen des scholastischen Realismus zurück und entwertet die »abstrakten Hilfsbegriffe« der Stil- und Epocheneinteilungen zu »Marken« und klassifikatorischen Erfindungen.[3]

Entsprechend findet sich bei Croce eine streng nominalistische Kritik der ästhetischen Gattungsbegriffe: »Zwischen das Universale und das Besondere schiebt sich in philosophischer Betrachtung kein Zwischenelement ein, keine Reihe von Gattungen oder Arten, von ›generalia‹.«[4] Nach Croce reicht keine Einteilung der Künste ans je bis zur Originalität individuierte Kunstwerk heran. Die Fülle der Intuition und die Vielheit der Einzelwerke spotten den »leeren Phantasmen« der Gattungen. Deren Lehre sei »der eigentliche Triumph des intellektualistischen Irrtums«. Ist aber das Einzelkunstwerk »ein logisch nicht aussprechbares Individuum« – »das individuell expressive Faktum« –, so wird ihm allein ein »Denken des Individuellen« gerecht, das den zerstörerischen, weil abstraktiven Diskurs des »Denkens des Universalen« ausschließt. »Wer wissenschaftlich zu denken beginnt, hat bereits aufgehört, ästhetische Kontemplation zu treiben«, und erfährt jedes Kunstwerk als »Skandal« seiner Gattung.[5]

W. Benjamin hat diesen ästhetischen Nominalismus Burdachs und Croces als antimetaphysischen Impuls gegen die traditionelle deduktive Ästhetik rezipiert und in eine dialektische Perspektive gerückt. Denn gerade die nominalistische Kritik der ästhetischen Gattungsbegriffe, die zum geduldigen Verweilen beim ästhetisch Besonderen anhält, soll »den wahren Sinn ästhetischer Gattungsnamen« erhellen. So überprüft Benjamin Kunstwerke auf deren Exemplarizität. Exemplarisch ist ästhetisch Besonderes aber in seinen bedeutenden Extremen. Statt daß das Gleichartige den Gattungs*begriff* illustriere, soll das Exemplarische den Gattungs-

namen erfüllen. Benjamin schreibt dem Namen einen Doppelcharakter zu: Er ist der Begriff, in dem sich das Wort zum Zeichen
depotenziert, und er ist Idee, die das Wesenhafte des Wortes ist.
Als Idee hat der Name die Kraft, »das Extreme zur Synthese« zu
bringen. Benjamins theologische Namenslehre geht also von einem Verlust der göttlichen Namenssphäre aus und bestimmt die
Aufgabe der Philosophie als Wiederholung der adamitischen
Namengebung: »In dieser Erneuerung stellt das ursprüngliche
Vernehmen der Worte sich wieder her.«[6]

Davon distanziert sich Horkheimer in der »Dialektik der Aufklärung«. Er deutet die in der begrifflichen Sprache mitgesetzte
Subjekt-Objekt-Beziehung als Verdrängung der »mannigfaltigen
Affinitäten zwischen Seiendem« (3/27). Das Ähnlichkeitsband
des Namens zwischen Bild und Abgebildetem werde durch den
intentionalen Gegenstandsbezug zerrissen. Horkheimer zufolge
ist der Name als »Ruf des Schreckens, mit dem das Ungewohnte
erfahren wird« (3/31), diesem verwandt. Erst der Versuch, »den
Bann des Namens zu brechen«, unterscheide Wort und Gegenstand, Ausdruck und Intention. »So entspringt das Bewußtsein
der Intention« (3/79) aus dem Namensbetrug des Urbürgers:
»Mir lachte die Seele vor Freude,
Daß sie mein falscher Name getäuscht« (Odyssee IX 413 f.). Des
Odysseus List besteht in der intentionalen Aufladung seines
Namens, d. h. Selbstverleugnung zum Zwecke der Selbstbehaup-
tung. Der Verklammerung von Intention und ›falschem‹ Namen
entspricht, daß Adornos Ästhetik die äußerste Annäherung an die
Sphäre der wahren Namen dem Intentionslosen schlechthin: der
bedeutungsfernen Sprache der Musik, verspricht. So heißt es von
Schönbergs Ausdrucksbedürfnis, welches »das Ausgedrückte
selbst nennt«, statt es in der Konvention des Ausdrucks zu
bezeichnen, es habe »zum geheimen Modell die Offenbarung als
die des Namens«. (16/460) Hier wird deutlich, daß Benjamins
philosophische Darstellungsutopie in Adornos Theorie des ästhetischen Nominalismus als latente theologische Hoffnung fortlebt:
die Offenbarung im Namen, jenseits der Begriffe. Wie die begriff-
lich-äußerliche Gattungseinteilung werden die kunstgeschichtli-
chen Verlaufsmuster vom Nominalismus zerstört. An die Stelle
geschichtlicher Notwendigkeit tritt die ästhetische in der Darstellung der Idee durch eine Konfiguration extremer Prägungen. Als
ob sie dem historischen Werden und Vergehen entsprungen seien,

stehen die ästhetischen Extreme zur Idee in konstellativer Gleich-zeitigkeit: »die Geschichte erscheint nur als der farbige Rand einer kristallinischen Simultaneität.« Nominalismus und Ideen-lehre verbünden sich so zur Rettung des Besonderen in der dargestellten Idee. Ohne in der Welt der Phänomene gegeben zu sein, ist die Idee empirisch reichhaltig und hat deshalb einen von den Phänomenen unabhängigen Bestand. Für Benjamin sind die ästhetischen Ideen den Kunstwerken »an Dichtigkeit und an Realität zumindest ebenbürtig«.[7]

Das Bündnis von Nominalismus und Ideenlehre findet sich auch in Lukács' Romantheorie und bei Adorno. Wie der Roman als nominalistische Kunstform par excellence unter dem verdun-kelten Ideenhimmel die transzendentalen Haltepunkte des Sub-jekts rein aus der geschaffenen Form herauszusetzen scheint, so steht die Kunst der Moderne für Adorno unausweichlich in der Situation des ästhetischen Nominalismus. D. h.: Alle vorgegebe-nen formsprachlichen Charaktere und Ausdruckskonventionen sind unbrauchbar geworden und zerfallen unter dem Anspruch vollständiger ästhetischer Individuation.

Deshalb wird die Ästhetik dialektisch: »allgemeine Theorie des radikal Besonderen. Die Fragestellung datiert bis auf die Kanti-sche Kritik der Urteilskraft zurück, wurde aber erst jetzt von der künstlerischen Praxis ganz eingeholt.« (16/648) Adorno meint die Ähnlichkeit der vollständig durchgeformten Kompositionen jüngster Zeit mit organischen Komplexen. Auch Kants Lehre vom subjektiven ästhetischen Geschmacksurteil nimmt für Adorno die »Situation aller nominalistischen Kunst« vorweg: Die objektive Nötigung im subjektiven Urteilsakt zeige an, daß die ästhetische Objektivität vollständig durchs Subjekt vermittelt sei (7/245).

Vage in der Renaissance verortet Adorno den Ursprung emanzi-pierter und d. h. konstruktiver Kunst, die sich das ästhetisch Allgemeine nicht mehr vorgeben läßt, sondern aus sich heraus setzt. Sie beherrscht ihr Material durch Reduktion der ästheti-schen Elemente. »Das abstrakt transzendentale, nach der Kanti-schen Lehre vom Schematismus verborgene Subjekt wird zum ästhetischen.« (7/91)

Materialbeherrschung im Sinne des ästhetischen Nominalismus bedeutet jedoch nicht ein subjektiv zurüstendes Verfügen über die Details. Das ästhetische Subjekt folgt der immanenten Teleologie der ästhetischen Einzelmomente, die sich jedoch nicht von selbst zur geschlossenen Form zusammenfinden. Deren Ideal wird deshalb fragwürdig. Für die Theorie des ästhetischen Nominalismus ist die Formgeschlossenheit des Kunstwerks kein Kriterium seiner Objektivität, weil sie den ›vor-autonomen‹ ästhetischen Universalien (wie Gattung und Formkonvention) verbunden ist. In der bürgerlichen Kunst sprengt das »Postulat des Besonderen« alle Universalien. Sie schreitet in der »Bahn des Nominalismus« (7/303) fort. Adorno charakterisiert sie als Schicksalsbahn des Urbürgerlichen schlechthin. Der philosophischen Entkräftung der Universalien folge mit charakteristischer Verspätung das nominalistische Zeitalter des deutschen Idealismus und dann erst der theoretisch bewußte ästhetische Nominalismus, der die Gattungsästhetik sprengt. »Das Einströmen von Erfahrungen, die nicht länger von apriorischen Gattungen zurechtgestutzt werden« (7/334), wird im Roman als nominalistischer Impuls formkonstitutiv. Das führt an die Schwelle der Vermittlung von Kunst und Gesellschaft in der Form. »Daß die nominalistische Tendenz der Kunst im Extrem der Abschaffung vorgegebener Ordnungskategorien soziale Implikate hat« (7/348), kann Adorno nur behaupten, weil sich unter seinem philosophiegeschichtlich nicht allzu differenzierten Blick soziale Ordnung, mittelalterlicher ordo und der Bestand der Universalien zur gemeinsamen Angriffsfläche eines politisch und ökonomisch gedeuteten Nominalismus ineinanderschieben. Insgesamt bleiben Adornos historische Auskünfte, sofern sie sich auf vormoderne Epochen beziehen, unerheblich und ornamental. Etwa: »Kunst ist einbezogen in den Gesamtprozeß des vordringenden Nominalismus, seitdem der mittelalterliche ordo gesprengt ward.« (7/296 f.)[8] Es scheint mir deshalb angemessen, den Begriff des Nominalismus nicht philosophiegeschichtlich, sondern aus konkreter ästhetischer Erfahrung zu motivieren, die sich an Kunstwerken der ›engeren‹ Moderne bildet. So lassen sich in Adornos Verlaufsmodell des musikalischen Nominalismus vier Stadien unterscheiden:

1) Terminus a quo ist der Substantialitätsverlust der Formeinheit, deren Idee durch Beethovens »nominalistische Attacke« (7/212) entscheidend erschüttert wird. Weil sich dem ästhetischen Subjekt die Form nicht mehr selbstverständlich zur Einheit rundet, muß es sie gewaltsam kraft eigener Konstruktivität spontan

setzen (– so deutet Adorno die Erfahrung des Gewalttätigen an Beethoven, im Gegensatz zu Mozart).

2) Mit Wagners »Tristan« greift der Nominalismus auf die Musiksprache über. Er befreit das Material durch Subjektivation und setzt einen innermusikalischen Sprachwandel in Gang, den Schönberg zu einer »zum Absoluten fortschreitenden musikalischen Naturbeherrschung« (12/193) steigert.

3) Terminus ad quem der nominalistischen Revolution scheint schließlich die Idee der offenen Form zu sein, in der die Neueste Musik (Aleatorik) die Konsequenz aus dem Substantialitätsverlust der ästhetischen Formeinheit zieht. Doch Adorno bestimmt diese Konsequenz als in sich dialektische, denn sie schlägt um in

4) eine Selbstreflexion des nominalistischen Protests »gegen das musikalisch Allgemeine«. Ästhetisches Bewußtsein muß hier das künstlerisch schlecht Allgemeine, d. h. alle abstrakt vorgegebenen Formen, von einer echten »Allgemeinheit und Verbindlichkeit durch Spezifikation hindurch« unterscheiden. Aus dem »Innersten der Besonderung« soll ein »objektiv zwingend« Konstituiertes herausgetrieben werden (16/496 f.). Zum Allgemeinen neigt der späte Bürger aber auch aus Schwäche: Das Pathos des subjektiven Ausdrucks ist verkümmert, der Protest des einzelnen in der verwalteten Welt ist scheinhaft geworden. »Das Subjekt, in dem die Kunst den abendländischen Nominalismus hindurch ihr Unverlierbares, ihre Substanz zu besitzen wähnte, hat schließlich selber als ephemer sich entblättert.« (16/502) Hier zeigt sich, daß Adorno nicht nur den ›gesamtnominalistischen‹ ›Motor‹ der neuzeitlichen Geschichte als von sozio-ökonomischen Kräften angetrieben darstellt, sondern auch die Krisis des ästhetischen Nominalismus in der jüngsten künstlerischen Produktion nicht mehr kunstgeschichtlich immanent, sondern nur noch abstrakt gesellschaftstheoretisch und geschichtsphilosophisch begründen kann. Wo Adorno vom Zerfall bürgerlicher Subjektivität und von Ich-Schwäche spricht, fällt er hinter sein Programm zurück, ästhetische Prozesse aus der dialektischen Entfaltung künstlerischer Produktivkräfte zu erklären.

Die Rede von »der gesamtnominalistischen Bewegung« geleitet den kunstphilosophischen Diskurs in eine Sphäre vager gesellschaftlicher Totalität, ohne jemals konkret zu verdeutlichen, wie es zur entscheidenden Entsubstantialisierung des traditionell vorgegebenen Formenkanons und folglich zur objektiven Nötigung, die Formen je und je autonom zu produzieren, eigentlich kommt. Auch Adorno kennt ästhetische Imperative – doch gehen sie nicht mehr vom überlieferten Formenkanon, sondern, nominalistisch, von ›kanonischen‹ Einzelwerken aus, deren Formniveau negativ normiert, »was von nun an nicht mehr möglich sei«. (7/456) M. a. W.: Verbindliche Kunst wird nicht mehr durch positiv normierende Universalien der Gattungsästhetik garantiert, sondern durch den ästhetischen Nominalismus kanonischer Einzelwerke negativ normiert – es gibt nur einen Kanon dessen, was nicht mehr geht.

Die Aufhebung des Formapriori deutet Adorno gesellschaftlich: Indem das moderne Kunstwerk den statischen Formenkanon sprengt, wird es zum Medium, in dem sich das Bürgertum seiner eigenen Prozeßdynamik vergewissert. Doch da sich der Kapitalismus als Reproduktionsmaschine des Immergleichen nur scheinbar bewegt, ist auch die durch ihn vermittelte ästhetische Dynamik des nominalistischen Kunstwerks scheinhaft (7/333). So ereilt den ästhetischen Nominalismus jene Kritik des schönen Scheins, die er selbst begründet hat – nämlich als Kritik am Schein einer kanonischen Formenwelt –, und zwingt ihn zur Selbstreflexion.

Es geht hier um eine ästhetische Dialektik von Besonderem und Allgemeinem im Sinne einer allgemeinen ästhetischen Theorie des radikal Besonderen, die wiederum geschichtsphilosophisch angelegt ist. So definiert Adorno den Nominalismus als einen ästhetischen »Bewußtseinsstand (…), der das allgemeinbegriffliche Wesen (…) bloß noch als eine vom Subjekt gesetzte Bestimmung erfährt« (16/169) und gegen die schlechte, äußerliche Allgemeinheit eines ästhetischen Ansich protestierend sich rein aufs absolut vereinzelte Kunstwerk bezieht. Als Monade ist es radikal zum (gesellschaftlich) Allgemeinen vermittelt. Innerästhetisch entspricht dieser Dialektik die Nötigung zur Spezifikation, d. h. die *allgemeine* Tendenz der Kunst zur *Besonderung*. »Seit unvordenklichen Zeiten trachtete sie, das Besondere zu erretten«, lautet Adornos äußerst vage Auskunft. Daran habe Kunst ihr Pathos, ihre geschichtsphilosophische Verbindlichkeit. Hier zeige sich der innere Widerspruch des ästhetischen Nominalismus: Entsprungen aus dem Bedürfnis, Kunst von ihrer Ideologie, den ›Universalien‹ des Ästhetischen, zu befreien, um ihren Wahrheitsanspruch zu retten, zerstört der Nominalismus gerade die übersubjektiven Instanzen der Echtheit. Indem moderne Kunst »die Existenz und Teleologie objektiver Gattungen und Typen« (7/299) leugnet, sieht sie der eigenen Zufälligkeit ins Auge. Authentizitätsverlust und Materialbeherrschung haben für Adorno denselben Richtungssinn. Fortschritte in der Beherrschung des ästhetischen Materials sind aber an ein technisches Wissen gebunden, das Allgemeinheit impliziert. Exemplarisch verdeutlichen die Geometrisierung des Bildaufbaus im Kubismus und die Komposition mit zwölf nur aufeinander bezogenen Tönen diese Dialektik des ästhetischen Nominalismus: »allgemeine Prozeduren im Zeitalter der Negation ästhetischer Allgemeinheit«. (7/325)

Wenn man die Negation ästhetischer Allgemeinheit nicht strikt antikonventionell durchführt und doch dem nominalistischen Anspruch gehorcht, so entstehen reine Ausdruckscharaktere. Der ästhetische Nominalismus schlägt um in platonistische Darstellung. Diese Überlegung folgt Benjamins Dialektik von Konvention und Ausdruck, in der sich die Allegorie des 17. Jahrhunderts aufbaut – »nicht Konvention des Ausdrucks, sondern Ausdruck der Konvention«[9] sind auch die modernen Kunstwerke, soweit sich vorgegebenes Allgemeines überhaupt noch in ihnen findet. »Wo die Komponisten nicht auf alle vorgegebene Allgemeinheit der Form verzichten, müssen sie versuchen, rein das Wesen der Form, mit der sie sich einlassen, gleichsam ihre platonische Idee zu formulieren. Schönbergs Bläserquintett ist Sonate in demselben Sinn wie Goethes Märchen das Märchen überhaupt.« (12/164 f. Anm.) Die restlos ausgehöhlte und zugleich restlos durchartikulierte Form ist Ausdruck der Konvention schlechthin. Das geschichtlich überlieferte musiksprachliche Material wird dem Künstler völlig verfügbar. Und zur reinen Konvention entsubstantialisiert, geht es in einer Rekonstruktion »des Ausdrucks in seiner Erst- und Urerscheinung, des Ausdrucks als Klage«, auf. So hat Thomas Mann die Absicht des apokalyptischen Oratoriums bestimmt, in dem Adrian Leverkühn die barocke Formenwelt (Monteverdi) im Geiste des Benjaminschen Trauerspielbuches zitiert. Den Stand des ästhetischen Nominalismus charakterisiert Mann hier als ein »bewußtes Verfügen über sämtliche Ausdruckscharaktere, die sich in der Geschichte der Musik je und je niedergeschlagen und die hier in einer Art von alchimistischem Destillationsprozeß zu Grundtypen der Gefühlsbedeutung geläutert und auskristallisiert werden«.[10] Es zeichnet sich ab, daß

Gattungen, ästhetische Universalien, die nicht länger als selbstverständlich vorgegebener Entwicklungsrahmen für künstlerische Gestaltung dienen, nun selbst als Gestalten des ästhetisch Neuen erscheinen. Analog zu den »Grundtypen der Gefühlsbedeutung« (Th. Mann) werden Gattungen in der modernen Kunst als »Modelle« der reinen Möglichkeit neuer Werke entworfen (vgl. Conceptualismus).

Dieser letzte Umschlag des modernen Kunstprozesses in eine Destillation reiner Ausdruckscharaktere, und der Entwurf neuer Universalien führt an die Schwelle der Kritik des nominalistischen Kriteriums moderner Kunst. Das hat Adorno an Rudolf Borchardt verdeutlicht. Borchardts poetische »Rekonstruktion versäumter Möglichkeiten« überbietet die Dialektik von Konvention und Ausdruck, indem seine Werke einen »Vorrang von Gattungen übers einzelne Gebilde« (11/550) bezeugen. Hier überschlägt sich der ästhetische Nominalismus. Denn die Instanz seiner Kritik an den Universalien der Kunst: das einmalige Werk und seine Aura des Hic-et-Nunc, gesteht ihren Scheincharakter ein. Das Werk verwischt seine Spuren und Konturen und wird, wie seine Theorie, zum Modell.

Adornos Überlegungen zur modellartigen Formation von neuen Gattungstypen als Antwort auf die nominalistische Herausforderung orientieren sich an der absoluten Paradigmatizität von Goethes »Märchen«, das seine Gattung nominalistisch verfügbar mache. Schon 1797 findet sich ein analoger Gedanke im Brief Schillers an Goethe über dessen Lied »Der Edelknabe und die Müllerin«, das seine ganze Gattung aufs Niveau ästhetischer Verfügbarkeit hebe. Das Goethesche Gedicht ist für Schiller kein einmaliges Werk oder Exemplar seiner Gattung, sondern »der Anfang einer ›unendlichen‹ Reihe«[11], d. h., es stiftet virtuell eine neue Gattung.

»Die Intention auf Gattungen kam unerwartet zutage in der jüngsten Musik, von deren Exponenten manche der kühnsten wie Stockhausen in jedem einzelnen Werk mehr die Möglichkeiten ganzer Typen zu eröffnen scheinen, als daß das Werk, wie die Tradition es gewohnt ist, in sich ruhte.« (11/551) In der Intention auf Gattungen erreicht die ästhetische Dialektik von Allgemeinem und Besonderem ein Extrem, das am Gegenpol der traditionellen Einheit der geschlossenen Form liegt, denn diese hat sich als illusorisch erwiesen. »Offene Formen sind diejenigen allgemeinen Gattungskategorien, welche den Ausgleich mit der nominalistischen Kritik am Allgemeinen suchen.« (7/326)

Hier wird Adornos Absicht deutlich, den in sich reflektierten Nominalismus vom »losgelassenen« streng zu trennen. Während dieser alle Formen zerstöre und die Gattungen, wie bei Croce, als leere Phantasmen ignoriere, öffne der reflektierte Nominalismus die Gattungen und befreie die Kunst lediglich von sachfremden Zwängen. Die Ideen der Organisation und Notwendigkeit sollen also nicht preisgegeben, sondern in ihrem Richtungssinn verändert werden – gegen die universalistische Deduktion »von oben« setzt Adorno eine nominalistische Organisation »rein von unten«: die Auflösung der kanonischen Formen soll diese nicht zerstören, sondern in Bewegung bringen.

Adorno greift hier aber auf wissenschaftlich unscharfe Begriffe wie die des Takts oder des Formgefühls zurück, die nicht ästhetisch-technisch begründet, sondern unableitbar an den formbegabten Künstler gebunden sind. Präzisiert wird der Begriff ›Formgefühl‹ an zahlreichen Stellen von Schönbergs theoretischem Hauptwerk »Stil und Gedanke«, dem Adornos Musikästhetik folgt. Schönberg begreift sich historisch als einer der letzten Repräsentanten der Kunst des Formgefühls, die ohne theoretische Erläuterung über die Form eines musikalischen Hauptgedankens urteilt und der beim Komponieren »das alleinige Verfügungsrecht« zukommt. Im »Vertrauen zu seinem Formgefühl« kann sich der Künstler »ohne Theorie (...) seiner Phantasie überlassen«, denn das Formgefühl funktioniert unwillkürlich und intentionslos. Nominalismus und Formgefühl treffen sich in den kunstvoll ausbalancierten »Abweichungen vom Konventionellen« und Traditionellen, das einen Fond aller modernen Kompositionen bildet. Aus den sedimentierten Regeln der traditionellen musikalischen »Praxis hatte sich ein unterbewußt wirkendes *Formgefühl* entwickelt, das dem Komponisten ein fast schlafwandlerisches Gefühl der Sicherheit gab, wenn er mit höchster Genauigkeit die feinsten Unterscheidungen formaler Elemente schuf«. Der Künstler unterwirft sich dem »Diktate seiner Vorstellungskraft«. Formgefühl charakterisiert die erfahrene, »erprobte musikalische Logik« der nominalistischen Komposition.[12]

Heißt es etwa von Bach, er sei »nominalistisch aus Formgefühl«, so erklärt Adorno dessen Formniveau aus idiosynkratischen Regungen, nämlich einer »nominalistischen Empfindlichkeit« (7/

327) gegen erstarrte Formen und heteronome Gattungen. Die Abwehr des Unechten an den ästhetischen Universalien ent spricht im Künstler, dem nichts Verbindliches mehr vorgegeben ist, ein »nominalistische(r) Drang zum Authentischen« (7/328), der in der offenen Form sublimiert werden muß. M. a. W.: Die offene Form nimmt die Kräfte in sich auf, die im »nominalistischen Zerfall« (7/327) der Formenwelt freiwerden – sie ist die Form, die sich im Formzerfall bildet. Ihre Offenheit macht die bewegte Form aber unverbindlicher – und das widerspricht dem Authentizitätspathos der bürgerlichen Kunst. Erneut begründet Adorno ästhetisch-technische Prozesse, hier den Einhalt, den der bürgerliche Künstler dem nominalistischen Formenzerfall gebietet, rein gesellschaftlich, statt immanent. So erklärt er die subjektive Formstiftung bei Beethoven gar nicht eigentlich durch einen »von der Formproblematik postulierten Eingriff« (7/329) des Künstlers ins Werk, sondern durch eine bloß politische Sollensforderung: Die Kritik der offenen Spielform erscheint als Kritik des »feudalen Divertissements. Der Ernstfall bei Beethoven ist bürgerlich.« (7/328)

Adorno scheut historische Verortungen im Prozeß des ästhetischen Nominalismus, und er löst auch sein Programm nicht ein, ihn aus Postulaten der Formproblematik zu motivieren. Oft genug tritt an die Stelle technologischer Analyse die soziologische Schablone. Das wird an stereotyp wiederkehrenden Formeln wie ›gesamtnominalistisch‹ und ›Gesamttendenz‹ deutlich. Sie suggerieren eine vage Einheit von kunst-, philosophie- und gesellschaftsgeschichtlicher Dynamik. Es liegt m. E. in der Konsequenz der Adornoschen These, daß sich in der »Antinomie des Nominalismus« in letzter Instanz der Widerspruch von Produktivkräften und Produktionsverhältnissen ausprägt: »Nominalismus, der in der Kunst wie im Gedanken, gemäß dem Prozeß der Verbürgerlichung, zwangvoll fortschreitet« (11/502), »dynamisiert (...) Gedanke wie Kunst«, weil er Motor und Ausdruck des kapitalistischen Fortschritts ist. Deshalb »war die Geschichte der gesamten bürgerlichen Kunst hindurch nichts möglich als die Anstrengung, die Antinomie des Nominalismus wenn nicht aufzulösen, so ihrerseits zu gestalten, Form aus deren Negation zu gewinnen. Darin ist die Geschichte der neueren Kunst zur philosophischen nicht in bloßer Analogie, sondern dasselbe.« (7/330) D. h., Kunst und Philosophie stehen auf derselben Seite – gegen

das, was bei Adorno sehr unbestimmt ›Weltlauf‹ heißt. Ist der
Weltlauf ein Prozeß fortschreitender Abstraktion nach Maßgabe
der kapitalistischen Tauschgesetze, so lautet die oppositionelle
Aufgabe für Kunst und Gedanke gleichermaßen: Konkretion des
Besonderen. Das dürfte Adorno dazu bewogen haben, seine
Kunstphilosophie nach Schellings Unterscheidung als »ästhetische Theorie« zu konzipieren: »Nur die Theorie bezieht sich
unmittelbar auf das Besondere (...) Die Philosophie dagegen ist
durchaus unbedingt.«[13] Doch soll in Adornos ästhetischer Theorie gerade die Beziehung aufs Besondere zum Nerv philosophischer Spekulation werden – mit den Kunstwerken der nominalistischen Situation verbündet sie sich in der »Idee des Konkreten«
(7/494), die in traditionellen Gattungsästhetiken keinen Ort hat.
Sie ist der Erfüllungspunkt jener Bahn der Spezifikation und
Konkretion, auf der der ästhetische Nominalismus unwiderstehlich fortschreite. Zwar soll das utopische Konkrete mehr sein als
nur eine heuristische Fiktion der Moderne, doch muß Adorno
zugestehen, daß das Konkrete als bloße Idee der Kunst keinen
Gegenstand in irgendeiner ästhetischen Erfahrung hat. »Das principium individuationis in der Kunst, ihr immanenter Nominalismus ist eine Anweisung, kein vorfindlicher Sachverhalt.« (7/299)
Daß das Konkrete bloß eine Idee ist, d. h. kein Erfahrungsgegen-
stand auch in der Kunst, bezeichnet die utopische Spitze von
Adornos dialektischem Nominalismus: er möchte die Verwechslung des Konkreten mit dem Gegebenen, die er dem unreflektier-
ten Nominalismus anlastet, widerrufen: »Was aber noch nicht
war, ist das Konkrete.« Der Begriff der Konkretion ist also weder
ästhetisch noch erkenntnistheoretisch bestimmt, sondern rein
geschichtstheologisch – er charakterisiert das Konkrete als »friedliche Bestimmtheit des Seienden« (7/203). Für Adorno ist stets
nur ein Faktum des schlecht Allgemeinen gegeben, ein Schein-
konkretes als Deckbild realer Abstraktionen, die der universale
Warentausch dem Dasein aufpräge. Das Konkrete dagegen müsse
erst hergestellt werden.

Die Probleme der ästhetischen Utopie des Besonderen kehren in
der ihr sich anmessenden Theorie potenziert wieder: »Sie bewegt
sich im Medium allgemeiner Begriffe noch angesichts des radikal
nominalistischen Standes der Kunst und trotz der Utopie des
Besonderen, die sie mit der Kunst gemein hat.« (7/521) Es ist also
die Sprache, mit der die Allgemeinheit in Theorie und Praxis der

Kunst hineinragt. War für Croce jedes wahre, d. h. nominalistische Kunstwerk ein Skandal für das ästhetisch Allgemeine, die Gattung, so bezeichnet Adorno umgekehrt das Allgemeine als »Skandalon der Kunst«. Er exemplifiziert die These am Dadaismus, den er, ausgehend vom deiktischen Da-da seines Namens, als den Versuch interpretiert, das Wort in eine »hinweisende Gebärde« zu verwandeln, »um seine Begrifflichkeit abzuschütteln« (7/521). Doch die »nominalistische (...) Utopie« (7/232) eines radikal Besonderen, das frei von den vermittelnden Begriffen zur Sprache käme, trifft auf die Allgemeinheit der Sprache als auf ihre Grenze. In der Konvention des Ausdrucks übergreift die sprachliche Allgemeinheit das sich ausdrückende Besondere. Der schlichte Sachverhalt, daß Besonderes nur in Sprache zur Sprache kommen kann, impliziert jene Dialektik. »Daß in den nominalistisch avancierten Kunstwerken Allgemeines, zuweilen Konventionelles wiederkehrt, ist kein Sündenfall, sondern verursacht von ihrem Sprachcharakter; er erzeugt mit jeder Stufe und in der fensterlosen Monade ein Vokabular.« (7/308)

Ob unverständlich oder nicht – solange Kunstwerke sprechen, wäre die Kritik des ungebrochenen ästhetischen Nominalismus im Recht. Doch daß sie noch sprechen, bleibt die unhinterfragte Voraussetzung der Adornoschen Theorie. Wie bei Kant der über Schönes Urteilende »eine allgemeine Stimme für sich zu haben«[14] glaubt, so muß Adorno an die Stimme einer noch nicht seienden guten Allgemeinheit glauben. Nur wenn diese Stimme noch spricht, kann sich der Gedanke der Utopie des Besonderen im schönen Bild vergewissern.

Der ästhetischen Utopie des Besonderen entspricht die hermeneutische »Idee des Begreifens von innen her« (7/247). Im Gegensatz zur kategorialen Subsumtion heißt von innen begreifen ein Objekt »als durch eigenes Vermögen technisch denken«. Wenn sich aber das moderne Kunstwerk selbst organisiert, als ob es ein Lebendiges sei, so erscheint etwas Gemachtes als Ansich. »Als Natur«, sagt Kant, »erscheint ein Produkt der Kunst.«[15] Das hat eine bedeutsame Konsequenz für Adornos Bestimmung des Kunstwerks als bestimmter Negation der Gesellschaft: Nur als Negation seines Gesetztseins, durch die es mit sich selbst zur positiven Einheit zusammengeht, negiert das moderne Kunstwerk die Gesellschaft.

Im Willen zur Aufhebung ihres Gesetztseins überlassen sich die

Momente des Werks dem Sog der Totalität. Als ob sie nach dem Untergang im Ganzen verlangten, spricht Adorno vom »Todestrieb der Details« (7/450). Denn jede Integration mindert ja die Spannungen – »Vitaldifferenzen« nennt sie Freud – und terminiert im Tod. Im integralen Kunstwerk macht sich die Moderne der verdinglichten Welt ähnlich – das ist ihr Todesprinzip. Aber die ästhetischen Details können nur dann einen Todestrieb haben, wenn sie belebt wurden. Und Adorno begreift nun in der Tat die gesellschaftlichen Vermittlungen als Belebung eines Anorganischen. Auch stehen die Materialien in einem »technischen Horizont«, der ihnen einen historischen Index aufprägt. Das Triebleben der ästhetischen Details ist also ihre gesellschaftliche Tendenz. Und der Tod als ihr Ziel ist das Deckbild eines Ansichseins. Das Material hat Tendenz, weil es abgelagerter Geist ist – deshalb kann es wollen und hat Sprachcharakter. Nur so ist zu begreifen, was Adorno meint, wenn er vom Komponisten fordert, er müsse den Tönen nachhören, wohin sie *von sich aus* wollen. »Als ihrer selbst vergessene vormalige Subjektivität hat solcher objektive Geist des Materials seine eigenen Bewegungsgesetze.« (12/39)

Daß die Utopie des Besonderen in Adornos Ästhetik dem Bild des Todes verschwistert ist, hat Konsequenzen für den ästhetischen Wahrheitsbegriff. Wahrheit an den Kunstwerken gibt es nur, wenn es ein *Erscheinen* gibt, d. h. ein nicht Scheinhaftes am Erscheinenden. Damit ist schon ausgesagt, daß das ästhetische Erscheinen dem empirischen transzendent ist. Paradox erscheint im Kunstwerk, »was an sich nicht Erscheinung ist«.[16] »Kunstwerke sind Bilder ohne Abgebildetes und darum auch bilderlos; Wesen als Erscheinung.« (7/427) Gegenpol zum Abbild ist die Chiffre. Ihre Schrift ist Bild des bilderlosen Ansichseins. Ansichsein ist Adornos Name für das nicht Zugerichtete, Offene, Unverdinglichte – schon Hegel hat es als das vom Sein-für-Anderes befreite Sein der Qualität definiert. Im Augenblick seines Erscheinens verschwindet die Spur von Praxis am Kunstwerk: es ist das Ideal eines Produkts, das frei wäre von der Schande der Arbeit.

Mit dem Nichtidentischen steht die »ästhetische Identität« als »Ideal des Selbstseins« im Bündnis (7/14). Während dies Selbst*sein* die bloße Selbst*erhaltung* ästhetisch sublimiert hat, liegt im rationalen Identitäts*zwang* gerade das Versäumnis der Identität *mit sich* beschlossen – und zwar ist ›Versäumnis‹ der geschichtsphilosophische Index des ›Zwangs‹. Gleich weit entfernt vom mythischen Einerlei des Chaos und der rationalen Einheit des Identitätsdenkens verwirklicht die »immanente Einheit« des sich selbst gleichen Kunstwerks die Utopie des Besonderen. Die Utopie heißt: als ästhetisch »vom Identitätszwang befreite Sich-selbstgleichheit« dem Nichtidentischen »beistehen« (7/190).

Anmerkungen

Th. W. Adorno, Gesammelte Schriften, Frankfurt, wird im Text direkt nach Band- und Seitenzahl zitiert.

1 U. Eco, Nachschrift zum ›Namen der Rose‹, München, 1984, S. 77.

2 J. Habermas, »Die Moderne – ein unvollendetes Projekt«, in: Die Zeit, 19. Sept. 1980, S. 47. – Vgl. zu Adornos Solidarität mit dem Geist der Moderne im Augenblick ihres Sturzes die großartigen Studien von B. Lindner (in: Materialien zur ästhetischen Theorie Th. W. Adornos, Frankfurt, 1979, S. 261 ff. v. a. S. 301 ff.) und G. Kaiser (in: Antithesen, Frankfurt, 1973, S. 330).

3 K. Burdach, Reformation, Renaissance, Humanismus, Berlin, 1918, S. 100 f.

4 B. Croce, Ges. philos. Schriften II. Reihe 2. Bd., Tübingen, 1929, S. 43.

5 B. Croce, Ges. philos. Schriften I. Reihe, 1. Bd., Tübingen, 1930, S. 38-41.

6 W. Benjamin, Ges. Schriften, Frankfurt, Bd. I, S. 221 ff., 217.

7 A. a. O., S. 218, 224.

8 Vgl. hierzu W. Hübener, »Die Nominalismus-Legende«, in: Spiegel und Gleichnis. Festschrift für Jacob Taubes, hrsg. v. Bolz/Hübener, Würzburg, 1983, S. 87 ff. – Bis in die jüngste Diskussion fortgesponnen hat die Nominalismuslegende K. H. Haag, Der Fortschritt in der Philosophie, Frankfurt, 1983; vgl. dazu: N. Bolz, »Philosophenkino«, in: Die Tageszeitung, 17. 2. 84. – Auch H. Scheible, der das Verdienst hat, auf die Bedeutung des Nominalismus in Adornos Ästhetischer Theorie hingewiesen zu haben, prolongiert die Legende; ihm ist der ästhetische Schein kraft seiner Synthesisfunktion, »als Säkularisierung des göttlichen ordo, etwas schlechthin Vorbürgerliches« (in: Materialien zur ästh. Theorie, a. a. O., S. 354). Deshalb verdächtigt er Adornos Programm einer Rettung des Scheins feudaler Regression. Rettung meint aber nicht Repristination. Nichts am ästhetischen Schein wird unverwandelt *gerettet* – und zwar *in die* ästhetische *Theorie*. In seinem Vorwurf des »Anti-Avantgardismus Adornos« folgt P. Bürger (Zur Kritik der idealistischen Ästhetik, Frankfurt, S. 71) der These Scheib-

les. Beide haben ganz offensichtlich Schwierigkeiten, die Dialektik des Zugleich von »Form und Formbruch« (D. Henrich) nachzuvollziehen und die Anstrengung, »Form aus deren Negation zu gewinnen« (7/330), als Gestaltung der nominalistischen Antinomie zu perzipieren. Es geht hier nicht um Vorlieben und Idiosynkrasien. Adorno Anti-Avantgardismus vorwerfen heißt die Dialektik des ästhetischen Nominalismus selbst verkennen.

9 Benjamin, a.a.O., S. 351.

10 Th. Mann, Doktor Faustus, Kap. XLVI; vgl. Schönberg, Stil und Gedanke, Frankfurt, 1976, S. 150. – Peter Bürger hat in seinem Vortrag »Das Altern der Moderne« zwar auf den Nominalismus der ästhetischen Moderne hingewiesen, ihn aber nicht in seiner dialektischen Funktion an der Schwelle der Postmoderne durchschaut. Keineswegs »widerstreitet« der »avantgardistische Umgang mit Vorgegebenem (...) dem Kunstbegriff Adornos«, wie Bürger, in: Adorno-Konferenz 1983, Frankfurt, 1984, S. 181, unterstellt. Vielmehr hat Adorno den Neoklassizismus am Anfang der zwanziger Jahre gerade als nominalistische Zitation ästhetischer Universalien gedeutet: »In dieser Individuation des vordem Schematischen zum Schreckbild ging das Schema zugrunde« (16/180). Im Neoklassizismus beschwört die Moderne die kaleidoskopische Statik des Posthistoire im Bild vorvergangener Formen.

Vor dem Hintergrund des Mannschen ›Doktor Faustus‹ hat sich ein Hauptvertreter des Postmodernismus, J.-F. Lyotard, mit Adorno auseinandergesetzt. »Adorno comme diavolo«, in: Des dispositifs pulsionnels, Paris, 1973, kritisiert die Ästhetische Theorie als Lehre von der klagenden Kunst, die die Position des Christus übernehme; moderne Kunst nimmt den Nihilismus als »Schuld der Welt« auf sich. Ausdrucksbegriff, Repräsentationstheorie, Kritik und Tragik kennzeichnen einen Diskurs, der noch ganz im Bann der Geschichtstheologie verharre. Lyotard erkennt, daß Moderne und Prinzip der Kritik zwei Namen desselben Begriffs sind und charakterisiert Adorno als »die letzte Rakete im Feuerwerk« der modernen Kritik. Schon vor zehn Jahren also war Adorno für Lyotard antiquiert in dem genauen Sinne, daß Negative Dialektik und Ästhetische Theorie den neuen zynischen, sich selbst parodierenden Kapitalismus nicht mehr kategorial trafen. Bekanntlich tritt Adorno in Th. Manns ›Doktor Faustus‹ »comme diavolo« auf. In der spezifisch modernen Kunst, die alle alten begeisternden Götter ausgetrieben hat, erscheint Inspiration diabolisch. Am Teufel Adorno zeigt Mann, wie der Monotheismus der Kritik als theologisches Dispositiv im Innern der neuen Musik funktioniert. Die kritische Musik der Moderne erklingt für die tauben Ohren des Geistes; ihr rigoroses Sublimationsprinzip tötet den »libidinösen Körper« ab – so Lyotard. Mit der Postmoderne fordert er demgegenüber eine afinale, arepräsentative, oberflächliche Musik der reinen Energien – die intentionslose, anonyme »Klangmaschine«.

11 Schiller an Goethe, 22. Sept. 1797.

12 Schönberg, Stil und Gedanke, S. 207, 213, 237, 277, 17, 75, 57.

13 F.W.J. von Schellings sämtliche Werke, Stuttgart und Augsburg, I. Abt. 5. Bd., 1859, S. 350.

14 Kant, Kritik der Urteilskraft, B 25.

15 A.a.O. 270, 180.

16 Kant, Kritik der reinen Vernunft, A 252, Anm.

Jean-Pierre Dubost
L'âme, or ... Montaigne, Marx, Proust

1. Antwort auf die Beantwortung einer Frage

In der Zeitschrift *Tumult* (Nr. 4) erschien die Übersetzung eines Textes von Jean-François Lyotard mit dem Titel »Beantwortung der Frage: Was ist postmodern?«. Zur gleichen Zeit hielt Lyotard Vorträge in Berlin, die dieser Frage gewidmet waren, und ein paar Wochen später erschien in der neuen französischen Zeitschrift *Babylone* (Nr. 1) der Text eines Vortrags, den er 1981 in Rom gehalten hatte, mit einem Nachtrag unter dem Titel »Appendice svelte«. Ich betrachte diese Texte als eine Reihe zusammenhängender Thesen, an die ich jetzt anknüpfen möchte.

Dem Habermasschen Projekt diametral entgegengesetzt verficht Lyotard seit einigen Jahren – und namentlich seit der »Condition post-moderne«[1] – eine Idee der Modernität, die nicht in der Hegelschen Tradition einer Totalität der Erfahrung steht, sondern an einer Ethik orientiert ist, deren Paradigma die *Kritik der Urteilskraft* wäre, insbesondere die Ästhetik des Erhabenen: Ist die Postmoderne per se eine Zerstörung des Glaubens und somit die Entdeckung des »wenig Wirklichen an der Wirklichkeit«, so führt uns eine Ästhetik, die auf diesem Verlust der Wirklichkeit beruht, auf ihren Ursprung zurück, insofern sie den Konflikt zwischen Denkvermögen und Darstellung beschreibt – und somit den Verlust der Relation zwischen der Einbildungskraft und ihrem Gegenstand. Im Rahmen dieser Diskussion spielt die Frage der Nostalgie eine zentrale Rolle. Der Kapitalismus biete keinen Stoff mehr für die Erfahrung, ermögliche dagegen Erkundung und Experiment. Daß er »nur noch« Experiment ermöglichen sollte, wird bei Lyotard ohne jegliche Nostalgie proklamiert. Der Verlust der Aura ergibt sich aus der Tatsache, daß die technische Reproduktion der Weltbilder Mittel und Zweck der technischen Reproduktion der Welt ist. Die technische Vision der Welt und die Technik der Vision sind zwei Seiten *einer* Realität, und zwar der Derealisierung als aufgezwungener Realität (»Simulation«). Die Position Lyotards hat einen unmittelbar polemischen Aspekt – es geht darum, gegen die Liquidierung der Avantgarden, die der Eklektizismus der achtziger Jahre darstellt, das Erbe der Modernität zu verteidigen. Diese polemische Position impliziert eine Definition der Moderne, die man mit der Formulierung der »présentation de l'imprésentable« resümieren könnte – der Darstellung des Nicht-Darstellbaren.[2] Andererseits versucht er auch, die Postmodernität aus der immanenten Logik des Prozesses abzuleiten. Der Unterschied zwischen einer postmodernen Ästhetik und der Modernität, insofern sie unter diese Definition fällt, würde also darin bestehen, den Zustand der Modernität zu reaktivieren – ihren ursprünglichen Schrecken, ihre virtù, ihren Jakobinismus sozusagen, wenn man aus dem Wort von Robespierre »la terreur c'est la vertu en action« die Formel ableiten würde, »la postmodernité c'est l'angoisse en action«. Die Verbindung zwischen einer Gerechtigkeit, die die Differenzen respektiert und aus dem Inkommensurablen der Experimente entstehen würde und einer Ästhetik des Schreckens, die in der Erfahrung des Erhabenen das Subjekt übermannt und aus sich selber zu seiner denkbaren, aber nicht darstellbaren Finalität hinauskatapultiert, würde sowohl die Verankerung der Postmodernität in der Aufklärung definieren wie die Tatsache, daß das postmoderne Werk, als *analogon* des Kapitals, keinen einheitlichen Werthorizont eröffnen würde und über die Regeln seiner Form nicht verfügen könnte: »ein postmoderner Schriftsteller oder Künstler ist in derselben Situation wie ein Philosoph: der Text, den er schreibt, das Werk, das er fügt, sind grundsätzlich nicht durch schon feststehende Regeln geleitet und können nicht nach Maßgabe eines bestimmten Urteils beurteilt werden, dadurch, daß auf einen Text oder ein Werk bekannte Kategorien angewandt würden«.[3]

Soweit zu den Thesen, die die Problematik umreißen. Diese Thesen werden in dem genannten Text nicht ohne Beispiele entwickelt. Die Namen *Montaigne* und *Proust* fallen. Proust wird, zusammen mit Joyce, als Beispiel der *modernen* Ästhetik genannt, die für Lyotard im Unterschied zur postmodernen nostalgisch wäre.[4] Merkmal dieser Nostalgie wären im Fall von Proust die Einheit des Buchs und die Erzählung der Odyssee des Bewußtseins. Von Montaigne wird lediglich gesagt: »Mir scheint, daß der Essay (Montaigne) postmodern ist und das Fragment (das Athenäum) modern.«[5] In seinem ersten Berliner Vortrag nimmt Lyotard, um den Unterschied zu präzisieren, neben Proust, als

modernen Schriftsteller, Gertrude Stein als postmoderne Schrift-
stellerin auf. Daß es hier um deren Eigennamen geht, ist nicht
zufällig; der Aufsatz endet mit den Worten: »retten wir die Ehre
des Namens«. Denn was die Urteilskraft zu unterscheiden habe,
sind nichtumsetzbare Sprachregionen, die in ihrer Unterschied-
lichkeit nicht auf die Verschiedenheit subjektiver Erfahrungs-
modi hindeuten, sondern auf die Nichtübersetzbarkeit angedeu-
teter Regionen; auf Landkarten.

Ich möchte die Unterscheidungen, die J.-F. Lyotard vornimmt,
nicht dementieren, jedoch ein zusätzliches Element in die Debatte
einbringen, das bei Derrida oder im Werk von Barthes – und in
der französischen Diskussion der letzten Jahre – eine immense
Rolle gespielt hat, nämlich die Frage des Schreibens, die ich hier
vor allem unter dem Aspekt der Zeitlichkeit reflektieren möchte.
Unser Dasein zum Tode wird nicht nur gedacht, sondern auch
und vor allem geschrieben. Das Verlangen nach Unendlichkeit,
das das Schreiben zum Tode bedingt (aber Schreiben ist immer
Zum-Tode-hin-Schreiben), verlagert die Problematik des Erhabenen und verleiht ihr andere Dimensionen. Denn die Präsentation des Nicht-Darstellbaren, die zweifelsohne ein Moment der
Modernität ist, wohnt ohnehin dem Schreiben inne, wenn es, wie
Jacques Derrida 1968 in seinem berühmten Aufsatz *»La diffé-
rance«* zeigte[6], sowohl die Differenz der Zeichen wie die Bewegung ihrer Differenzierung impliziert. Die differance ist aber
auch Differenz im Aufschub – und Aufschub der Differenz.
Denn *différer* (aus dem Lateinischen differre), bedeutet sowohl
sich unterscheiden wie vertagen, verschieben, aufschieben. Im
Gegensatz zum griechischen Wort (diapherein) enthält also das
Lateinische »l'action de remettre à plus tard, de tenir compte, de
tenir compte du temps et des forces dans une opération qui
implique un calcul économique, un détour, un délai, un retard,
une réserve, une représentation, tous concepts que je résumerais
ici d'un mot dont je ne me suis jamais servi mais qu'on pourrait
inscrire dans cette chaîne: la temporisation«[7] (temporiser: norma-
lerweise abwarten, bekommt hier also durch das Schreibspiel, das
die im Wort ruhenden Differenzen ausspielt, die Bedeutung von
»Zeit bilden [gewinnen] über den Umweg des Schreibens«
[JPD]). Die Zeitproduktion, im Gegensatz zum ökonomischen
Aufschub, der die Arbeit der Zeit in den Zeichen ist, schiebt aber
selbst jeden Willen auf, jede Erfüllung und Verwirklichung des

Gewollten und Begehrten. Der Zeitgewinn des Schreibens bringt keinen Gewinn, eher müßte man sagen, daß die Zeit ein *Extrakt* des Schreibens ist. Wenn man das bedenkt, so stellt sich die Frage der Nostalgie ganz anders, und die Alternative von Nostalgie und Experiment ergibt eine andere Problematik, die ich jetzt nicht mehr wie bisher bloß spekulativ, sondern über den Umweg einer Lektüre aufzeigen möchte.

Der Titel dieses Beitrages zeigte bereits eine Intention an: l'âme, or ... wäre ein bloßer Kalauer geblieben (also: »Die Seele, Gold« oder »la mort«, der Tod, oder noch »die Seele, nun ...«, wobei wir damit genauso herausgefordert worden wären, wie damals durch das letzte Wort »même« im Satz »la mariée mise à nu par ses célibataires, même ...«), wenn nicht der Text von Montaigne mir im Laufe der Lektüre eine mögliche Antwort gegeben hätte, und zwar mit dem Satz »Nostre mal nous tient en l'ame, or elle ne peut échapper à elle-même« (Essais, I, 39), also »Unser Leiden sitzt uns in der Seele, nun kann sie aber sich selbst nicht entgehen ...« Von diesem Satz ausgehend, möchte ich nun ein paar Streifzüge durch die Essais von Montaigne und anschließend durch die *Suche nach der verlorenen Zeit* von Proust (insbesondere durch den dritten Teil, »Die wiedergefundene Zeit«) unternehmen.

2. Die Essais von Montaigne oder das doppelte Register

Die Essais seines Lebens schreiben bedeutet für Montaigne zunächst einen Bruch mit der Welt; den Rückzug in die Abgeschlossenheit seiner »librairie«, seiner Bibliothek, bedeutet, dem unausweichlichen Tod und einer Welt, in der alles am Zerbröckeln ist (»où tout crolle«), standzuhalten. Es gilt, sich in einem Wenig an Raum einzurichten, im wenigen Zeitraum, der noch zu leben ist, und im eng abgeschlossenen Raum seiner gewollten Zurückgezogenheit. Diese Opposition zwischen Welt und Buch ist gänzlich eine Frage des Raums. Die Zurückgezogenheit ist die Voraussetzung für einen unendlichen Abstand und zugleich der Zugang zur Unermeßlichkeit der Sätze der antiken Weisheit, die in der inneren Sammlung der Lektüre festgehalten werden. Es wird zuerst der gleiche Weg eingeschlagen, den die antike Weisheit vorzeichnet: die Eroberung des Augenblicks, das Festhalten der Zeit ist das Korrelat der Absage an die Unermeßlichkeit der Begierde. Es geht darum, sich gegen die Zerstreuung des geschäftigen Lebens zu sammeln, gegen die Unendlichkeit der Wünsche und Taten. Montaigne weiß aber, daß die Trennung zwischen Privatem und Öffentlichem nicht möglich ist: »Man meint manchmal, daß man das geschäftige Leben verlassen hat, dabei hat man es bloß verwandelt. Die Regierung einer Familie bedeutet nicht weniger Sorgen, als die eines ganzen Staates; wo auch die Seele auf Hindernisse stoßen mag, was für sie eine Hinderung bedeutet, bedeutet immer eine gänzliche Hinderung« (1, 39, (a) 239).[8] Die Suche nach einem Freiraum erfordert mehr als die Herstellung eines Privatraums. Den Raum, der nötig ist, bezeichnet Montaigne mit folgendem Bild: »wir müssen uns eine »arrière-boutique« (d. h. einen Raum hinter dem Laden) aussparen, der ganz zu uns gehört, ganz frei ist, in dem wir unsere wahre Freiheit, den Hauptort unserer Zurückgezogenheit und Einsamkeit einrichten« (ibid.).

Als suche Montaigne in der Doxographie einen Trost und einen Halt, als ginge es nur darum, sich vor der Vanitas des sozialen Ruhms und dem Aleatorischen des merkantilen Zufalls zu schützen, den *De officiis'* oder Diogenes' Laertios etwa in die Praxis zu setzen – den Etienne soeben (1570) ins Latein übersetzt hat. »Porro perturbationem supremarum ... quattuor esse genera: dolorem, metum, concupiscentiam, voluptatem ...«, in dieser Hinterwelt der »arrière-boutique«, die zweimal an Tod grenzt (erstens an seinen künftigen Tod, gegen den er schreibt und dessen Schrecken durch die Antizipation des Schreibens im voraus gekannt wird; zweitens an den Tod von La Boétie – dem verstorbenen Freund, der ihn auf dem Sterbebett dringend gebeten hatte, er möge ihm »einen Platz einräumen« – dessen Bild er auch durch das Schreiben wahrt und dessen unerreichbares Vorbild der Horizont des Schreibens bleibt). In diesem todesumrandeten Raum verpflichtet sich der Schreiber zur Niederschrift eines Ideals, aber es ist nicht gesagt, daß letzten Endes die Figuren der Identität und der Sublimation dem Schreibprozeß Rechenschaft ablegen werden. Zwar wird nunmehr Montaigne für Jahre unaufhörlich das Ideal in das Register eintragen (und als Register bezeichnet er explizit seine Essais, denn, wie er sagt, sei »diese Frikassee, die ich hier zusammenrühre, nichts anderes als das Register der Essays meines Lebens« (III, 13, (b) 1056), aber auf dem Register läßt sich nicht die gleiche Art von Zeit gewinnen wie im vorderen Raum, im Laden selbst. Es ist ein völlig anderer Rechnungsort: weder die merkantile Begierde noch das göttliche Kalkül. »Hier, bei uns und nicht anderswo sollte man die Kräfte der Seele betrachten und deren Auswirkungen; alles, was sie ansonsten noch an Vollkommenheit besitzt, ist ihr zu nichts nütze; aus dem jetzigen Zustand heraus soll ihr ihre ganze Unsterblichkeit bezahlt – und ganz ausgezahlt – werden, und nur vom Menschenleben ist die Rechnung herzustellen« (II, 12, (a) 532). »Hier« bedeutet im Kontext des Satzes im Diesseits. Es ist aber auch der Ort des Registers, der Eintrag des Denkens in ein Registerbuch, auf eine Fläche, die kein Ort ist, da sie die Zeit eines Aufrollens, aber auch eines Einrollens ist, eine geistige Sammlung und die Zerstreuung der Sprache. Mehr noch: die Eintragfläche ist nicht nur das, worüber die Sprache zusammen mit der Feder gleitet, sie ist in sich verdoppelt. Der Eintrag wird zweisprachig sein: lateinisch und französisch. Auf der einen Seite des Registers wird Montaigne die unendlichen Nuancen der Erfahrung eintragen, auf der anderen aus dem unendlichen Fundus der Formeln und Beispiele schöpfen, die in der Bibliothek auf ihre Neueinschreibung warten. Jedes Register schließt sich dem anderen an und kontrolliert es: »Führt euch immer Caton, Photios und Aristides vor Augen, angesichts derer sogar die Unverständigen ihre Schuld verbergen würden, und beauftragt sie mit der Kontrolle all eurer Intentionen ...« »establissez les contrerolleurs de toutes vos intentions« (1, 40, (a) 242). Etymologisch entstand das neufranzösische »controle« aus contre-rolle, also Gegen-Rolle. (Aus »rotulus«, Papierrolle, entsteht »rolle« im Sinne von Register. Das im 14. Jahrhundert erscheinende Wort »controoule« bedeutete das Doppelregister, das zur Überprüfung eines ersten hergestellt wurde, z. B. in der Verwaltung oder im Handelswesen.) Die Rolle dieses doppelten Eintrags wird also sein, das in Rechnung zu ziehen, was das Verlangen nach Unendlichkeit ansonsten einer falschen Buchung anheimgegeben hätte. Denn wenn einerseits der Mensch »in extremer Weise um die Verlängerung und Ausdehnung seines Wesens besorgt ist« (»un soing extreme tient l'homme d'allonger son être«) – das Grab für den Körper, der Ruhm für den Namen –, so weiß doch der Schreiber in seiner Schreibstube, daß er niemandem etwas schuldig ist. Was zunächst wie ein Rückzug von der Bühne des

Welttheaters aussah, erweist sich als eine höhere Theatralisierung. Die Tuskulanen oder Platos Politeia verdoppeln sich zur doppelten Rolle; derjenige, der schreibt, ist zugleich die Stimme, die Replik und die Bühne. Er inszeniert den Dialog der Sätze, die Doxographie wird zur Polyphonie. Wenn von der Darstellung des Ichs die Rede ist (»car c'est moy que je peins«), so wirkt das festgehaltene Bild unscharf und wie verwackelt – nicht etwa, weil der Maler inkompetent wäre, sondern aus einem Zuviel an Genauigkeit, das das Zittern (»le branle«) auslöst. Die in Rechnung gezogene Erfahrung befreit das Monströse, den grotesken Tanz der Bilder des Selbst: »und ich bringe so viel seltsame Monster und Chimären, eins nach dem anderen, ohne Ordnung und Zweck« (1, 9, (a) 34). Betrachtet er deren Fremdheit, so packt ihn ein Gefühl von Scham, und er zieht sie vor das Gericht der Antike, aber die Registratur ist doppelt, und mit der Zeit wird jede Seite über die andere urteilen, so daß letzten Endes kein Register vom anderen ableitbar ist. Die Autarkie der antiken Formeln, die Inselhaftigkeit der ausgesuchten Sätze bleibt erhalten, aber das Schreibspiel, das eine wechselseitige Ableitbarkeit vereitelt, bringt *beide* Register zum Abschweifen, zieht das Beispiel auf die Seite des Eigennamens, gruppiert diese Sätze wie Flöße, während das Schreiben ziellos herumirrt, »mal links, mal rechts, bergauf, bergab, je nachdem, wie der Wind des Augenblicks uns hin und her treibt« (II, 1, (a) 316). *Wir* sind »comme des choses qui flottent« – wie herumschwimmende Dinge ... Während zur gleichen Zeit die von Heinrich IV. gegründete »Académie du Palais« den gleichen Fundus antiken Gedankengutes in fixierter Form zu tradieren bemüht ist, verliert er hier, im Experiment des Schreibens, an Ferne und Autorität. Die Sätze büßen ihre Zeitlosigkeit ein, wackeln wie Bilder auf der Leinwand. Denn die Hand schreibt, ohne Druck auszuüben, sie streift nur die Schreibfläche, fügt den Wörtern leichte Kratzer zu, und wenn es eine Kontrolle gibt, dann erst nachträglich, wenn das Schwinden der festen Formen festgestellt wird. Die Hand schreibt ohne den Druck der Kultur, wie Barthes über Cy Twombly sagte. Die zeitliche Kluft, die die Trennungslinie zwischen den beiden Registern zeichnen sollte, wird undeutlich sichtbar. Wie bei einem Druckfehler verlaufen Farben ineinander. Die große Modernität der Essays Montaignes besteht in der Zeitqualität des Schreibens. Montaigne will bekanntlich kein

Monument errichten, die Zeitlichkeit des Daseins zum Tode strebt nicht den Status der Grabesinschrift an, und der zeitliche Horizont der Sätze – auch der antiken – bleibt ganz in der Bewegung des Vortastens gefangen. Eine Intention, oder sogar das sichere Gefühl einer langen Dauer ihrer Effekte sind Montaigne völlig unbekannt. Die im Schreibprozeß langsam gewonnene Weisheit wendet sich mehr und mehr gegen den Anspruch der Sätze auf ewige Gültigkeit. Seinen »contre-rolleurs« – in dem Falle den Stoikern – wirft Montaigne nunmehr vor, daß sie »auf jedem Gebiet weit und breit die Prinzipien und Voraussetzungen auslegen, die allgemein gebraucht werden, und immer wieder gemeingültige und universelle Argumente und Gründe anführen« (III, 9, (c) 239). Seine Position ist durchaus nominalistisch. Zwar betrachtet er die Weisheit als »ein einheitliches, gut gebautes Gebäude«, aber »Seelen wie unseren, die niedrig und gemein sind«, ist keine Relation gegeben. Das Ganze fehlt uns, und für den, der keine Form des Ganzen im Kopf hat – »à qui n'a une forme du total en sa tête« – (II, 2, (a) 320), ist ein Zusammenfügen der Teile nicht möglich – »il est impossible de ranger les pièces«. Urteilen ist daher nur im Detail, Stück für Stück möglich: »en détail (b) et distinctement, pièce à pièce (c)« (II, 1, 316). Und was tut er selber anderes, als das Gebäude der Weisheit zu zerlegen, es Stück für Stück zu verwenden, je nach Bedarf (wie zur gleichen Zeit in Rom die antiken Gebäude Stück für Stück zu neuen Bauten zerlegt wurden). Gleichermaßen wendet sich das Schreiben von den allzu großen Vorbildern ab. Die Bewegung der Seele müßte bloß im kleinen verfolgt werden, denn das Nächste und das Banalste definiert uns eher als das Überhöhte, zu Allgemeine. Mag sein, sagt Montaigne, daß alles sein eigenes Maß und Gewicht hat (»que les choses ont leur poids et mesure et condition«) – Werte wie »Gesundheit, Bewußtsein, Autorität, Wissen, Reichtum, Schönheit und ihre Gegensätze«, aber dies alles ist ihm zu allgemein. Es fehlt an Farbe und Geschmack. Die Seele, sagt er ausdrücklich, schneidet den Dingen Maß und Gewicht und Bedingungen so zu, wie sie es möchte. Daher legen sie an ihrer Pforte »ihre Kleider ab und bekommen von ihr andere, und von der Farbe, die ihr gerade gefällt«: »la santé, la conscience, l'authorité, la science, la richesse, la beauté et leurs contraires se dépouillent à l'entrée et reçoivent de l'ame nouvelle vesture et de la teinture qui lui plait«, und zwar »braun, grün, hell, dunkel, sauer, süß, tief und oberflächlich; und es gefällt ihnen sogar, denn sie haben nicht gemeinsam ihre Regeln, Stile und Formen überprüft: jedes Ding ist in seinem Staat der König« (I, 50, (c) 290). Das ist sowohl ein Bekenntnis zum Nominalismus (nihil est in rerum natura externa animam nisi singulare) wie *die Metapher des Schreibens selbst*. Wenn die Seele die Dinge so zurechtschneidet, wie sie es möchte, aus der Weisheit ein Vergnügen macht und aus dem Wissen etwas, was nur das Französische ermöglicht: also aus dem savoir (Wissen) ... une saveur (Geschmack) –, so verwandelt sich jetzt der Schreiber in seiner Schreibstube zum Schneiderlein. Die Seele schneidet und färbt die Dinge neu, das zweite Register schneidet sich die Doxa zurecht, wie es ihr gefällt, und zwar so, daß aus dem maßlosen Corpus von Texten nicht nur ein neuer Corpus entsteht, sondern auch ein neuer Körper, denn, wie Montaigne selber sagt: »ich mag jene Gewebe nicht, wo man Naht und Nahtstelle sieht, wie man an einem schönen Körper Knochen und Venen nicht zählen können dürfte« (I, 26, (a) 171).

Montaigne nimmt also Abschied von der Erhabenheit der Werte, die am Ausgangspunkt seines Schreibens stehen. So gelangt er zu dem berühmten Satz, daß derjenige, der Engel sein möchte, zum Tier wird. Die Unendlichkeit der Begierde kippt in eine höhere, die höher ist, weil sie erreichbarer ist, und erreichbar, weil sie unrein ist: nämlich die der Erfahrung im Experiment des Schreibens. So geht der Schreiber, im Vergleich zum Alchemisten, in die entgegengesetzte Richtung: das Doppelregister produziert Legierungen: »die Elemente, die wir genießen können, sind unrein, den Metallen gleich; und was das Gold betrifft, müssen wir es durch irgendeine andere Materie verunedeln, damit wir es unseren Bedürfnissen anpassen« (II, 20, (a) 655). Die Weisheit des Schreibers wird also gerade darin bestehen, mit Genauigkeit Mischwesen, Nuancen zu beschreiben, die Zwischenräume der Erfahrungen mit dem richtigen Ausdruck zu treffen, durch die Arbeit an der Differenz der Zeichen, die die Essais zu einem unabschließbaren Prozeß werden lassen. Aus dem Register wird eine Art Gekritzel, eine Panscherei ... »cette fricassée que je barbouille ici«. Gleichermaßen trübt das Schreiben die Transparenz des Urteils: »J'ai la veuë, assez claire et réglée; mais à l'ouvrer elle se trouble« (I, 17, (a) 618). Und wenn er behauptet, daß er sein eigenes Bild malt, so fehlt das Bild gerade deswegen, weil der Spiegel flüssig ist: »le vrai miroir est l'écoulement de nos vies« – der wahre Spiegel unserer Worte ist das Fließende (und nicht bloß der Ablauf) in unseren Leben. Dieser »cours« ist kein »parcours«, der Fluß ist keine Strecke, sondern eher eine sprudelnde Quelle. Die poetische »furia« wird zum Bild des Brunnens: »la gargouille d'une fontaine«. Das Register, das keine Ganzheit abschließt und keine Summe ausgleicht, verliert sich in den Irrungen des Gesprochenen. Weder kann der Ablauf unseres Lebens irgendeine Prä-Narrativität aufweisen, noch das Beispiel über die Singularität der Anekdote hinausgehen. Für den, der schreibt – und für den Leser – ist der Gewinn an Lust unschätzbar. Denn das Schreiben wie das Lesen werden zur Jagd. Montaigne malt sich nicht, sondern verfolgt sich selbst, ist der Jäger und das Wild. Denn welche Wollust ist größer, schreibt er, als »wenn nach einer langen Suche das Tier plötzlich aus dem Gebüsch auf einen zuspringt, gerade dort, wo man es am wenigsten erwartet hatte« (II, 11, (a) 409). Um einen Menschen zu beurteilen, muß man »lange und neugierig seine Spuren verfolgen« (II, 2, (a) 320), Narziß und Echo zugleich sein, so daß weder die Stimme noch das Bild ein Subjekt hervorbringen können. Der Spiegel und die Stimme, die einander verfolgen: »(a) ich habe immer eine Idee der Seele, (c) irgendein unscharfes Bild, das mir (c) wie im Traum (a) eine bessere Form präsentiert, als diejenige, die ich entworfen habe, aber ich kann sie weder festhalten noch ausnutzen« (II, 17, 620).

In der Bibliothek Montaignes verweisen die meisten Sprüche, die er in großen Buchstaben auf Balken hatte malen lassen, auf die Vanitas der Dinge und der Menschen. Das Gold der ultima Verba fixiert die Nacht, den Wind, den Abgrund, den Schatten, die Asche, den Staub, den bröckelnden Ton. Aber durch das Schreibspiel verschiebt sich das Vanitas-Vanitatum zur Wollust einer unendlichen Jagd, zu einem Bild der Seele, das ständig flieht, eine Stimme und das Geschriebene, wie Narziß und Echo, die Stimme und das Papier im unendlichen Labyrinth ihres Verführungstanzes.

Mit Proust nimmt das Verlangen nach Unendlichkeit andere Formen an. Was beide verbindet, ist evident: das geschriebene Spiel mit der Zeit, der Gewinn einer Wollust der Sprache und die Mitteilung dieser Wollust über den Umweg einer Suche. Etwas jedoch fällt im Proustschen Werk nicht mit der Finalität des narrativen Modells zusammen und widerspricht dem Anschein, es ginge hier um Nostalgie. Der Vergleich mit der *Phänomenologie des Geistes* scheint zu grob analogisch. Denn am Ende haben wir hier kein absolutes Wissen, kein »savoir absolu«, sondern eine »saveur absolue«, wobei wir nicht sehr weit von Montaigne entfernt wären. Und diese saveur ist auch die eines Eigennamens: Combray. Es wird geschrieben, daß die wiedergefundene Zeit das absolute Glück schenkt und den Tod im voraus löscht. Aber die erzählte Suche und die Suche als Erzählung – jenes Sprachspiel, das in seiner Bewegung analog zur *Phänomenologie des Geistes* seinen Ausgangs- und Endpunkt findet, indem es ihn erfindet und vor sich aufrollt (und zwar dadurch, daß der Erzähler den Weg erzählt, der ihn zum Schreiben befähigt) – dieses Auf- und Einrollen der Schrift, enthält eine Ästhetik der technischen Produktion von Weltbildern, die mich dazu veranlaßt hat, die Frage der Nostalgie näher zu untersuchen.

3. Proust: Die doppelte Übersetzung

Bei Proust findet sich häufig die Metapher der photographischen Entwicklung. Das Schreiben sei eine Lektüre, ein Entwicklungsverfahren von Eindrücken, die ansonsten in der Dunkelheit gefangenblieben, irgendwo in einer dunklen Kammer der Vergangenheit vergessen. Das wahre Leben (und das heißt die Literatur, das geschriebene Leben) ist das »endlich entdeckte und erhellte Leben« – »la vie enfin découverte et éclaircie« – (ich sollte vielleicht eher übersetzen: »endlich aufgedeckt und *gelichtet*«). Ohne diese Arbeit bliebe jedenfalls die Vergangenheit »mit unzähligen Bildern verstopft, versperrt« (»encombrée d'innombrables clichés«), denn die Bilder sind unbrauchbar, solange die Intelligenz sie nicht entwickelt hat. Absuchen, unterscheiden, zum Sehen-Geben ermöglicht, ein Gebrechen zu heilen, und zwar »ein Vergessen der Natur, die, als sie die Abtrennung der Körper eingerichtet hat, vergessen hat, die gegenseitige Durchdringung der Seelen vorzusehen« (3, 286).[9] Die Kunst ermöglicht aber, die Welt über die Vision des anderen zu sehen und somit das Andere der Welt. Sie ist ein optisches Instrument, ein Fernglas und ein Mittel, Welten zu erfinden, d. h. zu finden. Je mehr Künstler, desto mehr Welten stehen zur Verfügung, und diese seien »untereinander noch unterschiedlicher, als diejenigen, die im Unendlichen rollen« (3, 896). Die Kunst befriedigt gänzlich das Verlangen nach Unendlichkeit, da sie der Unendlichkeit der Welten die Unendlichkeit der Blicke hinzufügt. Hier deutet die kosmische Metapher auf das Erhabene hin, aber Proust kehrt, wie Montaigne, die Dimensionen um: der eigentliche Kosmos liegt im Detail der Erfahrung. Daher wirft er den Goncourts vor, eine »littérature de notation« zu schreiben, eine Literatur des bloßen Eintrags. »Wie könnte eine solche Literatur den geringsten Wert haben, fragt er, da die Realität gerade in den Details, die sie registriert, liegt (die Größe im fernen Brummen eines Aeroplans, in der Linie des Kirchturms von Saint-Hilaire, die Vergangenheit im Geschmack eines Gebäcks usw. ...) – in jenen Details also, die an sich und, solange man diese nicht herausdestilliert hat, keine Bedeutung haben« (3, 894-895). Es geht darum, die Welt aus ihren Hüllen zu befreien, aus ihren »Schachteln« und »Vasen«. Diese Befreiung, dieses Öffnen ereignet sich im Registrieren, in einer detaillierten Niederschrift, was für Proust durchaus eine Frage von Technik, ja sogar von Apparatur, ist. So müßte man Sätze wie etwa »der Stil für den Schriftsteller, wie die Farbe für den Künstler, ist keine Frage der Technik, sondern des Sehens« (3, 895) korrigierend mit technischen Metaphern konfrontieren, die in der *Recherche* den Prozeß des Herausgrabens, der Umsetzung benennen: es geht dort um vergrößernde, auflösende, rekonstitutierende optische Geräte: Gläser, Ferngläser, optische und chemische Spektren, Kaleidoskopen und Laternen etc. ... Die exakten Formeln der verschlossenen Welten zu finden heißt immer, die genauen Komponenten einer Landschaft herauszufinden. Die Übersetzung der eingefangenen Welten – und das bedeutet die Wiedergewinnung der Zeit – geht immer über die Erfindung einer Nuance, einer adäquaten melodischen Linie, einer Übersetzung der Zeit in Töne: Elstir, Ver Meer, Vinteuil. Wenn die Romantik nach der Formulierung von Deleuze und Guattari in *Mille Plateaux* in der Erfindung einer Melodie für ein Territorium besteht, so wird man sagen können, daß wir hier das romantische Moment des Proustschen Werks haben. Eine allgemeine Entstellung der Töne beim Musiker, der Farben beim Maler deutet auf die Annäherung an dieses Territorium. Die letzten Werke von Vinteuil hätten gerade im Bereich der Töne diese Umsetzung der Tiefe bekundet: »an diese verlorene Heimat erinnern sich die Musiker nicht, aber jeder bleibt immer unbewußt im Einklang mit ihr ...« Der Musiker singe ein eigenes, singuläres Lied, »un chant singulier«, und sein Stil, oder seine Monotonie, beweise bei ihm »die Fixität der Grundelemente seiner Seele« (»la fixité des éléments composants de son âme«, 3, 257). Das Herausfinden des richtigen Tons – dessen eben, was im Stil Territorien abzeichnet, abgegrenzte Singularitäten – ist eine Form von Intelligenz, die mit der rationalen, auf Transparenz gründenden Intelligenz unvereinbar ist (gleichermaßen ist am Anfang des Textes in der berühmten Episode der »madeleine« die »mémoire volontaire« das Hindernis in der Suche nach der im Geschmack des kleinen Gebäcks eingeschlossenen Zeit). Die Intelligenz – oder was man in der Alltagssprache darunter versteht – verwandelt den anderen zum Hindernis eines undurchdringlichen Körpers. Albertine ist unter allen Frauen der *Recherche* das Emblem dieses Scheiterns (»ich fühlte, daß ich bloß die geschlossene Hülle eines Wesens berührte, das in sich Zugang zum Unendlichen hatte«, 3, 383). Dieser Intelligenz als gescheiterter Klarheit wirft er vor, daß sie »vor sich, im hellen Licht« Wahrheiten aufsammelt. Und er fügt noch hinzu: »à claire-voie«. (Was eine bedeutungstragende Verschiebung darstellt: eine »claire-voie« ist eine Spalte – z. B. in einem Fensterladen oder in einer Kiste. Einerseits würde es also heißen, daß hier das Instrument fehlt, das entstellende oder vergrößernde Glas etwa, andererseits funktioniert aber »claire-voie« syntakatisch so, daß es zur Semantik des Instrumentalen gehört, wie zum Beispiel »à pleines mains«. Diese Form von Intelligenz instrumentalisiert also die Abwesenheit des Instruments – und darin besteht der Unterschied.) Die Unverborgenheit kollidiert mit dem Akt des Erhellens, und das entspricht nicht der Proustschen Suche. Diese verläuft rückwärts, sie ist eine Kehrtwendung gegen den Lauf der Sätze. Die Intelligenz zählt zu den negativen Hindernissen: »notre amour-propre, notre passion, notre esprit d'imitation, notre intelligence abstraite, nos habitudes« (3, 896). Die Gewohnheit hat bei Proust den Anschein einer Bewegung, einer Pseudo-Fortbewegung, einer »vitesse acquise« (3, 897), die kinetische Energie der Tage und der Sprache. Die Strecke ist hier das Hindernis (die täuschende Eindeutigkeit ihrer Richtung). Im Proustschen Universum ist es der erste Akt der Wiedergewinnung von Zeit (aber wir werden sehen, daß hier etwas wiedergewonnen wird, das nicht war, und daß das Schon-Gegebene erst nachträglich und durch die Arbeit des Schreibspiels erlangt werden kann), ist der erste Schritt also das Einhalten. Es folgt »la rétrogradation« (das »Herunterschalten«). Der Erzähler sagt am Anfang, in der Episode der »Madeleine«: »ich legte in Gedanken den gleichen Weg zurück, bis zum Augenblick, wo ich die erste Tasse Tee getrunken hatte« (1, 46). Dieser Rücklauf ist eben die Umkehrung der Arbeit, die die Gewohnheit »jede Minute macht« (3, 896). Dabei dringt man durch jene tiefen und dichten Schichten hindurch, die sich auf unsere wahren Eindrücke geschichtet haben (»das Hindernis der Zwecke, die Kategorien, die praktischen Zwecke, die wir das Leben nennen«). In diese Tiefe hineindringen heißt zunächst aus der Eigengeschwindigkeit der Sätze und der Zeit herausspringen. Und in der Welt von Proust, die ihre eigenen Relativitätsgesetze hat, verursacht dies zuerst eine Verdunkelung der Welt, die die Bedingung einer anderen Helligkeit ist und sich durch eine Konfusion von Farben manifestiert: »ich kann kaum den neutralen Widerschein vernehmen, in dem sich der ungreifbare Trubel der aufgewirbelten Farben auflöst«, sagt der Erzähler. Denn das Erscheinen der Farben und das Herannahen des Namens resultieren wohl aus einer Verlangsamung. Proust drückt es an anderer Stelle mit dem Bild eines bunten Kreisels aus: im Trubel des Lebens dreht sich alles zu schnell, die Farben verschwinden, wie auf einem rotierenden Kreisel. Versuchen wir aber, die Zeit zu verlangsamen, so »sehen wir, wie die Farben, die uns der gleiche Name nacheinander zeigte, nebeneinander, aber voneinander strikt unterschieden, wieder zur Erscheinung kommen« (2, 12). Es gibt zunächst Farben, eine Art Murmeln, »la rumeur des distances traversées« und dann das plötzliche Erscheinen des Namens: Combray. Ein Name ist nie ein Wort, sondern die Einzigartigkeit einer Landschaft, ein kleines Stück Papier, das sich im Wasser wie eine Blume entfaltet – die Metapher des Proustschen Schreibens selbst. In der *Laufrichtung* steht auch der Name *am Zielpunkt der Begierde*. In Venedig erscheint San Marco nicht wie ein bloßes Monument, sondern wie der Zielpunkt einer Strecke auf dem Wasser, und die Kirche bildet zusammen mit der Strecke »eine unteilbare, lebendige Ganzheit«. *Im Rückwärtslauf des Schreibspiels öffnet sich aber der Name.* In der Taufkapelle von San Marco inszeniert der Text eine Episode, die es wert ist, beschrieben zu werden. Der Erzähler schaut sich zusammen mit seiner

Mutter die Darstellung der Taufe Christi an und erinnert sich dabei an Albertine (sie ist inzwischen gestorben), die ihm früher immer wieder gesagt haben soll, wie gerne sie mit ihm zusammen Bilder anschauen würde – was in seinen Augen damals »völlig erfunden war«. Nun begreife er es (nun heißt hier: im Augenblick des Erzählens), und zwar über diese Szene, die er gerade erzählt: »Eine Stunde ist also jetzt für mich gekommen, wo, wenn ich mich an der Taufkapelle erinnere, vor dem Wasser des Jordan-Flusses, wo Johannes der Täufer Christus ins Wasser taucht, während die Gondel auf uns auf der Piazzetta wartete, es mir nicht gleichgültig ist, daß in diesem Halbdunkel neben mir eine in Trauer gehüllte Frau stand, in der respektvollen und enthusiastischen Hingabe jener alten Frau, die man in Venedig in der Santa Ursula von Carpaccio sieht, und daß diese Frau mit roten Wangen und traurigen Augen, hinter ihrem Trauerschleier, die nun nichts mehr aus diesem sanft erhellten heiligen Ort von San Marco herausnehmen kann, in dem ich sie mit Sicherheit wiedersehen werde, weil sie dort wie in einem Mosaik ihren für sie reservierten und unbeweglichen Platz hat, eben meine Mutter war« (3, 646).

Eine immens überdeterminierte Szene, wie man sieht: im unteilbaren Ganzen von San Marco die Erinnerung an die trauernde Mutter, die ihn an die damals schon gestorbene Albertine erinnert und ihm ermöglicht, sie endlich einmal von innen zu sehen; die Mutter mit der Taufszene verbunden, dann zur heiligen Ursula von Carpaccio hinüberwandelnd; der Name der sowohl eingemauerten wie durch die Räume gleitenden Mutter, in diesem Erinnerungsraum eingekapselt und befreit, zwischen dem Namen eines Malers und der Darstellung der Taufe Christi hin- und herwandelnd; dies alles in der Kirche, von der eben gesagt wurde, daß sie wie auf sanftem und geschmeidigem Wachs gebaut zu sein scheint, während draußen die Gondel wartet, während die ganze Passage ebenso zu anderen Namen treibt, da die Erzählung an Carpaccio anknüpft und an das Bild des »Patriarchen von Gardo, einen Teufel austreibend« – ein Bild, in dem der Erzähler den Mantel von Albertine wiederfinden wird (jenen Mantel, den sie ein paar Tage vor der Trennung getragen hatte). Schaut man sich die angedeutete Passage 250 Seiten vorher an, so merkt man, daß dieser Mantel uns auf den Namen Venedig bringen wird, diesmal aber auf Giotto und Tizian, obwohl Marcel zu diesem Zeitpunkt der Erzählung Venedig noch nicht unmittelbar, wohl aber über die Reproduktionen und Photographien kennt, die Swann von seiner Reise zurückgebracht hatte und ihm in Combray geschenkt hatte. Das Netz erweitert sich zunehmend, denn auf diesem Rock sind Vogelmotive, wie auf den Säulen der Ambrosianischen Bibliothek – orientalische Vögel, die abwechselnd Leben und Tod bedeuten. Die Todesvögel sind auch Tauben, die ein paar Seiten später erwähnt werden, deren Gurren am Abend zu vernehmen ist, an dem der Erzähler spürt, daß Albertine ihm verlorengeht und das Wort »Tod« leise ausspricht, während das Gurren der Tauben die Erinnerung an den letzten Satz des Septuors von Vinteuil erweckt ... Daß die geliebten und verlorenen Menschen und Eindrücke in der kostbaren Schachtel von Sätzen und Szenen eingefangen sind, hindert also keineswegs die Namen daran, sich zu Aggregaten zu gruppieren, von einer Zeit zur anderen durch das Schreibspiel wandernd, so daß der Leser aufgefordert wird, ebenfalls den Weg der Sätze zurückzulaufen, um die Schachteln zu öffnen, in denen die Namen aufbewahrt sind. Diese Bewahrung von Namen, ihre sorgfältige Einschachtelung, fixiert keine Gegenwart, sondern im Gegenteil die Bewegung eines Verweises, die Regeln des Textes, die eher mit dem Billardspiel als mit dem Wörterbuch zu tun haben, wobei man sich eine Billardpartie vorstellen sollte, in der die Kugeln selbst zu spielen anfingen ... Das ganze Werk von Proust eine Seelenwanderung, eine Metempsychose von Namen. Indem sich die Namen öffnen, löschen sie sich aus. Nur durch diesen Stoffwechsel werden die Totalitäten als ungeteilte erhalten. Daher wird man große Zweifel in bezug auf eine unmittelbare Bedeutung des Titels hegen (»die Suche nach der verlorenen Zeit«, »die wiedergefundene Zeit«) – und somit den Verdacht der Nostalgie. Die ganze Zeitmaschinerie der *Recherche,* auf die ich nur andeutungsweise eingegangen bin (Gérard Genette hat sie detailliert analysiert und kategorisiert: Analepsen, Prolepsen, Metalepsen etc.), all das sind bloß Instrumente, um die Zeit aufzukapseln. Die Namen existieren nur durch Schreibspiele, das ganze Werk ist ein Friedhof von Referenten. Der Name ist ein Supplement des Schreibens und daher etwas anderes als ein Zeichen, das auf eine Sache hinweist. Das Wort gehört zu den Zeichen – und deswegen führt es uns in die Irre. »Die Wörter zeigen uns von den Sachen ein kleines, klares und brauchbares Bild, wie diese Bilder, die man in den Schulklassen an der Wand aufhängt, um den Kindern ein Beispiel zu geben – für eine Werkbank, einen Vogel, einen Ameisenhaufen; Sachen also, die mit denjenigen gleicher Sorte als gleiche vorgestellt werden können. Die Namen aber geben uns von den Personen (und von den Städten, insofern sie uns an den Glauben gewöhnen, sie seien individuell und einzigartig wie Personen) ein konfuses Bild, das aus ihnen, aus ihrem hellen oder dunklen Klang die Farbe gewinnt, die sie einheitlich deckt, wie eines dieser Plakate, ganz in blau oder in rot, in denen aufgrund der technischen Beschränkungen des Verfahrens oder einer Laune des Graphikers nicht bloß der Himmel und das Meer blau sind, sondern auch die Boote, die Kirche und die Passanten« (1, 387-88). Eine solche Monochronie hat mit der Leere des Zeichens nichts zu tun, denn im Gegensatz zur Einfarbigkeit des Wortes ist das, was auf die Transparenz der Wörter verzichtet hat, eine Glasmalerei, jene »teinture«, die die Seele der Welt verleiht, würde Montaigne sagen. Die polychrome Malerei auf Glas, das Kirchenfenster, ist deren Emblem: »schöne Taufnamen ... über die man nur zu Unrecht lächeln würde! Sie kommen aus einer so tiefen Vergangenheit, daß sie in ihrem seltsamen Glanz so mysteriös wie jene Namen von Propheten und Heiligen funkeln, die man auf den Fenstern unserer Kathedralen eingeschrieben hat« (ch 87). Das Kirchenfenster, eben weil es kein transparentes Glas ist, wird somit zum Äquivalent des Fernglases: wenn die Welten, die uns die Kunst eröffnet, untereinander viel verschiedener sind als diejenigen, die im Unendlichen rollen, so sind die von der Kunst aufgezeigten wie der Glanz von Sternen, die »Jahrhunderte, nachdem die Lichtquelle erloschen ist, ihren besonderen Glanz noch aussenden, ob sie Rembrandt oder Ver Meer heißen« (3, 896). Die Wörter hingegen, weil sie nur Zeichen sind, können das Hörbild eines Signifikanten sein. Aber der Klang der Namen ist die Taufe von Multiplizitäten. Das ganze Spiel des Schreibens ist nötig, damit die Welt der Wörter, die ansonsten monochrom wären, sich zu Spektren, Ferngläsern, Kirchenfenstern verwandeln oder zur Laterna magica der ersten Seiten der Recherche ... Auf seinem Pferd kommt Golo geritten, er führt etwas Böses im Schilde, prescht aus dem kleinen dreieckigen Wald, dessen dunkles Samtgrün sich über den Hügel erstreckt, und nähert sich zuckend und wackelnd dem Schloß der Genoveva von Brabant ... das Schloß und die Heide sind gelb, und der kleine

Marcel hat nicht darauf gewartet, ihre Farbe zu sehen, er kannte sie bereits, denn »bevor die Glasplatten es mir zeigten, hatte es mir der warme, gelbe Name von Brabant schon in aller Evidenz gegeben« (1, 9). Wenn am Anfang der *Recherche* die Farben der Laterne das Kind ängstigen, so deswegen, weil der Beleuchtungswechsel sein Zimmer verändert, und es ist die Gewohnheit, die ihm das Zimmer trotz dem allabendlichen Drama erträglich macht. Am Ende der narrativen Strecke dagegen, wenn der Erzähler sagt, er würde erst jetzt seine Berufung zum Schreiben verstehen, ist der Name nicht mehr das Sujet einer Geschichte in der Laterna magica, sondern die Laterne selbst. Jeder Satz ist jedoch, von der ersten Zeile an, sowohl die Laterne wie das Sujet. Schon mit dem ersten Satz treten Klang und Farbe vor die Werkbank, den Vogel, den Ameisenhaufen ... Wenn wir gezwungen sind, die Welt zu beseelen, damit sie überhaupt noch zu begehren ist, wenn unsere Seele »jeden neuen Raum, der ihr angeboten ist, zuerst neu streichen muß, mit ihren Parfums und mit dem Klang ihrer gewohnten Töne füllen muß« (CSB 70), so bleibt doch bestehen, *daß der Name der Seele vorangeht* und daß letztere ihre Parfums (»sa vesture, sa teinture«) erst zerstäuben kann, wenn der Name die Essenz schon gewonnen hat. *Er* ist der erste Transformator. Proust spricht von den Namen, wie von Instrumenten, die nach Belieben die Wetterbedingungen modifizieren könnten. Zitierte ich am Anfang den Satz, nach dem die Kunst keine Frage der Technik, sondern eine Frage der Vision sei, so ließe sich nun der Satz umkehren: weder Technik noch Vision, aber eine Technik der Vision. Die unauffindbare Differenz zwischen Nostalgie und jener Erfindung möglicher Welten, die aus den Namen optische und astronomische Geräte werden läßt – Schreibspektren der Erfahrung –, diese Differenz hört nicht auf, sich zu erneuern und zu löschen. Neben dem doppelten Register von Montaigne wäre die *Recherche* diese irreversible, doppelte Übersetzung von Wörtern in Namen und von Namen in Zeit.

Soweit also der Umweg über die Texte. Die Antwort ist nunmehr nicht nur aufgeschoben, sondern verschoben. Schreiben ist Aufschub einer Präsenz, eine Verspätung von Zeichen durch deren Übersetzung in Namen. Ein Name, Marcel, enthält in sich selbst diese Bewegung, die zugleich die Erzählung der Suche nach der wiedergefundenen Zeit und im Erzählen die Stimme ist, die von jener Zeit aus spricht (von der gesagt wird, sie sei »pure

Zeit« ... »un peu de temps à l'état pur«), die am Ende wieder erscheinen *wird*. Wenn das Postmoderne dasjenige wäre, »das in der Darstellung selbst auf ein Nicht-Darstellbares anspielt« (Lyotard), wenn ferner Künstler und Schriftsteller ohne Regeln arbeiten, wie der Philosoph, oder vielmehr arbeiten, »um die Regeln dessen herzustellen, was gemacht worden sein wird«, wenn das Postmoderne also als »das Paradox der Vorzukunft« bezeichnet werden kann, so würde Proust am deutlichsten die mögliche Untrennbarkeit – aber auch vielleicht die Möglichkeit einer Trennung – zwischen Experiment und Nostalgie belegen. Wenn nun das Kapital per se den Verlust der Aura impliziert, die sich aus der technischen Reproduzierbarkeit der Bilder ergibt, nur noch die einzige Regel der Performativität kennt, die eben keine Regel ist, sondern eher eine pure Axiomatik des Willens (Lyotard spricht von einer »gloire de la volonté«)[10], wenn also nach ontologischen, und nicht nach soziologischen Kategorien diese Thesen die Figur des Kapitalismus richtig evozieren, dann würde bei Proust die im Schreibspiel wiedergefundene pure Zeit dem Anschein nach Erfahrung, Aura und Geschmack wiederbringen und gegen den Strich dessen, was die soeben beschriebene Figur beschreibt, arbeiten. Auch könnte man sagen, daß sich Montaigne in seiner Schreibstube der Figur des Unendlichen verweigert und gegen ihre häßliche und verhaßte Ziellosigkeit zu schreiben beginnt. Wir haben aber bei Montaigne gesehen, daß der Schreibprozeß letzten Endes zielloser ist als die verweigerte Zielstrebigkeit von Ruhm und Geschäft und daß das Schreibspiel die Ausdehnung des Seins garantiert (entgegen der Interpretation von Starobinski, der in seinem *»Montaigne en mouvement«* (1983) eine dialektische Figur der Wiedergewinnung von Identität in den *Essais* zu sehen meint). Das wirft aber eine zusätzliche Frage in die Debatte, die ich erst jetzt formulieren kann: ist das Kapital tatsächlich bloß die Glorie des Willens anstelle der Aura der Erfahrung? Ist der Kapitalismus möglich, ohne jene Schreibspiele, die in der ökonomischen Regelung eine Manipulation der Zeit ausmachen, ein Gewinn von Zeit über Schreibspiele? Und ist ein Schreibspiel denkbar, das uns etwas wiedergeben würde, was »ein Gehalt von Erfahrung« wäre, ohne daß etwas im Schreibspiel in einem zweiten Grade jenes löscht, was das Schreibspiel selbst schon löscht? Die pure Zeit, die das Schreiben von Proust destilliert, ist nicht die Aura eines Erfahrungsgehalts, sondern eines Namens – Combray. Nicht das Zeichen einer Zeit, sondern *die Zeit als Name*. Das Proustsche Doppelregister (die Atopie der narrativen Stimme, die die Differenz zwischen dem Subjekt der Erfahrung und dem Experiment als Sujet bezeichnet, indem sie pure Zeit aus der aufgerollten Vorzukunft der Erzählung gewinnt) gibt uns nichts wieder, was schon dagewesen wäre, sondern entwirft eine Art von »Als-ob-Präsenz« – die Beseelung der Welt, ihre Taufe in der Bewegung des Schreibens. Die Spur ist die Strecke. La trace c'est le trajet. Im Gegensatz zum Geld – oder zur leeren Universalität der Zeichen – wird diese Zeit nicht von Hand zu Hand oder von Mund zu Mund laufen und Wünsche in Wert und Form um- oder übersetzen. Eher wird mit jedem Schreibspiel, mit jedem Text, der im Gegensatz zum Diskurs keinen Willen kennt, keine Aura mehr und auch keine Glorie geschaffen, die per definitionem zu jener Vorzukunft gehört, von der Lyotard uns sagt, daß sie das Merkmal des Postmodernen sei, gegen den Strich der Sprache, gegen die kinetische Kraft der gewohnten Bedeutung, und über eine rückwärtige Bewegung Zukunft, als mögliche neue Welt. Der Geschmack, der das Signal der wiedergefundenen Zeit bei Proust ist und bei Montaigne die Körperwerdung des Wissens, die Verlagerung der Doxa und ihres Wissens zur *saveur*, zur *teinture*, diese Art von Geschmack hat mit Konsens und tradierten Regeln nichts zu tun. Steckt der Geruch in den Zeichen, so erfährt die Bedeutung *eine fatale Limitierung, aber auch dadurch eine immense Reserve*, die auf Kosten der leeren Unendlichkeit der Zeichen gewonnen werden konnte. Es wäre ein Mehrwert, wenn dieser »Mehrwert« nicht darin bestehen würde, Wertformen zu pervertieren. Oder, mit anderen Worten: der Mehrwert kommt einer Katastrophe des Systems gleich, einem provozierten Unfall der Zeichen durch Kollision oder durch Ausdehnung der Distanzen, Beschleunigung oder Verlangsamung. Und alles, was dadurch an Gewinn gezogen wird, wird eingetragen. Das Schreibspiel kontrolliert die durch die Operation des Aufschubs produzierte Zeit, akkumuliert einen Schatz an perverser Unendlichkeit – die falsche Währung der Schrift –, *die neben der anderen nicht aufhört zu zirkulieren.* Einen kleinen Teil aus dieser unendlichen Reserve von Bedeutung habe ich versucht, in sehr kurze Zeit zu investieren. Über den Mehrwert kann ich nicht entscheiden ...

1 Paris, Minuit 1979. Dt. »Das postmoderne Wissen. Ein Bericht«, theatro machinarum 3/4, Bremen 1982.

2 »Modern nenne ich die Kunst, die ihre ›kleine Technik‹, wie Diderot sagen würde, darauf verwandte, zu zeigen, daß es ein Nicht-Darstellbares gibt« (Tumult Nr. 4, S. 138).

3 A.a.O. S. 142.

4 »Die Identität des Schreibens mit sich selbst, die sich durch das Labyrinth der endlosen Erzählung hindurch erzählt, genügt, um diese Einheit, die man mit der Phänomenologie des Geistes vergleichen konnte, zu bedeuten«, S. 141.

5 A.a.O. S. 142.

6 In: Théorie d'ensemble – Le Seuil 1968. S. 41-66.

7 A.a.O. S. 46.

8 Die übersetzten Passagen verweisen auf den Originaltext in der Pléiade-Ausgabe. Angegeben werden Buch (1) Kapitel (39) Manuskript (a) 1580, (b) 1588, (c) 1595 und Seitenzahl der Pléiade, Paris 1962. Übersetzung von mir.

9 Die Angaben verweisen auf den dreibändigen Originaltext der Pléiade-Ausgabe, Paris 1954. Übersetzung von mir. »CSB« = Contre Sainte-Beuve (Pléiade), »ch« = Chroniques, 36ème éd. 1927

10 In »Appendice svelte« (Babylone Nr. 1, S. 76-77) formuliert Lyotard folgenden Thesenzusammenhang: »Der Kapitalismus mag die Ordnung nicht. Der Staat ja, aber nicht der Kapitalismus. Er hat kein technisches, soziales, politisches Werk zum Ziel, das nach bestimmten Regeln entworfen wäre, seine Ästhetik gehört nicht zum Schönen, sondern zum Erhabenen, seine Poetik ist die des Genies, das Kreieren unterliegt keinen Regeln, es erfindet sie. Alles, was Benjamin als Verlust der Aura, Ästhetik des Schocks, Zerstörung des Geschmacks und der Erfahrung beschrieben hat, ist die Auswirkung dieses Willens, der sich um keine Regeln kümmert. Die Traditionen, die Statute, Orte und Objekte, die von individueller und kollektiver Vergangenheit erfüllt waren, die tradierten Legitimitäten, die Bilder des Menschen und der Welt, die uns die Klassik gab, auch wenn sie noch bewahrt werden, werden es als Mittel zu dem Zweck, der ›la gloire de la volonté‹ ist (also: nicht die Aura, sondern ›die Glorie des Willens‹, JPD). Marx hat dies alles wohl gesehen, namentlich im Manifest. Er hat versucht zu zeigen, wie sich die Figur des Kapitalismus auflöst. Er hat sie nicht als Figur gedacht, sondern als ein thermodynamisches System. Und er hat dabei gezeigt, 1. daß das System seine warme Quelle, die Arbeitskraft, nicht beherrschen würde, 2. daß es den Abstand zwischen seiner warmen und seiner kalten Quelle (der Zufuhr von Wert in die Produktion) nicht kontrollieren würde und 3.

daß es seine warme Quelle früh oder spät ausschöpfen würde. Aber der Kapitalismus ist eher eine Figur. Als System betrachtet, ist dessen warme Quelle nicht die Arbeitskraft, sondern die Energie im allgemeinen, eine physische Energie (das System ist nicht isoliert). Als Figur betrachtet, kommt deren Kraft aus der Idee des Unendlichen. Sie kann bei den Menschen als Geldgier, Machtgier, Verlangen nach dem Neuen erscheinen. Und man kann das alles als sehr beunruhigend betrachten. Aber solche Begierden drücken anthropologisch gesehen etwas aus, das, ontologisch formuliert, die Verankerung des Unendlichen im Willen ist« (Übersetzung von mir).

Willem van Reijen
Miss Marx, Terminals und Grands Récits oder:
Kratzt Habermas, wo es nicht juckt?

Als kleines bisexuelles Monstrum läßt Lyotard in seinem ›Economie Libidinale‹ Marx auftreten.[1] Auf dem geschmeidigen, verführerischen Körper einer jungen, verliebten Schönen aus dem Rheinland prangt der kriegerische, bärtige Kopf, den wir so gut kennen, – es ist der Kopf eines Staatsanwalts. Gibt es eine Möglichkeit, diese zwei so unterschiedlichen Elemente zu vereinen?

Der junge Mädchenkörper (polymorph pervers) träumt von der Vereinigung, von der Vereinigung von Widersprüchen, von der Versöhnung zwischen den Menschen ohne Herrschaft, von einer Harmonie, worin die Dinge nicht die Menschen beherrschen (Produktion um der Produktion willen, Fetischismus), von der Versöhnung zwischen den Geschlechtern.

Der junge Mädchenkörper träumt den Traum, den die Wirklichkeit auch träumt – in beiden fließt ein unaufhaltsamer Strom von Bedürfnissen und Wünschen. Der Körper verlangt nach einer großen Liebe und einem Liebhaber – und hier tritt der Staatsanwalt in Erscheinung, Marx, abgeordnet, um das Perverse (das Kapital) anzuklagen. Er muß einen passenden Liebhaber finden, oder sogar – das ist die Rolle der Theorie – einen Liebhaber erfinden: das Proletariat. Marx beginnt, die Akten des Angeklagten, des Kapitalismus, zu studieren. Was geschieht aber, wenn man die Ermittlungen in die Hände desjenigen legt, der von der verführerischen Angeklagten gleichzeitig fasziniert und provoziert wird? Er erfindet hunderttausend Ausflüchte, um das Studium der Akten fortzusetzen, so daß die Ermittlungen sich wie ein wucherndes Krebsgeschwür ausbreiten und kein Ende nehmen. Aus einem Abschnitt der Anklageschrift wird ein Paragraph, aus dem Paragraph ein Kapitel, aus dem Kapitel ein Buch. (So wucherte Marx' ›Kritik der politischen Ökonomie‹ bis ins Uferlose und blieb unvollendet.) Der theoretische Diskurs, der ursprünglich etwas in der Praxis verändern, oder wenigstens etwas definieren und eine praktische Politik rechtfertigen sollte, versagt.

Parallel zu der Tatsache, daß der theoretische Diskurs kein Ende findet, mißlingt die Vereinigung von Kopf und Körper. Dem Kopf gelingt es nicht, die Wirklichkeit des Sozialismus zu deduzieren und einen neuen Körper zu erschaffen – der Körper seinerseits scheint nur verliebt in die Liebe, läßt sich aber von dem bärtigen Erudit beruhigen, der versichert, daß alles einst anders sein wird als jetzt. Er hält zwar die Grabrede auf das Kapital, gibt aber dem jungen Körper nicht nur keinen Liebhaber, sondern nicht einmal die ganze Theorie. Damit verursacht er ein Leid, das gleichzeitig Lust ist.

Mit diesen Metaphern knüpft Lyotard deutlich an Deleuze und Guattaris Anti-Ödipus an.[2] In diesem Buch unternehmen die Autoren den Versuch, Marx und Freud aufeinander zu beziehen, d. h. Bewußtsein und Begehren, die man bis dahin als absolut differente Einheiten betrachtete, in ihrer fundamentalen Verwandtschaft oder sogar Identität zu entdecken. Das Begehren kann zwei Richtungen einschlagen: sich selbst aktiv, positiv akzeptieren und damit alles verändern; oder mit der bestehenden Ordnung konform gehen. Für Deleuze kann nur eine Analyse des Begehrens erklären, daß die Massen, die Hitler, Stalin und anderen Diktatoren zur Macht verhalfen, nicht die Opfer einer Ideologie waren, sondern diese Diktaturen »begehrten«. Dem kann man nur entrinnen, wenn man den klassischen Gegensatz zwischen Produktion und Ideologie, der noch die Theorien von Marx und Freud dominiert, aufhebt. Deleuze stellt nun die These auf, daß das Begehren selbst in den Bereich der Produktion gehört. Descombes bemerkte dazu: »eine absurde Lösung für Marxisten, für die das Begehren ein Teil der Ideologie ist, eine falsche Lösung für die Anhänger von Freud, die davon ausgehen, daß das Begehren einzig Träume und Phantasien produzieren kann«.[3] Deutlich wird, so Descombes, daß das Begehren/die Produktion nichts anderes ist als Nietzsches ›Wille zur Macht‹. Auch Nietzsche relativiert die Möglichkeit und den Einfluß von Erkenntnis. Für ihn ist die Sprache ein Netz von Metaphern und Metonymien, die eher die Wirklichkeit verschleiern als sie erklären und die vor allem in die Irre führen, was ihre eigene Rolle bei der Verschleierung betrifft. Lyotard folgt hier Deleuze' und Nietzsches Spuren. Er stellt fest, daß derjenige, der an der traditionellen Bestimmung der Theorie festhält, an der Möglichkeit, ihr eine zuverlässige Grundlage zu geben und sie praktisch anzuwenden, zwei Fehler begeht: er glaubt, im Namen der Wahrheit zu sprechen, und propagiert dabei im Grunde ein moralisches Ideal. Er sieht nicht, daß er den Kampf gegen den Kapitalismus verliert, weil er noch immer an etwas innerhalb eines Systems glaubt, das zynisch geworden ist und an überhaupt nichts mehr glaubt. So wird die Wahrheit der kritischen Philosophie entlarvt als Wunsch nach Wahrheit in einer Welt, in der nichts mehr wahr oder unwahr ist.

Der Schlüssel zur Vereinigung des jungen Mädchenkörpers mit dem Kopf von Marx liegt also in einer Relativierung unserer theoretischen Ansprüche zugunsten eines Geltendmachens der libidinösen Kräfte, beide aufgefaßt als Momente einer Ökonomie – einer ›économie libidinale‹, die uns als ›désir de Marx‹ den Weg weist.

Wenn man eingesehen hat, daß die Theorie, d. h. unsere Erkenntnis nicht der archimedische Punkt ist, von dem man ausgehen muß, daß also der Logozentrismus überwunden werden muß, dann kommt es darauf an, nicht in die Falle zu laufen – in die Falle der überwundenen Theorie, die von uns verlangt, etwas anderes an ihre Stelle zu setzen. Nicht nur die Theorie selbst – der Platz der Theorie muß aufgegeben werden. Kein Kierkegaardsches ›entweder/oder‹, schon gar nicht ein Hegelsches ›und/und‹ – sondern die Stille des Komma ›,‹, dafür plädiert Lyotard.

Resümee von Lyotards Ausführungen ist, daß an die Stelle der Theorie eine Betrachtung tritt, die nichts anderes beinhalten kann als Hinweise auf eine Parallelität von Strömen. Es gibt einen Strom libidinöser Kräfte im biologischen Bereich und einen Strom materieller Austauschprozesse (Tauschprozesse) im ökonomischen Bereich der Produktion, Distribution und Konsumtion. Diese Parallelität kann als Strukturanalogie verstanden werden. Die Analyse gründet nicht in feststehenden theoretischen Prämissen. Weder theoretisch noch praktisch gibt es eine Möglichkeit, von einem feststehenden Punkt aus Theorien aufzustellen oder etwas zu verändern. Wir befinden uns in den Strömen, die allerdings, wie unterschiedlich sie sich uns als Phänomene auch auf den ersten Blick zeigen mögen, im Modellhaften des Stroms doch ein bedeutendes Kennzeichen vorweisen, das erkannt werden kann. Denn wenn alles nur fließen würde, dann wäre auch dies unmöglich. Aber der Strom kennt Widerstand,

Verlangsamung. Auch hier gibt es eine Parallele: wie im Rahmen der libidinösen Kräfte, die nach Befriedigung streben, Verzögerungen auftreten – das Aufschieben der Lust, das Zurückhalten (des sexuellen Klimax), so kennt auch der wirtschaftliche Prozeß den Faktor Zeit, die Verlangsamung (Derridas differance), die Investition, die zugunsten einer späteren größeren Befriedigung (Gewinn) die momentane hinauszögert.

Aber die ›differance‹ eröffnet auch einen neuen Horizont. Sie ist nicht nur ein Spiel mit der Dimension der Zeit, sondern auch eine neue Qualität: ein Argwohn, der sich auf den Spuren von Ricœurs ›Hermeneutik des Argwohns‹ gegen die Großmeister des Argwohns selbst richtet: Marx und Freud. Bei all ihrem Mißtrauen gegen die Art und Weise, wie die Menschen sich ein Bild von sich selbst und von ihrer Gesellschaft bilden, blieb ihr Vertrauen in die orientierende und legitimierende Kraft der Theorie ungebrochen. Lyotard sieht nun, genau wie Derrida, in der Distanz, die der Mensch zwischen das Zeichen und das Bezeichnete legen kann, einen Hinweis auf eine noch viel fundamentalere Distanz, nämlich die in der Übereinstimmung zwischen Theorie und Wirklichkeit, der legitimierenden Funktion, die eine Theorie traditionell hatte und hat. In seinem späteren Essay ›La Condition Postmoderne‹ arbeitet Lyotard diese Distanz dann eher in der Richtung einer Relation zwischen der Theorie und der Informationsgesellschaft aus, die sich qualitativ (postmodern) völlig von der ›klassischen‹ kapitalistischen (modernen) Gesellschaft unterscheidet. Die Formalisierung der Information, die an die Stelle der traditionellen Erkenntnis tritt, löst das Problem der Relation zwischen Theorie und Wirklichkeit auf eine überraschende Weise.

›La Condition Postmoderne‹[4]

Die zentrale Frage dieses Essays richtet sich auf die legitimierende Funktion von Theorien. Legitimation der Entstehung, der Entwicklung und der Institutionalisierung des Erkenntniserwerbs und der politischen Machtausübung und damit verbunden die Frage nach der Beziehung zwischen Erkenntnis und Politik.

Um sich über diese Fragen Klarheit zu verschaffen, entwirft Lyotard eine mit Max Weber vergleichbare spekulative Rekonstruktion unserer kulturellen Geschichte. Anfangs erheben Urteile mit Wahrheitsanspruch gleichzeitig einen normativen und einen ästhetischen Anspruch. Das Wahre, Gute und Schöne sind nicht voneinander zu trennen. Kennzeichnend für diese Zusammengehörigkeit ist die Tatsache, daß die in dieser Form anwesende Erkenntnis nicht selbst begründet oder hergeleitet werden muß, wie es im Sinne der Aufklärung der Fall ist.

Diese Art der Erkenntnis nennt Lyotard narrativ; es ist eine Orientierungsmöglichkeit unter anderen, wertet diese nicht ab zugunsten seiner eigenen Aufwertung, hierarchisiert nicht die Relation zwischen Sprecher (Professor) und Hörer (Student). Jeder, der einer Geschichte zuhört, ist selbst ein potentieller Sprecher. Der Modernisierungsprozeß, der sich im Zeichen der Aufklärung realisiert, sieht die Verselbständigung der Wissenschaft in bezug auf die alltäglichen, narrativen Formen der Vermehrung und Vermittlung von Erkenntnis. Die Wissenschaft degradiert alle anderen Formen der Erkenntnis und stellt sich selbst in den Mittelpunkt des Geschehens, erkenntnismäßig, politisch und technisch/technologisch. Die Wissenschaft als Hüterin der Wahrheit wird ein ›Diskurs‹, der alle anderen Formen der Erkenntnis zweitrangig werden läßt.

Aber auch innerhalb dieser Entwicklung kommt eine weitere Differenzierung in Gang. Es entstehen zwei Hauptströme. Diese Hauptströme, von Lyotard ›grands récits‹ oder auch ›metadiscours‹ genannt, zeichnen sich angesichts des narrativen Wissens hauptsächlich durch das Postulat aus, Wissen zu legitimieren.

Ein Hauptstrom ist der deutsche Idealismus. Hierbei wird versucht, einen absolut sicheren Ausgangspunkt für die Erkenntnis zu konstruieren. Dazu muß das Kennen selbstreflexiv werden. Der Erkenntnisprozeß wird Gegenstand des Kennens – das Kennen sucht die Kriterien für Wahrheit, Unwahrheit und für Zuverlässigkeit in sich selbst. Lyotard sieht darin einen Verrat am ursprünglichen Ziel der Erkenntnis, dem der praktischen Anwendung.

Der zweite Hauptstrom ist der des Praktischwerdens unserer Erkenntnis im Dienst der Emanzipation der Menschen von Dogmen und Unterdrückung. Hierzu rechnet Lyotard die Philosophie der Aufklärung und teilweise auch die Kritische Theorie. Eine Variante von beiden ist der Marxismus. Mit seinem unerbittlichen Anspruch auf die einzige, absolute Wahrheit und seinem

Programm der ›Selbstbegründung‹ ähnelt er dem ersten Hauptstrom, was seine praktischen Ansprüche betrifft, dem zweiten.

Der erste Hauptstrom unterstellt ein unzertrennliches Band zwischen Erkenntnis und erkennenden Subjekten, das Gegenstand von (Selbst-)Reflexion sein kann. In bezug auf diesen Punkt argumentiert Lyotard ähnlich wie Rorty in ›The Mirror of Nature‹. Rorty behauptet, daß der Mensch keinen privilegierten Zutritt zu seinem eigenen Erkenntnisprozeß, d. h. Bewußtsein hat. Es kann also nie gelingen, durch selbstreflexive Analyse ein Kriterium für die (Un-)Wahrheit von Urteilen zu finden. Damit verschwindet der Mensch aus dem Zentrum eines (unterstellten) erkenntnismäßig konstruierten Kosmos. Dies ist der so oft zitierte Tod des Subjekts.

Aus der objektiven Perspektive bedeutet das Aufgeben der Möglichkeit, der Erkenntnis eine feste Basis zu schaffen, das in der französischen Philosophie so oft deklamierte Ende des Logozentrismus. Erkenntnis hat jetzt einen metaphorischen Charakter, sie ist eine Interpretation (Text) von Interpretationen (Texten). Spekulationen über die Verbindung von Texten und einer ›Wirklichkeit‹, die niemand zeigen und schon gar nicht begrifflich bestimmen kann, sind von Übel. Der zweite Hauptstrom hat sich vor allem durch die Tatsache kompromittiert, daß unter dem Deckmantel der Befreiung Terror ausgeübt werden kann, wie es im Stalinismus geschah. Die Vorstellungen von Befreiung, so behauptet Lyotard, bleiben allzusehr innerhalb der Grenzen desjenigen, was als das Wahre von oben oder von außen als solches vorgestellt wird; inhaltliche Überprüfung bleibt eine relative Angelegenheit.

Terror, so meint Lyotard, ist kein zufälliger Effekt des Emanzipationsdenkens, denn Kern dieses Hauptstroms ist die Annahme, daß das Denken eine soziale Praxis steuern kann, es erhebt sowohl Anspruch auf das Monopol der Wahrheit wie auch auf das daraus abgeleitete Recht, die Wirklichkeit zu bestimmen. Dies setzt allerdings wieder die sich als unhaltbar erwiesenen Vorurteile voraus, die den ersten Hauptstrom ad absurdum führten.

Der Glaube an die Möglichkeit und den Einfluß des soeben skizzierten ›metadiscours‹, der ›grands récits‹, ist, so behauptet Lyotard, verschwunden. Genau das ist die ›condition postmoderne‹. Um diese Entwicklung zu erklären, führt Lyotard zwei

Ursachen an:

1. die technische und technologische Entwicklung, die zwischen den zwei Weltkriegen einen großen Aufschwung genommen hat;

2. die Umwälzung, die – in Verbindung damit – stattgefunden hat; angesichts der Erkenntnis als solcher lautete die Frage früher: Ist es wahr?, so lautet sie heute: Was bringt es?

Anstelle der früheren Sorge um Wahrheit und Moralität treten in der postmodernen Gesellschaft die Fragen in den Mittelpunkt: Wer entscheidet, was es zu erkennen gibt, und wer weiß, was entschieden werden muß?

Aber, so behauptet Lyotard weiter, die Anwendbarkeit der Erkenntnis, ihre Operationalisierbarkeit impliziert keine Kriterien für Wahrheit und Rechtmäßigkeit, d. h. Moralität. Eine weitere Ursache für die Entstehung der postmodernen Kondition liegt in der mit den soeben genannten Faktoren verbundenen Neuorientierung der Erkenntnis selbst in der Gesellschaft, das schnelle Wachstum der Erkenntnis in der Form von Information und der Verbreitung von Information. Das verändert sowohl etwas in bezug auf die Erkenntnis als auch in bezug auf die Gesellschaft. Erkenntnis wird jetzt typisch Information, die Wahrheits- und Rechtmäßigkeitsproblematik wird vom ursprünglichen Konzept der Erkenntnis abgelöst. Es gibt keine Individuen mehr, die als Träger der Erkenntnis aufgefaßt werden können. Aber mit der Veränderung des Status der Erkenntnis ändert sich auch das Umfeld des Menschen. Die Gesellschaft, in der Information an die Stelle der Erkenntnis tritt, verändert sich – in der emphatischen Bedeutung des Worts – in eine neue ›Natur‹ für den Menschen, mit der er jetzt in jeder Hinsicht konfrontiert wird. Und Lyotard beschreibt, wie diese Natur hinsichtlich der Information aufgefaßt werden muß. Erkenntnis hat, wie Lyotard in Anknüpfung an Marx sagt, keinen Gebrauchswert mehr, sondern nur noch Tauschwert. Es geht nur noch um die Frage, was der Erwerb von Information kostet und wieviel sie einbringt. Die Information wird in Zirkulation gebracht.

Aber trotz der negativen Aspekte, die Lyotard skizziert, sieht er in der neuen Entwicklung auch Anhaltspunkte für den Widerstand gegen eine absolute Dehumanisierung. Merkwürdigerweise liegt in dieser Hinsicht gerade eine Kontinuität von ›früher‹ und ›jetzt‹ – noch abgesehen davon, daß Lyotard, wie wir später sehen werden, ein eifriger Verteidiger des ›Sublimen‹, das heißt der

Einheit von moralischer und ästhetischer Orientierung ist.

Was alle Umpolung der Erkenntnis in Information und alle Dezentrierung des Menschen und seiner Erkenntnis nicht erreichen können, ist die Tatsache, daß die Gesellschaft, gerade dann, wenn alles formalisiert wird, ein *Spiel* ist, das Regeln unterliegt. Die Regeln dieses Spiels fallen nicht vom Himmel, sie basieren auf Absprachen zwischen Spielern, auch wenn diese nicht in jeder Hinsicht autonom sind. Desweiteren gilt: ohne Regeln kein Spiel und: alles, was getan wird, gilt als Zug in einem Spiel, mit anderen Worten, es gilt das aus der Ethnomethodologie bekannte Adagio: Es gibt kein non-behaviour.

Mit der von Wittgenstein übernommenen Auffassung, daß das gesellschaftliche Geschehen ein Sprachspiel oder zumindest eine Variante des Sprachspiels ist, kann Lyotard jetzt den nächsten Schritt tun. Er unterscheidet die traditionelle, moderne Wissenschaft und Gesellschaft von der postmodernen. Die ›grands récits‹ sind die Geschichten, d. h. Sprachspiele, die eine monopolisierende Funktion erfüllen. Sie geben vor, die einzig wahren und legitimen Interpretationen der Welt zu sein, und schließen alle Auffassungen und Menschen, die diese nicht übernehmen, aus. Die Meinungen, die den wissenschaftlich definierten Kriterien von Wahrheit nicht standhalten, verlieren ihr Existenzrecht. Den Personen, die nicht ›normal‹ funktionieren, wird ihr Recht auf Selbstbestimmung genommen. Lyotard konfrontiert diese monopolisierenden, ausschließenden Mechanismen in Wissenschaft und Politik mit seinem pluralistischen Konzept des Narrativen. Wo die monopolisierenden Strategien der Moderne auf reine Funktionalisierung im Stil des *Efficiency*-Denkens hinauslaufen, auf einen positivistischen Wissenschaftsbetrieb oder auf Hypothesen über Emanzipation, die sich historisch als unhaltbar erwiesen haben, da muß – ohne Illusionen bezüglich der Restauration des Subjekts als des Trägers von Erkenntnis und Fortschritt – ein anderes Modell introduziert werden.

Dieses Modell des Narrativen beinhaltet folgendes:

1. Es gibt viele Geschichten über den Menschen und seine Gesellschaft, die, nicht jede für sich, aber in ihrer Gesamtheit definieren, was – technisch gesehen – ihre Kompetenz ist. Alles, was eine Gesellschaft beinhaltet, muß einen Platz haben, in einen Kontext gestellt werden.

2. Dabei muß die Pluralität als eine gesellschaftlich-kulturelle

Tatsache an erster Stelle stehen. Es ist schließlich unmöglich, innerhalb eines Sprachspiels Selbstlegitimation zu betreiben oder ein Sprachspiel durch ein anderes zu legitimieren.

3. Sprechen, Zuhören und Handeln dürfen als Rollen nicht einseitig unter Personen oder Gruppen verteilt werden.

Blicken wir um des Kontrastes willen in unserer Schlußbetrachtung der ›Condition Postmoderne‹ noch einmal zurück auf die moderne Wissenschaft und Gesellschaft.

Die moderne Wissenschaft, so behauptet Lyotard, ist gescheitert – auch rein intern gesehen –, da sich gezeigt hat, daß es unmöglich ist, absolut sichere Grundlagen und eine absolute Konsistenz von Aussagen herzustellen. Die moderne Wissenschaft gibt vor, daß ihre Aussagen ein logisch konsistentes Ganzes bilden, daß ihr Vokabular syntaktisch erschöpfend ist, daß sie zu entscheidbaren Aussagen kommt und daß ihre Axiome voneinander unabhängig sind.

Lyotard ist gegenüber diesen Punkten skeptisch, Wissenschaft kann sich nicht mit derartigen Selbstinterpretationen begnügen. Alle Anforderungen nach Konsistenz und Entscheidbarkeit können, so behauptet er, mit dem Hinweis auf Gödels Theorem, nicht gleichzeitig berücksichtigt werden. Dort, wo die Wissenschaft sich an ihre eigenen Spielregeln hält, wird sie steril. Die großen Entdeckungen werden nur dann gemacht, wenn Regeln übertreten werden. Um mit Kuhn zu sprechen, keine Wissenschaft kann sich in jeder Hinsicht an nur einem Paradigma orientieren.

Es geht um die Erhöhung der Performativität des Sprach- bzw. Gesellschaftsspiels, um eine permanente Proliferation der Spielregeln und Züge, welche nicht eine reine Orientierung an der *Efficiency*-Perspektive bedeutet. Und dies auf eine Weise, daß eine größtmögliche Pluralität von Gesichtspunkten, die untereinander nicht logisch konsistent sein müssen (paralogisch), produziert wird, daß die Phantasie viel Spielraum erhält. In einem derartig kreierten Raum ist wiederum Platz für eine Rückkoppelung der generierten Regeln an moralische Gesichtspunkte. So kann nach einem Prozeß der Dehumanisierung wieder ein Prozeß der Rehumanisierung in Gang gesetzt werden.

Der freie Zugang zu den Terminals wird von Lyotard als Garantie dafür gesehen, daß das Denken und Handeln des Menschen nie wieder von einem ›grand récit‹ dominiert wird. Das ist die praktische Voraussetzung für die Verwirklichung der postmodernen Erkenntnis, eines Konzepts, worin die Erkenntnis nicht sich selbst legitimiert (als ›Selbstbegründung‹ oder emanzipatorische Kraft), worin kein Sprachspiel mit dem Anspruch auftritt, andere Sprachspiele zu legitimieren oder zu dominieren. Das wiederum gelingt nur, wenn die Konsistenz der Logik als Maßstab abgeschafft wird, wenn das Paralogische an die Stelle des Logischen tritt, wenn das Subjekt sich nicht länger für das Zentrum der Welt hält und wenn an die Stelle der Rechtmäßigkeit im modernen Sinne die Freiheit, die Kombinatorik der Züge und die Generierung immer neuer Spielregeln tritt.

In einem kürzlich erschienenen Aufsatz ›Qu'est-ce que le postmodernisme?‹[6] radikalisiert Lyotard diese Auffassung und stellt sie gleichzeitig in eine umfassendere Perspektive. Er orientiert sich jetzt an Kants Konzept des ›Erhabenen‹ (oder des Sublimen), das bei Kant parallel zur Bestimmung des Schönen entwickelt wird. Es geht in beiden Fällen um eine Trennung, in der Wirklichkeit und im Bereich des Erlebens und Erkennens. Das Erlebnis des Schönen, so zitiert Lyotard Kant, findet statt, wenn wir ein Gefühl der Befriedigung beim Betrachten eines Kunstwerks haben, ohne daß auf die eine oder andere Art ein mit dem Kunstwerk oder seiner Wirkung eventuell in Zusammenhang stehendes Interesse eine Rolle spielt. Es kommt zu einer als lustvoll erfahrenen Übereinstimmung, die nicht näher begrifflich zu bestimmen ist, zwischen der Fähigkeit, zu denken, und der Fähigkeit, etwas sinnlich Wahrnehmbares zu produzieren.

Mit demselben Nachdruck auf eine analoge Trennung der Fähigkeiten zitiert Lyotard Kant hinsichtlich des Konzepts des Erhabenen. Auch die Empfindung des Erhabenen ist lustvoll, aber hier geht es darum, daß die Einbildungskraft nicht imstande ist, etwas sinnlich Wahrnehmbares zu präsentieren, das mit einem Begriff übereinstimmt.

Die Ästhetik des Postmodernen ist die des Erhabenen; die der Moderne ist die des Schönen. Die Ästhetik der Postmoderne ist nostalgischer Art, denn sie unternimmt den Versuch, etwas zu tun, was streng logisch gesehen unmöglich ist: sie stellt das Undarstellbare vor, läßt das Nichtanwesende anwesend sein. Das lustvolle Moment liegt in der Fähigkeit der Vernunft, die Beschränkung der Darstellung zu überschreiten, die Unlust in der empfundenen Beschränkung der Einbildungskraft und Sinnlichkeit. Ihr Zusammenspiel zeigt Lyotard zufolge, und hier nimmt er den Faden der ›Condition Postmoderne‹ wieder auf, daß der postmoderne – und daher wahre – Künstler nicht feststehenden Regeln folgt. Im kreativen Prozeß werden die Regeln für das produziert, was gemacht werden soll. Sie kommen gleichsam immer zu spät. Eine Paradoxie, weil man sagen könnte, daß jedes Werk postmodern ist, bevor es modern ist. Wir können keine Wirklichkeit produzieren, sondern nur Anspielungen machen auf etwas Denkbares, das nicht sinnlich dargestellt werden kann. Zwischen den verschiedenen Sprachspielen, d. h. Lebensformen, in denen wir uns bewegen, ist keine Versöhnung möglich. Nur eine transzendentale Illusion, wie jene von Hegel, kann diese falsche Hoffnung wecken, aber dafür muß der hohe Preis des Terrors bezahlt werden, wie ihn unsere Sehnsucht nach dem ›Totalen‹, dem ›Einen‹, der ›Versöhnung‹ dann auch tatsächlich im 19. und 20. Jahrhundert zu entrichten hatte. Die Antwort auf die jüngsten Vorschläge, das Phantasma des »Totalen« wieder in Kraft zu setzen, lautet: ›Weg mit dem »Totalen«, verteidigt das Undarstellbare, aktiviert die Differenzen, rettet die Ehre des Namens.‹

Habermas – die Vollendung der ›Moderne‹

Habermas knüpft in seiner Rede anläßlich der Verleihung des Adorno-Preises – mit dem Titel ›Die Moderne – ein unvollendetes Projekt‹[7] – direkt an die Aufklärung und an die Begriffe Rationalität und Autonomie an. Er weist dabei die scharfe Kritik, wie sie von Horkheimer und Adorno in der ›Dialektik der Aufklärung‹ entwickelt wurde, zurück. Er leugnet zwar nicht, daß im Laufe der letzten zwei Jahrhunderte nachteilige Folgen innerhalb der kulturellen und politischen Entwicklung festzustellen sind, diese sind aber nicht, wie die Begründer der ›Kritischen Theorie‹ meinen, Folge einer der Vernunft immanenten Ambivalenz, sondern Folge einer *einseitigen* Auslegung in der Praxis eines bestimmten Aspekts der Vernunft. All denjenigen, die die Vernunft oder Rationalität als solche (mit-)verantwortlich machen für die gegenwärtig beklagten Folgen der Entwicklung in Wissenschaft, Ökonomie und politischer Willensbildung, sind für Habermas Sympathisanten eines Konservatismus, der uns in einen undemokratischen, akulturellen und irrationalen Zustand zurückwirft.

Habermas hält an der Vorstellung fest, daß Individuen imstande sind (oder wenigstens von den natürlichen Voraussetzungen her dazu erzogen werden können), aufgrund eigener Einsicht und Verantwortung zu handeln. Die Tatsache, daß Menschen sprechen, reicht für die Verteidigung der These aus, daß die Regelung von Konflikten um knappe Waren (dazu gehört auch Macht) an drei Bedingungen geknüpft ist – soweit man (und das ist die Grundvoraussetzung) Gewaltanwendung ausschließen will.

Sprechen ist, nach Habermas, nur dann sinnvoll, wenn die Partner von der Voraussetzung ausgehen, daß dasjenige, was gesagt wird, wahr ist; daß dasjenige, worauf sich das Gesagte bezieht, mehr oder weniger mit den herrschenden Normen über-einstimmt (kurz, daß es, soweit es sich auf das Verhalten, Abspra-chen usw. bezieht, moralisch mit Argumenten zu verteidigen ist); und schließlich, daß der Sprecher aufrichtig ist.

Habermas begründet diesen Ausgangspunkt mit dem Hinweis darauf, daß Sprechen eine vollkommen sinnlose Aktivität wäre, wenn man diesen Voraussetzungen nicht gerecht würde. Müßten wir bei den meisten Menschen davon ausgehen, daß sie lügen, dann ist Sprechen weder für den anderen noch für mich sinnvoll. In solchen Fällen kann das Gesagte schließlich keine Richtschnur für das Handeln sein. Wenn wir in den meisten Fällen davon ausgehen müßten, daß andere Menschen sich mit ihren Äußerun-gen auf moralischer Ebene in einem völlig anderen Wertsystem bewegen, dann entfällt die Möglichkeit, einen moralischen Kon-sens zu erreichen und damit die Möglichkeit, Handeln zu recht-fertigen. Wenn auch nur in *einer* Hinsicht *einer* dieser Aspekte systematisch verletzt wird, wird ein moralisch zu rechtfertigendes Handeln unmöglich. Die Struktur des Sprechens, so lautet stark verkürzt Habermas' Intention, ist die Struktur des Handelns. Man braucht keine riskante Spekulation über das ›Wesen‹ des Menschen, über dasjenige, was sich unkontrollierbar (in ihren Hinterköpfen) abspielt, – keine großen Betrachtungen über *das* Handeln, um zu sehen, daß ein immanentes Ziel der individuellen Entwicklung die Partizipation an einer Diskussion ist, und zwar in dem Sinne, daß jeder für sich den gestellten Anforderungen an Wahrheit, Verantwortlichkeit und Aufrichtigkeit gerecht werden und bei sich selbst und anderen feststellen kann, ob und inwie-

weit sie diesen Anforderungen genügen. Nur dann ist gewährlei-
stet, daß Menschen ihre Konflikte mit Hilfe von Argumenten
lösen und daß dabei jeder imstande ist, vernünftige (in beiden
Wortbedeutungen) Interessen zu wahren.

Schließlich und endlich führen die Diskussionen mündiger und
ausreichend informierter Individuen zu einem Konsens über
dasjenige, was geschehen soll, muß und darf. Wobei dieser Konsens einen fiktiven, Habermas nennt es kontrafaktischen, Status
hat. Wir handeln, wie der Titel von Habermas' Magnum Opus
›Theorie des kommunikativen Handelns‹[8] bereits sagt, indem wir
kommunizieren. Kommunikation ist nicht Bedingung für ...,
sondern Handeln selbst. Weil im Bereich der Kommunikation
alle Individuen unter gleichen Voraussetzungen beteiligt sind,
müssen sie auch als gleiche und autonome Personen am Handeln
teilhaben, und der Prozeß der Vergesellschaftung, Sozialisation
und Politik muß darauf ausgerichtet sein, diese gleichberechtigte
Partizipation anzustreben.

Die Voraussetzungen dafür sind Habermas zufolge dank der
Entwicklung der Aufklärung, der Moderne, gegeben, sobald die
religiösen und politischen Dogmen (wie z. B. die Erblichkeit der
Macht) ihre Glaubwürdigkeit und praktische Funktion verlieren,
mit anderen Worten, wenn der Prozeß der Entzauberung, wie
Max Weber es nannte, in Gang kommt; wenn also das Irrationale
seine Macht über das Denken und Handeln des Menschen verliert.

In den dichten Nebel, in dem die Menschen tastend umherirr-
ten, kann jetzt Licht gebracht werden. Dinge können voneinander unterschieden werden, wie z. B.: instrumentelles, d. h. zielge-
richtetes und effizientes Handeln, moralisch zu rechtfertigendes
Handeln und authentisches Handeln. Es können Institutionen
geschaffen werden, die jede für sich bestimmte Ziele anstreben,
ohne dabei von den Zielen und orientierenden Maßstäben anderer
behindert zu werden. Man kann ökonomisches Handeln optimieren, ohne von irrationalen Hindernissen (z. B. Potlatsch) aufgehalten zu werden. Man kann Politik betreiben, ohne sich dem
Monopol *einer* Religion unterwerfen zu müssen, usw.

In der Aufteilung der unterschiedlichen Sektoren gesellschaftli-
chen Handelns, die jeder für sich entwickelt werden können in
Übereinstimmung mit ihrer eigenen Dynamik und ihren eigenen
Zielvorstellungen, sieht Habermas einen derartigen evolutionären

Vorteil, daß damit die Überlegenheit des Westens über den Rest der Welt erklärt werden kann. Die Aufteilung dieser Sektoren ermöglicht eine optimale Entwicklung der Individuen. Habermas plädiert uneingeschränkt für eine Vollendung des Projekts der Moderne. Er garantiert eine maximale persönliche und gesellschaftliche Entwicklung im Zeichen der Aufklärung und der damit verbundenen Konzeption der Vernunft.

Die negativen Phänomene, mit denen wir uns heutzutage auseinandersetzen müssen, benennt Habermas als Kolonialisierung der Lebenswelt. Damit meint er die Sucht der Institutionen, alles auf Kosten des persönlichen und familiären Lebens zu reglementieren, in dem die drei Ansprüche auf Wahrheit, Richtigkeit und Authentizität noch funktionieren. Institutionen (z. B. Ministerien), die Wirtschaft, Recht und Politik reglementieren, neigen dazu, genau wie andere institutionalisierte Organisationen, alles dem Maßstab der Effizienz zu unterwerfen.

Nun hat der Aspekt der Effizienz natürlich mit Recht eine wichtige Funktion bei der Abwägung der Alternativen für menschliches und institutionelles Handeln, ebenso, wie er eng mit dem Aspekt der ›Wahrheit‹ verbunden ist (z. B. auch in der Wissenschaft bei der Bestimmung von Forschungsprogrammen), aber er droht, so Habermas, allzusehr zu dominieren.

Zu Beginn der Aufklärung bildeten die drei Gesichtspunkte Wahrheit, Normativität und Authentizität noch eine Einheit. Das Konzept der Vernunft, der Rationalität, umfaßte also alle drei Aspekte. Eine bestimmte Einseitigkeit hat dieses Konzept ausgehöhlt, die allumfassende Perspektive der Rationalität verengte sich zu einer der Zweckmäßigkeit und der damit verbundenen Dominanz der Wahrheit.

Aber gerade weil das ursprüngliche Konzept der Rationalität alle drei Orientierungen in sich vereinte, kann man sich gegen die einseitige und teilweise auch sehr bedrohliche Entwicklung nur aufgrund des ursprünglichen Ausgangspunktes zur Wehr setzen. Die Rettung darf nicht von außerhalb, von der Wiedereinführung von Orientierungen aus der Zeit vor der Aufklärung, vom Irrationalen erwartet werden.

Abgesehen von Habermas' Behauptung, daß die moderne Ausdifferenzierung der Sektoren individuellen und gesellschaftlichen Handelns nicht ungeschehen gemacht werden kann, ist dies auch nicht erstrebenswert. Emanzipation und Demokratie sind nur in einem Gefüge möglich, welches bei auftretenden Alternativen und Konflikten auf einer Argumentationsbasis handelt. Alles andere führt zurück zu Konservatismus, Eliteherrschaft und schließlich zu einem Zustand, in dem das Recht des Stärksten gilt.

In einem kürzlich erschienenen Essay hat Rorty den Versuch unternommen, eine Position zu entwickeln, die Habermas' Impuls gerecht wird, einen Beitrag zur Instandhaltung des demokratischen Systems zu liefern, gleichzeitig jedoch der auch von ihm als überzogen empfundenen Prätention der Wahrheit und der Legitimation Rechnung trägt, welche Lyotard Habermas vorwirft.[9]

Rorty glaubt, Lyotard in seiner Bemerkung recht geben zu müssen, daß wir keinen *metadiscours* mehr benötigen, gleichzeitig will er jedoch der Habermasschen Forderung beipflichten, daß die Theorie einer historisch-sozialen und politisch konkreten Perspektive verhaftet bleiben muß. Andererseits warnt Rorty davor, eine zu entwerfende Theorie, wie sie von Habermas im Grunde bereits vorgestellt wurde, auf eine kaum lohnende Spekulation über ein transhistorisches Subjekt hinauslaufen zu lassen. Die Identifikation der Individuen mit der Gemeinschaft ist, so behauptet Rorty, außerordentlich wichtig, aber eine derartige Theorie kann sie nicht bewirken. Die Bedeutung von Habermas' unverzerrter Kommunikation für eine positive Wertung einer liberalen Politik wird dadurch nicht beeinträchtigt, aber um diese Bedeutung zu erkennen, benötigen wir keine Unterstützung durch eine Theorie der kommunikativen Kompetenz.

Rorty widmet freilich nicht nur den politischen Implikationen der Theorien von Habermas und Lyotard seine Aufmerksamkeit. Ein wichtiges Kriterium für den Vergleich beider Ansätze ist das jeweils implizierte Wissenschaftskonzept. Rorty zufolge macht Lyotard sich einer recht oberflächlichen Herabsetzung der modernen Wissenschaft schuldig, wenn er diese vornehmlich als Aktivität begreift, in der man Probleme der unvollständigen Information, der Unsicherheit, der Grenzen der Kontrolle und der Paradoxe wälzt. Daraus schließt Lyotard, daß die Wissenschaft ihre eigene Entwicklung als diskontinuierlich, unkorrigierbar, paradox und als Aufeinanderfolge von Katastrophen sieht. Aber Lyotard begeht damit einen Fehler. Aus der Tatsache, daß solche Überlegungen in der Wissenschaft angestellt werden, kann man nicht schließen, daß sie darauf ausgerichtet ist, sich ständig und in jeder Hinsicht damit zu beschäftigen, daß es, mit anderen Worten, der harte Kern der wissenschaftlichen Tätigkeit sei. Und es trifft erst recht nicht zu, daß damit das Konzept des zu erstrebenden Konsenses als überholt gelten müßte. Das würde bedeuten, so Rorty, daß man analog für die Politik behaupten würde, diese müsse sich auf die Aneinanderreihung von Revolutionen konzentrieren.

In einem Punkt trägt Lyotard dann doch den Sieg über Habermas davon. Anders als Habermas folgt Rorty der These von Mary Hesse, daß in der postempirischen Wissenschaftstheorie eine Wissenschaftssprache unableitbar metaphorisch und nichtformalisierbar ist und daß die Wissenschaftslogik unvermeidlich aus zirkulären Interpretationen und Neuinterpretationen besteht, daß sie aus der Selbstkorrektur der Fakten in theoretische Begriffe und der Theorie in faktische Begriffe besteht. Hier nimmt Lyotard seine Chance wahr: Wissenschaft ist eine Frage der Metaphern und kann demnach keinen Anspruch auf die absolute Wahrheit erheben, und die Trennung von Wirklichkeit und Theorie, der die Theorie sowohl ihren Wahrheitsanspruch als auch ihre Steuerungskompetenz verdankt, entfällt. Aber, so lautet Rortys Kritik an Lyotard, dieser vergißt, daß es entsprechend der Feststellung von Hesse nicht um die Destruktion der Wissenschaft als solcher geht, sondern um die einer naiven Art von Positivismus oder Empirismus, um damit eine deutliche Veränderung in der Art der wissenschaftlichen Erkenntnis aufzudecken. Wissenschaft ist jedoch nicht mehr der simple, naive Positivismus, der innerhalb des traditionellen Empirismus herumgeisterte. Diese Einschätzung liegt Lyotards Vorwurf zugrunde, Habermas sei nicht »up to date«. Infolgedessen ist, Rorty zufolge, der von Lyotard ponierte Unterschied zwischen der Wissenschaft und dem Narrativen nichts anderes als die Anwendung wissenschaftlicher Methoden und wissenschaftlicher politischer, religiöser oder ›common sense‹ Diskurse. An dieser traditionell positivistischen Auffassung ist die Tatsache des Vorwurfs von Lyotard an Habermas interessant, des Guten zuviel zu tun; mit Rortys Worten: er kratzt da, wo es nicht juckt. Habermas sollte den Bereich des Narrativen unangetastet lassen – das Narrative erfüllt eine Funktion, sie hält das soziale Gefüge zusammen, und für die Erfüllung dieser Funktion brauchen wir keine Meta-Theorie, genausowenig wie eine transzendentale Theorie.

Wenn etwas die Funktion erfüllt, die es unserer Meinung nach erfüllen sollte, warum sollte dann die Notwendigkeit bestehen zu fragen, ob es ›wahr‹ ist, so zitiert Rorty Geuss. Wissenschaft erfüllt keine andere Rolle und wurde nicht auf andere Weise ›erfunden‹ als der Parlamentarismus, der Protestantismus oder die Poesie der Romantik. Sie alle sind ›traits d'union‹ verschiedener Formen der menschlichen Praxis in einem sozialen Gefüge. Keines richtet sich auf das Problem der Selbstbegründung, sondern eher auf die Praxis der ›Selbstvergewisserung‹ (der Begriff stammt von dem Philosophen und Historiker Blumenberg).

Rorty meint, man sollte einsehen und zugeben, daß das bürgerliche Bewußtsein es historisch und mondial gesehen recht weit gebracht hat, was das kritische Bewußtsein und die Verwirklichung der Emanzipation betrifft. Laßt uns, fordert Rorty, lieber offen ethnozentrisch und zufrieden mit den praktischen Resultaten sein, anstatt hinter dem illusionären Ideal absoluter rationaler Rechtfertigung von Grundlagentheorien im Gewand universalistischer Terme herzulaufen.

Rorty kritisiert an Habermas, daß er an Kants Dreiteilung der Kultur in Wissenschaft, Moral und Kunst anknüpft und in dieser Dreiteilung den entscheidenden Schritt von der Prämoderne zur Moderne sieht, für die ›maßgebliche Selbstauslegung der Moderne‹. Wer das tut, ist auch gezwungen, den nächsten Schritt zu tun, der die ausdifferenzierten Sektoren wieder zu einer Einheit zusammenführt. Das dann durchzuführende Programm trägt den Titel der ›Selbstvergewisserung der Moderne‹ in Termen der ›Selbstbegründung‹. Hegels Programm hält Habermas für fehlgeschlagen, weil jener die sozialen Dimensionen aus dem Auge verloren hat. Aber das Wichtigste ist, so Rorty, daß die Philosophen einen fundamentalen Fehler begehen, wenn sie davon ausgehen, daß die Synthese zwischen den ausdifferenzierten Sektoren nur theoretisch, d. h. philosophisch verwirklicht werden kann.

Sie kreieren gleichermaßen den Mythos der Metadiskurse wie ihre eigene Bedeutung als Avantgarde. Beide Kreationen sind jedoch überflüssig. Es gibt keine theoretische oder andersartige Aktivität, die auf eine derartige Weise als Schlüssel oder Motor für das Verständnis, die Entwicklung und Legitimierung von Politik und Theorie fungieren könnte.

Das Betreiben einer Theorie, so behauptet Rorty im Anschluß an Blumenberg, ist eine Frage des Getriebenseins von theoretischer Neugier. Es hat eine orientierende Funktion, keine fundierende. In bezug auf unsere Situation reicht es, darauf zu vertrauen, daß wir mit diesem Drang nach fortwährender Neu-Orientierung – angesichts der historischen Situation – nicht in alte Abhängigkeiten, theoretisch und politisch, zurückfallen.

Mit anderen Worten, wir können die drei Bereiche des Theoretischen, des Moralischen (Politik) und der Kunst ruhig nebeneinander existieren lassen, ohne dem Zwang zu unterliegen, sie künstlich auf einem Metaniveau zu synthetisieren oder den einen Bereich zugunsten eines anderen zu reduzieren, womit dann die Frage nach dem Vorrang der Politik vor der Kunst und vice versa überflüssig geworden ist.

Rorty hält die Wichtigkeit, die Habermas der Rolle der Theorie beimißt, für unangemessen – seiner Meinung nach sind es eher Gewerkschaften, Zeitungen usw., die das demokratische Bewußtsein gestärkt haben. Die deutschen, wie auch die französischen Philosophen identifizieren sich allzusehr mit der deutschen Tradition der Entwicklung des Selbstbewußtseins als dem Kern allen Fortschritts; sie verwechseln die Entwicklung der intellektuellen Avantgarde mit der Entwicklung der ganzen Kultur.

Dagegen muß, laut Rorty, eingesehen werden, daß es keine fundamentalen, auch keine epistemologischen Unterschiede gibt zwischen dem, was Philosophen, und dem, was Politiker tun, denken und sich zum Ziel setzen. Wenn man das billigt, ist klar, daß es ebenfalls keinen Unterschied, wie Habermas es behauptet, zwischen instrumenteller (in eine Zweck-Mittel-Relation gestellte) und emanzipatorischer Erkenntnis gibt.

Damit hat Rorty beide, Habermas und Lyotard, auf den Nenner seiner eigenen Philosophie gebracht. Er teilt Lyotards Position, wie er es bereits früher, unabhängig davon, in ›The Mirror of Nature‹[10] verdeutlicht hat: Wir brauchen keine Metadiskurse. Er stimmt jedoch mit Habermas darin überein, daß unsere Kultur nicht aus Paralogismen und Diskontinuitäten besteht und bestehen muß. Rortys eigenes Konzept der ›Conversation of Mankind‹ beinhaltet die Vorstellung von einer für jede neue Entwicklung offenen Kultur, eine Mischung aus Dewey und James, worin die theoretische Neugier in allen Formen, institutionalisiert und nicht institutionalisiert, auf der Basis der demokratischen Grundstruktur hinreichende Garantien für eine Verhinderung neuer Diktaturen (theoretischer und politischer) bietet. Lyotard kann zwar über die Vorstellung des Nicht-Vorstellbaren nachdenken, aber er darf nicht glauben, damit eine sozial wichtige Funktion zu erfüllen. Im Gegenteil, damit distanziert Lyotard sich von den Interessen und der Wirklichkeit der Gemeinschaft, in der er lebt, er strebt die postmoderne Form einer intellektuellen Existenz an – derjenige, der eine soziale Harmonie erreichen will, wie Habermas, strebt eine postmoderne Form des sozialen Gefüges an, in der die Gesellschaft Selbstvertrauen entwickelt, ohne die Notwendigkeit, nach Selbstbegründung suchen zu müssen.

Damit hat Rorty die Theorie von Habermas im Grunde auf ›den Impuls, einen demokratischen Rechtsstaat verwirklichen zu wollen‹, reduziert. Aber damit wird er dieser Theorie natürlich nicht gerecht, denn Habermas erhebt ganz klar zwei Ansprüche, die darüber hinausgehen. Er hält an der Möglichkeit fest, innerhalb der Theorie ein Konzept der Rationalität zu entwickeln, das Maßstäbe liefert, die Dinge danach zu beurteilen, ob sie vernünftig sind oder nicht. Und er sagt weiter, daß eine Theorie mit der allumfassenden Prätention wie der des kommunikativen Handelns mindestens zwei Aufgaben erfüllen kann und muß. Sie muß in einer historisch rekonstruktiven Perspektive angeben, wie der heutige Zustand entstanden ist und worin die Ursache der ›pathologischen Erscheinungen‹ liegt, und sie muß außerdem die mögliche Richtung einer theoretischen (Researchprojekte) und praktischen Verbesserung angeben.

In einem kürzlich erschienenen Essay reagiert Habermas auf Rortys Kritik.[11] Habermas sieht in den Versuchen der konservativen Seite, die nicht zuletzt der Aufklärung zu verdankenden kulturellen und politischen Errungenschaften abzubauen, sehr wohl einen Grund, zu »kratzen«.[12] Habermas sieht im Gegensatz zu Rorty keineswegs eine Garantie für den Erhalt dieser Errungenschaften.

Es muß demnach an der Vorstellung einer Rationalität festgehalten werden, durch die wir in der Lage sind, die Inkonsistenzen praktisch-politischer und theoretischer Art als solche festzustellen und zu eliminieren, selbst wenn Habermas nachdrücklicher als in der ›Theorie des kommunikativen Handelns‹ darauf verweist, daß dieses Rationalitätskonzept fortwährend an die Resultate des sozialwissenschaftlichen Research rückgekoppelt werden muß. Dann kann ein ständiger Bezug rekonstruktiver Theorien, die das Ziel der Verwirklichung des Konsenses vor Augen haben, auf soziale Wissenschaften angestrebt werden, die eine permanente Korrektur ihrer Axiome und Methodologien, ihrer eigenen Fallibilität, einschließen.

So läuft man nicht Gefahr, sagt Habermas, den gleichen Fehler zu begehen wie Rorty. Er stellt sich schließlich auf den Standpunkt des nicht-partizipierenden Beobachters, der vor seinem geistigen Auge alle kontroversen Meinungen Revue passieren läßt. Dagegen behauptet Habermas, daß wir, permanent zum Handeln gezwungen, zu Aussagen über Wahrheit, Richtigkeit und Authentizität mit ihren praktischen Implikationen, für oder gegen Beurteilungskriterien und Handlungsweisen Partei ergreifen müssen. Das alles kann von einem Punkt aus geschehen, in dem Konsistenz in jeder Hinsicht, beim Handelnden (also nach innen) und bei den Partnern, festgestellt und von ihnen praktiziert werden kann.

Lyotard/Habermas-Ästhetik

Es dürfte auch den intimen Kenner des Neostrukturalismus ein wenig überrascht haben, zu sehen, daß Lyotard in seiner Auseinandersetzung mit Habermas den zentralen Punkt ihrer Kontroverse in der Ästhetik Kants angesiedelt und damit den transzendentalphilosophischen Ansatz zur Grundlage und zum kritischen Maßstab beider Theorieentwürfe macht. Mit Nietzsche und Heidegger gegen den Imperialismus der Rationalität, mit Freud *und* Marx gegen die überkandidelte Selbstinterpretation des Subjekts, notfalls mit Schleiermacher zurück zur ersten programmatischen Ermächtigung der Struktur – das war zu erwarten. Statt dessen eine Kontroverse um das Schöne und das Erhabene?

Habermas verwechsle das Erhabene Kants mit der Freudschen Sublimierung, und ›die Ästhetik bleibe für ihn eine Ästhetik des Schönen‹, so lautet der Vorwurf Lyotards. Seine eigene Absicht bekundet Lyotard mit dem Appell: ›Krieg dem Ganzen, zeugen wir für das Nicht-Darstellbare, aktivieren wir die Differenzen, retten wir die Ehre des Namens.‹ Denn (und damit bezieht sich Lyotard auf das Erbe Hegels in Habermas' Theorie): »Wir haben die Sehnsucht nach dem Ganzen und dem einen, nach der Versöhnung von Begriff und Sinnlichkeit, nach transparenter und kommunizierbarer Erfahrung teuer bezahlt. Hinter dem allgemeinen Verlangen nach Entspannung und Beruhigung vernehmen wir nur allzudeutlich das Raunen des Wunsches, den Terror ein weiteres Mal zu beginnen, das Phantasma, die Wirklichkeit zu umschlingen, in die Tat umzusetzen.«[13]

Läßt sich die Theorie des kommunikativen Handelns umstandslos auf die Transzendentalphilosophie, gar auf ihre Ästhetik übertragen? Gibt es eine Stimmung des Ästhetischen innerhalb der Habermasschen Theorie? Lassen sich die kontroversen Punkte zwischen Habermas und Lyotard nur oder am besten auf dem Gebiet ästhetischer Fragen darstellen und entscheiden?

Die Frage nach dem Ort der Ästhetik im Werke Habermas' könnte in nächster Zeit an Bedeutung gewinnen, nicht zuletzt in der Folge der Kontroverse Moderne versus Postmoderne. Der wichtigste Historiograph der Kritischen Theorie, Martin Jay, hat Habermas unlängst aufgefordert, Klarheit in Sachen Ästhetik zu schaffen, und Habermas wird sich sowenig wie diejenigen, die mit seinem Ansatz sympathisieren, dieser Einladung entziehen können. Albrecht Wellmer hat inzwischen einige substantielle Vorgaben geleistet.

Welche Grundzüge der Kantischen Ästhetik sind für die Entscheidung über die Richtigkeit der Lyotardschen Vorwürfe gegen Habermas relevant?

Kant bestimmt das ästhetische Urteil in genauer Analogie zum erkenntnistheoretischen. So, wie für die Erkenntnistheorie die Einsicht grundlegend ist, daß sich die Gegenstände nach unseren Erkenntnismöglichkeiten richten, indem die Bedingungen der Möglichkeit der Erkenntnis zugleich die Bedingungen der Möglichkeit der Gegenstände der Erkenntnis sind, so gilt dasselbe für den Bereich der Ästhetik.

Kant warnt davor, die Schönheit der Blume für die Eigenschaft der Blume selbst zu halten, die sich nicht nach der Verschiedenheit der Köpfe und so vieler Sinne richte, sondern wonach sich diese richten müßten, wenn sie darüber urteilen wollten. Es verhält sich nicht so. Denn darin besteht eben das Geschmacksurteil, daß es eine Sache nur nach derjenigen Beschaffenheit schön nennt, in welcher sie sich nach unserer Art, sie aufzunehmen, richtet.[14]

Diese Bestimmung gibt Kant auf der Grundlage seiner hinlänglich bekannten Dichotomie von Natur und Freiheit und der damit gegebenen Einteilung unserer Fähigkeiten, theoretisch und moralisch zu urteilen. In erster Hinsicht hat der Verstand seine Aufgaben, in der zweiten die Vernunft. Der Verstand richtet sich auf die Naturverhältnisse und legt ihnen das Gesetz der Kausalität auf, die Vernunft richtet sich auf die Idee des Menschen als moralischen Wesens und konstituiert ihn als ein freies Wesen. Aber zwischen dem Reich der Naturnotwendigkeit und dem Erkenntnisvermögen, nach dem diese sich richten, dem Verstand und dem Reich des Praktischen, der moralischen Freiheit und der Vernunft gibt es ein Mittelglied, die Urteilskraft.

Die Urteilskraft ist allerdings, anders als der Verstand und die Vernunft, kein Erkenntnis- oder Begehrungsvermögen, sie ist überhaupt kein Vermögen, das sich auf einen zu erkennenden Gegenstand oder ein begehrenswertes Gutes bezieht, sondern ein Gefühl. Ein Gefühl der Lust und Unlust.

Mit der Urteilskraft beziehen wir uns also nicht auf die Art und Weise des Gegebenseins der Gegenstände oder des moralisch Guten, sondern auf die Beziehung der Gegebenheitsweisen zueinander im Urteilsakt. Kantisch gesprochen: auf eine Form. Eine Form, die in diesem Fall als Zweckmäßigkeit zu begreifen ist. Ein Zweck ist, nach Kants Definition, ›dasjenige, dessen Begriff als der Grund der Möglichkeit des Gegenstandes selbst angesehen werden kann‹.[15]

Zweckmäßigkeit ›ist die Kausalität eines Begriffs in Ansehung seines Objekts‹.[16] Die Begriffe des Zwecks und der Zweckmäßigkeit beziehen sich also auf die Wirklichkeit und Verwirklichung eines für gut gehaltenen Zustandes, d. h., daß sie verknüpft sind mit einem Interesse.

Bei der Kunst darf dies nicht der Fall sein, deswegen liegt dem Geschmacksurteil nur die *Form der Zweckmäßigkeit* eines Gegenstandes (oder der Vorstellungsart derselben) zugrunde.[17]

Im Bereich der Ästhetik gibt es keine, der Erkenntnis vergleichbare, Objektivität oder eine dem Bereich des Moralischen vergleichbare Verbindlichkeit. Die Sphäre des ästhetischen Urteils oder des Geschmacksurteils ist subjektiv. Aber dies heißt nicht, daß damit alles beliebig geworden wäre.

Das ästhetische Urteil ist nicht bezogen auf die Sinneslust, die sich, nach Kant, möglicherweise bei dem Genuß von Kanariensekt einstellt. Es ist, m. a. W., nicht bezogen auf etwas, an dem wir ein Interesse haben, weder also auf das Angenehme noch auf das moralisch Gute. Es ist ›interesselos‹, allerdings aber ein

Wohlgefallen.

Wie subjektiv das ästhetische Urteil auch sein möge, es ist trotzdem disputierbar, denn die Zweckmäßigkeit ist ein Begriff a priori, oder: das Prinzip der Zweckmäßigkeit ist ein transzendentales Prinzip. Die Urteilskraft hat nämlich, nach Kant, keine andere Aufgabe, als Erscheinungen unter gegebene Gesetze zu subsumieren (dann ist sie bestimmend) oder aber zu einem Allgemeinen, nach Regeln, das Allgemeine zu finden (dann ist sie reflektierend).

In beiden Fällen verfährt die Urteilskraft also im Hinblick auf die Konstitution einer Einheit, die nicht schlechthin gegeben ist im Hinblick auf die in allen Subjekten per hypothesim unterstellte Gleichförmigkeit der Denkoperationen, sondern auf die, die als notwendige Voraussetzung aller Beziehung auf Objekte gegeben sein muß.

Ist die Einheit tatsächlich erreicht, stellt sich ein Gefühl der Lust ein. Nun produziert zwar auch die Einbildungskraft eine Einheit in bezug auf eine Mannigfaltigkeit, etwa der Sinnesdaten im Falle der Verstandeserkenntnis, aber die Urteilskraft schafft im Fall des ästhetischen Urteils eine Einheit besonderer Art. Diese ist bezogen auf das freie Zusammenspiel der Erkenntniskräfte im Subjekt. D. h., sie kommt zustande, ohne daß auf eine bestimmte Begrifflichkeit, d. h. auf eine bestimmte Kenntnis abgezielt wird. Die Einheit wird auf Begrifflichkeit als solche hin produziert. Eben dies bringt das Gefühl der Lust mit sich. Das ästhetische Urteil: dies ist schön, ist also dann berechtigt, wenn das urteilende Subjekt ein Wohlgefallen, eine Lust, empfindet, ohne daß es an der Existenz des Objekts ein Interesse in erkenntnismäßiger oder moralischer Hinsicht hätte. Diese Lust zeigt an, daß es eine Übereinstimmung zwischen Verstand und Einbildungskraft gibt.

Aber dies ist nur eine Form des ästhetischen Urteils. Es gibt auch ein Zusammenspiel von Vernunft und Einbildungskraft. Dann kann allerdings nicht nur von Lust, sondern muß auch von gleichzeitiger Unlust gesprochen werden.

Es besteht die Möglichkeit, daß wir nicht imstande sind, das, was wir begrifflich andeuten, mit den Sinnen zu erfassen. Es gibt den Begriff der Größe, aber keine bildliche Darstellung des Großen schlechthin. In einem solchen Fall erleben wir eine Unlust darüber, daß unser Wahrnehmungsvermögen nicht hinreicht, aber wir empfinden gleichzeitig Lust darüber, daß die

Vernunft weiter reicht als die Sinne. Dasjenige, was gleichzeitig Gefühle der Lust und Unlust in uns auslöst, bestimmt Kant als das Erhabene.

Auch in diesem Fall geht es also nicht um die qualitative Bestimmung eines Gegenstandes, sondern um die Bestimmung des Zusammenspiels der Kräfte im Subjekt. Das Schöne und das Erhabene kommen darin überein, stellt Kant fest, daß sie beide für sich, also ohne Interesse, gefallen, daß sie beide weder Erkenntnis- noch empirische Urteile implizieren, daß sie vor allem nicht in Beziehung zu einem bestimmten Begriff, sondern zur Begrifflichkeit überhaupt gesetzt sind und daß sie, ›obgleich einzeln‹, doch allgemein und notwendig sind. Der Unterschied zwischen dem Schönen und dem Erhabenen liegt darin, daß das Schöne der Form nach begrenzt ist, das Erhabene aber auch auf die Unbegrenztheit bezogen ist, die Einbildungskraft überwältigt, uns dadurch allerdings klarmacht, daß wir als Vernunftwesen in jeder Hinsicht der ›Größe der Natur‹ überlegen sind.

Durch die Vernunft ist eine klare Beziehung des Erhabenen zum Moralischen hergestellt. Die moralische Bestimmung ist, nach Kant, ›der letzte Zweck des menschlichen Daseins und ist etwas Erhabenes‹[18], so, wie auch die Pflicht ›einen übersinnlichen Ursprung hat, etwas Erhabenes ist‹.

Die kurze Darstellung der Kantischen Bestimmung des Schönen und Erhabenen abschließend, möchte ich noch betonen, daß die Kunst für Kant weder etwas mit Nützlichkeit zu tun hat (andernfalls könnte sie nicht *interesselos* gefallen) noch mit einer Bestimmung der ›inneren Vollkommenheit‹ (denn dann müßte man sich die bloße Form einer Vollkommenheit vorstellen, ohne alle Materie und Begriff, womit diese übereinstimmen sollte, was, nach Kant, ein ›wahrer Widerspruch‹ wäre).[19] Wenn wir nun Lyotards Vorwurf gegen Habermas und gegen die Moderne, ihre Ästhetik sei eine des Schönen und damit der Ästhetik der Postmoderne als einer des Erhabenen unterlegen, stellen sich mindestens zwei Fragen: Welche Auffassungen von der Ästhetik vertritt Habermas? Läßt sich eine eventuelle Differenz zwischen Habermas und Lyotard in Sachen Ästhetik und Lyotards Konzept einer postmodernen Ästhetik sinnvoll auf Kants Entwurf abbilden?

Habermas hat sich bislang eher zurückhaltend zu Fragen der Ästhetik geäußert. Einige verstreute Bemerkungen in ›Legitimationsprobleme im Spätkapitalismus‹[20] und in der ›Theorie des kommunikativen Handelns‹[21] schaffen nicht ausreichend Klarheit. Aber Aufschluß geben die viel beachteten Aufsätze: ›Walter Benjamin – Bewußtmachende oder rettende Kritik?‹ und ›Die Moderne – ein unvollendetes Projekt‹.[22]

In dem Benjamin-Aufsatz geht Habermas den Differenzen zwischen den ästhetischen Konzepten Herbert Marcuses[23] und Walter Benjamins nach. Es ist unschwer zu sehen, daß Habermas im Zuge dieser systematischen Gegenüberstellung seine eigene Position herausarbeitet, vor allem, wenn er gegen Ende seines Aufsatzes auf die geschichtsphilosophischen Dimensionen der Benjaminschen Ästhetik eingeht.

Die Spannung zwischen einer Bestimmung der Kunst als autonomer oder als Waffe im ideologischen Kampf gibt die Folie für den Vergleich Marcuse/Benjamin ab.

1937 beschreibt Marcuse den Doppelcharakter der klassischen bürgerlichen Kunst. Einerseits gilt sie als autonom, weil sie sich jenseits des bürgerlichen Konkurrenzkampfes und der Arbeit etabliert hat, und es muß festgestellt werden, daß diese Autonomie scheinhaft ist, weil sie das, worum es geht, das Glück, im Bereich der Fiktion beläßt. Andererseits ist diese Autonomie auch wahrhaftig, weil die Kunst das Ideal des Schönen und des Glücks festhält und damit die bestehende Wirklichkeit als fortdauernde Verhinderung des Glücks erfahrbar macht. Damit wird klar, daß die Kunst ihren eigenen Anspruch, einen Beitrag zur Verwirklichung des Glücks zu liefern, dergestalt zur Geltung bringen muß, daß sie sich darum bemüht, die Kluft zwischen Traum und Wirklichkeit zu überwinden. Damit gibt sie die – ohnehin falsche – Autonomie auf.

Mit dieser frühen Position Marcuses kontrastiert Habermas diejenige Walter Benjamins in seinem Kunstwerkaufsatz.[24] Benjamin hat ebenfalls die Autonomie der Kunst zum Thema. Die Aura der frühen, in einen religiösen Kontext eingebetteten, Kunstwerke geht verloren. Anstelle der Kontemplation wird dem Betrachter die Erfahrung von Choks aufgenötigt. Die Kunst gründet nicht länger in Ritualen, sondern nurmehr in Politik.[25]

Trotz der prima vista sich ergebenden Analogie zwischen den Positionen Marcuses und Benjamins gibt es wichtige Unterschiede. Ich fasse Habermas' Darstellung folgendermaßen zusammen:

1) Marcuse sieht für die Kunst eine ideologiekritische Aufgabe:

sie soll den Widerspruch zwischen Ideal und Wirklichkeit aufheben. Dabei gibt sie ihre (zweideutige) Autonomie auf. Benjamin verfährt dagegen nicht preskriptiv, sondern deskriptiv. Die Kunst ändert im Zuge des Verfalls der Aura ihre Funktion, aber geht nicht, wie bei Marcuse, unmittelbar in den praktischen Lebenszusammenhang im Moment der Verwirklichung der Revolution ein.

2) Weiter ist festzustellen, daß Marcuses Ästhetik sich auf die klassischen Perioden und auf die große symbolische Kunst beschränkt, in denen sich der Widerspruch zwischen den abendländischen Ansprüchen auf Verwirklichung einer humanen Welt und der Realität besonders klar artikuliert; in der aber die Kunst auch – als affirmative – den Widerstand gegen die Verhältnisse erstickt. Benjamin dagegen wählt als paradigmatische Exemplare solche Kunstwerke und -arten, in denen gerade, wie im barocken Trauerspiel, das Leidvolle, Unversöhnte und Negative, als Unaufhebbares zum Ausdruck gebracht wird.

3) Marcuse spart, anders als Benjamin, die Kunst der Avantgarde, die sich nicht direkt, wie Habermas meint, in Beziehung zur Ideologiekritik setzen läßt, aus. Benjamin sieht dagegen in der Moderne, die für ihn mit Baudelaire beginnt, eine Kunst entstehen, die die bürgerliche transformiert, indem sie den autonomen Charakter der Kunst preisgibt, d. h. statt esoterisch exoterisch wird.

4) Benjamin hat, im Unterschied zu Marcuse, die Auflösung der autonomen Kunst im Zusammenhang mit der Entwicklung der modernen Photo- und Filmtechnik gesehen.[26] Die moderne Bild- und Tonreproduktionstechnik unterstützt gleichermaßen die Wende vom Esoterischen zum Exoterischen als die Ablösung von der Kontemplation durch die Chokerfahrung. Phänomene, die in Marcuses Ästhetik nicht aufgegriffen werden.

Benjamin, so resümiert Habermas, läßt sich nicht von der Vorstellung einer ideologischen Funktion der Kunst leiten. Aufhebung der autonomen Kunst heißt bei ihm etwas anderes als Aufhebung der Kultur bei Marcuse. Während dieser sich von der Idee leiten läßt, daß das Bewußtsein die Kluft zwischen Ideal und Wirklichkeit feststellt, und daraus Konsequenzen zieht, »verzichtet Benjamins Analyse auf die Form der Selbstreflexion«.[27] Während Marcuse, zumindest vermittelt durch Reflexionsprozesse und Kunst, die Verhältnisse ändern möchte, verhält sich Benjamins Kunstkritik konservativ zu ihren Gegenständen. Sie ist

Mortifikation der Werke, um – wie Habermas meint – »das Wissenswürdige aus dem Medium des Schönen ins Medium des Wahren zu transportieren – und dadurch zu retten«.

Damit ist das Stichwort zum zweiten Themenkomplex, des Habermas-Aufsatzes gegeben. Es geht um die Rettung. Gerettet wird bei Benjamin, nach Habermas, ein ursprüngliches semantisches Potential. Das Programm dieser Rettung interessiert Habermas vor allem auf dem Hintergrund der ästhetischen Differenzen zwischen Benjamin und Adorno. Im Zuge der wachsenden Dominanz der Kulturindustrie und der sonstigen, Reflexion ausmerzenden, Kräfte des kapitalistischen Tauschsystems sieht Adorno in den extrem esoterischen Kunstwerken die letzte Möglichkeit, eine Ahnung davon wachzuhalten, daß das, was ist, nicht so ist, wie es sein sollte, und daß bereits das Bewußtsein davon schon in jeder Hinsicht ein bedrohtes ist.[28] Die Kunst und die ästhetische Theorie können nur ex negativo und gleichsam als Flaschenpost überleben.[29] Adorno hält darum an der ›überkommenen‹ Kunstrezeption ›einsame Lektüre – kontemplatives Hören‹ fest. Dies aber ist Habermas zu defensiv, Adornos Konzept sei eines des Überwinterns.[30] Diesem Pessimismus und dieser Logik des Zerfalls schließt sich Benjamin nicht an.

Auch wenn er Gefahren in der exoterischen Kunst sieht, die er prägnant als Ästhetisierung der Politik andeutet, so versucht er, dem entgegenzuwirken, indem er dieser Ästhetik eine materialistische Geschichtsphilosophie an die Seite stellt.

Auch hier hat Habermas Einwände: so einfach sei die historisch-materialistische Geschichtsphilosophie nicht mit einer exoterischen Kunstauffassung zu synthetisieren; aber er hat auch große Sympathien – so große, daß er Gefahr läuft, seinen eigenen Ansatz in denjenigen Benjamins hineinzuprojizieren. Wenn auch die Aura zerfallen ist, die Erfahrung – und Habermas betrachtet Benjamins Philosophie vor allem als eine Theorie der Erfahrung – kann gerettet werden, sofern sie eine der Gegenseitigkeit ist. Nicht nur der Mensch sieht die Dinge an, wie es im Zusammenhang mit der berühmten Definition der Aura heißt, auch die Dinge schlagen den Blick auf. Für Habermas liest sich das so: Denn erst in einem Kommunikationszusammenhang, in den Natur geschwisterlich einbezogen ist, können auch die Subjekte ihren Blick aufschlagen.[31] Diese Interpretation ist inzwischen kritisiert worden[32], aber sie zeigt, inwiefern Habermas bereit ist,

Benjamins Sicht, daß die Moderne von einem ursprünglichen Potential zehrt, sich zu eigen zu machen. (Ursprünglich nicht im historiographischen Sinn, sondern, wie auch im Titel ›Ursprung des Deutschen Trauerspiels‹, als Hinweis auf Substanz.)

Das zeigt konkret Habermas' Interesse an Benjamins Sprachphilosophie. Dieser zufolge ist Sprache nicht so sehr Verständigungsmedium. Sprache geht jeder Differenz von Subjekt/Objekt voraus. Sprache ist, wenn gesprochen, eine sinnliche, wenn geschrieben, eine nicht-sinnliche Korrespondenz zwischen Mensch und (Mit-)Welt. Sprache ist zugleich expressiv und mimetisch.[33]

Das schließt Verständigung als eine Möglichkeit der Sprach›verwendung‹ natürlich nicht aus, bei Benjamin sowenig wie bei Habermas, aber diese ist der mimetischen Dimension nachgeordnet.

Für Habermas ist nun klar, daß die Avantgarde Anfang dieses Jahrhunderts versagt hat und versagen mußte. Seine Theorie der Moderne analysiert die pathologischen Erscheinungen in unserer gesellschaftlichen Entwicklung als Folgen einer Dominanz der instrumentellen Rationalität über die kommunikative. Zweck-Mittel-Denken verdrängt die Verständigung, die zwar auch Kooperation im Hinblick auf die Verwirklichung technischer Ziele umfaßt, aber daneben ganz wesentlich auf Einigung in moralischer Hinsicht und auf die Erhaltung der Authentizität der Akteure abhebt.

Als bedrohlich skizziert Habermas auf diesem Hintergrund die Ausdifferenzierung der gesellschaftlichen Steuerungsinstanzen (Systeme) Wirtschaft und Politik, sofern sie ihr Funktionieren ausschließlich in Termen der Effizienz interpretieren und realisieren. Die avantgardistische Kunst hat nun, nach Habermas, zwar versucht, die verdrängten Dimensionen der Gerechtigkeit, Verständigung und Authentizität in den gesamtgesellschaftlichen Prozeß zu reintegrieren, aber dies von *einem* Sektor, eben der Kunst, her. Und das mußte fehlschlagen. Die Abspaltung und Verselbständigung gesellschaftlich bestimmender Steuerungsmechanismen kann nur auf allen Ebenen zugleich rückgängig gemacht werden oder gar nicht. Wie wir gesehen haben, sieht Habermas die Chance für die erstgenannte Möglichkeit nur in der Verwirklichung einer kommunikativen Rationalität, die allen drei Ansprüchen gerecht wird und die von dem alle drei Arten der Rationalität (instrumentell, normativ, authentisch) umfassenden

Reservoir der Sprache gespeist wird.[34]

Gegen Habermas argumentieren Lyotard, Bürger und Huyssen mit Jay, indem sie bezweifeln, ob sich die Brüche und Spannungen in der Kultur so leicht ausgleichen lassen, wie es Habermas für möglich hält. Zum einen gelten ihre Einwände dem Harmonieideal Habermas', das Lyotard mit dem ›Schönen‹ identifiziert – zum anderen der Tatsache, daß die Moderne selbst viel kritischer diesem Ideal gegenübersteht, als es Habermas wahrhaben will.

Mit einer ›Gegenfrage‹ bezieht sich Habermas auf Jay's Aufsatz.[35] Er stellt fest, daß in Kunstwerken ein bestimmter Typus von Erkenntnis objektiviert sei, wenngleich auf andere Art und Weise als im Fall theoretischer oder moralischer Diskurse. Die Kunstkritik entsteht zur selben Zeit wie die autonome Kunst, und seitdem sehen wir ein, daß Kunstwerke der Interpretation, Wertung und sogar der ›Versprachlichung‹ ihres semantischen Kontextes bedürfen.[36]

Diese bezieht sich auf ihre Stimmigkeit, ihre Authentizität und das Maß ihrer gelungenen Ausdrucksweise. Wenn man von Lernprozessen innerhalb der Kunst spricht, dann sind diese nicht im Kontext der Kunstkritik zu artikulieren, sondern in bezug auf Kunstwerke selbst, auf ihre innere logische Differenzierung verschiedener Erfahrungen: auf genau jene ästhetischen Erfahrungen, deren nur eine dezentrierte, unbeschränkte Subjektivität im Sinne Piagets fähig ist.[37] Habermas bewertet die Erweiterung der Kunstdimension, wie sie in der Frühromantik (Fr. Schlegel wird namentlich genannt), bei Baudelaire und in der Avantgarde-Kunst praktiziert wird, nun durchaus positiv. Aber er meint auch, daß wir die Gültigkeitsansprüche der Kunstwerke ernst nehmen sollten. Allerdings müssen wir die Kunstwerke in Beziehung zur Lebenswelt setzen. Dabei räumt Habermas ein, daß die Beziehung des Wahrheitsgehalts und der Richtigkeit der Kunstwerke auf die Lebenswelt eine andere sei als die der theoretischen und praktischen Diskurse.

Im Fall der Kunstwerke kann nur auf metaphorische Weise von Wahrheit und Richtigkeit gesprochen werden, während die drei Gültigkeitsansprüche der Wahrheit, Richtigkeit und Authentizität in der Lebenswelt nicht-metaphorisch aufeinander bezogen sind.

In der viel beachteten Rede zur Verleihung des Adorno-Preises

›Die Moderne – ein unvollendetes Projekt‹ formuliert Habermas im Hinblick auf das Zusammenspiel von Wissenschaft, Moral und Kunst: »Das Projekt der Moderne, das im 18. Jahrhundert von den Philosphen der Aufklärung formuliert worden ist, besteht nun darin, die objektivierenden Wissenschaften, die universalistischen Grundlagen von Moral und Recht und die *autonome Kunst unbeirrt in ihrem jeweiligen Eigensinn zu entwickeln, aber gleichzeitig auch die kognitiven Potentiale, die sich so ansammeln, aus ihren esoterischen Hochformen zu entbinden und für die Praxis, d. h. für eine vernünftige Gestaltung der Lebensverhältnisse zu nützen.*«[38] (Herv. W. v. R.)

Das Projekt, nicht *einen* Sektor, i. h. c. die Kunst zu verselbständigen und zu entwickeln, wie es der Avantgarde vorschwebte, um von dort aus auf die anderen Sektoren einzuwirken, sondern alle gleichzeitig, schließt also eine Entwicklung der Kunst gemäß ihrer eigenen Logik nicht aus, aber es kommt darauf an, diese Entwicklung an die gesamte Dynamik rückzukoppeln.

Die eigene Logik der Kunst, ihre Autonomie, wenn man so will, bleibt, so scheint es, bestehen, aber nur sofern sie das Kräftepotential oder semantische Potential betrifft, aus dem sie in konkreter Realisierung schöpft. Rückgreifend auf Benjamin stellt Habermas in ›Questions-Counterquestions‹ fest: »... modern Art harbors a utopia that becomes a reality to the degree that mimetic powers sublimated in the work of art find resonance in the mimetic relations of a balanced and indistorted intersubjectivity of everydaylife.«[39]

Vergegenwärtigen wir uns jetzt die vorher gestellte zweite Frage: Wie lassen sich die Differenzen zwischen Habermas und Lyotard und die Konzeption einer postmodernen Ästhetik des Erhabenen auf Kant zurückbeziehen?

Lyotards Versuch, die Philosophie Habermas' auf Kant zurückzuführen, muß gegenstandslos erscheinen, sofern Habermas in methodischer Hinsicht keinesfalls transzendentale Prämissen unterstellt werden können. Weder operiert Habermas mit erkenntnistheoretischen noch mit praktischen Aprioris, wie es im besonderen seine Auseinandersetzung mit K.-O. Apels Ansatz belegt.[40] Ebensowenig kann man sehen, daß Habermas auf eine mit Kant vergleichbare Weise das Subjekt im Hinblick auf unterschiedliche ›Vermögen‹ analysiert und dann wieder synthetisiert. Probleme wie die einer Deduktion der verschiedenen Urteilsarten, wie sie nicht nur in der ›Kritik der reinen Vernunft‹, sondern auch in der ›Kritik der Urteilskraft‹ im Zentrum stehen, können in einer ›Theorie des kommunikativen Handelns‹ nicht auftreten.

Gleichwohl hat Lyotard Anhaltspunkte für seine Zuschreibung. In der Dreiteilung Kants menschlicher Praxis in Erkenntnis, Moral und Kunst sieht Habermas den Anfang der ›Moderne‹ und damit die Ausgangsbasis für seine eigene Theorie und der gesellschaftlich-politischen Entwicklung der letzten zwei Jahrhunderte. Im Zuge dieser Differenzierung wird die Aufmerksamkeit für den ›Eigensinn‹ der drei Sektoren in ihrer Logik und Dynamik geschärft, und es werden ihre optimalen Problemlösungskapazitäten gefördert. Es ist auch nicht zu leugnen, daß Lyotard mit seiner Zuschreibung einen problematischen Punkt in der Habermasschen Theorie berührt. Indem Lyotard die ästhetische Komponente in Habermas' Theorie mit dem Schönen identifiziert, verlagert er den Schwerpunkt der ganzen Theorie in den Bereich der Vernunft. Tatsächlich läßt die ›Theorie des kommunikativen Handelns‹ eine Lesart zu, die den Aspekt der Rationalität, des rationalen Argumentierens, zum Alles oder Nichts dieses Ansatzes macht und damit eine klare Dominanz der von Opponenten als imperialistisch oder terroristisch verschrienen Vernunft propagiert.

Der Einwand Axel Honneths gegen solche Vorwürfe, daß von der Warte der ›Theorie des kommunikativen Handelns‹ her solche Verdächtigungen und Befürchtungen gegenstandslos wären, weil die argumentativen Verfahren gerade die größtmögliche Pluralität an Werten und Lebensformen zulasse, greift m. E. nur teilweise.[41] Es sind vielleicht weniger die sozialen Bewegungen (denen Habermas nur defensives Agieren attestiert) als die körperlichen (und von der Psychoanalyse aus als psychosomatisch bezeichneten) Phänomene, die für Lyotard klar außerhalb der Reichweite der Habermasschen Theorie liegen, einer Theorie, die gleichwohl den Anspruch darauf erhebe, alles thematisieren zu können, und so noch terroristisch demgegenüber sich verhalte, was sie vom Ansatz her ausgrenze. Es läßt sich eben nicht alles in Sprache auflösen und bearbeiten – auch dann nicht, wenn wir es notwendigerweise sprachlich benennen müssen. Daß es damit notwendigerweise außerhalb dessen, was gemeinsam sei, angesiedelt werden muß, d. h. kein Gegenstand der Verständigung und der gemeinsamen Orientierung sein kann, erscheint auch mir fraglich.

Was Lyotard aber offenkundig unterschlägt, ist die in der Habermasschen Theorie sehr klar vorhandene moralische Dimension. Es ist gerade die nicht historisch mißzuverstehende Ursprünglichkeit der Einheit der drei Handlungsdimensionen und der damit gegebenen rationalen Orientierungen, die das Gewicht der Moral zur Geltung bringt. Das ist von ›Erkenntnis und Interesse‹ an systematisch ausgearbeitet worden.

Es gibt für Habermas keine Autonomie der Kunst, die er bei Adorno als ›Überwintern‹ kritisiert hatte, und also auch keine besondere Wertschätzung des Schönen. Es gibt allerdings von Habermas her wenige Möglichkeiten, anzuerkennen, daß es ein Undarstellbares gibt, angesichts dessen sich die Theorie beruhigen könnte. Lyotard will das sinnlich Undarstellbare zur Geltung bringen, und es – so darf man vermuten –, anders als Kant, nicht bloß als Anregung der Vernunft, sich moralisch und a priori als über die Natur erhaben zu denken, stehenlassen. Er möchte empfindlich bleiben für die beschränkte Reichweite der Theorie und der Sprache. Diese Empfindlichkeit theoretisch umzusetzen, bedarf es aber mehr als des Rückgriffs auf die kantische Konstruktion der menschlichen Fähigkeiten und gerade mehr als der bloßen Übernahme seiner Dichotomie von Natur und Moral. Es gibt sehr wohl einen, von Lyotard geleugneten oder zumindest theoretisch vernachlässigten, begründbaren Nexus von Moral und Rationalität. Wenn Habermas noch vor der Aufgabe steht, seine Ästhetik auszuarbeiten, dann Lyotard vor dem Problem, nicht alle Rationalität aus dem Bereich der Vernunft und der Moral auszugrenzen.

(Aus dem Niederländischen von Angela Pfaff)

Anmerkungen

1 Lyotard, J.-F., Economie Libidinale. Kapitel: Le desir de Marx. Paris, 1974. Die folgende Passage in meinem Text ist eine Paraphrase des Kapitelanfangs.
2 Deleuze, G./Guattari, F., L'Anti-Œdipe. Paris, 1972. Dt. Der Anti-Ödipus. Frankfurt/M., 1974 (1981 (3)).
3 Descombes, V., Le Même Et L'Autre. Paris, 1979. Dt.: Das Selbe und das Andere. Frankfurt/M., 1981, S. 205.

4 Lyotard, J.-F., La Condition Postmoderne. Paris, 1979. Dt.: Das Postmoderne Wissen. Bremen, 1982. Theatro Machinarum H. 3/4, Jg. 1.

5 Vgl. Honneth, A., Zu Lyotards Konzept der Postmoderne. In: Merkur 430 (1984) S. 893 ff.

6 Lyotard, J.-F., Qu'est-ce que le Postmodernisme? In: Critique (April 1982). Dt.: Beantwortung der Frage: Was ist postmodern? In: Tumult 4, Nr. 3 (1982).

7 Habermas, J., Die Moderne – ein unvollendetes Projekt. In: Kleine Politische Schriften I-IV. Frankfurt/M., 1981, S. 444-467.

8 Habermas, J. – Theorie des kommunikativen Handelns. Frankfurt/ M., 1981.

9 Rorty, R., Habermas and Lyotard on postmodernity. In: Praxis International, 4 (April 1984), S. 32-44.

10 Rorty, R., The Mirror of Nature. Princeton, 1979. Dt.: Der Spiegel der Natur. Frankfurt/M., 1981. Siehe auch: Interview: From Philosophy to post-philosophy. In: Radical Philosophy (Autumn 1982(, S. 1-4 (Interv. mit W. Hudson u. W. v. Reijen). Dt. in: Information Philosophie. (1982) H. 2 u. 3.

11 Habermas, J., Habermas-Questions and Counterquestions. In: Praxis International. H. 4/3 (Oct. 1984) S. 229-249.

12 Vgl. auch: Habermas, J., Die Kulturkritik der Neokonservativen in den USA und in der Bundesrepublik. In: Praxis International. H. 2/4 (1983) S. 339-388. Jetzt auch in: Idem, Die neue Unübersichtlichkeit. Frankfurt/M., 1985, S. 30-55.

13 Lyotard, J.-F., Qu'est-ce que le post-modernisme? In: Critique (April, 1982). Dt.: Beantwortung der Frage: Was ist postmodern? In: Tumult 4/3 (1982) S. 131-142, hier: S. 142.

14 Kant, I., Kritik der Urteilskraft. (Hg. K. Vorländer, Hamburg, 1963) S. 131.

15 Idem, S. 67.

16 Idem, S. 58.

17 Idem, S. 59 (Überschrift § 11).

18 Idem, S. 153.

19 Idem, S. 66 und 67.

20 Habermas, J., Legitimationsprobleme im Spätkapitalismus. Frankfurt/ M., 1973.

21 Habermas, J., Theorie des kommunikativen Handelns. Frankfurt/M., 1981, Bd. I, S. 288 ff.

22 Habermas, J., Walter Benjamin. Bewußtmachende oder rettende Kritik? In: Idem, Kultur und Kritik. Frankfurt/M., 1973, S. 302-344. Wieder abgedruckt in: Idem, Philosophisch-politische Profile. Erw. Ausgabe. Frankfurt/M., 1981, S. 336-376.
Vgl. auch Jay, M., Habermas and Modernism. In: Praxis Internatio-

nal. Vol. 4/1 (April 1984, S. 1-14, und: Habermas, J., Habermas: Question and Counterquestions. In: Praxis International, Vol. 4/3 (Oct. 1984) S. 229-249.

23 Marcuse, H., Über den affirmativen Charakter der Kultur. In: Zs. f. Sozialforschung Bd. 6 (1937). Wieder in: Idem, Schriften Bd. 3, S. 186-226.

24 Benjamin, W., Das Kunstwerk im Zeitalter seiner technischen Reproduzierbarkeit. Siehe: Idem, Ges. Schriften Bd. I/2, S. 431-508.

25 Vgl. v. Reijen, W., L'Art de la Critique. In: W. Benjamin et Paris. i. E.

26 Idem.

27 Habermas, J., Walter Benjamin. S. 346.

28 Adorno, Th. W., Ästhetische Theorie. Frankfurt/M., 1970 (= GS, Bd. 7), S. 9 ff. Vgl. auch: Rath, N., Adornos Kritische Theorie. Paderborn, 1982 und: v. Reijen, W., Philosophie als Kritik. Königstein/Ts., 1984.

29 Horkheimer, M./Adorno, Th. W., Dialektik der Aufklärung. Amsterdam, 1947, S. 307.

30 Habermas, J., W. Benjamin, S. 354.

31 Idem, S. 357.

32 Jay, M., Habermas and Modernism, a.a.O., S. 4.
Brewster, P./Buchner, C. H., Language and Criticism. J. Habermas or W. Benjamin. In: New German Critique. 17, (1979), S. 15-29.

33 Weber, S., Aesthetic Experience and Self-reflection as emancipatory Processes. In: O'Neill, J. (Ed.) On critical Theory. New York, 1976, S. 78-103.

34 Auf die Kontroverse um die Rolle der Avantgarde, die Debatte zwischen Bürger und Jay gehe ich hier nicht weiter ein.

35 Habermas, J., Habermas: Questions and Counterquestions. A.a.O. S. 234 ff.

36 Idem, S. 235 (meine Übers. WvR).

37 Idem, S. 235-236.

38 Habermas, J., Die Moderne – ein unvollendetes Projekt. In: Idem, Kleine Politische Schriften I-IV. Frankfurt/M., 1981. S. 444-464. Hier: S. 453.

39 Habermas J., Habermas: Questions and Counterquestions, a.a.O. S. 237.

40 Vgl. Die Beiträge in: Apel, K.-O. (Hg.), Sprachpragmatik und Philosophie. Frankfurt/M., 1976; vgl. auch: Doeleman, W., Philosophische Methodik: Apel versus Habermas. In: v. Reijen, W./Apel, K.-O. (Hg.), Rationales Handeln und Gesellschaftstheorie. Bochum, 1984, S. 115-130.

41 Honneth, A., Zu Lyotards Konzept der Postmoderne. In: Merkur 430 (1984) S. 893 ff.

Zu den Autoren

Bertens, Hans (1945) lehrt Amerikanistik an der Rijksuniversiteit Utrecht (NL). Zahlreiche Veröffentlichungen in Fachzeitschriften, hauptsächlich über den zeitgenössischen amerikanischen Roman. Er verfaßte eine Geschichte der amerikanischen Literatur (auf holländisch, 1983) und: ›The Fiction of Paul Bowles‹ (1979), Amsterdam. Er ist Mitherausgeber zweier Sammelbände (i. E.), zusammen mit D. Fokkema: Approaching Postmodernism. Amsterdam, 1985 und: zusammen mit Theo d'haen: Postmodern American Literature. Amsterdam, 1986.

Boehm, Gottfried (1942), Promotion 1968 in Philosophie, Habilitation 1974 in Kunstgeschichte in Heidelberg, lehrte Kunstgeschichte an der Justus-Liebig-Universität Gießen, seit 1986 an der Universität Basel. Veröffentlichungen: Studien zur Perspektivität. Philosophie und Kunst in der frühen Neuzeit (1969), Heidelberger Forschungen Nr. 13; Elemente der venezianischen Bildnismalerei 1470-1530, Neuedition der ›Schriften zur Kunst‹ von K. Fiedler, 2 Bde. (1971); Plastik und plastischer Raum, in: Skulptur. Ausstellung in Münster; zusammen mit H.-G. Gadamer Hg. von: Seminar: Philosophische Hermeneutik (1976) und Seminar: Die Hermeneutik und die Wissenschaften (1978).

Bolz, Norbert W. (1953) ist Wissenschaftlicher Mitarbeiter der Fachrichtung Hermeneutik am Institut für Philosophie der Freien Universität Berlin. Herausgeber eines Sammelbandes Über Goethes Wahlverwandtschaften (1981) und des Bandes Wer hat Angst vor der Philosophie? (1982).

Dubost, Jean Pierre (1944) ist am Literaturwissenschaftlichen Institut an der Universität Stuttgart beschäftigt. Wichtige Veröffentlichungen: Pour une lecture selon l'espace de la mort »Mort de Virgil« de H. Broch (1970); Wiederholter Anlauf zu einer unabschließbaren Rede über das Verschwinden der Welt (1985); Einführung in den letzten Text (1986).

Frank, Manfred (1945) lehrte Philosophie an der Universität Genf, seit 1987 an der Universität Tübingen. Wichtige Veröffentlichungen: Der unendliche Mangel an Sein (1975); Das individuelle Allgemeine (1977); Der kommende Gott (1982); Was ist Neostrukturalismus? (1983).

Hassan, Ihab ist Professor für Englische und vergleichende Literaturwissenschaft an der Universität von Wisconsin/Milwaukee. Zahlreiche Aufsätze und Bücher. Darunter: The Dismemberment of Orpheus: Toward a postmodern Literature (1971). Paracriticisms (1975) und: (zusammen mit S. Hassan [Hg.]) Innovation/Renovation (1983).

Hudson, Wayne (1945), Studium der Rechte (B.A.) und M.A. an der Universität von Sydney (Australien), Studium der Philosophie in Oxford. Promotion bei L. Kolakowski über Ernst Bloch. Überarbeitete Fassung: The Marxist Philosophy of Ernst Bloch (London, 1981). Dozent an der Griffith University (Australien) von 1976 bis 1978. 1978/79 Dozent am Linacre College in Oxford. Ab 1979 Dozent für Anthropologie am Philosophischen Institut der Rijksuniversiteit Utrecht. Gastprofessor an McGill University (Canada) und in Oxford.

Jauß, Hans Robert (1921), in Heidelberg promoviert (1952) und habilitiert (1957), lehrte romanische Philologie in Münster (1959) und Gießen (1961), Literaturwissenschaft in Konstanz (1966) und als Gastprofessor in Zürich, Berlin, New York, Yale und Paris. Er ist Mitgründer von ›Poetik und Hermeneutik‹ und Mitglied der Heidelberger Akademie der Wissenschaften. Buchveröffentlichungen über Marcel Proust (1955), Mittelalterliche Tierdichtung (1959), La Querelle des Anciens et des Modernes (1964), Literaturgeschichte als Provokation (1967/70), Ästhetische Erfahrung (1972/77), Alterität und Modernität der mittelalterlichen Literatur (1977).

Kamper, Dietmar (1936) lehrt Soziologie und Philosophie an der FU Berlin. Wichtige Veröffentlichungen: Geschichte und menschliche Natur (1973); Zur Geschichte des Körpers (1976); Die Wiederkehr des Körpers (Hg. mit Chr. Wulf) (1982); Das Schwinden der Sinne (Hg. mit Chr. Wulf) (1984); Zur Soziologie der Imagination (1986).

Kittler, Friedrich (1943) ist Privatdozent für Neue Deutsche Literaturwissenschaft. Veröffentlichungen: Urszenen. Literaturwissenschaft als Diskursanalyse und Diskurskritik (1977) (Hg. mit H. Turk), Aufschreibesysteme im 18./19. Jahrhundert (1985) Grammophon, Film, Typewriter (1986).

Manschot, Henk (1939) studierte Philosophie und Politologie in Paris und Nanterre. Promotion (Holländisches Äquivalent zur Habilitation) mit einer Arbeit über Althusser. Nijmegen (1980). Zahlreiche Aufsätze über zeitgenössische französische Philosophie. Deutschsprachig: Von der theoretischen zur strategischen Dialektik. In: Kimmerle, H. (Hg.) Dialektik Heute. Bochum, 1983. Gegenwärtig Dozent für Sozialphilosophie und Ethik an der Rijksuniversiteit Utrecht.

Martis, Adi (1944), gelernter Zeichenlehrer und Kunstausbilder. Verschiedene Ausstellungen als Zeichner und Maler. Nach Studium der Kunstgeschichte an der Rijksuniversiteit Utrecht dort wiss. Ass. Spezialgebiet: Geschichte des Zeichen- und Kunstunterrichts. Zahlreiche Veröffentlichungen über Kunst und Umwelt, Museumsdidaktik und Geschichte des Kunstunterrichts. Englischsprachige Veröffentlichung: Art and Education: educational programmes in Dutch Museums of modern art. In: Dutch Art + Architecture Today. Nr. 12 (1982) S. 33-37.

Peper, Jürgen (1923) lehrt am Institut für Amerikanistik in Graz. Veröffentlichungen: Bewußtseinslagen des Erzählens und erzählte Wirklichkeiten (1966); Paradise regained: Marshall McLuhan's Instruct. Escape from History (1981); »Barthelmes *Snow White*: Ein Moment in der Geschichte kultureller Dekonzeptionalisierung«, in: Amerikastudien 31 (1986).

v. Reijen, Willem (1938) studierte Philosophie, Psychologie, Pädagogik und Germanistik in Löwen (B) und Freiburg/Br. Promotion 1967. Von 1968-1975 wissenschaftlicher Assistent an den Universitäten Stuttgart und Heidelberg. Habilitation 1975 in Stuttgart. Ab 1975 Lehrtätigkeit am Filosofisch Instituut der Rijksuniversiteit Utrecht und an der Sozialwissenschaftlichen Fakultät. Deutschsprachige Buchveröffentlichungen: Philosophie als Kritik. Meisenheim/Königstein/Ts. 1984, zusammen mit K. O. Apel (Hg.) Rationales Handeln und Gesellschaftstheorie. Bochum, 1984.

Samama, Leo (1951) studierte Musikwissenschaft in Utrecht und an der University of California, daneben Kompositionslehre bei Rudolf Escher. Seit 1977 lehrt er Musik- und Kulturgeschichte, Ästhetik und Analyse des Orchesterrepertoires am Utrechter Konservatorium. Zahlreiche Rezensionen und Aufsätze in Zeitungen und Zeitschriften. Mehrere eigene Kompositionen für Aufführungen, Schallplatten und Rundfunksendungen. Er veröffentlichte ein Buch über Beethovens Klaviersonaten (1982) und verfaßte Beiträge über holländische Musik für das ›Dizzonario enciclopedico universale della musica en dei musicisti‹ (1983 ff.) und über Max Reger: Max Reger in den Niederlanden (1974).

v. Uitert, Evert (1936) war zunächst als Kunsterzieher tätig. Ab 1961 Studium der Kunstgeschichte in Utrecht. Dort auch wissenschaftlicher Assistent am Institut für Kunstgeschichte. Promotion (das holländische Äquivalent für die Habilitation) 1983 mit: Vincent van Gogh in creative competition. Four essays from Simiolus. Beethoven 1983. Deutschsprachige Veröffentl.: Vincent van Gogh. Köln, 1976. V. v. Gogh, Zeichnungen, Köln, 1977. Spezialgebiet: Kunst und Kunsttheorien des 19. und 20. Jahrhunderts. Seit 1984 Ordinarius an der Gemeente Universiteit Amsterdam.

Utrecht, Luuk (1940) war als Tänzer beim ›Nederlands Ballet‹ und beim ›Nationale Ballet‹. Studium der Psychologie an der Gemeente Universiteit zu Amsterdam. Wissenschaftlicher Assistent am Psychologischen Laboratorium dieser Universität (1970-1983). Heute Dozent am ›Instituut voor Theaterwetenschap‹ der Rijksuniversiteit Utrecht. Zahlreiche Rezensionen und Beiträge an Enzyklopädien u. a. an der ›International Encyclopedia of Dance‹ (i. E.). Träger des Pierre-Bayle-Preises für Kunstkritik.

Zimmerli, Walther Ch. (1945), nach Studien am Yale College und den Universitäten Göttingen und Zürich seit 1978 Inhaber eines Lehrstuhls für Philosophie an der Technischen Universität Carolo Wilhelmina zu Braunschweig, lehrt außerdem noch an der Universität Zürich und von 1979 bis 1984 an der Universität Göttingen, 1985 an der Emory University Atlanta. Verfasser zahlreicher Arbeiten zur Philosophiegeschichte, Ästhetik, Wissenschaftsphilosophie, Philosophie der Technik, Ethik und Politischer Philosophie. Verf. u. a. von Die Frage nach der Philosophie (1974), 2. erw. Aufl. 1986; Theorie zwischen Kritik und Praxis (1975). Mithrsg. von Philosophie aktuell von 1974-1979; European Editor von Research in Philosophy and Technology seit 1987.

Abbildungsnachweis

edition suhrkamp
Eine Auswahl

edition suhrkamp
Eine Auswahl

edition suhrkamp
Eine Auswahl

edition suhrkamp
Eine Auswahl

edition suhrkamp
Eine Auswahl

edition suhrkamp
Eine Auswahl

318/6/12.88

edition suhrkamp
Eine Auswahl

318/7/12.88

edition suhrkamp
Eine Auswahl

edition suhrkamp
Eine Auswahl

318/9/12.88

edition suhrkamp
Eine Auswahl

318/10/12.88

Philosophie
in der edition suhrkamp

304/1/4.89

Philosophie
in der edition suhrkamp

Philosophie
in der edition suhrkamp

304/3/4.89

Philosophie
in der edition suhrkamp

Ludwig Wittgenstein: Tractatus logico-philosophicus. Logisch-philoso-
phische Abhandlung. es 12
Konrad Wünsche: Der Volksschullehrer Ludwig Wittgenstein. Mit
neuen Dokumenten und Briefen aus den Jahren 1919 bis 1926. es 1299
Die Zukunft der Aufklärung. Herausgegeben von Jörn Rüsen, Eberhard
Lämmert und Peter Glotz. es 1479

Neue Historische Bibliothek
in der edition suhrkamp

»Hans-Ulrich Wehlers fast aus dem Nichts entstandene ›Neue Historische Bibliothek‹ ist (...) nicht nur ein forschungsinternes, sondern auch ein kulturelles Ereignis.«   Frankfurter Allgemeine Zeitung

314/1/5.89

Neue Historische Bibliothek
in der edition suhrkamp

314/2/5.89

Neue Historische Bibliothek
in der edition suhrkamp

314/3/5.89